教育类专业基础课系列教材

课程与教学论

主 编◎吴刚平 郭文娟 李 凯

CURRICULUM,
TEACHING AND
LEARNING
THEORIES

CURRICULUM, TEACHING AND LEARNING THEORIES

华东师范大学出版社
·上海·

图书在版编目（CIP）数据

课程与教学论/吴刚平，郭文娟，李凯主编. —上海：华东师范大学出版社，2022
ISBN 978 - 7 - 5760 - 3450 - 9

Ⅰ.①课… Ⅱ.①吴… ②郭… ③李… Ⅲ.①课程—教学理论 Ⅳ.①G423

中国版本图书馆 CIP 数据核字(2022)第 222763 号

课程与教学论

主　　编　吴刚平　郭文娟　李　凯
责任编辑　李恒平
责任校对　陈梦雅　时东明
装帧设计　俞　越

出版发行　华东师范大学出版社
社　　址　上海市中山北路 3663 号　邮编 200062
网　　址　www.ecnupress.com.cn
电　　话　021 - 60821666　行政传真 021 - 62572105
客服电话　021 - 62865537　门市(邮购)电话 021 - 62869887
地　　址　上海市中山北路 3663 号华东师范大学校内先锋路口
网　　店　http://hdsdcbs.tmall.com

印 刷 者　上海景条印刷有限公司
开　　本　787 毫米×1092 毫米　1/16
印　　张　30
字　　数　687 千字
版　　次　2023 年 2 月第 1 版
印　　次　2024 年 12 月第 3 次
书　　号　ISBN 978 - 7 - 5760 - 3450 - 9
定　　价　69.00 元

出 版 人　王　焰

前言

QIANYAN

扎实推进教育高质量发展,加强建设教育强国,为我国现代化建设提供人才支撑都体现了教育的基础性、战略性地位和作用。随着素养导向的课程与教学改革不断深入,教育界对于课程与教学领域的知识需求与日俱增。特别是广大一线教师和众多有志于加入教师行列的大学生,更是渴望获得解决课程与教学实际问题的专业知识和支撑技术。

那么,作为教育工作者,无论是教师、校长,还是教研员、教育管理者,也无论是已经在职的教师,还是将来要入职的教师,他们到底需要怎样的课程与教学知识基础,以及如何才能获得这样的知识基础,也成为一个极具挑战性的课程与教学问题。

为了回答这样的挑战性问题,本教材遵循课程与教学的认识基础和行动逻辑思路,尝试建构一种对接课程与教学实际问题、培育课程与教学核心素养的教材话语体系和呈现方式。

第一,突出课程与教学实践议题。

课程与教学是学校教育的中心工作。从行动流程来看,主要的工作项目集中于课程与教学规划、课程与教学实施、课程与教学评价、课程与教学治理四大教育实践议题。规划、实施、评价、治理,这四大教育实践议题是一个行动连续体,构成课程与教学的行动主线和主要工作环节。它们各自以独特的方式,共同回答"培养什么人、怎样培养人、为谁培养人"这一教育的根本问题。

其中,课程与教学的规划、实施、评价、治理,每一个教育实践议题,都可以分解成若干更为具体的话题和问题,汇聚相应的核心环节和关键概念,形成围绕这一教育实践议题的解释框架和话语体系,进而启发针对课程与教学实际问题的解决方案和操作策略。由此形成的核心知识和关键技术,既是对课程与教学实践经验的总结和提炼,也是课程与教学实践改进所必需的知识基础。

在四大教育实践议题之外,辅以课程与教学导论、课程与教学研究展望两个认识议题,旨在让课程与教学的规划、实施、评价和治理四大教育实践议题具有更好的认识基础。这也意味着,在课程与教学的理论与实践、思想与行动、说法与做法之间,应该实现一种相互澄清、彼此促进的良性互动关系。

第二，强化课程与教学一体化意识。

从教育学科发展的历史来看，课程与教学经历融合、分化、再融合的过程。在当前语境下，课程与教学既有分化——它们可以是各自独立的两个研究领域，也有融合——它们是紧密相连的有机整体。但是，就课程与教学论教材而言，课程与教学首先是一个整体，只有通过整体视野的观照，不断强化一体化意识，才能更好地理解和处理课程与教学，尤其是课程与教学的规划、实施、评价、治理四大教育实践议题，及其在不同语境下的区隔与勾连、分化与融合交替运行的内在联系和基本原理。

第三，采用贴近教育实践经验的话语系统。

本教材突破课程与教学论教材常用的概念系统和理论框架思路，转而采用基本议题和话语框架思路，主要是考虑到概念系统和理论框架过于正式与严整，容易产生对于实践的隔离感，而基本议题和话语框架则相对来说比较宽泛，包容性更强，更贴近也更容易吸纳教育实践经验，特别是一线教育工作者的课程与教学改革创新成果。这些经验和成果，更应成为课程与教学理论的源头活水。

课程与教学理论需要吸收世界先进教育理论成果，同时更需要立足于中国教育实践，融入更多中国教育改革创新的实践话语。采用基本议题和话题框架的思路，不仅不是要否定概念系统和理论框架的意义，而恰恰是要凸显亲近教育实践的理论取向，降低课程与教学理论的神秘感，开辟更多实践经验总结凝练成为实用理论的通道和空间，增强课程与教学理论的实践解释力和指导力。

第四，注重横向和纵向二维整合分析技术。

在课程与教学领域，由规划、实施、评价、治理四大教育实践议题，构成课程与教学知识基础的横向维度，进而形成横向关联互动的内容主题结构。由宏观、中观、微观三个行动层次，构成课程与教学知识基础的纵向维度，进而形成纵向衔接贯通的上下层级结构。通过横向维度与纵向维度交叉整合，聚焦于课程与教学的具体议题、话题和问题，架构出解释课程与教学具体议题、话题和问题的话语系统，探析课程与教学理论和实践问题的解决方案。

这种二维整合分析技术，并不是要提供固定不变的结论，而是要寻求一种思想路线和探究方式，以便建立课程与教学研究的学科思维，找准课程与教学的实践着力点和突破口。借助这种二维整合分析技术，在学习和探索课程与教学理论时，不必拘泥于僵化的抽象概念，更不需要死记硬背书本知识，而是可以自主转化和自我建构课程与教学的基本观念和话语系统。

第五，释放学科探究的自主空间。

本教材在具体内容呈现方面，按照有利于提高认识和改进行动的原则，以课程与教学的认识议题和实践议题为主线，设置课程与教学导论、规划、实施、评价、治理、展望等六大部分共十五章。每一章大致包含三个板块：一是引发学习板块，涉及本章内容导引、引言、案例等内容；二是掌握核心知识和关键技术板块，涉及认识议题和实践议题的话语表述辨析和原理、概念阐释等内容；三是拓展学习板块，涉及重要概念、讨论与反思、拓展阅读、前沿热点等内容。每一板块都强调议题分析视角的选择和二维整合分析技术的运用，据以展开具体议题、话题和问题的话语表述，为学习者提供一种具有参考性的课程与教学知识基础，更多地释放出学科探究的自主空间，促进学习者自主学习、合作学习、探究学习。个别章节的内容导引囿于版面原因，未追求绝对的体例一致，对次要的子级主题作了删除处理，特此说明。

本教材是集体合作的成果。其中，吴刚平负责全书认识议题和实践议题及其呈现方式的设计。具体章节写作分工如下：第一章，吴刚平、杨雅萌；第二章，吴刚平、徐晨盈；第三章，吴刚平、李凯；第四章，余闻婧、吴刚平、陈华；第五章，郭文娟、徐晨盈、吴刚平；第六章，郭文娟、谢洁昕、吴刚平；第七章，吴刚平、郭文娟、董光楠、何芳、陈华；第八章，郭文娟、王奕婷、吴刚平；第九、第十章，李凯、郭文娟、吴刚平；第十一章，李凯、刘登珲、杜文彬；第十二、第十三章，李凯、王奕婷、吴刚平；第十四章，李凯、吴刚平；第十五章，徐晨盈、吴刚平。全书由吴刚平、郭文娟、李凯统稿。

我们期待，本教材在话语体系和呈现方式上的尝试，能够弥合学习者在课程与教学知识基础方面的想法、说法、写法和做法之间可能存在的鸿沟，帮助学习者激活课程与教学的想法，凝练课程与教学的说法，优化课程与教学的写法和做法，对于课程与教学的工作项目能够想清楚、说明白、写准确、做实在。

当然，我们更希望本教材能够抛砖引玉，得到广大读者和教师教育者的共鸣、争鸣、批评和指正。

在本教材正式出版之际，我们要特别感谢华东师范大学出版社高教与职教分社赵建军社长、李恒平副社长数年来的谋划、关心、督促和包容，以及编辑团队专业而辛勤的付出。

同时，我们的工作还得到了华东师范大学教育学部袁振国主任、荀渊副主任、柯政副主任、邵晓虹老师以及课程与教学研究所崔允漷所长等领导和老师们的关心与帮助，更得到了华东师范大学精品教材项目的资助。在此，一并诚挚感谢！

吴刚平

于华东师范大学课程与教学研究所

2022 年 8 月 10 日

目录
MULU

第一部分　课程与教学导论

第一章　课程与教学研究基础 —————————— **3**

第一节　当代课程与教学的议题框架　/ 5

第二节　课程与教学论的学科基础　/ 8

第二章　课程与教学研究话语 —————————— **22**

第一节　教学论的话语演进　/ 24

第二节　课程论的话语发展　/ 30

第三节　课程与教学论的话语融合　/ 39

第二部分　课程与教学规划

第三章　课程与教学功能和目标定位 —————————— **51**

第一节　课程与教学的功能概述　/ 58

第二节　课程与教学的目标确定　/ 59

第三节　课程与教学的代价问题　/ 79

第四章　课程与教学结构设计 ——————————— **90**

第一节　课程与教学结构概述 / 92

第二节　课程与教学的基本结构 / 98

第三节　素养为纲的课程内容结构改革 / 100

第五章　课程与教学方案研制 ——————————— **116**

第一节　课程与教学方案概述 / 118

第二节　不同层面的课程与教学方案 / 123

第三节　学校层面课程与教学方案的基本规范 / 129

第四节　课程设计的主要类型 / 134

第三部分　课程与教学实施

第六章　课程与教学资源建设 ——————————— **151**

第一节　课程与教学资源的多维视角与多种形态 / 153

第二节　空间视角下的课程与教学资源开发 / 158

第三节　功能视角下的课程与教学资源开发 / 163

第四节　新技术条件下的课程与教学资源开发 / 169

第七章　课堂教学活动 ——————————— **180**

第一节　课堂形态、品质与教学投入 / 183

第二节　教学方式变革 / 191

第三节　教学设计的基本模式 / 207

第四节　大单元教学 / 217

第五节　专题教育的整合实施 / 221

第六节　跨学科主题学习活动开展 / 234

第八章　课程与教学研究 ——————————— **249**

第一节　课程与教学研究的关键概念 / 251

第二节　课程与教学研究的多维视角 / 260

第三节　课程与教学研究的主要场域 / 268

第四节　课程与教学研究的多元路径 / 274

第四部分　课程与教学评价

第九章　课程与教学形成性评价 —————— **299**

第一节　形成性评价的相关概念 / 301

第二节　形成性评价的发展和演变 / 308

第三节　形成性评价的运用 / 313

第十章　课程与教学结果性评价 —————— **321**

第一节　结果性评价的相关概念 / 323

第二节　结果性评价的形式与利弊 / 328

第三节　结果性评价的改进 / 331

第十一章　课程与教学评价改革 —————— **340**

第一节　国家层面的课程与教学评价 / 343

第二节　校本课程评价 / 347

第三节　课堂层面的教学评价 / 353

第五部分　课程与教学治理

第十二章　课程与教学领导 —————— **371**

第一节　课程与教学领导的演变 / 373

第二节　课程与教学领导的理论视角 / 380

第三节　学校层面课程与教学领导力提升　/ 386

第十三章　课程与教学管理 —————————— **394**

第一节　课程与教学管理概述　/ 396

第二节　课程与教学管理机制　/ 402

第三节　课程与教学管理层级与策略　/ 408

第十四章　课程与教学绩效问责 —————————— **418**

第一节　课程与教学绩效问责的概念分析　/ 420

第二节　我国教育实践中的绩效问责　/ 425

第三节　素养时代基于标准的教育问责　/ 431

第六部分　课程与教学研究展望

第十五章　课程与教学研究新进展 —————————— **443**

第一节　当代课程与教学论研究的发展历程　/ 445

第二节　当代课程与教学论研究的热门议题　/ 450

第三节　课程与教学论研究的未来发展趋势　/ 460

第一部分

课程与教学导论

◎ 课程与教学研究基础
◎ 课程与教学研究话语

第一章
课程与教学研究基础

本章内容导引

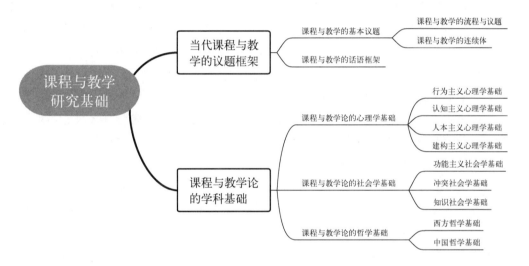

引言

课程与教学论是一个实践性很强的综合性教育研究领域,必须吸收和应用众多相关领域的研究成果,特别是心理学、社会学和哲学等学科的研究成果。基于心理学对学习规律的研究,探讨课程与教学活动、内容及方法的科学性;基于社会学对社会发展的研究,探讨课程与教学的目的和组织方式;基于哲学的知识论、人性论、价值论及方法论,探讨课程与教学的理论基础。[①]

同时,课程与教学论,作为一个独立的研究领域,必须确定自己独特的问题域,发展相应的话语框架,努力形成自己的研究范式,为课程与教学的理论与实践发展提供成果支持。

本章将遵循认识与行动的逻辑,围绕课程与教学的规划、实施、评价与治理四个基本

---

① 课程与教学理论一般称为课程与教学论,而在许多语境下,谈课程与教学也意指课程与教学论,基于实际语用中语言经济性特点,本书未特作统一。

环节,厘清本书着重探讨的相关基本议题。当然,这些议题及其探讨是相对的,也是动态发展的。随着社会的发展和变迁,需要保持一个开放的系统和心态,积极孕育创新,不断开创课程与教学研究的新议题与新范式,以肩负新时代课程与教学发展的使命。

本章重点是探讨课程与教学研究基础,主要内容包括:

- 当代课程与教学的议题框架
- 课程与教学研究的学科基础

🔲 案例

在一次教学研讨会上,校长请各位老师分享各自教学中的成果经验,以相互借鉴,共同提高。随着讨论的逐步深入,大家的注意力集中到了一个主题上,即每节课上要不要拿出 5 分钟,留给学生进行课堂展示。

校长:我们的学生虽然成绩还不错,但多数学生普遍还比较缺乏自主学习的能力,不能在课后自主自觉地安排自己的学习,需要老师们不断去监督、催促,甚至需要联合家长一起参与教育。要提高学生的成绩,当前我们的一个重要任务就是要调动学生学习的主动性和积极性。有几位老师都提到了课前让学生进行 5 分钟的课堂展示,以此调动学生的学习兴趣和积极性。大家一起讨论讨论,看看这个方法怎么样,是否可以推广到全校。

教师 A:这个方法听起来挺好,但我觉得容易形式化,达不到期待的效果。不是仅仅靠这 5 分钟,就能调动学生的学习积极性的。这样做,还可能会增加学生学习的压力和负担。学生为了这 5 分钟,可能需要准备好几天,会耽误他们的学习。

教师 B:我也觉得这个方法可能只对部分学生有效,多数同学可能还是会应付。关键是这个 5 分钟分享与高考的联系不大,对提高学生的成绩贡献不大,学生可能不会太用心,效果也不一定好。

教师 C:我个人觉得这个方法还是挺好的。虽然不一定能提高所有学生的学习主动性和积极性,与考试成绩关联也不大,但通过这种方式我们给学生提供了一个展示自我的机会。我相信,有这个机会,每一位同学都能更好地看见自己的潜力,更加自尊、自信。看到自己的榜样,学会欣赏他人,这也是一种成长。或许反过来,也会促使他们更加自主、自觉,努力学习,提高分数。

💬 **案例评析:** 在实际的教学过程中,我们经常会被"高考""中考"等各种考试的指挥棒带着走,提高分数成了一切教学思考、决策和行为的依据,总之一切为了分数。如此,我们似乎忘记了教育的初心,甚至背道而驰。

在本案例中,教师 A 和教师 B 显然是负责任的老师。但这种负责,更多的是对学生高考分数负责,而对学生的身心健康成长和综合能力发展,可能就不那么重视。教师 C 则更注重学生的心理因素,看到课堂展示给学生带来的自尊、自信。

面对眼前高考的压力和未来发展更需要的综合能力,时间该如何分配,这是困扰每一位校长和老师的问题。

值得注意的是,每当我们面临如此的两难境地,便需要拓宽我们的认知地图,通过心理学、社会学及哲学的概念、观点和方法,为我们的课程与教学实践寻求理论依据,并以此指导我们在课程与教学方面的思考和行为。

在本案例中,教师C从心理学的视角看到了课堂展示对学生学习主动性的激发作用,从社会学的视角看到了学生间的互动和相互成长,从哲学的视角主张以人为本的教育观。基于不同学科的视角,有助于我们全方位、多角度地审视问题,引导我们做出更好的决策。

第一节　当代课程与教学的议题框架

课程与教学的内涵极为丰富,并且随着时代的发展而变得更加复杂和多元。为了让我们在思考和讨论课程与教学问题时,能够具有共同的话语基础,在同一个话语逻辑层面进行交流,我们需要从课程与教学的基本概念入手,构筑课程与教学的基本议题和话语框架。

一、课程与教学的基本议题

从学校课程与教学发生和发展的基本过程来看,课程与教学是教师、学生围绕方案而进行互动交流的机会、过程和结果。其中,方案是规划的结果和产物,将方案投入实践就是实施,对规划和实施的机会、过程和结果进行有证据的价值判断和改进就是评价,而与规划、实施和评价相伴随并使之顺利展开而采取的措施和推进过程就是治理。

■（一）课程与教学的流程与议题

就行动流程而言,课程与教学的基本环节是规划、实施、评价和治理。围绕课程与教学的基本环节,大致可以设定课程与教学的基本议题,即课程与教学的规划、实施、评价和治理,并据此建立课程与教学的话语框架体系,探讨课程与教学的基本原理(如图1-1所示)。

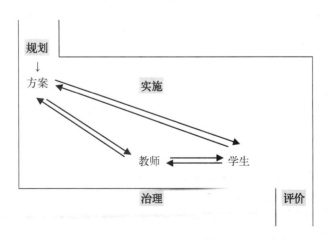

图1-1　课程与教学的流程和议题框图

■ **(二)课程与教学的连续体**

课程与教学的根本目的是促进学生的健康成长和健全发展,所以从学生发展角度来看,实施是最贴近学生发展的核心环节和关键概念,其他环节和概念则带有外围性质与辅助特点。但如果把课程与教学作为一个连续体来看,规划、实施、评价和治理则都是课程与教学的有机组成部分,是服从和服务于学生发展的动态机会和过程性环节与概念,那么,也就不存在核心与外围、关键与辅助的区别。从规划、实施、评价到治理,都有各自议题的核心环节和关键概念,它们共同形成学生发展的动态机会和过程连续体的一个一个链环以及连续不断的运动轨迹。

二、课程与教学的话语框架

课程与教学的研究基础和话语演进,以及课程与教学的规划、实施、评价和治理,构成课程与教学的基本框架。为了更好地表征课程与教学的规划、实施、评价和治理这一动态机会和过程连续体,同时也考虑到课程与教学议题的现实需求,本教材分为课程与教学导论、课程与教学规划、课程与教学实施、课程与教学评价、课程与教学治理、课程与教学研究展望六大部分,然后再细分为十五章的具体内容(见图1-2)。

课程与教学												
导 论		规 划			实 施			评 价			治 理		展望
课程与教学研究基础	课程与教学研究话语	课程与教学功能和目标定位	课程与教学结构设计	课程与教学方案研制	课程与教学资源建设	课堂教学活动	课程与教学研究	课程与教学形成性评价	课程与教学结果性评价	课程与教学评价改革	课程与教学领导	课程与教学管理	课程与教学绩效问责	课程与教学研究新进展

图1-2 课程与教学论框架结构图

第一部分:课程与教学导论

这部分是课程与教学展开阐述、讨论的前提和基础。主要内容包括第一章"课程与教学研究基础"和第二章"课程与教学研究话语"。

其中,第一章"课程与教学研究基础",重点考察课程与教学的基本议题和话语框架、课程与教学的学科基础。第二章"课程与教学研究话语",重点考察课程与教学话语演进概况,并在此基础上将其中的规划、实施、评价、治理进一步分解细化,提出一种参考性的课程与教学框架结构,以便奠定探讨课程与教学问题的共同话语基础。

第二部分:课程与教学规划

规划是对课程与教学进行的整体谋划与顶层设计,是课程与教学的上游环节。主要内容包括第三章"课程与教学功能和目标定位"、第四章"课程与教学结构设计"、第五章"课程与教学方案研制"。

其中,第三章"课程与教学功能和目标定位",主要阐述课程与教学功能,介绍知识本位、社会本位和人本位三种功能取向,阐述从双基目标转向三维目标和素养目标的变化过程与特点,剖析课程与教学的代价问题。

第四章"课程与教学结构设计",主要阐述课程与教学结构,包括权力结构、功能结构、内容结构、形态结构和机会结构,以及普职融合、学习选择性和多学科综合等结构改革问题。

第五章"课程与教学方案研制",主要讨论课程与教学方案设计,特别是学校课程实施方案、学期课程纲要与单元教案、学历案等不同层面的方案撰写问题。

第三部分:课程与教学实施

实施是将课程与教学规划付诸实践的转化机制,是最贴近学生发展的关键环节。

本教材从第六章开始,用三章篇幅分别从资源建设、课堂教学活动和教学研究三个方面,重点讨论课程与教学实施议题。其中,第六章"课程与教学资源建设",主要呈现课程与教学资源的类别与性质,提示新技术条件下课程与教学资源开发问题。第七章"课堂教学活动",主要从学习方式视角讨论课程与教学实施机制与环节,以及教学方式变革等问题。第八章"课程与教学研究",主要从教学研究角度阐述课程与教学实施问题。

第四部分:课程与教学评价

评价是基于证据对课程与教学实施效果进行价值判断和价值改进的过程和结果,是判断育人效果是否达成的重要参照。本教材从第九章开始,用三章篇幅分别从形成性评价、结果性评价和评价改革三个方面,重点讨论课程与教学的评价议题。

其中,第九章"课程与教学形成性评价",主要呈现形成性评价的内涵、理念、运用策略,揭示素养时代形成性评价的价值与实现路径。第十章"课程与教学结果性评价",主要探讨结果性评价的类型、问题、未来改进方向等。第十一章"课程与教学评价改革",主要阐述当前国内外评价改革的重要趋势、重要理念以及实践上的新样态。

第五部分:课程与教学治理

治理是和规划、实施与评价相伴随的过程性环节,是课程与教学的行政议题。本部分重点讨论界定课程与教学治理机制及其变革问题。本教材从第十二章开始,用三章篇幅分别从课程与教学领导、课程与教学管理和课程与教学绩效问责三个方面,重点讨论课程与教学治理议题。

其中,第十二章"课程与教学领导",主要呈现课程领导的理念、理论视角和实践样态。第十三章"课程与教学管理",主要阐述课程与教学管理的内涵、实践中的管理机制、管理层级与策略。第十四章"课程与教学绩效问责",主要阐述绩效问责的功能及其成效、课程与教学中有效绩效问责的基本框架、关键要素及其优化建议。

第六部分：课程与教学研究展望

课程与教学的理论和实践是不断发展变化的。特别是进入 21 世纪以来，中外课程与教学理论和实践的创新发展，融入信息化社会的时代特征，开辟出核心素养培育的广阔前景。第十五章"课程与教学研究新进展"，主要梳理当代课程与教学论的发展历程，探讨课程与教学改革的话语转型趋势，尤其是理论话语与实践话语、他者话语与本土话语、思辨话语与实证话语、科学话语与诗性话语的和谐共生，据以展望更加多元的课程与教学论研究话语新特点。

第二节　课程与教学论的学科基础

考察课程与教学论的学科基础，实际上是要确定课程与教学理论的学科边界，明确跟课程与教学最相关和最有效的信息来源有哪些。换句话说，就是课程与教学的基础学科有哪些，以及这些基础学科对课程与教学论会产生哪些重要的影响。

对于课程与教学的学科基础，不同的研究者有不同的观点。我国课程学者施良方主张采纳比较公认的观点，认为心理学、社会学和哲学是课程与教学的三大基础学科，它们共同奠定课程与教学的学科基础。[1] 教育工作者往往都会在一定程度上，自觉或不自觉地利用心理学、社会学和哲学的概念、观点和方法，来寻求课程与教学理论和实践的生长点，充实和支撑自己的课程与教学主张，并以此指导自己进行课程与教学问题的思考和抉择。

一、课程与教学论的心理学基础

课程与教学必须考虑学生个体的身心特点和学习规律，就不得不对心理学有关个体成长与发展的研究成果有所了解和运用。"心理学是探讨学习活动、学习内容和学习方法的基础，因而被作为各种课程抉择的依据。"[2]事实上，心理学已被公认为是课程与教学理论的基础学科之一。

其中，对现代课程与教学理论影响最大的心理学流派主要是行为主义心理学、认知主义心理学、人本主义心理学和建构主义心理学等。此外，当代脑科学、学习科学、人工智能等研究领域的新成就，也为课程与教学理论提供了重要的发展基础。

■（一）行为主义心理学基础

在课程与教学研究方面，比较有影响力的行为主义心理学家有桑代克（E. L.

---

[1]　崔允漷.课程·良方[M].上海：华东师范大学出版社，2007：30—61.
[2]　施良方.试论课程的心理学基础[J].高等师范教育研究，1995(2)：26—32.

Thorndike)、华生(J. B. Watson)、斯金纳(B. F. Skinner)、布鲁姆(B. Bloom)等,他们曾对美国课程与教学理论的发展产生了重要影响,甚至在世界范围内的课程与教学实践中留下了深刻的印记。行为主义心理学的研究成果至今依然被视为课程与教学理论的重要学科基础。

行为主义心理学把刺激—反应作为行为的基本单位,认为复杂行为是由简单行为构成的,因而主张课程与教学采用分解的程序,一步一步地引导学生学习行为,可以把课程与教学内容分解成若干小单元,按照逻辑程序排列,并通过强化手段达到预期学习目标。

行为主义心理学对于学校课程与教学的主要影响表现在以下几个方面。[①]

(1) 在课程与教学方面强调行为目标;

(2) 在课程内容上强调由简至繁累积而成;

(3) 在语言和阅读方面强调基本技能的训练;

(4) 提倡通过各种教学媒介进行个别化教学;

(5) 提倡教学设计或系统设计的模式;

(6) 主张开发教学技术;

(7) 赞同教学效能核定、成本—效应分析和目标管理等做法。

其中,最为重要的是,仔细分析学生学习的需要和行为,然后按逻辑排列,通过指定的步骤,逐渐达到目标。行为主义关于行为目标的观点和主张,是有教学实际操作和指导意义的。然而,问题在于,有些目标可以用行为的方式予以界定,还有一些目标甚至可能是更为重要的目标,却是无法用行为的方式来界定的。那么,对于这些无法用行为界定的目标而言,行为主义心理学是存在很大局限的。因此,行为主义心理学作为课程与教学的学科基础,常常受到一些非议和诟病也就不难理解了。

■ (二) 认知主义心理学基础

认知主义心理学曾经在课程与教学领域引起了一场"认知革命",导致认知发展阶段、认知结构、认知策略、元认知学习等成为课程与教学研究的重要概念和理论话语。其中,皮亚杰(J. Piaget)、米勒(G. A. Miller)、西蒙(H. Simon)、布鲁纳(J. S. Bruner)等是具有重要影响力的认知主义心理学家,他们关于认知领域的观点和主张,深刻地影响着课程与教学理论和实践的发展,以至于人们很长时间几乎都把学习与认知发展等量齐观,当作同一个事项,视为同一术语交替使用。

皮亚杰的认知发展阶段理论,引发课程与教学研究者思考:什么样的课程内容最适合特定年龄阶段的儿童?

布鲁纳的认知结构理论,引发课程与教学研究者思考:最佳的学科结构是什么? 他更是明确主张,学科结构是深入探究和构建各门学科所必需的法则,因而也是课程与教学设计的基础。学科结构包括三种基本结构:一是组织结构。既说明一门学科不同于其他学科的基本方式,同时也表明这门学科探究的界线。二是实质结构。即探究过程中要同

---

① 施良方. 论课程的基础[J]. 课程·教材·教法,1995(5):54—58,38.

答的各种问题,亦即基本概念、原理和理论。三是句法结构。即各门学科中搜集资料、检验命题和对研究结果做出概括的方式。学科结构的思想对课程与教学产生重要影响,广泛应用于培养学术精英的课程设计和教学活动之中。

此外,认知加工理论也对课程与教学产生了重要影响。在信息加工理论看来,首先,课程内容主要由概念、命题和结构等组成,并由教育工作者编制而成。但是,任何内容在实施过程中都会发生变化,因为教师和学生都是根据各自长时记忆中已有信息来加工课程内容的。其次,课程内容必须按照一定结构来呈现。如不按一定的方式加以组织,学生虽说通过反复操练也可以学会,但这种信息不可能与长时记忆中的有关信息建立有机联系,因而是孤立的,很难用来解决问题。最后,当呈现的课程内容超过短时记忆的容量时,学生就得用额外加工来恢复短时记忆中的信息,从而限制学生使用其他加工形式,导致学习受挫。①

总体而言,由于认知心理学极少与现实世界里复杂情境中的问题解决建立密切联系,而是大多都在实验室里从事研究,甚至只是为实验而实验,过度使用计算机隐喻,形成了一些僵化的信息加工模式,导致认知心理学对实际的课程与教学难以产生令人满意的效果,与中小学教育教学实践总是隔了一层。

■ (三) 人本主义心理学基础

人本主义心理学的主要理论流派,包括马斯洛(A. Maslow)的需要层次理论、罗杰斯(C. R. Rogers)的意义学习理论和加德纳(H. Gardner)的多元智能理论等。人本主义心理学在 20 世纪 70 年代开始流行,并关注学校课程与教学,认为课程的职能是要为每一个学生提供有助于个人自由发展的经验,核心是自我实现。

罗杰斯批评传统学校教育把儿童的身心割裂开来:儿童的心到了学校,躯体和四肢也跟着进来了,但他们的感情和情绪只有在校外才能得到自由表达。在他看来,我们不仅完全可以使整个儿童(情感和理智)都进入学校,还可以借此增进学习。意义学习能把逻辑与直觉、理智与情感、概念与经验、观念与意义等结合在一起。当我们以这种方式学习时,我们就成了一个完整的人,即成了能够充分利用我们自己所有阳刚和阴柔方面的能力来学习的人。判断是意义学习还是无意义学习的依据是学习对于个人来说是否是有意义的。只是与学习者的某个部分(如大脑)有关,而与完整的人无关,学习者是不会全身心地投入这种学习的。罗杰斯认为,意义学习主要包括四个要点:一是亲身参与(personal involvement),二是自己主动(self-initiated),三是全面渗透(pervasive),四是自我评价(evaluated by the learner)。

在人本主义心理学视野中,每个学生都有一个不一定意识到的自我,课程必须帮助学生把这个自我揭示出来。课程与教学是满足学生生长和个性自由解放的过程,其重点是学生个体而不是教材。人本主义心理学还强调合成课程(confluent curriculum),即把情感领域(情绪、态度、价值)与认知领域(理智知识与理智技能)整合起来,通过把情感因素

---

① 施良方. 学生认知与优化教学[M]. 北京:中国科学技术出版社,1991:17—18.

增添到常规课程中去,赋予课程内容一种个人意义。合成课程的要点包括:(1)师生共同参与、共同承担责任;(2)强调思维、情感和行动的整合;(3)课程内容与学生的基本需要有密切关系,并对其情感和理智都具有重要意义;(4)自我是学习的法定对象;(5)课程的目的是要培养完整的人。

也有一种人本主义心理学观点认为,关联课程(relevant curriculum)就属于合成课程,即课程内容由学生所关心的事情构成。关联课程不同于以牺牲情感为代价来强调认知的做法,关注的问题不是历来教育者关心的怎样控制学生、怎样同学生打交道、怎样教某门学科等惯常问题,而是什么内容对学生有意义、怎样才能有效地教这种有意义的内容等问题,亦即课程内容必须与学生关心的事情联系起来。

此外,还有人本主义心理学观点认为,应提倡超验课程(transcendent curriculum),即超越人们所有的特定认识状态和特定经验,开设跨学科课程,为理解诸如理论的、实践的、情感的等各式各样的经验提供机会,鼓励学生对事情抱有希望,培养创造性思维,养成反思现实和改进现实的批判精神。

人本主义心理学的课程与教学观,强调帮助学生把思想、情感和行为整合起来,重视完整的人的发展,对于教育改革和完善是有启示意义的。但其过于重视情感和个体意义,而在教育实践上的操作性方面往往是比较欠缺或十分困难的。

■ (四)建构主义心理学基础

建构主义心理学是认知心理学的一个支流,因为后来对于课程与教学影响异军突起而被看作为课程与教学一个单独的心理学基础。按照我国课程学者高文的观点,建构主义心理学的主要倡导者,包括认知心理学新结构主义范型的代表皮亚杰、最近发展区理论的提出者维果茨基(Lev Vygotsky)、学科结构主义运动的倡导者布鲁纳等。[①]

皮亚杰否定了结构的先验性,将认知结构的起源问题作为认知发生论的研究对象。1936年,他在《儿童智慧的起源》一书中,首先提出有关内化与外化的双向建构思想。次年,在《儿童对现实的构造》一书中,这一思想得到了进一步的明确与系统化。皮亚杰明确指出,儿童关于现实的概念不是一种"发现"而是一种"发明"。这意味着"概念"既不预成于内也不预成于外。儿童必须自己去构造"概念"。不过,皮亚杰对建构主义思想的全面系统的论述则主要反映在他最后10—15年的著作中。由此,皮亚杰从同化、顺应的格式理论进一步发展成为包括内化与外化的双向建构理论,即动作和运算内化以形成认知结构,而业已形成的认知结构运用于、归属于课题以形成广义的物理知识的结构。前者为内化建构,后者为外化建构。随着建构的发展,内化与外化建构这两个过程的相互关联日益紧密,而且它们各自制约着对方所能达到的水平。

维果茨基指出,儿童的全部心理生活是在交往过程中发展的,而表现为合作的教学正是最具有计划性与系统性的交往形式。因此,正是这种教学造成儿童心理的发展,并创造出儿童全新的心理活动形式。这是因为儿童今天不能独立完成的事,往往有可能在教师

---

① 高文.建构主义研究的哲学与心理学基础[J].全球教育展望,2001(3):3—9.

与伙伴的帮助下完成,而明天他就能自己独立完成。由此出发,他首先确定了儿童心理发展中的两种水平:"现有发展水平"和"最近发展区"。正是由他首先确认和提出的"最近发展区"概念,强调了着眼于最近发展区的教学在发展中的主导性作用,揭示了教学的本质特征不在于训练、强化业已形成的心理机能,而在于激发、形成目前尚未成熟的心理机能。最近发展区理论,被认为是一种社会建构主义理论。

作为教育心理学家,布鲁纳主张直接进入学校去研究儿童。他强调,教育心理学不是普通心理学的应用或停留于对教学现象的单纯的解释。教育心理学的主要课题应该是人的形成,为此应该直接对教育中存在的问题做深入探讨。后期,在反思认知探索因其技术化和计算机化而在一定程度上背离初衷的同时,他急切地呼吁认知探索应重回到意义建构问题的研究上。由此,他对人类文化心理、民族心理进行了探讨,试图揭示人类特有的心理规律。在涉及教育问题的研究中,他在 20 世纪 70 年代研究的基础上集中论述了文化环境对教育的影响,探索文化、价值以及法律对人类智力成长的影响。

如果从课程与教学论作为一门学科的发展历史来看,对于各种心理学流派研究成果,从行为主义到认知主义,然后到人本主义,再到建构主义,可以说,它们都为课程与教学研究提供了某个或某些方面的理论基础,开辟了新的可能生长点,但又都无法揭示课程与教学问题的全貌。况且,心理学本身也不是直接研究和解决课程与教学问题的专门学科。所以,课程与教学问题的研究和解决,需要借鉴和运用心理学某个或某些方面的研究成果作为基础,但终究还得依靠课程与教学研究者自身的研究和探索。

二、课程与教学论的社会学基础

课程与教学要满足社会发展需要,就不得不对社会学研究领域的进展和成果有所了解与应用。从社会学的角度来看,课程与教学的目的是要保存和传递社会文化,促进个体社会化,以及重建社会。其中,对于课程与教学比较有影响的社会学理论流派,主要有功能主义社会学、冲突社会学和知识社会学等。

■（一）功能主义社会学基础

以法国学者涂尔干(E. Durkheim)为代表的社会学家,提出社会团结(social solidarity)的概念,主张社会学要研究社会结构和功能,认为社会成员如不能共享某些共同的看法、态度和价值,社会就无法幸存,个体是通过社会化过程学会为群体而不为自己发挥功能的,而不同的社会结构需要不同的人来发挥作用。这样,学校课程与教学就成为一种促进个体的行动有助于维持社会结构、保持社会平衡的手段。

美国学者帕森斯(T. Parsons)发展了这种社会结构理论,并把学校、班级和家庭等都视为一种社会体系,其中最为关键的功能是角色。人们扮演着各种角色,集合在一起,就形成各种机构和组织系统,进而决定人们将以什么方式生活。教育机构决定了校长、教师、学生的角色。男性和女性的功能不同,所扮演的角色也不同,因而适于男生和女生、优生和差生的课程及其在社会机构中的位置也相应地存在差异。

功能主义社会学往往关注种族、社会阶层、性别等因素影响学生成绩的数据,据以考察语言和文化、环境、家长职业等因素与学业成败的关系。结果发现,希望改变自己学业成败的学生很少。所以,功能主义社会学家把忍受考试和接受考试结果视为社会化过程必不可少的重要方面。通过考试,学生和家长知道了学生的潜力以及在社会上的适当位置。学校课程的目的是要合个体社会化,理解和接受自己在社会中的位置,适应社会结构,而不是改变社会结构。

■ (二)冲突社会学基础

与功能主义关于个体社会化的观点不同,冲突社会学理论认为,社会结构是人为的,并不会对个体具有不可抗拒的支配力量,因而是可以且应该改变的。事实上,社会本身就是特定阶级为保持对从属阶级的控制而构建的。正是冲突状态支配着人群的生活,社会的生命是一连串冲突的循环。[①]

冲突社会学理论认为,社会是不断变化的,各群体之间连续不断的权力斗争,导致了一种不断变化的社会。那些价值、观念和道德通常都是为使权力集团合理化服务的,变化的起因不在于个体的价值,而在于社会的结构。比如,教师在课堂上有支配权,是因为他是教师,而不是因为他的个性特征。因此,占支配地位的群体,首先会利用学校课程来传播自己的价值和观念,同时通过各种手段来选拔学生,以利于维护社会的权力结构。学校也就成为各种权力集团利益争夺的场所。

■ (三)知识社会学基础

相对于功能主义社会学和冲突社会学等宏观的社会学理论而言,1970年代在英国兴起的知识社会学则是一种微观社会学理论,也被认为是一种批判教育学理论。知识社会学的主要代表人物有英国学者迈克·扬(M. Young)、美国学者吉鲁(H. Giroux)和阿普尔(M. W. Apple)、巴西学者弗莱雷(P. Freire)等。

知识社会学主张,不能脱离学校的实际过程和具体课程内容去研究教育与社会的关系,而必须深入学校课程与教学内容去进行研究,才能揭示学校教育的真相。迈克·扬认为,知识的构建总是为某种社会目的服务的,尤其是为社会中某些特定利益服务的。那些"硬科学"高贵、"常识"卑贱的说法,只不过是学术性课程编制者的偏见,尽管在实践中教师就是按照学术性知识高贵这样的假设行事的。其实,课程内容的选择、确定与组织的过程,就是教育知识分层的过程。由于不同的学生接受不同层次的教育知识,学校教育成了教育知识的分配过程,造成了许多知识壁垒。教育过程存在的不平等的教育知识分配,是学生之间学业成绩分化的主要原因。[②] 不过,随着时代的发展,迈克·扬的观点也在发生很大的变化,他从早期认为学校教育知识都是"强者的知识"(knowledge of the powerful),到后来他开始承认,学校教育知识很多时候确实属于"强有力的知识"(the

---

① 鲁洁.教育社会学[M].北京:人民教育出版社,1990:642.
② 鲁洁.教育社会学[M].北京:人民教育出版社,1990:652—653.

powerful knowledge）。

吉鲁认为，"学术性知识高贵"这个假设引发了一种"隐性课程"，即学校按照学生对教育环境中提供的褊狭的学习是否顺从来评判学生是否聪明，这就迫使学生顺从各种角色、情感、规范、态度和课堂组织结构。所以，在学校结构本质上是高度压迫和控制的情况下，奢谈民主、公正和平等没有意义。课堂教学内容必须伴随一种与激进政治观点相吻合的教学方式。

阿普尔更多是从经济学角度来看待学校知识及其组织方式的。他认为，所谓"高档知识"（high status knowledge），主要是指那些技术性知识，是社会经济所不可或缺的。经济的稳定自然要有支配阶层和工作阶层，学校通过课程设置来进行甄别，拥有这种高档知识的人就成为社会上有权力的人，而缺少高档知识的人就成为受人支配的人。学校既加工知识，也加工人，背后都是利益在驱动。所以，要打破经济在学校课程问题上的支配地位，需要揭示学校课程的现状，指出经济驱动的课程所具有的负效应，从而使课程能为"意识解放"活动服务。

弗莱雷提出一种"被压迫者教育学"（pedagogy of the oppressed），因为学校课程成了一种维护社会现状的工具，充当了人民群众与权贵人物之间的调解物，使人民群众甘心处于从属地位。但课程不是要使学生适应或顺从社会制度，而是要帮助学生摆脱对社会奴隶般的顺从。

三、课程与教学论的哲学基础

无论自觉或自发，任何课程与教学的理论和实践，都或多或少地隐含着某种哲学的基本假设，尤其是在知识哲学方面的假设。不管我们如何看待课程与教学，它总是与知识的性质及其教学有关。教师应该教什么？学生应该怎么学？课程应该由谁来定？对于这些问题的回答，都会反映出回答者的知识观。而且，不同的知识观会在很大程度上影响这些基本问题的答案。

如果说，西方学科分化的进程，包括心理学和社会学的发展，为课程与教学奠定了重要的新兴学科基础，而我国在现代学科分化发展方面却相对滞后，更多的是一种引进和吸收式的发展，那么，在课程与教学的哲学基础方面，我国从古代先贤到当代学者的研究则都是不断推陈出新，带有明显的东方智慧和文化特点。

▓ （一）西方哲学基础

从现代西方的情况来看，对学校课程与教学影响较大的哲学理论基础主要有三个流派，包括逻辑实证主义哲学基础、日常语言哲学基础和批判哲学基础。[①]

1. 逻辑实证主义哲学基础

20 世纪上半叶流行起来的逻辑实证主义哲学认为，一切科学命题都是对事实有所断

---

① 崔允漷. 课程·良方[C]. 上海：华东师范大学出版社，2007：37—41.

定而可被证实的经验命题。其代表人物艾耶尔(A. J. Ayer)认为,有关知识的真正命题只有两种,一是分析命题,二是综合命题。"分析命题的效度只取决于它所包含的符号的界定;综合命题的效度则是由经验的事实决定的。"①分析命题之所以真实,并不是由于它们具有事实性的内容,而是因为它们是可以重复的。例如,数学关于"1+1=2"的命题,只要遵循同样的规则,在哪里都一样,可以重复。而综合命题则是对现实世界的陈述,是以经验为基础的。它们的真实性只有通过经验证实才能确定。例如,自然科学关于"水在摄氏零度时会结冰"的命题就可以用这种方式检验。所以,只有数学和自然科学才是确证知识唯一可靠的方式。其他学科的命题,如行窃是不对的,是无法检验的,因而完全不代表知识。它们是空洞的、无意义的,是伪命题。

这种逻辑实证主义的观点,与斯宾塞(H. Spencer)回答自己关于什么知识最有价值的经典设问时认为科学知识最有价值的答案相比,存在很大的相似性。时至今日,还是会有人持与艾耶尔相同的观点,认为数学和自然科学理所当然要成为课程的核心,而人文、艺术和社会科学则没有那么大的意义,它们甚至谈不上是真正的知识。

2. 日常语言哲学基础

日常语言哲学受到维特根斯坦(L. Wittgenstein)思想的深刻影响,认为语言可以为多重目的服务,而逻辑实证主义者只考虑到为科学目的服务的语言,忽略了日常语言的意义。

维特根斯坦主张,语言只有在特定的情境、活动、目的或生活方式中才有意义。由于每个人所使用的语词的意义都取决于他自己的印象或观念,不仅各人使用的同样语词可能具有不同的意义,而且一个人先后使用的同样的语词,也未必保持同样的意义。所以,每个人实际上都在使用自己的私人语言。自然科学的语言不应该成为所有其他语言形式的监工,即使那些完全超越经验的语言形式,比如艺术,只要人们能够理解他们是指什么,那就是有效的。

英国学者赫斯特(P. Hirst)认为,普通教育既不追求百科全书式知识,也不追求特定领域专家知识,而是要使学生掌握理解经验的全部独特的方式。学校里要教的不是内容,不是教材,而是知识的形式。只有通过掌握知识的形式,才有可能达到课程的目的。他认为,作为任何学习基础的知识形式有七种,即数学、自然科学、人文科学、历史、宗教、文学和艺术、哲学。每一种知识形式都有一种适合它的特定方法。例如,经验观察最适合于处理自然科学的知识,而美术的知识则要求有美的"感觉"。对于学生来说,最重要的是要清楚了解自己处理的是哪种知识的形式,认清它们必然的局限性,千万不要混淆各种知识的形式。② 如果用处理艺术的方式去处理数学,肯定会做出错误的判断。

3. 批判哲学基础

批判哲学的代表人物之一哈贝马斯(J. Habermas)认为,兴趣是认识过程不可分割的要素。对丁任何学科领域都起作用的认识兴趣有二种,一是与"经验—分析"知识类型相

---

① A. J. Ayer. *Language*, *Truth and Logic*[M]. Oxford: OUP,1936: 105.

② 赫斯特. 博雅教育与知识的性质[M]//瞿葆奎. 教育学文集·智育. 北京:人民教育出版社,1993: 104—109.

联系的"技术控制"兴趣,二是与"历史—解释"知识类型相联系的"理解意义"兴趣,三是与"批判或自我反省"知识类型相联系的"自由—解放"兴趣。

哈贝马斯所说的三种知识类型,实际是三种认识水平。在任何学科中,对技术控制的兴趣会引导人们去认识与该学科相关的所有事实,那么"经验—分析"的知识就是有用的。对理解隐藏在事物背后的意义感兴趣,会引发人们去探索内部的东西,把各种因素联系起来,那么"历史—解释"的知识就是有用的。对自主性感兴趣,会引导人们对学科内容做批判性反思,或对自己进行批判性反思。

哈贝马斯认为,只有达到第三种认识水平时,才能保证获得真正的知识。因为真正的知识要求参与和投入,要求参与变革的行动。如果没有批判性反思,任何学习只是提供一些与学生不相干的外在信息,学科内容可能成为奴役的手段,而不是解放的手段。

■（二）中国哲学基础

中国哲学一直与教育密不可分,许多哲学家同时也是教育家,许多哲学流派同时也是教育流派。如孔子以及儒家学派,老子以及道家学派,墨子以及墨家学派,都是这种情况。中国古代哲学为教育教学提供了重要的理论基础,如天人合一、德智双彰、知行合一、学思结合等教育哲学思想,至今仍有强大生命力和现实指导意义。现当代中国哲学也同样与教育教学研究密切相关,而且其秉持着更为宽泛的立场,从目的论、知识论、人性论、价值论和方法论等哲学视角,为课程与教学研究提供了可能的理论基础。

在课程与教学的中国哲学基础方面,这里主要运用我国哲学家冯契的观点来进行讨论。在冯契看来,中国近代以来经历了空前的民族灾难和巨大的社会变革,"中国向何处去"的问题成了时代的中心问题。具体到思想文化领域,包括教育尤其是课程与教学研究领域,"古今中西"之争,"知识与智慧"之辩,能够较好地集中体现具体教育教学研究领域的哲学基础。[①]

1. "古今中西"之争的哲学基础

中国进入近代以来,中国文化和西方文化发生激烈冲撞,基本的情形是中国封建社会进入衰世,民族传统中许多腐败衰朽的东西暴露无遗,急需进行革命性变革,用新文化、新哲学来取代旧文化、旧哲学,这是一个哲学革命的时期。同时,近代西方文化是随着武装侵略进入中国的,中国人吃了败仗,民族受到空前未有的屈辱。先进的中国人意识到不能再闭关自守,必须向西方学习,必须面向世界。中国近代的"古今、中西"之争是"中国向何处去"这一时代中心问题在政治思想领域的反映,它制约着哲学的演变。随着社会实践的发展,通过"古今、中西"的相互作用,中国近代哲学论争主要在四个方面展开:历史观(以及一般发展观)问题,认识论上的知行问题,逻辑和方法论问题,关于人的自由和如何培养理想人格问题。改革开放以来,中国特色社会主义现代化事业的发展,使得中国哲学理论有必要也更有可能从新的理论高度和新的哲理境界,会通古今中西,建构"中国向何处去"这一中心问题及其在特定研究领域更为具体的中心问题的哲学基础。

---

① 冯契.智慧的探索——《智慧说三篇》导论[J].学术月刊,1995(6): 3—23.

其中,科学主义与人文主义、实证论与非理性主义的对立,是近代以来西方科学和人生脱节、理智和情感不相协调的集中表现,也是中国近现代争论不休的哲学问题。科学和人生的关系问题,确实是个时代的重大问题。就中国来说,既需要科学,也需要人文精神,但人文领域和自然科学领域存在很大区别。自然科学一般说来,已经超越了民族的界限,我们可以直接吸收西方科学技术来为我国的现代化服务,物理学、化学等也无所谓中国化的问题。当然,自然科学也有一个自主创新发展的问题。但人文领域则不同,既要克服民族局限性,又要保持和发扬民族特色,并且越具民族特色,就越有人类普遍意义。加之哲学既涉及自然,又涉及人文。那么,怎样使中国哲学既发扬中国的民族特色,又能够会通中西,使它成为世界哲学的有机组成部分,是许多中国学者都在考虑和要解决的问题。古今哲学的继承和创新以及中西哲学的交流和会通,是否有可能提供一种新的视角,来解决科学主义和人文主义对立的问题,是值得郑重考虑的哲学问题。

2. "知识与智慧"之辩的哲学基础

哲学理论,一方面要将其化为思想方法,贯彻于自己的活动、自己的研究领域;另一方面又要通过身体力行,将其化为自己的德性,具体化为有血有肉的人格。只有这样,哲学才有生命力,才能够真正说服人。一切真正的理论、真正的哲学家、真正的哲学派别,都具有肯定自己又超越自己的品格,是革命的批判的;它总是把自己看成相对的、有条件的存在,看成是无限前进运动中的一个环节。

就教育领域而言,认识论是其中最重要的哲学基础之一。广义的认识论不应只限于有关知识的理论,还应研究智慧的学说。认识论的任务正在于阐明从无知到知、从知识到智慧的认识的辩证法。如果是单纯讲知识即客观事实记载、科学定理等,都无所谓民族特色,如果讲贯穿于科学、道德、艺术、宗教诸文化领域中的智慧,就涉及价值观念、思维方式、人生观、世界观等,归结到中国先哲关于性和天道的认识,这便是最富有民族传统和特点的哲学思想。哲学需要对逻辑和方法论、自由理论和价值观做深入的研究,核心问题可以概括为思维和存在的关系问题。其中,认识的辩证法如何转化为方法论的一般原理,以及如何贯彻于价值论领域,从而在使理想成为现实以创造真善美的活动中,做到分析与综合相结合、理论与实际相统一,能够转识成智,化理论为方法,化理论为德性,培养健全人格。当认识的辩证法贯彻到提高人的素质和培养理想人格的过程中,可以引申出,在自然和人、主体和客体的交互作用中,实践和教育相结合,世界观、人生观的培养和德智体美劳五育相结合,集体帮助和个人主观努力相结合,以求个性的全面发展,是培养平民化的健全人格的基本途径。

当然,我国课程与教学论研究在建立独立的课程与教学哲学学科体系和创建自成一体的课程与教学哲学学术流派方面,尚需付出更多的努力,进行更多体现中国教育实践和教育创造的思想总结与理论提炼。

总体而言,无论是心理学、社会学,还是哲学,都不能成为课程与教学的全部或唯一的理论基础,更何况,影响课程与教学的因素还有很多,如各种社会政治、经济、文化因素,学生身心因素,以及科学技术发展的趋势等诸多方面,也都可以为课程与教学发展提供更多可以参照和借鉴的思想资源、理论指导和技术支持。

重要概念

■ 最近发展区

最近发展区又叫潜在发展区,是指儿童独立解决问题的实际发展水平与在成人指导下或在有能力的同伴合作中解决问题的潜在发展水平之间的差距。最近发展区理论最早由苏联著名教育学家和心理学家维果茨基提出,他认为教学必须考虑儿童已达到的水平并要走在儿童发展的前面,在确定儿童发展水平及其教学时,必须考虑儿童的两种发展水平:一种是儿童现有的发展水平,另一种是在有指导的情况下借助成人的帮助可以达到的解决问题的水平,或是借助于他人的启发和帮助可以达到的较高水平。这两者之间的差距,即儿童的现有水平与经过他人帮助可以达到的较高水平之间的差距,就是最近发展区。最近发展区理论强调了教学在儿童发展中的主导性、决定性作用,揭示了教学的本质特征不在于训练、强化业已形成的内部心理机能,而在于激发、形成目前还不存在的心理机能。

讨论与反思

1. 你如何理解课程与教学论话语框架的意义?
2. 你认为课程与教学论最重要的学科基础是什么?为什么?

拓展阅读

1. 崔允漷. 有效教学[M]. 上海:华东师范大学出版社,2009.
2. 施良方. 课程理论:课程的基础、原理与问题[M]. 北京:教育科学出版社,1996.
3. [美] 拉尔夫·泰勒. 课程与教学的基本原理[M]. 施良方,译. 北京:人民教育出版社,1994.
4. 王策三. 教学论稿(第二版)[M]. 北京:人民教育出版社,2005.
5. 钟启泉. 课程论[M]. 北京:教育科学出版社,2007.
6. 张华. 课程与教学论[M]. 上海:上海教育出版社,2000.
7. 黄甫全. 现代课程与教学论(第三版)[M]. 北京:人民教育出版社,2014.

前沿热点

"因材施教"是中国教育智慧的重要体现。从儿童的视角而言,为什么要注重因材施教?如何进行因材施教?都是值得不断思考和探索的议题。

随着科学知识的不断发展,心理学、社会学及哲学的学科基础有助于我们更好洞察、探究和理解儿童发展的规律,预测儿童的行为;同时,有助于我们在课程及教学的开发、实施及评价过程中做出有助于儿童身心发展的正确决策。

从尊重儿童身心发展的规律与开启智慧教育的视角审视"因材施教"[①]

保护儿童权利、促进儿童健康发展,仅有法律的规定和美好的愿望显然不够,还要从儿童的需要出发,了解儿童,尊重儿童身心发展规律。尊重儿童身心发展规律,是保护儿童权利、促进儿童健康发展的前提。儿童常常缺乏自我保护能力,需要成人的监护。成人的监护既有法律的、伦理的、社会学的问题,也有教育学、心理学的问题。现实中大量存在拔苗助长和削足适履的情况,家长们喜欢相互攀比,无视孩子的特点和需要,用同一把尺子衡量孩子、要求孩子、塑造孩子,加上"鸡娃妈妈"之类的微信群推波助澜,害人不浅。违背儿童身心发展规律,该发展的没有好好发展,没到发展时候却违背规律硬要发展,赢在了所谓的起跑线上,却毁坏了孩子的健全人格和未来潜力。总之,儿童身心发展规律是一个大问题,内容十分丰富,从不同的角度看有不同的内容。其中,这几条是最基础的:儿童身心发展的整体性、成熟性、不平衡性、差异性与关键期。

认识儿童身心发展的整体性

人的生理、心理、认知、情感、意志的发展,人对自然、对人、对社会的认知、感悟和体验,是人在与世界方方面面的接触交流过程中形成的,是与社会的冷热寒暑的交往过程中获得的,这个过程对所有人来讲都是不可替代、不可或缺的。所有这些因素都蕴含、镶嵌在大自然的造化过程中,在人的进化过程中,在人的生命自然发展过程中。生理与心理、认知与情感、意志与品质、共性与个性,相互依存,相互塑造,缺一不可。

家长人为地割断儿童的身心发展、社会活动的整体性,把他们从早晨起床到晚上睡觉的时间都安排得很"充实",自己很有成就感,给孩子带来的却是痛苦。顺应自然发展,接触大自然,接触身边所有的人,接触身边所有的事,接触所有开心的、不开心的,以及成功的、失败的事情,这才是一个人生命发展的全过程。人在整体性的发展过程中,跟自己、跟周边的环境、跟整个社会打交道,是促进个体发展的全部途径。

理解儿童身心发展的成熟性

在生理层面,人的每一个脑神经细胞、每一块肌肉、每一根毛发的发展,都有一个过程,不是天生就成熟的。人对外部世界的理解、应对,也是由这个成熟性决定

---

① 改编自:袁振国.因材施教:尊重儿童身心发展的规律与开启智慧教育[J].探索与争鸣,2021(5):15—18.

的。当孩子没有成熟的时候，硬要他们去做一件事情，第一个代价是累，孩子和家长都身心俱疲，第二个代价是效果差，事倍而功半，甚至可能有害无益。而当孩子的生理、心理条件成熟了，常常不需要付出什么努力就可以获得成功。

心理学上有个很有名的爬楼梯实验：一对双胞胎，一个在24周的时候训练他爬楼梯；一个不训练。到26周的时候让他们一起爬楼梯，结果爬楼梯的表现是一样的，提前训练的孩子没有展现出任何优势。很多人觉得能早一点学就早一点学好，事实并非如此，结果常常是自讨苦吃。著名心理学家皮亚杰研究发现，人的思维水平与人的年龄有着内在的联系。思维能力在2岁、7岁、11岁都会有一个飞跃，其间又有若干小的发展阶段。孩子的思维水平从低级到高级、从形象到抽象、从逻辑性到辩证性，是不能逾越的。所谓的早期开发，很多是毫无科学根据的臆想。

关注儿童身心发展的不平衡性

成熟性讲的是儿童各个方面的成熟达到健全的过程。而不平衡性，是指人的生理、心理方面成熟的先后顺序是不一样的，有些早，有些晚。在这方面，神经生理学、神经心理学、儿童心理学和发展心理学已经积累了大量研究成果。很多在生活中依靠经验判断、似是而非的东西，随着脑神经科学的发展，提供了大量的证据。这里特别需要强调认知因素和非认知因素发展的不平衡性。我们现在对记忆、思维等都非常重视，对运算、空间想象、建模、编码等也非常重视，这些内容当然很重要。但心理学研究表明，一个人的非认知因素，包括他的责任心、情感控制力、自我管理、人际交往、思想的开放性和吸收新鲜知识与信息的兴趣等，对一个人的成长、成功更重要，尤其是在他们离开了学校以后。非认知因素对我们在未来生活当中的成功和个人的幸福，比认知因素影响更大；非认知因素发展的不平衡性比认知因素更突出。更为重要的是，认知因素受先天因素影响更大，而非认知因素受后天环境和教育的影响更大。因此，塑造良好的非认知因素应该放在教育中更加突出的位置；而良好的非认知因素的养成更依赖于社会活动、人际交往、责任担当。

把握儿童身心发展的差异性与关键期

人在成长过程中，每一种能力的发展都有一个最重要、最快速的发展时期。过了这个时期某种能力就不可能发展得很好，甚至会永远丧失这种能力。比如语言，小时候每个人学习语言都很轻松自然，一个孩子如果两岁的时候生活在上海，就会说上海话，生活在伦敦，就会说英语。如果把这两个孩子对调一下，一个很快就会说英语，另一个也很快就会说上海话。把他们换回去，他们又很快恢复如初。可是如果过了12岁，要想学会另一种语言，就要费很大的力气，甚至永远学不好第二种语言。可见，12岁之前是语言学习的关键期。

与之类似，音乐、美术、舞蹈、体育等很多技能都有关键期。可见，抓住关键期，学习就能事半功倍;而错过了关键期,就会事倍功半,甚至永远不能弥补。遗憾的是,现在我们对人的各种能力、各种素养发展的关键期了解得还很不够。孔夫子早在2500多年前就讲"因材施教"。因材施教就是根据不同人的特点,采取不同内容、不同方法、不同节奏的教育。我们强调教育质量,最高境界的教育就是"因材施教",为每个孩子提供最适合的教育。如果从权利层面而言,接受适合的教育既是人更高级的权利,也是社会对人力资源的最大开发。

因材施教:手机运用与智慧教育

现代科学技术,特别是网络、大数据技术、人工智能对因材施教具有重要意义。科学技术的发展和创新,应该为人的发展、为教育的发展、为儿童的身心发展提供强大的动力和技术条件。只有人工智能在教育当中充分运用的时候,只有那些简单的、重复的、繁琐的工作全部交给人工智能的时候,教师才能从繁重的简单的劳动当中解放出来,才有可能把更多的精力专注于对孩子独特性的培养,专注于情感的交流和人格的对话,才有可能实现真正的因材施教。

由于有了网络和手机,学习形态已经发生了根本变化。学生从学校、从书本、从老师那里学到的东西,比起从网络和手机上知道的东西也许已经是"小巫见大巫"。可以预见,孩子将来从网络和手机上学到的东西会越来越多,越来越重要。尤其随着后疫情时代以来线上线下融合教育的发展,一位老师面对一群固定的学生的传统课堂,将会逐渐被一位老师面对无数学生、一位学生可以选择无数老师的网络课堂所取代。未来一个人的胜任力和竞争力将极大地取决于他的信息素养,特别是独立获得信息、分析信息、运用信息的能力。既然人类已经进入信息时代、智能时代,人为地将人阻隔在这个时代之外,换一种视角来看,也是对个人应有权利的一种排斥。

网络中的确充斥着大量有害无益的信息,遍布着各种游戏陷阱和犯罪欺诈,教育部门采取禁止手机进校的措施,在当下的确是"两害相权取其轻"的无奈做法。问题的关键是,从长远看,目前孰轻孰重还不好断言。笔者以为,单纯地阻止手机进校园,是一种主要依靠前信息时代的思想方法和管理方法来处理信息时代需求的方法。今天我们又遭遇了大禹治水是疏还是堵的问题。事实上,在现实的教育实践中,不少学校已经探索出很多灵活运用手机教学、运用手机助学的有效办法和经验,研究与推广其中的有效经验和办法才是值得花力气做的事情。既然传统的管理方法已经不能满足信息时代、智能时代的要求,那么更新理念、提高管理水平和治理能力已经是迫在眉睫的问题,而且是一个在更高的水平上维护孩子可持续发展权利的问题。

就此而言,我们说要促进孩子健康发展,还有很多方面的工作要做。要增强尊重发展规律的意识,加强孩子发展的生理、心理规律的研究,尊重这些规律,使我们维护孩子权利的努力建立在科学的基础之上。

第二章
课程与教学研究话语

📑 **本章内容导引**

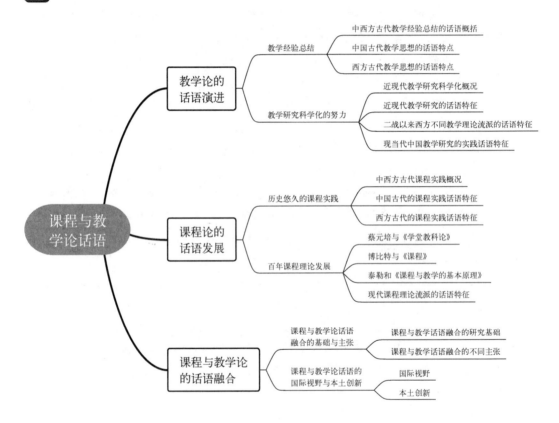

📖 **引言**

　　就一门学科而言,是否形成专业的话语系统,是这门学科是否成熟的重要指标。在课程与教学研究领域,那些杰出的贡献者,通常都会在特定教育语境中,总结和创造出独特的话语系统,影响和指引课程与教学问题的思考和解决,进而在一定程度上扩展为课程与教学领域的公共话语和理论流派。

本教材使用的话语,是指为了指称、分析和解释特定研究对象的意义和属性而专门建立起来的语言文字符号形式。人们依靠专门话语,可以清楚地阐明特定研究领域的事实、现象、术语、称谓、议题、视角、维度、假设、理念、概念、判断、推理、描述、诠释、观点、主张、思想、过程、机制、原因、结果、影响、原理、公式、符号、编码、模型、技术、方法、途径和策略等。话语系统为特定领域问题的思考、研究和论述提供支架,也为准确、便捷、顺畅地交流、分享和反思研究问题、研究过程、研究心得与研究成果奠定基础。研究话语的更新,往往意味着研究范式的跃迁,也意味着研究话语权的转移。

与话语系统相类似的说法,还有概念系统或概念框架、理论系统或理论框架等,但概念系统或概念框架、理论系统或理论框架更加正式、严整,而话语系统或话语框架则更加宽泛,包容性更强。

本章重点是呈现课程与教学研究的话语演进、发展和融合。主要内容包括:

- 教学论的话语演进
- 课程论的话语发展
- 课程与教学论的话语融合

案例

课程的日常概念

在学校课程方案讨论会上,校长与几位教师代表交流,想听听他们对学校课程方案的看法与建议。

校长:目前,我们学校开设了国家课程、必修课程、生活课程、兴趣课程、少先队课程,还有各种社团活动,种类非常丰富。大家一起来看看,这些课程的课程目标、具体内容、实施形式,有哪些地方可能存在问题,有哪些地方还可以进一步调整完善,让我们学校的课程变得更好。

教师A:我觉得这个课程目标可以改一下,我们手上这份课程方案是几年前写的,当时还在强调三维目标,现在的流行说法都变了,不是都在说核心素养了吗?我们要跟上。

教师B:我倒觉得没必要大改,其实什么"双基教学""三维目标""核心素养",说的都是一个意思,说法虽然不同,但具体内容都一样,就是改革文件中换了个说法而已。说白了,就是玩概念,换汤不换药。要改的话,也只要改改标题上的主要说法就好了。

教师C:课程方案嘛,写起来是一回事,做起来又是另外一回事。这种字面上写出来的目标、实施方式要真正落到实处,对我们教师来说真的是太难了。很多时候,我们老师也顾不得上面说的条条框框,都是按照自己的想法来上课的,效果好像也不赖……

案例评析:在现实生活中,很多人在谈论学校教育时,都会把课程与教学当作再好理解不过的事情。殊不知,即便是常年和课程与教学打交道的校长、教师,也可能对课程与教学存在不少误解和盲区。在本案例中,校长把不在同一个逻辑层面的几类课程并列在一起进行讨论,或许校长知道每类课程指的是哪些课,也知道每类课程有哪些内容,但使用这样逻辑混乱的课程分类,是无法厘清和交流学校课程的结构与功能问题的。教师 B 和教师 C 则更在乎怎么去做,不太重视话语变化背后的观念和指导思想的变化。当然也有像教师 A 一样,察觉到某些关键概念正随着时代的变化而变化,自己的教育理念也应该相应调整。

第一节 教学论的话语演进

从学科形成和发展的角度来看,课程与教学论的话语最初是以教学话语形式融合在一起的。教学论的话语系统经历了教学经验总结、科学化探索和多元化理论发展的漫长演进过程,而且还会随着时代的发展继续不断地演进。

一、教学经验总结

早期的教学理论形态,是与教育问题的理论思考合而为一的,而且基本上都是以经验总结的形式呈现出来的,更多的是教育家个人的教学心得体会,并无十分明确的研究话语框架。

■（一）中西方古代教学经验总结的话语概况

在东方,孔子的儒家教育思想与实践,被认为是中国古典人文教育最具代表性的早期形态。在西方,苏格拉底(Socrates)的产婆术教育活动和主张,被认为是西方古典人文教育最具代表性的早期表现。

表 2-1 中西方古代教学经验总结

经 验 形 态		代表人物	教学话语示例
中国古代	春秋战国时期《论语》	孔子	君子;仁者爱人;为仁由己;学而时习;温故知新;举一反三;不愤不启,不悱不发;有教无类;等等
	战国晚期《学记》	儒家学者	善教善学;教学相长;因材施教;循序渐进;长善救失;善喻善问;等等
	宋代"苏湖教法"	胡瑗	分斋教学;直观教学;寓教于乐;等等
	宋代《白鹿洞书院学规》	朱熹	学规;教事;明理;格物致知;学以为己;五伦,为学,修身,处事,接物;讲义,课语,说论,问答;等等
西方古代	古希腊"产婆术"教学法	苏格拉底	反诘;助产;归纳;定义;等等
	古罗马《雄辩术原理》	昆体良	教育目的;教学过程;教学内容;教学原则;教学方法;教学组织;教学评价;教学艺术;等等

教学论在成为一门独立学科之前,大多以教学经验总结形式出现在教育活动之中。例如,中国古代《论语》《学记》"苏湖教法"和《白鹿洞书院学规》等,西方古代"产婆术"教学法和《雄辩术原理》等,都是所处时代教育实践经验和教育家思想主张的总结与汇编。这些经验总结和思想汇编,为教学论的诞生与发展,提供了重要的思想理论资源,也是教学理论话语的初级形态。

■ (二)中国古代教学思想的话语特点

《论语》是记录我国春秋末期思想家和教育家孔子及其弟子言行的一部书籍,共 20 篇,两万余字。其中蕴含的教育教学思想,大多都是孔子教育实践经验和个人体会的提炼与总结。《论语》蕴含的教育智慧,包括"仁者爱人"的"君子"教育目标观,"为仁由己""不耻下问""三人行必有我师"和"学""思"结合的学习观,《诗》《书》《礼》《易》《乐》等经典文献的分类教材观与内容观,以及"有教无类""愤启悱发"和"举一反三"等教育原则观,成为熠熠生辉、绵延不竭的独特教育思想资源。

《学记》写于战国晚期,是中国古代典章制度专著《礼记》中的一篇,也是世界上最早的教学论著,相对集中和系统地论述了教学原则与教学方法。在教和学两个方面,《学记》主张"善教"和"善学"的教学思想,尤其还针对教师的教提出"善喻"和"善问"两则方法。[①]《学记》全文虽然只有 1 229 个字,但其内容多来自于当时的学问家们多年从事教学的直观感受和实践经验,它精练而全面地概括了先秦时期诸子百家的教学实践和教学思想,标志着先秦教学思想的系统化和理论化表述[②],是中国古代教学思想理论话语的杰出成就。

"苏湖教法"是由北宋思想家、教学家胡瑗在泰州、苏州、湖州和京师太学执教三十年过程中所创设的一套完整且独特的教学规章。"苏湖教法"的核心是"分斋教学法",也称作"分科教学法"。胡瑗把学校的教学组织分为经义和治事两斋。经义斋学习研究经学基本理论。治事斋讲授治民、讲武、堰水、历算等科。"分斋教学法"是中国教育史上第一次在同一学校中分出经义斋和治事斋而进行的分科教学,也是第一次实施选修、必修制度供学生选科,把课程与教学领域的话语框架向前推进了一大步,具有划时代的开创意义。此外,"苏湖教法"还包含着胡瑗在教学过程中总结出的其他教学原则,如因材施教、寓教于乐、直观教学等。[③]

南宋著名的理学家、思想家、哲学家、教育家朱熹,借鉴胡瑗创设的"苏湖教法"和吕祖谦制定的"乾道五年规约"(乾道五年即公元 1169 年),为白鹿洞书院研制了《白鹿洞书院学规》。学规以"父子有亲,君臣有义,夫妇有别,长幼有序,朋友有信"五教[④]为宗旨,以培养"具有齐家、治国、平天下能力的贤者能者"为目的,对教育方向及学生学习修养的途径做出明确规定。[⑤]《白鹿洞书院学规》不仅在当时影响颇广,成为书院统一的教规、学规,

---

① 张传燧,周文和.《学记》教学艺术思想探微[J]. 教育评论,2002(5):85—87.
② 张传燧. 中国教学论发展的世纪回顾与前瞻 兼与蔡宝来先生商榷[J]. 教育研究,2002(3):43—48,53.
③ 陈文华."苏湖教法"探新[J]. 中国成人教育,2008(9):120—121.
④ 参见《白鹿洞书院揭示》,第一是"五教之目",什么是"五教之目"?就是学习的目的。朱熹直接引用《孟子·离娄》中的"父子有亲,君臣有义,夫妇有别,长幼有序,朋友有信",认为这就是我们学习的目的。
⑤ 黄庆来. 朱熹和白鹿洞书院[J]. 江西社会科学,1982(3):90—92.

也为后来学校教育的办学准则提供了范本。①

■（三）西方古代教学思想的话语特点

西方古代的教学经验总结也对世界教育教学发展产生了深远影响。古希腊哲学家、教育家苏格拉底倡导"产婆术"教学法，也称作"苏格拉底教学法"，即教育者要像助产士帮助产妇生子那样，去启发和引导学生发现真理和获得知识。"产婆术"主要包含反诘、助产、归纳、定义四个步骤，并遵循准确设问、适时提问和渐次推进三个实施原则。②

《雄辩术原理》是古罗马教育家昆体良（M. F. Quintilianus）系统总结自己从教二十余年的教学经验集合而成的著作，内容涉及教育教学的作用和目的、教学过程、教学内容、教学原则、教学方法、教学组织形式、教学评价和教学艺术。昆体良在《雄辩术原理》中首次提出了班级教学的设想，并结合教学实践经历分享自己对教学艺术的见解，倡导教师应注重因材施教，使用恰当的方法启发学生、引导学生。③

不论是代表中西方最早完整论述教学的文本论著《学记》和《雄辩术原理》，还是"苏湖教法""产婆术"教学法等产生于实践的教学方法，都是对中西方古代教学经验的高度概括。虽然其经验性多于理论性，但却为后续教学研究话语的独立与科学化发展奠定了重要基础。

二、教学研究科学化的努力

经过中西方教育家对教学实践的漫长探索，教学研究开始不再局限于个人教学经验的总结与分享，而慢慢朝向科学化、系统化、理论化的话语系统发展，到17世纪时出现了独立的教育学科形态，教学论话语系统也开始朝着专业化方向演进。

■（一）近现代教学研究科学化概况

在教学研究科学化进程中，夸美纽斯（J. A. Comenius）、赫尔巴特（J. F. Herbert）两位教育家做出了杰出贡献。后来，在欧美现代教育运动中涌现出来的帕克（F. W. Parker）、杜威（J. Dewey）、克伯屈（W. H. Kilpatrick）等教育改革家也为教学论的独立与发展起到了添砖加瓦的重要作用。

近现代教学研究的科学话语，首先在欧洲兴起和发展，后来逐渐扩大到美国，并成为与欧洲并驾齐驱的教学研究高地，对世界各国教学论话语的发展走向产生了重要影响。

■（二）近现代教学研究的话语特征

首先，《大教学论》与《普通教育学》奠定了现代教学论话语框架。

夸美纽斯是17世纪捷克教育家，代表作有《母育学校》《大教学论》《世界图解》等。其

---

① 张如珍.白鹿洞书院学规发微[J].西北师大学报(社会科学版),1999(4)：69—72.
② 杜永红.试析苏格拉底"产婆术"教学法及其实践价值[J].现代教育科学,2005(10)：33—34.
③ 刘秋云.《学记》与《雄辩术原理》教学观的比较[J].教育与职业,2006(32)：116—117.

中,1632 年出版的《大教学论》论述了教育的目的和任务、教育适应自然的原则、学校制度及各阶段的教育任务、班级授课制、教学原则和教学方法等,奠定了现代教育学的基本框架,被认为是教育学从综合性的知识领域分化出来作为一门独立学科的起点,夸美纽斯也因此被教育史学家誉为"教育科学的真正奠基人"和"教育史上的哥白尼"。①

赫尔巴特是 19 世纪德国著名教育家和心理学家,被誉为"科学教育学之父",代表作以 1806 年出版的《普通教育学》最为著名。该书在教育史上首次系统论述了现代教育学的基本思想,提出了以培养学生德行为主的教育目标,包括内心自由、完美、友善、正义、公平在内的五种道德观念,包含管理、教育性教学和训育在内的三种教育手段,以及知觉和观念的心理学。② 其中,教育性教学与形式教学阶段是赫尔巴特教学论话语系统的两大亮点。一是他认为不存在"无教学的教育"和"无教育的教学",故首次提出"教育性教学",其目的是发展学生"多方面的兴趣",将原先单纯的知识传授扩展为通过知识传授形成必要的观念,进而形塑学生的道德人格,使得"教学"在"教授"意义的基础上增添了"教育"意蕴。③ 二是他根据统觉心理学提出了包括明了、联想、系统、方法在内的形式教学阶段理论,后来他的学生戚勒(T. Ziller)将"明了"细分为"分析"和"综合"两个阶段,扩展为"五段教学法"。④

其次,新教育与进步教育强化了现代教学论话语的学科特征。

新教育运动开始于 1889 年由英国教育家雷迪(C. Reddie)开办"新学校",他主张重视儿童实际活动,强调教育与生活相联系,反对单纯的书本学习。在"新教育运动"中,比利时教育家德可乐利(O. Decroly)创办了"隐修学校",提出了"兴趣中心"和"整体化"的教育原则。意大利教育家蒙台梭利(M. Montessori)创办了"幼儿之家",总结出《蒙台梭利方法》,全面介绍"幼儿之家"的活动情况及原则、方法,包括纪律问题、授课方法、儿童饮食、音乐教育、农业劳动、手工劳动、感官教育、智育、读写算教授法、宗教教育、教师的任务等。⑤⑥

美国"进步主义教育运动"以帕克的教育改革和杜威开办实验学校为先导。

帕克在 1875—1880 年任马萨诸塞州昆西市教育局局长期间,主持昆西学校实验,其教育革新措施被称为"昆西教学法"。"昆西教学法"的主要特征为:(1)强调儿童应处于学校教育的中心;(2)重视学校的社会功能;(3)主张学校课程应尽可能与实践活动相联系;(4)强调培养儿童自我探索和创造的精神。⑦

杜威是进步主义教育的另一位代表人物,提出"做中学"和"教学五步骤"的教学观与教学方法。杜威认为,4—8 岁的儿童主要是通过活动、在活动中学习与发展的。他从教

---

① 周采. 外国教育史[M]. 华东师范大学出版社,2008:203—211.
② 彭正梅,本纳. 现代教育学的奠基之作——纪念赫尔巴特《普通教育学》发表 200 周年[J]. 全球教育展望,2007(2):19—27.
③ 孙元涛. 赫尔巴特"教育性教学"再认识——兼论文化传译中的意义变迁[J]. 全球教育展望,2009(2):32—36.
④ 裴娣娜. 教学论[M]. 北京:教育科学出版社,2007:34—35.
⑤ 裴娣娜. 教学论[M]. 北京:教育科学出版社,2007:37—38.
⑥ 周采. 外国教育史[M]. 上海:华东师范大学出版社,2008:315—316.
⑦ 周采. 外国教育史[M]. 上海:华东师范大学出版社,2008:288.

育中的思维出发,提出教学方法中的一些要素,即通常所说的"教学五步骤",它包括:"第一,学生要有一个真实的经验——要有一个对活动本身感兴趣的连续的活动;第二,在这个情境内部产生一个真实的问题,以作为思维的刺激物;第三,他要占有知识资料,从事必要的观察,以对付这个问题;第四,他必须负责有条不紊地展开他所想出的解决问题的方法;第五,他要有机会和需要通过应用检验他的观念,使这些观念意义明确,并且让他自己发现它们是否有效。"[①]

除此之外,"进步主义教育运动"期间,还诞生了一些影响深远的教学法或教学观等话语系统,如沃特(W. A. Wirt)的葛雷制、帕克赫斯特(H. Parkhurst)的道尔顿制、华虚朋(C. W. Washburne)的文纳特卡计划、克伯屈的设计教学法等,这些教学法的形成和应用都为教学论的发展起到了重要作用。

表2-2 近现代教学研究科学化概况

代 表 成 就	学 科 地 位	代 表 人 物	学科话语示例
《大教学论》	近代第一本教育学著作,标志着教育学作为独立学科的起点,奠定了教育学的基本框架	捷克教育家夸美纽斯	教育目的;教育原则;教育任务;教学原则和教学方法
《普通教育学》	现代第一本教育学著作,首次基于心理学系统论述现代教育学	德国教育学家、心理学家赫尔巴特	教育性教学;形式教学阶段
新学校;隐修学校;幼儿之家	新教育运动典范	英国教育家雷迪	重视儿童;联系生活
		比利时教育家德可乐利	兴趣中心;整体化教育原则
		意大利教育家蒙台梭利	蒙台梭利法
芝加哥实验学校;《民主主义与教育》等;昆西实验学校	进步主义教育先导	美国教育家杜威	做中学;教学五步骤
		美国教育家帕克	昆西教学法
		美国教育家克伯屈	设计教学法

■（三）二战以来西方不同教学理论流派的话语特征

二战以来,随着教学改革与教育运动的不断进行,20世纪50年代开始,以行为主义、人本主义、三大新教学论流派、认知主义、建构主义等为代表的不同的教学理论相继兴起,特别是随着信息文明时代的到来,学习科学理论异军突起,形成了多元的教学理论话语系统。

追溯不同教学理论的发展历程,特别是二战之后的西方教学理论发展,大致可以分为

---

① 杜威.民主主义与教育[M].王承绪,译.北京:人民教育出版社,1990:162—174.

以下四个阶段：(1) 20 世纪五六十年代行为主义教学设计理论的兴盛、人本主义教学的初兴、三大新教学论流派的崛起；(2) 20 世纪 70 年代认知主义教学设计理论的兴盛；(3) 皮亚杰、维果茨基所倡导的建构主义教学理论的持续发展；(4) 随着计算机网络信息技术和脑科学、AI 技术等众多前沿科技的发展，学习科学理论方兴未艾，数字时代的网络教学和深度学习等日益成为教学理论的公共论述和日常话语。

表 2-3　二战以来西方不同教学理论流派话语概况

理 论 流 派		代 表 人 物	教 学 话 语 示 例
行为主义		美国教育心理学家斯金纳	刺激—强化—反应；客观知识；程序教学
人本主义		美国教育家罗杰斯	非指导性教学；意义学习；过程学习
新教学论	发展性教学	苏联教育家赞科夫	发展性教学；高难度、高速度、高度理论化
	发现教学	美国教育心理学家布鲁纳	学科结构；发现学习；探究教学
	范例教学	德国教育家瓦根舍因	典型案例；本质结构；跨学科学习
认知主义		美国教育家奥苏贝尔、加涅	机械学习；有意义学习；认知结构；学习层级；前提技能
建构主义		瑞士心理学家皮亚杰、苏联心理学家维果茨基	学习主体；意义建构；最近发展区教学；学习共同体
学习科学		美国教育家莱夫、法国教育家焦尔当、加拿大科学家辛顿和教育家艾根等	组织学习；深度学习；意义炼制；变构理论；智能课堂；层进式学习；融媒体教学

■（四）现当代中国教学研究的实践话语特征

我国源远流长的教学话语传统，汇入现代教学理论发展的潮流，形成了具有中国特色的现当代教学论话语系统。

自现代新学制建立以后，尤其是中华人民共和国成立以来，我国教学理论发展大致包含三个方面的源流。一是继承创新，即继承孔子以来的优秀传统教育思想，以及清末民初实行新学制以来的现代教学思想理论，在反思与批判中不断推陈出新。二是引进吸收，包括中华人民共和国成立初期引进、译介和学习苏联凯洛夫（И. А. Кайров）教育学与教研室制度等，以及后来引进、译介和学习赞科夫（Л. В. Занков）发展性教学理论、维果茨基最近发展区教学理论、巴班斯基（Ю. К. Бабанский）最优化教学理论等。同时，随着改革开放的进程，进一步扩大了对于西方发达国家教学理论的引进、译介和学习，尤其重视引进、译介和吸收美国及欧洲教育发达国家的教学理论。三是实践创新，即扎根于中国教育教学实践，占为今用，洋为中用，针对中国特定的教学问题，开展探索性的教学实验和教学改革，归纳和总结出具有中国特色的、与我国教育实践紧密联系的教学理论话语。

表 2-4　中国教学研究的实践话语特征

实践场域	研究主体	话语示例
教学变革研究	陶行知、卢仲衡、王策三、裴娣娜、叶澜、黎世法、邱学华、顾泠沅、李吉林、钟启泉、林崇德等教育家群体	教学做合一；小先生制；双基教学；自学辅导；八字教学；教学认识论；主体性教学；生命·实践教育学；异步教学；尝试教学；尝试指导，效果回授；情境教学；微格教学；三维目标；深度教学；核心素养；综合学习；学科实践；学科主题学习；跨学科主题学习
区域教学研究	教研室、教研中心等教研机构，教研员群体	教学科研；学科教研；研究课；教学比武；赛课；听评课，同课异构；学业质量考试，摸底考，试卷分析；考试分析；学科发展规划；片区联动；教学模式
校本教学研究	教研组、备课组等团队，以及学科带头人等优秀教师群体	集体备课；磨课；课例研究；联盟校教研；讲授教学；精讲多练；一课一练；堂堂清；说课，听课，观课；试教，师傅带教；教学主张；名师教学工作室；教学常规；学校课程实施方案；学期课程纲要；教案；学案；导学案；大单元教学；学历案

　　总体而言，我国现当代教学理论是在继承自身教学传统、引进和吸收外来教学理论基础上进行实践创新而形成的复合型教学论话语系统。其中，在世界范围具有影响力和受到重视的是实践型的教学研究形态所形成的教学论话语系统，具有鲜明的实践话语特征。

　　我国教学论话语的实践性特征，一方面得益于引进和学习先进教学理论，在本土行动中进行创造性转化，形成了一套科学、有效的教学实践话语，对于庞大的教学系统起到了重要的专业引领和理论支撑作用。特别是，上海学生在 PISA 考试中连续取得第一名的优异成绩，因而引起英美等发达国家教学理论界、实践界和社会舆论的高度重视，尤其是对中国教学实践中重视练习设计和教学实效的教研体系与教学模式深感兴趣，纷纷到中国实地考察交流。英国甚至引进中国"一课一练"教辅资料，请上海一线数学教师到英国上课。美国学者还撰写和出版研究报告，如马克·塔克(M. S. Tucker)的《超越上海：美国应该如何建设世界顶尖的教育系统》(2013)，斯图尔特(V. Stewart)的《面向未来的世界级教育：国际一流教育体系的卓越创新范例》(2017)，从不同的侧面探讨了中国教学成功的经验。

　　但另一方面，我国教学论话语的实践性特征，急需加强在信息文明时代的心理学、脑科学、学习科学和人工智能的基础理论研究与成果支持，强化科学基础的教学论话语系统。只有这样，才能在世界教学理论话语系统中，讲好中国故事，获得更多裨益，做出更大贡献。

第二节　课程论的话语发展

　　从实践层面看，中国和西方都有非常悠久的课程发展历史。但从课程论层面来看，在中国，1901 年蔡元培先生的《学堂教科论》一书出版，标志着中国现代课程论意识的觉醒。在西方，1918 年美国教育家博比特(J. F. Bobbitt)的《课程》(*The Curriculum*)一书问世，课程论开始成为专门的研究领域。无论是在中国还是在西方，作为独立学科的课程论的发展至今只有一百多年的时间。

一、历史悠久的课程实践

教学论话语的漫长演进过程蕴含了课程论话语的发育过程，为课程论话语的相对独立发展准备了实践基础和理论条件。

■（一）中西方古代课程实践概况

无论是中国古代的私学课程、官学课程和书院课程，还是西方古代智者课程、学园课程和经院课程等实践形式，都是课程论话语发展的重要思想资源。

中西方早在古代时期的课程实践，最广为人知的当属我国西周时期的"六艺"课程与西方古希腊时期的"七艺"课程。此外，我国春秋战国时期的稷下学宫、汉唐时期的经学课程、宋明时期的理学课程、明清时期的经世致用课程、鸦片战争之后的洋务学堂课程等，与古希腊的西方学园、中世纪的经院课程、近代的现实主义课程等，都可被视为早期的课程实践。在课程成为专门的研究领域之前，这些历史悠久的课程实践反映了不同阶段学校教育的重点内容与课程门类。

表 2-5　中西方古代课程实践话语

古　代	课程实践	课程话语示例
中国古代	私学课程	六艺；六书；学在四夷；稷下学宫；道法自然；以法为教；书馆；经馆
	官学课程	经学；经世致用；太学；国子学；鸿都门学；弘文馆；律学；书学；算学；太医署
	书院课程	宽着期限，紧着课程；人能弘道；本立道生；格物致知；知本求实；立志；知耻；四书五经
西方古代	智者课程	逻辑、修辞、文法、算术、几何、天文、音乐等七艺
	学园课程	柏拉图学园；亚里士多德学园
	经院课程	经院哲学

■（二）中国古代的课程实践话语特征

从文字可考的记载来看，我国先秦时期的课程实践主要包括西周和春秋战国两大部分。

在西周时期,国家要求培养文武兼备的人才,故课程内容围绕"六艺"展开。"六艺"指的是礼、乐、射、御、书、数。"礼"涵盖的内容极广,包括政治、伦理、道德、礼仪以及社会生活的方方面面;"乐"的内容包括诗歌、音乐、舞蹈;"射"指的是射箭的技术训练;"御",指的是驾驭马拉战车的技术训练;"书"指的是文字读写;"数"指的是算法。[①] 在"六艺"课程中,"礼、乐、射、御"属于大学课程,"书、数"属于小学课程。作为西周教育的特征和标志,"六艺"课程反映了当时课程内容的丰富性,对后世儒家思想和儒学教育的发展产生了重要的影响。

春秋战国时期既是一个大动荡、大变革时期,同时也是一个思想、科学、文化大繁荣时期。在这一时期内,出现了百家争鸣、私学兴起的局面。儒、墨、道、法是众多学派中对教育发展影响最大的四家私学。

其中,又以儒家及其代表人物孔子的教育思想影响最为深远。为了达成其培养德才兼备的君子这一教育目的,孔子将课程内容分为道德教育与知识教育,同时,他也指定《诗》《书》《礼》《乐》《易》《春秋》(统称为"六书")作为教材供师生使用。儒家经典人文主义课程,到汉唐时期演变为官学和私学的经学课程,同时专科课程开始出现并慢慢发展,到宋元明清时期演变为官学、私学和书院的理学课程实践。

直到鸦片战争之后,洋务运动兴起,实用主义课程才受到重视,课程内容增加"西文""西艺",开始开设外语、数学、格致、化学等人文和科学技术课程。[②] 但在"中学为体,西学为用"的原则下,仍然以学习四书五经为主,导致学堂最终只培养少量中等技术人才。[③]

此外,我国古代课程评价实践主要表现为学业考试制度,历经三代时期"小成"与"大成"的学业评价思想萌芽、两汉时期以"射策"和"对策"为考试形式的"岁课"制度建立、隋唐时期以"通经"和"科举"为核心的学业评价制度发展、宋明时期"封弥誊录"和"八股文"等公平客观评价措施等重要发展阶段,形成了源远流长的学业考试文化。特别是通过考试促进学习、提高教育质量、选拔人才以及重视考试公平的传统,成为我国课程评价制度现代转型的社会文化心理基础。

■ (三) 西方古代的课程实践话语特征

在西方古代课程实践中,最早出现的"七艺"由两个部分组成:出现于公元前5世纪的古希腊智者致力于逻辑、修辞和文法研究,这三门学科被称作"三艺";后来,柏拉图又论证和说明了学习算术、几何、天文和音乐的意义,这四门学科被称作"四艺"。二者组合起来的"七艺"作为古代西方的第一个课程体系,成为后世西方中等和高等教育的主要内容。[④]

公元前387年,柏拉图(Plato)在雅典的阿加德米创建了学园,这是欧洲历史上第一所集高等教育与学术研究为一体的"学院",也是西方最早的教学机构。学园的课程内容以自然科学知识为主,学园门前写着"不懂几何者不得入内"。同时,学园也受到毕达哥拉

---

① 孙培青.中国教育史(第三版)[M].上海:华东师范大学出版社,2009:24.
② 孙培青.中国教育史(第三版)[M].上海:华东师范大学出版社,2009:319.
③ 王列盈.洋务学堂研究综述[J].西北师范大学学报(社会科学版),2003(3):12—17.
④ 徐辉.中西古代课程源流——"六艺""七艺"教育的产生及其特点[J].课程·教材·教法,1997(4):53—56.

斯学派的影响,教授学生哲学知识。[①] 柏拉图的学生亚里士多德(Aristotle)也效仿其师创办了吕克昂学园,学园的课程内容既有对基本哲学问题的理论思考,也有对社会结构和自然现象的实验研究。亚里士多德采用散步式讲学,学生可以通过训练和研究相结合的方式不断深入探索问题。[②]

中世纪西欧的课程内容以经院哲学为主,产生于9世纪的经院哲学是最初在查理曼帝国的宫廷学校以及基督教的大修道院和主教管区的附属学校发展起来的基督教哲学,这些学校是研究神学和哲学的中心。中世纪学校教育受到基督教神学的影响,科学知识不再是学校课程的主要内容,取而代之的是神学知识,而经院教育家所写的诸如《忏悔录》《神学大全》和《反异教大全》等著作则成为课程内容的标准。

随着启蒙运动的兴起,以涂尔干和赫尔巴特为代表的教育家倡导现实主义课程,他们要求从国家及社会发展的需求出发来思考教育。为了达成使学生"能够适应政治社会的要求,及将来所处特定环境的要求",现实主义教育家开始诉求世俗化、科学化和职业化的教育改革。[③]

二、百年课程理论发展

虽然课程实践历史很悠久,但课程研究话语却始终融合在教学研究话语框架之中,作为教学研究话语的组成部分,未能获得独立的研究话语地位和功能。当时间的年轮转到20世纪初叶时,学校教育理论与实践中的课程话语特征日益凸显。尽管其中大多还是实践经验形态,少数学术意义上的课程话语框架、概念框架或理论框架也还稍显稚嫩,视野不够开阔,研究不够深入,但终究还是有学者开始进行有关课程理论系统的专门研究,并出现了专门的课程话语学术研究成果。

■ (一)蔡元培与《学堂教科论》

就中国形成专门的课程论话语而言,蔡元培是一个重要的代表人物。从1900年到1901年间(清光绪二十六至二十七年),蔡元培在绍兴及上海搜集国内外参考资料,对各级学校的课程进行研究,撰写出《学堂教科论》一书,由杜亚泉主持的上海普通学书室于1901年10月石印出版。全书共28页,篇幅不大,但却成为中国乃至世界上专门的课程学术理论研究话语的开山之作。

蔡元培和他的《学堂教科论》为中国现代课程实践和课程理论话语系统的专门化奠定了重要基础,对课程理论与实践研究的后续发展产生了深远影响。

纵观《学堂教科论》全书,主要围绕"何以课""何以读""何以习"等课程内容问题展开"是有定理"的学术探讨,"爱陈管见","发为理论"。虽然不少观点和主张往往只是一点而过,并

① 胡婵.中西方高等教育之源办学理念的反思——从柏拉图学园看中西方大学思想之异同[J].继续教育研究,2010(6):109 111.
② 井华,史怀权.稷下学宫与吕克昂学园之比较[J].管子学刊,2007(2):22—23,78.
③ 周勇.人文主义、世俗社会与学校教育——西方课程思想史的主题变迁[J].全球教育展望,2006(4):23—26.

未深入详细展开论述，但仍不失呼唤课程意识，尤其是重视科目设置研究的启蒙意义①。

首先，提出"何以课"的课程内容改革课题。

蔡元培反思科举人才培养的积弊和原因，指出"科举之材，皆出于学校"，而学校则是"科举为招"，"课《四书》文"，"读《五经》"，"习楷书"，"课诗赋"，"如是已足"。等到学生进入社会，才发现"平生行习，了不相关"。他痛陈"鄙、乱、浮、葸、忮、欺"为学塾六害，"天下共苦"，而"考试之习，其害最烈"。这些课、读、习的内容，是"先世之遗传"，导致"塾师技止此耳"，所以需要进行课程内容变革，"奋然破旧日教师之谬"。

其次，阐释如何按照"学目"编列我国现代"教科"内容体系。

蔡元培阐释了"废科举而改官制"的改革要求，主要从以下三个方面提出课程内容改革主张。

（1）厘清学术体系的"叙学"学目，"胪举学目，揭表于下"。其中，"叙学"学目包括有形理学和无形理学两大界属，有形理学包括算学、博物学、物理学、化学等从属科目以及更加细分的支流学科；无形理学包括名学、群学、道学等从属学科以及更加细分的支流学科；有形理学和无形理学及其细分的四十余目支流学科，各自具有独特的"效实"与"储能"学习价值。

（2）将学术性的"叙学"学目转化为教学体系的"教科"学目和"学级表"。与"叙学先理而后名"不同，"教科先名而后理"，所以"教科"学目的安排，是要将先理后名的"叙学"学目转化为"教者""学者"先名后理的"教科"学目，并按普通、专门和实业等维度分别设置于1—6个学级，以落实和解决"何以课""何以读""何以习"的课程内容问题。

（3）将"学级表"分为学级总表，进一步细分为普通科、专门科和实业科等细化学级分表，以及特殊的"女学"课程和师范速成科学目。据此，蔡元培构建出了一套较为完整的学堂教科"学目"和"学级"体系。

再次，蕴含"教科"学目设置的重要原则和技术。

在《学堂教科论》中，蔡元培更多是就事论事地讨论"教科"学目设置问题，并未系统提出和详尽论述教科学目内容设置的原则和技术。但是，散见于学堂教科论通篇著述当中的"教科"学目设置原则和技术，依然光芒耀眼，闪烁着学堂"教科"学目设置的理论穿透力。

比如，关于课程名称，主张要"易于识别"。这样的课程名称命名原则，照顾了当时新旧交替、中外交流的教育现实，对于现代学校课程思想的传播、推广和普及意义重大，便于学堂教科话语系统走向社会大众。其实，易于识别的课程命名原则，对于当代学校课程命名如何通俗易懂、如何为更多的老百姓所了解和认同来讲，也一点不过时，仍然具有现实的指导意义。

关于教科学目设置的先后顺序，主张从不同学科性质和特点出发，把"先理后名"的

---

① 在《学堂教科论》中，蔡元培指出"日本井上甫水（圆了），界今之学术为三，曰有形理学，曰无形理学（亦谓之有象哲学），曰哲学（亦谓之无象哲学，又曰实体哲学）……彼云哲学，即吾国所谓道学也。"有形理学包括算学、博物学、物理学、化学，无形理学包括名学、群学（下含伦理学、政事学和文学），道学则包括哲学、宗教学和心理学，从知识体系衍生出了课程的意味。参见蔡元培. 蔡元培文选[M]. 张汝伦，编选. 上海：上海远东出版社，2012：5—18.

"叙学"学目,转换成"先名后理"的"教科"学目,将"记别思想之事"的工具性科目、基础性科目(如官话、解字、造句、切音记号、短章、文法、论说、论理学、外国语等)设置在先,以及先预科后专科,先幼学后中年学等,"循序不乱"地设置"教科"学目。

关于学业和学级的标准与依据,主张"卒业之凭"(学业标准和依据)、"中式之级"(按标准和程度分级)、"专门之学"(在通科基础上进行分科学习)、"官学相准"(职业需要与学业内容相匹配一致)。

关于学目设置的统一性和弹性化,主张在通科基础上学目和学级设置弹性化。"自普通初级以至专门,积十余学年,因有寒微之家迫不及待者,宜自普通初二级后调入实业学堂,以其余普通学之尤切要者为预科,而实业所需者为专科,卒业以后,足以持生计而不匮矣。"同样,学级表中对于学生年龄的设定为"初级(六岁起)""二级(八岁起)""三级(十一岁起)""四级(十四岁至十七岁)",只是个年龄范围,有弹性空间,而不是固定年龄。

关于通科、综合与专门、实业的关系,主张通科、综合是基础,专科、实业是择宜所需。通科和综合作为预科,预科和专科、实业融通衔接,专科和实业为预科建立调入通道。同时,通过"大别名"(相当于学习领域的概念)方式,运用名学、理学、群学、道学和文学等大别名学目,实现预科和专科、实科以及不同学级之间的学目分类连接与整合。这种大别名、学级表的学目设置与呈现技术,与后来美国教育家拉尔夫·泰勒(R. W. Tyler)关于目标确定的内容与行为二维表技术相类似,有异曲同工之妙。

此外,关于女学,主张"正本清源,自女学堂始",而且要"受之以渐"地体现为"学程所揭"。关于理论与实际,主张"学者质性不同"和"各有所长",要各用其长,无旷职,无弃材,等等。

再其次,通过"探求多殊""斟取旧名""或采译语"等方式,集结和使用了专门的学堂教科话语系统。比如,书名即为《学堂教科论》,意即论学校课程。在书中,教科、学目、学程、课程是作为通用大概念和同义语加以使用的。在学堂教科、学目、学程和课程这样的大概念下,集结和使用了分界、支流、所属、纲目、大纲、叙学、道学、理学、名学、通例、综合等学术性学目术语,以及宗旨、指归、效实、储能、纲要、为纲、为目、学级、学年、大别名、通科、普通、预科和专科、专门、实业、致用、理论和实际、教者、塾师、教习和学者、课读、行习、幼学、女学、师范等教学性学目术语和范畴,据以指称、分析、解说、阐释和表述学堂教科事项、关系和原理等。需要特别说明的是,其通过区分"叙学"学目和"教科"学目的概念,完成了从学术性的"叙学"学目到教学性的"教科"学目的转换,奠定了独立的教科、课程、学程、学目话语基础;同时,通过从"教科"学目到"学级表""大别名""学年""教科"学目的转换,建立了学级总表、普通学级表、专门学级表、实业学级表、女子学级表和师范速成科学目表的课程内容设置与呈现技术,形成了独立的学堂教科、课程、学程、学年、学目话语体系,为后续的学校"教科目"开设和"教科书"编制奠定了专门的话语基础。

蔡元培的《学堂教科论》是在梳理当时学校教育改革思潮基础上,汇聚集成和独立建构的学堂教科学术研究成果。如果结合后来"废科举、兴学校"运动,以及蔡元培担任民国教育总长及其在任期间所颁布的众多学校课程政策等史实来看,《学堂教科论》无疑是我国近现代教育史上第一本具有思想先导作用的学校课程论专著。

与《学堂教科论》的出版紧紧相伴随的是,从1902年第一个由清廷中央政府颁布的关于学校课程的官方文件《钦定学堂章程》开始,及至民国时期,有关学校章程、学校令、文科实科、教则、课程表和课程标准等政策话语系统已正式流传,并成为学校教育实践乃至社会大众的公共话语。

虽然《学堂教科论》主要论述的是学堂教科学目设置等宏观课程问题,而且对于学堂教科学目设置的论述大多也只是点到为止,并未充分展开,使之成为系统化的课程理论流派,但其所汇集和建构的学校课程话语系统、学堂教科学目设置的思想、原则、主张和技术等,开创了我国近现代课程学术专门研究的先河,在某种程度上为我国学校课程现代化做出了划时代的重要理论准备。

■ (二) 博比特与《课程》

在西方,直到 1918 年,美国教育家约翰·富兰克林·博比特的《课程》一书出版,可以看成是作为独立形态的课程论话语在教育学术研究舞台上的正式亮相。一般认为,博比特是西方现代课程理论的开拓者。

1910 年,博比特在芝加哥大学开设了一门名叫"课程"的课程,并于 1918 年正式出版《课程》一书。这本书是美国乃至西方教育史上第一本课程理论专著,它的出版也标志了课程作为专门研究领域在西方的诞生。博比特围绕"如何开发课程"这一核心问题来建构课程理论,他将泰罗(F. W. Taylor)的"科学管理"思想运用于学校课程之中,重视效率和控制,将科学等同于效率,把学生视为"机器",把学校视为"工厂",课程开发须遵循某种科学规律进行,使得学校最终能够高效率地生产出合格的"成人"。

纵观博比特《课程》全书,共分目的与过程、针对职业效率的训练、公民教育、身体效率的教育、休闲活动的教育、社会交际教育等六个部分。[①] 其中,"目的与过程"是最为重要的理论基础,全书以此统摄职业训练、公民教育、休闲教育和社会交际等教育领域和科目的选择与安排。

与蔡元培《学堂教科论》相比,蔡元培主要论述课程如何分学目、分学级、分类别进行设置,把学校课程的内容聚集到学堂教科的学目、学级和不同发展方向的学生类别层面;博比特讨论的问题则更具原理性,他从教育的本质和目的出发,去考虑选择哪些教育活动以及如何安排教育活动。他的课程理论被认为是科学化的课程开发理论。

博比特认为,教育是为成人生活做准备,是促进儿童活动与经验发展的过程,强调学校教育的课程目标,应着眼于那些在社会生活中无法自然获得而必须经由学校教育才能获得的经验。为此,课程开发要重视五个步骤:一是人类经验的分析,二是具体活动或具体工作的分析,三是课程目标的获得,四是课程目标的选择,五是教育计划的制定。

博比特早期的课程开发理论是一种带有效率取向和控制中心特点的活动分析方法,并在一定程度上开创了课程研究的基本问题和话语系统,即课程目标是课程开发的基本依据,课程目标与人类生活、儿童发展、学科知识具有内在联系,课程目标选择与教育计划制定必须遵循科学规范,课程开发必须处理好学科知识与生活需要的关系问题等课程理

---

① 约翰·富兰克林·博比特.课程[M].刘幸,译.北京:教育科学出版社,2017:2—3.

论话语框架。

　　事实上,博比特的课程理论给学校教育带来了诸如忽视儿童作为人的属性及其当下生活等潜在问题,明显带有所处时代的特点与局限。但不可否认的是,他是西方尤其是美国课程理论的先驱,并将课程作为一个独立的研究领域推向了历史舞台。

■ (三)泰勒和《课程与教学的基本原理》

　　1949年,美国教育家拉尔夫·泰勒《课程与教学的基本原理》一书出版,成为现代课程理论发展的奠基石,划定了后续课程研究领域的经典话语框架。该书是课程与教学理论研究绕不过去的一座丰碑,泰勒也因此被誉为"现代课程理论之父"。

　　泰勒在《课程与教学的基本原理》一书中提出了四个问题:(1)学校应该达到哪些教育目标?(2)如何选择可能有助于达到这些目标的学习经验?(3)如何为有效的教学来组织学习经验?(4)如何评价学习经验的有效性?[①] 对于这四个问题的回答,可以看作是课程编制过程的四个基本步骤,即确定目标、选择经验、组织经验、评价结果。

　　后来,课程论领域也将这四个步骤称为"泰勒原理",同时它也成为课程编制最具影响力的经典话语框架。在确定目标、选择经验、组织经验和评价结果四个基本步骤中,确定目标是最为关键的环节,其他步骤围绕此环节展开,故"泰勒原理"又被称为"目标原理"或"目标模式"。"泰勒原理"的提出引发了教育学者对课程理论广泛而深入的讨论,《课程与教学的基本原理》也成为对课程理论研究和实践探索具有深刻指导意义的不朽著作。

　　随着美国教育家博比特和泰勒课程研究著作的相继问世,西方国家从事课程理论研究的学者越来越多,研究话语也逐渐开始突破泰勒模式的经典话语框架,不断增加新的课程话语形式,衍生出丰富多彩的课程发展模式和课程理论流派,为课程研究赢得越来越多的教育理论话语权。这些课程模式和课程理论流派的形成与发展,大多都是对博比特和泰勒理论的继承与超越。

表2-6　现代课程理论概况

课程理论		代表人物	话语示例
基本原理	目标原理	泰勒	目标、学习经验、组织、评价;或目标、内容、实施、评价
发展模式	实践模式	施瓦布	实践理性;课程主体;校本课程;集体审议
	过程模式	斯腾豪斯	过程原则;内在标准;形成性结果;反思性探究
	解放模式	派纳	概念重建;履历情境;个体解放
	逆向设计模式	威金斯和麦克泰格	学习结果;理解;学习需要;逆向推断

---

　　① 拉尔夫·泰勒. 课程与教学的基本原理[M]. 施良方,译. 北京:人民教育出版社,1994:1—99.

续　表

课　程　理　论		代　表　人　物	话　语　示　例
理论流派	学生发展说	杜威	儿童经验；活动课程；探究学习
	学科结构说	布鲁纳	学科结构；知识迁移；发现学习
	社会改造说	弗莱雷	文化资本；强者知识；隐性课程

■（四）现代课程理论流派的话语特征

根据我国学者施良方的总结，现代课程理论流派大致可分为三类：强调以学生发展为中心的学生中心课程理论；强调以社会问题为中心的社会改造课程理论；强调以学术为中心的学科结构课程理论。[①] 三大流派也称学生发展说、社会改造说和学科结构说。

（1）学生发展说。以学生发展为中心的学生中心课程理论的代表人物是杜威。杜威批判了脱离社会实际和儿童生活的旧教育，认为儿童是教育的出发点，社会是教育的归宿点，强调课程与教学应该考虑儿童的兴趣、需要与思维方式。他反对只考虑本身逻辑体系的分科课程，而提倡能够呈现儿童生活与经验的连续性和统一性的课程，如与儿童日常生活密切相关的烹饪、缝纫、手工等。不过，这也并非意味着杜威绝对否定教师和书本知识的作用，因为他在主张将具有逻辑性和间接经验性的书本知识直接经验化的同时，也强调把儿童的直接经验加以组织，使其系统化、抽象化的过程。

（2）社会改造说。以社会问题为中心的社会改造课程理论的代表人物是弗莱雷、布迪厄（P. Bourdieu）、阿普尔和迈克·扬等。社会改造说主张围绕当代重大社会问题来组织课程，认为课程应该帮助学生建立一种新的社会秩序和社会文化。例如，弗莱雷认为"教育即解放"，主张课程应该帮助学生摆脱对社会制度的奴隶般的顺从，基于此，他在祖国巴西以及非洲的一些国家开展扫盲工作，通过教育实践为受压迫者而奋斗。布迪厄指出知识成了文化资本的一部分，这些知识在某种程度上决定并固化了学生的阶级地位，这种"文化再生产理论"揭示了学校教育的不公。阿普尔指出和阐释了社会统治阶级的意识形态与课程内容的选择之间的关系，迈克·扬则重点研究了知识的选择和组织与社会不平等的再生产之间的相互关系，但二者都相应指出师生对意识形态霸权的抵抗作用以及隐性课程对师生的潜在作用，以表明社会改造的可能性。但迈克·扬后来的研究视角发生重大变化，从早期关注强者的知识及其作用，到后来更关注强有力的知识及其作用。

（3）学科结构说。以学术为中心的学科结构课程理论的代表人物是美国学者布鲁纳。学科结构说特别强调课程知识结构的重要性，主张课程内容要反映学科的基本结构，所谓的"基本结构"就是各门学科中的基本概念、基本公式、基本原理、基本法则的体系。按照知识结构来选择和组织课程内容有利于学生更容易记忆与理解学科知识，同时也能

---

①　施良方. 课程理论：课程的基础、原理与问题［M］. 北京：教育科学出版社，1996：14—18.

够提升学生知识迁移的技能,缩小高级知识与初级知识之间的差距。

第三节　课程与教学论的话语融合

在课程和教学各自的科学化发展过程中,由于课程意识与教学意识的此消彼长和各领风骚,二者在 20 世纪彰显出明显的分化特征,许多学者将课程和教学置于二元对立的位置,认为课程和教学是从属于教育学的两个独立分支学科,各自拥有独立的话语系统。但从 20 世纪末开始,人们越来越意识到应该超越课程与教学二元对立的关系,课程与教学的一体化融合应该成为学科发展的必然选择。

一、课程与教学论话语融合的基础与主张

课程论的百年发展,使得原本包含于教学之中的课程问题成为独立的研究领域,同时也为更高形态的课程与教学的话语融合奠定了基础。如今的教育界已将课程与教学当成谈论教育无法绕开的两个重要话题,既相对独立,又彼此交替,作为一个在不同情境下有所侧重的动态话语系统,共同推动着教育实践的发展。

■（一）课程与教学话语融合的研究基础

随着课程论形成相对完整而独立的学科话语体系,一些学者开始认为,课程与教学是两个同等重要的不同教育领域,尽管有时二者是结合在一起的,但它们仍保持着各自固有的特点和独立性。课程理论和教学理论是教育学的并列的下位理论。[①]

20 世纪 50 年代至 70 年代,我国教育深受苏联影响,理论界秉持大教学观念,几乎没有课程论研究。直到 20 世纪 80 年代以后,与课程理论相关的学术论文和专著逐渐受到重视,开始大量出版。1997 年 3 月,中国教育学会教育学分会正式批准成立全国课程专业委员会,并于 1997 年 11 月在广州召开了首届全国课程学术研讨会。至此,课程论从教学论中分离出来,成为教育科学的一门独立的分支学科。[②] 学界对教学与课程关系的讨论持续热烈,认为课程与教学虽同属于教育学的下属学科,但由于课程意识的不断崛起,课程与教学两个研究领域已逐渐分化,二者应该分别探索和形成相对独立的问题域和话语系统。

当课程论从教学论中分化出来并且发展到一定程度的时候,一方面课程论话语的影响力越来越大,另一方面它也越来越需要更多从事一线教学工作的中小学校长和教师所掌握与运用。所以,课程论话语的分化发展,其实在很大程度上为回归到与教学论话语共

---

① 杨小微. 教学论是一门什么样的学问? ——兼论教学论与课程论的关系[J]. 课程·教材·教法,2002(12):14—19.

② 张天宝. 从传统走向现代——中国教学论百年的回顾与反思[J]. 教育理论与实践,2001(1):27—32.

同构成一个更大的话语融合整体准备了研究基础和理论条件。而且,这种建立在话语分化基础上的话语融合,相对于原来课程包含于教学之中而缺少课程意识的原始融合状态来说,是更高形式和更高质量的话语融合。

■（二）课程与教学论话语融合的不同主张

尽管大多数学者就"课程与教学应该融合"的观点达成一致,他们对课程与教学的关系的看法仍然可以细分为三类不同的话语融合主张,即"大课程观""大教学观"和"交替演进观"。

杜威早在 20 世纪初就认为,课程与教学不应是二元对立的状态,课程与教学的融合具体表现在课程、教材与教学方法、目标和手段应保持内在连续性。不过,杜威所秉持的课程与教学相融合的理念并未引起太大的波澜。即使是被誉为"课程理论之父"的泰勒,其著作名称就是《课程与教学的基本原理》,也是把课程与教学作为整体来考虑的。但纵观 20 世纪教育理论与实践的发展,在课程理论从教学论话语中独立出来之后,课程与教学的话语分离就成为了一种常态。

到 20 世纪末,相当一部分研究者在吸收现象学、存在主义、法兰克福学派、哲学解释学和后现代哲学等理论精华的基础上,推动课程与教学又重新走向了融合。[①] 持话语融合观点的学者大概分成三派:一派持"大教学观",认为教学包含课程;一派持"大课程观",认为课程包含教学;还有一派认为二者交替运行、相互促进。

在我国,"大教学观"的主张,除了传统教学思想的影响和学者自身因素外,一个重要的原因是受到苏联教育理论的影响。"大教学观"将教学视为一个大概念,将课程视为一个小概念,将课程视为教学内容或学科,认为课程论从属于教学论。如此一来,教学论的话语权占据主导地位,课程就成了教学理论中的一个基本要素,课程论中的一些基本概念自然就被弱化,课程论本身的话语权和专业发展动力也在一定程度上被降低了。

"大课程观"则把课程作为一个大概念,将教学作为一个小概念,把课程理解为教学的上位概念,课程包含教学,几乎等同于"教育"概念。这种观点常见于西方学者中,例如,课程论学者塔巴(H. Taba)认为课程与教学是有区别的,课程的范围大于教学,课程的重要性也高于教学。布朗迪(H. Broudy)和蔡斯(R. S. Zais)同样认为课程是个更广义的概念,课程是母系统。近年来,受"大课程观"影响,我国也有学者认为应该建立"大课程观",认为课程的属性和类型是多方面的,包含了学科课程与活动课程、显在课程与隐蔽课程,也就包含了课堂教学和课外教学、模仿教学与陶冶教学。换句话说,教学就是课程规划出来后所投入的实施环节。[②] 从这些表述中可以看出,"大课程观"将教学看作是课程的下位概念,认为教学是包含在课程进程中的一个有机环节。因此,课程论话语属于强势话语。

---

① 张华. 课程与教学整合论[J]. 教育研究,2000(2):52—58.
② 黄甫全. 大课程论初探——兼论课程(论)与教学(论)的关系[J]. 课程·教材·教法,2000(5):1—7.

还有一些学者认为课程与教学并不是包含模式，而是交替运行、相互促进。例如，认为课程与教学过程的本质是变革，教学可作为课程开发的过程，课程可作为教学事件。[①]或者认为，必须超越人为分割的课程与教学二元对立的立场，开展课程与教学的一体化研究，虽然二者在视角和侧重点上有所区分，但它们在各自独立之后终究会走向融合。或者指出，课程与教学应该是密切联系、相互制约和相互促进的关系。[②] 因此，课程与教学论应寻求统一的研究话语而融合成为一个有机整体。

在教育政策和实践层面，随着课程与教学融合的必要性和可能性的愈发彰显，国务院学位委员会于 1997 年公布新的学科调整规划，课程论、教学论和学科教学论三者融合起来成为新的二级学科"课程与教学论"。1999 年，华东师范大学在原来"课程教材教法研究所"的基础上，获批成立"课程与教学研究所"，率先专门成立"课程与教学系"。此后，很多高校开始对课程论与教学论学科进行整合，设立课程与教学系。

课程与教学论话语的融合发展为我国 21 世纪基础教育课程改革注入了强劲的理论成果支持，课程规划、课程标准、课程实施、课程评价、三维目标、三级课程管理、综合实践活动、校本课程开发、校本教研、课堂观察、核心素养、课程整合和综合学习等一系列新的话语，日益成为引领中小学教育教学改革的日常话语。

二、课程与教学论话语的国际视野与本土创新

课程与教学论的话语分化与融合是世界范围的教育事件。各国课程与教学论的话语发展及其相互交流和影响，塑造出各国在课程与教学研究领域的话语地位与话语权。我国课程与教学论话语的国际交流，也是分享课程与教学论话语成果和经验的双向互动过程。

■（一）国际视野

近代以来，我国与国外的交往日益频繁，尤其是西方国家的教育理念对我国的教育实践与改革产生了重大影响。

1915 年，新文化运动掀起了思想解放潮流，加速了中国教育界对进步主义教育思想与方法的引进。1919 年 4 月底，杜威应邀来华讲学，宣传其实用主义哲学和教育思想。长达两年之久的讲学，遍布我国十余个省市，掀起了中国教育界宣传、介绍并运用实用主义教育理论的高潮。在其后的近十年之内，以孟禄（P. Monroe）、麦柯尔（W. A. McCall）、推士（G. R. Twiss）、帕克赫斯特、克伯屈为代表的实用主义者相继来华推介其教育理念和教学方法。

在中国教育改革家的引进与推行下，设计教学法、道尔顿制、文纳特卡制、葛雷制、德可乐利教学法等纷纷进入中国课堂，介绍这些教育理念和教学方法的出版物也大量涌现。

① 张华. 课程与教学整合论[J]. 教育研究，2000(2)：52—58.
② 廖哲勋. 论当代课程论与教学论的关系[J]. 教育研究，2007(11)：40—46.

各个学校对其中的设计教学法和道尔顿制反响最为热烈,上海、南京、苏州、北京等地百余所学校纷纷投入教学改革实验。然而,由于理论本身与当时中国学校的师资、设备等条件不相适应,在 20 世纪 20 年代的中后期,这些教学改革实验便纷纷终止。

20 世纪 50 年代开始,我国开始全面学习苏联的教学理论和经验,移植苏联的课堂教学模式,并排斥西方资本主义国家的观点。在这一时期,对我国教育影响最大的当属凯洛夫的《教育学》。[①] 学习苏联的教学理论和经验,使得学校教育格外注重教学过程中教师的主导作用,从而从"教"的角度构建出一套较为完整的教学论体系。然而,我国在引进的过程中并没有察觉到凯洛夫教育学存在一定程度的机械化特征。

改革开放之后,我国开始大量译介发达国家的教育理论与流派,包括赞可夫的发展性教学思想、布鲁纳的学科结构理论、巴班斯基的教学过程最优化理论、布鲁姆的掌握学习理论、罗杰斯的非指导性教学理论以及加涅(R. M. Gagne)的学习信息加工理论等。这些教育理论与思想的引进和介绍促进了国内教育界学者对课程与教学的多元认识与深入研究。

■（二）本土创新

在吸收和借鉴其他国家课程与教学论话语的同时,我国也尝试在教育理论和教育实践上进行本土化探索与创新。

20 世纪二三十年代,我国出现了第一次教育实验高潮。这次实验可分为宏观、综合的社会教育实验和微观、规范严格的教学实验两种类型。

第一种类型的教育实验指的是晏阳初、陶行知、黄炎培、梁漱溟、陈鹤琴等一大批有见识的教育家基于当时国内的经济政治情况,将平民教育实验运动从大城市转向中国广阔的农村。晏阳初的定县实验、陶行知的乡村教育实验、黄炎培的职业教育实验、梁漱溟的乡农学校实验、陈鹤琴的"活教育"实验等都受到实用主义教育思潮的影响,在一定程度上响应了杜威等进步主义者的号召,从"重教"转向"重学"。

第二种类型的教学实验包括从心理学角度开展的教学实验和教学方法实验。前者以艾伟先生的汉字心理学实验和小学语文教学实验为代表,该实验主要围绕识字心理、常用字量、汉字简化等内容展开,为教学过程和教材编排做出了重要贡献。后者以李廉方先生的"廉方教学法"(又称"卡片教学法")为代表,该实验主张用卡片代替课本提升学生的识字和阅读能力。[②] 此次的两大类教学实验都汲取了国外的教育理念与方法,同时根据当时所处的时代背景与学生的实际情况加以改造应用。

20 世纪 80 年代初,我国教育界又掀起了一次教育改革实验高潮。其中,有整体改革实验包括华东师范大学在其附属小学开展的"小学教育综合整体实验"、杭州大学在杭州天长小学开展的"小学生全面发展教育实验"、华中师范大学主持的"小学教育整体结构改革实验"等;也有单科、单项教育教学改革实验,包括卢仲衡的"中学数学自学辅导实验"、

① 张天宝. 从传统走向现代——中国教学论百年的回顾与反思[J]. 教育理论与实践,2001(1):27—32.
② 张天宝. 从传统走向现代——中国教学论百年的回顾与反思[J]. 教育理论与实践,2001(1):27—32.

李吉林的"小学语文情境教学实验"、魏书生的"语文课堂结构改革实验"等。[①] 与上一次教育改革实验相比,20世纪80年代初的教育改革实验更符合我国的实际情况,体现了较为充分的"本土化"探索。从80年代末起,在考察西方教育理论和探索本土教育实践的基础上,许多学者也出版了与课程、教学相关的专著,如陈侠的《课程论》[②]、钟启泉的《现代课程论》[③]和《现代教学论发展》[④]、王策三的《教学论稿》[⑤]等。

在课程与教学研究的中外交流历程中,国际视野为中国教育界提供了更多学习和借鉴的可能性,同时本土创新也创造了超越理论学习和模仿照搬的话语发展机会。自20世纪20年代至今,我国的课程与教学研究始终博采众长,并力图将所吸收的话语系统本土化。不可否认,这些来自不同国家、不同领域的话语框架确实推动着我国课程与教学研究不断向前。但同样值得指出的是,我国课程与教学本土化研究之路依然不可避免地面临生搬硬套、盲目排外、妄自菲薄等各种问题,需要不断地去正视和突破。

重要概念

■ 课程

课程是一个使用广泛而又含义多重的术语,对于不同的人,在不同的情境里,课程可能意味着不同的含义。

在我国,"课程"一词初见于唐代。唐朝孔颖达在《五经正义》里注疏时写道:"教护课程,必君子监之,乃得依法制也。"南宋朱熹在《朱子全书·论学》中也多次提到"课程"一词,如"宽着期限,紧着课程"。就英文而言,课程是"curriculum",字根是"currere",原意是跑道,引申为学习中的历程,将课程当成学习或者训练的过程,既指某一门学科或者全部学科,也指动态的科目学习过程。

课程开始成为一门独立研究领域,在中国以蔡元培1901年出版《学堂教科论》一书为标志,提出并论述"何以课"的课程内容问题和分类分级设置教学科目的理论构想,创建了教科、学目、学级表、学程、课程等为主线的课程话语体系,开创了独立课程理论研究的先河。在西方,以1918年美国博比特出版《课程》一书为标志,主张教育上的一切问题,应该都用科学的客观方法求得解答,推动了课程作为独立研究领域的学科建设。

关于课程的定义,代表性的观点大致有五种:(1)课程即教学科目,将课程定义为教学科目是最为普遍、传统的定义方式。例如,我国古代的六艺课程和欧洲的七艺课程;(2)课程即教学计划,塔巴等人将课程定义为一种学习计划,奥利瓦(P. F. Oliva)等人将课程定义为学习者在学校指导下所获得全部经验的计划和方案;(3)课程即学习经验,杜威、泰勒等人认为课程就是学习者所获得的经验;(4)课程即社会文化再生产,鲍尔斯(S.

① 张天宝. 从传统走向现代——中国教学论百年的回顾与反思[J]. 教育理论与实践,2001(1):27—32.
② 陈侠. 课程论[M]. 北京:人民教育出版社,1989.
③ 钟启泉. 现代课程论[M]. 上海:上海教育出版社,1989.
④ 钟启泉. 现代教学论发展(第二版)[M]. 北京:教育科学出版社,1992.
⑤ 王策三. 教学论稿(第二版)[M]. 北京:人民教育出版社,2005.

Bowles)和金蒂斯(H. Gintis)等人是这一观点代表人物,专业教育者的任务是要考虑如何把国家规定的知识、技能转换成可以传递给学生的课程,课程就是从一定的社会文化中选择出来的材料;(5) 课程即社会改造,弗莱雷、阿普尔等人认为课程是要帮助学生摆脱社会制度的束缚,培养学生的批判意识。

■ 教学

教学既可以是日常语言中所使用的普通名词,也可以是作为专业术语使用的科学概念。关于教学的认识,大致有传授说、学习说、互动说等基本的解释角度。

在中文语境下,教学有四种语义:(1) 教学即学习;(2) 教学即教授;(3) 教学即教学生学;(4) 教学即教师的教与学生的学。

在英文语境下,教学(teaching 或 instruction)的含义可归为五类:(1) 描述性定义,教学是传授知识或技能;(2) 成功式定义,教学意味着不仅要发生某种相互关系,还要求学习者掌握所教的内容;(3) 意向式定义,教学是一种有意向的行为,其目的在于诱导学生学习;(4) 规范式定义,将教学作为规范性行为,只要符合道德规范的一系列活动都是教学;(5) 科学式定义,这是由得到经验实证的教学结果与有关的教师行为之间的关系来表示的。

■ 知识中心课程理论

知识中心课程理论又称学科中心课程理论,是出现最早、影响最广的课程理论。主要代表人物有夸美纽斯、赫尔巴特、斯宾塞、布鲁纳、施瓦布(J. Schwab)等。该课程流派的主要观点包括:知识是课程的核心,学校课程应以学科分类为基础,学校教学以分科教学为核心,以学科基本结构的掌握为目标,学科专家在课程开发中起重要作用,等等。从其基本观点可以看出,学科中心主义看到了学科知识的发展价值,看到了现代社会知识剧增所带来的社会知识增长的无限性与个体知识增长的有限性之间的矛盾,试图通过学科结构的掌握来解决这一问题,有其积极意义。

■ 社会中心课程理论

社会中心课程理论又称社会改造主义课程理论,主张围绕重大社会问题来组织课程内容的理论。代表人物有布拉梅尔德(T. Brameld)、金蒂斯、布迪厄等。该理论流派的主要观点有:第一,社会改造是课程的核心。第二,学校课程应以建造新的社会秩序为方向。应该把学生看作社会的一员。第三,课程知识应该有助于学生的社会反思;课程的价值既不能根据学科知识本身的逻辑来判断,也不能根据学生的兴趣、需要来判断,而应该有助于学生的社会反思,唤醒学生的社会意识、社会责任和社会使命。第四,社会问题而非知识问题才是课程的核心问题。第五,应吸收不同社会群体参与到课程开发中来。

■ 学习者中心课程理论

学习者中心课程理论主要包括经验主义课程论和存在主义课程论。以杜威为代表的经验主义课程论流派认为,以学科为中心的传统课程是不足取的,应代之以儿童的活动为中心的课程,同时课程的组织应心理学化。以奈勒(F. Kneller)为代表的存在主义课程论流派认为,课程最终由学生的需要来决定。

■ 实证研究

实证研究即基于事实和证据的研究。实证研究方法有狭义和广义之分。狭义的实证研究方法是指利用数量分析技术,分析和确定有关因素间相互作用方式和数量关系的研究方法。狭义实证研究方法研究的是复杂环境下事物间的相互联系方式,要求研究结论具有一定程度的广泛性。

广义的实证研究方法以实践为研究起点,认为经验是科学的基础。广义的实证研究方法泛指所有经验型研究方法,如调查研究、实地研究、统计分析等。广义的实证研究方法重视研究中的第一手资料,但并不刻意去研究普遍意义上的结论,在研究方法上是具体问题具体分析,在研究结论上,只作为经验的积累。美国社会学家汉森(D. A. Hansen)曾对实证研究做过的一个经典性的概括:"实证研究致力于探寻确凿无疑的知识,所提出的是关于研究对象'是什么、曾经是什么、可能是什么、有望是什么'的陈述。"

实证研究的基本特征或要求可以归纳为以下四点:第一是客观,以确凿的事实和证据为基础,实事求是,不被个人的主观愿望或偏见所左右;第二是量化,努力获得对事物特征和变化的度的把握,而非笼统的、模糊的描述;第三是有定论,有确切的发现或结论,而非无休止的争论;第四是可检验,通过专业化背景下建立起来的共同概念、共同规则,使用共同方法、共同工具,可以获得相同的结果。

■ 课程理解

课程理解这一概念是由派纳(W. F. Pinar)在《理解课程——历史与当代课程话语研究导论》一书中首先提出并将其看作是一种新的研究范式。派纳将1970年以前美国课程领域占主导地位的范式称为课程开发范式,认为该范式把课程研究的使命视为寻求普遍的课程开发的模式和程序,泰勒原理是其主要的代表。在课程理解的视角下,课程研究不是沿着归纳—演绎的路径发明课程开发的模式或程序并因此控制课程,而是从不同视域理解课程、建构课程的意义;课程不是被动依附于实践,而是把实践作为反思和解读的文本;课程不是分门别类的学校材料,而是需要被理解和建构意义的符号表征。课程理解这一范式,实际上强调的不是按照某一规定的或划一的方式去理解课程,而是关注在理解课程中的多种取向并存。

■ 教学原则

教学原则是根据教学目的和教学规律而制定的指导教学工作的基本要求,是指导教学工作有效进行的指导性原理和行为准则。掌握好教学原则:首先,有利于教师确立正确的教学指导思想,秉持先进理念去观察和处理教学问题;其次,有利于教师自觉遵循教学过程特点组织教学活动,合理解决教学内容和教学方法等一系列理论与实际问题;第三,有利于保证教学过程的有序、有效进行,顺利实现教学目的和任务。我国中小学常用的教学原则有以下七条:科学性与教育性相统一原则、理论联系实际原则、启发性原则、直观性原则、循序渐进原则、因材施教原则、巩固性原则。

讨论与反思

1. 如何处理课程与教学论的经典遗产与现代转型的关系?
2. 如何理解课程与教学理论的分化与融合?

拓展阅读

1. 孙培青. 中国教育史(第三版)[M]. 上海:华东师范大学出版社,2009.
2. 周采. 外国教育史[M]. 上海:华东师范大学出版社,2008.
3. 蔡元培. 学堂教科论[M]. 上海:上海普通学书室,1901.
4. [美]拉尔夫·泰勒. 课程与教学的基本原理[M]. 施良方,译. 北京:人民教育出版社,1994.

前沿热点

用中国话语讲好中国教育故事①

党的十九大报告中强调要"加强中外人文交流","推进国际传播能力建设,讲好中国故事,展现真实、立体、全面的中国"。近日,中共中央宣传部、教育部联合印发的《面向2035高校哲学社会科学高质量发展行动计划》指出,"传承发展中华优秀传统文化,扎根中国推进理论创新","提升话语体系创新能力,推进学术话语的大众传播,强化中国话语的国际传播,构建融通中外开放自信的话语体系"。由此可见,用中国话语讲好中国教育故事,推动中华文化走出去,已成为当今我国走向世界、展开国际交流与合作的重要内容。

如何讲好中国教育故事:需要研探的命题

习近平总书记曾高屋建瓴地指出了要讲好中国故事的内核:中国在世界上的形象很大程度上仍然是"他塑"而非"自塑"的,我们在国际上有时还处于有理说不出、说了传不开的境地,存在着信息流进流出的"逆差"、中国真实形象和西方主观印象的"反差"、软实力和硬实力的"落差"等问题。所谓"逆差",是指西方媒体对我们进行的新闻信息强势输入与我们的声音难以传播出去的不对等状态;所谓"反

① 改编自:张民选,朱福建,黄兴丰,吕杰昕. 如何讲好中国教育故事:需要研探的命题——以中英数学教师交流项目为例[J]. 教育发展研究,2021(12):1—10.

差"，是指中国改革开放、快速发展、与时俱进的真实面貌与西方媒体所曲解和妖魔化的中国"舆论形象"的不一致情形；所谓"落差"，是指我们的信息传播能力和理论建构能力与我国日益提升的国际地位不相称的矛盾。"讲好中国故事"，就是要努力缩小并不断消除这些"逆差""反差"和"落差"，争取并掌握中国国家形象的"塑造权"、影响国际舆论的"话语权"、遏制"西强我弱"态势的"主动权"。唯有如此，我们才能够向世界展示一个全面、丰富、进步和发展的中国，让世界了解真实的中国。

事实上，在教育领域我们也存在同样的问题。正如顾明远先生所说，过去教育界的话语权基本在西方手里，教育研究方面的很多话语基本是西方的话语。在教育信息流量方面，我们接收外国的教育信息量与外国接收我们的教育信息量完全不对等。改革开放以来，我们如饥似渴地引进国外先进的教育理念和教育改革经验，抱着开放的心态向世界各国教育同行学习，每天有大量世界教育信息流进来，但我们流出去的教育信息却非常少。

在软实力方面，我们还不会讲中国教育故事，即便讲了也只是停留在经验的层面，很少形成让人记得住、想研究、可推广的中国教育经验或理论。正是由于这些问题的存在，我们在"讲好中国故事"的大背景下，提出"讲好中国教育故事"的命题。当然，以上只是我们为什么要研究讲好中国教育故事最原始的初衷。除此之外，我们认为，讲好中国教育故事还有以下几方面的意义。

第一，让世界了解中国的教育经验，进而了解当代中国和中国人民。教育是国家间交流对话的重要力量，讲好中国教育故事，让外国听众爱听、乐学并愿意尝试中国教育经验，不仅可以提升中国教育的影响力，更重要的是，在不断的互动与实践过程，增进了双方的理解，促进了"民心相通"。在中英数学教师交流项目中，我们很欣喜地看到，英国的教师引进了我们的"教研组"（Teaching Research Groups，简称 TRGs）和"教研活动"模式，因为英国教师从最初排斥听公开课到积极参与教研组活动的转变，反映出他们理解了中国教师专业发展共同体运作的逻辑，感受到了中国教师团队协作的力量，甚至还体会到了中国的"政治优势"。

第二，提振中外教育工作者的信心，促进教育工作者专业上的共同发展。"构建人类命运共同体，实现共赢共享"是新时代中国特色大国外交的总体战略，讲好中国教育故事，就是要凸显"共赢共享"的理念，让世界各国共享中国教育发展成就和发展经验，使各国教育工作者，特别是发展中国家的教育工作者能够意识到：我们能做的事情，他们也能行；我们能办得到的事情，他们也能够办到。

第三，更深刻地了解他人和世界。如果能够讲好中国教育故事，我们将会得到"副产品"，这个副产品就是我们将会更加了解他人和世界。因为讲好中国教育故事会无形中增强我们的责任感，会促使我们认真去思考"世界缺什么""别人为什么要来听故事""他们会有什么障碍""他们与我们的教育方法有什么差异""我们应该或者可以提供什么"等系列问题。

第四,更好地认识自己。讲好中国教育故事,也会促使我们更加有意识、更加全面客观地审视我们的教育实践,诸如"我们是否有经验""这些经验可否提炼和建构为理论""我们在教育发展中是否存在弱点和盲点"。而对这些内容的审视又会加深我们对中国教育现状的了解。可以肯定地说,我们今天对上海数学教育经验的了解,比2014年我们刚开始同英国交流合作的时候要深刻得多。因为在这个过程中,不仅我们自己在不断反思和提炼,英国人也通过他们的视角在帮助我们梳理。甚至有时候,就在解答英国人疑问的过程当中,那些我们日常司空见惯、熟视无睹的做法也被发掘出来,并被赋予了很高的价值。

第二部分

课程与教学规划

◎ 课程与教学功能和目标定位

◎ 课程与教学结构设计

◎ 课程与教学方案研制

第三章

课程与教学功能和目标定位

📄 **本章内容导引**

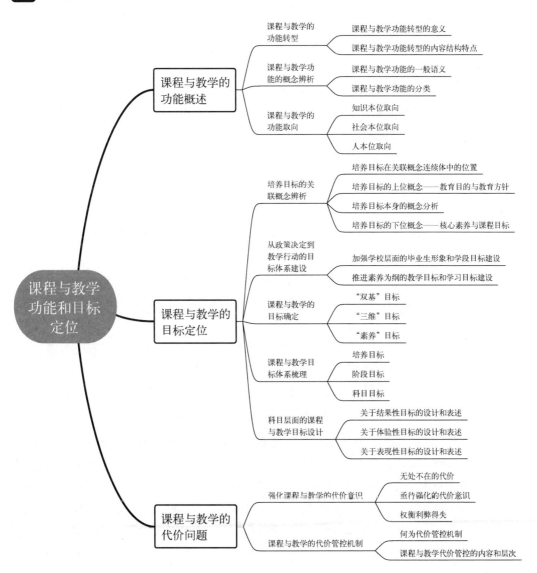

🔲 引言

　　教育的探索永无止境,答案亦不会唯一。教育者应如何认识和理解课程与教学不断发展的价值追求,如何理性地对待和反思教育变革中的诸多赞美或质疑,从而平和而坦诚地理解和应对当下我国课程与教学改革思想的现行样态与问题困囿,需要我们不断探索和深思。

　　培养什么人? 怎样培养人? 为谁培养人? 这些问题始终是教育无法回避的根本问题。教给学生最有力的知识,还是教给学生适应未来的能力? 是以社会为导向,还是从个体的需求出发? 这些则是课程与教学无法回避的重要问题,也是课程与教学的价值与功能之所在。

　　进入乌卡(VUCA,即 volatile,uncertain,complex,ambiguous 四个英文单词首字母的组合)时代,社会的易变不稳定、不确定、复杂和模糊等特性,让我们每一个人在社会生活中都面临着前所未有的挑战。单一类型的知识或技能显然已经无法满足解决复杂问题的需要,我们需要能够统整各种知识、技能、态度、动机和人格特征,以获得解决复杂问题的高级能力和关键品格,即"核心素养"。因此,在当前学校的课程与教学中应以培养学生的核心素养为导向,重新审视课程与教学的功能与目标定位。

　　本节重点是关注课程与教学的功能、目标与代价,主要内容包括:

- 课程与教学的功能转型
- 课程与教学的目标定位
- 课程与教学的代价问题

🔲 案例

　　学校组织教师参加区里的课程设计比赛,特意安排了专题教研活动,集体讨论关于教学方案中教学目标的设计问题。

　　一位工作 20 多年的老教师 A 说:"我们在写教案的时候,早些年还一直讲双基,学生发的练习册也叫基础训练。后面又提三维目标,现在又讲核心素养了,感觉教学目标的变化确实好大。"

　　刚工作的教师 B 说:"根据现在的课标,我们确实进入培养学生核心素养的时代了。我们应该与时俱进,转向培养学生核心素养是学校应有的变化。"

　　教师 C 说道:"从双基到三维目标,再到核心素养,这种变化的根本原因是什么? 我觉得在这么多的变化之中,我们还是有好多不适应、不理解的地方。"

　　💬 **案例评析**:课程与教学的目标具有一定的时代特性,反映了特定时期社会发展的需要。随着时代的发展和进步,课程与教学的目标及功能定位也应跟上时代发展的步伐,做出相应的调整和优化。课程与教学的目标经历了从"双基目标"到"三维目标",再到今天的"核心素养"的发展历程,背后体现的是社会对人的能力和素质要求不断升级的过程。"双基目标"强调基础知识和基本技能,适应于工业时代对人的基本能力的要求;"三维目标"增加了对学习过程和方法及软性能力(即情感、态度与价值观)的追求,体现了社会对人"全面发展"的诉求;而"核心素养"则反映了信息互联时代对人应具备的正确价值观念、必备品格及关键能力等综合品质的要求。社会唯一不变的就是"变",不以人的意志为转移。

将核心素养落实到课程与教学,需要学校和教师有一个适应的过程。新生事物总是更容易遭受质疑,因此,教师刚开始对课程教学目标的变化所产生的不适应、不理解都是正常的。这个案例提醒我们,要真正落实素养导向的课程与教学,需要通过举办如案例中的课程设计比赛等活动去引发学校及教师对"核心素养究竟为何及何为"的思考、质疑、讨论甚至争辩。同时,加强理论学习,甚至可以邀请课程与教学论专家为教师答疑解惑,就教师的困难提供支持,帮助教师实现从"质疑"到"反思"再到"悦纳"的转变。

第一节　课程与教学的功能概述

如果说,课程与教学是学校教育的核心,那么课程与教学的功能定位则是学校课程与教学的关键。就课程与教学改革而言,首先要进行的是课程与教学功能的调整与转型。而对于科任教师的教学而言,首先要明确的则是自己的任教科目是干什么用的。

一、课程与教学的功能转型

课程与教学的功能是学校教育功能的主要构成部分,是学校教育实现社会文化再生产功能的主要途径。在当前和今后的相当长的时期内,课程与教学都会面临从知识传递到知识建构的功能转型问题。

■（一）课程与教学功能转型的意义

长期以来,课程与教学的功能被局限在掌握学科知识上。尤其是受应试教育的影响,大量的学科知识以客观真理的面目出现在学生面前,要求学生理解、掌握和运用。学科知识的这一呈现方式和传递过程,导致学科育人价值贫乏化,割裂了知识与生活世界的联系,以及知识与人的知识形成过程的联系,变成一堆"死知识",一堆僵硬的符号性结论。"青少年学生内在于生命中的主动精神和探索欲望,在这样的课堂教学中常常受压抑,甚至被磨灭。这种情况不改变,教育将成为阻碍社会和个人发展的消极力量。"[1]

随着学校教育改革的深入推进,课程与教学逐渐由知识传递向知识建构转变,更加凸显育人为本的价值理念,追求成长中的人的健全发展和健康成长,重视核心素养导向。学科知识、书本知识作为课程资源,是育人的载体和手段,必须服从和服务于育人这一根本目的。"教书"与"育人"不是两件事,而是一件事的不同方面。要教好书,首先必须明白育什么人,进而才能育好人。在课程与教学中,如果只关注知识传递功能,那么就只能培养

---

[1]　叶澜.重建课堂教学价值观[J].教育研究,2002(5):3—7,16.

以被动接受、适应、顺从、执行他人思想与意志为基本生存方式的人。如果重视知识建构功能,那么就更有可能实现双重功能:一方面掌握人类已有的学科知识;另一方面在主动获取人类已知学科知识的同时,发展面向未来和探索未知的能力与信心。

课程与教学要从知识传递型向知识建构型转变,首先需要研究学科对于学生发展的独特价值,并在此基础上考虑学科知识的重点与难点。学科独特的育人价值要从学生和社会的发展需要出发,来分析不同学科课程与教学的功能,即这门学科或科目到底是干什么用的。除了学科知识的认知功能外,还要高度重视非认知功能,包括学生的情感、态度、价值观,以及身心和谐和精神境界等多方面的提升。同时,按照育人价值要求,重组课程与教学内容,重视学科知识内容的结构化和情境化,特别是社会生活情境、个体生活情境和知识演化情境等,通过任务型、主题式、项目化、问题解决等课程与教学安排,将学科知识图谱嵌套其中,形成课程与教学的内容聚合机制和学生主动学习的动机激发机制,从而更好地发挥课程与教学的育人功能。

■ (二)课程与教学功能转型的内容结构特点

以学科知识为基础的课程与教学内容是学校最重要的育人载体,具有两个结构特点。一是里层意义结构,即学科知识本身内蕴着以人的发展为核心的巨大可能性。二是表层形式结构,即学科知识的育人内涵总是通过不同领域、门类、规模和数量的符号系统和逻辑形式等外在表征形式加以体现。

为更好地发挥课程与教学的功能,需要处理好两个问题。其一,精选课程内容的里层结构和载体意义。要把"什么知识最有价值"转换为"知识最重要的育人价值是什么",并通过对这一问题的回答,建立学生成长和发展的意义结构系统和育人目的价值链,为课程内容的表层结构和载体形式改革提供依据。其二,精简课程内容的表层结构和载体形式。要把"什么知识最有价值"转换为"用什么知识育人最有效",并通过对这一问题的回答,建立课程内容表层载体形式结构系统和育人手段价值链,为课程内容结构优化提供强有力的知识平台支撑。

课程与教学内容的育人价值是否能从可能变成现实,主要取决于学生主体借助于公共知识载体进行互动的质量和水平。"教育学的知识立场的基点是人的生成与发展,它始终围绕着人的发展来处理知识问题。"[1]课程内容的主体发展价值可以从功能、过程、结果三个方面进一步展开挖掘。第一,主体发展功能更完整——从单一的认知发展到整体的人的发展。第二,主体发展过程更能动——从被动接受到主动参与。第三,主体发展结果更丰富——从知识掌握到意义增值。

二、课程与教学功能的概念辨析

人们在讨论课程与教学功能时,经常会碰到一个很容易忽视但又很重要的问题,那就

---

① 郭元祥. 知识的性质、结构与深度教学[J]. 课程·教材·教法,2009(11):17—23.

是功能的概念问题。如果人们在讨论或争论课程与教学的功能时,各自秉持的概念不同,就需要先澄清各自关于功能的概念内涵。否则,有关课程与教学的功能讨论或争论就会变得没有意义,沦为自说自话、各说各话的尴尬局面。

■（一）课程与教学功能的一般语义

一般而言,功能是某一事物在环境中所能发挥的作用和能力,是事物的客观属性。功能与作用、价值、职能等联系密切,大多数时候是同义语,可以互换着使用。但有时它们之间存在一些细微的差异,并不能完全等同。作用、价值、职能等,都是由事物的功能引发的,但却不是事物单方面形成的,而是一事物在以其功能参与他事物的联系中发生的。

也就是说,功能是事物自身的固有属性,而作用、价值、职能则是关系范畴。功能是作用、价值、职能得以实现的前提,赋予作用、价值、职能发挥的可能,规定了作用、价值、职能发挥的指向性。同时,功能的实现也有赖于作用、价值和职能的发挥,需要价有所值、人尽其才、物尽其用,否则功能就会闲置。如果功能不足,就难以支撑作用、价值、职能的发挥,或出现功能与作用、价值、职能要求错位的现象。

■（二）课程与教学功能的分类

课程与教学具有人和文化的双重建构功能。在不同时代,由于学校教育肩负的使命不同,因而在功能表现的侧重点上也会有所不同。但总体来说,课程与教学能够发挥的都是其固有功能,不大可能要求课程与教学去发挥其本身所不具备的功能。但是,如果对于课程与教学的功能期待超越了其固有功能,那么就可能需要对课程与教学进行结构改革,通过改变条件、增减要素、调整关系等措施赋权增能,以实现人们对于课程与教学的功能期待。

由于受到目的、条件等多方面因素的影响,课程与教学的功能可以分为基本功能和派生功能。同时,由于目的和条件等多方面因素的改变,课程与教学的基本功能和派生功能的关系也可能发生相应的变化或转化,有的功能可能强化,而有的功能则可能弱化甚至消失,或者出现某种新功能;原有的派生功能可能成为基本功能,而基本功能则可能成为派生功能。

由于分类视角的不同,课程与教学还可以划分出各种不同的功能类别,比如主体功能与客体功能,个人功能与社会功能,物质功能与精神功能,选拔功能与改进功能,内在功能与外在功能,显性功能与隐性功能,装饰功能与实用功能,认知功能与全人发展功能,应然功能与实然功能,长期功能与短期功能,正向功能与负向功能等类别划分,这些都是在对课程与教学的功能属性进行分析和解释时可以采用的分类思路。

不同的分类视角和思路,对于问题的适用性和解释力也会存在差异。当已有分类对于问题缺乏足够解释力时,就需要探索新的分类视角和分类思路,进行概念重建,从而形成更有指导意义的功能理论认识。

事实上,课程与教学拥有多重功能,这使人们对其进行多视角的功能分类和解读有了可能。而且,很多时候其功能并不是非此即彼的单选题,而是由于不同时期的目的和需要及教师持有的功能取向等的不同,导致课程与教学功能呈现出重视和实现程度不同的组合样态。

课程与教学的功能期待,可以转换成为课程与教学目标乃至培养目标的有机组成部分。比如,致力于培养出能够运用学识解决实际问题、创造财富的实干家,或致力于培养出以追求真理为己任、不断取得发明和创造成就的学者、科学家和思想家等。同样,学校的性质、任务和培养目标也在很大程度上规定着课程与教学的功能,或者它们本身就包含着对课程与教学的功能期待。

三、课程与教学的功能取向

由于分类视角不同,不同的人可能对课程与教学的功能取向具有不同的理解。但一般而言,知识本位、社会本位、人本位是课程与教学的三种具有代表性的功能取向。这三种基本功能取向,都有自己所侧重的课程与教学理论主张和代表性理论流派。

■ (一)知识本位取向

1. 知识本位取向的基本主张

知识本位是一种知识选择的方式,指在知识选择上特别重视学科本身的逻辑和结构;"知识本位教育"则是一种教育选择方式,它将本来宽泛的教育概念狭隘化,把知识传授等同于教育本身。在课程与教学层面,知识本位取向强调以知识为逻辑编制课程,重视学科的理论知识。知识本位的倡导者认为:知识引导着人的整个生活,因而"要把教育建立在知识的本质及其重要性的基础上,而不是建立在儿童偏好、社会需要或政治家意愿的基础上"。该取向要求根据知识的分类和知识与知识之间的内在逻辑组织课程,即由于学习一部分知识对学习另一部分来说是必需的,因此学习这一部分知识被看成是学习另一部分知识的必要准备。

2. 知识本位取向的主要流派

知识本位取向,注重知识因素的设计。人类在漫长的岁月中积累了丰富的学问、技艺等系统知识,这些知识自古以来就被视为教育内容选择的重点。知识本位取向的代表人物有拉莫斯、夸美纽斯、赫钦斯、巴格莱等。

拉莫斯提倡"知识教科书化":用唯一正确的方法传递确定、无疑的知识;为了便于教学而把知识简化为教科书形式并将其分割为细小的碎片。他鲜明倡导"方法化运动",其意在:将知识简单化、秩序化、去情景化,以便于传递。[①]

夸美纽斯主张"泛智论"。他在《大教学论》一书中提出"把一切知识教给一切人",这句话便是夸氏人文主义情怀的"泛智论"(Pansophism)表述,即"把能够成为对世界生动反映的东西称为'泛智论'",它将是"完整的、简短的普通教育课程;是真理的正确无误的标准以及是日常生活与工作的可靠写照"。[②]

永恒主义者主张,教育的首要内容应该是永恒学科。赫钦斯认为:"课程主要应当由

---

① Doll W E, Fleener J, Trueit D, Julien J S. *Chaos*, *Complexity*, *Curriculum*, *and Culture: A Conversation* [M]. New York: Peter Lang Publishing, 2005: 24—25.

② 张良,张寅. 论课程知识观的传统及其改造——一项课程学术史的考察[J]. 高等教育研究,2016,37(2):55—63.

永恒学科组成。我们提倡永恒学科,因为这些学科抽绎出我们人性的共同因素,因为它们使人与人联系起来,因为它们使我们和人们曾经想过的最美好的事物联系起来,因为它们对于任何进一步的研究和对于世界的任何理解是首要的。"永恒主义认为,课程应该教给儿童一定的基础科目,这些基础科目将使他们知道精神世界和物质世界的永久性。

要素主义课程理论对课程内容的选择具有明确的、严格的标准,那就是:必须选择人类文化遗产中那些共同的、不变的要素作为学校课程的核心内容;学校课程应该给学生提供分化了的、有组织的经验,即知识。巴格莱强调,知识的掌握本身既是文化遗产的掌握,同时也是心智训练的途径和具体内容。

■ (二)社会本位取向

1. 社会本位取向的基本主张

社会本位论者主张,教育的目的要根据社会需要来确定,个人只是教育加工的原料,个人的发展必须服从社会需要;教育的目的在于把受教育者培养成符合社会准则的公民,使受教育者社会化,保证社会生活的稳定与延续。在他们看来,社会价值高于个人价值,个人的存在与发展依赖并从属于社会,评价教育的价值只能以其对社会的效益来衡量。

2. 社会本位取向的主要流派

社会本位取向的代表人物有涂尔干、凯兴斯泰纳、阿普尔等。

以涂尔干为代表的社会学派认为,社会才是真正的存在,"人实际上因为生活在社会中才是人,教育在于使年轻一代系统地社会化"。涂尔干认为,正确认识社会需要科学的方法和方式,尤其需要借鉴自然科学的研究方法。正如涂氏自己所言,"科学的方法论不应当脱离各门具体科学的教学"。[①] 因此,社会的价值高于个人的价值,教育应以满足社会发展需要为首要目的,教育的一切都应服从于社会的意志。

德国教育家凯兴斯泰纳的社会本位论认为,国家的教育只有一个目的,那就是造就公民。[②] 社会本位取向的倡导者强调,以满足社会的需要作为课程与教学的基本功能,特别是国家的发展。德国哲学家费希特在演讲中要求,教育要以爱国主义为号召,激发青年一代的朝气,恢复国家的独立。在此号召下,课程被要求充分地反映国家对青年一代的期望。

阿普尔的霸权国家再生产理论认为,学校不仅控制人们,也帮助控制价值。"学校中的社会和经济控制不仅仅以学校的学科形式或学校传授倾向的形式出现——如维持秩序的日常规则和规范,增强工作规范、顺从、准时等的潜在课程。控制也通过学校分配价值的形式发生作用"。[③] 学校教育对社会、意识形态、经济所起的作用大致有三个方面:一是学校为"再生产"一种不平等的经济提供了某些必要条件;二是学校是促进合法化的重要机构,社会群体通过学校使之合法化,社会和文化意识形态通过学校得以再创造、维持和不断地建设;三是学校教育通过传递技术/行政管理知识而构成生产的重要力量。[④] 所以

① 爱弥尔·涂尔干. 教育思想演进[M]. 李康,译. 上海:上海人民出版社,2003:359.
② 凯兴斯泰纳. 公民教育的目的[C]//瞿葆奎. 教育学文集·教育目的. 北京:人民教育出版社,1989:458.
③ 迈克尔·W. 阿普尔. 意识形态与课程[M]. 黄忠敬,译. 上海:华东师范大学出版社,2001:74.
④ 袁振国. 教育原理[M]. 上海:华东师范大学出版社,2001:72.

说,学校教育不是为社会平等提供一条通路,而是使社会原有的层级合法化,并在一定程度上再制这种层级。

■ (三)人本位取向

1. 人本位取向的基本主张

人本位,或者说学生本位的课程价值论者主张,教育应尊重学习者的本性和要求,学校的职能是"使人充分地被培养成为名副其实的人,而决不能只是提供人力资源",学校课程的价值在于为每个学习者提供真正有助于个性解放和成长的经验,重视人的存在,强调学习的内部动机基础。① 用罗素的话来说就是我们不应把学生当作手段,而应当把学生的发展本身当作目的。这种价值观强调学生作为人的自由,强调独特性、整体性、自我指导性,认为学生理智的训练、心智的发展和完善,比起功利的目的更重要,人格的陶冶比知识的掌握更为重要。

2. 人本位取向的主要流派

20 世纪 60 年代末至 70 年代初诞生的人本主义课程范式主张,应满足儿童基本的心理需要,使得儿童意识保持清新,使儿童生活充满快乐,帮助儿童发现使命,成为更好的选择者。具体而言,人本主义课程形式中比较主流的是融合课程和意识课程。布鲁纳和菲尼克斯具有人本主义的课程思想倾向。②

布鲁纳在《教育的适切性》的著作中论述了课程设置的问题,认为课程设置必须面对社会所面临的问题,展现了人本主义课程设置的转向。布鲁纳的"适切性课程"观点认为,"课程必须面对我们所面临的问题,要将社会事件和社会问题引入课程,甚至每一周的课程都可以分为两个部分,即单数日安排学科结构课程,双数日安排面向社会问题的课程"③。适切性主要包括:教育内容的安排与人才要求不同层次的多样化之间的适切性,课程内容的广度、深度和进度与学生发展水平之间的适切性,课程内容多层级的安排与学生发展个别差异之间的适切性。④

菲尼克斯超越课程论的基本特征是关心整体性、探究教育、对话实践、在学术中追求个性化。他认为,获得最优发展的人不是那些仅仅积累了百科全书式知识的人,而是那些善于生活、在各种情境下行为明智的人。人是创造主体,人的自我核心永远也不可能根据社会社群所共有的客体性、塑造性的模式来限定。

人本位的功能取向强调课程与教学对于个人生活的意义,知识是造福个人的工具和手段。它仅仅强调课程与教学对于个人发展的功能和关注,在人与人、人群与人群高度相互依赖的现代社会,存在助长自利倾向而抑制利他与利群倾向的局限。这不仅不利于公益的增长,而且最终也会损害处于高度社会化时代中人们的个人利益。

---

① 陈玉琨. 课程价值论[J]. 学术月刊,2000(05):102—107.
② 张华,石伟平,马庆发. 课程流派研究[M]. 济南:山东教育出版社,2000:159—175.
③ 马学斌. 布鲁纳课程理论的人本主义转向探析[J]. 云梦学刊,2003(1):98—100.
④ 黄甫全. 现代课程与教学论学程(下册)[M]. 北京:人民教育出版社,2006:480.

第二节　课程与教学的目标确定

课程与教学的目标定位是其功能取向在不同情境下的具体化产物。新中国成立以来，我国基础教育课程与教学的目标定位，大致可以归纳为三个代表性词语：双基目标、三维目标、素养目标。在这三种课程与教学目标的迭代演进过程中，既有量变也有质变。三种目标定位，有什么样的特征，又有什么样的局限与挑战，是值得思考的问题。

一、培养目标的关联概念辨析

如果想要准确把握课程与教学目标，就不能不考虑它的上位概念（培养目标）及其相应的关联概念体系。只有探明这些关联概念之间的联系和区别，才能更好地处理它们之间的关系以及各个概念自身的结构功能定位。

■（一）培养目标在关联概念连续体中的位置

长期以来，我们对于培养目标及其上位或下位的关联概念，往往存在一些误解，即这些概念说法都是空的、虚的，只有要教、要学的内容才是真的、实的，因为那才是每堂课都要实实在在去做的。殊不知，从教育目的，到教育方针，到培养目标，到核心素养，再到课程目标，乃至更为下位和具体的教学目标、学习目标，是一个从思想到行动的关联概念连续体，需要想清楚、说明白、写准确、做实在，这对于我们完整、准确地把握教学内容乃至整个教育教学行动，都具有不可或缺的重要意义。它们各自的独特地位和作用，只有置于这个关联概念连续体之中，才能更加确切地显现出来。

因此，如果要全面贯彻和落实学校教育培养目标，那么仅仅靠理解和掌握学校教育培养目标的基本内涵显然是远远不够的，我们还必须将培养目标置于与之密切相关的概念家族当中，这样才能获得和把握更加贴切的意义。如果以培养目标为参照，梳理与其相近的关联概念，那么，在培养目标的上位有教育目的和教育方针两个概念，在培养目标的下位有核心素养和课程目标两个概念，于是就形成了"教育目的—教育方针—培养目标—核心素养—课程目标"这样一个连续性的概念家族。

在这个概念家族中，培养目标是中心，具有承上启下的作用。教育目的、教育方针以及核心素养、课程目标，它们与培养目标一起构成了一个从思想到行动的关联概念连续体。它们联系紧密、相互依托，是一个整体，但又各自有所侧重，在这个关联概念连续体中拥有自己的特定位置。

■（二）培养目标的上位概念——教育目的与教育方针

在培养目标关联概念连续体中，培养目标有两个上位概念，一是教育目的，二是教育方针，两者都对培养目标的厘定具有重要的指引作用。

1. 教育目的

教育目的是一定社会主体对受教育者身心发展所提出的总要求,它在宏观思路上回答"培养什么人"这个首要的根本问题,规定通过教育把受教育者培养成什么样的质量和规格的人。不同国家在不同时期有不同的教育目的。当然,教育目的主体是多层次和多类别的,可以有国家民族的教育目的,也可以有政党团体的教育目的,还可以有学校、机构、家庭乃至个人的教育目的。教育目的是教育实践的重要动力,就像马克思所说,"劳动过程结束时得到的结果,在这个过程开始时就已经在劳动者的表象中,即已经观念地存在着。他不仅使自然物发生形式变化,同时他还在自然物中实现自己的目的,这个目的是他所知道的,是作为规律决定着他的活动的方式和方法的,他必须使他的意志服从这个目的。"①

就我国课程改革语境而言,教育目的大多指更具决定意义的党和国家的教育目的。"它除了统一人们的'教育目的'价值观念以外,还把它化为各级各类学校较为具体的培养目标,甚至各门课程、各种课业的更加具体的目的,以便使'应然的'目的转化为'实然的'目的。"②在我国长期以来的教育目的的表述中,比较稳定的关键词是"社会主义建设者和接班人",这是我国教育发展的总要求,是在"培养什么人"问题上始终坚定不移的大方向。

2. 教育方针

教育方针是教育目的具体化的工作原则,是从哪些方面落实教育目的总要求的策略规定,是对"为谁培养人""怎样培养人""培养什么人"提出的宏观政策要求,并对各级各类学校教育培养目标做出内涵性提示和要求。长期以来,"全面发展"一直是我国教育方针表述中比较稳定的关键词,随着时代发展,我国教育方针的内涵会在此基础上被适时调整和丰富。

党的十八大以来,我国教育方针的内涵更加体现中国特色社会主义新时代的特点,强调坚持教育为社会主义现代化建设服务、为人民服务,把立德树人作为教育的根本任务,全面实施素质教育,培养德智体美劳全面发展的社会主义建设者和接班人,努力办好人民满意的教育。这一教育方针,既坚持"培养社会主义建设者和接班人"的大方向和总原则要求,同时及时充实更具时代意义的工作思路和工作策略,并且还会随着时代发展和具体工作情境而不断丰富。习近平总书记在学校思想政治理论课教师座谈会上发表讲话,要求"新时代贯彻党的教育方针,要坚持马克思主义指导地位,贯彻新时代中国特色社会主义思想,坚持社会主义办学方向,落实立德树人的根本任务,坚持教育为人民服务、为中国共产党治国理政服务、为巩固和发展中国特色社会主义制度服务、为改革开放和社会主义现代化建设服务,扎根中国大地办教育,同生产劳动和社会实践相结合,加快推进教育现代化、建设教育强国、办好人民满意的教育,努力培养担当民族复兴大任的时代新人,培养德智体美劳全面发展的社会主义建设者和接班人。"③

---

① 王严淞. 论我国一流大学本科人才培养目标[J]. 中国高等教育研究,2016(8):13—19,41.

② 陈桂生. 常用教育概念辨析[M]. 上海:华东师范大学出版社,2009:27.

③ 吴晶,胡浩. 习近平主持召开学校思想政治理论课教师座谈会强调:用新时代中国特色社会主义思想铸魂育人 贯彻党的教育方针落实立德树人根本任务[EB/OL]. (2019-03-18)[2022-05-05]. http://www.moe.gov.cn/jyb_xwfb/s6052/moe_838/201903/t20190318_373973.html.

■（三）培养目标本身的概念分析

在培养目标关联概念连续体中，培养目标是中心概念。培养目标是党和国家教育目的和教育方针在各级各类学校教育中的具体体现，规定各级各类教育的人才培养规格和质量要求，是对教育所培养的人的一种理想或期望，包含人的社会角色性质或总体规格，以及质量规格或素质结构两方面的培养要求。"历史地看，在一个社会中，人才培养的总体规格往往是比较稳定的，但是，人才培养的素质结构却是不断变动的，因为它反映社会和人发展的新需求。"①

例如，我国义务教育培养目标，就受到教育目的和教育方针的指引和规范，具有两个鲜明的稳定性特征：一是坚持培养"社会主义建设者和接班人"这个根本教育目的不变，二是坚持"全面发展"这个根本教育方针不变。

如果从整个国家的教育培养目标体系来看，义务教育培养目标就是其中"培养什么人"在义务教育阶段的具体规定，是各级各类教育人才培养总体战略中的一种具体战略，也是党和国家教育目的和教育方针的具体体现。就拿义务教育培养目标中"三有"时代新人的要求来说，它其实是我国整个各级各类教育"三有"新人培养目标的有机组成部分，只是它通过更为细致的具体素质规定来反映义务教育的阶段性特征而已。

但如果从义务教育的角度来说，培养目标却是义务教育的总纲，是义务教育课程发展总的蓝图。它是习近平新时代中国特色社会主义思想的体现，也是为党育人、为国育才的教育使命转化为义务教育阶段人才培养战略的总体构想。当然，在技术层面，培养目标的内部结构取决于社会、学科和学生的要素分析和关系理解，既要回答义务教育培养人的总体规格，也要回答义务教育学生尤其是义务教育毕业生所应具备的素质结构和关键素质，同时还要蕴含教育实践具体化的一体多样开放结构，以便于开展从政策规定到实施行动的培养目标体系建设。

■（四）培养目标的下位概念——核心素养与课程目标

在培养目标关联概念连续体中，培养目标还有两个下位概念，一是核心素养，二是课程目标，两者都对培养目标的厘定具有重要的支撑作用。

1. 核心素养

当前，在谈论培养目标时，我们不能不讨论核心素养，特别是要弄清楚培养目标跟核心素养到底是什么关系。由于核心素养理念日益深入人心，因此常常有人采用素养目标的说法，以至于让人以为素养与目标就是一回事。但实际上，当我们说到素养目标时，是在跟知识目标的说法相对应：以知识为追求的目标叫知识目标，以素养为追求的目标叫素养目标，是在说不同目标取向的特征；而不是说，知识的概念就是目标的概念，或者素养的概念就是目标的概念。

通常认为，核心素养是指正确价值观念、必备品格和关键能力等综合品质。也就是说，"核心素养既不是能力，也不是品格或观念，而应该是这些方面整合在一起的综合性

---

① 邱芳婷. 新中国小学阶段培养目标的历史变迁及其启示[J]. 教育探索，2016(12)：22—26.

品质。"①这其实是培养目标所涵盖的人的发展的内涵规定性,是质量规格或具体素质结构方面的要求,只是这种素质结构更需要整合性的理解。"素养本身不是行动,而是指向人类现实行动的内在心理品质,是个体在与现实世界的特定任务或需求互动过程中所蕴含的各种能力、个性特征、价值观念或动机意志等的整合性特征。因此,要用整合的视角来理解素养,而不能将素养理解为它所包含的一系列构成成分的罗列。这是理解当下所倡导的核心素养的关键所在。"②

核心素养是培养目标中所涵盖的质量规格或素质结构,是比培养目标更下位的概念。培养目标涵盖了核心素养要求,为核心素养的发展提供依据和动力,同时也需要核心素养提供支撑,丰富其内涵规定性。也就是说,培养目标对核心素养提出要求,提供依据和动力,对核心素养起决定作用。核心素养是培养目标质量规格的具体化,为培养目标内涵规定的素质结构提供支撑作用。两者虽然存在密切的互动关系,但毕竟不是一码事,核心素养应服从和服务于培养目标。

2. 课程目标

在很多时候,课程目标与培养目标几乎是可以互换着用的两个概念。这是因为它们的联系确实非常紧密,在内涵上有很高的同一性。培养目标基本上就是课程目标的总括,课程目标就是培养目标在课程层面的体现。但是两者不能完全等同,因为培养目标是大概念,是上位概念,它作为教育总纲和蓝图,涵盖课程目标;而课程目标是小概念,是下位概念,是培养目标质量规格或素质结构的主体组成部分。此外,培养目标还涵盖不少非结构化的教育活动。这些非结构化的教育活动,比如一般的校园生活和环境设施等,谈不上是课程,但确实有教育意义,是学生成长和发展过程中必不可少的教育事项,也是培养目标质量规格或素质结构的组成部分或配套资源。

总之,从教育目的到教育方针,再到培养目标,再到核心素养,再到课程目标,从上位到下位,环环相扣,相互影响和制约。上位概念规定和指引着下位概念,是对下位概念的总括;下位概念支撑和丰富着上位概念,是对上位概念的具体化。

二、从政策决定到教学行动的目标体系建设

厘定学校教育培养目标,描绘的是学校教育发展的总纲和蓝图,这是由国家战略和政策决定的,直接影响国家教育资源的开发走向和人才培养目标体系的基础建设。同时,我们需要注意到一个基本的事实:只有发生在学校和课堂的教育,才是真实的学校教育;体现国家意志的学校教育培养目标,只有真正落实到学校和课堂层面的行动中,才可能建设成为一个既具内在一致性,同时又保持层次和类别丰富性的实然培养目标体系。

■ (一)加强学校层面的毕业生形象和学段目标建设

在培养目标方面,学校要善于将它转化为自己的办学实践,通过研制学校课程实施方

① 杨向东.关于核心素养若干概念和命题的辨析[J].华东师范大学学报(教育科学版),2020,38(10):48—59.
② 杨向东.关于核心素养若干概念和命题的辨析[J].华东师范大学学报(教育科学版),2020,38(10):48—59.

案和建立素养导向教学新常态等途径,加强办学目标、育人目标、教学目标等各类分项目标建设,尤其应该重点加强毕业生形象和学段目标建设。诚如义务教育课程方案对学校课程实施提出的要求,"注重统一规范与因校制宜相结合,统筹校内外教育教学资源,将理念、原则要求转化为具体育人实践。"[①]

在毕业生形象方面,由于我国大多数小学和初中事实上是分开办学的,两个学段的差异也相当大,加上国家义务教育培养目标是在全国意义上而非具体学校层面做出的战略规划和部署,所以小学和初中学校,或者一贯制的学校,都需要根据学校具体的办学实际情况和发展需要,把国家厘定的义务教育培养目标具体落实为学校自己的使命和愿景,在"三有"培养目标的基础上,突出小学或初中的学段特点,进行自己的毕业生形象设计,刻画富有本学校特色的社会主义建设者和接班人,以及在校学习期间所要达成的素质结构和关键素质,从而建立国家意志与学校特色相统一的学校培养目标体系,以此引领和统筹学校的教育教学工作。

除了毕业生形象设计,每个学段还应根据具体情况厘定更为细致的学段目标,据以指导本学段的教育教学工作,凝聚本学段师生心往一处想、劲往一处使,将其内化为教学和学习的使命与责任,发挥学段目标对于学校师生的导向作用、激励作用和评价改进作用。我国义务教育除了小学和初中分段外,还有进一步按年级分段的做法,比如1—2年级为第一学段,3—4年级为第二学段,5—6年级为第三学段,7—9年级为第四学段。学段目标不同于科目课程目标,它是超越具体科目的综合性发展目标,特别需要注意将学生的年龄特征和发展阶段进行综合考虑。学段目标要能够连贯、递进且有重点地提出本学段与其他学段相衔接的具体主题、任务和要求,以便帮助学生从一个学段顺利过渡到下一个学段。

关于学段目标建设,芬兰课程方案的做法比较有创意,值得参考和借鉴。他们把1—9年级按三个学段分别制定学段目标:第一学段(1—2年级)的目标是"成为一名学生"(becoming a pupil),第二学段(3—6年级)的目标是"成为一名学习者"(developing as a learner),第三学段(7—9年级)的目标是"成为社会一员"(growing as a member of a community)。在此基础上,他们将学段目标进一步细化,1—2年级旨在完成学前到学校教育的过渡和适应,教学围绕"成为一名学生"这一主题,收获作为一名学生与一位学习者的积极体验,在学习过程中感受学习的成功与乐趣。该学段各项跨学科素养以鼓励学生参与学习、自我表达、尝试合作为主。在完成学前教育到基础教育过渡的基础上,3—6年级致力于培养学生"成为一名学习者"。该学段各项跨学科素养要求学生认识并发展个人的学习技能与习惯,学会接纳与自我表达,明确个人权利与责任,实现有建设性的团队交流。7—9年级更关注学生"成为社会一员",强调成人的社会身份认同,引导学生对自己、学习、他人、环境负责。学生通过丰富知识、增强技能来明确发展方向,准备未来生活[②]。

① 中华人民共和国教育部. 义务教育课程方案(2022年版)[S]. 北京:北京师范大学出版社,2022:13.
② Finnish National Board of Education. *National Core Curriculum for Basic Education 2014* [M]. Helsinki: Next Print Oy,2016:98+145+269.

■（二）推进素养为纲的教学目标和学习目标建设

　　课堂教学是实施素质教育、落实培养目标的主阵地。当前,义务教育培养目标要真正落地,需要以课程核心素养为纲,把"三有"时代新人培养目标具体转化为教师层面的教学目标以及学生层面的学习目标。

1. 教师层面素养为纲的教学目标建设

　　对于教师来说,教学目标一点也不陌生,但对于基于课程核心素养的教学目标却是需要经过观念转变的。"素质教育的基本使命就是保障每一个学生的学力成长和人格成长,培养他们成为知识社会所需要的、具有创新精神和实践能力的身心和谐发展的新生代。"①也就是说,不能把培养目标和教学目标简单地视为教育教学行为预期结果的标志,而应当把它们看作是教育思想的体现。爱因斯坦说,"用专业知识教育人是不够的。通过专业教育,他可以成为一种有用的机器,但是不能成为一个和谐发展的人。要使学生对价值有所理解并且产生热烈的感情,那是最基本的。"②

　　如果要从原有的重视知识技能训练的教学目标和知识人培养目标,转向重视核心素养的教学目标和"三有"时代新人培养目标,那么,实质上需要相应地更新教育理念、办学理念及育人理念,需要从为学生终身发展做出阶段性贡献的角度,建立以人为本的知识学习逻辑。

　　曾几何时,无论是课程教材的设计还是日常的课堂教学,秉持的是一种客观主义知识观和学科本位课程观,因而导致灌输式教学和双基培养教学目标的产生。"以'双基'为中心的教学,从大纲到教材再到课堂形成了一整套中国特有的'双基'教学论:重视基础知识的传授(讲授)、基本技能的训练(练习),讲究精讲多练,主张'练中学',相信'熟能生巧',追求基础知识的记忆和掌握、基本技能的操演和熟练,以使学生获得扎实的基础知识、熟练的基本技能和较高的解题能力为主要的教学目标。"③同样,"教材中的学习内容必须是定论、共识和某一领域公认的原理、法则、定理,排除有争议的问题,不给学生发挥的空间和研讨的余地。因此,教材就是要罗列学生应掌握的本学科领域的理论和应用法则,对教师的教学、学生的认识具有绝对的权威性。"④这种客观主义知识观,一是强调学科知识本身的客观性、普遍性和确定性,即掌握知识就有了认识世界和改造世界的力量;二是强调学科知识学习过程的接受性,即知识是间接经验,只能间接认识,是一种特殊认识过程。

　　殊不知,这只是学科知识的部分属性,而不是学科知识的全部属性。事实上,除了老师讲,学生听、记、练、考等间接认识路径外,学生还有另外的获取知识的路径,如可以投身于学科实践,可以像学科专家一样思考和探究。就学科知识学习而言,学生本来就是未知者,教师真正的责任不是直接告知知识是怎么理解、记忆的,那是表层学习,而是应该创设条件,帮助学生同其本来就未知的知识打交道,掌握人类的已知学科知识,同时发展同未

　　① 钟启泉.教育的挑战[M].上海:华东师范大学出版社,2008:53.
　　② 爱因斯坦.爱因斯坦自述[M].富强,译.北京:新世界出版社,2012:263.
　　③ 余文森.从"双基"到三维目标再到核心素养——改革开放40年我国课程教学改革的三个阶段[J].课程·教材·教法,2019,39(9):40—47.
　　④ 靳玉乐.中国基础教育新课程的创新与教育观念转变[J].西南师范大学学报(人文社会科学版),2002(1):48—51.

知领域和问题打交道的能力和信心。

这时,就需要从知识传递教学转向知识建构教学。建构主义知识观,一是强调知识的主观性、情境性和相对性,知识对学生来说也是主观的、内在的、动态的,任何知识都是建构的产物,不是永恒不变的真理。二是知识学习的建构性,既需要个人建构和自主学习,也需要社会建构和合作学习。教学要着眼于素养,着手于知识,致力于知识的活学活用。无论是个人建构还是社会建构,其本质都是一种探究过程和学科实践过程,是一种基于问题(发现问题、提出问题、分析问题、解决问题)的真实、系统、有深度的思考活动。其中,好奇心、批判性思维和求证意识是探究和学科实践的精神元素。让学生在课堂教学中过一种充满智慧的、符合人性的探究实践生活,这是建构主义教学的精神旨趣。

以核心素养为纲的教学目标规定了学科教学从学科为本转向以人为本的根本方向,直接关系到"培养什么人"和"培养人的什么"问题。具体来说就是从关注知识的性质到关注知识的个体意义和社会意义,使得学习过程从认识、反映关系到理解、建构关系,转化成为存在、意义关系,实现将知识学习的重心转向促进学生的自我理解和相互理解,丰富学生的精神世界,深化学生的生命意义的目标,即学生从一个人在学习学科知识,转向一个学习学科知识的人。从学科知识到学科本质再到学科育人价值的转变,使学校教育教学不断地回归人、走向人、关注人,进而实现真正的以人为本,人成为教育教学真正的对象和目的。

教师层面的教学目标建设,不仅需要教师思想解放和观念更新,更需要教师发挥教学首创精神,致力于教学实践创新,将党和国家乃至学校的教育目的、教育方针、培养目标、课程目标和办学目标作为一个有机整体,具体转化为自己和而不同的教学风格和教学目标,甚至要逐渐引导学生制定自己个性化的学习目标,促进培养担当民族复兴大任的时代新人目标的体系化和常态化发展。

2. 学生层面素养为纲的学习目标建设

义务教育"三有"培养目标,最终需要转化为学生素养为纲的学习目标,这个转化过程不仅是学校和教师的责任与使命,也是学生的责任与使命。"学校里的学习活动是典型的目标导向行为。"[①]学生不仅需要通过各种方式了解学习目标,更需要把了解甚至制定学习目标作为学习能力的有机组成部分,融入有理想、有本领、有担当的日常学习行为当中,自觉主动地参照"有理想、有本领、有担当"的目标要求,通过自主学习、同伴合作和师生互动,逐步达成自我转化和自我实现。

在学习目标建设方面,学校和教师要根据一定的教育目的和约束条件,对学生的预期发展状态做出符合实际的结构化、细目化规定,同时更应该不断地创设条件,引导和促进学生主动了解和积极尝试规划学习目标,"使学生能够认识到人生的价值与意义,崇尚尊严,敢于做生活的强者,具有顽强拼搏、开拓进取的奋斗精神,富有自由—责任意识和责任能力,在社会生活中能够表现出健康心态的批判性,意识到自己肩负的神圣的社会历史责任"[②]。

---

① 科林·马什. 理解课程的关键概念[M]. 徐佳,吴刚平,译. 北京:教育科学出版社,2009:31.

② 张天宝. 走向交往实践的主体性教育[M]. 北京:教育科学出版社,2005:161—162.

良好的学习目标犹如一面鲜艳的旗帜,为学生指明行动的方向,并规定相应的检验标准。同时学习目标具有主观性,是教师、学生基于不同价值取向而做出的判断和选择,是师生主观意愿和能力的体现。学习目标的差异性,在很大程度上是由师生的眼界、学识、远见、意愿、决心、意志、魄力、担当等主观性因素决定的。学习目标的建设要符合学生的年龄特点、身心规律和学习实际,也需要言简意赅,是一种对学习预期的综合性表达,要朗朗上口,便于学生听其言,照此做,内化于心,外化于行。这样才能发挥学习目标的导向价值、标识价值和激励价值,更好地践行和落实义务教育培养目标。

三、课程与教学的目标确定

作为学校教育培养目标体系的重要组成部分,课程与教学的目标确定大体上包括三种情况:一是以追求基础知识和基本技能为特征的"双基"目标;二是以追求知识与技能,过程与方法,情感、态度与价值观为特征的"三维"目标;三是以追求正确价值观念、必备品格和关键能力等综合品质为特征的"素养"目标。

■ (一)"双基"目标

1. "双基"目标的历史背景

课程与教学领域常常谈及的"双基"目标是基础知识、基本技能的简称。主张把基础知识和基本技能作为普通中小学教学内容核心的课程理论,即为"双基论"。这种课程理论植根于中国大地,对我国当代的课程实践产生了深刻的影响,现行中小学课程的优劣无不与"双基论"有密切的关系。

20 世纪 50 年代末,教学内容的"政治化"和"劳动化"倾向遍布全国,自然很少有人过问"双基论"。只有当人们从迷茫中清醒过来的时候,才又把目光投向"双基"。1961 年,人民教育出版社重编的十年制中小学教材(1963 年出版)就把"力求避免片面强调联系实际而削弱基础知识,注意基础知识的充实和基本训练的加强"作为编写的指导思想。《人民教育》杂志 1961 年第 7 期对这套教材专门开辟特辑做了介绍,可以说这一教材是"双基论"在萌芽状态下的第一次实践。

1952 年 3 月 18 日,教育部在颁布的《中学暂行规程(草案)》中提出,中学的教育目标之一是使学生获得"现代科学的基础知识和技能",首次明确提出了"双基"概念。与此同时,同期的《小学暂行规程(草案)》将小学教育定位于实施智育、德育、体育、美育全面发展的教育,智育层面强调"使儿童具有读、写、算的基本能力和社会、自然的基本知识"。"文化大革命"之后,国家将对于中小学教材和课程的深入研究提上新的日程。1977 年,全国中小学教材编写工作会议提出了编写教材需要正确处理的四个关系,其中两个是:"十分重视和精选基础知识""为了加强基础,必须重视基本技能的训练"。1978 年后,全日制十年制中小学教学计划、各科教学大纲和教科书先后出台,这时,中小学各科教学都突出强调"双基"教学。例如,数学要"加强数学基础知识和基本技能的训练";物理强调"加强现代科学技术所需要的物理学基础知识的教学""加强物理实验技能的训练";体育要"加强体育基本知识的讲授和基本技能的训练"①。当时普遍强调,中小学的教学内容都是基础知识,是培养基本技能的过程,也是巩固基础知识的过程。此时,"双基论"已成为具体指导中小学课程编制并被广大教育工作者所接受的主要理论。现行课程基本定型于20世纪70年代末。

2."双基"目标的基本特征

"双基"目标具有一定的历史阶段性,最初是为了应对我国教育基础薄弱、人才质量和基础相对不高、学生基础差的问题,强调基础知识与技能的教学。概况而言,"双基"目标具有以下特征。

(1)强调知识的学习。"双基论"是在教学质量一度下降的情况下应运而生的,是以注重知识而萌芽的。尽管"双基"包括知识和技能,但"技能"往往是"知识"的附属品,只是为了弥补"知识"一词的不足。实际上,知识和技能在"双基论"中的地位是不相等的。从有关论述"双基"的著作的字里行间可以看到,"知识"是"双基"中的核心,"技能"居从属地位。

(2)关注打好基础。注重知识是"双基论"的重要特征,但是,如果把"双基论"看作是实质教育在课程论领域中的表现则是不公正的。因为在"双基论"中,"基础"是一个关键词。在"双基论"里,某些知识或技能之所以有价值,并不是因为它们是尖端的,而是因为它们是基础的。

正因为如此,当"培养学生能力"受到推崇时,"双基论"并没有放弃"双基"或抵制"能力"。有人认为,像知识一样,能力也有"基础",甚至有人把"双基"改为"三基"(基础知识、基本技能、基本能力)。"双基论"具有这种对能力的包容性。

(3)学习是阶梯式的。"双基论"把"基础"看作是相对的、分层次的,即:小学课程对于初中课程来说,应是初中课程的基础;初中课程对高级中等学校的课程来说,应是普通高中、职业高中和中等专业学校课程的基础;高中课程对于高等学校来说,又是大学和专科学校课程的基础。"双基论"认为,"基础"是相对于更高层次来说的,"基础知识"只有在进一步学习中才能体现出来。如果不掌握A知识,就不能学好B知识,那么,A知识就是B知识的基础。这样,"基础知识"未必都是浅显的,有时甚至是深奥的。例如,细胞学说、进化论是整个生物学的基础,素描、色彩是美术的基础,这些基础的知识或技能并不易学。如果要求学生从细胞学、进化论入手学习生物学,那将是难以想象的。②

(4)基础知识需要充实、强化。"双基论"着眼于知识对于掌握整门学科的基础意义,因此,"基础"是变化的,需要充实。"随着科学技术日新月异的发展,及时注意课程的更新是完全必要的"。比如说,谈初中化学"双基"复习,抓好基本概念和基本理论的复习是全面系统复习初中化学知识的基础,是初中化学教学的继续和深入。具体的要求可以包括:加深对重要概念的内涵和外延的分析、明确概念间的区别和联系、注重概念的综合运用和灵活运用。

(5)学科是科学的浓缩。"双基论"把中小学的学科看成是科学的浓缩。科学是关于自然、社会和思维的知识体系,它是一个系统。学科作为科学的浓缩,也应是一个系统。

---

① 瞿葆奎.教育学文集·课程与教材(上册)[M].北京:人民教育出版社,1988:654.
② 汪潮,吴奋奋."双基论"的回顾和反思[J].中国教育学刊,1996(1):25—29.

这样,可以将科学和学科比作两个重叠的大小金字塔,而作为中小学教学内容的"双基"只是小金字塔的塔基。

3. "双基"目标的局限与挑战

"双基论"主张向学生传授基础知识和基本技能,它的本意与"读书无用论"是格格不入的,但在实践过程中却极易走向它的反面。在"双基论"的指导下,中小学虽然能为学生奠定在各个学科上进一步深造的基础知识和基本技能,但由于"双基"的相对性,学生只有在学完大学课程(即全部学科知识)后才能显示中小学课程的价值。这样,中小学"双基"课程对学生的影响便向两个方面分化:对于小部分继续升学的人来说,他们学到了科学的基础知识和基本技能,就为进一步学习提供了知识和技能上的保证。这时,中小学的读书是有用的,"双基论"的合理性在这种情形下表现得较为明显。而对于大多数不能升学的人来说,他们学到的只是"基础",是不完整的科学知识,这就犹如只有塔底而无塔身和塔尖就不能称其为金字塔一样。对于许多学科的知识而言,基础知识是不能直接在生活中应用的,这便可能导向新的"读书无用论"。

简而言之,"双基"重视知识的传授与技能的训练,提升了教学的质量,但也可能导致知识灌输、纯技术训练以及忽视情感、态度与价值观教育的倾向。

(1)极易走样为死记硬背、填鸭式的学习。"双基"具体表现为基本概念、原理、公式等,这些"双基"学术性强而应用性差,中小学生对"双基"在很大程度上只能是通过死记硬背来掌握。此外,"双基论"把学科看作是科学的浓缩,这就使课程很容易排斥人类已经积累的更多的文化财富。因为并非所有的人类文化,如观念、经验、习俗等都属于科学范畴,在课程中往往很难包含这些内容。例如,德育内容并非开一门和伦理学、政治学、法学、哲学相应的学科就能包容。在"双基论"演化的过程中,在强调"双基"的背景之下,忽视德育、轻视社会实践、缺乏课外活动的做法随之而来。

(2)为考试而考试、学用脱节的倾向。"双基论"把"眼睛"盯在科学技术上,把"教育是为学生未来的生活做准备"这一公理局限于科学或学问之内,于是,所学的知识也罢、技能也罢、能力也罢,其水平的高低只能在深造过程中或在研究所里见分晓。这从培养高层次的学术人才来看,自然是合理的。但与此同时,"双基论"难免忽视社会生活的其他领域。这对大部分普通公民的生活是不利的,对少数学术人才的成长也是不利的。即便是生活在 21 世纪的人,也不总只与科学打交道。在"双基论"居统治地位时,一方面学校内部的教学质量提高了;另一方面,学生毕业后却难以顺利地参与现实社会生活,学用脱节。

(3)学习内容增多,学业负担重。按照"双基论"的观点,普通中小学要为学生打好掌握现代科学技术的基础,而科学技术日新月异,不断发展,学科教材就要吸收新科技的基础部分,这样"双基"就会增加,要求就会提高。原来的课程既然已经是"双基",那势必是不可缺少的。"经过'文化大革命'后编的小学数学教材与 10 年前的比较,原有的教材内容仍占新教材内容的 90%。中学则仍有 80%属原有教材的内容。自然科学、社会科学和数学中基础知识和基本技能在数十年内不变的部分是很多的。"[①]这样,在"双基论"指导

---

①　钟启泉. 现代课程论[M].上海:上海教育出版社,1989:134.

下的课程改革往往朝着加宽、加深、提高的方向发展，致使学生的学习内容不断增加，学习速度不断加快，学习负担不断加重。

■（二）"三维"目标

"三维"目标，在很大程度上是为了弥补"双基"目标的不足而提出来的。从人的发展来讲，课程与教学仅仅重视基础知识和基本技能是远远不够的，尤其是在应试教育的裹挟下，基础知识和基本技能进一步沦为死记硬背和题海战术的俗套，教育被大大地窄化和异化了。为此，2001 年启动的基础教育课程改革提出，要在知识与技能，过程与方法，情感、态度与价值观三个维度上进行整合的目标要求，强调"使获得基础知识与基本技能的过程同时成为学会学习和形成正确价值观的过程"①，即"三维"目标的政策定位。

1."三维"目标的基本特征

"三维"目标不是对"双基"目标的否定，而是对"双基"目标的超越。相较于"双基"目标，"三维"目标更强调教学实践的丰富性，更重视完整的人的发展。具体可分为以下两方面：

第一，把知识与技能作为"三维"中的第一维。即课程与教学目标必须以知识与技能为基础，它们在教育、教学中具有基础性的地位与作用。离开了知识与技能的学习，其他维度的发展就是空中楼阁。

第二，突破知识与技能作为单一维度的局限。即在课程与教学目标中，既不能离开过程与方法，情感、态度与价值观去求得知识与技能，也不能离开知识与技能去空讲过程与方法，情感、态度与价值观的发展，而是应该在知识与技能维度的基础上，融入过程与方法，情感、态度与价值观的维度，使之整合成为三维同步进行的丰富多彩的学习和成长过程。

2."三维"目标的局限和挑战

"三维"目标是由外在走向内在的中间环节，"三维"目标里面既有外在又有内在的东西。相对于"双基"，"三维"目标的理论比较全面和深入，但"三维"目标依然有不足之处：其一是流于维度的丰富，缺乏对教育内在性、人本性、整体性和终极性的具体关注；其二是缺乏对人的发展内涵，特别是对关键素质的要求进行清晰的描述和科学的界定。"三维"目标的课程标准虽然在总目标中提及类似学科核心素养的目标，但没有以学科核心素养为纲，没有将学科核心素养一以贯之地落实到课程标准的各个方面，特别是各个学段或年级或水平的表现标准②。

作为新课程改革的核心理念，"三维"目标自推出以来已为广大教育工作者所熟知，并在中小学中得到普遍的认同与实践。但是"三维"目标理念在中小学课堂中的实践有喜有忧，喜的是教师基本认同了该理念，忧的是"三维"目标的理念还存在理想化与片面解读现

---

① 中华人民共和国教育部.基础教育课程改革纲要(试行)[C]//开创基础教育改革与发展的新局面：全国基础教育工作会议文件汇编.北京：团结出版社,2001：148.

② 余文森.从三维目标走向核心素养[J].华东师范大学学报(教育科学版),2016,34(1)：11—13.

象,其在实践中的落实并不顺利。[①]

在教育教学实践中,"三维"目标一方面赋予学校和教师更大的自主创造空间,另一方面也让学校和教师面临更大的责任和挑战。其一,"三维"目标的区分在实践中令人困惑。从来自教学一线教师的反馈来看,尽管人们对"三维"目标所包含的理念与精神赞不绝口,但一线教师对它的评价却是"模糊""笼统""太宏观",在教学实践中或是对它敬而远之,或是机械模仿。"三维"目标的内涵从表面上看表述得清晰、具体,但推敲起来,却是内涵交叉、外延纠缠,在实践中难以分清。其二,"三维"目标的陈述存在着分歧。"三维"目标在教案中的陈述形式究竟如何表述为最佳,这是一个实际问题。学界对"三维"目标一再强调"三维的一致性",反对机械分割。那么"三维"目标究竟是分开表述,还是不分开表述?分开表述就"割裂"了吗?不分开就"一致"了吗?面对不同学者"权威"的观点,一线教师容易摸不着头脑。其三,"三维"目标的主次性问题令人困惑。"三维"目标有没有主次之分?我们在课堂教学中究竟以什么为重心?这是一线教师经常关心与质疑的问题。学界的解释往往是这样的:"三维"目标同等重要,它们是统一的,反对强调某一维的重要性。一线教师需要更有针对性的理论成果对其进行指导和支持。

■（三）"素养"目标

素养是人在特定情境中综合运用知识、技能和态度解决问题的高级能力与人性能力。核心素养亦称"21世纪素养",是人适应信息时代和知识社会的需要,解决复杂问题和适应不可预测情境的高级能力与人性能力。[②] 核心素养旨在勾勒新时代新型人才的形象,规约学校教育的方向、内容与方法。所谓"核心素养"指的是,同职业上的实力与人生的成功直接相关的涵盖了社会技能与动机、人格特征在内的统整的能力。[③] 可以说,这是牵涉不仅"知晓什么",而且在现实的问题情境中"能做什么"的问题。换言之,在学校的课程与教学中,基础的、基本的知识"习得"与借助知识技能的"运用"培育思考力、判断力、表达力,应当视为"飞机的双翼",同样得到重视。这样,"核心素养"的核心既不是单纯的知识、技能,也不是单纯的兴趣、动机、态度,而是在于运用知识和技能解决现实课题所必需的思考力、判断力与表达力及其人格品性。

1. "素养"目标的基本特征

核心素养较之于"三维"目标,同样也是既有传承的一面又有超越的一面。传承更多地体现在"内涵上",而超越则更多地体现在"性质上"。作为核心素养主要构成的关键能力和必备品格,实际上是对"三维"目标的提炼和整合,把知识、技能及过程、方法提炼为能力,把情感、态度、价值观提炼为品格。能力和品格的形成即是"三维"目标的有机统一。[④] 核心素养具有时代性、综合性、跨领域性与复杂性。[⑤] 具体可从以下三方面来

---

① 魏宏聚. 新课程三维目标在实践中遭遇的尴尬与归因——兼对三维目标关系的再解读[J]. 中国教育学刊,2011(5):36—39.

② 张华. 论核心素养的内涵[J]. 全球教育展望,2016,45(4):10—24.

③ 钟启泉. 基于核心素养的课程发展:挑战与课题[J]. 全球教育展望,2016,45(1):3—25.

④ 余文森. 从三维目标走向核心素养[J]. 华东师范大学学报(教育科学版),2016,34(1):11—13.

⑤ 张华. 论核心素养的内涵[J]. 全球教育展望,2016,45(4):10—24.

理解。

（1）体现时代发展特征。核心素养的"时代性"是指它是应信息时代需要而诞生的"新能力"。在以人为本的权利时代，核心素养要反映个体发展的需要，为个体过上成功的生活做准备。但是，个人的生存与发展不能脱离具体的社会环境。21世纪对于学生素养发展的要求，与我国古代或者西方古希腊时期大相径庭。个人的核心素养应该适应、促进21世纪的社会变迁与社会进步。"key competence"作为一个教育概念，具有鲜明的时代发展特征和职业领域特征，同时也彰显了它的内涵边界，即本质上就是"21世纪胜任力"和"可迁移胜任力"的功能性表征。[①]

（2）综合且有所聚焦。核心素养的"综合性"是指它是知识与技能，过程与方法，情感、态度与价值观"三维"目标化为一体的整体表现。从词义上看，核心素养必须是"核心"的素养，核心素养之外，还应该有"非核心"的素养，否则，所有的素养放在一起就不是"核心"的素养了。核心素养不是面面俱到的素养"大杂烩"，而是全部素养清单中的"关键素养"。[②]从此意义上讲，核心素养是素质教育、"三维"目标、全面发展、综合素质等中间的"关键少数"素养，是各种素养中的"优先选项"，是素质教育、"三维"目标、全面发展、综合素质等的"聚焦版"。核心素养是一个多维度、多功能的概念。"核心素养是知识、技能、态度情感的集合，具有整体性，不能孤立地进行单独培养或发展，尤其是当素养作为课程目标时，须更加强调其综合性和整体性。"[③]

（3）跨领域性和复杂性。核心素养的"跨领域性"既指其超越学科边界的跨学科性，又指其应用于不同情境的可迁移性，还指其连接学科知识与生活世界（真实情境）的"可连接性"。核心素养的"复杂性"既指其立足复杂情境、满足复杂需要的特性，又指复杂的、高级的心智能力，即"心智的复杂性"。21世纪素养作为未来公民的蓝图，它的发展涉及多个阶段，某些素养往往需要分成多个水平、跨越几个年龄阶段，相互衔接、连贯地发展。例如，世界银行的21世纪素养框架，将个体从出生到就业（4—64岁）划分为学前阶段、学龄阶段、年轻人阶段和工作年龄阶段，分别设定各个阶段的素养目标。[④]

2."素养"目标的理想与现实

（1）理想的策略。实现核心素养，深化基于核心素养的教育改革，主要的着眼点体现在课程标准改革、课程实施、教师培训、考试评价等方面。学者辛涛等人从教育系统的宏观层面出发，提出了四个关键的环节。一是将核心素养融入课程标准，要重新梳理课程标准的基本框架，理清核心素养与各学科素养的关系，建立基于核心素养的学业质量标准。二是改进基于核心素养的课程实施，要改善教材编写结构和教师教学方式。三是促进教师理解核心素养，要建立通用教师能力，并建立基于核心素养的教师培训机制。四是基于核心素养指导考试评价，要依据学业质量标准进行考试评价、改进考试内容、创新评价手

① 马健生，李洋.核心素养的边界与限度——一种比较分析［J］.北京师范大学学报（社会科学版），2018（3）：28—40

② 褚宏启.核心素养的概念与本质［J］.华东师范大学学报（教育科学版），2016，34（1）：1—3.

③ 辛涛，姜宇，林崇德，等.论学生发展核心素养的内涵特征及框架定位［J］.中国教育学刊，2016（6）：3—7，28.

④ 师曼，刘晟，刘霞，等.21世纪核心素养的框架及要素研究［J］.华东师范大学学报（教育科学版），2016，34（3）：29—37，115.

段和方法。[1]

（2）现实的压力。具体可从以下四方面来理解。

第一，理解易出现偏差。有人认为，"核心素养"一词可有可无，因为核心素养只是素质教育、"三维"目标、全面发展、综合素质等概念的另外一种表述方式。唯一不同的是，核心素养的表述好像更为时髦、更有国际范儿、更能吸引眼球，但本质上是换汤不换药、新瓶装旧酒。把核心素养等同于全面素养，显然是错误的。[2] 此外，人们比较广泛认同的看法是："素养"主要指素质体系中那些后天养成的部分，注重后天养成性。例如，较多人基本上是从知识、技能和态度等的整合这个视角来理解素养的，这些基本上是后天养成的，是真正的素养。之所以要研究和培育素养，在素质等概念的基础上注重素养的概念，主要是为了注重后天的培育。而有些研究对素养的界定，没有体现这一点，如将关键词"必备品格"和"关键能力"界定为既包含后天养成的成分，也包含先天遗传的成分。[3]

第二，不易评价，评价体系不完善。核心素养相比分科知识具有更强的综合性、情境性、内隐性和适应性等特点，这是造成其评价困难的原因之一。素养为本的教育关注在真实世界的情境中应用知识的能力而不仅仅是再认和重现知识的能力。[4] 以大规模标准化测验为典型代表的传统考试所采用的主要试题类型为客观题，这一特点使其在阅卷计分方面具有很高的效率，适应大规模测试的需求，但也将其适用的评价对象限定在知识层面，缺乏对技能和态度层面学习结果的评价效力。传统考试在各国教育领域被长期和广泛使用，已成为教育评价的主流，这深刻影响了人们对于评价的理解，以至于人们认为只有知识是可评价的，态度和技能是难以评价的，这就导致了对核心素养（特别是其中的跨学科素养）的评价未被纳入主流评价体系。[5]

第三，教师在落实核心素养方面遭遇困境。如何落实核心素养，在教师层面面临诸多挑战，这是一个国际教育界共同面对的问题。从新西兰的基于核心素养的科学教育改革来看，2012年的一份报告指出，很多教师对自己能开展科学本质教学的信心比具体内容教学的信心要弱，教师对基于科学本质的教学变革表现得十分勉强甚至直接反抗。教师对教学中落实科学本质和核心素养表现得十分困惑和犹豫。虽然教师擅长于内容教学，也懂得要通过具体内容教学来落实科学本质目标，但当具体谈到如何通过某些教学内容落实某项素养时，教师会显得力不从心。[6]

第四，课程、教材亟须更新和完善。当前随着对核心素养内容的解读，人们对它的理解与认同不断加深。对学生核心素养的关注是教育理念向前推进的一个里程碑，培育核心素养要借由不断深化课程改革，对现有课程体系进行调整来实现。然而，如何将这些素

① 姜宇,辛涛,刘霞,林崇德.基于核心素养的教育改革实践途径与策略[J].中国教育学刊,2016(6)：29—32,73.
② 褚宏启.核心素养的概念与本质[J].华东师范大学学报(教育科学版),2016,34(1)：1—3.
③ 丁念金.析"中国学生发展核心素养"研究成果的五十个不足[J].教育导刊,2018(1)：5—11.
④ 冯翠典.素养为本的教育：内涵、模式、原则和挑战[J].教育科学研究,2017(4)：30—34,40.
⑤ 刘新阳,裴新宁.教育变革期的政策机遇与挑战——欧盟"核心素养"的实施与评价[J].全球教育展望,2014,43(4)：75—85.
⑥ 王俊民.新西兰基于核心素养的科学课程变革：课程构建、实施路径与挑战[J].外国教育研究,2017,44(6)：118—128.

养与现有课程体系一起来,如何将核心素养切实落实到每个学生身上,是摆在广大教育者面前的又一重大挑战。

3. 多种支持条件

(1) 基于核心素养改进教师培养模式。核心素养对教师的教育教学提出了新的要求,教师亦面临着新的挑战。核心素养带来了三重挑战,即注重知识本位向能力本位的转变,教师中心向学生中心的转变,"去情境教学"向关注真实情境的教学的转变。基于核心素养改进教师培养模式,是发展学生核心素养的支持性条件。基于学生核心素养的教师专业发展路径有:一是要研制统一的教师核心素养标准;二是要建立基于核心素养的教师教育培养模式;三是加大基于核心素养的教师培训力度,促进教师的自我发展。

(2) 关注课程整合的研究与再设计。一是从学科教学角度来看,学科核心素养落地需要整合知识、协调探究、调和活动,否则只会停留在理论探讨层面,而不是在核心素养的提升上。素养时代的课程整合,超越整合作为课程组织方式的狭隘视域,展现出对整合的系统思考与设计。二是要跨越知识整合,凸显行动取向。[①] 素养的具身性表明素养嵌入个人与真实世界的特定任务和需求的互动之中,是由行动得以表现的,这决定了素养的发展必须有体之于身的实践意义。素养时代的课程整合因而需要跨越知识整合的范围,凸显其行动取向。这意味着在课程整合中,需要强化学习者与社会环境的互动,促使学习者作为经验共同体中的一员参与社会行动,解决现实问题,不仅建构与他人的联系,而且发展对社会空间、权力结构、地方政治的批判意识,通过行动改善自己的日常生活、服务社区人群或关注国家事务,体现应有的个体责任和社会担当。

(3) 基于核心素养进行教材修订。教材是课堂教学中承载学习内容的最主要的载体之一。一方面,教学目标的达成要依托师生对教材内容的教学来完成,教学内容应能反映课程标准对知识与能力以及情感、态度、价值观方面的要求。另一方面,教材也会引导课堂教学方式的选择,教材中的问题设计、内容多寡、呈现形式都会对实际教学过程产生影响。随着各国核心素养与课程的不断深入融合,组织创编和修订体现核心素养指导下新课程目标要求的系列教材成为课程改革的必然要求。[②]

4. 时代的变化

随着物联网、大数据、人工智能等现代信息技术不断向纵深发展,人类社会正由信息时代走向以创新为核心的智慧时代。智慧新时代,必须与时俱进地重构课程目标与定位,科学建构课程核心素养,以推动课程在促进人的时代化发展中发挥更大的作用。如果说落实核心素养的目的是要培养具有健全人格、创新思维、全球视野、社会责任感的社会主义事业接班人,那么人工智能一定会给这样的教育提供服务和帮助,而不是形成一个对垒。

自《国家中长期教育改革和发展规划纲要(2010—2020 年)》和《教育信息化十年发展规划(2011—2020 年)》颁布以来,教育信息化的核心理念、推进策略和工作机制都发生了

---

① 安桂清. 共同走进素养时代的课程整合[N]. 中国教育报,2018-01-10(005).
② 许祎玮,刘霞. 基于核心素养的课程教学改革——基本模式、国际经验及启示[J]. 北京师范大学学报(社会科学版),2017(5):40—48.

巨大的变化。[①]

大数据时代带来教学资源的扩展、教学技术的革新、师生交际的深入、个性化教学的实施和学生学习方式的拓展。特别是随着数字化课程的发展,使得作为学习活动主要媒介的传统纸质书本面临新的挑战,数字教科书作为新媒介开始越来越多地出现在学校课堂上。随着数字化、国际化的发展,课程研究也逐渐进入一个新的领域,对于整个教学过程也产生了巨大的影响。教师在教学中面临诸多新的挑战——如何才能在大数据背景下有效培养学生的核心素养,将成为当今教育研究领域的一个新方向。此外,如何利用新技术促进学生的个性化发展、拓展学生个性化课程的开发,也逐渐成为研究的热门话题。

四、课程与教学目标体系梳理

按照不同的标准,课程与教学目标可以做出不同的分类。通过对课程与教学目标体系进行梳理可以发现,培养目标、阶段目标和科目目标是最为基本的组成部分。从培养目标到阶段目标再到科目目标,它们之间存在着宏观与微观、整体与部分、抽象与具体等密不可分的互动关系。

■(一)培养目标

培养目标是学生完成基础教育时应该达到的素质要求,是对学生发展形象的描绘,是基础教育课程目标的整体概括。在课程目标体系中,培养目标更为宏观,更具概括性,对于制定更为具体的阶段目标和科目目标具有重要指导意义。进入21世纪以来,我国学校教育培养目标的核心意涵一直是培养德智体美劳全面发展的社会主义建设者和接班人,并在此基础上融入时代发展的新要求、新特点,从而不断加以丰富和完善。

■(二)阶段目标

阶段目标是根据培养目标并结合具体教育阶段特点而制定的学生发展目标,是特定教育阶段课程的培养目标。基础教育课程改革通过《幼儿园教育指导纲要(试行)》《义务教育课程设置实验方案》和《普通高中课程方案(实验)》三份课程政策文件分别确定了学前教育、义务教育和普通高中教育的阶段目标。

1. 幼儿园教育阶段目标

幼儿园教育是基础教育的起始阶段,幼儿园教育阶段目标为基础教育课程的培养目标奠定初步的基础。比如,2001年教育部印发的《幼儿园教育指导纲要(试行)》规定,学前教育阶段儿童发展目标主要体现在健康、语言、社会、科学和艺术五个领域。各领域目标具体分别如下。

(1)在健康方面:身体健康,在集体生活中情绪安定、愉快;生活、卫生习惯良好,有基

---

① 任平,李俊堂.核心素养与中小学课程教学变革——第十次全国课程学术研讨会综述[J].课程·教材·教法,2018,38(2):139—143.

本的生活自理能力;知道必要的安全保健常识,学习保护自己;喜欢参加体育活动,动作协调、灵活。

(2)在语言方面:乐意与人交谈,讲话礼貌;注意倾听对方讲话,能理解日常用语;能清楚地说出自己想说的事;喜欢听故事、看图书;能听懂和会说普通话。

(3)在社会方面:能主动地参与各项活动,有自信心;乐意与人交往,学习互助、合作和分享,有同情心;理解并遵守日常生活中基本的社会行为规则;能努力做好力所能及的事,不怕困难,有初步的责任感;爱父母长辈、老师和同伴,爱集体、爱家乡、爱祖国。

(4)在科学方面:对周围的事物、现象感兴趣,有好奇心和求知欲;能运用各种感官,动手动脑,探究问题;能用适当的方式表达、交流探索的过程和结果;能从生活和游戏中感受事物的数量关系并体验到数学的重要和有趣;爱护动植物,关心周围环境,亲近大自然,珍惜自然资源,有初步的环保意识。

(5)在艺术方面:能初步感受并喜爱环境、生活和艺术中的美;喜欢参加艺术活动,并能大胆地表现自己的情感和体验;能用自己喜欢的方式进行艺术表现活动。

2. 义务教育阶段目标

在我国,义务教育阶段目标是基础教育课程培养目标的核心部分。教育部颁布的《义务教育课程方案(2022年版)》规定:"义务教育要在坚定理想信念、厚植爱国主义情怀、加强品德修养、增长知识见识、培养奋斗精神、增强综合素质上下功夫,使学生有理想、有本领、有担当,培养德智体美劳全面发展的社会主义建设者和接班人。"方案还对有理想、有本领、有担当的具体要求做出了详细规定。

3. 普通高中教育阶段目标

普通高中教育阶段目标是我国基础教育课程培养目标的提高部分。2020年教育部印发的《普通高中课程方案(2017年版2020年修订)》规定:"普通高中课程在义务教育的基础上,进一步提升学生综合素质,着力发展学生核心素养,使学生成为有理想、有本领、有担当的时代新人。"具体目标如下。

(1)具有理想信念和社会责任感。初步形成正确的世界观、人生观和价值观。热爱祖国,拥护中国共产党。弘扬中华优秀传统文化,继承革命文化,发展社会主义先进文化,培育和践行社会主义核心价值观,增强文化自信,树立为中国特色社会主义、人民幸福、民族振兴和社会进步作贡献的远大志向。

遵纪守法,履行公民义务,行使公民权利,维护社会公平正义,具有法治意识、道德观念。热心公益、志愿服务,具有奉献精神。尊重自然,保护环境,具有生态文明意识。维护民族团结,树立总体国家安全观,捍卫国家主权、尊严和利益。

(2)具有科学文化素养和终身学习能力。掌握适应时代发展需要的基础知识和基本技能,丰富人文积淀,发展理性思维,不断提升人文素养和科学素养。敢于批判质疑,探索解决问题,勤于动手,善于反思,具有一定的创新精神和实践能力。

具有强烈的好奇心、积极的学习态度和浓厚的学习兴趣。能够自主学习,独立思考,形成良好的学习习惯和适合自身的学习方法。学会获取、判断和处理信息,具备信息化时代的学习与发展能力。

（3）具有自主发展能力和沟通合作能力。坚持锻炼身体,养成积极健康的行为习惯与生活方式,珍爱生命,强健体魄。自尊自信自爱,坚韧乐观,奋发向上,具有积极的心理品质。具有发现、鉴赏和创造美的能力,具有健康的审美情趣。学会独立生活,热爱劳动,具备社会适应能力。正确认识自我,具有一定的生涯规划能力。

文明礼貌,诚信友善,尊重他人,与人和谐相处。学会交流与合作,具有团队精神和一定的组织活动能力,具备全球化时代所需要的交往能力。尊重和理解文化的多样性,具有开放意识和国际视野。

■（三）科目目标

科目目标是根据课程计划在某一学段开设的具体某门课程的培养目标,基础教育课程的培养目标和阶段目标主要是通过科目目标来实现的。

从课程政策的角度看,我国基础教育课程的科目目标大致分为指令性和指导性两类。其中,由课程标准规定的科目目标,如语文、数学、外语、历史、地理、科学、物理、化学、生物学、信息科技、体育与健康、艺术、劳动等有国家课程标准的科目目标,属于指令性科目课程目标;而由学校根据教育部和省级教育行政部门发布的科目指导纲要或指南设计、选用的科目目标,如学校按《中小学综合实践活动课程指导纲要（2017 年版）》《地方与学校课程管理指南》等开设的研究性学习、社区服务与社会实践以及具体的地方课程、校本课程等科目的目标,就属于指导性科目目标。

此外,科目目标还可进一步分解为学段目标、学年目标、学期目标和单元目标等。

五、科目层面的课程与教学目标设计

对于中小学特别是科任教师来说,科目层面的课程与教学目标设计和表述最受关注,也是课程与教学目标体系建设的重点,其合理性与准确性对于课程实施尤其是课堂教学会产生直接的重要影响。

就设计和表述技术而言,具体的课程与教学目标涉及五大要素,包括行为主体、行为动词、行为对象、行为条件与表现程度。五大要素中最为重要的是行为动词和行为对象,这是目标设计和表述的"毛坯房",是目标设计和表述的基本架构;其他要素则是目标设计和表述的"装修配置",可以融入更多的学情依据和实践经验,决定目标的更多细节,让目标设计和表述得更为精准和完善。如果把目标设计和表述的思路比作一个具备主语、谓语、宾语、定语、状语和补语等句子成分的完整语句,那么,除了行为主体即主语是学生外,行为动词和行为对象即谓语和宾语构成的动宾结构,就成了目标设计和表述的主干结构,行为条件与表现程度即定语、状语、补语,都在某种意义上调节着目标的丰简和难易程度。

其中,行为对象主要表述学习内容,行为动词主要表述学习过程、学习结果或学习表现。不同科目的学习内容差异很大,但其学习过程、结果或表现却有很大的共通性。如果超越科目内容的限制,从学习过程或结果的角度来看,课程与教学目标的设计和表述方式大致上可以分为三种,即结果性目标设计和表述方式、体验性目标设计和表述方式、表现性目标设计和表述方式。三种目标设计和表述方式,都围绕目标水平、行为动词和行为对象等基本要素来展开,它们共同界定和表述对于课程与教学内容的学习要求。

■ (一)关于结果性目标的设计和表述

结果性目标的设计和表述方式,所界定的是可以结果化的课程与教学目标,指向学习者的学习结果。这种方式主要应用于各个科目中知识与技能领域的目标设计和表述。

知识领域的结果性目标水平主要包括了解、理解和应用,技能领域的结果性目标水平主要包括模仿、独立操作和迁移,不同目标水平通过相应的行为动词和行为对象进行表述(表3-1)。

表 3-1 结果性目标的设计和表述

领域	目标水平		行为动词	行为对象
知识	了解	再认或回忆知识,识别、辨认事实或证据,举出例子,描述对象的基本特征等	说出、背诵、辨认、回忆、选出、举例、列举、复述、描述、认识、再认等	如(累计认识)常用汉字2 500个左右
	理解	把握内在逻辑联系,与已有知识建立联结,进行解释、推断、区分、扩展,提供证据,收集、整理信息等	解释、说明、阐明、比较、分类、归纳、概述、概括、判断、区别、提供、转换、猜测、预测、估计、推断、检索、收集、整理等	如(联系上下文理解)词句的意思
	应用	在新的情境中使用抽象的概念、原则,进行总结、推广,建立不同情境下的合理联系等	应用、使用、质疑、辩护、设计、解决、撰写、拟定、检验、计划、总结、推广、证明、评价等	如(运用)音序检字法和部首检字法查字典、词典
技能	模仿	在原型示范和具体指导下完成操作,对所提供的对象进行模拟、修改等	模拟、重复、再现、模仿、例证、临摹、扩展、缩写等	如(用毛笔临摹)正楷字帖
	独立操作	独立完成操作、进行调整与改进、尝试与已有技能建立联结等	形成、完成、表现、制定、解决、安装、绘制、测量、尝试、试验等	如(自己设计)一种方案,(测量)一些固体和液体的密度
	迁移	在新的情境下运用已有技能,理解同一技能在不同情境中的适用性等	联系、转换、灵活运用、举一反三、触类旁通等	如(用两个不同焦距的凸透镜制作)望远镜

■ (二)关于体验性目标的设计和表述

体验性目标的设计和表述方式,所界定的是难以结果化的课程与教学目标,指向学习者的心理感受和情绪体验等变化过程。这种方式所采用的行为动词往往是历时性和过程性的,主要应用于过程与方法,情感、态度与价值观领域的课程与教学目标表述。

体验性目标主要包括经历(感受)、反应(认同)和领悟(内化)三个水平层次,分别运用相应的行为动词和行为对象予以表述(表3-2)。

表3-2　体验性目标的设计和表述

目 标 水 平		行 为 动 词	行 为 对 象
经历(感受)	独立从事或合作参与相关活动、建立感性认识等	经历、感受、参加、参与、尝试、寻找、讨论、交流、合作、分享、参观、访问、考察、接触、体验等	如(与他人交流)自己的阅读感受
反应(认同)	在经历基础上表达感受、态度和价值判断,做出相应的反应等	遵守、拒绝、认可、认同、承认、接受、同意、欣赏、称赞、喜欢、讨厌、感兴趣、关心、关注、重视、采用、采纳、支持、尊重、爱护、珍惜、蔑视、怀疑、摒弃、抑制、克服、拥护、帮助等	如(关心)作品中人物的命运和喜怒哀乐
领悟(内化)	具有相对稳定的态度、表现出持续的行为、具有个性化的价值观念等	形成、养成、具有、热爱、树立、建立、坚持、保持、确立、追求等	如(热爱)我国优秀的民歌和民间乐曲

■（三）关于表现性目标的设计和表述

表现性目标的设计和表述方式,所界定的是与表现有关的开放性课程与教学目标,指向学习者的模仿和创作等活动过程和结果。这种方式所采用的行为动词往往是学生的动作表现,主要应用于艺术、探究操作、学科实践等领域的课程与教学目标表述。

表现性目标水平主要包括复制和创作,分别通过相应的行为动词和行为对象进行设计和表述(表3-3)。

表3-3　表现性目标的设计和表述

目 标 水 平		行 为 动 词	行 为 对 象
复制	按照教师提示重复某项活动,根据现有资源复制某项产品、作品或操作活动,按要求利用多项简单技能从事某项任务等	从事、做、说、画、写、表演、模仿、表达、演唱、展示、复述等	如(背唱)歌曲4—6首
创作	根据提示从事某种较复杂的创作,按自己的思想和已有资源完成某项任务,利用多种技能创作某种产品等	设计、制作、描绘、涂染、折叠、编织、雕塑、拓印、收藏、表演、编演、编写、编曲、扮演、创作等	如(用各种手段绘制)童装、学生装或校服的设计效果图

第三节　课程与教学的代价问题

作为一个常议常新的话题,代价问题绝不是历史长河中偶然出现的;恰恰相反,历史表明,代价问题是随着实践的深入而不断展开和发展的。时至今日,它已成为一个必须予以积极回应的时代课题。代价是什么? 因考察视角各异,可以说智者见智,仁者见仁。在课程与教学领域,代价应该是理论研究与实践教学中一个不可缺少的重要范畴,代价问题不能被忽视、不容被遮蔽,必须得到应有的关注和重视。

在课程与教学领域,如何正确地认识课程与教学改革中的代价问题,科学地理解课程与教学改革过程中的不同声音,批判性地权衡和分析代价问题背后的诸多争议,对于更好地深入推进课程与教学的转型和发展具有重要的意义。

一、强化课程与教学的代价意识

代价是日常生活中常用的字眼。商务印书馆《现代汉语词典》这样解释代价的含义:其一是"购买物品所付出的钱";其二是"泛指为达到某种目的所耗费的物质或精力"。代价一词,使用最早最广泛的是在人们的经济生活中。经济学往往提倡在经济生活中以最小的代价谋求最大的利润。因此"代价"成了经济学中的一个核心概念。在日常生活中,代价一词早已不只是经济学中的一个专业术语,而是被引申到了更广阔的社会生活之中,不同时期的思想家、哲学家、历史学家、社会学家都曾在自己的著作中谈到代价。

作为一种社会现象,教育的发展同样存在着代价问题。教育代价,是指那些人们在选择教育价值、实施教育活动过程中所带来的某种或某些消极后果;这些消极后果有些是可以部分避免,甚至可完全避免的,有些则是根本无法避免和克服的。从历史上看,教育每一次的进步往往都要付出巨大的代价。[①]

■（一）无处不在的代价

马克思认为,在社会历史发展过程中,人类才能的发展必然以牺牲多数的个人,甚至牺牲整个阶级为代价。"个性的比较高度的发展,只有以牺牲个人的历史性为代价……因为在人类,也像在动植物界一样,种族的利益总是要靠牺牲个体的利益为自己开辟道路的。"[②]只有在对这个人所付出代价的"旧世界"的分析批判中,才能发现未来新世界即共产主义社会发展的动力、方式、纲领、方向、目标和条件。显然,马克思这里蕴含这样一个思想,即:应在对发展所付出的代价的分析、批判及扬弃中寻找发展的方式和规律。[③] 代

① 袁振国,周军. 教育代价与教育决策[J]. 教育发展研究,2000(1):18—21.

② 马克思,等. 马克思恩格斯全集:第26卷[M]. 中共中央马克思恩格斯列宁斯大林著作编译局,译. 北京:人民出版社,1972:124—125.

③ 陈丽杰. 代价论与人的发展[J]. 社会科学辑刊,2004(4):33—35.

价问题是发展过程中无法避免,甚至是无处不在的现象。此外,恰当地认识和分析代价,正是实现发展所必需的环节,代价是对发展具有反省、刺激和启动作用的因素。

在课程与教学领域,代价同样无处不在。办好人民满意的教育,让每个孩子都享有公平而有质量的教育,是关系亿万人民群众切身利益和现实愿望的目标,具有非常重要的导向意义。在实现这一目标的过程之中,必然考虑教育的代价问题。如何在课程与教学领域,更好地落实、实现这一诉求,也是一项具有挑战性的任务。可以说,课程与教学的改革与发展,在宏观层面,既受制于国家社会政治、经济制度、生产力和科学技术发展水平等客观因素的影响,同时在微观层面,很大程度上也受到教育改革者的发展意识和理论素养、一线教师的思想观念和专业发展水平等主观因素的影响。课程与教学,可以说是教育中最为核心、最为复杂的部分,从国家课程的顶层设计,到教材教学方案的编制,再到课程的落地实施,从国家、地方再到学校,从教材,到教师,再到学生……可以说,涉及多层级、多领域、多主体的参与和投入。课程代价是指在课程发展过程中,受教育需求多样性与客观因素的局限,人们为选择某些课程的主导价值和方法,所造成的由价值主体和课程承担的不可避免的价值损失和牺牲,以及所带来的与价值主体理想相悖的消极后果。由于课程代价与课程发展是同步的,即课程发展的过程直接就是一个付出课程代价的过程,付出合理课程代价的同时就是课程发展的进程。[①] 因此可以这样讲,实现课程与教学的转型和发展不是一蹴而就的,在课程与教学的改革与发展中付出代价是难以避免的。

■（二）亟待强化的代价意识

课程与教学的代价意识,亟需被重视和得到应有的关切。在课程与教学的研究和实践中,对于课程与教学的改革和发展,往往只看到好的或想要的一面,而对可能存在的各种成本、风险等代价却是有意无意地予以忽略或进行淡化,甚至还存在"事不关己,高高挂起"的倾向,以及"看热闹不嫌事大"的观望者心态,缺乏清醒的认识和严谨负责的态度。有的人对于当前一线诸多学校的变革或转型经验,无论是失败还是成功,都乱加指责、乱扣帽子、乱说一气,而对于发展过程中存在着的矛盾和挫折、投入和牺牲却避而不谈,缺乏应有的研究和重视。

课程与教学中代价意识的澄明与强化,是实现改革与发展的必要步骤。从代价论视角审视,淡化对知识获取结果的死记硬背,转向对知识获取过程的体验和发现,是基础教育课程与教学改革的必然趋势。我国中小学生知识基础扎实,学科技能训练有素,这是我们的特色。但是这种特色往往是以牺牲学生主动探究精神和独立解决问题的能力为代价的。事实上,因为学生的时间和精力有限,加之社会发展的需要也在不断变化,对于有不同发展需要的学生来说,并非所有的知识都是有价值的,单一或过剩的知识只会扼杀学生的创造力,只有那些转化为学生智慧和思维活力的知识才能促进学生全面发展。[②] 因此,强化代价意识需要做到:一是树立正确的代价观念和研究意识;二是正确认识课程与教学

---

① 张豫.课程代价:课程设置的新视野[J].湖南社会科学,2003(5):147—149.

② 孙天华,张济洲.课程改革的"代价意识"[J].中小学教师培训,2006(3):33—35.

领域中的效率和公平,准确认识投入与产出的关系,准确对待经济效益和社会效益的关系;三是敢于直面课程与教学中如影随形的矛盾及不可兼得的尴尬,理性认识到获得与付出、投入与牺牲之间可能的不对等性;四是科学地把握课程与教学发展过程中的优先事项,妥善地处理好教育过程中的普及与提高、大众教育与精英教育、甄别与筛选等多种复杂关系。

■（三）权衡利弊得失

在实践活动中,人们为了创造某种或某些价值,总要做出某种或某些放弃、付出、牺牲,这就是代价。为了明确代价的合理性和实践的合理化,我们不仅要有正确的代价认识,而且应该学会权衡利弊得失,具有合理的代价思维。代价的大小不仅要比较支出、浪费或牺牲掉的东西的多少,还要甚至更要比较付出了这些代价后收获的大小。[①] 权衡课程与教学的代价问题,要保持一种合理的代价思维。人们在实践的基础上对具体实践中的代价的合理性进行的理性反思、评价、预测和规范,其核心、本质在于对代价的付出或承担"是否应当""如何应当"问题的评判与把握、分析与推理。[②]

做出对课程与教学中代价问题的权衡,建构合理的代价思维,需要做好以下三个基本点。

第一,主动反思。我们要恰如其分地反思,既不肯定一切,也不认为现实世界是尽善尽美的;相反,应竭力对原有认识和实践分别进行反身思考和反复思考,不断反省何为课程与教学的最高价值,什么是教育者值得一生付出与坚守的价值追求。

第二,善于批判。作为合理的课程与教学代价问题的批评,并不是消极的否定,而是对人与教育,特别是学生、教师同课程与教学的现实关系的审视和批判,是与未来的理想关系的构想和追求相联系的。特别是如何看待和理解课程与教学发展过程中短期的功利和长远的功利,当下的牺牲与未来的获得的关系。

第三,敢于超越。现实和时代孕育、创造着合理的代价思维,合理的代价思维则建构、催生着更为合理的时代和现实,从而促进着人类实践的自我超越。课程与教学作为教育的核心,许多观念,甚至是理论,并不是完全平行于当前的教育实践的。无疑,它还存在着具有前瞻性和超前性的观念和思想,因此,合理地权衡课程与教学发展过程中的代价,也需要有敢于超越传统的思维和实践范式的勇气和魄力。

二、课程与教学的代价管控机制

毫无疑问,课程与教学作为主要的教育实践活动,在发展过程中滋生、出现的代价问题是无法避免,甚至是无处不在的现象。我们不能否定的是,尽管有代价的存在,我们仍有机会合理地进行代价控制。《诗经·豳风·鸱鸮》讲,"迨天之未阴雨,彻彼桑土,绸缪牖户"。意思是说,趁着天没下雨,先修缮房屋门窗,比喻事先做好准备工作,以预防意外的

①　郑也夫.代价论:一个社会学的新视角[M].北京:三联书店,1995:154.
②　张明仓.论合理的代价思维[J].福建论坛(文史哲版),1997(1):33—37.

事发生。古人的这种准备,其实就是通俗意义上的"代价管控"。因此,可以说,课程与教学中的代价问题是有被管控的可能性的,我们可以发现和选择适宜的代价管控机制。

■ (一) 何为代价管控机制

从广义上讲,代价管控就是指主体通过运用各种社会规范以及与之相应的手段和方式,对实践活动过程及其结果进行调节、引导和管理,从而实现代价合理性和实践合理化的目标。代价管控机制,是指代价管控系统诸要素之间的相互联系和功能,以及实现代价合理性和实践合理化目标的作用原理与作用过程。[①] 就课程与教学代价管控机制而言,就是课程与教学主体通过权衡、选择、运用各种社会规范、教育规范,特别是更细微的课程与教学规范以及相应的手段、措施,对课程与教学活动的目标、过程、结果等进行监测、引导和管理,从而实现课程与教学代价达到合理管控的目标。

■ (二) 课程与教学代价管控的内容和层次

在现实生活中,代价管控可以从多种维度进行考察,它一般可分为:积极控制与消极控制、硬控制与软控制、外在控制与内在控制、制度化控制与非制度化控制、宏观控制与微观控制等。不同控制类型的社会功能也各不相同,它们互补互融,共同形成了社会的代价控制系统。

从结构上分析,代价管控主要包括三大部分,即控制对象、控制手段和控制过程[②]。具体到课程与教学领域,就需要考虑好这三部分的内容和层次。

1. 控制对象

从总体上来看,教育代价控制的实施者和受控制者均为"人",教育代价的控制也便是对人们的思想、行为以及群体关系等进行控制。代价与主体具有内在的相关性,从代价的引发者和承担者都是人这个意义上说,任何代价都是人的代价,或由人引发并由人承担的代价,只不过,这里的"人"要做具体分析罢了。因此,从总体上说,代价控制的施控者和受控者都是人,即代价控制是人类对自己的思想和行为的自我控制。而由于教育活动的复杂性,以及参与者的广泛性,其控制对象又必然呈现出纷繁复杂的一面。具体而言,我们可以从宏观、中观、微观三个层面来分析教育代价的控制对象。

(1) 宏观层面。宏观泛指大的或涉及整体的范围。课程与教学的宏观层面,可以理解为大的方面或总体方面。站在上位的概念,主要是国家课程一层。作为宏观层面的控制对象,主要关注国家层面的课程与教学系统的整体运行,应该包含课程与教学系统,与社会其他系统间的关系。可以说,合理地控制和引导课程与教学的整体发展,需要了解和洞悉社会经济、文化、政治发展的现状,国家的政策诉求和社会的人才需求;同时,还需要考虑教育系统内部实现课程与教学目标的条件和允许范围。从我国课程管理的架构来看,作为宏观层,教育部的主要定位在于:总体规划基础教育课程,制定基础教育课程管

① 张明仓. 代价控制论[J]. 理论学习月刊,1997(5):24~28.
② 周晓红. 教育代价论[D]. 长春:东北师范大学,2010.

理政策,确定国家课程门类和课时;制定国家课程标准,积极试行新的课程评价制度。比如说,如何科学地设计和统筹国家的课程方案、各个学科的课程标准,能够回应和兼顾当前国家的重大需求,均衡区间的差异,合理协调各个学科的比例分配等,从而促进整个课程与教学系统的良性发展,实现"立德树人"的基本诉求。

(2)中观层面。中观层面介于宏观和微观层面之间,起到承上启下的功能。从我国课程管理的架构来看,作为中观层,省级教育行政层次的主要定位在于:依据国家课程管理政策和本地实践情况,制定本省(自治区、直辖市)实施国家课程的计划,规划地方课程,报教育部备案并组织实施;经教育部批准,单独制定本省(自治区、直辖市)范围内使用的课程计划和课程标准。

(3)微观层面。微观层面则主要涉及部分的或较小的范围。微观层面上的课程与教学代价问题的管控,主要是指在学校场域课程与教学过程中的相对具体的环节、内容和过程。需要考虑的问题有:学校在执行国家课程和地方课程的同时,如何有效地针对当地社会、经济发展的具体情况,结合本校的传统和优势、学生的兴趣和需要,开发或选用适合本校的课程;学校如何科学地制定学校学年课程实施方案、开发学校课程管理指南及校本课程;对学校所有课程的实施管理(包括教学、评价、资源)进行自我监控。此外,还涉及教师的教、学生的学,如教师如何准确理解课程标准的精神,科学地使用教材等,这些都是在微观层面可以控制和引导的。

2. 控制手段

"控",有节制、驾驭的意思;而"制"有限定、约束、管束,依照规定的标准做的意思。控制的本义在于掌握住对象,不使其任意活动,或超出范围;或者使其按控制者的意愿活动。在工业领域,控制的目的在于达到提高生产率,减轻劳动强度,节省劳动力、原材料和能源的目的。一般而言,控制的手段分为三类,即制度、组织和文化控制。

(1)制度控制。从广义上讲,制度控制手段是指以全社会的名义颁布的行为准则,并对全体社会个体、社会群体和社会组织的社会行为进行调节与制约的方式。[①] 在课程与教学层面进行制度控制,其主要的手段是对影响课程与教学的关键环节、关键领域进行合理化的制度规划和设计。比如,就学校课程开发而言,应建立好学校课程的审议制度;就学校的教学而言,应建立完善的教学质量评价制度。

(2)组织控制。组织控制实际上是层级控制,每一个社会个体和社会群体都处在这种层级控制网络之中,控制者往往同时也是被控制者。不过,组织控制的范围较小,即它的控制范围局限于特定组织内部,它对组织外的社会成员或组织成员的组织外行为一般不具有制约性。在课程与教学领域,组织控制的范围和层次存在着差异。

(3)文化控制。文化控制手段是指人类在长期的共同生活中创造的、为人类共同遵从的行为准则和价值标准,它包括伦理道德、风俗习惯、信仰信念和社会舆论等。与制度控制和组织控制相比,文化控制具有明显的非强制性、自觉性和广泛性,它适用于全体社会成员,几乎涵盖人类的一切社会行为。

---

① 张明仓.代价控制论[J].理论学习月刊,1997(5):24—28.

3. 控制过程

代价控制过程是代价控制机制发挥功能的动态运作过程。控制过程,从环节上讲,主要有决策环节、实施环节、监控环节、反馈环节等。

(1) 决策环节。合理的决策对于实现有效的代价控制具有决定性的意义,而合理决策的实质无非是要以合理的代价付出实现合理的创价目标,因此,代价控制主体在进行决策时必须自觉遵循代价合理性的标准。为了实现代价的有效控制,施控主体在进行决策时,应据此标准确定决策目标,并精心拟定多种行动方案,经充分论证、综合评估后,选择出相对满意的优化方案。在课程与教学领域,决策环节从宏观层面讲,主要是如何制定合理的国家课程方案、课程标准,从而实现期望的目标。而从微观层面讲,更多的是学校的课程决策。

研究表明,中小学在学校课程决策方面已经具备较为明确的意识,且有所作为,但存在过于偏重由行政领导来负责决定课程事务,甚至直接听从上级课程主管部门安排的科层化倾向。学校主动创生课程的意识、态度、能力都有待加强和改进。^① 另外,教师参与学校各项课程事务的范围广泛、参与度也相对较高,而学生、家长、社区代表,甚至课程专家、学科教学专家等对学校课程决策的参与度极低,中小学学校课程决策多元主体共同参与的局面尚未形成。因此,课程与教学决策要建立在广泛的调研基础上,充分调动各决策参与主体的积极性,完善决策的执行团队。

(2) 实施环节。在决策目标和行动方案确定后,需要通过具体的组织、个人加以落实。对决策目标的具体实现过程加以控制,正是对代价进行控制的关键。我们应该通过将控制手段有效地作用于控制对象来调节和缓解控制对象内部的矛盾与冲突,并将控制对象与控制手段之间的冲突限制在一定范围之内,使之不致危害创价目标的顺利实现。

(3) 监控环节。为了保证代价控制的顺利实现,代价控制主体必须对控制对象和实施过程进行必要的监督、核查和调控。控制对象是否严格遵从社会规范,实施环节是否严格按照社会规范对控制对象实施控制,即代价目标对代价付出是否必要、代价操作是否可行、代价效应是否有利、代价分配和补偿是否公正等,这些都需要加以监督和核查,若有越轨行为或偏差,就应及时予以纠正。

如要掌握一所学校课程与教学的发展状况,了解这所学校课程与教学质量的好与坏,可以透过教育质量评估指标的数值来界定其日常的基本概况。恰如我们可以使用环境空气质量指数(AQI),将生活中能够比较容易感受出来,但又很难描述出来的现象具体化,把专业性较强的空气质量监测结果转换成一个无量纲的指数,根据指数大小将空气质量状况划分为"优、良、中、差"等通俗易懂的等级,方便公众直观地理解环境空气质量状况(指数越大,级别越高,说明污染越严重,对人体健康的影响也越明显)。^② 我们需要建立课程与教学的监控评估和改进的长效机制,形成周期性的、有计划的评估机制,可以将学校自身的办学水平、教师的教学与学生的学习情况做出直观的描述,成为改进教学问题、

---

① 和学新,董树梅. 学校课程决策:现状、问题与改进——基于中小学校长的调查[J]. 课程・教材・教法,2014,34(4):29—36.

② 潘本锋,李莉娜. 环境空气质量指数计算方法与分级方案比较[J]. 中国环境监测:2016,32(01):13—17.

完善课程设计的一个参照依据。

（4）反馈环节。在社会实践过程中，决策科学与否、代价控制的效果如何、控制过程中出现了哪些偏差、产生偏差的具体原因是什么等，这些都需要通过反馈环节才能获得信息，以便对决策环节、实施环节和监控环节做及时的调整和改进。实际上，反馈过程是一个信息沟通过程，这些信息不仅说明了所付代价是否必要、可行，而且也在一定程度上反映了既定的创价目标是否合理。

对于课程与教学过程的反馈环节，需要做到：第一，出台客观的评估结果报告；第二，发布清晰、准确的评估报告，为学校、教师、学生、家长提供权威的关于课程与教学问题的相关信息。简而言之，应当建立完善的评估报告发布规范、流程与机制，形成分层、分类的评估报告，建立口头和书面报告的反馈形式，形成评估与改进相互衔接的循环机制。

重要概念

■ 育人为本

育人为本是一种贯彻党和国家全面发展教育方针、促进学生全面而有个性发展的教育教学原则。育人为本是对学科知识本位和应试教育倾向的反拨，是对培养人、发展人的教育初心的回归，它强调把学生作为成长中的人，放在第一位，以人为目的和中心，而不是以知识为目的和中心，知识学习要服从和服务于人的健康成长和健全发展。

■ 核心素养

核心素养是学生在经历一系列具有不同主题或需求的现实情境或任务后，通过不断综合相关的领域知识、方法或观念，不断探索实践而建立起来的心智灵活性。从教学的实际条件和需要来看，可以把核心素养分为领域核心素养与通识核心素养、学科核心素养与跨学科核心素养等。当然，也有观点认为，在高中阶段可称为学科核心素养，在义务教育阶段可称为课程核心素养。核心素养是孕育在教育过程中的学生成长性经验积累和改造的结晶，是学生在经历完整的复杂现实问题解决过程中调动和整合人类文化工具、方法和资源建立起来的情境、观念和结果之间的内在联系和心智灵活性。[1] 2016年9月，"中国学生发展核心素养"研究成果发布，以"全面发展的人"为核心，将中国学生发展核心素养分为文化基础、自主发展、社会参与三个方面，综合表现为人文底蕴、科学精神、学会学习、健康生活、责任担当、实践创新六大素养，具体细化为国家认同等18个基本要点。

■ 学科实践

学科实践是指具有学科意义的典型实践，即学科专业共同体怀着共享的愿景与价值观，运用该学科的概念、思想与工具，整合心理过程与操控技能，解决真实情境中的问题的

---

[1]　杨向东.关于核心素养若干概念和命题的辨析[J].华东师范大学学报(教育科学版),2020,38(10)：48—59.

一套典型做法。[①] 通俗地说,学科实践是反映学科有目的地运用概念解决问题的程序和方法等行为模式,是与学科专家的工作类似的专业实践活动。比如:语文学科以阅读与鉴赏、表达与交流、梳理与探究作为学科实践方式;历史学科以史料研习、历史论证等作为学科实践方式;地理学科以地理工具应用和地理实践活动作为学科实践方式等。学科实践更能体现学科知识结构和学科探究结构的本质特点与要求,是学科知识向核心素养转化的中介。

■ 课程目标

课程目标是特定学习结果的预期,规定某一教育阶段的学生通过课程学习以后,在发展德智体美劳等方面期望实现的程度,是确定课程内容、教学目标和教学方法的基础。课程目标是指导整个课程编制过程中最为关键的要素。课程目标的来源主要有五个方面:(1) 学习者的身心规律和需要;(2) 社会发展的需求;(3) 学科的逻辑;(4) 教育目的和各类各级学校的培养目标;(5) 学科专家的建议。

■ 教学目标

教学目标是师生在学科教学活动中预期达到的教学结果和标准。教学目标具有可操作指标体系、具有灵活性,能体现学生学习行为及其变化,是指导、实施和评价教学的基本依据。

■ 教育功能

教育功能也称教育作用,是指教育对整个社会系统的维持和发展所产生的作用和影响,主要涵盖人的发展(个体功能)和社会发展(社会功能)两个方面。教育的个体功能表现为:通过传授、训练、陶冶、评价等方式对个体和群体各方面的发展发挥激发、导向、奠基、重构、提高、矫正、完善、增值和选择等功能。教育的社会功能表现为:教育所培养的具有一定素质的人走进社会,成为一定社会的公民,担任一定的社会角色,对社会的维持和发展发挥适应、改革和改造的功能。

教育既有正向功能,也有负向功能。由于目的不正确,指导思想不明确或教育不得法,教育会产生负向功能,即对人的发展起压抑、阻滞、片面、逆向、异化等功能,或对社会的维持和发展起负担、浪费、不稳定、阻滞等负向作用。

■ 课程功能

对于课程功能的认识,会因为时代特点和主客观条件的差异而存在很大不同。许多学者认为,课程功能主要有四个方面:(1) 共同基础功能,即让学习者具有参与社区公共事务,掌握健康、福利和保护所必需的最低能力,成为有责任心的人或公民;(2) 补充功

[①] 崔允漷,张紫红,郭洪瑞.溯源与解读:学科实践即学习方式变革的新方向[J].教育研究,2021,42(12):55—63.

能,针对个体的缺陷或独特才能而进行特别设计,是个体性的课程,与共同基础课程相对;(3) 探究功能,课程提供学生发现和发展个人兴趣的机会,使学习者发现自己是否具备从事某些类型活动的才能和热情;(4) 专业化功能,课程要求学习者掌握熟练工人或学者所必须具备的技能,以达到某种行业、职业或学术研究所要求的标准。

讨论与反思

1. 你如何理解课程与教学功能的三种取向?
2. 你认为应怎样做好课程与教学的目标体系建设?
3. 你认为课程与教学的代价有哪些?

拓展阅读

1. 钟启泉. 现代课程论(新版)[M]. 上海:上海教育出版社,2015.
2. 钟启泉. 课堂研究[M]. 上海:华东师范大学出版社,2016.
3. 钟启泉,崔允漷. 核心素养与教学改革[M]. 上海:华东师范大学出版社,2018.
4. 蔡清田. 核心素养与课程设计[M]. 北京:北京师范大学出版社,2018.
5. 余文森. 核心素养导向的课堂教学[M]. 上海:上海教育出版社,2017.
6. 郑也夫. 代价论:一个社会学的新视角[M]. 北京:三联书店,1995.

前沿热点

中国基础教育课程改革已经进入了"核心素养"的时代,关注学生"全面发展"的教育质量观给我国的课程建设、课程内容,以及学业质量标准的改革带来了全新的机遇和挑战。

如何让核心素养有效落地,发挥出核心素养模型对教育实践的指导作用? 怎样促进学生核心素养与课程的紧密结合? 这些都是理论与实践关注的重要议题。为了实现从课程的规划、实施到评价深入渗透和体现核心素养,以更好地推动课程改革,促进学生全面发展和终身学习目标的达成,教育部组织不同学科领域教育专家进行审慎研讨,修订了我国义务教育课程方案和课程标准,推出了《义务教育课程方案和课程标准(2022 年版)》。

让核心素养落地　为知识运用赋能①

现行义务教育课程方案和课程标准分别制定颁布于 2001 年和 2011 年。此次修订进行了系统性设计,在课程内容结构、学业质量标准等方面都有较大变化。

---

① 改编自:李玉兰. 让核心素养落地为知识运用赋能[N]. 光明日报,2022-04-22(008).

课程建设：以核心素养为导向

此次修订体现了全面落实培养担当民族复兴大任时代新人的要求，结合义务教育性质及课程定位，将党的教育方针具体细化为本课程应着力培养的学生核心素养，体现正确价值观、必备品格和关键能力的培养要求。

如何培养能够担当民族复兴大任的时代新人？从 2011 年我国实现了义务教育全面普及，教育需求从"有学上"转向"上好学"，这个问题就提上了日程。时下，人们生活、学习、工作方式不断改变，不同价值观念相互碰撞，儿童青少年成长环境深刻变化，这些也对人才培养提出了新挑战。义务教育深化教育教学改革和"双减"工作要求强化课堂及学校教育主阵地作用，落实这些要求必须修改完善义务教育课程方案和课程标准，对教与学的内容、方式进行改革。

让核心素养落地，是本次课程标准修订的工作重点。核心素养导向，既是课程标准研制工作的主线，也是课程标准文本的主旋律。课程目标的素养导向，有利于转变那种将知识、技能的获得等同于学生发展的目标取向，引领教学实践及教学评价从核心素养视角来促进和观察学生的全面发展。素养与知识不同，是知识、技能、态度的超越和统整，是人在真实情景中做出某种行为的能力或素质。当前世界范围内的核心素养热潮实质上是教育质量的升级运动，国民的核心素养决定一个国家的核心竞争力与国际地位。课程建设以核心素养为导向，是推进我国社会现代化和人的现代化的需要，也是贯彻党的教育方针、落实立德树人根本任务的具体体现。

课程内容：回到知识学习为人服务的初心

那么，核心素养培养又如何落实到日常的课程教学中？课程内容是课程标准修订最为实质的问题。课程内容不变，核心素养理念很难落地。此次修订，课程结构基于这一目标做了较大调整。比如：整合小学原品德与生活、品德与社会和初中原思想品德为"道德与法治"，进行九年一体化设计；改革艺术课程设置，一至七年级以音乐、美术为主线，融入舞蹈、戏剧、影视等内容，八至九年级分项选择开设；科学、综合实践活动开设起始年级提前至一年级；将劳动、信息科技及其所占课时从综合实践活动课程中独立出来。

本次课程修订超越学科内容观和教学内容观，彰显课程内容观。在课程内容理解上，以学习为中心，不仅包括教什么、学什么的内容问题，还包括怎么教、怎么学的过程方式问题，以及为什么教、为什么学的目的价值问题，甚至还有教得怎么样、学得怎么样的结果水平问题。这种复合型的课程内容观，突出习得知识的学习方式和运用知识的能力和价值，打破死记硬背、题海战术等知识技能训练魔咒，克服高分低能、价值观缺失等乱象。学生可以在主题活动中，通过完成学习任务获得知识和解决问题，亲历实践、探究、体验、反思、合作、交流等深度学习过程，逐步发展核心素养。学校要特别注重结合这次课程标准修订中增加的跨学科主题学习活动,突破学科边界,鼓励教师开展跨学科教研,设计出主题鲜明、问题真实的跨学科学习活动。

学业质量标准:从查验知识点到提升解决问题的能力

实施新课程方案和新课程标准,以后怎么考试,怎么评价? 以素养为导向,考试和作业是课程改革中不可忽视的关键领域。

长期以来,人们习惯将作业作为课堂教学知识与技能巩固的手段。作业过程,实际上是从有教师指导的课堂教学,过渡到没有教师指导的学生自主学习的过程,对学生的学习兴趣、自主学习能力、自我复原力、自控力、专注力、时间管理等素养提出了一系列要求。因此,作业是培养学生相关核心素养发展的重要手段,而不能仅仅窄化为知识技能的巩固。

作业具有培养学生核心素养、评价诊断学生核心素养发展水平的双重功能。因此,教师如何设计与实施体现核心素养导向的作业,不仅是义务教育课程标准颁布后的难点所在,而且是落实"双减"政策的关键所在。王月芬说:"如何设计体现核心素养的作业? 单元作业整体设计与实施,是目前可操作且有效的实施路径。以单元为单位整体设计作业,有助于避免以课时为单位的零散、孤立、割裂等问题,更加有助于知识的结构化,问题解决的综合化。"

事实上,此次修订,各课程标准都强调以核心素养为主轴,构建大任务、大观念或大主题等以问题解决为目标的课程内容结构单位和教学单元组织形态,以此作为学习内容聚合机制和学习动机激发机制,有效归纳、整合学科知识点或主题活动内容,在学习内容安排层面落实减负、增效、提质。

第四章

课程与教学结构设计

📝 **本章内容导引**

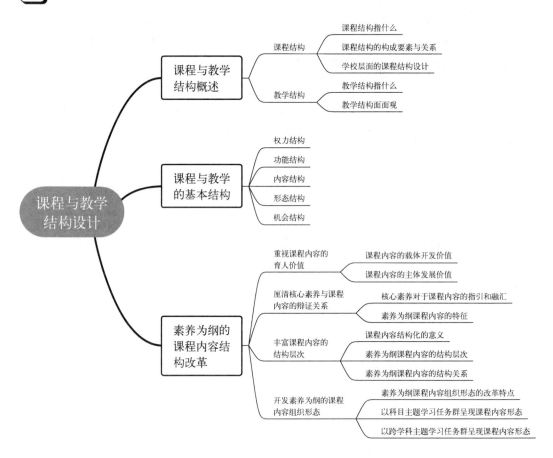

📖 **引言**

课程与教学结构设计,承载着课程与教学功能的实现,是落实学校培养目标的重要环节,是发展学生核心素养的关键路径。那些培养了诸多优秀学子的杰出学校,往往非常重视课程与教学结构的不断完善和优化,在发展学生知识和技能的同时,培育学生的情感、态度和价值观,提升学生的健全人格、创新思维、全球视野及社会责任感。

合理的课程与教学结构具有多层次、多形态和均衡化的特点。通过宏观、中观和微观的课程与教学结构设计,实现课程与教学育人价值和功能的逐步下沉和落实;通过丰富而多样的课程与教学结构形态,实现人才培养的多元化,满足不同学生的个性化需求,体现以人为本,因材施教;通过不同学科领域、科目在组织与搭配比例上的优化均衡,促进学生的全面发展。

为落实义务教育新方案和新课标(2022 年版),亟需推进素养为纲的课程内容结构改革,同时带动素养导向的教学结构改革。优化课程内容结构尤其是学科知识结构,也是落实"双减"政策,实现提质增效的改革要求。本章将重点从课程内容的育人价值、核心素养与课程内容的辩证关系、课程内容的结构层次及课程内容的组织形态四个维度,探讨如何推进素养为纲的课程内容结构改革。

本章重点是呈现课程与教学结构的重点议题,主要内容包括:

- 课程与教学结构的多维视角
- 课程与教学的基本结构
- 课程与教学的结构改革

📖 案例

小小的课程表,折射出课程与教学结构的大变化。一位小学生家长在开学日的前一晚,收到了一年级新生的课程以及作息时间的安排。

家长在日记中这样写道:我惊奇地发现,上午居然只有三节课,每节课只有 40 分钟。我一直以为上午有四节课的,看来这是老皇历了。由于推迟了上学时间,每节课由 45 分钟减少为 40 分钟也是意料之中的事。午餐时间也让我有些意外,竟然和幼儿园午餐时间是一样的,哈哈。儿子早饭吃得少,我还担心他要饿到 12 点钟以后才能有午饭吃呢,看来我的担心是多余的。课程表的另一个意外是,语文一周有八节课,数学却只有四节课。在我上小学的年代,数学和语文课时一向是平分秋色的。是不是可以理解为,现在的数学课难度降低而语文课的难度大大提升了? 还有一个值得点赞的地方,那就是一周的体育课竟然创纪录地安排了四节! 如果我没记错的话,想当年我们整个小学阶段,每周也只有区区两节体育课! 让孩子们多活动活动挺好的!

💬 **案例评析**:隐于课程表最直观的变化背后的课程与教学结构的意义是什么? 为何家长会有这种意外之感,都是值得我们重视和思索的问题。本案例中,小小的课表却有大大的效用! 小学一年级课程表的变化反映出了课程结构更加优化和均衡。主要体现在两个维度,第一是课程时间缩减,给学生留出了更多睡眠时间和休息娱乐的时间。通过调整课时这个杠杆来倒逼新课改的落实,引导学校、教师及家长尊重孩子的生理及心理发展规律,科学调整和优化教学结构。第二是不同科目课时比例有所调整,突出重点。一方面语文作为基础能力学科,增加语文课时有助于提升学生的语言和文化素养,而这种素养和能力的发展能带动其他学科能力的发展,因此具有很强的辐射效应,以实现"减负"的同时提质增效。另一方面,体育课课时显著增加,体现了《义务教育课程方案和课程标准(2022年版)》对学生基本运动技能、体能、健康教育及专项运动技能的重视,突破了以往对知识与技能的过度强调,以促进学生全面健康发展。

第一节　课程与教学结构概述

课程与教学的结构问题,同课程与教学的功能定位密切相关。有什么样的功能期待,就有什么样的结构选择。反之,亦然。"课程结构与课程功能是相互依存、相互制约的关系。合理的课程结构才能产生理想的课程功能。"①

从理论上讲,课程与教学的结构是一个紧密融合的有机整体,具有高度的一致性。但是,在现实的学校教育体系中,由于课程规划的主体,特别是国家层面的课程规划,更多是学科专家、教育学者和课程专家作为主要力量,只有少量的一线教师参与。而教学规划的主体则基本上都是一线教师,很少有专家学者参与。也就是说,课程规划的主体和教学规划的主体常常是分开的,两类主体分别设计的课程结构和教学结构就难免存在差异。加之在客观上,课程结构与教学结构的问题在侧重点上确实有很大不同,因而就导致了课程结构与教学结构在更多的时候呈现出相互分隔的状态。所以,在此不妨将课程与教学结构拆分成课程结构与教学结构两块,分别加以讨论。

一、课程结构

课程结构在很大程度上决定课程功能的水平、广度、深度以及课程的时间效应和情绪效应。课程结构的合理程度越高,课程在实施过程中所表现的功效水平就越高。课程结构的设计对学生发展的关注越广,对地区差异和学校差异关注越广,课程所能发挥作用的面也就越大。对学生发展的关注越深刻,比如从关注知识和能力发展,扩展到关注情感发展和人格健全发展,那么课程的功能就会显示出更深刻的内涵。

■（一）课程结构指什么

1. 课程结构的定义

课程结构是指课程体系中所包含的各种课程要素,以及各要素之间形成的关系形态,即课程类型之间的关系形态、科目之间的关系形态、科目内容之间的关系形态、课程规定性与开放性之间的关系形态等。② 课程结构优化的实质是课程结构的合目的性改造,包括课程内部构成的改造和各构成要素间关系的改造。这种改造既要关注课程的宏观层

---

① 殷世东,龚宝成.我国基础教育课程结构的变革、经验与反思[J].河北师范大学学报(教育科学版),2020,22(02):37—46.

② 钟启泉,崔允漷.新课程的理念与创新:师范生读本[M].北京:高等教育出版社,2003:52.

次,又要关注课程的中观和微观层次;既要考虑课程结构的形式性问题,又要深入到课程结构的实质。①

2. 课程结构的层次

有学者将课程结构分为三个层次,即宏观课程结构、中观课程结构、微观课程结构。②当然,宏观、中观和微观的层次划分是相对而言的,不是绝对的,可以随着分类视角和参照点的变化而改变。

(1)宏观课程结构

宏观课程结构是对构成各类教育体系的课程门类及其组织形式与相互关系的总称。像义务教育课程方案和普通高中课程方案中的课程设置,都属于宏观课程结构的实例。如果把义务教育课程类别、科目设置和课时比例整合在一起,那就是比较典型的义务教育宏观课程结构(表4-1)。

表4-1　义务教育宏观课程结构简表③

课程类别	科　目　设　置	课时比例
国家课程	道德与法治;语文;数学;外语;历史;地理;科学;物理、化学、生物学(或科学);信息科技;体育与健康;艺术	82%—86%
	劳动;综合实践活动	14%—18%
地方课程	由省级教育行政部门规划设置	
校本课程	由学校按规定设置	

宏观课程结构的设计和调整,表面上看只是一个外在形式的呈现和改变,但其实它背后体现的是人们的课程功能期待,甚至涉及人们的整个育人价值观念。

(2)中观课程结构

中观课程结构主要指具体课程门类、科目或活动项目的构成与相互关系。比如,文科类包括哪些科目,理科类包括哪些科目,它们之间的配置规格、数量和课时占比关系;分科课程设置有哪些,综合课程设置有哪些,它们之间的配置规格、数量和课时占比关系;学科课程有哪些,活动课程有哪些,它们之间的配置规格、数量和课时占比关系;或者,必修课有哪些,选修课有哪些,它们之间的配置规格、数量和课时占比关系等。进入21世纪以来,我国中小学中观课程结构的大致情况是,小学以综合课程为主,初中是综合课程与分科课程并重,高中以分科课程为主。

(3)微观课程结构

微观课程结构是指一门学科的知识结构,也就是这个学科内部的知识内容的顺序及

① 郭晓明.整体性课程结构观与优化课程结构的新思路[J].教育理论与实践,2001(05):38—42.
② 张俊列.普通高中课程结构改革的问题与对策[J].课程·教材·教法,2013,33(03):17—23.
③ 中华人民共和国教育部制定.义务教育课程方案(2022年版)[S].北京:北京师范大学出版社,2022:8—9.

组织方式。通常情况下,微观课程结构集中体现为课程标准主题内容结构、教材结构或教学主题单元结构。"学生学习方式的变化,是不同的课程微观结构赖以建立的依据。"①一般而言,以接受学习为主的学习方式,同课标＋教科书的科目学习课程微观结构比较匹配。而以自主合作探究学习为主的学习方式比较适合于主题＋任务＋评价标准＋资源支持的单元学习课程微观结构。"与学生的自主性探索学习方式相适应的课程微观结构,以单元的形式最为适宜,每一个单元必须包括以下三个部分：主题、任务、评价标准。"②

微观课程结构是否合理,在很大程度上决定着日常教学实践活动能否顺利进行。学科课程微观结构的优化是具体科目内部结构的优化,其集中表现是课程标准结构和教材结构的优化,既可以是实质结构的优化,也可以是形式结构的优化,还可以是两方面同时优化。

■ （二）课程结构的构成要素与关系

1. 课程结构的构成要素

课程结构的要素主要是指课程类型、具体科目及科目内容的具体构成。从优化课程结构的角度来看,在宏观课程结构上,调整各类课程间的开设年级、数量和课时比例,整体设置具体学段的课程结构。在中观层面,实现具体科目构成成分的优化,提升科目构成成分的质量。在微观课程结构上,优化主题单元或模块内部知识组织,形成课程标准规定和教材呈现方式。

课程系统由各成分、各要素构成,课程系统中有哪些成分、哪些要素,这是决定课程功能状况的最基本的力量。一方面,组成课程结构的要素及其质量对课程功能有影响,即课程系统的功能不仅受课程内部的要素构成的影响,而且与各要素的质量有关。另一方面,课程内部要素之间的组合方式也影响课程的功能。

2. 课程结构的构成要素关系

课程结构具有多序列、多层次的特点,其基本成分是课程的具体类型、门类、科目、主题、活动等。整体设置课程结构需要处理好不同类型课程之间的关系,如国家课程、地方课程和校本课程的关系,显性课程与隐性课程的关系,学科课程与活动课程的关系,选修课与必修课的关系。③

课程构成要素的组合方式包括以下三个基本方面：一是各要素间的比例关系。这是课程内各要素间组合方式中最重要的方面,直接影响课程的结构状况和功能性质与水平。二是各要素间的空间关系。这主要是指相邻课程成分和课程要素之间在课程目标和课程内容上的横向组合关系。三是各要素间的时间关系。它既表现在同一学段各类课程或教学科目和活动项目的开设顺序上,同时也表现在它们在不同学段的前后衔接上。

① 丛立新. 课程改革与课程微观结构的研究[J]. 教育研究,2000(07)：60—64.
② 丛立新. 课程改革与课程微观结构的研究[J]. 教育研究,2000(07)：60—64.
③ 张俊列. 普通高中课程结构改革的问题与对策[J]. 课程·教材·教法,2013,33(03)：17—23.

课程结构的构成要素关系形态,可以从课程类型关系形态、科目关系形态、科目内容之间的关系形态三个方面来理解。

一是课程类型关系形态。具体而言,课程类型的关系形态反映了不同课程类型之间所形成的比重关系,比如学科课程与活动课程的数量和课时比例关系,分科课程与综合课程的数量和课时比例关系,必修课程与选修课程的数量和课时比例关系,以及国家课程、地方课程和校本课程的数量和课时比例关系等。

二是科目关系形态。科目之间关系形态指课程体系中不同科目之间所形成的比例关系,比如说语文、数学、外语等科目之间的比例关系。改革开放以来,学校课程体系中的科目设置围绕德智体美劳等全面发展的要求,不断丰富学科门类,并在不同的历史时期,结合社会发展需求不断调整科目结构,使之更适应素质教育的课程体系建设。在课程学科门类不断完善、科目结构不断调整的同时,各科在组织与搭配比例上也日趋均衡。

三是科目内容之间的关系形态。科目内容之间的关系形态反映出同一个科目中不同内容之间所形成的比例关系。从趋势上看,科目内容整体而言由知识取向转向全面发展取向,内容由繁化简,突出能力培养,凸显探究性,趋向核心素养培养。

(三)学校层面的课程结构设计

学校是课程结构设计的重要主体。在学校层面进行课程结构设计,需要回答和处理好依据、内容和设计思路等基本问题。

1. 课程结构的依据

课程结构设计的依据主要是政策依据、学情和实践经验依据。从政策依据来看,主要是明确国家和地方的课程政策规定,弄清楚学校在课程结构上能够做什么和不能做什么。我国国家、地方和学校三级课程管理体制,决定了学校是课程实施的主体,对于国家课程和地方课程更多是执行的问题。所以,对于国家课程、地方课程和校本课程的宏观课程结构,学校必须执行,不能随意改动,并且要结合学校实际进行创造性实施,确保国家课程的主导性地位和基本功能得到保质保量的落实。从学情和实践经验依据来看,国家课程和地方课程都必须结合学校实际进行校本化实施。当然,校本化实施不能改变国家课程和地方课程的性质和地位,而且学校办学思想的重点恰恰是如何基于办学实际创造性地落实好国家课程和地方课程。学校在遵从课程政策的前提下,融入学校的培养目标、办学思想和办学特色,设计出学校自己的整体课程结构。

2. 课程结构的内容

学校课程结构的主要内容既不是国家课程方案中那种国家课程、地方课程和校本课程等类型架构之类的宏观课程结构,也不是教师上课层面的具体某门课的主题单元、课时等微观课程结构,而是对国家课程方案所规定的不同类型课程按照学校育人功能要求进行搭配和安排,明确学校要开设哪些课程,它们之间的逻辑关系是怎样的,以便能够更好地服务于课程的整体育人功能和培养目标。

3. 课程结构的设计思路

学校在课程结构设计中,必须对课程的范畴、层次和顺序进行系统思考和整体把握,既要关注同一层次不同课程之间的平衡性、整合性，又要考虑不同层次、不同顺序课程之间的衔接性和连续性，最终实现课程的优化组合。[①] 同时，要处理好学生需求多样性与课程资源有限性之间的矛盾、课程结构的稳定性与变化性之间的矛盾以及课程结构的共性与个性之间的矛盾，不断优化课程结构。

二、教学结构

■（一）教学结构指什么

关于教学结构的概念，学界存在着几类具有代表性的定义。

1. 教学结构即教学过程的结构

教学是一种活动，是一种过程。因此，它可以分成若干部分或阶段。这些组成部分（或阶段）之间有着一定的逻辑顺序和内在关联。这就是所谓的"教学过程的结构"。[②] 教学结构是因，学生的发展进程是果，这种因果关系是很重要的，因为它能决定学生发展的进程。

2. 教学结构是四个教学系统要素相互联系、相互作用

教学结构是指在一定的教育思想、教学理论和学习理论指导下的、在某种环境中展开的教学活动进程的稳定结构形式，是教学系统四个组成要素（教师、学生、教材和教学媒体）相互联系、相互作用的具体体现。[③]

3. 教学结构即课堂情境中的课堂结构

课堂结构是镶嵌在具体而鲜活的课堂情境之中的。所谓的"结构"主要包括两个问题，即课堂具有哪些要素，这些要素之间有什么关系。其中，确定课堂是由哪些要素构成的是首要的问题，要素是区别于步骤的，在一定程度上每一个要素都具有相对独立的自身逻辑和规律，课堂教学的要素应该是来同时反映教与学，因为课堂的每一个时刻、每一个细胞都同时蕴含着教与学。

■（二）教学结构面面观

1. 从教学主体关系看

教学是教师围绕知识开展的教与学的行为过程，由于主体和行为的关系侧重点不同，导致教学结构出现不同类别情况，大致可以分为以教师为中心的教学结构、以学生为中心的教学结构和学教并重的综合型教学结构。

（1）以教师为中心的教学结构

以教师活动为主的结构，代表人物为赫尔巴特，强调教师的主导作用，强调知识的传授，重视课程教学的规范化、形式化。忽视学生的主导性，不注重发展智力，不重视理论与实践的结合。学生的活动方式为接受。

---

① 杨清.论学校课程结构设计［J］.河北师范大学学报（教育科学版），2019，21（06）：109—114.
② 刘继武，王坦.论教学结构［J］.山东师大学报（社会科学版），1987（03）：15—19.
③ 何克抗.教学结构理论与教学深化改革（上）［J］.电化教育研究，2007（07）：5—10.

（2）以学生为中心的教学结构

以学生活动为主的结构，代表人物为杜威，强调儿童的主动性，重视发展儿童的动机和智慧。忽视教师的主导作用，片面强调直接经验；难以使儿童掌握系统的知识。学生的活动方式为发现。

（3）学教并重的综合型教学结构

学教并重的综合型结构，体现了教师为主导，学生为主体的思想。代表人物为布鲁纳，兼顾教和学两方面的作用，既重视书本知识，又提倡学生通过自己的活动来进行学习，提倡发展学生的能力，对教师的要求较高。学生的活动方式为接受与发现。

2. 从教学行为关系看

根据近年来教学改革探索积累起来的经验，大致可以从教学活动方式、方法等教学行为关系视角，把教学过程结构分成以下五种基本类型。

（1）讲授型教学结构

讲授型教学结构的教学过程结构可以归纳为："传授—理解—巩固—运用—检查"，通常是"教师主讲，系统授课"。在这类课中，学习者客观地处于接受教师提供信息的被动地位，不利于学生主动性的发挥，因此处理得不好，则可能变成"满堂灌""填鸭式"。但也必须看到，讲授型教学不一定都是被动的，关键是教师讲授的内容是不是具有启发意义的语言材料，教师能否激发起学生学习的积极性，使他们主动地从自己原有的认知结构中提取出最有联系的旧知识来同化和顺应新知识。

（2）问答型教学结构

问答型教学结构的教学过程结构可以归纳为："提问—思考—答疑—练习—评价"。这类课通常是在"师生问答，启发教学，学思结合"中展开的，其主要的表现形式是设疑引思，师生谈话。孔子主张"不愤不启，不悱不发"，其所提倡的启发式教学，可以看作是问答型教学的原型。

（3）学导型教学结构

学导型教学结构的教学过程结构可以概括为："情境—自学—辅导（精讲解疑）—练习—评价"。这类课能较充分地体现"学生为主体、教师为主导"的教学思想。它是对讲授型教学结构的一种改造，主要是把原来由教师系统讲授的部分，改为在教师所设置的情境诱导下由学生自学教材，通过学生主动的学习和教师的积极诱导，使学生掌握知识，提高能力，发展智力。它强调以学生自学为主，把学生自学作为整个教学结构中的重要环节，实行学在前，教在后；在教学过程中交错使用读、议、讲、练、问、答、评等多种教学方式，充分调动学生作为学习主体的认识作用。

（4）合作型教学结构

合作型教学结构的教学过程结构可以概括为："问题—表象—论辩—耦联—小结"。这类课通常表现为"交往合作，人际互动，互教互学"。其主要特征是"合作""互动"。在策略上，这类课要求创设一个全员参与、主动参与、差异参与的氛围。在这一氛围中，竞争、合作和个体化行为兼容并存，充分体现师生互爱，人格平等，教学民主。通过讨论、争辩，使分散的观点逐步趋于集中，最后达到"耦联"，是这类课的主要教学方法。

（5）探究型教学结构

探究型教学结构的教学过程结构概括为："课题—背景—探索—结构—评价"。通常是在"问题中心，自主探索，重在发现"中展开的。探究型教学是比较复杂的教学，因为探究型教学是一种双重的教学过程：探索者对所研究的课题的学习，同时也是对探究过程的学习。问题是思维的发端，探究由问题引起。但是如果离开背景条件，探究将无法进行，因此必须有适于问题展开的背景材料，包括学生已有的知识和已有的经验。探索是一连串的猜想、假设、判断、概括、推理的过程，这一过程的末端是发现知识结构，发现科学规律。探究型教学中评价的环节通常不能少。评价的目的是让学生回顾假设是如何验证的，知识结构和科学规律是怎样发现的，使学生学会分析自己的思维过程和思考方法，以提高学生分析和解决问题的能力。

第二节　课程与教学的基本结构

无论是课程结构，还是教学结构，抑或是课程与教学结构，都是常用概念。尽管课程与教学结构的设计与选择多种多样，但还是可以从权力结构、功能结构、内容结构、形态结构、机会结构等五大维度来探讨课程与教学的基本结构。

一、权力结构

课程与教学的权力结构，主要是指由课程与教学组织管理的权力主体依照主体职责而确定的课程与教学类型及其呈现的分布情况。比如，我国义务教育课程方案规定，义务教育课程包括国家课程、地方课程和校本课程三类，就是典型的权力结构。其结构特点是，以国家课程为主体，奠定共同基础；以地方课程和校本课程为拓展补充，兼顾差异。其中，国家课程由国务院教育行政部门统一组织开发、设置，地方课程由省级教育行政部门统筹规划并确定开发主体，校本课程由学校组织开发。相应的教学结构也被打上了这种三级管理的权力结构烙印。权力结构是课程与教学结构改革的重要支撑，在一种制度化的课程体系之中，围绕着国家、地方、学校课程权力的大小和分配而进行调适，是确保课程与教学功能优化的重要课题。

一般而言，课程与教学的权力结构主要围绕三个问题：① 课程与教学权力是集中为主，还是分散为主。② 学校办学自主权能在多大程度上反映在课程与教学事务上以及反映在哪些方面，比如学校自主开设的课程比例多少为宜？学科拓展和自主拓展都由学校确定，还是按不同学段和不同情况出台不同规定？各自比例是多少？等等之类的问题。③ 教材和学习材料是统编制，还是审定制度，还是报备制等。这些问题的背后，都反映着对课程与教学功能及其管理权力的考虑。

二、功能结构

课程与教学的功能结构,是指从课程与教学对于学生发挥的作用这一角度划分课程与教学的类型以及由此呈现出的类型分布状态。比如,按照基础型课程、拓展型课程和探究型课程所形成的学校课程与教学配置,就是典型的功能结构。类似的课程与教学结构,还有普及型与提高型两种类型等。其中,普及型是以向广大学生普及基本理念、激发兴趣、培养基本素养、发现潜能为主要目的的课程与教学;提高型是以让专长素养的学生通过系统的先修式的学习,提升专业能力为目的的课程与教学。

像澳大利亚基础教育课程与教学的结构,分为围绕综合能力而设定的基础学习领域课程与教学;为培养学生全球视野而设定的跨学科主题教育课程与教学;针对高年级学生,为培养学生基本的职业知识和社会生活技能而开设工作教育课程与教学,以及为适应学生未来的不同发展需求而灵活设置的高中教育课程与教学等四种不同形态,呈现出重视能力发展与跨学科主题教育,又兼顾灵活性的课程与教学形态结构特点。①

三、内容结构

内容结构是指课程与教学的内容构成及其关系形态。内容结构是课程与教学最具实质性影响的方面,直接关系到教什么、学什么的问题。很多时候的课程改革都是以学科内容的结构性调整和学科间的分化与统整为突破的。

从内容结构来看,主要有四个值得关注的议题:① 学科或科目内部的分化与综合如何处理? ② 科学、艺术等领域是分科设置还是综合设置,还是并行设置供学校选择? 还是分学段对分科和综合分别进行处理? ③ 不同科目的课时比例多少为宜? 课时长度设定多少为宜? ④ 课程的基础性、综合性和选择性在课程结构上如何体现? ⑤ 学校需要整合哪些主题教育活动,如国防、环境、禁毒、安全等众多重要主题教育活动该如何整合? 在方案中如何表述?

内容结构大致可以分为横向领域关联结构、纵向水平进阶结构和纵深意义增值结构。其中,横向领域关联既可以是科目领域之间的关联,也可以是科目内的内容关联。纵向水平进阶,可以是科目之间的内容水平衔接和过渡,也可以是科目内的内容水平衔接和过渡。纵深意义增值则是从符号系统和逻辑形式等表层知识到学生发展和社会发展需求等里层学习意义的扩展。

四、形态结构

课程与教学的形态结构是指课程与教学按组织方式和呈现样态所形成的分布情况。

---

① 杜文彬. 澳大利亚中小学课程结构改革及其启示[J]. 全球教育展望,2017,46(09):37—48.

比如,理论课程与相应的理论教学、理论学习,以及实践课程与相应的实践教学、实践学习,它们之间所形成的搭配情况;学科课程与相应的学科教学、学科学习,以及活动课程与相应的活动教学、活动学习,它们之间所形成的搭配情况;综合课程与相应的综合教学、综合学习,以及分科课程与相应的分科教学、分科学习,它们之间所形成的搭配情况等,都属于课程与教学的形态结构。不同的形态结构设计,意味着不同的课程与教学功能期待和实际功效。

五、机会结构

机会结构是指学生获得的课程与教学机会是统一规定的还是可以选择的。如果是统一规定的课程与教学,那就是必修,在必修当中还可以有选择性必修。如果是可以选择的,那就叫选修,在选修当中还可以有限定性选修、任意选修等。机会结构是课程与教学变革的重要指向,一切课程与教学改革的目标,最终都会落脚到学生的学习,尤其是学生如何更好地学习和发展。

课程与教学的机会结构重点关注 2 个问题:① 不同类型课程的学习类型。在国家课程方案中,哪些课程是学生必须学习的,哪些是选择性学习的,以及必修与选修课程如何整体考虑。② 不同学段必修和选修的设置。从学段上讲,我国基础教育主要有小学、初中和高中三个不同学段,在国家规定的课程中,不同的学科在每个学段上的学习类型,即选修还是必修,都是值得研究的话题。

此外,还可以有其他维度的结构类型划分。比如,长期课程与短期课程、长课时和短课时等时间结构;室内课和室外课、校内课程与校外课程等空间结构,诸如此类。

第三节　素养为纲的课程内容结构改革

推进素养为纲的课程内容结构改革是落实义务教育新方案新课标的重要策略,也是推进素养导向教学改革的重要组成部分。课程内容之所以需要进行结构改革,是因为新的时代对于中小学的教学到底要教什么、学什么的问题提出了一系列新的挑战和要求。《义务教育课程方案和课程标准(2022 年版)》顺应时代挑战和要求,努力突破单一学科内容的旧观念,建立素养为纲的课程内容新观念,从"内容要求""学业要求"和"教学提示"三个方面对课程内容进行更加完整准确的界定,不仅为教材内容、教学内容乃至考试评价内容改革提供了新的政策依据和标准参照,也为素养导向的教学改革开辟了广阔前景。为此,需要站在培养担当民族复兴大任时代新人的高度,重视课程内容的育人价值,厘清核心素养与课程内容的辩证关系,丰富课程内容的结构层次,开发素养为纲的课程内容组织形态,积极推进素养为纲的课程内容结构改革。

一、重视课程内容的育人价值

在中小学，课程内容的主体部分一直是学科知识。课程内容改革的焦点之一，就是如何以核心素养为纲，优化课程内容结构尤其是学科知识结构，落实减负、增效、提质的改革要求。要回答好这样的问题，首先就要重视课程内容的育人价值。

■（一）课程内容的载体开发价值

1. 载体意义和载体形式的统一

以学科知识为基础的课程内容是学校的育人载体，具有重要的育人价值。但要确切地理解课程内容的育人载体及其开发价值，就必须从纵深视角来弄清楚课程内容里层意义结构和表层形式结构的结构特点和互动关系。

这里主要涉及课程内容的两个结构特点，一是处于课程内容里层结构的载体意义，即课程内容尤其是学科知识本身内蕴着以人的发展为核心的巨大可能性；二是处于课程内容表层结构的载体形式，即课程内容尤其是学科知识的育人内涵总是通过不同领域、门类、规模和数量的符号系统和逻辑形式等外在表征形式加以体现。

从里层结构和载体意义来看，以学科知识为基础的课程内容，是经过筛选的人类智慧结晶，在培养人的教育教学活动中，作为连接教师和学生的桥梁，承载着学生成长和发展的重要功能，具有促进学生思想、精神和能力发展的内在力量，是学科知识与学生发展之间的一种价值关系和意义关联。"作为人类认识成果的知识蕴含着对人的思想、情感、价值观乃至整个精神世界具有启迪作用的普适性的或'假定性的'意义。"[①]

从表层结构和载体形式来看，课程内容总是以特定领域的专门术语、概念、事实、公式、图谱、模型、常规、方法、方法论、原理、命题等符号系统和逻辑形式，来表征学生应该且可能达到的认识成就、能力高度、情意态度、身心和谐、精神境界等内蕴意义，是学生获得成长和发展不可替代的中介和平台。课程内容的里层载体意义和表层载体形式相互依存，彼此促进，共同构成课程内容尤其是学科知识的基本结构，具有自带光芒的载体开发价值。其中，学生需要和可能达到的认识成就、能力高度、情意态度、精神境界等内蕴性的里层载体意义，是学生健康成长和健全发展的具体内涵所在，承载了课程内容与人的意义关联，回答的是"育人的什么"的问题，是课程内容的本质和目的，是学科育人的本质属性。而彰显里层载体意义的特定领域、门类、数量和规模的符号系统和逻辑形式等表层载体形式，则是课程内容的外在表征，是促进学生健康成长和健全发展的路径和平台，承载了课程内容与人的形式关联，回答的是"用什么育人"的问题，是课程内容的形式和手段，是学科育人的重要属性。

2. 以里层载体意义为核心推进课程内容结构化

课程内容结构化改革本质上是课程内容里层载体意义和表层载体形式的结构要素调

---

① 郭元祥. 知识的性质、结构与深度教学［J］. 课程·教材·教法，2009，29（11）：17—23.

整和结构关系优化的问题。只有弄清楚课程内容的基本结构特性，以里层载体意义为核心，而不是笼统地谈论课程内容结构化改革，才可能由表及里，真正触及课程内容的深层育人价值问题，才能超越课程内容表层结构和载体形式的要素调整，进入课程内容的里层结构和载体意义挖掘，体现课程内容与学生发展和社会发展的内在联系，中小学开展的深度教学才能找到课程内容上的依据。亦即深度教学并不是把学科内容的符号系统和逻辑形式弄得很难的艰深教学，这只是外围性质的表层教学，难却没有多大意义。深度教学是对学生健康成长和健全发展更有意义的教学，是触及和体现学科知识里层结构和载体意义的教学。

　　学科结构主义运动的代表人物布鲁纳曾主张，"任何学科的任何知识，都可以用智力上诚实的方式，教给任何阶段的任何儿童。"①但是，他却未能充分重视"任何儿童"与"任何知识"之间内在的意义关联和价值关系，忽视儿童发展和社会发展需要，导致"教给任何儿童"的"任何知识"流于没有意义的为知识而知识。还有赞科夫的教学现代化改革，主张"高速度""高难度""理论指导"，要求"以尽可能大的教学效果来促进学生的一般发展"②，也是过于注重课程内容表层结构和载体形式改革，未能充分考虑儿童发展的真实需要，特别是知识的里层结构与载体意义，一味追求"用什么育人"的表层载体形式现代化，而忘记了"育人的什么"的里层载体意义的本质内涵，结果也只能陷入改革难以为继的尴尬境地。

3. 在精选里层结构和载体意义基础上精简表层结构和载体形式

　　从课程内容载体意义和载体形式的关系视角看，教学就是课程内容由表及里的展开过程。载体形式为表，是教学的外在条件和手段。载体意义为里，是教学的内在本质和目的。"知识本身作为人类文明的结晶，传承的是人类的经验与智慧，对因教育而选择出来的特定化的课程知识而言，是为了达到教育目的，实现教育功能而赋予其特定的价值特性，承担教育的教养功能。"③

　　为此，课程内容结构改革必须回到学生作为成长中的人这个根本目的，以里层载体意义为核心，在精选里层载体意义基础上精简表层结构和载体形式，实现课程内容体系的多重结构优化。其中，有两个问题特别值得重视。

　　第一，精选课程内容的里层结构和载体意义。课程内容的里层结构和载体意义是课程内容育人价值的具体内涵所在，是对学生总体而言的，需要根据社会进步的需要和时代发展的要求，结合具体学生的不同学段、不同类别、不同特点等具体情况，确定先后、主次、轻重、缓急等不同结构属性的里层载体意义，具体界定学生作为成长中的人的发展特性和要求，包括学生在思想、文化、精神、品格等方面所要达到的高度。课程核心素养的凝练，在很大程度上承载的就是精选课程内容里层结构和载体意义的功能。要把"什么知识最有价值？"转换为"知识最重要的育人价值是什么？"并通过对这一问题的回答，建立学生成长和发展的意义结构系统和目的价值链，为课程内容的表层结构和载体形式改革提供依据。

---

①　布鲁纳.教育过程[M].邵瑞珍，译.北京：文化教育出版社，1982：49.
②　赞科夫.教学与发展[M].杜殿坤，等，译.北京：人民教育出版社，1985：41.
③　肖川，曹广祥.课程知识的特征与生成过程[J].教育发展研究，2007(05)：47—50.

第二，精简课程内容的表层结构和载体形式。要精选和精简与里层结构和载体意义相匹配的、最能承载课程内容育人功能的表层结构和载体形式。这就好比迈克·扬所说的"强有力的知识"，即"强有力的知识之所以是强有力的，是因为它提供了关于自然世界和社会世界的最佳理解"。① 即使是强有力的知识，终究也是学不完的，而且也不是学得越多越早越好，而是越恰当越适切越好。所以，在现实性上要确保课程内容里层结构和载体意义对于特定领域、门类、数量和规模的符号系统与逻辑形式等课程内容表层结构和载体形式的引领和协调作用。学科知识必须根据学生发展和社会发展需要进行筛选、集约、重组和统合，纳入课程核心素养培育的内容整体结构，做到"少而精"，避免机械重复、死记硬背和题海战术。要把"什么知识最有价值？"转换为"用什么知识育人最有效？"并通过对这一问题的回答，建立课程内容表层载体形式结构系统和育人手段价值链，为课程内容结构优化提供"强有力的知识"平台支撑。

■ （二）课程内容的主体发展价值

课程内容的育人价值从可能变成现实，主要取决于学生主体借助于公共知识载体的互动过程质量和水平。所以，必须引入学生主体发展视角，探索课程内容的主体发展价值。"'公共知识'只是一种载体，通过'公共知识'的掌握，其根本目的是为学生的发展，使学生成为认知的主体、道德的主体、审美的主体、自由与责任的主体，使学生获得精神的自由和解放。"②也就是说，"教育学的知识立场的基点是人的生成与发展，它始终围绕着人的发展来处理知识问题。"③课程内容的主体发展价值可以在课程内容载体开发价值的基础上，从功能、过程、结果三个方面进一步展开挖掘。

首先，主体发展功能更完整——从单一的认知发展到整体的人的发展。课程内容育人价值，人们最为重视的是认知价值，即"学习者在接收知识过程中，通过特定活动方式获得人类沉淀下来的历史经验、认识成果，并将这些认识成果内化为主体的认知图式，逐步形成认识事物的能力。"④而长期以来，"传统的观点把认知活动置于整个教学的中心地位，而其他的心理活动和实践活动则被放在次要的地位。尽管其在理论上也不否认情感、意志、人格等因素的发展价值，但这些因素只是一种依附，都是为了'配合'认知发展。"⑤但其实，课程内容的育人价值不仅包括人的认知发展，更包括完整的人的全面而有个性的发展，在德智体美劳等方面既要五育并举，也要五育融合。课程内容的主体发展价值，需要从认知价值扩展为整体人的发展价值，不仅要促进学生具有较强的认知能力，更要帮助学生深刻领悟知识内蕴的生命意义和价值关怀，在真实的情境中灵活运用知识，感受知识的内在力量。

---

① Young, M. Powerful knowledge: An analytically useful concept or just a "sexy sounding term"? A response to John Beck's "powerful knowledge, esoteric knowledge, curriculum knowledge"[J]. *Cambridge Journal of Education*，2013，43(2)，195.
② 肖川.知识观与教学[J].全球教育展望，2004，33(11)：13—17.
③ 郭元祥.知识的性质、结构与深度教学[J].课程·教材·教法，2009，29(11)：17—23.
④ 肖川，曹广祥.课程知识的特征与生成过程[J].教育发展研究，2007(05)：47—50.
⑤ 肖川，曹广祥.课程知识的特征与生成过程[J].教育发展研究，2007(05)：47—50.

其次，主体发展过程更能动——从被动接受到主动参与。如果只强调课程内容的客观对象属性和公共知识属性，那么，科任老师就是知识权威和知识传递者，学生很容易处于知识接受者的被动学习地位。但是，"当教学被当作一种简单的知识传递时，它便不能引发学习，甚至还会阻碍学习。"①真正的学习，不是被动地接受学习，而是主动地探究学习。"人的学习是在具体的境脉与情境之中产生的，因此，只有学习者作为当事者'参与'知识得以现实地起作用的真实的社会实践之中时，'学习'才得以实现。"②从教师单向地解释课程内容、学习者记忆、理解课程内容的传递型教学，转型为促进学生的主体参与，在协同活动中活跃思维活动的能动学习，要求课程内容体现更多的结构属性，在学生学习与真实情境、真实问题等结构要素之间、在学科本质和学习经验之间建立意义关联和价值关系，恢复课程内容特别是学科知识的鲜活性。

最后，主体发展结果更丰富——从知识掌握到意义增值。课程内容由表及里地展开，学生不仅可以获得和内化表层形式的公共知识，还可以发展里层意义的个体知识，并且促进个体知识转向更多公共知识的创造。这时，课程内容已然超越传统学科知识理解和掌握的表层学习价值，丰富了主体发展结果的内涵和外延，在表层结构和载体形式、里层结构和载体意义之间，在种系经验和公共知识、主体经验和个体知识之间，在个人价值与社会价值之间，在过去、现在和未来之间，建立起更加广泛的意义关联和价值关怀，展现出更大的知识开放性、迁移性和心智灵活性，实现从知识掌握到意义增值的跃升。

二、厘清核心素养与课程内容的辩证关系

核心素养与课程内容如影随形，并对课程内容赋予全新意义，但却又不完全等同于课程内容本身，两者之间存在一种相互交叉、互为前提的辩证关系。厘清核心素养与课程内容之间的辩证关系，对于课程内容改革具有重要的意义。

■ （一）核心素养对于课程内容的指引和融汇

核心素养其实就是在回答教什么、学什么的课程内容问题，是最终要教出来、学出来的东西。只不过，核心素养没法直接教、直接学，是只能在课程内容的学习过程中逐步发展起来的综合性品质。

从课程内容由表层及里的展开过程来看，核心素养在其中起着前端指引、过程渗透、终端融汇的作用。首先，核心素养是课程内容的上位指导思想。一方面，核心素养指引课程内容的方向，形塑课程内容的结构特性，使得素养为纲的课程内容与学科知识本位的课程内容区别开来。另一方面，课程内容指向核心素养，支撑核心素养，使得核心素养不至于成为空洞的抽象。其次，核心素养对课程内容具有弥漫性的影响。核心素养渗透在知识掌握和意义增值的过程中，强化课程内容的主体发展价值，而课程内容赋予核心素养阶

① 安德烈·焦尔当.学习的本质[M].杭零,译.上海：华东师范大学出版社,2015：16.
② 钟启泉."能动学习"与能动型教师[J].中国教育学刊,2020(08)：82—87,101.

段性的学生发展具体内涵。最后,核心素养是课程内容展开过程的终端融汇结果。以学科知识为基础的课程内容是前端形态,核心素养是学生在特定阶段课程内容学习过程完成时的融汇结果和综合性品质,是课程内容叠加而成的终端形态。

■ (二) 素养为纲课程内容的特征

素养为纲的课程内容承接了核心素养的基本特征,主要表现为综合性、具身性和发展性。

一是综合性。即课程内容摒弃学科本位的散点知识与技能训练俗套,在核心素养的综合视角下进行内容选择与安排。"核心素养既不是能力,也不是品格或观念,而应该是这些方面整合在一起的综合性品质。"①综合性拒斥的是碎片化点状内容,但并不是说课程内容就没有知识点,而是说知识点是置于知识网络或知识图谱中的节点,使知识点形成有结构性意义的知识整体。"素养本身不是行动,而是指向人类现实行动的内在心理品质,是个体在与现实世界的特定任务或需求互动过程中所蕴含的各种能力、个性特征、价值观念或动机意志等的整合性特征。因此,要用整合的视角来理解素养,而不能将素养理解为它所包含的一系列构成成分的罗列。这是理解当下所倡导的核心素养的关键所在。"②

二是具身性。课程内容不只是外在于学生的学科公共知识内容,更是外在的学科公共知识经过学生由外而内、由内而外地转化形成的个体知识和综合性品质,因而需要学生亲身参与和完成表层与里层、外在与内在、客观与主观、静态与动态、公共与个体、间接经验与直接经验等多重关系属性之间的往复转换,纳入内容聚合和动机激发机制,使学生与知识合身合体,成为知识的主体,实现意义关联和意义增值。以间接经验与直接经验的关系转换为例,"学生仅仅用直接方法去掌握知识,便不能发展系统化的认识,仅仅用间接方法去获取知识,便不能助长创造性的实践活动力。应使直接经验与间接经验和谐地交流,凭借直接经验去理解他人经验(间接经验的意义);凭借间接经验去获取更广阔、更深层的直接经验。"③

三是发展性。课程内容由表及里的展开过程,从学科知识的表面现象、表层结构和载体形式开始,一步步深入到知识的内核意义,不断地与学生个体经验互动整合重组。学生在获取人类已有公共知识的同时,发展出面向未来探索未知的能力,实现公共知识的个体化发展,形成更具综合性的心智灵活性和可迁移性。在某一具体阶段叠加发展知识的个体意义,实现公共知识个体化的意义建构和意义增值,使得课程内容始于核心知识,经由有条件和意义的学习过程,成于修炼出来的结果,为学生个体发展出更多更高意义的公共知识开辟发展前景。

① 杨向东.关于核心素养若干概念和命题的辨析[J].华东师范大学学报(教育科学版),2020,38(10):48—59.
② 杨向东.关于核心素养若干概念和命题的辨析[J].华东师范大学学报(教育科学版),2020,38(10):48—59.
③ 佐藤正夫.教学原理[M].钟启泉,译.北京:教育科学出版社,2001:248—249.

三、丰富课程内容的结构层次

长期以来，课程内容是以学科知识为中心建立起来的一套概念系统。由于缺乏纵深结构意识，每次课程内容改革基本上都是对作为课程内容的表层结构和载体形式的学科知识进行调整和重组，较少涉及课程内容里层结构和载体意义增值的改革思路。这种以学科知识传递为核心的表层课程内容观，已远远无法满足学生发展和人才培养的需要，亟须进行概念重建，重视和优化课程内容的多重结构属性关系，发展出体现新时代要求的、结构层次丰富的新型课程内容观。

■ （一）课程内容结构化的意义

以往课程内容改革聚焦于学科领域与跨学科领域的结构关系调整，体现出的是一种横向维度的内容结构化改革思路，那么，课程内容改革应该还要增加一个纵向尤其是纵深维度的改革思路，为更有意义的深度教学创造条件。"在知识的内在结构中，符号是知识的外在表达形式，是知识的存在形式，即符号存在。离开了符号，任何人都不可能生产或创造知识，也不可能理解知识。而逻辑形式是知识构成的规则或法则，逻辑形式是人的认识成果系统化、结构化的纽带和桥梁，是认识的方法论系统，没有了特定的逻辑形式，同样不能构成知识。意义是知识的内核，是内隐于符号的规律系统和价值系统。只有把握住符号、逻辑形式、意义之间的内在关联，才能从整体上理解知识和掌握知识。"[1]

改革开放以来，我国课程内容的概念理解大致经历了三个阶段。一是"双基"为本的学科内容观，二是"三维"整合的教学内容观，三是"素养"为纲的课程内容观。"双基"为本的学科内容观重视学科基础知识和基本技能，恢复了知识教学的历史性重要地位，但课程意识淡薄，忽视了学生主动学习和发展的意义。"三维"整合的教学内容观从知识技能为主扩展为和过程与方法、情感态度价值观三维整合的教学内容观，重视完整的人的发展，但更多地依赖于教师个体的理解和发挥，缺少国家层面的统一价值导向和评判标准。于是，素养为纲的课程内容观开始受到更多重视。"从'双基'到三维目标再到核心素养，其变迁体现了从学科知识到学科本质到学科育人价值的转变，从而使学校教育教学不断地回归人、走向人、关注人，进而实现真正的以人为本，人成为教育教学真正的对象和目的。这是教育领域最深刻的变革。"[2]

然而，"素养"为纲的课程内容观才现雏形，很不成熟，当务之急是研究视角和认识基础的突破与充实。

■ （二）素养为纲课程内容的结构层次

从学生学习经验维度来看，可以把课程内容分为对象性内容、过程性内容和结果性

---

① 郭元祥.知识的性质、结构与深度教学[J].课程·教材·教法，2009,29(11)：17—23.

② 余文森.从"双基"到三维目标再到核心素养——改革开放40年我国课程教学改革的三个阶段[J].课程·教材·教法，2019,39(09)：40—47.

内容。三者之间的互动叠加融合(图 4-1),可以为课程内容的概念重建开辟广阔的前景。

课程内容		
		结果性内容
	过程性内容	过程性内容
对象性内容	对象性内容	对象性内容

图 4-1 课程内容结构层次示意图

首先,课程内容包含对象性内容。对象性内容主要是精选的学科知识,是可以计划和预设的课程内容。学科知识是人类创造和总结的主观内容、内在内容、动态内容,是已知系统。但对学生来说往往就变成了客观内容、外在内容、静态内容,是未知系统。学生学不学,对象性内容都在那里,不以学生的意志为转移。所以,人们常常误以为课程内容只能是这种冷冰冰的客观、外在、静态内容,教学就应该是讲练考、死记硬背、机械重复训练的知识传递型教学。"对每一位教育者来说,把知识看作一种'事实',即把知识'作为事实'的存在来理解,容易把客观知识作为教育的唯一内容来看待,甚至把它放大为教育内容的全部。"[①]

殊不知,从人类、学科专家、科任教师的已知系统转化成为学生的已知系统,教学除了对学生进行知识传递外,更重要的是帮助学生进行知识建构和意义增值。"我们要发展的是一种生态性的知识。一切稳定下来的知识,即使是其中最有效的那些,时间一长也都会变成教条,会导致一定程度上的心智僵化。然而,当下的形势充满了不确定性,知识必须能够不断进行自我调适,以应对各种似是而非的、不完整的、不明确的和不可预测的因素。"[②]知识传递实现的是单一功能,学生因为老师的直接告知由未知者被动地变成已知者;知识建构实现的是双重功能,学生因为亲历学习过程主动获得人类已知系统,同时发展面向未知的能力和信心。

其次,课程内容包含过程性内容。过程性内容是实施的课程内容,即学习者在学习对象性内容的过程中,还必须同时学会学习,学会如何同对象性内容打交道,这些方法和能力也成为内容本身。但如果没有学习过程,过程性内容就不可能真正出现。过程性内容具备更多的操作性、具身性和体验性,便于学生在学科知识与技能学习过程中,同步完成过程与方法、情感态度价值观的学习和提升。

以学科知识为基础的课程内容由表层结构和载体形式向里层结构和载体意义推进,由知识内容前端形态向素养内容终端形态展开,最重要的机制是学习过程。"学生要学习的学科知识、书本知识的确是间接经验,但这种间接经验具有意义重大的内部结构。它们既是客观的,更是主观的;既是外在的,更是内在的;既是静态的,更是动态的。完整和准

---

① 郭元祥.知识的性质、结构与深度教学[J].课程・教材・教法,2009,29(11):17—23.
② 安德烈・焦尔当.学习的本质[M].杭零,译.上海:华东师范大学出版社,2015:65.

确地理解学生学习的知识特别是学科知识属性,将为走出重教不重学的认识误区,走向重教更重学的教学实践奠定认识基础。"①只有经过有意义的学习过程,教、学、评的课程内容结构层次和意义才可能不断获得丰富和完善,由表及里、自始至终的深度学习、学科实践才可能真正发生。过程性内容能够让对象性内容在学生主体身上更有意义地展开。"没有知识的学科实践是浅层的、狭隘的,严格地说,在整个学校教育系统中是不存在的。"②只是深度学习和学科实践需要创设知识学习条件,恢复知识内容活性,促进学生像专家一样思考和探究。

课程内容理所当然地包含要教、要学"学习方法","如果掌握不了学习的方法,知识就会变成标签、算法、规矩或是切分开的任务,学习者将无法把他必须学习的要点和更宽泛的原理联系起来。"③学生不仅要学会学科内容,还要学会学科实践活动,学会学习,学到知识和学习的内核意义。

最后,课程内容包含结果性内容。这是学生在对象性内容与过程性内容叠加完成之后,实际学到的知识与技能、方法和能力、情意态度、正确价值观念和必备品格等。"我们以往在对知识的认识上,存在着这样两个突出的局限和不足:一是'知识'就等同于公共知识,造成了个体知识的缺席,二是'知识'就等同于显性知识,造成了默会知识的缺席。这是我们的教学中不重视学生的参与、活动、体验、交往等建构知识的必要元素的观念上的原因。只强调对于书本上学习内容的掌握——熟悉、理解、记忆,因而不利于实现公共知识向个体知识特别是向智慧的转变。"④结果性内容可以弥补单一学科知识内容的局限,让前端形态的学科知识内容可以与阶段性终端形态的核心素养实现有意义的联结。只有结果性内容才能真正反映课程内容的实际质量和水平,才能让课程内容的概念趋于全面完整和准确。

■（三）素养为纲课程内容的结构关系

在现实性上,对象性内容可以做到一模一样,过程性内容和结果性内容只能是因人而异。日常教学中,往往更重视对象性内容,而忽视过程性内容和结果性内容。这就必须在理论认识上将原有单一的对象性内容迭代,升级为对象性、过程性和结果性融为一体的新型课程内容概念。通过任务型项目化的内容汇聚机制和动力激发机制,让学科知识、学习过程和学习结果嵌套整合,更具操作性、具身性和体验性,让整个教学转向知识建构型教学,突出学生与学科知识的意义关联和价值关系,实现教学活动的意义增值。

义务教育课程标准的修订,超越了学科知识本位和记忆训练本位的对象性内容观念的局限,在科目课程标准"课程内容"栏目下,明确按照"内容要求""学业要求""教学提示"三个方面来展开和说明课程内容标准,一种新的复合型课程内容概念已呼之欲出。三个

①　吴刚平.课堂教学要超越讲授教学的认识局限[J].上海课程教学研究,2017(12):3—8.
②　崔允漷,张紫红,郭洪瑞.溯源与解读:学科实践即学习方式变革的新方向[J].教育研究,2021,42(12):55—63.
③　安德烈·焦尔当.学习的本质[M].杭零,译.上海:华东师范大学出版社,2015:113.
④　肖川.知识观与教学[J].全球教育展望,2004,33(11):13—17.

方面整合描述课程内容,不仅包括教什么、学什么的科目内容,还包括怎么教、怎么学的科目活动过程方式,以及为什么教、为什么学的教学目的价值,甚至还有教出什么来、学出什么来的学业结果质量水平。这是在课程制度意义上凸显课程内容对象性、过程性和结果性的结构特点,为课程内容结构改革提供了明确的政策依据,开辟了广阔的实践前景。

因为我们以往在课标层面更关注对象性内容,重视学科知识点的罗列,而把过程性内容和结果性内容当作教学问题来处理。过程性内容、结果性内容由于政策上没有纳入课程标准的内容规定当中,实际上成为不教、不学、不考的内容,学生的主要精力一直被牵制在学科知识的表层和外围打转,重复训练,题海战术,缺少良好的学习过程体验和有意义的学习结果,学业负担重,却没有意义增值。

课程标准层面内容要求、学业要求和教学建议三合一的课程内容设计思路是一个积极信号,即对象性的内容要求、过程性的教学要求和结果性的学业要求,一起共同构成了课程内容的整体结构体系,成为课程政策要求的要教、要学、要考评的内容,这样才会推进课程内容结构化改革向纵深发展,从表层的对象性内容,转向里层的过程性内容和结果性内容。

这样的复合型课程内容观有利于从学科知识本位转向核心素养为纲,突出习得知识的学习方式和运用知识的能力与情意态度价值观,打破死记硬背和题海战术的知识技能训练魔咒,克服高分低能、情意态度扭曲、价值观缺失等乱象。学生可以在主题活动中,通过完成学习任务获取知识和解决问题,亲历实践、探究、体验、反思、合作、交流等深度学习过程,逐步发展和养成核心素养。

四、开发素养为纲的课程内容组织形态

素养为纲的课程内容结构改革要付诸教学实践,就必须落实为可操作的课程内容组织形态,尤其需要探索相应的学习内容聚合机制和学习动力激发机制,转化为有具体内涵的学科主题学习任务和跨学科主题学习任务。

(一)素养为纲课程内容组织形态的改革特点

与"双基"为本的学科内容和"三维"整合的教学内容不同,素养为纲的课程内容在组织形态上特别强调精选精简强有力的知识、创设真实学习条件、培育更有后劲的心智灵活性和可迁移性。

首先是精选精简强有力的知识。素养为纲的内容组织形态要成为一种核心知识聚合机制,即核心知识必须"少而精",做到综合化,才能为学生发展的意义关联和价值关系腾挪空间,才能真正成为强有力的知识。同时,还要成为一种学习动机激发机制。即在任务化、项目式、问题解决的主题活动结构中,嵌套强有力的知识图谱,学生为完成任务和解决问题而同步获得新知识,亲历学科实践,做中学,用中学,创中学,活学活用,知行合一,形成更加强有力的可迁移性和心智灵活性。

其次是创设真实学习条件。"要给学生提供机会去面对各种真实的任务和问题,让他们能够积极探索未知、敢于迎接挑战,在应对和解决各种复杂开放的现实问题或任务过程

中逐渐发展创造性、批判性思维、沟通交流和团队协作,是当下课程改革要关注的关键点。"[①]就真实学习而言,素养为纲课程内容组织形态要创设的主要条件,包括"真事""真做"和"真知"。真事,是学生可以通过运用核心知识解决问题而形成的作业、作品、文案、报告、文章、创意、设计、设想等物化学习成果,其中蕴含着核心知识图谱和问题解决的学习活动与学习经验。真做,即学生要有获取核心知识的亲身学习活动过程,围绕主题和主线展开自主、合作、探究学习,不断总结、炼制、反思和改进。真知,即学生要经由真事真做,学习核心知识的符号系统,获得核心知识的逻辑形式,进而实现核心知识的意义增值,创造个体知识和公共知识的价值统一。

最后是培育更有后劲的心智灵活性和可迁移性。素养为纲课程内容组织形态要压缩知识传递型的讲授教学空间,开辟更多知识建构的自主合作探究学习空间。"做中学和悟中学是学生完成知识学习由外而内、再由内而外地转化、表现、运用的主要机制。"[②]更为重要的是,在知识建构的过程中促进意义增值,在内化已有公共知识的同时,获得面向未来与未知的信心和能力,发展更多的心智灵活性和可迁移性。

■（二）以科目主题学习任务群呈现课程内容形态

在课程内容形态改革方面,本次课程修订引入大观念、大任务或大主题驱动的问题式学习、项目学习、主题学习、任务学习等综合教学形式,重构课程内容,优化呈现方式,加强内在有机联系,旨在实现"少而精",做到"纲举目张",促进对象性内容、过程性内容和结果性内容的互动叠加融合和课程内容结构功能的迭代升级。

其一,以大概念大观念为主轴的课程内容结构化呈现。从课程内容的结构层次与组织形态来看,学科知识和科目活动的关系需要在课程核心素养的观照下不断加以优化。其中,不少科目课程标准的选择是,以大概念大观念来统领学科知识和学科活动的互动叠加融合过程,帮助学生从零散的知识点技能点训练转向结构化的正确观念、核心知识、关键能力和必备品格养成。

其二,以大主题大任务为主轴的课程内容结构化呈现。在课程内容组织形态和呈现方式上,还有不少科目课程结合本门课程内容的性质特点,选择以大主题大任务为主轴,串接学科知识和学科活动的互动叠加融合过程,帮助学生形成课程核心素养。

事实上,各个科目的课程标准,在课程内容结构化设计方面,都强调以课程核心素养为主轴,构建大观念大概念或大任务大主题等以问题解决为目标的课程内容结构单位和教学单元组织形态,以此作为学习内容聚合机制和学习动机激发机制,有效清理、归纳、整合科目知识点或主题活动内容,在学习内容安排层面落实减负、提质、增效。

■（三）以跨学科主题学习任务群呈现课程内容形态

课程内容组织形态除了采用科目主题学习任务呈现以外,还有 10% 课时的课程内容安

---

① 杨向东. 关于核心素养若干概念和命题的辨析[J]. 华东师范大学学报(教育科学版),2020,38(10):48—59.

② 吴刚平. 课堂教学从记中学转向做中学与悟中学的认识基础[J]. 上海课程教学研究,2018(03):13—18.

排采用跨学科主题学习任务呈现,有的科目课程标准安排了更多的跨学科主题学习任务。

一是立足于学科知识和科目活动的跨学科主题学习。即与学科知识和科目活动紧密相连,强调围绕科目课程目标,注意运用综合主题、大概念的探究任务和跨学科项目等,建构有组织结构和意义的学习内容。同时在内容建构中,注意运用课程地图嵌入涉及学科的核心知识与技能,融进跨学科的主题与实施过程,为素养生成奠定扎实的知识基础,保障跨学科学习的深度,避免整而不合、合而不深。通过"整合+问题解决"的学习任务结构,赋予科目课程新内涵,实现从知识技能整合转向学习任务或学习过程整合,据以支撑跨学科深度学习方式和课程核心素养。

二是立足于整合学习任务的跨学科主题学习活动。课程内容形态也可以是跨学科跨领域的整合学习任务,这对综合教学能力的要求更高,也更有教学价值。目前这类课程内容形态并不十分成熟,还需要进一步探索、总结和深化。比如化学课程标准设计的跨学科实践活动"基于碳中和理念设计低碳行动方案",就是综合实践项目式主题学习活动,目的是加强综合性和实践性,通过案例和实践活动,促进学生建构大概念和解决问题的关键能力及必备品格和正确价值观念。

需要强调的是,课程内容结构改革不是要弱化学科知识,而是以课程核心素养为引领,把学科核心知识融入学科或跨学科主题、观念或任务学习活动,形成横向关联互动、纵向进阶衔接的课程内容结构体系。同时,课程内容结构改革也强调信息技术加持和赋能,体现信息文明时代的要求。

重要概念

■ 综合学习

综合学习作为一种学习方式或教学方式,与单项学习、单科学习或分科教学相对应。综合学习通常是指为了实现某种或某些综合性的目的,运用综合的学习方法、手段和途径等,解决综合性的问题或完成综合性的任务,学习综合性的学科或跨学科内容,进而发展综合素质的学习过程或状态。诸如任务型、项目化、主题式、问题解决式学习等都属于综合学习的形式。

■ 跨学科主题学习

跨学科主题学习和学科主题学习是一对范畴。跨学科主题学习是比学科主题学习更加综合的教学形式,它将两门或两门以上的学科(领域)整合起来,旨在把新的知识同既有的知识、信息与体验链接起来,进而同社区生活乃至全球社会的现实课题链接起来,借以促进学习者对学习主题的基础性与实践性理解。由于核心素养的性质特点和培育要求,学科主题学习也需要强调课程内容与学生经验、社会生活的联系,强化学科内知识整合,而跨学科主题学习还需要在此基础上进行范围更大和程度更高的学科之间课程整合。

■ 综合实践活动

综合实践活动是基于学生的直接经验、密切联系学生自身生活和社会生活、体现对知识的综合运用的课程形态，具有整体性、实践性、开放性、生成性、自主性等特征。

■ 默会知识

默会知识也称缄默知识，最早是由迈克尔·波兰尼（Michael Polanyi）在他的专著《个人知识》中提出的。他认为，人类有两种知识，通常的知识通过书面文字、地图或数学公式来表述，这是知识的一种形式。另一种知识是无法系统表述的，例如：我们有关自己行为的某种知识。前一种知识称为显性知识（explicit knowledge），后一种知识称为默会知识（tacit knowledge，又译作隐性知识、缄默知识）。

波兰尼指出，默会知识本质上就是一种理解力，是一种领会和把握经验、重组经验从而达到对它的理智地控制的能力。默会知识在人类知识中起着决定性的作用。默会知识是一种只可意会、不可言传的知识。它镶嵌于人们的行为中，对人们的行为包括思维操作起着直接的影响和支配作用。当然，在思维的不同层面，默会知识起着不同的作用。

■ 显性课程

显性课程（explicit curriculum）是指明明白白地呈现在公开教育计划中的课程，是指在学校课程体系中为实现一定的教育目标而设计的具有实际形态并以外显方式出现的课程，是按照预先编订课程表实施的有目的、有计划、有组织的活动。显性课程主要是有计划的、预期性的教育影响，其主导价值在于教育目标明确，对学生的发展能够产生直接的影响。显性课程一般要求学生学习并通过考核，达到明确规定的教育目标，在课程内容的选择和编排上，主要以语文、数学、外语等科目或学科为课程内容。

■ 隐性课程

隐性课程（hidden curriculum）又叫隐蔽课程、非学习课程、隐含课程、不可见课程、非书面课程、掩盖课程、无声课程等。隐性课程论者认为，学生在校习得的不只是读、写、算等方面可以测量的知识和技能上的发展，他们还可以从学校的制度、组织、社会过程和师生交互作用等方面介绍没有显现出来的价值上、规范上的陶冶。隐性课程具有非预期性、潜在性、多样性、不易察觉性等特点。

■ 虚无课程

虚无课程（implicit curriculum, or null curriculum）指那些被系统地排除、忽视或不予考虑的课程内容。此概念是艾斯纳（E. W. Eisner）于 1985 年与"显性课程"和"隐性课程"一同提出来的。他把学校里面的课程划分为三类课程：显性课程、隐性课程和虚无课程。其中，虚无课程，就是在课堂上被排除的课程内容，即教育者根据自己的认知水平、价值观来选择自己的教学素材，从而排除其他可能而重要的教学素材。

■ 课程地图

课程地图（curriculum mapping）是以课程规划指引学生未来升学与就业的发展方向，是为让学生了解课程规划与未来职业生涯选择的关联，以便学生进行自我生涯规划，理清择业倾向，进而改善学生的学习成就与提升学习兴趣，聚焦学生学习历程档案。课程地图与学生学习成果密不可分，其产生的初衷是为了保证制定的学习成果能够在教学计划、课程教学和学业测评中落到实处，从而保证人才培养的最低质量要求。

课程地图具有三种内涵。第一，课程地图是课程教与学的一个可视化工具。课程地图应该包含一个教学计划所要培养的学习成果（目标），为了实现学习成果而选择的课程及其内容，为学习者提供的学习机会、学习资源、评价方式等要素。第二，课程地图是一个学生中心的资源整合工具。好的课程地图一定是以学生学习为中心的，作为教学计划制定与实施的工具，课程地图有利于学校合理、有效地整合学习资源，提高资源的配置水平和效率，利用一切可利用的资源来为学生学习服务。第三，课程地图是课程管理的一个有力工具。课程地图的发展为课程管理提供了强有力的工具，使课程管理从理论走向了实践，反过来又丰富了课程管理理论。

讨论与反思

1. 在课程与教学变革的时代，为什么要关注课程与教学的结构问题？
2. 从课程与教学的基本结构来看，学校的课程改革的着力点有哪些？
3. 结合自己的学习经验，围绕课程内容结构改革的意义进行小组讨论。

拓展阅读

1. 柯政等. 从整齐划一到多样选择：课程改革发展之路[M]. 上海：华东师范大学出版社, 2018.
2. 徐继存等. 教学论研究[M]. 福州：福建教育出版社, 2020.
3. 廖哲勋, 田慧生. 课程新论[M]. 北京：教育科学出版社, 2003.
4. 吴刚平, 安桂清, 周文叶. 新方案·新课标·新征程——《义务教育课程方案和课程标准（2022年版）》研读[M]. 上海：华东师范大学出版社, 2022.

前沿热点

从中共中央国务院颁布的《关于全面加强新时代大中小学劳动教育的意见》（以下简称《意见》）到教育部印发的《大中小学劳动教育指导纲要（试行）》（以下简称《纲要》），再到2022年4月教育部颁布的《义务教育劳动课程标准（2022年版）》，《义务教育劳动课程标准（2022年版）》标志着劳动课将正式成为一门独立课程，是对原有中小学课程结构的重大调整,背后正是体现了培养学生核心素养的政策导向。该课标发布后即在社会上引发了家长和教师的广泛热议。劳动教育作为一门课程,如何在中小学实施过程中实现升级与突破,让中小学生感受劳动课程带来的无限魅力,是值得思考和研究的话题。

作为一门中小学独立的课程,儿童劳动教育咋升级?[①]

日前,教育部发布《义务教育劳动课程标准(2022年版)》。从今年秋季开学起,劳动课将正式升级为中小学的一门独立课程。标准发布后,部分家长表示"举双手双脚赞成"劳动教育升级,也有部分家长担忧存在教具设备缺乏、教育内容陈旧、教学风险较大以及考评走形式等问题。新劳动课是否会走上异化为"家长作业、家庭负担"的老路? 新华社记者就相关问题进行了调查。

儿童劳动教育升级需立破并举,打消家长教师顾虑

新课标规定,劳动课程内容分为日常生活劳动、生产劳动、服务性劳动3大类别,共设置10个任务群。难度也由浅入深,以小学为例,从小学低年级的扫地拖地、洗衣服、养植物、养小动物,会拌凉菜,热馒头、包子,煮鸡蛋、水饺,学习使用小家电和纸工、泥工、布艺、编织等。

多地家长、教师表示,劳动课新课标内容丰富、层次清晰、系统科学,"升级感"明显。但要真正取得引导孩子们会劳动、爱劳动的教育效果,前提在于破除此前存在于劳动教育领域的一些"痼疾"。一是部分家长过度保护,越俎代庖。比如,有家长表示,"孩子上学六年,没有参加过一次校园扫除,都是家长代劳。像更换教室搬桌椅、运动会制作班牌、照看物品等,这些学生劳动内容,家长都会代劳。"二是部分教学内容与劳动实践相脱节。家长不但要完成班级布置的各种综合实践活动作业,还得给孩子摆拍"交差"。老师在课上讲纯理论,就让孩子回家做饭,怎么切菜、开火、用油,孩子都没经验,伤着怎么办? 最后还都得家长动手。三是部分教学难度与学生阶段不匹配。由于学校布置的手工作业实在太难,家长也无法完成或是怕完成质量不高被其他家长比下去而选择上淘宝买手工成品交作业的情况也不少见。四是部分家庭教育导向仍然存在偏差。体验各项劳动特别是部分体力劳动旨在建立孩子会劳动、爱劳动的正确价值观,但这在部分家庭教育中却成了家长"恐吓"孩子必须好好学习的反面例证,严重影响孩子正确认识劳动价值。

还有部分家长、教师和校方向记者表达了对劳动课新课标相关课程在安全性、专业性和复杂性方面的顾虑。比如,难度系数会不会偏大? 危险系数会不会偏高? 此外,一位多年从事劳动课教学的教师称,以烹饪课为例,即便是在学校食堂进行教学,学生做出的食物大多不是没熟、就是糊了或者盐等调味料超标,存在食品安

---

① 改编自:李双溪,王莹,周畅.让孩子真正会劳动、爱劳动,儿童劳动教育咋升级? [N].中国教育报,2022-05-31(003).

全风险,如果都倒掉又可能造成食物浪费。

儿童劳动教育升级还需系统优化

教育专家和一线教师表示,只要对安全措施、课程内容、考评体系等方面问题前置考量、系统优化,儿童劳动教育升级能够顺利完成。

安全教育优先行。设计好教学器具,如烹饪课刀具可以采用陶瓷刀或塑料刀,编织课可以用钩针代替毛衣针等,并制定严格的劳动课安全操作和教学流程,做好防范和紧急处置预案。

校园劳动天地宽。比如沈阳某小学在教学楼周边的角角落落开辟出百草园、百花园、百谷园等,教低年级学生栽种蔬菜、五谷,教中高年级学生种植花卉、中草药。安徽省某中学在学校开辟了一块劳动实践基地"百丰园",以班级为单位,分成不同的劳动实践活动区,每个班级都能有计划、有组织地进行劳动实践活动。

课程设计更科学。以烹饪为例,沈阳市沈河区二经街第二小学安排学生从三年级起,每学期学会八大菜系中的一道菜。通过由浅入深,逐渐设计烹饪课程的难度,很多学生到高年级都可以掌握几道拿手菜。

考评要求更务实。对劳动教育,应该是把日常积累与期末的表现性评价综合起来,进行差异性评价。对劳动教育评价标准,有关部门应进行专门培训指导,这有利于基层学校执行。

挖掘师资更充分。儿童劳动教育升级,教师是核心引擎。要注意调动多方教育资源,校内老师有特长,校外有专业人士指导,形成持续为儿童劳动教育升级赋能的能量场。

家长应从小培养孩子的劳动意识,引导孩子自己的事情自己做,协助家长从事力所能及的家务劳动,这样劳动教育才能实现家校衔接、事半功倍。

第五章

课程与教学方案研制

📝 **本章内容导引**

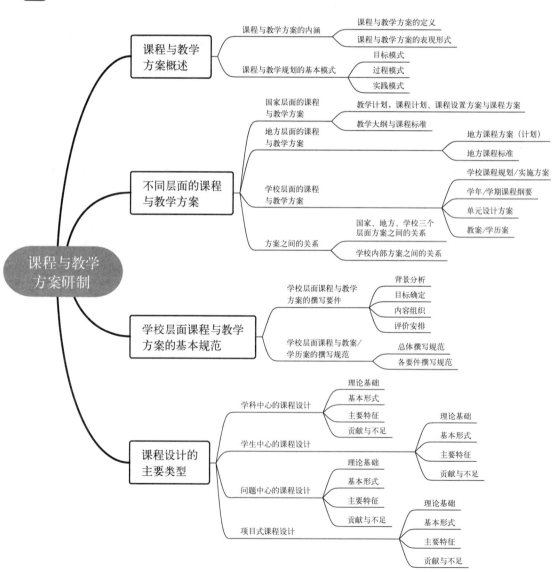

引言

从行动流程的视角看,规划、实施、评价、治理共同构成了现当代课程与教学研究话语框架的重要元素。课程与教学方案是课程与教学规划行为产生的结果,成为后续课程与教学实施过程的重要参考依据。课程与教学规划的基本模式影响着规划行动的设计和规划结果的呈现,目标模式、过程模式和实践模式并称为课程与教学规划的三大经典模式。

在日常教学实践中,我国教育工作者使用的课程与教学方案受到三级课程管理体系的影响,主要分为国家层面的课程与教学方案、地方层面的课程与教学方案和学校层面的课程与教学方案。自新中国成立以来,国家层面的课程与教学方案历经名称变化,反映了课程与教学话语的转向。

在21世纪初基础教育课程改革的影响下,国家层面和地方层面的课程与教学方案主要以课程方案和课程标准的样态呈现,学校层面的课程与教学方案则随着课程与教学话语的丰富逐渐被确定为学校课程规划/实施方案、学年/学期课程纲要、单元设计与教学方案四种类型。国家层面的课程与教学方案为地方层面和学校层面的课程与教学方案提供依据,而学校层面的课程方案又是国家层面、地方层面课程与教学方案的校本转化。

学校层面的课程与教学方案是学校教育工作者经常用以互动的重要媒介。尽管学校层面课程与教学方案的呈现因学校而异,但方案所共同具备的形式要件与编制技术大同小异。这些形式要件以及技术规范为校长、教师撰写学校层面课程与教学方案提供了写作参考。

本章重点呈现课程与教学方案的不同样态与撰写要素,主要内容包括:

- 课程与教学方案相关概念
- 不同层面的课程与教学方案
- 学校层面课程与教学方案的撰写要件与规范

案例

在某小学的教师研讨会上,几位教师与一位大学学者交流学期课程纲要的功能与写法。

教师A:我不是很明白我们为什么要设计学期课程纲要,我们有教研组,教研组长会定出统一的要求,我们再根据组长的要求来设计教案,我们老师之间设计出的教案都是差不多的。

教师B:我们的教案和教参都没有告诉我们应该把课程目标分成哪几块,我们自己分有点儿难度。我可不可以按照单元来写,把一个学期的目标都罗列在一起?

教师C:我最有问题的是目标,我们这一整个学期的课程目标有十几条,已经是最简了,实在没法儿缩了。

案例评析: 在日常教学实践中,教师最熟悉的方案就是教学方案,老师们往往习惯于以一节课为节点来安排自己的课程与教学。然而,课程与教学方案远不止于出镜率最高的教学方案,它还包括其他各种层面、各种类型的方案。

本案例中,面对甚少甚至初次接触的学期课程纲要,教师 A 不明白学期课程纲要的功能为何,认为教学方案的依据是人为制定的要求,殊不知人为制定的要求具有主观性与临时性。教师 B 则认为学期课程纲要的撰写完全依赖于教参、教案,教参、教案里没有提及的部分自己也难以生成。此外,教师 C 与教师 B 在设计与撰写方案时都缺乏整合的视角,用写一节课或一个单元的方案的思路来写一学期一门课的方案,将课程目标简单罗列和叠加,进而导致目标过于冗杂。

第一节　课程与教学方案概述

规划是对课程与教学进行顶层设计和整体谋划,是上游环节。由规划行动产生的规划结果通常表现为文本形式的课程与教学方案,方案的内容反映顶层设计的理念、思路和举措。规划设计和规划结果的呈现,都会受到课程与教学规划基本模式的影响。

一、课程与教学方案的内涵

课程与教学方案是课程与教学规划的结果和产物,在一定程度上反映了课程与教学规划的过程,方案的质量反映了课程与教学规划的质量。课程与教学方案通常以文本形式呈现,包含了不同的表现形式,不同表现形式的方案又与其属性彼此相关。

■（一）课程与教学方案的定义

课程与教学规划包含着教育工作者对课程与教学所要达成的目标、需选择的内容、可利用的资源、需提供的支持保障等一系列问题的思考与设计。规划是课程与教学的顶层设计,也是一个不断发展和修正的动态过程,通常需要历经较长时间。同时,课程与教学规划通常受到多方面影响,所涉及的人、事、物众多。由于其动态性与复杂性,我们难以对规划行为进行捕捉与评析,因此,我们把目光转向实体,即经过规划行为而产生的规划结果——课程与教学方案。

课程与教学方案是课程与教学规划或课程开发所形成的物化成果,它反映了课程与教学规划或课程开发过程中的关键环节和步骤。课程与教学规划的过程以及对课程与教学中重要问题的回答,集中体现在最终的方案产品上。在很大程度上,我们可以认为,课程与教学方案就是课程与教学规划的结果,而方案的质量也能够代表课程与教学规划的质量。

■（二）课程与教学方案的表现形式

课程与教学方案是一种比较宽泛的说法,它包括了不同的表现形式。政策文件话语中使用的教学计划、课程计划、课程标准,或日常教学话语中使用的课程大纲、课程纲要、教学大纲、教案等都属于课程与教学方案。以上这些常见的课程与教学方案主要以文本形式呈现。

尽管教学计划、课程计划、课程标准、课程大纲、教学大纲、教案等都可以被称为课程与教学方案,但由于规划目的、方案制定者、方案面向者、方案的时效性有所不同,最终方案的内容结构、内容长度也有所不同。然而,这并不意味着方案之间彼此毫无联系,一类方案的生成可能有赖于另一类方案。例如,教师常用的教学方案需要参照学校的学期课程纲要,学校制定的学期课程纲要需要依据国家颁布的课程标准。

二、课程与教学规划的基本模式

"课程开发"(curriculum development)是课程与教学论领域比较常见且常用的专业术语,它指的是"决定课程的过程及其所依据的各种理论取向。"[①]更具体一点来说,它是指"借助学校教育计划——课程——的实施与评价,以改进课程功能的活动的总称。"[②]

"校本课程开发"这一概念源于西方语境,其指的是学校根据国家或州立课程标准并结合自身实际需求,自下而上地管理、规划、发展课程。而当这个概念被引入我国以后,由于 21 世纪初的新课程改革对校本课程的推动与要求,其被逐渐窄化为"学校开发一门或几门全新的课程"。然而,我国的学校教育中除了校本课程之外,占据课时比重更大的是国家课程和地方课程。为了与学校教育的现实情况更加吻合,有学者提出用"规划"来取代在教育实践中被窄化的"开发"。也就是说,"规划"比"开发"蕴含的意思更加丰富,不仅指向学校开发、创设全新的课程,同时也包括基于学校实际情况对国家课程、地方课程进行整体的设计、安排和协调。[③] 基于此,本书亦采用含义更加丰富的"规划"。

课程与教学规划的基本模式可以视为一种顶层设计所遵循的基本思路或基本理念,它影响着课程与教学方案设计与撰写的起始点和侧重点。从我国的情况来看,课程与教学规划的教育实践比较丰富,但更多是一种经验层面的操作模式,理论总结、提炼和传播等还存在不足,理论建设的力度尚需进一步加强。从西方教育理论研究的情况看,课程与教学规划的模式研究成果比较有影响力,简要归纳为目标模式、过程模式、实践模式三类(表 5 - 1,另参见本书表 2 - 6)。

表 5 - 1 课程与教学规划的基本模式概况

基本模式	代表人物	核 心 话 语
目标模式	泰勒	确定目标;选择经验;组织经验;评价结果
过程模式	斯腾豪斯	过程原则;内在标准;形成性结果;教师即研究者;反思性探究
实践模式	施瓦布	实践理性;师生是课程主体;校本课程;课程要素连续统一;集体审议

① 张华.课程与教学论[M].上海:上海教育出版社,2000:94.
② 钟启泉.现代课程论(新版)[M].上海:上海教育出版社,2004:361.
③ 崔允漷.学校课程规划的内涵与实践[J].上海教育科研,2005(08):4—6,20.

■ （一）目标模式

泰勒在其 1949 年出版的《课程与教学的基本原理》一书中，明确提出课程与教学必须明确回答的四个问题，前两个问题是：学校应该达到哪些教育目标？如何选择可能有助于达到这些目标的学习经验？[①] 因此，首先要回答的便是关于目标的问题，即确定目标是课程规划的起始点，目标决定了经验的选择与组织、评价的安排，目标统领着课程与教学规划。

1. 确定目标

泰勒提出，目标的确定依靠"三个来源"和"两个筛子"。"三个来源"指的是：对学生的研究、对当代社会生活的研究、学科专家的建议；"两个筛子"指的是：教育哲学（或办学宗旨）、学习理论（或学习心理学）。

"三个来源"能够帮助教育工作者获得一些尝试性的、暂时性的、一般性的目标，且由于实现教育目标需要花费较长时间，我们需要从这些目标中挑选出能够实现的、真正重要的少量目标。在筛选和淘汰的过程中，充当依据的就是"两个筛子"。确定好目标并用有助于经验选择与组织的方式来陈述之后，即可思考和回答之后的问题。

2. 选择经验

泰勒所说的学习经验指的是"学生与环境中外部条件的相互作用。"[②]能够达成所确定的目标的学习经验有很多，但在选择经验时，需要格外注意的是学习经验是否有助于培养思维技能、有助于获得信息、有助于形成社会态度、有助于培养兴趣。

此外，学习经验和目标之间也非一一对应的关系，多种学习经验可能能够同时指向同一目标的达成，而同一学习经验也可以用以达成多个目标。总之，学习经验的选择与先前确定好的目标息息相关，从某种程度上来说，目标决定了选择哪些学习经验、暂时舍弃哪些学习经验。

3. 组织经验

针对学习经验的组织，泰勒提出三条准则：连续性（continuity）、顺序性（sequence）、整合性（integration）。连续性指直线式地陈述主要的课程要素；顺序性强调每一后继经验以前面的经验为基础，同时又对有关内容加以深入、广泛地展开；整合性指各种学习经验之间的横向关系，以便学生获得一种统一的观点，并把自己的行为与所学的课程内容统一起来。[③]

同时，泰勒也提出两个具有参考意义的步骤：第一，必须确定作为课程组织线索的要素，这里的要素指的是学科的基本概念和技能；第二，在确定主要课程要素之后，还须确定把这些要素组织在一起的原则，由于对学科专家有意义的逻辑组织与对学生有意义的心理组织可能存在矛盾，因此需要依靠事先确定的原则来调和。

---

① 拉尔夫·泰勒. 课程与教学的基本原理［M］. 施良方，译. 北京：人民教育出版社，1994：3-17. 四个问题另参见本书第二章第二节部分内容。
② 拉尔夫·泰勒. 课程与教学的基本原理［M］. 施良方，译. 北京：人民教育出版社，1994：23.
③ 拉尔夫·泰勒. 课程与教学的基本原理［M］. 施良方，译. 北京：人民教育出版社，1994：24.

4. 评价结果

泰勒认为,评价的目的是"较全面地检验学习经验在实际上是否起作用,并指导教师去引起所期望的那种结果。"[1]评价的形式包括纸笔测验、问卷、观察、交谈、样品收集、记录分析等。

在目标模式中,评价同样得从目标入手。评价结果的基础是明确目标的指向,只有清晰地知道目标指向,才能通过评价了解目标达成与否及实现程度。此外,泰勒也强调要创造评价的情境,为学生创造实现目标指向的机会。换言之,评价结果这一环节与先前确定目标是完全匹配的,评价任务的设计与评价情境的创设完全基于目标的设定。

（二）过程模式

过程模式是由英国课程研究者斯腾豪斯在批判泰勒的目标模式的基础上所提出的另一种基本模式。斯腾豪斯认为,把目标模式普遍应用于课程开发存在两个基本障碍:一是目标模式误解了知识的本质;二是目标模式误解了改善课程实践的过程的本质。[2] 基于对目标模式的批判,他构建了"过程模式"。该模式具有几个核心概念,即"内在标准""教师即研究者""反思性探究"。[3]

1. 内在标准

斯腾豪斯反对目标模式把教育目的当作教育过程的外在结果,他认为教育目的应该把价值和标准界定在教育过程之内。也就是说,目标模式强调的是把教育目的转化成行为学习目标,而过程模式则主张把教育目的作为过程标准和程序原则加以阐明。在这个过程中,教师发挥着重要作用,任何质量的课程开发都依赖于教师对实践采取一种研究的态度,斯腾豪斯称之为"研究本位的教学"。

2. 教师即研究者

过程模式强调教师是课程开发的主体,并提出"教师即研究者"的口号。课程要问的关键问题不是应该传授什么知识,而是知识作为社会互动中学习的媒介应该如何啮合和处理的问题。这也就意味着,作为研究者的教师,其所做的研究就是他们的实践,学校即课程研究和开发的中心。

3. 反思性探究

过程模式还进一步发展了以亚里士多德的反思观为基础的反思性探究方法。这种反思性探究指向的是教师专业发展,鼓励教师对行动的选择过程和实施过程进行反思性自我评价,并在反思活动中加深对目的的理解。以评价环节为例,教师所要做的不是像目标模式中,基于先前确定好的目标对学生、对课程进行评价,而是对整个过程进行反思性探究,以促进学生与课程的进一步发展。

① 拉尔夫·泰勒. 课程与教学的基本原理[M]. 施良方,译. 北京:人民教育出版社,1994:26.
② 张华. 课程与教学论[M]. 上海:上海教育出版社,2000:116.
③ 吴刚平. 校本课程开发的思想基础——施瓦布与斯腾豪斯"实践课程模式"思想探析[J]. 外国教育研究,2000(06):7—11.

■（三）实践模式

美国著名课程理论专家和生物学家施瓦布以古希腊哲学传统尤其是亚里士多德的"时间观"、现代美国的实用主义哲学观特别是杜威进步主义教育哲学思想、现代欧洲大陆的人本主义思想为三大理论基础，提出了课程规划"实践模式"。该模式同样反对技术取向的目标模式，而强调课程规划中的"实践兴趣""师生是课程主体""课程要素连续统一"和"集体审议"。[①]

1. 实践兴趣

实践模式强调课程的终极目的是"实践兴趣"，其指向的是建立在对意义的一致性解释的基础上、通过与环境的相互作用而理解的基本兴趣，它强调过程和行为自身的目的，强调理解环境以便能与环境相互作用。实践导向的课程模式把课程理解为教师与学生相互作用的"生态系统"。这个"生态系统"强调的是兴趣需要的满足和能力德性的提高，而非知识技能的掌握对环境的控制。

2. 师生是课程主体

实践模式把教师和学生视为课程的主体和创造者，他们并非独立于课程之外，而是课程的有机构成部分。这个观点与泰勒的目标模式有着本质区别，目标模式要求课程按照规定的目标来编制，教师和学生都按照规定的目标来接受和完成课程。尽管目标的来源之一有学生本身，但学生并没有参与目标的确定以及后续的经验选择与组织，教师也受到目标左右，沦为课程的亦步亦趋的被动执行者。而实践模式则倡导教师和学生同时是课程对的合法主体和创造者。教师是课程的主要设计者，或者可以在执行课程的实践中根据特定的情境发挥自己的创造性。学生则有权对什么样的学习和体验是有价值的，以及如何完成这种学习和体验等问题提出怀疑和要求解答。

3. 课程要素连续统一

实践模式主张课程要素的连续统一，具体一点来说，即课程规划的结果与过程、目标与手段的连续统一。结果与过程的统一指的是，真正有意义的结果是在适应实际的兴趣、需要和问题的过程中实现的，是内在于过程之中的，而脱离具体实践情境的抽象结果是没有意义的。目标与手段的连续统一体现在目标内在于手段之中，手段则是期望中的目标。也就是说，课程规划关注的焦点是课程系统要素间相互作用的连续过程，尤其是学习者的兴趣和需要，是课程规划的重点。

4. 集体审议

通过集体审议来解决课程问题也是实践模式的一个重要观点。施瓦布认为，审议就是在特定情境中作出行动决策，而集体审议就是学校作为一个共同体对课程规划中的关键问题进行审议。集体审议要求多方代表参加，包括校长、社区代表、教师、学生、教材专家、课程专家、心理专家和社会学家等，其中审议集体的主席由课程教授来承当。课程的集体审

---

① 吴刚平. 校本课程开发的思想基础——施瓦布与斯腾豪斯"实践课程模式"思想探析[J]. 外国教育研究，2000（06）：7—11.

议不仅是作出合理行动决定所必需的,而且是参与者彼此互动、相互启发的教育过程。

第二节 不同层面的课程与教学方案

课程与教学方案在国家、地方、学校三个层面上有着不同的类型与样态。各个层面的方案在名称上的变化和在内容上的丰富象征着现当代课程与教学话语的演变。尽管每个层面以及各层面内部的方案类型、样态和解决问题的侧重点都会有所不同,但各个方案并非独立于彼此存在,而是相互之间具有各种各样的联系。

一、国家层面的课程与教学方案

随着时代的变迁与发展,国家层面的课程与教学方案历经了名称变更。尽管名称变更反映了课程与教学话语的转向,但方案的作用与内容却是存在着共通性的。由国家层面颁发的方案规定了学校的培养目标、课程门类与结构、课时、实施建议以及各个学科的教学内容要求或学业要求、教学提示等,为学校教育起着规范和指导作用。本书将具有此类内容与性质的文本方案统称为国家层面的课程与教学方案。

表 5-2 国家层面的课程与教学方案概况

方案类型	方案名称	示 例
总体课程与教学方案	教学计划	《中学暂行教学计划(草案)》(1950)
	课程计划	《九年义务教育全日制小学、初级中学课程计划(试行)》(1992) 《全日制普通高级中学课程计划(试验修订稿)》(2000)
	课程设置方案	《义务教育课程设置实验方案》(2001)
	课程方案	《普通高中课程方案(实验)》(2003) 《普通高中课程方案(2017 年版 2020 年修订)》 《义务教育课程方案(2022 年版)》
学科课程与教学方案	教学大纲	《九年义务教育全日制小学语文教学大纲(试用)》(1992) 《九年义务教育全日制初级中学语文教学大纲(试用修订版)》(2000) 《全日制普通高级中学语文教学大纲(试验修订版)》(2000)
	课程标准	《全日制义务教育语文课程标准(实验稿)》(2001) 《普通高中语文课程标准(实验)》(2003) 《义务教育语文课程标准(2011 年版)》 《普通高中语文课程标准(2017 年版 2020 年修订)》 《义务教育语文课程标准(2022 年版)》

■ （一）教学计划、课程计划、课程设置方案与课程方案

新中国成立以来,基础教育受到"大教学观"话语的影响,在国家层面的教育改革多称为"教育改革",所颁发的方案多称为"教学计划"。1950 年,教育部颁布了新中国第一个《中学暂行教学计划(草案)》,规定了各学年的科目门类及部分内容说明、周课时数以及教学指示。在此后的近四十年内,《小学(四二制)教学计划(草案)》(1953 年)、《1957—1958学年度中学教学计划》(1957 年)、《关于实行全日制中小学新教学计划(草案)的通知》(1963 年)、《全日制六年制重点中学教学计划(试行草案)》(1981 年)等教学计划相继颁布。1988 年,《义务教育全日制小学、初级中学教学计划(试行草案)》发布,它是我国第一个义务教育阶段的课程与教学规划方案。1990 年,颁布了《现行普通高中教学计划的调整意见》。这两个文件是最后以"教学计划"命名的课程与教学规划方案。与新中国成立后的第一个教学计划相比,20 世纪 80 年代末 90 年代初的教学计划的内容丰富了许多,在原有的基础上增加了制定依据、制定原则、各科教材教法等规定。

1992 年颁布了《九年义务教育全日制小学、初级中学课程计划(试行)》。1996 年,《全日制普通高级中学课程计划(试验)》颁布。自此,我国面向基础教育颁发的课程与教学方案从"教学计划"变为"课程计划"。尽管方案所规定的内容没有太大的差别,同样为培养目标、课程门类与结构、课时数等,但说法的变更体现了课程与教学话语的转向,从原先以教学为大概念,开始转向以课程为大概念的话语系统。

2001 年,教育部根据《国务院关于基础教育改革与发展的决定》和《基础教育课程改革纲要(试行)》的要求,颁布了《义务教育课程设置实验方案》。国家层面的课程与教学方案又从"课程计划"的说法变为了"课程设置方案"。该文件同样也对义务教育阶段的培养目标、课程设置的原则、课程的门类结构及课时做出了规定。2022 年,教育部颁布《义务教育课程方案(2022 年版)》,从培养目标、基本原则、课程设置、课程标准编制与教材编写、课程实施五个方面,对义务教育课程做出了明确的政策规定。

2003 年,《普通高中课程方案(实验)》发布,该方案规定了普通高中教育的培养目标、课程结构、课程内容、课程实施与评价等内容。2018 年,教育部又颁布了《普通高中课程方案(2017 年版)》,后于 2020 年作了修订。文件从培养目标、课程设置、课程内容确定的原则、课程实施与评价、条件保障、管理与监督等六个方面对高中阶段的课程与教学作出了规定。可见,21 世纪以来,在国家层面,高中阶段课程与教学规划方案的名称逐渐被确定为"课程方案"。

■ （二）教学大纲与课程标准

20 世纪 90 年代及以前,与"教学计划""课程计划"相配套的学科教学要求被称为"教学大纲"。1992 年,与《九年义务教育全日制小学、初级中学课程计划(试行)》配套发布的还有 24 门学科的教学大纲。这些学科包括小学阶段的思想品德、语文、数学、自然、社会、音乐、美术、体育、劳动,初中阶段的思想政治、语文、数学、英语、俄语、日语、物理、化学、生物、历史、地理、音乐、美术、体育、劳动技术。国家教育委员会把"课程计划"与"教学大纲"合称为"课程方案",并表明它是国家对义务教育阶段教学工作的指导性文件,要求地方层

面的教育工作者学习、贯彻执行。两个学段的各学科有单独的教学大纲，如《九年义务教育全日制小学语文教学大纲(试用)》《九年义务教育全日制小学思想品德课教学大纲(试用)》等，其中规定了学段及学科的教学目的、教学内容和基本要求、教学要点和教学原则。

2001 年，教育部在《基础教育课程改革纲要(试行)》中使用"课程标准"来代替以往的"教学大纲"，并将课程标准定义为"国家课程标准是教材编写、教学、评估和考试命题的依据，是国家管理和评价课程的基础。课程标准应体现国家对不同阶段的学生在知识与技能、过程与方法、情感态度与价值观等方面的基本要求，规定各门课程的性质、目标、内容框架，提出教学和评价建议。"[①]于是，与《义务教育课程设置实验方案》同时颁布的还有各个学科的课程标准，如《义务教育语文课程标准(实验)》《九年义务教育小学思想品德课和初中思想政治课课程标准(修订)》等。课程标准中规定了课程性质与地位、课程的基本理念、课程标准的设计思路、课程的总目标与阶段目标、教材编写建议、课程资源的开发与利用建议、教学建议、评价建议等。此后，课程标准的名称一直沿用至今。

二、地方层面的课程与教学方案

根据 2001 年教育部印发的《基础教育课程改革纲要(试行)》的要求，我国开始实行"国家—地方—学校"三级课程管理体系。文件规定，"省级教育行政部门依据国家课程管理政策和本地区实际，制订本省(自治区、直辖市)实施国家课程的计划，规划地方课程，报教育部备案并组织实施。经教育部批准，省级教育行政部门可单独制订本省(自治区、直辖市)范围内使用的课程计划和课程标准。"[②]也就是说，在遵循国家课程计划的前提下，地方层面可以根据地区的实际情况制定地方层面的课程与教学方案。由于我国各地区实际情况有所不同，本书难以一一涵盖每个地区所制定的方案，故以上海市为例，简要介绍地方层面的课程与教学方案形态(表 5-3)。

表 5-3　地方层面的课程与教学方案概况(以上海市为例)

方 案 类 型	方 案 名 称	示　　　例
总体课程与教学方案	学校课程规划	《上海市普通中小学课程方案》
具体门类的课程与教学方案	地方课程标准	《上海市中小学艺术学习领域课程指导纲要》
		《上海市中小学语文课程标准(试行稿)》
		《上海市中小学拓展型课程指导纲要》
		《上海市中小学研究型课程指南》

① 中华人民共和国教育部. 开创基础教育改革与发展的新局面：全国基础教育工作会议文件汇编[M]. 北京：团结出版社，2001：147—157.

② 中华人民共和国教育部. 开创基础教育改革与发展的新局面：全国基础教育工作会议文件汇编[M]. 北京：团结出版社，2001：147—157.

■ （一）地方课程方案(计划)

我国《基础教育课程改革纲要（试行）》实施后，上海市教育委员会获得教育部批准，并结合上海城市的发展特点和时代需要，制定了《上海市普通中小学课程方案》[①]。该课程方案规定了课程理念、课程目标、课程结构、课程标准编制、教材建设、课程实施、课程管理、课程保障八个方面的内容。

与国家层面的课程设置方案相比，上海市的课程方案在课程结构上进行了特色规划，即将课程分为基础型课程、拓展型课程、研究型（探究型）课程三类，作为上海市十二年一贯普通中小学的课程体系。基础型课程主要由各学习领域的基础学科课程组成；拓展型课程分为限定拓展课程和自主拓展课程，前者主要由综合实践学习领域以及国家规定的专题教育组成，后者由学生可自主选择的其他修习课程或学习活动组成；研究型课程主要用于培养学生的创新、探究能力，是全体学生的限定选修课程。基础型课程由国家统一开发和组织实施，拓展型和研究型课程由地方和学校开发和实施。此后，上海一直沿用该课程方案的思路，并结合国家课程政策的要求与地区发展的实际情况及时调整和修改已有方案，每年按时发布学年课程方案（计划），如《2018学年度课程计划及其说明》《2019学年度课程计划及其说明》等。

■ （二）地方课程标准

《上海市普通中小学课程方案》规定，上海市普通中小学课程标准包括学习领域课程指导纲要，或学科课程标准，拓展型课程指导纲要和研究型指导纲要。同时，课程方案对每类课程标准的设计思路、具体内容等方面提出具体的编制要求。根据这些指导意见，上海市教育委员会先后发布了一些课程标准，如《上海市中小学艺术学习领域课程指导纲要》《上海市中小学语文课程标准（试行稿）》《上海市中小学拓展型课程指导纲要》《上海市中小学研究型课程指南》等方案。这些课程标准对具体的学习领域、学科科目以及所属课程类型的课程定位、课程理念、课程目标、课程内容、课程实施和课程评价等方面的内容做出了明确规定。

除了上海以外，还有一些省份在国家课程方案的基础上进行了一些调整，以适应本省份的教育发展需求。例如，2015年浙江省出台《浙江省教育厅关于深化义务教育课程改革的指导意见》，将国家课程、地方课程和校本课程的设置整合成基础型课程、拓展型课程两大类。其中，基础型课程指国家和地方课程标准规定的统一学习内容；拓展型课程指学校提供给学生自主选择的学习内容。拓展型课程分为体艺特长类、实践活动类和知识拓展类三类。一至六年级主要开设体艺特长类和实践活动类课程；七至九年级全面开设三类拓展型课程，其中知识拓展类课程的比例不得超过30%。

---

① 上海市教育委员会. 上海市普通中小学课程方案[S]. 上海：上海教育出版社，2004：1—23. 另参见《上海市中小学劳动技术课程标准》[S].

三、学校层面的课程与教学方案

作为三级课程管理体系中的一级,学校层面在参照国家层面、地方层面的课程与教学方案的基础上,生成具有学校特色与个性的课程与教学方案。这些学校层面的课程与教学方案大体可以被分为学校课程规划方案、学年/学期课程纲要、单元设计方案、教学方案四种类型。

表5-4　学校层面的课程与教学方案概况

方案类型	方案名称	示例
总体课程与教学方案	学校课程规划/实施方案	《某某学校课程规划/实施方案》
具体门类的课程与教学方案	学年/学期课程纲要	《一年级数学课程纲要》 《五年级第一学期数学课程纲要》
	单元设计方案	《四年级第一学期数学"整数的四则运算"单元设计》
	教案/学历案	《三年级第二学期数学第七单元"数学广场——谁围的面积大"教案/学历案》

■（一）学校课程规划/实施方案

在学校层面,对学校课程与教学发展起统领和规范作用的方案是学校课程规划或实施方案。在我国基础教育阶段,学校课程规划或实施方案指的是,某小学/初中/高中根据教育部或上级教育行政部门颁发的《义务教育课程方案》或《普通高中课程方案》,以及学校教育哲学、可得到的教育资源等编制的、对学生在该学段要学习的全部课程进行的整体的规划,该方案具有长远性、全局性、战略性、方向性、概括性和鼓动性。[①] 可见,学校课程规划或实施方案指向的不仅仅是学校层面开发的校本课程,它还囊括了国家所规定的基础课程在学校层面的规划。同时,学校课程规划或实施方案并非学校教育工作者凭空设想,而是以教育部或上级教育行政部门颁发的课程与教学方案为依据,并结合学校学生学情、可利用的资源等实际情况而进行规划的文本产物。

■（二）学年/学期课程纲要

学年/学期课程纲要是教师以一学年或一学期为单位,针对学生要学习的某门课程进行整体规划。在规划过程中,"这一学年或者这一学期,学生能够实现什么样的学习目标""选择哪些学习内容、通过哪些学习方式使得这些学习目标达成?""如何判断这些学习目

---

① 崔允漷.变革方案:提升教师的专业形象[J].教育视界,2015(11):9—11.

标的达成程度?"是教师需要重点思考和回答的问题。因此,学年/学期课程纲要方案的几个关键要素包括课程目标、课程内容、课程实施和课程评价。此外,与学校课程规划方案类似的是,学年/学期课程纲要既适用于国家规定的基础课程,即某一门学科课程,同时也适用于学校自主开发的校本课程。

■(三)单元设计方案

单元设计鼓励教师摒弃把教学内容碎片化地当作知识点处置的"课时主义"固有观念,而从"全局性展望"的角度思考前后教学课时之间的联系。[①] 换言之,单元设计方案是一种整合的方案,它并非三五个教学课时的简单并列,而是通过寻找能够串联几个课时的线索,如共通主题或议题、大观念等,将学习目标、知识内容等有意识地整合在一起。单元设计方案与学年/学期课程纲要所包含的关键要素类似,关键要素能够反映单元内几个课时之间的联系。

■(四)教案/学历案

教案或学历案是学校层面课程与教学方案中的最小单位,同时也是教师在日常课堂教学活动中最常使用的工具。它一般以课时为节点,由教师针对某一节课学生要达成的学习目标、学习的内容、采用的学习方式或活动以及使用的评价任务进行设计与撰写。相对于前三类学校层面的课程与教学方案,需要考虑的关键要素虽然没有什么太大的变化,但教案或学历案的内容最为聚焦,呈现的细节也最为丰富。

四、方案之间的关系

课程与教学方案在国家、地方、学校每一层面上都各有不同的类型与功能,但各个层面的课程与教学方案并非独立于彼此而存在。国家、地方、学校三个层面之间的方案具有自上而下的指导意义。此外,学校内部的四种不同类型的方案也具有类似的指导意义。

■(一)国家、地方、学校三个层面方案之间的关系

我国的三级课程管理体系决定了国家、地方、学校三个层面之间方案的关系,具体关系如图 5-1 所示。

由教育部颁布的课程方案、课程标准成为地方教育行政部门制订地方层面的课程方案(计划)、各门类课程标准/纲要或课程实施意见/办法,以及学校层面设计学校课程规划/实施方案、学年/学期课程纲要、单元设计方案、教案/学历案的依据。同时,由于地方教育行政部门制订的课程方案、课程标准具有地方特色要求,故学校层面在设计方案时也需要参考地方层面的课程与教学方案。简而言之,从国家层面到地方层面,再到学校层面的课程与教案/学历案,发挥着自上而下的指导与规范作用;反之,学校层面的课程与教学方案是地方层面和国家层面课程与教学方案的具体化呈现。

---

① 钟启泉.单元设计:撬动课堂转型的一个支点[J].教育发展研究,2015,35(24):1—5.

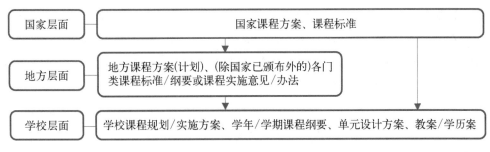

图 5-1　国家、地方、学校三个层面方案之间的关系图

■（二）学校内部方案之间的关系

学校层面的学校课程规划/实施方案、学年/学期课程纲要、单元设计方案、教案/学历案之间的关系如图 5-2 所示。

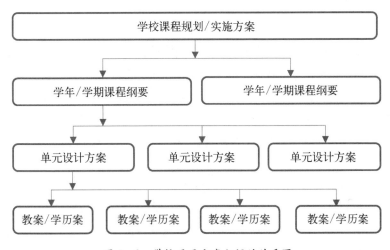

图 5-2　学校层面方案之间的关系图

学校根据国家层面与地方层面的课程与教学方案要求设计出的学校课程规划方案对其他几类方案起着统领作用。在学校课程规划方案的指导下,教师能够针对不同门类的课程生成学年/学期课程纲要。一学年或一学期的课程由数个单元构成,某一学科的学年/学期课程纲要或某一门校本课程纲要又能为该门课程内的单元设计方案提供依据。而一个单元又包含多个课时,教师在设计每一课时的教案/学历案时又以课时所在的单元设计方案为参考。

第三节　学校层面课程与教学
方案的基本规范

一般而言,学校层面的课程与教学方案直接由校长、教师生成,进而投入使用。可以说,每位校长和教师都有机会成为学校层面课程与教学方案的撰写者与使用者。学校课程规划/实施方案、学年/学期课程纲要、单元设计方案和教案/学历案虽然在呈现形式和具体用途上有所不同,但它们具有类似的撰写要件与撰写规范,这些要件与规范为校长和教师撰写出好的方案提供了参照。

一、学校层面课程与教学方案的撰写要件

尽管学校层面的课程与教学方案涵盖了四种不同的类型,但从设计与撰写的角度来说,它们存在着四个共同撰写要件,主要包括:背景分析、目标确定、内容组织和评价安排。从学校课程规划/实施方案到学年/学期课程纲要,再到单元设计方案,最后再到教案/学历案,呈现出从宏观到微观的趋势,而方案的撰写内容也随之愈加具体和细致。

■ (一)背景分析

背景分析是学校对整体性的课程与教学或教师对开一门课、上一门课进行规划与设计之前基于现状的回顾与评判。学校课程与教学规划方案的背景分析可以围绕学校的师资队伍、生源情况、可利用的人财物资源展开,同时分析当下学校所面临的机遇与挑战。

对于需要聚焦于具体课程门类的学年/学期课程纲要、单元设计方案、教案/学历案来说,教师可以从以下四个方面考虑背景分析:① 思考学生这个学年/学期学这门课,或这个单元的这几个课时,或这个课时的学习基础是什么,这要求教师关注学期、单元、课时的前后衔接;② 思考这个学期,或这个单元,或这个课时有什么新的要求、新的变化,这些新要求、新变化的依据应来自于国家或地方层面的课程方案、课程标准以及学校课程与教学规划方案;③ 根据自己的教学经验来判断所教的学生在这个学期,或这个单元,或这个课时学习这些内容时,有哪些优点和缺憾,这些优点与缺憾可能来自于学生的共性,也可能来自于个体之间的差异;④ 思考在这个学期,或这个单元,或这个课时的教学过程中要重点关注哪些部分,所要重点关注的可以是学生,也可以是学习内容,还可以是学习方式和策略。

不论是学校课程规划/实施方案,还是学年/学期课程纲要、单元设计方案、教案/学历案,教育工作者在进行背景分析时都可以采用"SWOT"分析的思路。SWOT 分别代表:strengths(优势)、weaknesses(劣势)、opportunities(机遇)、threats(挑战)。也就是说,在规划学校整体的课程与教学,或设计某门课、某个单元、某节课的时候,可以反复思考:如果要进行这样的规划,可能存在哪些优势? 哪些劣势? 哪些机遇? 哪些挑战?

■ (二)目标确定

就学校课程规划方案而言,目标能够反映学校的教育哲学,由愿景、使命与毕业生形象构成。其中,毕业生形象又包括培养目标和育人目标。[①] 就学年/学期课程纲要、单元

---

① 周文叶,崔允漷,刘丽丽,宋一丹. 学校课程规划方案质量的实证研究——基于 Z 市初中学校课程规划方案的文本分析[J]. 全球教育展望,2016,45(09):53—61.

设计方案和教学方案而言,它们的目标所要回答的是,学完这一学年/学期或这一单元,又或这一课时,对学生而言,他们究竟能有怎样的收获,或会有怎样的变化。

在撰写方案的过程中,教育工作者需要以整合的视角来思考和确定目标。教师往往习惯于教学方案的写法,即根据"三维目标"或教学知识点的分类来叙写目标,把三维变成三类或三条,这样做虽然有助于教师自己梳理目标,但实则割裂了知识技能、过程方法和情感态度价值观之间的联动。相比之下,如果能以整合的视角来看待三维目标,将三维目标结合在一起,会更加符合现实情况和培育核心素养的要求。

也就是说,目标的确定和叙写,要结合具体学情,指向核心素养,以知识内容为基础,将知识与技能、过程与方法、情感态度价值观三维整合,融汇成一条目标,这条目标的三个维度是融合在同一过程中同步进行和完成的;而不是分成单独的知识与技能目标、过程与方法目标、情感态度价值观目标,成为三维分离的三类目标或三条目标。三维整合目标的基本表述方式是:通过……,使用认识/理解/掌握/运用/经历/形成等行为动词,再加上行为对象。

比如,义务教育语文第一学段的课程目标是:认识常用汉字1600个。这是一个典型的结果性目标,是知识与技能的单一维度。但在实际的教学当中,识字教学的目标往往不会只是单一维度,不能只作知识与技能维度的要求,仅仅为识字而识字,机械重复训练,还要结合具体学情和教学经验,加入过程与方法维度以及情感态度价值观维度的要求,而且它们是同步进行的,不是分开进行的。如果将"认识常用汉字1600个"扩展为"通过同伴或小组合作,运用跟读、指读、书空、朗读、随文识读等方式,认识常用汉字1600个",那么,原有目标的知识与技能维度就整合进了过程与方法的维度,不仅认识常用汉字1600个,而且同步经历同伴或小组合作过程,同步学习识字的方式方法。如果进一步扩展为"通过同伴或小组合作,运用跟读、指读、书空、朗读、随文识读等方式,认识常用汉字1600个,分享识字的方法和乐趣,感受汉字的字形美和读音美",那么,原有单一知识与技能维度的目标就进一步增加了情感态度价值观的维度,转换成了三维整合的课程与教学目标,从而能够对识字教学发挥出更加完整准确的导向作用,也更加符合教学实践活动的丰富性和综合性特点,为教师结合具体学情和教学实践经验开展识字教学开辟广阔的前景。

当然,这也并不意味着每则目标都需要包含三个维度,而是需要根据具体情况将其中的两个维度或是三个维度整合在一起。

从学校层面单位最小的教案/学历案到单位最大的学校课程规划/实施方案,目标的整合难度越来越大。单元设计方案中的目标不是教学方案中目标的简单叠加,学年/学期课程纲要中的目标也不是单元设计方案中目标的简单并列。与教案/学历案中的目标确定类似,单元设计方案和学年/学期课程纲要中的目标也需要通过有意识、有设计地整合来确定。一般而言,教案/学历案、单元设计方案、学年/学期课程纲要的目标数目都以3至5条为宜,目标数目并不是随着课时的增加而增加。也就是说,在3至5条的限定条目内,教师需要用整合的视角来思考、来回答这节课、这个单元、这学年/学期这门课的目标究竟是什么。而学校课程规划或实施方案在目标数量上虽然没有确切的规定,但其代表着学校的发展方向,更加需要高度整合与凝练。

■ （三）内容组织

学校课程规划/实施方案的内容组织需要回答学校的全部课程"上什么"与"怎么上"的问题。"上什么"关涉到学校的课程结构,具体包括课程性质、课程门类、课时安排等。"怎么上"体现的则是预计采用何种方式实施这些课程,包括国家课程、地方课程如何校本化实施以及校本课程如何实施等。学年/学期课程纲要、单元设计方案、教案/学历案同样也是回答这两个问题,但它们之间的区别在于,从学校课程规划/实施方案到教案/学历案意味着从宏观走向微观。也就是说,学校课程规划/实施方案是提纲挈领式地呈现整个学校的课程与教学规划,而教案/学历案则是详细展示具体的教学内容与教学方式,学年/学期课程纲要和单元设计方案的细化程度居于二者之间。

和目标确定类似,内容组织部分也需要教育工作者用整合的视角来考虑。尤其在撰写学年/学期课程纲要和单元设计时,教师不再是以一节课为节点来选择和组织教学内容,而是以单元、学年/学期为节点来挖掘可以串联单元内、学年/学期内具有关联性的知识点的线索。这些线索可以是一个主题、议题、话题、问题,也可以是一个观念、概念。这些主题、议题、话题、问题、观念、概念成为内容选择和组织的中心,学习内容的范围确定和顺序安排围绕某个中心展开。

学习内容的范围和顺序确定之后,教师需要说明计划采用哪些方式、使用哪些资源、安排多少课时让学生学习这些内容。在学年/学期课程纲要中,教师可以针对每个单元简要列举期望采用的教学方式或活动形式,如参观访问、小组讨论学习、观看影像资料等,所涉及到的学习资源以及每个单元的学习课时数也可以简单呈现。在单元设计方案中,教师则需要更进一步针对每个课时写明相应的教学方式或活动形式以及学习资源。在教学方案中,教师则需要细化到某一课时教学安排的每一环节,阐明各环节打算如何组织具体的学习活动、使用哪些学习材料以及如何使用其来支撑教学与学习过程。

■ （四）评价安排

评价安排主要是为了利益相关群体判断方案中的目标是否实现,以及实现到了什么程度,同时评价的结果也为后续课程与教学改进提供了参照。由于难以通过简单的方式判断学校的愿景、使命、培养目标、育人目标是否实现以及实现程度,因此学校课程规划方案中的评价安排大多是针对课程的实施效果、教师的教学与学生的学习展开的。此外,由于学校规划的课程诸多,所涉及的年级、学科不一,故学校规划方案中的评价安排多为原则性的提示。

从学年/学期课程纲要,到单元设计方案,再到教案/学历案,随着目标的逐渐具体化,评价安排也越来越细致。评价安排大致包括评价任务、评价主体、评价方式等。评价任务指的是教师计划设计哪些任务来评价学生,如让学生撰写研究报告、拍摄短视频等;评价主体指的是教师打算让哪些群体参与评价环节,常见的评价主体有教师、家长、学生,若涉及课外实践评价任务,其他利益相关群体也可以参与评价;评价方式指的是教师计划采用指向改进的形成性评价,还是指向诊断的终结性评价,又或是二者相结合。

理想中的"评价"绝不仅是为了诊断或甄别学生,而是一种能够"作为学习"的评价。教师在日常教学中使用的考试、练习本身不等于评价,它们只是评价的一种手段、一个工具。评价的真正意义在于教师和学生在参与评价的环节中发现学习过程的优势或阻碍,对于优势可以继续保持或分享,而对于缺憾可以及时调整和改进,继而继续寻找解决问题的办法。简而言之,评价的最终目的并非单纯检验教师的教学成果或学生的学业成绩,更重要的是教师与学生能够通过参与评价过程、使用评价结果促进双方的共同学习与进步。

二、学校层面课程与教案/学历案的撰写规范

我们能够使用一些评价标准来判断学校层面课程与教学方案的好坏,而评价标准也可以转化为学校层面课程与教学方案的撰写规范。学校层面课程与教学方案的总体与各要素撰写规范为教育工作者提供了写作参考。

■（一）总体撰写规范

学校层面的课程与教学方案不必拘泥于同一种写法或受限于同一个模板,但好的方案一定具有某些共同点,而这些共同点既是他人对方案进行评价时参考的指标,也是教育工作者在撰写方案时所要遵守的规范。

一份好的学校课程规划方案总体上符合"合目的""合一致""合好用"三个维度的要求。"合目的"指的是方案内容完整,目标清晰,并能够体现新课程理念或素质教育的追求,反映学生课程需求与社区课程期待。"合一致"指的是方案的各要件具有一致性,且方案的具体内容符合国家或地方课程方案的要求。"合好用"指的是方案总体清晰、具体,实施建议和保障措施全面、可落实。[①]

一份好的学年/学期课程纲要、单元设计方案、教案/学历案总体上则符合"要件完整""内容匹配""整体一致""渗透学校教育理念"四个维度的要求。"要件完整"指的是背景分析、目标确定、内容组织、评价安排等几个关键要素都要在方案中有所体现。"内容匹配"指的是每个要件与要件下的具体内容应该是对应的。"整体一致"指的是要件之间是连贯的,背景、目标、内容、评价之间是具有一致性的,对每个要件的论述是环环相扣的。"渗透学校教育理念"指的是不论是国家课程、地方课程的校本化设计实施,还是校本课程的开发实施,学校的教育理念应该在各个环节都有所渗透、有所体现,方案能够体现学校特色。

■（二）各要件撰写规范

好的方案除了在总体上遵循一定的规范,在背景分析、目标确定、内容组织、评价安排等各要件的撰写上也需要满足相应的要求。

就背景分析而言,背景部分须尽可能对方案可能涉及的各种现实情况进行多方位的

① 周文叶,崔允漷,刘丽丽,宋一丹.学校课程规划方案质量的实证研究——基于Z市初中学校课程规划方案的文本分析[J].全球教育展望,2016,45(09):53—61.

分析,包括课程与教学规划过程中的有利条件和限制条件等多种可能性。能够对政策方向、学校教育理念、师生情况、课程教学资源等种种因素进行综合分析与呈现。

就目标确定而言,目标的设定须以"学生的学习"为出发点,尽量将学生作为目标叙述中的主体。此外,目标的表述要清晰,尤其是学年/学期课程纲要、单元设计方案和教案/学历案中的目标更要可评价,避免过于笼统而无法判断目标是否实现。

就内容组织而言,表述应体现整合的思路而非简单罗列,清晰且有结构地呈现课时安排、学习内容、教学方式、活动形式、资源材料等。应尽量避免内容的松散与割裂,根据方案的类型来决定内容部分撰写的具体程度。

就评价安排而言,评价安排须尽量体现评价方式的多样化和评价主体的多元性,在可能的情况下,还须体现出一定的创新性。在学年/学期课程纲要、单元设计方案和教案/学历案中,评价安排最重要的是要能与目标相呼应,能够评价课程目标或单元目标或课时目标是否实现以及实现的程度如何。

第四节　课程设计的主要类型

课程设计与开发即以某种方式对各类学生学习活动进行选择和安排的过程与结果,重点是选择和安排课程的组织形式或结构。课程设计与开发需要考虑两个层面的因素:第一,基本的价值选择,学科、学生和社会是课程价值选择的三个基本方面;第二,方法与技术,即对课程各要素的组织与安排,包括横向的组织与纵向的组织两类。课程设计与课程开发既可以作为一个整体概念,也可以作为两个关联概念,很多时候两者还是同义语,是可以互换着使用的。这里以课程设计的类型为主,来展开对课程设计与课程开发的讨论和说明。根据课程设计的价值选择,可以划分为四种类型的课程设计,分别是:学科中心的课程设计、学生中心的课程设计、问题中心的课程设计、项目式课程设计。[①]

一、学科中心的课程设计

学科中心的课程设计(discipline-centered design)强调课程内容的组织要从科学门类及分科知识体系出发,为知识为中心来设计课程,组织相应的课程内容,安排逻辑清晰的课程结构。20世纪五六十年代,西方世界展开了一场"学科结构运动",指向教学内容的现代化课程改革。这次运动源于苏联在1957年成功发射了第一颗人造地球卫星,轰动了美国朝野。美国为提高军事实力,增强国际竞争力,大力发展教育,由此掀起了全国范围的课程改革。以系统的学科内容知识为中心的课程纷纷出台,统一被称为"学科中心"的课程。

---

① 钟启泉,汪霞,王文静. 课程与教学论[M]. 上海:华东师范大学出版社,2008:97—100.

■ （一）理论基础

学科中心的课程设计,其理论基础源于永恒主义和要素主义,他们的信奉者强调基本知识和基本技能的学习,要把人类文化遗产中的精华传递给下一代。此外,永恒主义者和要素主义者还强调知识要系统化和结构化,强调心智训练。

到 20 世纪 60 年代以后,布鲁纳提出了课程的结构主义范式,强调课程设计要重视学科的结构和系统逻辑。学科结构是指那些为掌握一门学科所必须学习的概念和过程,是学科学习的本质所在。布鲁纳强调知识是课程的必要基础,可以按照学科门类和知识结构的形式进行组织。学科中心的课程设计有助于学生掌握系统的学科知识,理解不同知识之间的内在逻辑关系,从而帮助学生在实践中进行迁移和运用。[1]

■ （二）基本形式

学科中心的课程设计主要存在三种基本的形式：科目设计（subject design）、学科设计（disciplines design）及跨领域设计（broad fields design）。[2]

科目设计,指把课程的知识和内容划分为众多科目,并赋予每个科目一定的价值等级,区分出不同科目对各类学生的适合程度。学科设计,即将学校所开设的课程知识和内容与自然科学、社会科学、人文学科及数学等的科目分类相对应,并沿用这些学科的概念和逻辑体系作为课程内容的框架。跨领域设计,是指把两门以上的相关科目合并成一个单一的跨领域教程,以帮助学生更全面地、多角度地学习相互关联的广泛知识领域。

■ （三）主要特征

学科中心的课程设计主要具有以下三个方面的特征[3]。

第一,学术性,即强调课程内容的学术逻辑与教学的心理逻辑具有内在的一致性。而非学术性知识如学习者的兴趣和经验等心理因素,以及社会生活中的问题等社会性因素则不能纳入课程。布鲁纳主张将人类最前沿的知识纳入课程。学术性是学科中心课程设计的出发点和基本要求。

第二,专门性,学科中心的课程设计不主张课程的相关化、融合化及广域化,而是强调课程的专业化,从而更好地体现各个学术领域知识的内在逻辑。

第三,结构性,学科中心的课程即结构化的课程。学科结构具有两方面的含义,一方面指由一门学科特定的一般概念、一般原理所构成的体系,另一方面指学科特定的探究方法和探究态度。而这两个方面要求统一和一致。布鲁纳指出掌握学科的结构有助于理解学科;帮助记忆;有助于在实践中迁移运用;能够缩小高级知识和初级知识之间的差距。[4]

① Bruner, J. The art of discovery[J]. *Havard Educational Review*, 1961, 31(2).
② 钟启泉,汪霞,王文静.课程与教学论[M].上海：华东师范大学出版社,2008：98.
③ 张华.课程与教学论[M].上海：上海教育出版社,2000：16—19.
④ Bruner, J. The art of discovery[J]. *Havard Educational Review*, 1961, 31(2).

■（四）贡献与不足

学科中心的课程设计已成为当前学校教育中最受欢迎、应用范围也最为广泛的一种设计模式。学科中心的课程设计有助于学生更系统有效地掌握人类文化遗产，且通过结构化的、有组织的题材体系，帮助学生最有效而经济地记忆和存储知识。此外，学科中心的课程设计还有利于教学过程的管理及学习评价和测量，这也是其受欢迎的一个重要原因。

但同时，学科中心的课程设计也存在诸多不足，不断遭受质疑和诟病。第一，课程的目标范围狭窄；第二，为了专门性而倾向于割裂知识，从而也导致了学生对知识的理解是割裂的；第三，脱离现实世界时事，课程内容没有充分反映社会生活的发展变化、问题和挑战等；第四，过度关注学科内容本身，忽视了学习者的兴趣、需求和经验等，致使课程内容无法适应学生的学习需求，减弱了学生的学习动机；第五，课程知识的更新速度赶不上新知识的增长，容易导致课程内容的滞后。

二、学生中心的课程设计

学生中心的课程设计（learner-centered design）是根据学生的心理逻辑、围绕学生的兴趣和需求来组织课程内容的。这种取向的课程设计将课程视为学习者的经验，重视发展学生的个性和潜能，关注学生的个性化学习需求、兴趣和目的，以使课程适应学生，而非学生适应课程。

■（一）理论基础

早在 16 世纪，捷克著名的教育家夸美纽斯就主张教学要尊重儿童的学习兴趣，鼓励儿童自发学习，并应当采取一切可能的方法来激发儿童的学习兴趣和强烈欲望。18 世纪，法国著名思想家和教育理论家卢梭（J. J. Rousseau）在其教育名著《爱弥儿》中倡导"自然教育"，即教育教学要顺应儿童的自然本性，以儿童为中心。而裴斯泰洛齐（J. H. Pestalozzi）则首次明确提出将心理发展的研究作为教学总原则的基础，并成为欧洲 19 世纪上半叶出现的"教育的心理学化运动"的重要代表。到 19 世纪后半叶，美国著名哲学家、心理学家、社会学家约翰·杜威创造性地提出了四个教育哲学命题："教育即经验的不断改造""教育是一个社会的过程""教育即生活""教育即生长"。他强调课程设计应围绕学生的学习经验展开，主张"在经验中、由于经验和为着经验"，因此他的教学论又被称为"基于经验的教学论"。[1]

■（二）基本形式

学生中心的课程设计有多种不同的表现形式，主要包括："活动—经验"设计（activity-

---

[1] 张华. 课程与教学论［M］. 上海：上海教育出版社，2000：30—58.

experience design)、开放教室设计(open classroom design)和人本主义设计(humanity-centered design)等。学生中心的课程设计皆强调在课程学习中学生的自主、自由、尊重和活动。

1. "活动—经验"设计

"活动—经验"的课程设计,强调课程结构要根据学习者的需要和兴趣进行设计,因此课程的开发者和设计者的主要任务是挖掘学生的学习兴趣,并帮助学生对学习兴趣进行筛选。此外,"活动—经验"的课程设计主张师生合作制定课程计划,而非由课程设计者单方面主导设计。在内容上,本设计形式强调课程的组织要重视问题的解决,而非教师单向的知识灌输。

2. 开放教室设计

开放教室课程设计强调个性化学习,不强迫和压制学生的自然天性。开放教室中学生可以按照自己的学习兴趣和需要,采用不同的学习内容、学习进度,以及学习方式和方法。在班级组织形式上,学生可以自由组合,进行各种适合个性化需要的学习活动。在教室中没有固定的课桌和讲台,而是被划分为几个"兴趣区"或"活动区"。在学习时间上,开放教室没有固定的上下课时间,也没有固定的教学活动。

3. 人本主义设计

人本主义的课程设计,以发展人的全域能力为目的。而这种全域能力不仅包括智力,还包括情绪、态度、理想和价值等思想意识层面的能力。课程设计的功能在于给学生提供或创造有助于个人自由和发展的、有内在奖励的学习经验。这种形式的课程设计其重心从学习材料转向了学习者本身,关注学习者的本性和需求;其课程的内容也与学习者的生活和现实的社会问题紧密联系了起来,整合了学习者的心理逻辑和学科逻辑。这种课程设计要求创造能够使每个学生都能发挥自己的主观能动性的学习环境,从而充分发展自己的全域能力。人本主义的课程设计包含:学术性课程、集体参与与人际关系课程、自我觉醒与自我发展课程三类。

■ (三) 主要特征

学生中心的课程设计的核心是以学生的学习兴趣和需求为基础,通过激发学生的学习动机来促进学生自主学习的过程。这种课程设计主要具有以下几个特征[1]。

第一,课程目标方面,抛弃了预先由课程设计者确定课程目标的观念,转而由师生合作共同来设计,从而充分保障课程的目标符合学习者的兴趣、需要和能力。

第二,课程内容方面,课程内容的选择和组织以学生的学习兴趣和需要为依据。学习的材料和活动丰富多样,以满足不同学生的学习需求。此外,尽管整体的概念贯穿课程内容始终,但在范围和数量上已经尽可能减到了最低程度。

第三,学习活动方面,打破了以往学习活动由教师或课程设计者进行设计的传统做法,而让学生自己来进行设计和选择。因此,学生的学习时间、空间和方式方法皆具有很

---

① 钟启泉,汪霞,王文静.课程与教学论[M].上海:华东师范大学出版社,2008:98—100.

强的灵活性和自主性。学生的兴趣和意愿得到了充分的尊重。

第四,课程评价方面,同样打破了传统做法,将课程的评价独揽权从教师或学校行政人员手中取走,交由学生和教师共同进行课程评价,同时将学生的自我评价也看作是非常重要的一个评价方面。

■ (四) 贡献与不足

学生中心的课程让学习者真正成为了课程的主体,扭转了千百年来把课程视为学习者的控制工具的局面。此外,学生中心的课程设计注重把学科知识转化为儿童当下活生生的经验,强调教材的心理组织,促进了儿童与学科知识的交互作用。也真正体现了人类的文化遗产及学科知识对人类的真正价值和意义。学生中心的课程设计一直以来都受到学者们的推崇。

但同时,学生中心的课程设计的特性也决定了其在教育教学实践过程中必然会受到种种限制。首先,学生中心的课程设计过于强调学生的经验,容易忽视学科内容的系统性和逻辑性,忽略学科知识的教育价值。其次,这种课程设计虽然重视儿童的问题解决能力及创造力的发展,但却容易导致活动主义,忽略儿童思维能力和其他智力能力的发展。再次,学生中心的课程设计对教师的要求很高,需要教师知识广博、多才多艺,在实践中的操作性不强。最后,因过于强调儿童的活动和经验,难以实施有效的、客观的评价和测量,没有衡量学生的统一评价标准。

三、问题中心的课程设计

问题中心的课程设计(problem-centered design)是以适应或改进社会生活为依据,围绕主要的个人和社会生存的问题进行展开的。这种课程设计既强调课程内容的结构性和学术性,又重视学习者个人问题解决能力的发展。因此,从某种意义上说,问题中心的课程设计是学科中心的课程设计和学生中心的课程设计的融合与进一步发展。这种类型的课程内容主要由所学习问题领域的范围和分类来确定的。在具体课程内容的选择上,主要取决于与所学问题的相关性,这意味着在课程内容上必然是跨学科、跨领域的。在课程内容的组织顺序上,也在很大程度上取决于学生的学习兴趣、需要和能力。

■ (一) 理论基础

问题中心的课程设计,其理论基础源于 20 世纪美国的科学化课程开发理论,它的开创者是美国著名教育学家博比特,他的代表作有《课程》《怎样编制课程》等。博比特的课程开发理论主要强调三个方面的内容:第一,教育是为成人生活作准备。博比特认为教育主要是为了成人生活,而非为了儿童生活,未来社会中成功的成人生活才是目的。因此,他主张学校教育应以理想的成人生活为目的来组织,而学校的课程内容应以帮助儿童学习和掌握未来社会中需要的问题解决能力为依据。第二,教育是促进儿童的活动与经验发展的过程。博比特强调教育应促进儿童恰当地从事社会生活中各种活动并取得相应的学习经验。儿童在教育中是一个行动者,而不是知识的接受者。第三,教育即生产。博比特认为教育是一个塑造人的过程,将儿童塑造成适应未来社会发展需要的成功人才,并具有相应的成功人格。

■（二）基本形式

问题中心的课程设计强调围绕更广泛的、在现实生活中人们所面临的挑战和问题来组织课程内容,而非学科课程的教材中所设计的围绕学科本身的练习题目或高度抽象化的问题。问题中心的课程形式主要分为两类:生活领域设计和社会核心问题设计。

1. 生活领域设计

生活领域的课程设计形式主要以社会生活中的人类的共同活动为基础,将人类的共同活动分为不同的生活领域。如斯宾塞(H. Spencer)在其论文《什么知识最有价值》的讨论中提出的五个人类生活领域:直接的自我保存、间接的自我保存、父母身份、公民、闲暇活动。20世纪初,博比特最先基于社会生活领域进行课程的设计。这种设计最基本的特征,一方面在于围绕社会生活领域重新组织传统的课程题材和具体内容;另一方面在于围绕社会生活中的个人问题、兴趣和需要来组织课程内容,并鼓励在问题解决过程中学习。

2. 社会核心问题设计

社会核心问题的课程设计形式旨在加强课程内容和结构的整体性。这种形式的课程设计将社会生活中困扰人类的关键性问题作为学习和研究的核心,其他科目均围绕这一核心来进行课程内容的设计,并服务于问题解决的共同目的。在课程内容上,可以由教师预先设计,也可以由教师和学生共同讨论进行设计和确定。这种形式的课程其主要特征在于:融合不同的课程内容,并与学生建立联系,以激发学生关系和解决社会问题的积极性和主动性,培养学生强烈的学习动机。

■（三）主要特征

问题中心的课程设计具有鲜明的特色。

第一,课程目标方面,虽然问题中心的课程目标可以预先设计,但同时也保持了一定的开放性和灵活性,允许学生和教师共同合作和建构课程目标。

第二,课程内容方面,问题中心的课程内容主要来自于社会生活活动,以及人类所普遍面临的核心关键问题和挑战。这种设计有利于培养学生关心和解决社会问题的意识和责任意识,同时有利于培养学生的问题解决能力、人际交往能力及社会活动能力。课程的内容材料也丰富多样,充分利用各种不同形式的一手资源和原始文件,而不局限于教材课文。

第三,课程评价方面,问题中心的课程对学生学业的评价由师生共同参与,评价的目的不在于考查学生对学科知识和技能的掌握,而是强调所研究问题的解决方案的合理性及整个研究过程的逻辑性和适当性。

■（四）贡献与不足

问题中心的课程设计主要优势在于打破了不同科目或学科之间的隔绝形态,实现了跨学科内容的整合,同时以相关的形式组织课程内容,课程内容旨在解决人类面临的重大问题和挑战,或寻找解决社会生活问题的方案。这种设计有助于学生发现课程的现实实用价值和意义,加强了学生与社会生活之间的联系。此外,由于问题中心的课程设计注重学生的个体经验和需要,因此对学生具有天然的吸引力,能激发学生的学习兴趣和动机。

然而,问题中心的课程设计也遭到了一些批评和质疑。第一,这种课程设计在课程的横向组织和纵向组织方面过于随意,其课程的知识和逻辑体系不够严谨。第二,这种课程设计过于强调以社会或生活问题来组织课程内容,因此容易忽略与社会生活实际问题相关性不大但却有价值的知识。第三,问题中心的课程设计对教师、教材的要求较高,需要教师具有广博的知识、丰富的社会生活实践经验,和严密的逻辑思考能力;而教材则需要融通不同领域的相关知识,对教材编写者的要求很高。

四、项目式课程设计

项目式课程设计,结合了学生中心的课程设计及问题中心的课程设计,不仅关注学生的个性化学习需求、兴趣和问题解决能力的发展,同时也关注社会性问题的解决,并以此来组织课程内容。项目式课程设计旨在引导学生在真实情境中发现问题、解决问题,又在解决问题的过程中去发现新问题,从而培养学生对学科及外部世界的内在兴趣。项目式课程设计最重要的价值在于引导学生对问题持续不断地探究,并在探究过程中进行自省自觉,逐渐形成自己的价值观和自我充盈的精神世界。[①]

■（一）理论基础

项目式课程设计,其理论基础源于认知神经科学、心理学及教育学三大领域。2004年以来,国际心智、脑和教育学会（Internaltional Mind, Brain, and Education Society, IMBES)将神经系统、有意识的心理事件与教育有机整合起来,探究了人是如何学习的,并为教育奠定了重要的心理基础。关于学习的认知研究结果主要体现为:第一,每个儿童的心智和大脑能力都是独一无二的,是由儿童的经验和经验情境共同塑造的;第二,儿童天生要寻找意义,意义为他们学习新事物提供持续的内在动力;第三,持久的学习依赖于发现问题与解决问题、主动性与坚持性、反思与解释、用于冒险和挑战等心智习惯的形成;第四,生长的首要条件是未成熟状态,学生在学习过程中犯错是学习的重要经历,在错误中学习有助于发展他们的判断力和创造力。[②] 同时,这种课程设计也体现了杜威强调的"做中学"的课程理念。项目式课程设计强调项目探究,有助于在探究过程中调动学生的全脑参与,激活多种知识和技能,并使神经元产生更多的变化和联系,从而激发学生的学习参与,并锻炼学生的问题解决能力与创新能力。[③]

① 夏雪梅. 项目化学习的实施:学习素养视角下的中国建构[M]. 北京:教育科学出版社,2020:1—4.

② J. H. Helm. *Becoming young thinkers: Deep project work in the classroom* [M]. Columbia: Teachers College Press, 2015.

③ 苏西·博斯,简·劳克斯. PBL 项目制学习[M]. 来赟,译. 北京:中国纺织出版社,2020:4—10.

■ (二) 基本形式

项目化课程设计在实践中依据不同的标准呈现不同的形式,根据实施主体可以划分为:教师主导的个人项目,以及教师主导和设计的项目。根据实施的时间长短,可以分为只有 1—2 节课的微项目、持续一周或几周的单元项目,以及持续一个学期甚至更长时间的长期项目。根据实施过程中所设计的学科种类和数量,可以分为三种类型:基于一个学科为主的学科项目、基于多个学科融合且相互不可分割的跨学科项目、基于不同学科视角理解的多学科项目或超学科项目。分类形式多样,在实践中最为常见的是活动项目、学科项目及跨学科项目,因而本书将对这三种形式的项目式课程进行阐述。①

1. 活动项目

活动项目的课程设计是指学生探究和解决身边的、日常情境中的真实问题的项目。活动项目旨在培养学生发现问题、分析问题、沟通交流及创造性思考的素养和能力。值得注意的是,活动项目的课程设计不以学科知识的获得为课程目标,而在于引导学生综合运用所学知识和技能创造性地进行问题解决。活动项目的课程内容主要来源于学生在生活和学习中思考与体验到的各种真实问题,可以来源于学生自己,也可以是教师和学生共同建构的。在课程的设置、实施和评价方面,活动项目有比较大的施展空间。活动项目具有创造性、真实性和生成性等特点,并与学生的个人生活实际相联系,能有效激发学生的好奇心和探究欲。

2. 学科项目

学科项目的课程设计是指学生自主或合作探索学科中与真实情境有关的问题的项目。在解决这一类真实问题时,学生需要深度理解和掌握相关学科的核心知识,在探究中需要体现学科的关键能力,在项目化学习成果中需要体现学科核心素养。虽然学科项目主要是基于某一个学科,但同时保持一定的灵活性和开放性,在必要时允许涉及其他学科。学科项目本质上是国家课程的项目化实施,是学科拓展实践活动的一种升级。学科项目旨在基于国家的学科课程标准,通过项目化的学习方式,改变学生机械的、无意义的、浅层次的学习方式,促进其深度学习,发展其学科核心素养、关键品格与能力。

3. 跨学科项目

跨学科项目本质上呼应真实世界中的复杂问题,需要融合不同的学科知识才能解决的真实问题和挑战。跨学科项目的探究需要依托跨学科知识、技能及思维方式,一般涉及两个或两个以上学科的核心知识。跨学科项目需要同时基于问题解决所涉及的不同学科的课程标准,及相关知识的综合融通和迁移运用。跨学科项目旨在达成多个课程目标,如增进学生对跨学科大概念的理解,提高学生对跨学科核心知识与能力的掌握,培养学生的创造力、批判性思维能力及合作沟通能力。跨学科的项目内容往往比较丰富,反映出真实而复杂的重大社会问题、科学议题。同时,跨学科项目的驱动性问题也可以来自于对未来可能出现的问题而设计的虚拟情境。

---

① 夏雪梅.项目化学习的实施:学习素养视角下的中国建构[M].北京:教育科学出版社,2020:1—4.

■ （三）主要特征

项目式课程设计主要具有以下几个方面的显著特征。

第一，课程目标方面，项目式课程旨在通过项目化学习，培养学生发现问题、分析问题和解决问题的能力，以及创造力、写作沟通能力和批判性思维能力等高阶思维能力。但同时项目式课程并不排斥学科知识，而是通过不同形式的项目促进学生在探究中进行深度学习，更好地掌握学科知识和跨学科知识。

第二，课程内容方面，项目式课程内容突破了学科限制，聚焦于学生个体或社会所面临的重大问题和挑战，不仅内容来源丰富，而且有助于激发学生的学习动机。

第三，课程评价方面，因项目式课程旨在培养学生解决真实复杂难题的综合能力，因此其课程评价方式并不在于考查学科知识的记忆，而在于考核学生综合应用某一学科或跨学科知识和技能以解决真实问题的实践能力。

■ （四）贡献与不足

项目式课程设计突破了传统的学科中心的课程设计，以其探究的课程组织形式、丰富的课程内容、注重问题解决的课程评价方式，受到了诸多学者和一线教师与学生的欢迎。项目式的课程设计在全球范围内都得以传播和流行，为打破机械的应试教育，培养学生的核心素养提供了一条有效的教学路径，对当今的课程与教学改革具有很大的启发价值和意义。

然而，项目式课程设计也存在一定的局限，主要体现在：第一，项目式课程设计通常需要较长的时间跨度，尤其是一些跨学科的长期项目，但这在一定程度上会挤压原本的课时从而难以落实；第二，项目式课程设计对教师的要求比较高，需要教师具有跨学科知识和能力或与其他学科教师进行紧密合作与沟通，这在一定程度上都加大了实施的难度；第三，项目式课程的评价容易流于形式或过于强调项目的结果，而忽视学生在探究过程中的思考和体验，变成另一种形式的机械学习。

重要概念

■ 课程开发

课程开发也译作"课程编制"或者"课程发展"，是课程领域的核心概念和专业术语之一。广义的课程开发几乎涉及所有形式的课程变化，包括了国家、社区和每所学校的课程构成——不同层次的课程编订、实验实施及其对过程与成果的评价、改进等。课程开发通常采取四个周而复始的步骤：分析、设计、实施和评价。课程开发既是一个理论研究过程，也是一个实践过程。参与开发的个人和机构所持的教育观念和所赞同的教育思想体系，对于设计和制订学程，以及为使这些学程被教师和学生接受起着关键的作用。课程开发人员对于课程内容、教和学所作的某项决定，不是以孤立的形式出现的，而是与一种整体的设计或结构相联系的。参与课程开发活动的可以是个人、团体、全国性协会和国际组织等。

我国学者认为,课程开发旨在使课程的功能适应文化、社会、科学及人际关系需求的持续不断的课程改进活动。课程开发是决定课程过程及其所依据的各种理论取向。课程开发就是通过精心计划的活动,开发出一项课程并将其提供给教育机构的人们,以此作为教育方案的过程。课程开发在其过程中逐渐形成了不同的模式,最具代表性的是目标模式、过程模式和实践模式。

目标模式是以目标为课程开发的基础和核心,围绕目标的确定及实现、评价而进行的课程开发模式,代表人物是美国的泰勒,在其著作《课程与教学的基本原理》中系统阐述了目标模式的基本原理,将课程开发过程分解为确定目标、选择学习经验、组织学习经验、评价四个阶段。

过程模式的代表人物是英国的斯腾豪斯,在其著作《课程研究与开发导论》中探讨了过程模式的理论,过程模式注重的是过程,而不是预先确定的期望达到的行为目标。斯腾豪斯提出了著名的"教师即研究者"的口号,认为教师不是课程的接受者和消费者,而是课程的研制者和开发者。过程模式强调课程开发过程中的育人价值,强调师生互动。

实践模式的代表人物是施瓦布,课程不是静态的物(教材、教具等),而是教师、学生、教材和环境四因素之间动态交互作用的完整文化,是一个动态平衡的生态系统,这四个要素间持续性的相互作用便构成了实践性课程的基本内容。施瓦布的实践旨趣,强调把教师和学生作为课程的有机组成部分和相互作用的主体,把课程理解为相互作用的有机生态系统。实践的课程模式强调通过集体审议来开发课程,强调课程开发的过程与结果、目标与手段的连续统一。

■ 课程标准

课程标准是确定学校教育一定阶段的课程水准、课程结构与课程模式的纲领性文件。一个国家课程标准的制定,与其教育政策有关。课程标准就是对学生在经过一段时间的学习后应该知道什么和能做什么的界定和表述,实际上反映了国家对学生学习结果的期望。课程标准通常包括几种具有内在关联的标准,主要有内容标准(划定学习领域)和表现标准(规定学生在某领域应达到的水平)。中小学课程标准是按学段设计和颁发的,其结构一般包括总纲与分科课程标准两部分。总纲是关于一定学校课程的总体设计,它的正确制定对于分科标准的正确设计具有决定性作用。总纲包括课程设计的指导思想、培养规格、课程设置、学时分配、课程模式、考试制度、课程实施的要求和课程评价的部署。分科课程标准规定各科教学目标、教材纲要、教学的重点难点、教学时间的分配、教学设备、教学方法和其他教学注意事项。

■ 课程组织

课程组织是指将构成教育系统或学校课程的要素加以安排、联系和排列的方式。这些要素包括教学计划与方案、学习材料、学校器材与学校设备、教学专业知识以及评价与检查体系的要求等。课程组织比各学科或领域的大纲内容要丰富得多，它包括学习的环境，教师的目标和价值观，以及学生的学习经验。课程组织是一项关键而又复杂的任务，教育系统的全部工作都建立在它的上面。课程组织分宏观、中观和微观三个层次：宏观层面，主要涉及课程方案、学习领域和科目或者学程范畴内的设计与开发；中观层面，主要涉及课程模块或者单元和学习主题范围内的设计与开发；微观层次的课程组织，主要涉及课时教学计划或者教案或学案意义上的设计与开发。

■ 课程框架

课程框架指根据教育目标组合成的、能够覆盖一个学习领域的一批相关科目，或对课程整体所作的描述和刻画。每一个课程框架都包含着某种原理和政策基础。如科学课程框架包括生物学、化学、物理学、地质学等；商业课程框架包括会计、办公室研究、经济学、计算等。课程框架亦指为帮助教师群体、学生群体和家长群体作出有关中小学课程的决策而专门设计和明确表述的指导性方案，具有课程管理的功能。一份课程框架文件通常包括：① 原理或纲领；② 该课程领域的范围和变量；③ 该课程领域内科目的广泛目标和具体意图；④ 科目设计指南；⑤ 科目内容；⑥ 教学原则；⑦ 科目评价指南；⑧ 科目鉴别和审批标准；⑨ 该课程领域将来的发展。完备的课程框架是理论与实际紧密联系的，能够提供教学论、学习论和可用资源方面的最新信息，并对教师具有号召和激励作用。课程框架可以使教师了解框架和各学科间的联系，根据实际情况重新组织课程；使学生有可能从多个课程框架中选择科目，从而获得一种较为全面的教育。

■ 课程整合

从已有的研究来看，对于课程整合内涵的理解主要包括课程内容的整合、课程设计的整合、课程发展的整合、课程形态的整合、教育态度和教育哲学的整合等不同视角。

第一，从整合的课程内容角度看，课程整合是知识的关联，包括学科内的知识，也包括学科间的知识。第二，从整合的课程设计看，课程整合是与单学科设计对应的整合的课程设计。第三，从整合的课程设计与实施来看，课程整合是将课程设计与教学设计融为一体。课程整合是一种教学方法，也是一种计划组织教学的方式，其目的是在于将零散分立的教材或活动加以关联整合以便适应学生的需求。第四，从整合的课程形态来看，整合的课程形态部分文献并不直接讨论课程整合的定义问题，而是通过描述某种课程形态的形成进而阐述课程统整的含义。第五，从整合的教育态度来看，综合取向的课程综合强调知识与知识、知识与社会、知识与学生的联结，使学生的学习对学生个体经验的意义、社会生活的意义、知识学习的意义更为完整。第六，从综合课程是整合的连续体的角度，课程的整合与分化是课程发展的两种基本形态。课程整合是一个过程，综合课程是结果。课程整合的重心在整合，是一个包含着智慧、意志、互动、调整的行为过程。

■ 课程计划

课程计划是教育主管部门根据教育方针、不同类型学校的教育任务和培养目标，统一制定和颁发的有关学校教育和教学工作的指导性文件,体现国家对学校教育目的、任务、培养合格人才的统一要求,是编定各科课程准和教科书的主要依据。课程计划一般包括培养目标、课程设置、课程顺序与课时分配、学年编制安排等内容。

我国基础教育实行国家、地方、学校三级课程开发和管理模式,因而在不同层级上也会有相应的课程计划,而这些不同层级之间又呈现出纵向的关联。从外部来说,各个学校的课程计划是对国家和地区的课程计划的具体落实;从内部来说,学校课程计划是对学校自身教育和教学内容及其进程的顶层设计和规划。从这种意义上说,依据国家和地方的课程计划,结合学校自身实际,制订指导学校自身教育教学工作的课程计划,具有重要的意义。

教学大纲

教学大纲是根据学科内容及其体系和教学计划的要求编写的教学指导文件,它以纲要的形式规定了科目的教学目的、任务;知识、技能的范围、深度与体系结构;教学进度和教学法的基本要求等。它是编写教材和进行教学工作的主要依据,也是检查学生学业成绩和评估教师教学质量的重要准则。有的教学大纲还包括参考书目、教学仪器、直观教具等方面的提示。教学大纲的基本原则在于:符合教学计划的要求、体现科学性与思想性的结合、理论联系实际的原则、结合科学体系和教学法特点,建立严谨的学科体系,要有相对的稳定性,又要不断更新。[①]

课程规划

课程规划(curriculum planning)是确定指导理论、制定课程计划、研制课程标准和编制课程材料的过程。在我国,有班级课程、年级、学校、地区、国家等不同层次的课程规划。在宏观层面,课程规划就是关于一个课程体系的全面的、比较长期的计划的过程及其结果。

课程结构

课程结构就是课程的各种类型、各个组成部分或要素按照预定的一定准则形成的相对稳定的相互关系。课程结构标志着课程系统的组织化和有序性程度。从系统论的角度看,课程是由不同要素和不同成分组成的有机整体。课程结构就是课程内部各要素、各成分的内在联系和相互结合的组织形式。从层次性的角度来看,课程结构包括宏观、中观、微观结构。

教学设计

教学设计的界定大致有五种情况:一是计划说。即把教学设计界定为是用系统的方法分析教学问题,研究解决问题途径,评价教学结果的计划过程或系统规划。二是方法

[①] 教学大纲更为具体,常规定教学知识点的具体要求及深度、难度指标,有时可以看作是一个上限指标,常有"超纲"之说。课程标准则更为全面、系统,有时可看作是一个下限指标。

说。即把教学设计看作是一种研究教学系统、教学过程和制定教学计划的系统方法。三是技术说。即认为教学设计是一种旨在促进教学活动程序化、精确化和合理化的现代教学技术。四是方案说。即认为教学设计是运用系统方法分析教学问题和确定教学目标，建立解决方案、评价试行结果和对方案进行修改的过程。五是操作程序说。即认为教学设计就是运用系统方法和步骤，并对教学结果作出评价的一种计划过程与操作程序。教学设计至少要对以下三个方面进行具体研究：教与学的关系、教与学的目标、教与学的操作程序。一般而言，教学设计过程应包括：学习者及其需要分析、教学内容的分析、教学目标的确定与阐述、教学策略的制定与方法的选择、教学工具的选用、教学评价的设计。

■ 单元设计

单元作为课程开发的基础单位，源于 19 世纪赫尔巴特学派的威勒，之后美国发展出基于思维过程组织教材单元的编制原理，开发了项目单元、问题单元、课题单元、作业单元、活动单元、经验单元等多种单元形式。教学中的单元是基于一定的目标与主题所构成的教材与经验的模块或单位。

单元设计是教师基于课标、学情对教材单元进行再处理和再创造，即着眼于多堂课、多个活动、多个文本的整合，将单元处理成为"学习单位"，呈现一个完整的学习方案。从建构主义的视角看，单元设计要体现三个关键词：一是学习，策划学生参与学习的学习方案；二是整合，将情境、任务、支架、协同、展示、反思六个要素整合成为一个完整的学习方案；三是真实，通过对学习内容的整合、学习任务的设计以及学习活动的优化。从深度学习的视点来看，单元设计要把握"三高"：一是高投入，即集中精力；二是高认知，即高阶思维；三是高表现，即实践展示。

■ 校本课程开发

校本课程开发（school-based curriculum development）的思想源于 20 世纪六七十年代的西方发达国家。其主要思想是针对国家课程开发的弊端，要求以学校为基地进行校本课程开发，实现课程决策的民主化。在我国课程语境下，校本课程是国家课程方案规定的由学校开发的课程，即学校在保证国家课程和地方课程的基本质量的前提下，通过对本校学生的需求进行科学评估，体现学校的办学思想，充分利用当地社区和学校的课程资源而开发的多样性的、可供学生选择的课程。与此相应，校本课程开发则是指学校为了达到教育目的或解决学校的教育问题，依据学校自身的性质、特点、条件以及可以利用和开发的资源，由学校教育人员与校外团体或个人合作开展的课程开发活动。

■ 课程设置

课程设置是指学校课程的门类、科目、顺序和课时比例等相关安排和规定。其内容包括规定课程类型和课程门类的设立，按学期安排课程的开设顺序，分配课程学时，规定各课程的学习目标、学习内容和学习要求等。课程设置必须符合培养目标的要求，它是学校培养目标在课程计划中的集中表现。

讨论与反思

1. 你认为各个层面的课程与教学方案的功能分别有哪些?
2. 你认为一份好的课程与教学方案应具备哪些特征?
3. 你如何定义方案与教师、学生之间的关系?

拓展阅读

1. 崔允漷,周文胜,周文叶.基于标准的课程纲要和教案[M].上海:华东师范大学出版社,2014.
2. [美]拉尔夫·泰勒.课程与教学的基本原理[M].施良方,译.北京:人民教育出版社,1994.
3. 吴刚平.校本课程开发的思想基础——施瓦布与斯腾豪斯"实践课程模式"思想探析[J].外国教育研究,2000(06):7—11.
4. 周文叶,崔允漷,刘丽丽,宋一丹.学校课程规划方案质量的实证研究——基于Z市初中学校课程规划方案的文本分析[J].全球教育展望,2016,45(09):53—61.
5. 钟启泉.单元设计:撬动课堂转型的一个支点[J].教育发展研究,2015,35(24):1—5.

前沿热点

学校课程承载着国家意志和教育理想,优质学校课程建设对于深化基础教育课程改革、促进学校专业化和推动学校特色化等均具有重要意义。学校课程建设是指学校围绕育人目标在学段、学期、单元/课时三个层面整体建构学校课程体系,该体系涉及的重要课程文本有学校课程规划方案、学期课程纲要以及单元/课时学习方案。对于一线教育实践而言,何为专业化的学校课程规划,有什么样的专业规范,是值得研究的议题。

优化学校建设的专业规范[①]

课程决定着国家的未来、民族的期望。学校课程承载着国家意志和教育理想,是落实立德树人根本任务的重要路径,是建构德智体美劳全面培养的教育体系的重要环节,也是学校开展教育教学的基本依据。优质的教育首先需要优质的课程,并确保这些课程从设计、实施到评价都符合专业的规范。

---

① 改编自:崔允漷,雷浩.优质学校课程建设的专业规范[J].人民教育,2019(Z2):37—40.

一、建构学校课程专业规范的意义

深化基础教育课程改革。现实学校课程建设中仍然有学校和教师依据"只教要考试、有教材的课程"、只关注"备一节课"和"教教案"等现象。这些问题极大制约了新课程政策和理念的落地，需要在新的背景下建立一套专业的课程建设规范，以确保课程从理想到现实沿着科学的路径推进。

促进学校教育走向专业化。学校是专门化的育人机构，学校教育特别是课程教学是一种专业实践。一般来说，称得上"专业"的实践都需要有三个环节：专业方案的拟订、方案实施与结果评估。区分一项实践活动专业与否的首要标志是专业方案的有无。

推动学校发展走向特色化。从某种意义上说，学校课程专业化建设会抑制中小学"千校一计划，万人同课表"的倾向，解决学校课程固定化、单一化、同步化等问题，进而彰显学校的办学特色。

二、优质学校课程建设的专业规范

学校课程建设主要是学校课程规划方案、学期课程纲要和单元/课时方案三层方案的一体化发展。那么，它需要哪些专业规范呢？具体地说，涉及下列三个方面。

第一，学校课程规划方案如何编制？学校课程规划方案作为一所学校对该校学生在某一学段的课程学习进行的整体谋划。

第二，教师如何编制学期课程纲要？编制学期课程纲要的关键是一致性地处理好课程四要素。比如，就校本课程而言，教师必须依据学校教育哲学，在评估学生课程需求与可获得的课程资源后，一致性地设计某门校本课程的目标、内容、实施、评价与所需条件。这会涉及一系列课程专业规范，如以国家课程校本化发展为例，以目标设计为例，涉及的专业规范有：教师要依据学科课程标准、教材、学情、资源等确定每一个学期的目标，这就需要分解课程标准的相关条目，并按目标叙写的规范呈现目标。

第三，教师如何设计单元/课时方案？教师应该秉持学生立场编制学生的学习方案（笔者将其称之为"学历案"）。完整的学习方案包括六个要素：学习主题和课时、学习目标、评价任务、学习过程、作业与检测、学后反思。以作业和检测为例，指向"如何巩固或检测已学会的内容"，教师需要针对课前、课中和课后作业进行整体设计，作业数量适中，目标指向明确。学后反思指向"学生通过反思与分享什么才能通向素养"，主要是引导学生梳理已学的内容、梳理学习策略，管理和分析自己的收获和感受等。

第三部分

课程与教学实施

◎ 课程与教学资源建设

◎ 课堂教学活动

◎ 课程与教学研究

第六章

课程与教学资源建设

📄 本章内容导引

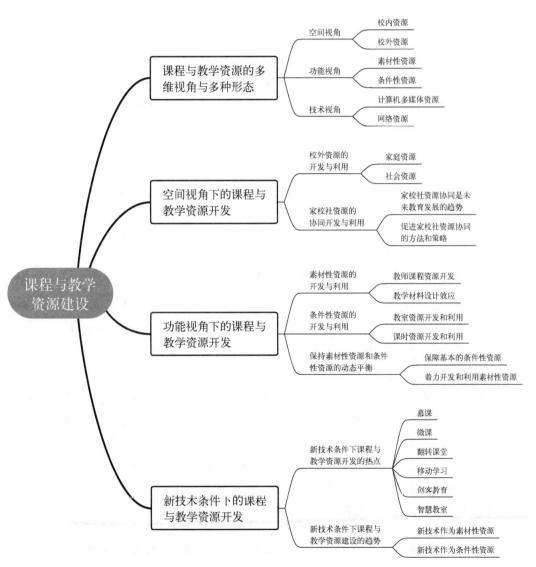

引言

  课程与教学资源的开发与利用是我国基础教育课程改革面临的一个崭新课题。随着课程改革的力度不断加大,课程与教学资源的重要性日益显现出来,课程与教学资源的丰富性和适切性决定着课程目标的实现程度与水平,同时也决定着课程与教学实施的质量。从改革之初到现在,无论是教育理论界学者们的理论阐释,还是广大一线中小学教师基于实践的案例赏析,都反映了课程与教学资源作为一个重要的新课程理念所释放的巨大魅力。

  课程与教学资源没有唯一确定的分类标准,不同视角下的课程与教学资源有着不同的类别。本书主要从空间视角、功能视角和技术视角分别呈现课程与教学资源的不同形态。其中,本章以资源的功能特点为依据,重点关注素材性资源与条件性资源的开发与利用,以及二者之间的动态平衡。

  随着时代的发展,"多媒体"和"信息高速公路"成为工业化时代向信息化时代转变的两大技术杠杆,以惊人的速度改变着人们的工作方式、学习方式、思维方式、交往方式乃至生活方式。而信息技术走进教育领域也是时代发展的必然选择,对学校的教育教学也产生着变革式的影响。就课程与教学实施而言,新技术条件下的课程与教学资源该如何建设是一个不可回避的议题。本章重点是呈现课程与教学资源的多维视角,以及空间视角下、功能视角下及新技术条件下课程与教学资源的开发利用。主要内容包括:

- 课程与教学资源的多维视角与多种形态
- 空间视角下的课程与教学资源开发
- 功能视角下的课程与教学资源开发
- 新技术条件下的课程与教学资源开发

案例

《水调歌头·明月几时有》教学[①]

  苏轼的这首词是在其失意怅然、深切思念弟弟苏辙的情况下写成的。它清凉、落寞,饱含悲思之情。这样的心情让十几岁"少年不识愁滋味"的孩子来体会是比较困难的。此外,背诵默写对于基础较差的学生来说无疑是一个巨大的挑战。但我们不能因为困难就放弃。语文课本里这样优美的篇章并不多,不能失去一个培养学生人文精神、陶冶其性情的机会。但仅仅通过简单地背诵默写而不能有切身的体会,不能让学生产生感情上的认同。如果有多媒体教学设备就很容易解决,我可以给学生听舒缓的音乐、看一些清冷的画面,在听觉和视觉的冲击下,达到移情的效果。可现在我却没有这样的设备可用,我能用的只有自己的大脑和嘴。

  我突然想到了王菲演唱的《但愿人长久》这首歌(歌词就是苏轼的《水调歌头》,歌曲的曲调和其中蕴涵的感情反映了苏轼写作时的心情),想到通过让学生唱歌,从而把词中的种种感情领悟、表达出来。上课之初,我不是给学生介绍这首词的写作背景、所蕴含的思

---

① 费秀芬.智慧地利用身边的课程资源——从两个教学案例说起[J].教育科学研究,2005(10):40—42.

想感情,而是告诉学生现在这首词已经成了很流行很优美的歌曲,让他们先阅读词,思考为什么古人的词会被现在的人们编成歌曲而且还那么流行,并提问"如果你是作曲的人,你会把它作成哪种风格,是激昂的还是悲伤的,是舒缓的还是快节奏的"。孩子们听说课文和歌曲有联系,都兴奋起来。接下来,我并没有和他们讨论前面谈到的问题,而是把《但愿人长久》的歌唱了一遍,孩子们似乎受到某种感染,陷入了默想和思考之中。有学生提出让我教他们唱,这正是我想做的。那节课成了音乐课。孩子们先是努力把每个音唱准,后来他们慢慢地领悟到要唱出感情。没有我的说教和竭尽全力的讲解,但他们领悟得很快,他们说:"有一种感觉在心中,不能用具体的语言说出来,但是它就在心中,唱歌的时候感觉最强烈。"

后来,我让他们默写这首词,除了几个基础特别差的孩子不能把字全部写正确外,几乎全班同学都能写对。而《但愿人长久》这首歌也一度在那个小小的山村校园里传唱。在我离开那所学校时,很多孩子的赠语里都有"但愿人长久,千里共婵娟"的字句。

💬 **案例评析**:案例中的教师身处山村校园,由于受到物质资源的限制,这位教师没有办法通过利用多媒体教学设备来达成其所希望达到的教学效果。然而,这位老师并没有放弃对可用资源的挖掘与利用,她将自己转化为一种重要的课程与教学资源,为学生创造了丰富多样的学习机会。老师通过将现代流行音乐与古典诗词结合,让语文课不只是语文课;也通过听觉与视觉的结合,让孩子全方位理解这首词的含义。在这个案例中,值得赞许的是这位老师没有因为物质资源的限制让孩子失去更多的学习可能性,反而有意识地将自己的"大脑"和"嘴"变为课程与教学资源,让课堂上的"有限"变为"无限"。

第一节　课程与教学资源的多维视角与多种形态

广义的课程与教学资源涵盖各种有利于实现课程目标的因素,狭义的课程与教学资源仅指教学内容的直接来源。根据学校实际情况以及课程改革的发展趋势,本书选择一个折中的课程与教学资源概念,即课程与教学资源是指形成课程的因素来源与实施课程的必要而直接的条件。[①] 从不同视角认识课程与教学资源,有助于我们多方位地分析课程与教学资源开发和利用的实际情况,解决实践中的问题,促进资源的有效利用。

表6-1　课程与教学资源的多维视角

视　角	类　别	话　语　示　例
空间视角	校内资源	教师资源;物质资源;财力资源
	校外资源	家庭资源;社会资源;自然资源;公共网络资源

---

① 吴刚平.中小学课程资源开发和利用的若干问题探讨[J].全球教育展望,2009,38(3):19—24.

视　角	类　别	话　语　示　例
功能视角	素材性资源	知识;技能;经验;活动方式与方法;情感态度和价值观;培养目标
	条件性资源	人力;物力;财力;场馆;时间
技术视角	计算机多媒体资源	演示工具;个别化学习工具;协作学习工具;信息加工和认知工具;学习交流工具;计算机课程
	网络资源	网络课程资源库;课程实施平台;学生学习平台;网络教育和远程教育

一、空间视角

从课程资源的空间分布来看,大致可以分为校内资源和校外资源。校内外课程资源对于课程实施都是非常重要的,但它们在性质上还是有所区别的。就利用的经常性和便捷性来讲,校内课程资源的开发和利用是学校课程资源建设的基础和重点,应该占据主导地位;校外丰富多彩的课程资源对于充分实现课程目标具有重要价值,是学校课程资源的重要补充。所以,开发和利用课程资源必须坚持校内为主、校外为辅的基本策略。

■(一)校内资源

凡是学校范围之内的课程资源,就是校内课程资源。校内资源大致上包括教师资源、物质资源和财力资源。其中,教师资源是一所学校最重要的人力资源。学校的行政领导,尤其是校长,对教师的管理和使用起着重要的作用。物质资源则包括学校图书馆、实验室、专用教室及各类教学设施。财力资源指的是学校可用于调配教学设备、丰富教学工具、更新图书馆书籍等方面的资金。

为了妥善利用教师资源,学校要分析开展教师资源的规划,制定总体的教师激励方案,建立完善的岗位责任制度,建立和健全目标管理体系制度、业绩评价体系制度和工资薪酬制度。要最大限度地发挥教师的创造性,防止骨干教师流失,促进教师新陈代谢。而对于校内的物质资源和有限的财力资源,学校需要以学生为出发点,在图书馆、实验室和其他专用设施、设备等的服务时间、服务方式和使用效率上,需要不断地调整和完善,以适应学生日益个性化的学习需要。各门课程之间要尽可能形成共用的专用教室、计算机房、实践基地等,做到物尽其用和一物多用。

■(二)校外资源

超出学校范围的课程与教学资源就是校外资源。具体形态包括校外的图书馆、博物馆、展览馆、科技馆、青少年活动中心、电影院、工厂、农村、部队、政府机关、企事业单位、职业学校、成人教育机构、高等院校和科研院所等各种社会资源以及丰富的自然资源。此外,随着信息技术的不断发展,公共网络也显示出较大的资源价值。网络不仅是课程资源共享的手段,而且它本身就是一座具有巨大发展潜力的课程资源库,成为课程资源开发、利用和交流、共享的重要平台。与在课程实施中占据主要地位的校内资源相比,校外丰富多彩的课程资源对于课程实施也具有重要价值,对校内资源起着重要的辅助作用。从中小学课程资源的现实情况来看,建立校内与校外课程资源的协调和共享机制具有非常重要的意义。一方面学校要善于合理发掘和运用社区及其他兄弟学校的课程资源,另一方面学校内部的课程资源也可以向社区和其他学校辐射。从技术层面来讲,网络技术的发展开始逐渐打破校内与校外课程资源的划分界线,从而在很大程度上使得课程资源特别是素材性课程资源(具体见下文)的广泛交流和共享成为可能,使校内课程资源和校外课程资源相互转化的可能性和优越性越来越大。[①]

二、功能视角

从课程与教学资源的功能特征来看,可以分为素材性资源和条件性资源。素材性资源是形成课程的因素来源,包括知识、经验、方法、价值观等;条件性资源是课程实施直接而必要的条件,包括人力、物力、财力、场馆、时间等。其中,校内资源可以包括素材性资源和条件性资源,校外资源也同样包括素材性资源和条件性资源。课程资源建设中必须保障基础的条件性资源,同时充分开发利用教师资源、教学生成性资源等素材性资源,以保证和提高课程实施的质量。

表6-2 功能视角下的资源类别与形态

资源类别	资源形态	示　　例
素材性资源	生命载体	教师;教育管理者;学科专家;课程专家;学生;家长;社会人士
	非生命载体	课程计划;课程标准;课程指南;教学用书;参考资料;学习辅导材料;练习册;电子音像制品
条件性资源	有形资源	师生;设备;设施;场地;载体
	无形资源	时间;时机;氛围;环境

■（一）素材性资源

素材性资源的特点是作用于课程,并且能够成为课程的素材或来源,它是学生学习和

---

① 吴刚平. 中小学课程资源开发和利用的若干问题探讨[J]. 全球教育展望,2009,38(3):19—24.

收获的对象。比如,知识、技能、经验、活动方式与方法、情感态度和价值观以及培养目标等方面的因素,就属于素材性课程资源。素材性课程资源总是以一定的载体形式为依存而表现出来的。如果按照课程资源与人的关系来看,可以把素材性课程资源的载体划分为生命载体和非生命载体两种形式。

课程资源的非生命载体泛指素材性课程资源所依存的非生命物化形式,主要表现为各种各样课程材料的实物形式,如课程计划、课程标准、课程指南、教学用书、参考资料、学习辅导材料和练习册等纸张印刷制品和电子音像制品。在某种意义上讲,它们与教室、实验室、图书馆、科技馆、电教室、语音室、电脑室、文体活动场所等物质条件一样,都属于条件性课程资源。

课程资源的生命载体主要是指掌握了课程素材、具有教育教学素养的教师,教育管理者和学科专家、课程专家等教育研究人员,他们构成课程资源的开发主体。另外,能够提供课程素材的学生、家长和其他社会人士也是课程资源的重要生命载体。生命载体形式的课程资源具有内生性,它可以能动地产生出比自身价值更大的教育价值,在课程与教学资源中有着特殊的作用。教师、教育管理者以及各种层次的教育研究人员,乃至学生和社会人士等作为这种具有内生性的课程资源的主要生命载体形式,他们自身创造性智慧的释放和创造性价值的实现,是课程教学不断向前发展的不竭动力。[①]

■(二)条件性资源

条件性课程资源的特点则是作用于课程却并不是形成课程本身的直接因素来源,但它在很大程度上决定着课程的实施范围和水平。比如,直接决定课程实施范围和水平的人力、物力、财力、时间、场地、媒介、设备、设施和环境,以及对于课程的认识状况等因素,就属于条件性课程资源。当然,把课程资源划分为素材性资源和条件性资源更多是为了说明问题的方便,两者并没有截然的界线。现实中的许多课程资源往往既包含着课程的素材,也包含着课程的条件,比如图书馆、博物馆、实验室、互联网、人力和环境等资源就是如此。[②]

按照条件性资源的条件形式来看,可以把条件性资源分为有形资源和无形资源两种形态。有形资源指的是我们能够看得见、摸得着的资源,包括师生、设备、设施、场地、载体等;无形资源指的是不以实体形式存在的资源,包括时间、时机、氛围、环境等。二者常常共存并交织在一起,共同构成课程实施的必要资源。

三、技术视角

我们正处于信息化的时代,信息技术深入影响着人们基本的认知方式、思维方式,渗透在人们生活的各个领域。现代教育技术作为一种重要的课程资源,走进教育领域是时代发展的必然选择,对学校的教育教学产生着变革式的影响。现代教育技术资源主要是

---

① 吴刚平.课程资源的理论构想[J].教育研究,2001(9):59—63,71.
② 吴刚平.课程资源的理论构想[J].教育研究,2001(9):59—63,71.

指师生在教育教学过程中,以现代教育技术本身的知识作为学生学习的对象,或者以现代教育技术手段或工具作为开展其他知识的教与学活动的条件,保障教学的实施或提高教学的有效性的资源。其中,最重要、影响最大的是计算机多媒体资源与网络资源。[①]

■ (一)计算机多媒体资源

多媒体技术以其集成性、控制性、交互性、实时性等特点,在课堂教学、教师备课、学生自学和个别化教学等方面发挥着重要作用。计算机多媒体及网络技术不但是一种现代化的工具、技术,也是学校教育中重要的学习科目。从课程与教学资源的功能视角来看,计算机多媒体既是条件性课程与教学资源,也是素材性课程与教学资源。

计算机多媒体作为条件性资源,主要体现在学科传授、学生学习以及学科教学与学生学习活动三个层面。在学科传授层面上,计算机多媒体可以作为演示工具、个别化学习工具、协作学习工具、信息加工和认知工具、学习交流工具等以弥补传统授课方式的不足,提高课堂教学效率。在学生学习层面上,计算机多媒体可以作为师生、生生之间的互动工具,同时提升外部刺激的多样性,为学生提供更加理想的学习环境;在学科教学与学生学习活动层面上,计算机多媒体有利于学生进行建构性学习,为学生提供自身知识建构必需的情境、协作、会话、意义建构四大要素。

计算机多媒体作为素材性资源,主要反映在学习目标和课程结构两个层面上。在学习目标层面上,当前国内很多中小学多媒体课程的教材在形式和内容上都采用了"以任务驱动或以任务作为学习目标"的方式。学生通过完成一个特定的任务,例如在计算机上写一篇作文或画一幅画,来学习掌握信息技术课程中的某个知识和技能。在课程结构层面上,不仅要将计算机多媒体实际地纳入到课程结构中,更要使其成为课程结构有机整体中不可缺少的一部分。从某种意义上讲,课程结构层面才是实现计算机多媒体作为课程与教学资源的最终目标。实现这一目标不只是要求学生学习掌握计算机多媒体在工具层面的应用,而是要求整个课程设置至少体现出功能结构和形式内容的变革。功能结构的变革要体现出课程结构的均衡性、综合性和选择性;形式内容的变革要求改变唯书本知识的现象,实际结果是要求在课程功能结构变革的前提下彻底改变传统教材内容的繁、杂、难、偏、旧,包括脱离现实社会实际需要的状况。

■ (二)网络资源

网络是信息传输的载体,其传输的信息构成了一个巨大的网络资源库。从功能特点来看,网络课程资源也可以划分为条件性网络课程资源和素材性网络课程资源。前者是指将网络这种信息传输的载体以及其承载的信息作为师生教育教学活动实施的条件,后者是指将网络这个载体本身或者网络中传输的信息作为直接学习的对象。当然,网络资源集两类功能于一身,增强了其对学校教育教学活动的价值和影响。网络资源的形态包括网络课程资源库、课程实施平台、学生学习平台以及网络教育和远程教育。

---

① 吴刚平,李茂森,闫艳.课程资源论[M].北京:北京师范大学出版社,2014:130.

网络课程资源库又可以分为教师个人资源库、教学资源库和教育网站。教师个人资源库指的是,教师借助新课改和校本课程开发的契机,积极探索和改进纸质课程内容,把一些临时性、有待改进的想法和资料收集起来,使之体系化,并放到网络上成为参阅的对象,比如制作教师个人的学科网页。学科网页既是教学资源,也是教师与教师、教师与学生积极互动的有效方式。教学资源库指的是,教师根据教学需要开发、建立的资源库,在内容上既可以是原创的,也可以保存、引用、修改别人的资料,包括教案、教学课件、试题、时事资料、教学论文等。教育网站指的是,为教育工作者和学生提供各项资源的网络汇集地,诸如国家中小学智慧教育平台、国家基础教育资源网、中华先锋网等。

网络的发展为多媒体信息的传递提供了更为广阔的空间。课程实施平台把网络技术和多媒体技术结合起来,为开展网络教学创造了机会,让学生可以在网上搜集、检索、处理相关信息,再运用到课堂中去,以实现真正意义上的师生互动。在网络上,教师还可以通过电子邮件、网络论坛等方式与学生沟通信息、交流心得,这样就使电脑真正成为收集、传递信息的工具,从而使师生的教与学活动取得更好的效果。

学生学习平台是一种在网络环境下供学生开展研究性学习的平台。这种学习方式是通过教师精心设计 WebQuest,有计划、有组织地引导学生利用网络技术和网络资源,实施并完成 WebQuest,经过分析综合得到的信息,使学生创造性地解决问题,从而在探究性学习中提高分析问题和解决问题的能力。WebQuest 学习方式遵循研究性学习的一般规律,与其他研究性学习相比,其学习方式的特殊性在于它是在网络环境下开展的研究性学习。如在初一年级开展"关于青少年犯罪问题的研究"时,教师既可以引导学生到社区、法庭、监狱进行调查,也可以通过设置主题链接,引导学生到网络上去收集资料。因此,WebQuest 可以让学生更合理地使用时间,在比较短的时间内获得最大的效益。

当前的网络教育与远程教育能够弥补教育资源分配不均的缺憾。通过远程教育,学习者不仅能在课堂上看到或听到远距离传输来的教学内容,也可以在家里看到课堂的景象、听到教师的讲授,并能与教师进行"面对面"交流。远程教育有利于缩小城乡差别,让所有中小学学生包括农村边远地区的中小学学生与城市学校学生共享到丰富的计算机网络资源。

第二节　空间视角下的课程与
教学资源开发

课程与教学资源根据所在空间的不同,可以划分为校内资源和校外资源两类,而校外资源又包含家庭资源和社会资源。学校资源无疑是当前我国课程与教学资源的主体,承担着绝大部分的教育责任。由于时间和空间的限制,家庭资源只有孩子在课后回到家后短暂的时间内才能发挥作用,其作用非常有限。而社会上的课程与教学资源,在儿童的教育过程中产生的作用和影响更是有限。然而,这种学校教育孤军奋战的教育样态,在当前急速发展迭代的信息化时代,显然不再能够满足儿童多样化、个性化及社会化的学习和发展需求,也很难真正促进其全面发展。因此,以学校教育资源为主导,充分挖掘家庭和社会的优质教育资源,家校社协同培育是促进学生全面发展的未来趋势。

一、校外资源的开发与利用

校内资源即学校范围之内的所有课程与教学资源。校内资源大致上包括教师资源、物质资源和财力资源。由于校内资源将于下一节从功能视角详细探讨其分类及不同类型校内资源的开发和利用,本节中将不再赘述。在此主要讨论校外资源的开发与利用问题。

■ (一)家庭资源

儿童的成长在很大程度上受到家庭的影响。尤其是儿童的社会化能力的发展,最初是在家庭中发生的;儿童的人格基础也是在人生的最初阶段所处的家庭中构筑的。许多研究表明:家庭教育资源的丰富程度深刻地影响着儿童的发展水平和学业成就。

家庭资源指子女在家庭发生的社会化过程中能够积极促进他们的身心健康发展的家庭物质资源及人文资源。这些家庭资源无形中构成了孩子的潜在课程,于无形中引导孩子掌握一定的知识与技能、行为规范、方法、情感、态度和价值观等。[①]

基于教育心理学的视角,家庭资源包括家庭环境和氛围、父母的期许、教养方式及父母对孩子的学业支持和指导策略等。从教育社会学的视角,基夫斯(J. P. Keeves)认为家庭资源包括家长的社会经济地位、家庭社会文化水平两个方面。其中,家长的社会经济地位体现在家长的职业、家庭的经济收入、家庭的物质资源和条件、家长的社会出身、家长的教育背景及文化素养、家庭居住地等方面。家庭社会文化水平体现在家长的受教育程度、家庭民族或种族背景、家庭使用的语言、家庭结构、家庭规模与家庭文化环境等方面。[②]家长通过显性或隐性的教导和培养,发展孩子的基本生活技能,培养道德情操,指导生活目标和生涯规划等。

然而,由于社会的变迁,许多家庭的教育资源和水平无法跟上孩子的发展需求,无法自行解决孩子在成长过程中尤其是叛逆期和青春期的发展问题。比如,在高考体制下,学习的军备竞赛基本上席卷了所有家庭。大多数家庭教育中关注最多的是子女学业的发展,而忽视了孩子健康人格的形成、身心的健康发展及思维能力的发展,不利于青少年的长远发展,因此需要更多专业的协助。家庭教育资源的丰富和教育能力的提升,除了家庭成员自我的觉知和努力外,还需要学校及社会外在的支持,帮助家长开发和利用好家庭的课程与教学资源。

首先,学校可通过举办家长学校、家长委员会、家庭教育辅导室等机构,加强家校协同,帮助家长提高开发和利用家庭教育资源的能力。比如,学校可以通过家长学校给家长

---

① 杨启光. 家庭教育资源的内在认知及外在支持[J]. 当代青年研究,2007(2):77—80.

② Keeves J P. *Measurement of Social Background* [M]//Saha L J. *International Encyclopedia of the Sociology of Education*[M]. New York:Pergamon Press,1997:218—223.

进行培训,帮助家长更好地发现、开发和利用家庭中的课程与教学资源,从而提高家庭教育的质量。

其次,中小学校亦可成立家庭教育辅导组织,如家长教师联合会、家长教师学生联合会等,通过这些联合组织加强对家长的教育知识普及,加强家长与学校、教师及孩子的及时沟通并协调解决问题。研究发现,许多家庭教育问题来自于家长对孩子在校情况的不了解,信息的缺失往往带来认知的偏误,并导致行为的失调和亲子关系的冲突。①

第三,定期举办家庭教育专题讲座或家长论坛。一方面,学校可通过梳理榜样家长的教育资源利用案例,给其他家长提供具体的行动参考和策略;另一方面,学校教师通过与家长深入沟通,了解家庭教育资源的开发和利用现状、问题和挑战,针对性地辅导家长,以更好地解决问题。

■（二）社会资源

除学校资源和家庭资源外,社会资源也是影响青少年健康成长的非常重要的教育资源。但现实生活中,社会资源往往被忽视、利用不足,大量有价值的社会教育资源被浪费。通常我们对社会教育资源的理解局限为校外各种学科和非学科的辅导班。要开发和利用好社会层面的课程与教学资源,首先要明确社会教育资源的概念及其内涵。

社会教育资源,广义上指能够保证社会教育实践进行的各种具有社会教育意义的资源及条件,既包括人、财、物等物质性的因素,也包括保证这些因素有效发挥作用的制度、文化及信息等的环境性条件。狭义上,社会教育资源指除学校教育资源与家庭教育资源外可供社会教育活动利用的一切资源的总和,既包括设施、财力等物质性资源,同时也包括信息资源和文化资源等精神资源。②

社会教育资源具有多种特征。③ 第一,多样性。社会教育内容的丰富性决定了社会教育资源的丰富性和多样性,而社会教育资源的开发和利用方式也因此具有极大的灵活性和多样性。如图书馆、博物馆、科技馆、天文馆、动物园、植物园、公园等都是重要的社会教育资源,开发和利用的形式也较为灵活多样,能满足不同群体的教育需求。

第二,地区差异性。在不同地理区位、不同经济环境、不同生态环境及不同文化的地区,其社会教育资源也千差万别。整体而言,经济发展水平较高的地区,其社会教育资源也较经济发展水平弱的地区丰富。因此,不同地区教育资源的开发和利用也需因地制宜,根据本地区的特色教育资源,如特色文化资源,开发极具特色的本土社会教育。

第三,生活性。不同于家庭资源及学校资源的诸多限制,社会教育资源不受年龄、时间、地点等的限制,同时将教育与社会生活及休闲娱乐相结合,打破了学校教育封闭的体系。然而,社会教育资源并未得到充分的开发和利用,经常处于被人们视而不见的境地,这是对社会教育资源的极大浪费。

在社会教育资源的利用中,各种形式的课外辅导班或补习班是一种独特的存在,不但

---

① 贺永平.家校社协同育人背景下开放学校建设的思考[J].教学与管理,2021(15):37—40.
② 侯怀银,尚瑞茜."社会教育资源"解析[J].中国成人教育,2019(2):10—15.
③ 高瑞萍."社会教育资源"解读[J].教育理论与实践,2009,29(S1):5—6.

利用率很高,且人们对它的依赖性很高。2021 年 7 月,中共中央办公厅、国务院办公厅印发《关于进一步减轻义务教育阶段学生作业负担和校外培训负担的意见》(以下简称"双减"),明确要求教育回归立德树人初心,减轻学生课内及校外负担,促进学生全面发展。在当前的"双减"背景下,需要更加理性合理地利用社会教育资源。

二、家校社资源的协同开发与利用

儿童的健康全面发展受家庭教育、学校教育和社会教育影响。学校与家庭、社会协同育人,旨在全方位整合教育资源,取得多方利益主体的教育共识,形成教育合力以促进学生全面、个性化发展。[①] 因此,教育要取得最大合力,需要家、校、社三类教育资源的协同开发与利用。学校要从封闭走向开放,家庭要从被动配合走向主动协同,同时有序引入优质的非学科类社会教育资源,从而为学生提供丰富、多元和优质的课程与教学资源,打造家校社协同的教育共同体。

■ (一)家校社资源协同是未来教育发展的趋势

家庭、学校和社会皆是儿童教育的重要阵地。人的全面发展需要家庭、学校、社会的课程与教学资源的相互协同。20 世纪 70 年代,赫尔曼·哈肯(Hermann Haken)创立了"协同学理论"。协同是系统内部各要素之间相互作用的一种方式。通过各要素间的相互配合、协作和支持形成一种良性的循环,促进总体发展目标的实现。[②]

家校社资源的协同开发与利用是促进人全面发展的必要条件。苏联学者凯洛夫指出,影响人身心发展的因素可归结为遗传、环境和教育三类,并认为环境因素对人的发展起决定性作用。家庭和社会是影响人发展的两大环境因素,对学生的发展具有潜在而长远的影响,在一定情况下甚至可能起决定性作用。我们已经进入了一个所谓的乌卡(VUCA)时代[③],充满了易变性、不确定性、复杂性和模糊性,单一的学校教育已无法满足学生的学习需求,无法帮助学生适应复杂多变的社会发展。[④] 这要求我们突破固有的教学模式,从学校的"孤军奋战"转向"家校社联动",在学校教育主导的基础上,充分协调和调用家庭及社会的课程与教学资源。这需要家庭与社会教育力量及资源的配合与协同。对家庭而言,需要家长树立正确的教育观念,转变分数至上的观念,配合学校发展孩子的兴趣爱好,关注孩子的心理健康、综合素养,及良好的学习习惯和行为习惯。对社会而言,要培养面向未来的人才,需要加强学生与社会的交互,帮助学生跟上社会急速发展的步伐,为孩子提供丰富而优质的社会教育资源,如社区教育服务资源和社会公共教育资源,如图书馆、博物馆、少年宫等。此外,校外非学科类培训机构亦可参与到学校的课后服务

---

① 贺永平. 家校社协同育人背景下开放学校建设的思考[J]. 教学与管理,2021(15):37—40.

② 王薇. 构建家校协同机制的实证研究[J]. 上海教育科研,2015(2):72—76.

③ 乌卡(VUCA)时代指一个充满易变性(volatility)、不确定性(uncertainty)、复杂性(complexity)以及模糊性(ambiguity)的时代。

④ 杨黎婧. 从单数公共价值到复数公共价值:"乌卡"时代的治理视角转换[J]. 中国行政管理,2021(2):107—115.

中,为学生提供多样化、个性化的教育资源,满足学生全面、个性化发展的需求。

家校社资源的协同开发与利用有助于促进"双减"政策的贯彻落实。"双减"政策将带来学习方式的变革。"双减"将课堂与课余时间放权给学生,鼓励学生在学习上"自主、合作、探究"。教育部门要会同妇联等部门,办好家长学校或网上家庭教育指导平台,推动社区家庭教育指导中心、服务站点建设,同时引导家长树立科学育儿观念,理性确定孩子成长预期,努力形成减负共识。"双减"是一项系统性工程,涉及各个利益共同体,通过统筹政府、学校、校外机构及社区等的课程与教学资源,有助于推进协同育人共同体建设,促进"双减"政策更好地落实。

■（二）促进家校社资源协同的方法和策略

1. 完善家校社资源协同的教育法律法规

健全的法律法规是家校社资源协同持续有效开展的重要保障。20世纪中期开始,发达国家就相继颁布了一些法律法规,以促进家校教育资源的协同开发和利用。美国的《开端计划》《初等和中等教育法》《家庭教育权和隐私法》等,以及法国的《教师指导法》等都为家校教育资源的协同开发和利用奠定了法律基础和保障。借鉴发达国家经验,需要结合我国具体的教育实际,就家校社教育资源协同的性质、主体、内容及权责关系等基本问题做出合理的法律规定,以推动家校社资源更合理地协同。[①]

2. 提升家校社资源协同的教育理念

推进家教家风等家庭教育在基层社会治理中发挥重要作用,协同是关键。通过协同才能发力破局,才能聚合力。因此,学校管理者要强化自己的家校社资源协同的理念和意识,在学校教育活动中以协同方式合理组织家庭和社会资源,共同促进教育的发展。班主任及其他一线教师要增强自己的家校社协同教育意识,加强与家长的信息沟通与通力合作,为学生创造一个丰富且具一致性的教育环境。此外,家长亦要树立家校社资源协同的理念,发挥主观能动性,积极主动与学校沟通孩子的学习动态,了解孩子的学习需求,并改进自己的家庭教育方式和策略。同时,家长还可发挥自己在各自领域的优势,为学校提供丰富多元的社会教育资源,共同促进家校社协同发展,培养适应未来社会的全面发展的公民。

3. 打造家校社资源协同的高素质教育人才队伍

协同家校社资源,需要专业的教育人才队伍进行保障。因此,需要提前布局,先行培养专业人才。结合我国的教育实际,班主任老师作为家长和学校之间的重要桥梁,同时也一定程度上承担着与社会教育资源衔接的任务,积累了大量的家校社资源协同的实践经验,有能力成为家校社资源协同的专业人才。

学校要重点培养班主任为家校社资源协同的专业人才。一方面,将班主任家庭教育指导能力及社会资源沟通能力纳入教师专业发展计划,并组织开展上岗资格培训及岗位培训,组织班主任老师定期交流家校社协同经验,从多方面提高班主任的资源协同能力。另一方面,要给予班主任老师足够的尊重、关心、支持和信任,为其搭建成长平台,完善成

---

① 任晶惠,余雅风. 论推进新时代家校协同育人的关键节点[J]. 当代青年研究,2021(2):20—26.

长机制,完善薪酬激励制度,鼓励班主任老师在家校社资源协同过程中发现问题、研究问题、解决问题,将家校社资源协同工作做实做好。[①]

4. 拓宽家校社资源协同的渠道

一是将"家长委员会"逐步演化为"协同教育团队"。[②] 一方面,重新界定家长委员会的立场和职责,帮助家长从孩子家长的立场转变为家校协同的立场,也使家长的职责从配合学校的教育工作转变到合作和协同,变被动为主动。另一方面,有助于构建家校通畅的交流机制和开放的协作平台,打造一个家校协同的教育共同体,共同开发家庭的课程资源和可能的教学资源,为孩子提供既多元又具一致性的受教育环境。

二是向家长和社会开放学校教育资源。开放学校的课程与教学资源是解决学校有限空间和人力资源不足以满足学生全面发展之困境的需要;是在学校引领下,引导家长和社会全方位育人的需要;也是学校管理民主化发展的需要。首先,学校可以向家长和社会开放学校治理,邀请家长和社会共同参与学校治理,按照权责对等原则协助学校完成人才培养目标。其次,开放学校教育课程,邀请社会各领域专业人士进入学校,合力开发社会性课程,提供学校难以提供的专业教学,如邀请天文台人员讲解气候变化知识。再次,开放学校教育活动,可要求家长及社区力量共同参与学校的教育活动,如运动会或元旦庆祝活动等,提高学校举办活动的效率。

第三节　功能视角下的课程与
教学资源开发

课程与教学资源的分类多种多样,但都离不开一个基本的出发点,那就是课程与教学资源的分类除了应该符合逻辑上的要求以外,还要有助于看清课程实践中的问题并找到正确的解决办法。由于视角不同,课程与教学资源的分类诸多。本节基于功能视角下的课程与教学资源划分类别,重点讨论素材性资源和条件性资源的开发。不过,素材性资源和条件性资源之间没有绝对的界线,甚至二者之间有重叠的部分(如教师既可以被视为素材性资源,又可以被视为条件性资源),尽管本书为方便阐述,依然将二者分开说明,但这并不意味着两个类别的绝对对立。

一、素材性资源的开发与利用

教师和教学材料是当前课程与教学实施中最为关键的两大素材性资源。在课程与教学资源建设的过程中,教师课程资源的开发与利用始终居于首要位置。此外,随着信息技

① 任晶惠,余雅风. 论推进新时代家校协同育人的关键节点[J]. 当代青年研究,2021(2):20—26.
② 婉然. 构建家校协同的教育共同体[J]. 教育科学研究,2020(10):1.

术的不断发展,教学材料的呈现形式也愈加丰富,教学材料的开发与利用也需要进一步科学化与规范化。

■（一）教师课程资源开发

教师作为一种重要的课程与教学资源,他们不仅决定课程资源的鉴别、开发、积累和利用,是素材性课程资源的重要载体,而且教师自身就是课程实施的首要的基本条件资源。所以,从这个意义上来讲,教师是最为重要的课程与教学资源,教师的素质状况决定了课程与教学资源的识别范围、开发与利用的程度以及发挥效益的水平。事实上,随着课程教材改革和学校内部教育教学改革的深化,教师是教育改革关键性因素的观点,越来越引起人们的关注。许多教师甚至在自身以外的课程资源极其紧缺的情况下,"化腐朽为神奇",实现了课程资源价值的"超水平"发挥。

因此,在课程与教学资源建设的过程中,要始终把教师队伍建设放在首位,通过这一最重要的课程资源的突破来带动其他课程资源的优化发展。毫无疑问,学生的发展必须依靠训练有素的专业教师,教师必须做好准备以便能给在能力、需要、经验和学习方法等方面各有不同的学生提供优质的教学。学校应该为教师提供专业发展的机会,提高教师进行有效的科学教学所需的能力。用于这种专业发展的资金和时间,是教育预算的一个重要部分。

当然,重视专业教师资源并不意味着轻视其他人员的作用。相反,一所学校教师的资源优势能够恰当地形成和有效地发挥作用,与以校长为核心的学校领导班子的开发利用课程资源的意识和能力息息相关。除行政人员和教学同仁外,其他支持人员,包括资料管理员、实验室技师或维修人员等,也发挥着课程资源的作用。[①]

■（二）教学材料设计效应

教学材料是基本的素材性课程资源。随着信息技术与课程整合的不断深入,教学材料的呈现从文本到多媒体形式、从静态到动态的变化趋势,越来越多样化。然而,多媒体材料的设计不能仅凭教师的经验和审美要求,还需要科学理论的指导。认知负荷理论对信息结构和学习者的认知结构的研究,能够为多媒体教学材料的设计提供科学依据。

认知负荷理论认为工作记忆是信息加工的主要场所,但工作记忆的能力是有限的,如何有效利用有限的认知资源、保证学习信息不超出工作记忆的加工容量是教学材料设计应该关注的重要问题。认知负荷理论提出三种认知负荷类型:内部认知负荷(intrinsic cognitive load)、外部认知负荷(extraneous cognitive load)和相关认知负荷(germane cognitive load)。内部认知负荷取决于学习内容本身的结构和复杂性。外部负荷是来自于非学习内容的负荷,与教学材料的设计、教学方法等因素相关。[②] 相关认知负荷是指在新的图式(结构化的信息)建构或图式自动化的过程中占用的认知资源。内在认知负荷和

---

① 吴刚平. 课程资源的分类及其意义(二)[J]. 语文建设,2002(10):4—6.

② Schroeder N L, Cenkci A T. Spatial Contiguity and Spatial Split-Attention Effects in Multimedia Learning Environments: A Meta-Analysis[J]. *Educational Psychology Review*, 2018, 30(1): 1—23.

相关认知负荷与知识建构直接相关,应作为认知资源使用的主体,而外在认知负荷与知识建构无关,应尽量加以减少。① 基于认知负荷理论的教学材料设计应当考虑图文效应、通道效应、注意分割效应、冗余效应和诱惑性细节效应。

图文效应指的是学习知识时,文字配上图片的形式会比单一文字形式效果更好,此优势尤其体现在知识迁移层面。文字和图片是两种本质不同的知识表征系统。语言文字用一种较抽象的方式描述事物;图片以非线性的形式,比文字更能直观地展现知识的内在逻辑,能够有效降低知识本身带来的内部负荷。因此,教师在设计教学材料时需要整合文字、表格、图片等使学习材料易学,尤其是在理工科课程教学中,应尽量使用文字、图片等相结合的形式来揭示知识体系的内在结构。

通道效应指的是当学习者利用视觉和听觉相结合的方式接受信息,学习效果优于单单依赖于视觉或者听觉的方式。美国教育心理学家迈耶(R. E. Mayer)提出的多媒体学习的认知理论包含三个假设:双通道假设、有限能力假设和主动加工假设。双通道假设指的是在工作记忆中人类利用两个独立的通道来加工视觉和听觉信息,视觉信息在视觉通道加工,听觉信息在听觉通道加工。有限能力假设指的是每个通道一次只能加工有限数量的信息。主动加工假设指的是学习者通过感官通道选择信息、整理信息和整合信息(selecting, organizing, and integrating knowledge)三个阶段对信息进行主动加工。② 所以,单通道涌入大量信息会造成该通道工作记忆负载过高,有效结合两个通道进行学习,会减少工作记忆负载量。这就要求教师呈现的教学材料要能够充分调动学生各个感觉通道,因为文本信息和图片信息呈现会争抢视觉通道,所以就可以用声音的形式代替文本信息转换到听觉通道,整体上能够减少学习者的认知负荷。

注意分割效应指用于同一知识学习的相关信息源在时间或空间上呈现得较远时,学习者需要消耗更多的认知资源将时间或空间上不连续的信息源整合起来,造成过高的外部负荷,从而影响学习效果。③ 注意分割效应具体可分为空间不连续效应和时间不连续效应。因此,相关信息源的呈现尽量在时空上保持邻近。以解释性的文字和图片信息为例,在空间上应该对文字和图片进行整合,将文字置于图片附近合适的位置,时间上应该同步或邻近出现,以便学习者将其作为一个整体,促进学习者图式的建构,同时减少搜索、对照信息带来的外部认知负荷。

冗余效应指的是当同一学习内容以不同形式表征时,学习者同时加工这些形式不同但内容相同的信息会导致认知资源不必要地浪费,从而影响学习效果。④ 教师应学会用尽量简明的教学材料将内容解释清楚,如果单一形式的信息能够传达完整明确的意义,就无须利用多元表征互相参照,避免重复性信息。

---

① 赵立影,吴庆麟. 基于认知负荷理论的复杂学习教学设计[J]. 电化教育研究,2010(4):44—48.

② Crooks S M, Cheon J, Inan F, et al. Modality and cueing in multimedia learning: Examining cognitive and perceptual explanations for the modality effect[J]. *Computers in Human Behavior*, 2012, 28(3): 1063—1071.

③ Schroeder N L, Cenkci A T. Spatial Contiguity and Spatial Split-Attention Effects in Multimedia Learning Environments: A Meta-Analysis[J]. *Educational Psychology Review*, 2018, 30(1): 1—23.

④ Jamet E, Bohec O L. The effect of redundant text in multimedia instruction[J]. *Contemporary Educational Psychology*, 2007, 32(4): 588—598.

诱惑性细节效应指的是学习材料中有趣的、容易吸引人注意力但与学习目的无关的信息,由于工作记忆的能力是有限的,这些诱惑性细节将占据学习者有限的认知资源,影响其主要学习任务的完成。[①] 这要求教师在准备教学材料时要紧紧围绕教学目标,去除那些单纯吸引学生眼球而与教学内容无关的信息。如果确实需要提高材料的趣味性,可以考虑将材料核心内容用有趣的方式(如鲜艳的颜色、个性化的图标)设计出来而非增加额外的信息。

有效利用这些效应可以促进学习者的学习。但近年来的研究发现,随着学习者知识的增长,这些效应发挥的作用越来越小,有些甚至产生负面作用,这就是逐渐受到关注的知识反转效应。以通道效应为例,通道效应指出新手同时学习图表和听觉信息比同时学习图表和视觉文字信息的学习效果要好,而只学习图表信息的效果最差。但是当学习者取得更多知识时,图表与听觉信息整合的优势逐渐消失。随着学习者知识的进一步增长,当只呈现图表信息时,他们的学习效果反而最好。[②] 知识反转效应提醒我们教学材料的设计需要及时调整,以适应学习者不断变化的认知结构。

二、条件性资源的开发与利用

条件性资源包含人、物、环境等诸多因素,空间上的有形条件资源——教室和时间上的无形条件资源——课时是课程与教学实施中最为常见的两个条件性资源。对教室资源和课时资源的合理开发与利用需要遵循一定的策略。

■（一）教室资源开发和利用

教室是师生开展教学活动最主要的场所,教室环境可分为物理环境和非物理环境。物理环境主要是指以客观物质形态存在的、有形的、静态的各种组成要素,是硬环境部分,如教师所处的位置、自然条件(空气质量、温度、色调、采光、噪声等)、教室设施(讲台、黑板、课桌椅、教具、安全设施如灭火器、安全出口等)、座位编排等。非物理环境主要是指以非物质形态存在的师生在教和学活动中形成的人际交往关系、心理氛围以及蕴含的文化意涵。非物理环境也有很多以物质形态载体来呈现,如教师张贴的制度和安排类表格、图画标语、成绩公示、学习作业、管理通报、杂类展示内容(如学生理想选登、才艺展示)等。合理开发和利用教室资源需要考虑以下三点。

首先,开发和利用教室课程资源需要外界环境的支持。其一,需要智力上的支持。有关课程资源开发的专家可以提供相关领域更加丰富、先进的经验。其二,需要物力上的支持。如教室资源开发过程中需要添置一些设备,布置教室环境等。但是对物力支持的需求也没有达到非它不可的程度,一些边远地区可以根据当地的经济实力进行物力的投资。其三,需要制度上的支持。智力支持和物力支持何以能实现,以何种方式实现,何以比较规范地开展都需要制度的支持和保障。

---

① Rey G D. A review of research and a meta-analysis of the seductive detail effect[J]. *Educational Research Review*,2012,7(3):216—237.

② 赵立影,吴庆麟.基于认知负荷理论的复杂学习教学设计[J].电化教育研究,2010(4):44—48.

其次,选择教室资源需要参考一定的标准。其一,是否有利于实现教育的理想和办学的宗旨,反映社会的发展需要和进步方向。要选择那些对学生终身发展有决定意义的资源并使之得到优先应用。其二,是否符合学生身心发展的特点,满足学生的兴趣爱好和发展需要。在此基础上还要充分调动学生开发和利用教室资源的积极性和主动性。其三,根据教师教育教学修养的现实水平对教室资源进行开发和利用。这是一条"潜在"标准,不管有没有意识到,它都对教室资源的开发和利用产生着影响。

最后,要注重营造和谐的教室心理环境和文化氛围。一方面,注意教室环境的布置,使其更加有利于学生的身心成长、符合教学活动的需要、突出教室的学习功能,而不是以精美或简约来评判教室布置是否得当。具体来说,教室要淡化"功利"色彩,如有的教室前面张贴"距离某某考试还有多少天"、后面张贴成绩排名光荣榜等,形成一种压抑的气氛,造成学生"内紧"的状态,紧张过度则容易引发学生的抑郁、逆反心理。教室的布置也不能长期固定不变,或者布置得太花哨,影响学生的注意力集中。另一方面,教师应该带动和鼓励学生参与教室资源的开发、管理和利用。如让学生参与一些栏目的布置,张贴学生喜欢的名人名言,或者学生自己创作的格言警句。还可以带领学生对教室的角落空间进行布置,参考学生的需求建议,设置图书角、自然角等,让学生对这些角落的物品如图书资源和教学辅助工具等进行管理,要求责任到人。当学生的积极主动性的发挥变成习惯时,就可以达到教师不在场,教室资源一样可以发挥育人功能的效果;学生也可以通过开发并自觉利用教室资源促进自身的学习和身心发展。[①]

■(二)课时资源开发和利用

学校各学科课时的规定集中体现在课程表上,课程表实际上就是对不同课程的教与学时间的具体安排,课程表的设计是否科学、合理,将会直接影响课程实施的质量。目前我国中小学课程表中存在一些异化倾向,主要表现为课程表丧失学校特色、课程门类安排搭配不当、最佳学习日与最佳课时安排不当、课时安排不符合国家规定以及单日课程门类过多等问题。在新课程背景下,编制课程表应该体现出课程的基础性、弹性化、综合化、均衡性和人性化。为了解决上述课时安排中出现的问题,学校可以采取一些必要的策略和措施,以实现课时的合理安排与有效利用,具体策略与措施如下。

第一,获得上级教育部门的政策支持,有效行使学校的自主权。上级教育部门要为学校根据本校的实际情况合理安排课程预留政策空间。为了使学校在编制课程表时的自主权得以合法化,学校需要成立一个类似"课程表编制委员会"的机构,组成人员主要包括学校校长、教务人员、教师与学生代表、家长与社区代表,乃至专家学者等。通过全体参与、民主对话的方式,对学校自主安排的课程以及国家课程的具体编排等进行有效审查和合理决策,以保证课程表中所规定的具体课程能够落到实处。

第二,采用课时集中的"课段"设计方式,保证课时安排具有一定的弹性。 项教学活动,课时过多会导致浪费,课时过少会使之形式化,所以教师应该能够根据已有的经验和

---

① 吴刚平,李茂森,闫艳.课程资源论[M].北京:北京师范大学出版社,2014:98.

实际需要向学校申请适宜的课时段。对于复杂的教学活动,可以两个课时连续编排,也可以集中一周或两周连续开展活动。当然,课时单位时间的延长,意味着上课的次数相对减少,因此课时分配要保持相对平衡。

第三,一天并行的课程门类要适度,以学生的学习为中心排课。基于对教学效率,学生学习规律与学习负担,学科结构、内容、特点等因素的考虑,一天内设计的课程门类不宜过多。例如,初中学生每周要学的课按 12 门计算,从大多数课程表的设计情况来看,学生每天至少要学六门课,一天内学习的课程门类太多,会造成学生的心理与课业负担过重,不符合学生思维发展的特点。[①]

三、保持素材性资源和条件性资源的动态平衡

素材性资源与条件性资源都是课程与教学实施过程中重要的资源组成部分。在分别着力开发和利用这两类资源的同时,更为重要的是要兼顾素材性资源和条件性资源的建设,尽力确保两类资源开发利用的动态平衡。

■ (一)保障基本的条件性资源

课程资源,无论是素材性资源还是条件性资源,对于课程目标的实现范围和水平都是非常重要的。对于条件性课程资源而言,必须首先保证的是课程实施最基本的条件,比如课时保证、基本的安全而必需的场地、物资和设备等。在具备了基本的课程实施的前提条件之后,条件性课程资源的建设则要量力而行,不可盲目拔高要求。

从目前我国中小学的一般情况来看,人们往往容易把关注的重心过分集中在条件性课程资源的建设上,不仅增加了不必要的课程成本,甚至忽视、埋没了大量素材性课程资源,导致教育现代化的物质外壳与丰富内涵之间严重分离。所以,一个重要的课题是保持条件性课程资源与素材性课程资源之间的动态平衡,不仅要重视条件性课程资源的建设,更要把开发和利用素材性课程资源作为学校课程资源建设的重点,全面体现教育现代化的丰富内涵。

■ (二)着力开发和利用素材性资源

与条件性课程资源的开发和利用相比,素材性课程资源的开发和利用对于教育质量的提高更具决定意义,有更大的丰富性、灵活性和创造空间。从理论上讲,即使条件相对落后的西部地区、农村地区,课程资源特别是素材性课程资源也是丰富多彩的,但缺乏的是对于课程资源的识别、开发和运用的意识与能力。目前,带有共同性的问题是对于课程资源的地位和作用的重视不够,一方面是由于课程资源特别是条件性课程资源的不足而导致的,另一方面却是由于课程资源意识的淡薄而导致大量课程资源特别是素材性资源被埋没,不能及时地加工、转化和进入实际的课程和教学之中,造成许多有价值的课程资源的闲置与浪费。

---

① 吴刚平,李茂森,闫艳.课程资源论[M].北京:北京师范大学出版社,2014:200.

许多不同的材料,如果以条件性课程资源的眼光来看可能存在天壤之别;而如果以素材性课程资源的眼光来看,它们的教育价值则是同质的,关键在于我们怎么运用它们。特别是,我们应该意识到,在教师和学生的教学互动中创造出的各种活动形式及其所生成的各种信息,将是充满无限生机的课程资源。这种思想应该成为我们开发和利用素材性课程资源的强大动力。尤其是那些具有实验性和示范性的中小学和优秀教师,应该特别重视在素材性课程资源建设方面做出更多前瞻性的探索和总结,提供更多更好地开发和利用课程资源的经验和示范。[①]

第四节　新技术条件下的课程与
教学资源开发

在新技术条件的支持下,课程与教学资源开发的形式愈加多样化。慕课、微课、翻转课堂、移动学习、创客教育、智慧教室等都是信息化时代下课程与教学资源开发的产物。此后,随着信息技术的高速发展,新技术作为素材性资源与条件性资源将为课程与教学资源建设创造更多的可能性。

一、新技术条件下课程与教学资源开发的热点

随着云计算、大数据、物联网、普适计算、社交网络等信息化技术的迅速发展,教育逐渐由数字化向智慧化阶段转变是未来趋势。在这一趋势下,当前教育领域出现了慕课、微课、翻转课堂、移动学习、创客教育、智慧教室等课程与教学资源开发的热点。

■（一）慕课

"慕课"即 MOOC(massive open online courses),也就是大规模开放式在线网络课程。这一概念诞生于 2008 年,尤其是在 2012 年以后,迅速发展进化并有席卷全球之势。慕课具有以下几个特征:第一,低门槛。MOOC 课程对参与学习的学习者不设置起点要求,任何层次的人都可参与学习。第二,大规模。这一特征体现在课程的覆盖面、针对的人群很广。第三,优质资源共享。慕课作为开放教育资源运动发展的最新产物之一,秉承着教育资源共享的核心理念和最高愿景,强调知识应该突破地域、文化、经济等因素的限制,实现教育资源的全世界、全人类免费共享。第四,融合现代化信息技术的优势。此前的在线课程没有数据后台支持,本质上属于课程视频的网上资源汇聚与发布,而慕课真正将在线学习、社交服务、人数据分析、移动互联网等前沿的信息技术手段与教育内容融为

---

① 吴刚平.普通高中开发和利用课程资源的基本思路[J].当代教育科学,2003(20):8—12.

一体,为现代教育赋予了新的时代内涵和变革意义。①

在慕课"繁荣"发展的背后,也有研究者理性分析并指出实践中的问题,比如课程完成率不高、教学模式囿于传统、难以实现个性化学习、学习体验缺失、学习效果难以评估、学习成果缺乏认证等。② 如何在学校教育中引入慕课这一开放教育资源,克服学校课程资源相对封闭、更新慢的弊端,扩展学生的知识视野,是学校课程资源建设的良好契机和挑战。

■(二)微课

微课本质上是一种支持教师教和学生学的新型课程资源。微课具有"微课件"和"微课程"两层含义:从资源的角度看,微课是"微课件"的缩写,是以阐释某一知识点为目标、以短小精悍的在线视频为表现形式、以学习或教学应用为目的的在线教学视频;从课程的角度看,微课是"微课程"的缩写,是以微型教学视频为主要载体,针对某个学科知识点(如重点、难点、疑点、考点等)或教学环节(如学习活动、主题、实验、任务等)而设计开发的一种情景化、支持多种学习方式的新型在线网络视频课程。③

有研究者将微课视为"短""小""精""撼"的在线教学视频:"短"是指每段视频的播放时间短,一般不会超过20分钟,以十分钟左右为宜;"小"是指为了兼顾呈现效果和下载播放的速度,视频文件的大小一般不会超过100兆,以十到几十兆为宜;"精"是指选题相对聚焦、教学设计精心、视频制作精湛,每段视频都包含了较为独立完整的知识内容;"撼"是指视频具有震撼的视听效果,能够打动学习者并提供良好的学习体验。④

国外主要将微课应用于翻转课堂、电子书包、混合学习等教育改革项目中,对学生而言,可以更好地满足其个性化学习的需要。如可汗学院和TEDed提供的大量微课,其教学应用形式基本上是"学习者自主观看微课,完成在线练习,提问或参与主题讨论"。在这里,微课扮演了传统课堂中的教师角色,而教师则成为背后回答学习者提问的答疑者,以及组织学习者开展主题讨论的引导者。在国内,尽管各级各类学校都在要求教师积极推进微课的设计与制作,但其教学应用现状并不理想。⑤ 若教师能够合理运用微课,那么微课能够成为传统课堂内课程资源的重要补充,满足学习者对知识进行自主预习、查漏补缺的需要,提高学习者的自主学习能力。

■(三)翻转课堂

翻转课堂是由美国富兰克林学院的罗伯特·塔尔伯特(Robert Talbert)教授提出的

---

① 高地."慕课":核心理念、实践反思与文化安全[J].东北师大学报(哲学社会科学版),2014(5):178—186.
② 高地.MOOC热的冷思考——国际上对MOOCs课程教学六大问题的审思[J].远程教育杂志,2014,32(2):39—47.
③ 胡铁生,黄明燕,李民.我国微课发展的三个阶段及其启示[J].远程教育杂志,2013,31(4):36—42.
④ 钟晓流,宋述强,胡敏,等.第四次教育革命视域中的智慧教育生态构建[J].远程教育杂志,2015,33(4):34—40.
⑤ 林津.微课教学应用现状调查与研究——以广州市部分中小学为例[J].福建广播电视大学学报,2020(5):55—60.

以课前、课中为分界的学习结构。课前学生观看教师讲课视频,完成针对性的练习;课堂中学生成为课堂的主体,而教师则是从旁帮助和指导,在学生遇到问题或评价测试中遇到困难时对其点拨指导,促进其学习。教师的角色更可以是启发者,通过提问、倾听、反馈和追问等进行有效的师生互动,进而激发生生互动,也包括师生讨论、学生小组讨论及合作探究等。课后教师可以花更多时间解答学生的疑问,针对不同学生的个性化差异和学习需求因材施教。翻转课堂将知识学习过程中的知识传授与知识内化两个阶段颠倒过来,教学流程的逆序创新带来了知识传授的提前和知识内化的变化。课前学生通过微课(以教学视频为技术表现形态)等自主学习材料完成"先学";课堂上,学生和教师一起完成问题研讨,解决了传统教学中学生克服学习中重点难点时教师往往不在现场的问题,即分解了知识内化的难度,增加了知识内化的次数,促进了学生的知识获得。[①]

从教学思想来看,翻转课堂体现了以生为本的理念。在课前,学生能够自定学习步调,观看视频、完成作业,实现自主学习。在课堂讨论中,能够与同伴、教师充分互动,建构对知识的理解。从教学资源来看,微课等网络课程视频是翻转课堂重要的课程资源。从教学环境来看,技术环境的应用分担了知识播送、测练提供、数据分析等工作,课程实施将线上学习和线下学习相连接,整合网络学习环境和课堂物理环境,体现了混合学习策略。

■ (四)移动学习

由于无线网络和手持设备(如便携式 PC、智能手机和平板电脑等)的普及,我们可以随时随地获取、处理和发送信息,使得信息的获取和交流无时不在、无处不在,移动学习项目随之兴起。移动学习是在非固定、非预先规划的时间和地点和非正式场所,利用移动设备与虚拟世界交互发生的任何个人的、协作的或者以混合方式开展的学习,也包括在正规场景利用移动设备促进个体探究和协作探究。

移动学习将诸如多媒体、环境智能、触觉交互等新技术融合到教育领域,具有如下特征:第一,具有便捷性的学习工具、灵活性的学习环境,提供随时随地的学习机会。第二,具有自主性、个性化的学习方式,学习者可以自己决定学习时间、地点,选择学习内容和制定学习计划等。第三,学习任务以知识导航为特征,以提出问题解决方案为目的。知识导航是指学习者对可获得的知识进行配置和管理,学习被看作是探索、评价、操作、整合和导航的任务活动,而这一切的最终目的就是解决真实情境下的实际问题。第四,学习活动更具有情境性,资源丰富并以真实情境作为学习隐喻。第五,以群体协作和个体探究学习为典型组织形式。[②]

近几年移动互联网发展迅猛,移动设备的性能和用户体验日新月异,在后台云计算的支持下,移动学习的前景广阔。目前已有不少中小学将平板电脑等移动智能终端引入课堂,多样的媒体教学资源能够调动学生的学习情绪,丰富的工具软件能够为师生提供不同的情境和功能,良好的交互平台能够为师生互动、课堂反馈带来稳定流畅的体验。教师和

---

① 祝智庭,管珏琪,邱慧娴. 翻转课堂国内应用实践与反思[J]. 电化教育研究,2015,36(6):66—72.

② 黄荣怀,王晓晨,李玉顺. 面向移动学习的学习活动设计框架[J]. 远程教育杂志,2009,17(1):3—7.

学生还能利用移动终端将课堂学习拓展到课前课后,从课堂拓展到任何场所,由学习者调控自己的学习节奏,提高学习的自主性。有效地利用移动智能设备,不仅可以辅助教与学,而且能够营造一种智能化的学习环境,优化课程的素材性和条件性资源,这也是信息技术与课程整合的必然趋势。

■ (五)创客教育

随着互联网热潮 3D 打印技术、微控制器等开源硬件平台日益成熟,创客教育(maker education)正在掀起一股席卷全球的教育变革浪潮。创客源自英语单词"maker",原意是指"制造者"。现在,创客主要用于指代利用网络、3D 打印以及其他新兴科技,把创意转换成现实,勇于创新的一群人。在新兴科技和互联网社区发展的大背景下,创客教育以信息技术的融合为基础,传承了体验教育、项目学习法、创新教育、DIY 理念的思想,开始走向人们的视野,并为越来越多的教育工作者所青睐。[①]

创客教育课程有广义和狭义之分。广义的创客教育课程是指以培养学生创客素养为导向的各类课程,既包括电子创意类课程,也包括手工、陶艺、绘画等艺术类创意课程;狭义的创客教育课程则特指以智能化信息技术[②]应用为显著特征的电子创意类课程,其科技含量较高。从目前的情况来看,创客教育课程还未正式进入我国的中小学课程体系,也无指定的课程大纲和相关教材,各级各类学校所开设的创客教育,基本都采用校本课程的模式。[③]

创客教育一方面旨在提高学生的创造力、动手实践能力,培养学生的创新精神;另一方面由于新技术的嵌入,对于学习者掌握科学技术知识、形成科学素养具有重要意义。学校教育应该致力于开发新技术作为课程的素材性资源,结合不同阶段中小学生的认知发展、科学素养和数字化学习能力的需求开展创客教育课程,适应"互联网+"时代对培养新兴技术后备人才的需要。

■ (六)智慧教室

关于智慧教室,国际上有多种称谓或叫法,常见的有 intelligent classroom、i-room、i-classroom、smart classroom 等。智慧教室,就是一个能够方便对教室所装备的视听、计算机、投影、交互白板等声、光、电设备进行控制和操作,有利于师生无缝地接入资源及从事教与学活动,能适应包括远程教学在内的多种教学方式,以自然的人机交互为特征,并依靠智能空间技术实现的增强型教室。[④] 有学者认为智慧教室就是未来教室的形态。

智慧教室具有人性化、混合性、开放性、交互性、智能性、生态化等特性。人性化体现在智慧教室的技术设计和应用上更多地体现以人为本的精神,包括使用的课桌椅符合学生的身体发育需求,使用设备与技术等的人性化设计等。混合性体现在智慧教室可以实

① 祝智庭,孙妍妍. 创客教育:信息技术使能的创新教育实践场[J]. 中国电化教育,2015(1):14—21.
② 常见的创客编程工具有 Scratch、Mixly、Arduino、Galileo 等。
③ 杨现民. 建设创客课程:"创课"的内涵、特征及设计框架[J]. 远程教育杂志,2016,35(3):3—14.
④ 陈卫东,叶新东,张际平. 智能教室研究现状与未来展望[J]. 远程教育杂志,2011,29(4):39—45.

现多种教与学活动的混合,如正式学习和非正式学习的结合、虚拟课堂和现实课堂的混合、不同交互类型的混合等。不同学科课程、不同情境问题的解决需要有相应的教学情境和样式,这些在智慧教室中都能得到很好的实现。开放性体现在智慧教室的教学组织形式和教学资源都是开放的。比如在教学资源方面,教学者和学习者可以很方便地获得课堂内外的资源,并与资源进行良好的交互。智慧教室后台的资源服务平台也是开放的,教学过程中的生成性资源均能上传到服务平台,成为教学资源的一部分。智能性体现在智慧教室嵌入了计算、信息设备和传感装置,具有自然便捷的交互接口,以支持教师和学生方便地使用智慧教室设备的服务。智慧教室的交互性涉及人、技术、资源、环境等的相互作用,只有充分、良好的课堂互动,才能充分发挥课堂主体的主动性、能动性,创构出和谐、自由发展的教与学的环境与活动。生态化体现在智慧教室教学要遵循教育生态学原理与法则;同时课堂教学也要关注良好学习环境的营造,发挥课堂生态系统整体效应,以便建立一个以人为本、平等、和谐、开放的教室生态系统。[①]

教室是学校教学活动开展的重要场所,是课程实施的重要条件性资源。智慧教室的构建将大大改变传统课堂的样貌,突破教室仅仅作为物理空间的概念,使得教学资源的获取便捷化、多样化,更促进了课堂生成性资源的存储和利用。

透过慕课、微课、翻转课堂、移动学习、创客教育、智慧教室等新生的教育形态,我们可以看到教育理念和教学模式的变化,即基于班级授课制,以教师为中心、教材为中心、教室为中心的知识传授模式逐步让位于基于广泛学习资源,以学生为中心、问题为中心、活动为中心的能力培养模式。[②] 课程资源是实现课程目标的必需条件,新技术条件下课程资源的开发与利用必然要符合教育理念和教学模式变化的要求,彰显新的特征。

二、新技术条件下课程与教学资源建设的趋势

在基础教育领域中发挥关键性影响的新技术,总结起来主要有以下几类:互联网技术(云计算、社会性网络)、移动技术(移动应用软件、平板电脑)、智能技术(增强现实、物联网、自然用户界面、可穿戴技术)、知识管理/共享技术(群体智能)、学习分析技术、数字化内容开发/出版。[③] 智慧教育是当代教育信息化的新境界、新诉求,这些技术为智慧教育体系的构建提供了现实基础和强大支撑。智慧教育的基本内涵是,通过构建智慧学习环境(smart learning environments)、运用智慧教学法(smart pedagogy),促进学习者进行智慧学习(smart learning),培养具有高智能(high-intelligence)和创造力(productivity)的人,利用适当的技术智慧地参与各种实践活动并不断地创造制品和价值,实现对学习环境、生活环境和工作环境灵巧机敏的适应、塑造和选择。[④]

① 陈卫东,张际平.未来课堂的定位与特性研究[J].电化教育研究,2010(7):23—28.
② 钟晓流,宋述强,胡敏,等.第四次教育革命视域中的智慧教育生态构建[J].远程教育杂志,2015,33(4):34—40.
③ 李睿.信息技术与课程整合的新趋向[D].上海:华东师范大学,2013.
④ 祝智庭,贺斌.智慧教育:教育信息化的新境界[J].电化教育研究,2012,33(12):5—13.

新技术条件下课程与教学资源的建设要从两方面进行考虑，一是将新技术作为素材性资源，纳入学校课程内容体系；二是将新技术作为优化课程和教学活动的条件性资源，构建多种技术支撑的智慧化学习环境。

■ （一）新技术作为素材性资源

新技术支持下的智慧教育倡导泛在学习、无缝学习等学习方式，以发展学习者的学习智慧和创新精神为目标，而以传统教科书为主体的课程与教学资源难以满足此要求，因此，教师可以充分利用微课、慕课、电子教材等开放学习资源。其中，电子教材的建设近年来不断受到研究者的关注。从实践角度来说，电子教材可理解为一种符合教育教学规律的教学资源包，其内容主体应包含课文、注释、插图、实验、习题等，并在此基础上整合多种辅助学习工具（如字典、计算器、笔记本、参考书）和一些多媒体学习资料。早期的电子教材仅仅是对纸质教材的电子化，即采用磁盘、光盘和网络作为教材的载体，用多媒体技术来丰富教材内容及表现形式。随着信息技术的发展，与早期的电子教材相比，新发展的电子教材在视觉呈现、媒体操作、笔记、作业、管理等功能方面都有新的突破。

除了充分利用开放教育资源之外，开设新技术教育课程也是新技术背景下素材性资源建设的未来发展趋势。2016 年，谷歌公司研发的基于深度学习的 AlphaGo 战胜了围棋世界冠军，引爆了人们对人工智能的热情。现在，人工智能已被视为推动现代社会进步的主要核心技术力量之一。[①] 我国政府于 2017 年发布的《新一代人工智能发展规划》明确要求发展智能教育，"利用智能技术加快推动人才培养模式、教学方法改革，构建包含智能学习、交互式学习的新型教育体系"。[②] 人工智能等现代技术将给教育带来意义深远的变革，而现代技术的发展也需要源源不断的后备力量予以支持，因此，学校教育中应当设置人工智能等新技术相关的教育课程。同时，创客教育课程和 STEM 课程等跨学科整合性较强的课程也可融合新技术教育的内容并被适当纳入学校课程中。此外，新技术教育课程的内容还应当包括与伦理道德、个人隐私、网络安全等话题相关的内容，以培养学生的媒介素养，为他们更好地适应信息化时代做好准备。[③]

■ （二）新技术作为条件性资源

2012 年 3 月教育部颁布的《教育信息化十年发展规划（2011—2020 年）》提出，要"以优质教育资源和信息化学习环境建设为基础，以学习方式和教育模式创新为核心"，"努力为每一名学生和学习者提供个性化学习、终身学习的信息化环境和服务"。[④] 伴随我国中小学课程改革的实施，对课程与教学资源的研究重点已经逐步从信息技术与课程的整合

① 马玉慧,柏茂林,周政. 智慧教育时代我国人工智能教育应用的发展路径探究——美国《规划未来,迎接人工智能时代》报告解读及启示[J]. 电化教育研究,2017,38(3):123—128.
② 王亚飞,刘邦奇. 智能教育应用研究概述[J]. 现代教育技术,2018,28(1):5—11.
③ 马玉慧,柏茂林,周政. 智慧教育时代我国人工智能教育应用的发展路径探究——美国《规划未来,迎接人工智能时代》报告解读及启示[J]. 电化教育研究,2017,38(3):123—128.
④ 中华人民共和国教育部. 教育信息化十年发展规划(2011—2020 年)[EB/OL].(2012 - 03 - 13). www. moe. gov. cn/srcsite/A16/s3342/201203/t20120313_133322. html.

转变为如何通过资源的建设,营造启发学习、协作学习、建构学习的学习环境。① 智慧学习环境是社会信息化背景下学生对学习环境发展的诉求,是数字学习环境的高端形态,也是有效促进学习与教学方式变革的支撑条件。② 新技术背景下的智慧学习环境发展趋势包括以下四个方面。

第一,支持资源的个性化推送。在大数据、智能分析、数据挖掘等技术的支持下,为每个学习者和教育者提供个性化的教育资源将是未来智慧学习环境发展的重要方向。一方面,个性化推送体现在满足大众用户的个性化需求上。在教育活动开展过程中,智慧学习环境通过感知物理位置和环境信息,记录教育者与学习者长期教学、学习过程中形成的认知风格、知识背景和个性偏好,从而为其提供个性化的教育资源、工具和服务。③ 另一方面,个性化推送也体现在根据地方区域特色因地制宜,辅助特殊地区打造特色数字教育资源。具体表现在借由全国统一学籍信息管理制度对适龄儿童、少数民族群体及贫困地区学生的入学信息进行采集和深度挖掘,实现教育资源的合理分配。而后再根据其地域特征、民族特色、学习偏好等信息推送符合学习者生活和个性化发展的资源,促进教育公平,提高特殊地区的教育质量。

第二,有效利用生成性资源。生成性资源是相对于预设性资源而言的,指的是在教与学的过程中、由师生参与生成的资源,具有过程性、参与性与进化性的特征。④ 智慧学习环境支持下的智能学情分析能够带来一系列有效的生成性资源。一方面,智能学情分析技术能够汇聚单个学生的学习态度、学习风格、知识点掌握情况等信息,也能够统计班级整体的学习氛围状况、薄弱知识点分布、成绩分布等学情信息,使教师能够精准掌握学生个体的学习需求和班级整体的学习需求,最终为合理规划教学资源、恰当选取教学方式提供专业指导意见。⑤ 另一方面,智能终端能够将学生的学习情况实时反馈给教师和学习者个体,教师可以及时有针对性地提供反馈并进行形成性评价,诊断学情、调整教学、优化教学过程,学生可以在个性化诊断的基础上实现自我调节学习。⑥

第三,搭造高互动的学习空间。教与学活动的本质是互动,智慧教育系统支持全方位的交互,包括人与人之间的交互、人与物之间的交互等。就人与人的交互而言,通过使用智慧终端设备实现交流时间、地点、对象和形式的多样化。例如,教室中的无线反馈系统可供学习者与教学者之间互动,教学者可以根据教学过程的需要设计问题,学习者可以利用无线反馈系统进行回答;视讯会议系统可以实现本地课堂与国内其他地区学校或他国学校进行实时课堂互动,并基于虚拟化身技术,形成虚拟学习小组,方便不同学校学习者之间的合作,促进不同文化之间的交流,等等。⑦ 就人与物的交互而言,人与物的高交互

① 李睿. 信息技术与课程整合的新趋向[D]. 上海:华东师范大学,2013.
② 陈卫东,叶新东,许亚锋. 未来课堂:智慧学习环境[J]. 远程教育杂志,2012,30(5):42—49.
③ 赵秋锦,杨现民,王帆. 智慧教育环境的系统模型设计[J]. 现代教育技术,2014,24(10):12—18.
④ 杨现民,赵鑫硕. "互联网+"时代学习资源再认识及其发展趋势[J]. 电化教育研究,2016,37(10):88—96.
⑤ 吴晓如,王政. 人工智能教育应用的发展趋势与实践案例[J]. 现代教育技术,2018,28(2):5—11.
⑥ 杨樾,焦辰菲,夏长胜. 智能终端支持的信息技术与课程深度整合趋势研究[J]. 中国电化教育,2014(5):69—73.
⑦ 陈卫东,叶新东,秦嘉悦,等. 未来课堂——高互动学习空间[J]. 中国电化教育,2011(8):6—13.

性主要体现在课堂环境中操作和使用各教学设备的便捷性、人性化。例如,未来课堂中的桌椅设备调整应是灵活的,能够方便根据不同教学活动的要求灵活进行组织,而无须过多地移动。无线高速网络将使我们在课堂上方便地获取视、音频,各种设备都将无线化;交互式电子白板、表决器、手写板、板式电脑、大屏幕显示器将会越来越多地得到应用,大型的触摸屏可能会成为小型课堂中的必要装备,等等。

第四,营造沉浸式学习体验。利用虚拟现实、增强现实以及物联网等技术能够为学习者创设具有真实性的学习环境,使学习者摆脱抽象、间接的知识学习方式,获得沉浸式的学习体验。虚拟现实技术能给用户以逼真的体验,让学生沉浸在虚拟世界里对学习对象进行实时观察、交互、参与、实验、漫游等操作,将枯燥难懂的知识以"身临其境"的方式来感受和体会,变被动灌输的学习方式为主动式和兴趣化的学习探索。移动增强现实技术通过增强情境和三维模型等的创设,构建复杂的、有意义的问题情境,使学习者探索解决真实性问题,形成解决问题的技能。在解决问题的过程中,促进学习者的主动思考,引导其进行学习反思,提高主动学习和主动思考的能力。[①] 物联网技术的引入可以使得现实世界的物品互为联通,实现物理空间与数字化信息空间的互联,使真实空间与虚拟学习环境实现比较有效的整合。它让教学环境中的物件形成数字化、网络化、可视化特性,使学生在课堂中就可以感知自然、感知真实的场景。课本中的知识与现实世界相联系,能够更好地促进学生对知识的深刻理解和把握,扩大教学效果。

重要概念

■ 课程资源

课程资源有狭义和广义之分。狭义的课程资源仅指形成课程的直接要素来源;广义的课程资源指有利于实现课程目标的各种因素,包括形成课程的直接要素来源(即素材性课程资源)和实施课程的必要而直接的条件(即条件性课程资源)。课程资源是课程建设的基础,也是课程实施的有机组成部分,它包括教材以及学生家庭、学校和社会生活中一切有助于学生发展的各种资源。教材是课程资源的核心和主要组成部分,是政策性很强的课程资源。

■ 课程材料

课程材料是指为教师提供的展示课程内容和协助教学的所有材料的总称。广义的课程材料包括:(1)教学法参考资料,即向教师提出的有关进行何种教学活动以及如何开展活动的建议;(2)科目内容,即所设科目领域的知识;(3)教学用品设备,包括教科书、练习册、期刊、卡片、模型、教具、幻灯片、投影片、音响类的录音带、唱片、录像带、电影、光盘等。狭义的课程材料一般指向教师提供的常规性教学基本材料,通常为经过审定的教科书,公

---

① 王萍.移动增强现实型学习资源研究[J].电化教育研究,2013,34(12):60—67.

开发行的课程标准、大纲，一系列授课模式和资料，或是教师手册、教学参考书等。课程材料不仅是教育内容的载体，而且是从内容到经验转化的中介，制约着教学效果和质量。课程材料的选择，应该遵循真实性、趣味性、相关性、多样性、科学性和规范性等原则。

■ 班级授课制

班级授课制是 1632 年捷克教育家夸美纽斯在其出版的《大教学论》一书中首次提出的一种集体教学形式。即把一定数量的学生按年龄与知识程度编成固定的班级，根据周课表和作息时间表，安排教师有计划地向全班学生集体上课。在班级授课制中，同一个班的每个学生的学习内容与进度必须一致；开设的各门课程，特别是在高年级，通常由具有不同专业知识的教师分别担任。班级授课制的组织形式，主要有全班教学、班内小组教学、班内个别教学。

■ 课程实施

课程实施是将课程计划付诸实践的过程。课程实施有三种代表性的取向：忠实取向、相互调适取向、创生取向。

课程实施的忠实取向，认为课程实施过程是忠实地执行课程计划的过程，衡量课程实施成功与否的标准是课程实施过程实现预定的课程计划的程度，强调课程设计的优先性与重要性。课程实施的相互调适取向，认为课程实施过程是课程计划于班级或学校实践情境在课程目标、内容、方法、组织模式等方面相互调整、改变与适应的过程。课程创生取向认为，真正的课程是师生共同创造的教育经验，课程实施本质上是在具体情境中创生新的教育经验的过程，既有的课程计划只是提供这个经验创生过程选择的工具而已。课程知识不是一件产品或一个事件，而是一个不断前进的过程。

■ 教材组织

教材组织是指按照一定的理论体系选取和安排某一门科目的教学内容。教材组织通常有三种类型：（1）教材的逻辑组织。按照知识内在的逻辑顺序组织教材，教材的内容排列与有关学术领域的知识体系相对应。适合于逻辑体系严密的学科。（2）教材的心理组织。教材内容的排列顺序与学生的心理发展规律相适应，是美国实用主义教育家杜威首倡。即按照一定年龄阶段学生的心理发展特点和认识规律组织教材，符合各年龄阶段学生领会知识、巩固知识、应用知识以及形成智力技能与操作技能的心理特点。（3）折中式教材组织。在组织教材时既遵循学科的逻辑体系，也顾及学生的心理发展顺序，被视为一种弹性组织方式。20 世纪以前多采用教材的逻辑式组织，20 世纪以后更多地趋向于折中式教材组织。

讨论与反思

1. 你认为当前课程与教学资源建设面临哪些挑战与机遇？

2. 你如何看待教师和学生在课程与教学资源开发中的作用？

拓展阅读

1. 吴刚平,李茂森,闫艳.课程资源论[M].北京：北京师范大学出版社,2014.
2. 理查德·E.迈耶.多媒体学习[M].牛勇,邱香,译.北京：商务印书馆,2006.
3. 李芒.现代教育技术[M].北京：北京师范大学出版社,2015.

前沿热点

不同课程与教学资源的有效开发和利用,是提高学生学习质量的重要保障。然而,在真实的社会生活中,对于课程与教学资源的开发和利用存在失衡现象,反而降低了学生的学习质量和效率。传统的"为考试而教""为考试而学"的倾向,导致学生的校内外学习负担越来越重,教学资源被滥用、误用、过度使用,不仅没能有效促进学生全面发展,还给学生带来沉重的课业负担和作业负担。为解决这个问题,2021年7月,中共中央办公厅、国务院办公厅印发《关于进一步减轻义务教育阶段学生作业负担和校外培训负担的意见》。该文件指出,为切实减轻学生的作业负担和校外培训负担,要坚持政府主导、多方联动,强化政府统筹,落实部门职责,发挥学校主体作用,健全保障政策,明确家校社协同责任,同时强调要大力提升教育教学质量,确保学生在校内学足学好。

提升课后服务水平,满足学生多样化需求[①]

近日,中共中央办公厅、国务院办公厅印发了《关于进一步减轻义务教育阶段学生作业负担和校外培训负担的意见》,对"双减"工作进行全面部署,提出要提升学校课后服务水平,满足学生多样化需求,并从保证课后服务时间、提高课后服务质量、拓展课后服务渠道、做强做优免费线上学习服务等方面明确了具体要求。

落实"双减"要求,使学生过重作业负担和校外培训负担、家庭教育支出和家长相应精力负担有效减轻,教育质量进一步提高,人民群众教育满意度明显提升,必须坚持源头治理、系统治理、综合治理的原则。而提升学校课后服务水平,满足学生多样化需求正是贯彻上述治理原则的题中之义。减轻学生负担,不仅要对学生在校学习时间、体育锻炼时间和家庭作业等做出严格规定,对校外培训机构进行彻底治理,同时还要大力推动课后服务育人,满足学生的个性化需求和实现学生全面发展。

长期以来,义务教育学校特别是小学"三点半"放学现象,带来了家长因未到下

---

① 改编自：本报评论员.提升课后服务水平,满足学生多样化需求[N].中国教育报,2021-07-28(001).

班时间接孩子难的问题,有的还因此把孩子送到校外培训机构,增加了过重校外负担,造成了"校内减负、校外增负",使之成为社会广泛关注的热点问题。学校开展课后服务,是夯实学校教育主阵地作用重要内容,也是为民解忧,满足民众对美好教育的需求,营造更加健康的教育生态的重要举措,一举多得。它不仅可以有效解决家长接送难、孩子没地方去的问题,也可以充分利用课后时间,提供丰富多彩的服务内容,为学生提供学习和发展空间,还有助于更好地满足学生个性化发展需求,促进学生全面健康成长。

近来,教育部积极推进课后服务工作,不断健全完善课后服务有关管理制度和保障机制。截至2021年5月底,全国共有10.2万所义务教育学校开展了课后服务,6496.3万名学生、465.6万名教师参与了课后服务。部分大城市课后服务学校覆盖率超过90%,课后服务工作取得重要进展,大大提升了群众的获得感和幸福感。但与此同时,部分学校的课后服务还存在着课后服务时间偏短、经费保障不到位、吸引力还不够强等问题,需要进一步加大工作力度。

提升课后服务水平,满足学生多样化需求,首先要强化师资保障,加大对课后服务教师和人员的激励。师资是提升课后服务水平、丰富课后服务内容的关键力量。要通过统筹核定编制,配足配齐教师,使学校师资得到充足保障。要通过制定学校课后服务经费保障办法,将课后服务经费主要用于参与课后服务教师和相关人员的补助,加强对参与课后服务教师和人员的激励。只有师资得到了保障,教师的付出得到了肯定和合理的待遇补助,才能充分调动起教师的积极性,确保课后服务水平的提升。

提升课后服务水平,满足学生多样化需求,教育主管部门、学校和家长以及社会要协同合作。地方教育主管部门要及时出台课后服务的操作标准和规范,详细规定课后服务的定位、基础设施条件、服务内容、经费来源、师资配备和考核评价标准等。学校要大力改造基础设施条件,完善体育场、综合实践活动室等场所,满足课后服务的基本需要。

要严格实行课后服务事前事中事后的全过程跟踪管理,形成从申请审核、过程监督到成效评估的完整管理规则。要积极发挥家长参与课后服务育人的积极性,建立可行的参与机制,促进家校共治。同时,还可以聘请退休教师、具备资质的社会专业人员或志愿者参与课后服务,要充分利用社会资源,发挥好少年宫、青少年活动中心等校外活动场所在课后服务中的作用。

开展各种课后育人活动,是促进学生健康成长、治理校外培训乱象的有效措施,也是构建教育良好生态、有效缓解家长焦虑情绪的现实需求。接下来,各地要高位统筹、分工明确、各尽其责,不断丰富课后服务内容,提升课后服务质量,推动"双减"工作落到实处,办好人民满意的教育,更好满足学生的个性化需求,实现学生全面发展。

本章内容导引

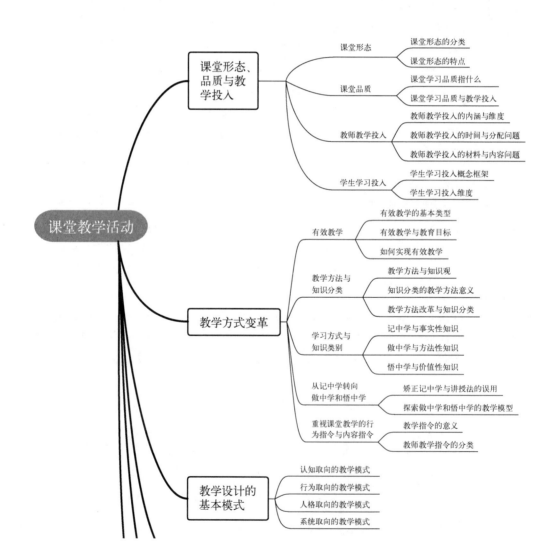

课堂教学活动

- 课堂形态、品质与教学投入
  - 课堂形态
    - 课堂形态的分类
    - 课堂形态的特点
  - 课堂品质
    - 课堂学习品质指什么
    - 课堂学习品质与教学投入
  - 教师教学投入
    - 教师教学投入的内涵与维度
    - 教师教学投入的时间与分配问题
    - 教师教学投入的材料与内容问题
  - 学生学习投入
    - 学生学习投入概念框架
    - 学生学习投入维度

- 教学方式变革
  - 有效教学
    - 有效教学的基本类型
    - 有效教学与教育目标
    - 如何实现有效教学
  - 教学方法与知识分类
    - 教学方法与知识观
    - 知识分类的教学方法意义
    - 教学方法改革与知识分类
  - 学习方式与知识类别
    - 记中学与事实性知识
    - 做中学与方法性知识
    - 悟中学与价值性知识
  - 从记中学转向做中学和悟中学
    - 矫正记中学与讲授法的误用
    - 探索做中学和悟中学的教学模型
  - 重视课堂教学的行为指令与内容指令
    - 教学指令的意义
    - 教师教学指令的分类

- 教学设计的基本模式
  - 认知取向的教学模式
  - 行为取向的教学模式
  - 人格取向的教学模式
  - 系统取向的教学模式

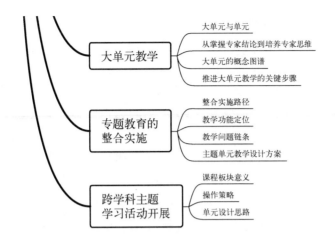

引言

课堂教学是学校教育的主阵地,也是课程与教学实施的基本单位。教师的教学行为和学生的学习行为主要通过课堂教学联结起来。教师正是在课堂教学中,通过促进学生学习、不断改进教学,创造和实现教师自身专业发展和学生健全发展的教育价值。

随着互联网、大数据和人工智能技术,以及学习科学特别是深度学习理论的发展,课堂教学的内涵和外延都在悄然发生改变。课堂形态,越来越多地从传统线下的实体教室,扩展为线上课堂、移动课堂、人工智能课堂、泛在学习等多种新的虚拟现实课堂形态。

同时,课堂教学的本质和基本原理,也在不断获得更加丰富的意义,形成更加多元的注解,发挥更加强有力的指导作用。

本书中的课堂教学,是课程与教学实施议题的重要组成部分,与课程与教学资源建设、课程与教学研究一道,构成课程与教学实施的主要环节。

本章重点阐述课堂教学形态与教学方式变革问题。主要内容包括:

- 课堂形态、课堂品质与教学投入
- 课堂教学方式变革
- 教学设计的基本模式
- 大单元教学
- 专题教育的整合实施
- 跨学科主题学习活动开展

案例

议论文写作教学

这是一次高中议论文写作教学课。两节课连排,第一节是老师讲,第二节是学生写。

一开始,老师就对学生说,议论文的写作,很多同学都感到茫然,觉得无从下手。其实,这件事情并不难,甚至很简单,就是我手写我心,心里怎么想,手上就怎么写。当然,这里面也有一定的方法。

于是,老师拿前年和去年高考满分、高分作文做例子,讲解议论文写作的方法和步骤:第一步,审题立意;第二步,结构分块;第三步,分段落实;第四步,点题呼应。

对于每一步,老师都是一边结合例子讲方法、细节,一边问同学们,大家听得懂吗?

同学们都点点头,几乎是异口同声地回答说,听得懂!

老师说,很好!

等老师把方法步骤讲完,对同学们说,接下来,请同学们把作文本拿出来。我们今天的议论文写作,是一篇材料作文。请大家先看看这篇材料——互联网时代的诚信,然后自定题目,写一篇议论文。

同学们有的开始看材料,有的开始打草稿,更多的则坐着不动。

老师在教室里来回巡视,看到坐着不动的学生,就凑过去问,怎么不写呀?

学生说,不知道怎么写!

老师说,我这一整堂课不就是在讲怎么写吗?

学生说,是的。

老师说,我问你们听不听得懂时,你们不都说听得懂吗?!

学生说,老师讲得很清楚,我觉得听懂了。第一步,审题立意;第二步……

老师说,对呀!听懂了,那就写呀!

学生一脸茫然:确实不知道怎么写……

老师则更加一脸茫然,欲言又止,明显有一种哑巴吃黄连的感觉:我把写作方法都教给你们了,你们怎么就不会写呢?

老师皱着眉头,似在对学生说,更似在自言自语:那怎么办?要不,我再跟你们讲一遍……

案例评析: 课堂教学既涉及教什么、学什么的内容问题,更涉及怎么教、怎么学的方式问题。只有当教学方式与教学内容相匹配的时候,教学才能真正有效。

本案例中,议论文的写作方法教学,要教的是写作的方法性知识,这是内容问题;教师用讲授的方式来教写作方法,这是方式问题。之所以那么多学生听懂了教师讲的怎么写议论文的内容,却无法掌握如何写议论文的方法,是因为用讲授的方式压根就无法教出写作的方法性知识本身,讲授出来的写作方法,到了学生那里变成了关于写作方法的正确结论,是关于写作方法的知识。这是事实性知识,而不是方法性知识。

也就是说,老师讲写作方法是一个由内而外的过程。写作方法在老师这里是方法本身,老师会做会用。老师拥有写作议论文的内在能力,即具有写作的方法性知识,老师将这种方法性知识由内而外转化成语言、文字、符号等外在形式,让学生听得懂、看得见。到学生那里,听老师讲写作方法却是一个由外而内的过程。学生听懂、看见的是关于写作方法的正确结论,是外在的形式。学生需要由外而内将其转化成自己的内在能力,但恰恰是这个内化过程没法完成,因此只能收获关于写作方法的外在结论,只会说第一步、第二步之类的话,甚至说的跟老师讲的是一样的,但却不能用、不会写。本来议论文写作的方法性知识教学,正确的方式应该是做中学,结果却变成了方法和步骤是什么的结论教学,让方法性知识蜕变成了事实性知识,让做中学蜕变成了记中学。

那么,要让学生学到议论文写作的方法性知识,就必须回归与方法性知识相匹配的做中学教学方式。老师首先需要做的不是直接讲方法,而是要寻找适合于学生学习和讨论的议论文样例,引导学生自己读,自己分析归纳总结,和同学讨论交流,向老师讨教,从议论文样例研读中提炼出议论文的评价标准和写作方法技术特点,尝试去写作、相互评价和修改等。经过这一系列由外向内的转化,完成几个回合的心智操作过程,学生就会形成一套自己内在的议论文写作方法系统。

第一节 课堂形态、品质与教学投入

课堂形态,也称为课堂教学形态。课堂教学形态的建立或选择运用,在外在行为上表现出来的是教师处理教与学相互关系的基本模式;而在内在观念上反映的是教师对教学本质的基本理解,是教师对于教学价值的体认与物化表达。

事实上,关于课堂教学形态的既有话语,诸如新授课与复习课,讲授课与练习课、实验课、劳动课,语文课、数学课与科学课,理论课与实践课之类的说法,都是从某个或某些侧面看待和处理教学关系的基本模式。

课堂品质是衡量课程与教学实施过程质量和学生学习幸福感的重要指标,是理解课堂教学形态的重要维度,也是学校办学质量的重要影响因素。从一定意义上讲,课堂品质既取决于教师教学投入的质量和水平,也取决于学生学习投入的质量和水平。

一、课堂形态

(一)课堂形态的分类

课堂形态的概念和分类,很大程度上取决于研究者的研究视角。也就是说,不同的研究视角,会导致对课堂形态的理解和分类不同。

1. 分类视角

对于课堂形态,既可以从教师教的行为、学生学的行为,以及师生互动的行为三个基本视角中的某个或某些视角出发,或者也可以从其中某个视角更下位的视角出发,进行相应的类型划分。

比如,美国学者古德(Thomas L. Good)和布罗菲(Jere E. Brophy)基于教师处理师生互动关系的角度,将课堂划分为不能应对、贿赂学生、铁腕手段和与学生合作等四种形态。[1] 日本学者佐藤学基于师生互动时所建立的教学共同体的性质,将课堂分成三种形态:原始共同体课堂、群体型课堂和学习共同体。[2] 德国学者迈尔(Hilbert Meyer)从教师教的行为的闭合和开放程度的视角,提出直接教学和开放式教学两种课堂教学形态。[3] 我国学者叶澜从师生互动行为关注重心的视角出发,认为课堂不仅要关注知识,更应该关注学生的生命发展,因而课堂可以划分为知识课堂和生命课堂。[4]

当然,也有学者认为,这些课堂形态的分类研究,大多是基于理论思辨的分析,过于主观,与实际脱节,所以需要通过实证的方法来揭示各种课堂教学形态的分布情况及其具体特征,即从可观察、可测量的课堂指标入手,包括课堂中教师和学生的行为表现及其行为时间的长短和占比等可观察、可测量的指标,来描述和评估课堂教学形态。[5]

2. 基本形态

如果广义地理解和看待学校教育的知识系统,那么,课堂就是教师教知识、学生学知识的地方,知识就是联结教师和学生的桥梁。课堂教学形态,就是教师和学生之间由知识联结而形成的教与学的关系模式(如图 7-1 所示)。

图 7-1 教学关系模式简图

据此,课堂教学可以大致划分为教师中心、学生中心和师生互动三种基本教学形态。

其中,教师中心课堂形态,以讲授教学较为典型。这种课堂教学形态,侧重于教师直接传授知识和技能,教师把知道的教给不知道的学生,主要行为主体是教师。

学生中心课堂形态,以自学辅导教学较为典型。这种课堂侧重于学生在教师指导下自主、合作与探究学习,主要行为主体是学生,教师扮演学习促进者的角色。

师生互动课堂形态,以对话教学较为典型。这种课堂侧重于教师与学生之间的互动生成,教师有可能知道所教的内容,也有可能不知道所教的内容,而学生将已知的东西带入教学活动,教师和学生是共同的行为主体。

此外,也有学者从活动、内容、时空的视角划分课堂形态,认为课堂形态包括活动形态、内容形态和时空形态等基本形态类型,并据此进行更为细化的分类。

■ (二)课堂形态的特点

不同形态的课堂教学具有不一样的特点,这些特点使得不同课堂教学形态具有不同的适用对象和范围(表 7-1)。

---

① 古德,布罗菲. 透视课堂[M]. 陶志琼,等,译. 北京:中国轻工业出版社,2001:2.
② 佐藤学. 课程与教师[M]. 钟启泉,译. 北京:教育科学出版社,2003:78.
③ 希尔伯特·迈尔. 备课指南[M]. 夏利群,译. 上海:华东师范大学出版社,2011:114—115.
④ 叶澜. 重建课堂教学过程观——"新基础教育"课堂教学改革的理论与实践探究之二[J]. 教育研究,2002(10):24—30,50.
⑤ Flanders N A. *Analyzing teaching behavior*[M]. Boston:Addison-Wesley Publishing Company,1970:12.

表 7-1　不同类型的课堂形态及其特点

课堂形态类型	教学行为	评　估　维　度
教师中心的课堂形态	讲授为主	目标明确度、内容浅显度、方式易懂度、思维可视化
学生中心的课堂形态	自学辅导为主	学习投入度、学习探究度、学习的自主性、学习的合作性、教师的引导性
师生互动的课堂形态	师生对话为主	目标明确度、学生发起度、教师发起度、对话安全度、教师推进度

1. 教师中心课堂形态的特点

教师中心的课堂形态，以讲授为主要的教学行为，主要通过教师的讲授行为实现。

讲授是指教师用口头语言向学生呈现、说明与解释知识或技能，并使学生理解的行为。[1] 讲授型课堂的表现方式是由教师讲授、叙述课本内容，学生静听之而实现的。[2] 教师讲授内容的浅显程度、讲授方式的易懂程度和教师思维的可视化水平是讲授型课堂的关键特征，因而它们也是评估讲授型课堂的重要指标。此外，学校里的教学活动是典型的目标导向行为，目标的明确度也是评估讲授课堂的重要指标。[3]

因此，教师中心的课堂形态，特别是讲授教学，可以从目标明确度、内容浅显度、方式易懂度和思维可视化四个维度来进行评估和分析，看看到底是填鸭式的满堂灌，还是启发式的讲解。

2. 学生中心课堂形态的特点

学生中心的课堂形态，以自学辅导为主，主要通过学生的自主学习行为实现。

其中，学生成为学习的能动主体是学生中心课堂形态最重要的条件。在很大程度上，学生中心课堂学习品质取决于学生主体的学习投入以及学习行为环节的保证。学生主体需要学习像专家一样思考，体验学科思想方法和探究方式，提高学科实践能力。学生中心课堂形态可供选择的自主学习环节包括课堂预习、自我评析、小组交流、请教教师、合作小结和迁移运用等。像杜威倡导的"做中学"教学思想、陶行知倡导的"小先生制"教学主张等，都可以为学生中心课堂形态奠定相应的理论基础。

值得注意的是，学生中心课堂教学形态，不是否定教师作用的课堂形态，而恰恰是有教师指导的学生主体课堂形态，而且，教师在多数情况下都是学生学习的发动者、维持者、引导者和促进者。只是教师不能越俎代庖，而是要把本该由学生成为主体的课堂还给学生，做到像叶圣陶先生所说的"教是为了不教"。

3. 师生互动课堂形态的特点

师生互动的课堂形态，以师生对话为主，是师生之间分享信息、观念与观点或者共同

---

① 崔允漷. 有效教学[M]. 上海：华东师范大学出版社，2009：140.
② 何昌兵，郭开金. 浅谈初中教师课堂讲授技能策略[J]. 中国教育学刊，2011(S1)：110—111.
③ 科林·马什. 理解课程的关键概念[M]. 徐佳，吴刚平，译. 北京：教育科学出版社，2009：31—32.

解决某一个问题的过程。[①]

关于互动型课堂最权威的阐释,要数结构功能主义者戈尔曼(Alfred H. Gorman)的研究。戈尔曼认为,可以从四个方面来分析互动型课堂:(1) 班级中存在着交互行为的角色及主要角色的组合——师生关系;(2) 师生双方产生交互行为的情境;(3) 班级团体有共同的目标;(4) 师生之间的互动存在一个冲突—调适—稳定的过程。[②] 可见,互动型课堂主要涉及师生之间的互动行为、互动情境、课堂目标等内容。此外,莫尔(Michael G. Moore)认为,对课堂互动的分析还应该涉及互动的策略。[③]

综合起来看,可以从这五个方面来理解和分析师生互动型课堂:目标明确度、学生发起度、教师发起度、对话安全度和教师推进度。

二、课堂品质

课堂品质,也称课堂学习品质,是与课堂形态相关的重要概念。课堂学习品质是判断课堂教学形态优劣的重要依据之一。也可以说,建立和选择什么类型的课堂教学形态,也就在一定程度上定义了课堂学习品质的优劣程度。[④]

■（一）课堂学习品质指什么

关于学习品质的研究,既可以有学习心理学的视角,也可以有课程与教学论的视角。综合学习心理学和课程与教学论的视角,课堂学习品质有如下三个重要特征。

其一,每个学生的学习品质是有差异的、可测量的。

其二,学习品质描述的是学生学习表现的质量,它被用来描述或者解释学生学习的发生与发展。

其三,学生在课堂中获得的来自教师或环境的学习支持是学习品质不可或缺的重要组成部分。

因此,课堂学习品质是指学生在课堂学习中的学习表现与学习支持条件的质量和水平。

■（二）课堂学习品质与教学投入

课堂学习品质与教学投入密切相关。教学投入是教师投入和学生投入的合称,有时也把教师投入称为教师教学投入,把学生投入称为学生学习投入。

在一定意义上也可以说,教师投入和学生投入共同决定了课堂的学习品质(表7-2)。

---

① 崔允漷. 有效教学[M]. 上海:华东师范大学出版社,2009:154.

② Gorman A H. *Teachers and Learners: The Interactive Processes of Education* [M]. Boston:Allyn and Bacon:1969.

③ Moore M G. Three Types of Interaction[J]. *The American Journal of Distance Education*,1989,3(2):1—7.

④ 雷浩. 初中语文课型特征分布的实证分析[J]. 全球教育展望,2015,44(1):25—33.

表7-2　课堂学习品质与教学投入关系简表

课堂学习品质	教师投入					
	目标明确	内容适合	讲解清晰	精准指导	反馈有效	评价匹配
		积极主动	建构学习	独立思考	交流合作	
	学生投入					

其中,目标明确和评价匹配是教师投入和学生投入都需要关注的因素,还有一些因素则是教师和学生各自有所侧重关注的。具体而言,教师和学生两者的主要关注重心体现在以下十个方面:

(1)目标明确:即教师和学生都清楚课堂学习的具体目标;

(2)积极主动:主要是学生能积极主动投入课堂学习;

(3)建构学习:主要是学生在学习中能够自主或合作建构知识;

(4)内容适合:主要是学生在课堂上所学内容适合自身基础与需求;

(5)独立思考:主要是学生要在自主学习中内化和建构知识系统,并在课堂对话中表达和分享各自思考的成果;

(6)讲解清晰:主要是学生需要听懂教师所讲内容;

(7)精准指导:主要是学生有机会及时、便捷地获得教师针对性的指导;

(8)交流合作:主要是学生在课堂上具有充分的机会表达和倾听各自感受,且能够建构和享有安全的心理环境和学习氛围;

(9)反馈有效:主要是学生感受到来自于教师的反馈是及时而有帮助的;

(10)评价匹配:主要是课堂学习过程是有评价的,而且评价与课堂学习的具体目标是匹配的。

三、教师教学投入

教师教学投入是影响课堂学习品质的主要因素,也是教师专业发展的具体内容,因而越来越受到教师和研究者的重视。

■（一）教师教学投入的内涵与维度

教师教学投入,主要指的是教师在教学活动中所投入的行动、情感、认知三个层面因素的总和。

教师教学投入的内容和形式,可以从教学材料与教学行为两个外显维度观察和刻画,也可以再结合教师的课程理解,来考察教师教学行为与资源(材料)运用背后的认知因素。从教学材料的维度考查,不仅意味着要看教师运用了何种材料,还要看教师运用这些材料的目的和频率,即教学中对材料的使用是否以及在多大程度上顾及学生的需求。

有研究表明,教师有效教学的特征,包括有明确而清晰的教学计划与组织,构建积极的课堂学习氛围,形成和谐的师生关系,教师学着去教、洞悉学生的需求、为学生的学习提供及时的诊断与反馈,有充足的学习资源和适当的学习环境。[1] 同时,效能感和复原力可以反映出教师的工作投入感受。此外,从教师的课程理解可以分析出教师投入行为背后的认知因素。

■ (二) 教师教学投入的时间与分配问题

在教师教学投入的工作时间分配与使用维度上,由于教师对教学资源利用、学生关注的程度和理据不一,其工作时间的分配也各不相同。但有学者发现,学生关注为主的教师更能改善课堂学习品质,而且这类教师的教学投入并非单纯地在备课、作业反馈这些事项上花费更多的时间,而是更注重教学反思。

这启发学校管理者,不仅要保护教师的教学时间,尽量减少其他不必要的行政事务干扰,而且还要对教师的时间运用做出更为合理的引导与设计,促进教师教学投入更加关注教学反思。

比如,首先,鼓励教师将教学反思渗透在日常的备课、上课、作业反馈诸环节中;其次,为教师提供教育叙事类的课程或教学反思类的工具,促进教师有方法地主动思考;再次,在已有的集体教研活动中开展专业对话反思活动,提炼有效的个体经验,使得教学反思能够惠及更多人。[2]

■ (三) 教师教学投入的材料与内容问题

教学材料与教学内容的联系和区别,是课程与教学领域的基本话题。简单地讲,教学材料是教学内容的载体,教学内容是以教学材料为载体所承载的更加上位的知识形态。在实际的教学当中,两者密切相关,但却不是一回事。

比如,小学一年级第二学期的数学,有一篇课文叫《认识人民币》。本来,认识人民币,人民币只是载体,人民币只是材料,而认识人民币的什么,那个背后的更加上位的知识形态,才是教学内容。

如果不能够区分人民币和人民币所承载的更上位的知识形态之间的联系和区别,那么常常会将教学内容或者是教学材料混为一谈,就会造成许多学生数学学习上的困扰,数学思维总是建立不起来。很多学生通过一堂课的学习,学到了人民币,但认识人民币背后的那个知识形态,却没有能够真正掌握。

人民币作为教学材料,它背后所承载的更上位的知识形态,那才是教学内容本身。因为这是一堂数学课,数学是研究数量关系和空间形式的科学,所以这堂课的教学内容就主要属于数量关系的范畴。

也就是说,这个数量关系决定了《认识人民币》这一堂课的教学内容,学生一堂课的学

---

① Ko J, Sammons P, Bakkum L. *Effective Teaching: A Review of Research and Evidence*[M]. Hong Kong: Hong Kong Institute of Education; Berkshire: CfBT Education Trust, 2013: 37.

② 沈伟,黄小瑞. 课程改革背景下教师的教学投入与课程理解:基于初中教师的实证调查[J]. 教育发展研究, 2016,36(4): 71—76.

习内容,主要应该是在数量关系范畴内的知识形态,即人民币的单位、人民币的面额、人民币的基本换算。

教学总是通过和运用教学材料,来教出和学出应该教、应该学的教学内容。

那么,在实际的教学当中,如何才能保证我们处理好教学材料和教学内容的关系问题呢?至少有两个基本维度,可以供教学时参考。

第一个维度,是横向领域维度。也就是说,确定教学内容。我们需要有一个看问题的角度,或者学科思维的角度,来判断材料所承载的更上位的知识形态是什么。

在本案例中,数量关系的角度决定了《认识人民币》这一课的内容本身,是认识人民币的单位、面额和基本换算等。如果我们把这个角度改变了,那么内容也就改变了,同样的材料很可能学出来的是不一样的内容。如果我们改成美术的角度,那这一课关心的就不是数量关系,它关心的很可能就是版式、图案、色彩、美观,这是美术要学的内容。因此,横向领域维度是确定教学内容的一个重要维度。

第二个维度,是纵向水平维度。即使是同样的内容范畴,但因为水平要求不一样,具体教学内容的深度、难度和表达形式也是有区别的。总体来讲,随着水平要求的提高,教学内容将由简单到复杂,由浅入深,由易到难,螺旋上升,不断地提高。

同样是认识人民币,同样是数量关系,但因为学生所处的年龄水平、年级水平、学段要求不一样,教学内容的深度、难度和表达形式,甚至是教与学的方式,都可能是不一样的。人民币的数量关系问题,甚至可以是一个永无止境、常议常新的探究课题。

所以,如果通过这些维度,能够准确地理解教学材料和教学内容之间的关系,那么,我们在教学当中,就能够不断地改变"教教材"的定式,转向"用教材教",为更好地"用教材教"、教出应该教的教学内容,提供理论基础。

四、学生学习投入

学生学习投入是影响课堂学习品质的又一重要因素,与教师教学投入一道构成了影响课堂学习品质的两大主要因素。

■ (一) 学生学习投入概念框架

学习投入一般是指学生在学习过程中积极参与各项学习活动,深入进行思考,充满活力地应对挑战和挫折并伴有积极情感体验的一种学习状态。研究人员通常进一步区分刻画学习投入的不同维度,代表性的观点主要有定量和定性两种取向。

一是对学习投入进行定量刻画。比如,用实际投入的学习时间除以必要学习时间,据以刻画学习投入的效率。或者,把学生主动投入的学习时间与总的学习投入时间之比作为度量学习主动性的指标,而被动学习时间就是总的学习时间减去主动学习时间。当主动学习时间为零时,表明学生对学习的情感投入最低;而当被动学习时间所占比重较小时,表明学生对学习具有比较浓厚的兴趣。

二是对学习投入进行定性描述。比如,从学习的认知投入、情感投入、行为投入等方面及其组合状态,来描述学习投入的情况,包括认知策略的采用、学习的主动性与注意的强度等,据以描述学习投入的结构特点。

■（二）学生学习投入维度

学生的学习投入可以体现在不同的维度和层面,对此学界有不同的视角和观点。

第一种观点主张,学生学习投入可以从认知投入、情感投入、行为投入三个维度来刻画。

这种观点认为,认知投入是指学生在完成学习任务时所执行的认知活动,既包括学生在完成家庭作业以及在学习上遇到困难时所付出的努力,也包括对有关概念与观点的深入思考、如何弄懂学习材料的意义、如何运用自我调节和元认知策略来达成对学习内容的掌握;情感投入是指学生在情绪和心理上对学校的依恋,这种依恋主要体现为学生完成学业活动时的兴趣、愉悦、厌倦、焦虑的程度以及学生对教师、同学、学校的归属感、认同感;行为投入是指学生对学业活动的参与,具体体现为学生表现出良好学习行为的程度,如完成家庭作业的时间、遵从学校规则的程度等。[①] 在对以上三方面的学习投入进行区分的基础上,一些学者进一步提出了判定学习投入的思路。他们认为,学习者在学习上是投入还是不满,关键要看他们在与其所处环境进行相互作用时,是否感受到了环境能满足其自主、胜任、归属的需要;如果他们认为自己所处的环境能满足自己的上述需要,则他们的表现就是学习投入。[②]

第二种观点主张,学生学习投入可以从活力、奉献、专注三个方面来刻画。这种观点认为,活力是指学生在学习中具有充沛的精力和心理适应能力;奉献是指学生集中精力参与学习并且能感受到学习带来的意义和挑战;专注是指学生完全地集中注意力并全神贯注地投入到学习中。[③]

这两种观点本质上并不矛盾,它们的区别仅在于描述学习投入的角度。国内外的研究人员在这两种观点的指导下,均开发出相应的测量学习投入的问卷。

与学习投入有密切联系的一个概念是课业负担。课业负担这一概念,常用来描述学生在适应现有学习环境的过程中,由考试评价与课业任务引发的压力体验,以及为此消耗的时间与精力。[④] 这一概念涉及学生的学业任务性质、学生为完成学业任务所做的付出(主要是时间上的付出),以及学生对学业任务的主观感受等要素。国内一些调查学生课业负担的研究,大多采用学生完成学业任务所需要的时间或其睡眠时间为指标,来衡量学生的课业负担情况。这些指标主要是客观的指标,没有考虑到学生的主观体验。如果要全面了解学生的课业负担情况,还要将学生的主观感受考虑在内。因为对于同样的学业

① Lawson M A, Lawson H A. New Conceptual Frameworks for Student Engagement Research, Policy, and Practice[J]. *Review of Educational Research*, 2013, 83(3): 432-479.

② Appleton J J, Christenson S L, Furlong M J. Student Engagement with School: Critical Conceptual and Methodological Issues of the Construct [J]. *Psychology in the Schools*, 2008, 45(5): 369—386.

③ 张娜. 国内外学习投入及其学校影响因素研究综述[J]. 心理研究, 2012, 5(2): 83—92.

④ 宋乃庆,杨欣,王定华,等. 学生课业负担测评模型的构建研究——以义务教育阶段学生为例[J]. 西南大学学报(社会科学版), 2015, 41(3): 75—81.

任务,即使付出的时间相同,不同的学生(因其学习的原有基础、学习动机等的差异)可能对自己的付出有完全不同甚至是完全相反的感受。①

另一个与学习投入关系密切的概念是沉浸。这个概念是心理学家岑卡森特米哈伊(Mihaly Csikszentmihalyi)提出的,是指人们在进行活动时完全投入到情境当中、注意力高度集中,并且过滤掉所有不相关知觉的一种状态。沉浸状态是任务的挑战性或难度与个体的技能水平达到一种特殊平衡状态时产生的,也就是说,当个体的技能水平较高,遇到的挑战较大,这时个体通常体验到的是沉浸。当个体技能水平较高,挑战较小时,体验到的是放松,个体能轻松应对挑战;当个体技能水平较低而面对的挑战较大时,体验到的是焦虑;当个体技能水平较低且遇到的挑战也较小时,体验到的是漠然。显然,沉浸概念与学习投入概念非常接近,再结合挑战和技能水平相互作用而导致的其他几类主观体验,可以比较全面地描述学生面对不同学习任务的主要体验类型,从而有助于我们刻画学生在学业任务上的投入情况。

综上所述,至少可以从以下三方面的信息来刻画和描述学生学习投入状况:一是学生学习投入指向的对象,即具体的学业任务(如家庭作业、课堂讨论、课外辅导班等);二是学生在这些学业任务上付出的情况和所得到的收益,付出的情况可通过完成学业任务的时间来了解,所得到的收益可以用学生相应的学习成绩来表示;三是学生对学业任务的主观感受。

第二节　教学方式变革

随着基础教育课程改革的持续推进,各种深层次的教学困难和矛盾逐渐凸显,特别是与旧有教学方法相适应的知识观念未能得到有效清理,支撑新的先进教学方法的新的知识观念并未完全建立,甚至在不少地方和学校还没有引起足够的重视,以至于最初课程改革致力于提高教学效率、减轻课业负担的价值诉求依然任重而道远。

一、有效教学

教学低效甚至无效一直是困扰我们的教育顽疾。随着新一轮课程改革的推进,对有效教学的探究再次引起了全国中小学的广泛关注和探索。实现有效教学已成为世界性的教育改革诉求。有效教学有助于推进素质教育发展,培养学生的核心素养能力,激发学生创造性和批判性思维能力发展。有效教学需要从教学效果、教学效率及教学效益上进行考量。要实现有效教学,理解有效教学的价值和意义是思想基础,明确有效教学的判断标准是前提,掌握有效教学的基本策略是保障。

---

① 胡惠闵,陈国明.义务教育阶段学生课业负担问卷的编制[J].全球教育展望,2016,45(4):25—44.

■（一）有效教学的基本类型

基于有效教学的决定因素提出了四种不同取向的有效教学类型，即：课程取向的有效教学、环境取向的有效教学、教师取向的有效教学、学生取向的有效教学（图7-2）。①

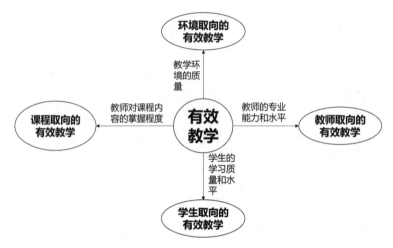

图 7-2　有效教学的基本类型

1. 课程取向的有效教学

课程取向的有效教学的基本观点是：教师对课程内容的掌握程度决定着教学的有效性。当教师对课程标准理解得越深刻，对课程目标和内容掌握得越透彻，教师的教学设计及教学过程越能够帮助学生理解课程内容，掌握课程知识和技能，并发展相应的核心素养。

2. 环境取向的有效教学

环境取向的有效教学将教学环境的质量视为影响有效教学的重要因素。该取向的研究者认为要提高有效教学，就需要改善教师的教学环境。一方面，要改善教师教学相关的物质环境，如校园、教室、办公室、实验室、多媒体教室、资料室和图书馆等，从而为教师提供丰富的物质教学支持和舒适的教学环境。另一方面，丰富和优化教学组织形式，如开展合作式、项目式、探究式及网络式教学等丰富的教学形式。

3. 教师取向的有效教学

教师的能力和水平决定了教学的有效性，这是教师取向的有效教学研究者的基本观点。在该取向下，要实现有效教学，首先，需要提高教师的专业能力，提高教学质量和水平，改进教学方法，钻研教学技术。其次，对教师进行在岗培训，提高教师的教学能力。

4. 学生取向的有效教学

学生取向的有效教学研究者将教学有效性的关注点从教师转向了学生，认为教学的

———————————

① 陈玲玲.有效教学的类型、问题及改进建议[J].教学与管理,2019(6)：4—7.

有效性来自于学生的自我调节、认知和态度。因此,要促进有效教学,可以从以下几点着手:第一,激发学生的学习兴趣,激发学生的好奇性和探究欲,从而引导学生自主学习、提高其学习效率和学业表现。第二,改进学生的学习方法,提升学生的学习能力。如帮助学生开展发现学习、探究学习及深度学习,从而提升其学业成绩。第三,培养学生的良好学习习惯、情感、态度和价值观。一旦学生养成良好的学习习惯,培养积极乐观的学习态度,拥有发展型思维模式,具备一定的学习坚毅力,就能更好地帮助他们提高学业表现,达成学习目标。

此外,余文森教授将有效教学的目标和方向定位在学生能力的发展上,并指出能力导向的有效教学具有两方面内涵:第一,教学指向能力的有效,包括能力的变化、提升和发展;第二,有效教学不仅指培养学生的能力,还要依靠学生的能力,反哺教学。这是一个正向循环和相互依存、相辅相成的过程。[①]

■ (二)有效教学与教育目标

在实际的教学过程中,有效教学需要一定的评判标准作为锚点,这种评判标准可用于他评或自评。那么,有效教学的评判标准是什么呢? 有效教学的评判标准不一,需要根据教学的目标指向选择,如指向学生的综合能力发展或核心素养发展,指向学生的学业成绩提升,或指向学生社会情感能力的发展等。由此可见,有效教学的判断标准,从教育者的视角看是达成了教育目标,从学生的视角看是引导学生达成了学习目标。

那么,教育的目标是什么呢?

根据布鲁姆的教育目标分类,认知领域的教育目标由最简单到最复杂的六个层次,依序为记忆、理解、应用、分析、评价和创造(图7-3)。记忆,指认识并记忆,这一层涉及具体知识或抽象知识的辨认。理解,指对事物的领会,这种领会是初步和肤浅的,而非深刻的,包括转化、解释和推断。应用,指对所学概念、法则和原理的运用,这里指初步的直接运用,而非全面地、通过分析、综合地运用知识。分析,指把学习材料分解为不同要素,从而使各概念间的相互关系更加明确,材料的组织结构更为清晰,详细地阐明基础理论和基本原理。评价,指以分析为基础,全面加工已分解的各要素,而非凭直觉或观察到的现象做出判断,而是理性地、深刻地对事物本质的价值做出有说服力的判断,它综合内在与外在的资料、信息,做出符合客观事实的推断。创造,是认知领域中教育目标的最高层次,要求集合所有要素以组成一个具有协调性或功能性的整体,将要素重组以构成一个全新的模型或结构。

在我国的教育情境下,21世纪初,我国义务教育新课程标准倡导将"三维目标"作为教学设计的框架。第一维目标是知识与技能,指人类生存所不可或缺的核心知识和基本技能;第二维目标是过程与方法,过程指应答性学习环境和交往、体验,方法指基本学习方式和生活方式;第三维目标是情感态度与价值观,指学习兴趣、学习态度、人生态度及个人

---

① 余文森.能力导向的课堂有效教学[J].全球教育展望,2018,47(1):21—34.

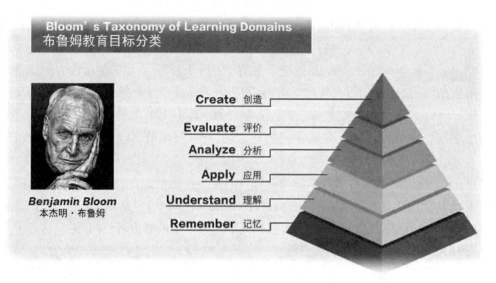

图 7-3 布鲁姆教育目标分类示意图

价值与社会价值的统一。[①] 三维目标是一个整体,不可分割。

近年来,基于党的十八大、十九大、二十大精神,及对落实立德树人根本任务的迫切需求,中国学生的核心素养框架相关研究受到关注。核心素养框架有助于从宏观视角深入回答教育和教学中"培养什么人,怎样培养人"的根本问题。核心素养的总框架,以"全面发展的人"为核心,包括自主发展、社会参与和文化基础三个领域,六项核心素养指标综合表现为学会学习、健康生活、责任担当、实践创新、人文底蕴和科学精神。

在此框架基础上,不同学段的学生具有不同的核心素养发展的具体要求。[②] 核心素养关注学生的关键能力、必备品格和价值观念,超越了纯粹的、孤立的知识与技能,也超越了经验,而强调要面向充满不确定性的乌卡时代,并掌握很好地解决现实问题的能力。有效教学即教师通过一系列教学规划、教学实施和学业评价的教学闭环引导学生达成特定学习目标的过程。从这个视角看,有效教学的判断标准便是:教师的教学是否引导学生达成了特定的学习目标或是否发展了学生的核心素养。教师的教育方式或教学设计需指向学生特定学习目标的达成或核心素养的发展,而非单一的学业成绩的提升。

■ (三) 如何实现有效教学

泰勒认为课程和教学要明确回答的四个问题,其中一个是基于目标如何才能有效地组织教育经验。[③] 在实践中,教学的过程一般可分为教学规划(如准备教学材料、写教案、进行教学内容和活动设计等)、教学实施(实施教学的各项内容和活动)、学业评价(通过检测学生的学业表现,进行教学的反思和改进)三大模块。

---

① 钟启泉."三维目标"论[J].教育研究,2011,32(9):62—67.另参见第三章"三维"目标相关内容。
② 林崇德.中国学生核心素养研究[J].心理与行为研究,2017,15(2):145—154.有关核心素养,参见第三章"素养"目标相关内容。
③ 拉尔夫·泰勒.课程与教学的基本原理[M].施良方,译.北京:人民教育出版社,1994:3—25.另参见第二章第二节和第五章中目标模式部分内容。

在教学规划阶段,教学内容的组织、教学方式及教学活动的准备,皆需参考具体的学科课程标准,以培养学生的学科核心素养和能力。教案,是教学设计的呈现方式,自17世纪诞生,至今已伴随教师400多年。然而,在新课程背景下,教案仍然以教师的"教"为出发点的现状,亟须改变,以适应学生中心的教育理念。

学历案的诞生,为教案的变革提供了新的思路。不同于教案,学历案,体现了学生立场,其行为主体是学生,整个文本涉及学生要达成的目标是什么、何以知道学会与否、应该怎么学、学到什么程度、需要什么条件等。同时,学历案体现出课程教学方案必须具备"教—学—评一致性"的特征。学历案经历了从"课时学历案"到"单元学历案"的发展过程。单元学历案即教师在班级教学的背景下,围绕一个学习单元,从期望学生"学会什么"出发,设计并展示"学生何以学会"的过程,以便学生自主建构或社会建构经验或知识的专业方案。[①] 单元学历案,有助于学生把握单元内容之间的结构性和内在逻辑,促进学生核心素养的持续性建构。

教学的实施阶段,是对教学规划的实施,也是实现有效教学的关键阶段。崔允漷教授指出教学的实施行为主要可分为主要教学行为、辅助教学行为和课堂管理行为。主要教学行为又包含呈现行为、对话行为和指导行为三类(见表7-3)。

表7-3 教学实施行为分类表[②]

教学实施行为				
教 学 行 为				课堂管理行为
主要教学行为			辅助教学行为	
呈现行为	对话行为	指导行为		
语言呈示	问答	自主学习指导	学习动机的激发与培养	课堂问题行为
文字呈示	讨论	合作学习指导	课堂强化技术的应用	课堂问题行为的管理
声像呈示		探究学习指导	教师期望效应的实现	课堂问题行为的预防
动作呈示			良好课堂气氛的营造	

由此可见,教学的实施行为,绝非单一的教学行为本身,还要通过一定的辅助教学行为激发学生的学习动机、营造良好的课堂氛围,并合理运用教育技术以更好地促进学生高效学习。此外,课堂管理行为在教学实施中也至关重要,教师在教学过程中需要对课堂上出现的问题行为进行预防和管理,以为教学的顺利开展提供保障。

根据多元智能理论,要实现有效教学,教学策略和方法需要根据学生的不同智能进行

① 卢明.教案的革命2.0:普通高中大单元学历案设计[M].上海:华东师范大学出版社,2021:87—99.
② 崔允漷.有效教学[M].上海:华东师范大学出版社,2009:26.

设计,而非简单地一刀切,沿用传统的以老师课堂讲授、学生课后练习为主的教学方式。阿姆斯特朗(T. Armstrong)将教学活动和方法与多元智能融合,设计了一个可供教师教学参考的教学策略集合,以帮助教师提高教学效率(见表7-4)。这启示我们教学活动和教学方法的设计要尽可能匹配学生的多元智能特征,以顺应学生多元的学习通路和学习需求,从而促进教学的有效性。

表7-4 多元智能教学策略概要[①]

智　能	教 学 活 动	教 学 方 法	教育活动范例	教师呈现技巧
视觉—空间	视觉表演、艺术活动、想象游戏、心理图像、隐喻、视觉化	看、画、目测、涂色、心理图像	整体艺术设计	绘画、引导学生形成心理图像从而理解概念
身体—运动	动手学习、戏剧、舞蹈、体育活动、放松练习	建造、演出、触摸、内心感受、舞蹈	动手学习	用手势、戏剧表演
自然观察者	自然学习、生态意识、动物照管	与生物和自然现象联系起来	生态研究	以一种有趣的植物或动物引发主题讨论
逻辑—数理	智力题、问题解决、科学试验、心算、数字游戏、批判性思维	定量、批判性思维、将特定的教学内容放入逻辑结构或用它做实验	批判性思维	苏格拉底式问答
言语—语言	讲座、讨论、单词游戏、讲故事、齐声朗读、刊物写作	读、写、听、说	整体语言	通过讲故事进行教学
音乐—节奏	韵律学习、打拍子、运用歌曲	唱歌、打拍子、听	暗示教学法	当学生进入教室时播放一段音乐
人际交往	合作学习、同伴教学、融入群体、社会聚会、模拟	教别人、合作、在相互尊敬的前提下相互影响	合作学习	让学生转身和邻座同学分享和讨论
自知自省	个性化学习、独立学习、任选学习课程、建立自我评价	与个人生活实际相联系、做出选择、考虑	个别指导	让学生闭上双眼思考:在你的生活中当……的时候

在学业评价阶段,要结合使用终结性评价和形成性评价方式,并逐步实现以形成性评价为主的评价模式,从而实现评价促进学习的功能。教育部颁发的《基础教育课程改革纲要(试行)》(2001)明确提出要"发挥评价促进学生发展、教师提高和改进教学实践

---

① 托马斯·阿姆斯特朗. 课堂中的多元智能——开展以学生为中心的教学[M]. 张咏梅,王振强,等,译. 北京:中国轻工业出版社,2003:66—67.

的功能"。① 形成性评价不仅有利于引导学生关注学习的过程而非结果,从而促进学生深度学习,发展学生核心素养能力。形成性评价还要求教师关注学生的日常学习过程、学习方法、学习态度和情感,通过改进学生的学习过程性因素,促进学生在学习结果即学业表现上的提升。

二、教学方法与知识分类

从知识分类的角度看,当前课堂教学的主要问题在很大程度上源于教师秉持的单一的事实性知识观,导致学生的方法性知识和价值性知识缺失。为此,需要重视教学方法背后的知识分类,把学习方式与知识类型联结起来,走出记中学和讲授法的误区,探索做中学和悟中学的教学模型。②

■（一）教学方法与知识观

任何教学方法背后都有相应的知识观基础,不管教师是否意识到,其教学活动都有一个怎么看待知识的问题。教师持有的知识观如何,在很大程度上决定着教师在教学方法选择、运用、改革、创新等方面的成效。

如果教师的知识观是陈旧落后的,那么教师的教学方法就很难跟上时代前进的步伐,很难真正促进学生的学习。同样,如果教师的教学方法要体现时代进步的特点和社会发展的要求,更好地促进学生的学习,那么教师就必须更新自己的知识观,并运用新的知识观念来指导自身的教学方法改革乃至整个课程与教学实践的变革。

因此,教学方法背后的知识观对于教学方法的选择、运用、改革和创新具有非常重要的作用。

就当前课堂教学的实际而言,大多数教师和学生都很努力,也很真诚,教师想教好,学生想学好,可实际教学方法的效果却并不令人满意,有时甚至适得其反,不仅教学效率低下,而且课业负担沉重。其中的原因是多方面的,但在知识观方面存在的缺陷无疑是非常重要而持久的原因。

一方面,一线教师乃至教育研究者都很少对课堂当中实际采用的教学方法及其背后的知识观基础进行系统的反思,致使大量陈旧落后甚至错误的知识观念以及相应的教学方法未能得到及时有效的清理;另一方面,在推广新的教学方法时也更多地把重心集中在教学方法本身的操作步骤和实施环节上,未能建立起支撑新的教学方法的知识观念,导致教学方法改革不能举一反三,最终还是流于穿新鞋走老路的俗套。

不少教师在学习一些优秀教师的先进教学方法时,总是只关注一些表面化的形式,而对于更为深层的知识观问题并不重视,因而很难做到对先进教学方法进行有效的借鉴和

---

① 中华人民共和国教育部. 基础教育课程改革纲要(试行)[EB/OL]. (2001-06-08)[2008-04-25]. http://www.moe.gov.cn/srcsite/A26/jcj-kcjcgh/200106/t20010608_167343.html.
② 吴刚平. 知识分类视野下的记中学、做中学与悟中学[J]. 全球教育展望,2013,42(6):10—17.

迁移,更谈不上进行个性化的改造和创新。

■（二）知识分类的教学方法意义

知识观的核心是知识的分类,而不同的知识分类对于教学问题的解释力和解决策略的选择是很不相同的,其教学方法意义也会大异其趣。

比如,当我们说学生只有书本知识时,往往指的是学生缺少生活知识;当我们说学生只有理论知识时,往往指的是学生缺少实践知识。书本知识与生活知识,理论知识与实践知识,都是我们对于知识的分类。这些分类都可能对教学方法改革作出某种方向性的提示,前者的提示可能是教学方法改革不仅要重视书本知识的学习,而且要关注生活知识的学习;后者的提示可能是教学方法改革不仅要重视理论知识的学习,而且要重视实践知识的学习。

无论对于知识做出何种分类,都会有一定的视角或标准。总的来说,有两条标准是最为基本也是最为重要的。

一是逻辑性标准。即所划分的知识类型要处于同一个逻辑层面,不同的知识类型之间没有交叉重叠,能够分得开,在逻辑上是自洽的。

二是实践性标准。即所划分出来的知识类型能够帮助人们更好地认识教学实践中存在的主要问题,不仅要对教学实践问题具有很好的解释力,并且还要能够帮助人们找到解决教学实践问题的思路和办法。特别是当前,知识分类要能够帮助教师寻求教学方法上的突破,以解决普遍存在的教学效率低下、课业负担沉重的瓶颈问题。

■（三）教学方法改革与知识分类

那么,当前教学实践中普遍存在的教学效率低下、课业负担沉重的问题,应该运用怎样的知识分类才能提供更好的解释和解决思路呢?

答案可能会因地、因校、因人而异,但这却无疑是一个需要充分讨论的重大理论问题,也是关系到基础教育课程改革目标能否真正达成的关键现实问题之一。

在基础教育课程改革这个复杂的系统工程中,最贴近课堂教学、贴近教师和学生的两个方面,一是教学内容的更新,二是教学方法的改革。

教学内容的更新回答的是当前和今后相当长时间内应当教什么、学什么的问题,在很大程度上是通过新的课程标准的制定和新教材的采用而完成的,教师在课堂教学层面对教学内容也有相当大的可为空间。教学方法的改革则回答的是应当怎样教、怎样学的问题,在很大程度上是由教师经过专业的设计而主导完成的,特别是教师的教学方式选择对于学生的学习方式具有决定性作用。

无论是教学内容的更新,还是教学方法的改革,都涉及到知识分类的问题,都需要根据时代进步与社会发展的需要和课堂教学的实际,确定相应的知识类型,以及与所选择的知识类型相适应和匹配的教学方法。

由于分类视角的不同,不同的学者会对知识作出不同的分类,所以在教育领域中,知识的分类是多种多样的。那么,教师只有根据自身课堂教学的实际,通过对于知识分类成果进行甄别和选择,甚至根据自身的逻辑性标准和实践性标准做出自己的知识分类,并据此指导课堂教学内容的安排和教学活动的设计,才能真正体现出知识分类的教学方法意义。诚如布鲁姆所指,"把社会科学知识与自然科学知识区别开来,把化学知识与物理学知识区别开来,如此等等,这是可行的。同样,也可以把人的知识与物的知识区别开来,如此等等"。[1]

尽管知识分类多种多样,给人莫衷一是的感觉,但实际上,现有的知识分类成果足以为教师的教学方法改革提供理论支持。教师更多的是需要强化知识分类意识和教学问题意识,提高在知识类型与教学方法之间建立联结的能力。

当前,比较常见的知识分类,都可以为教师的教学方法设计提供参考和借鉴,包括将知识分成具体的知识、处理具体事物的方式方法的知识以及学科领域中普遍原理和抽象概念的知识[2],分析性知识(符号性知识、处方性知识)和体验性知识(描述性知识、技术性知识),事实性知识(事实、程序)和概念性知识(概念、原理),陈述性知识、程序性知识和策略性知识[3],程序性知识和概念性知识[4],实质性知识、方法论知识和价值性知识[5],公共知识与个人知识,显性知识与隐性知识,明确知识和默会知识等知识分类,都可以在某种程度上为教师选择或设计相应的教学方法提供知识观基础或知识分类启示。

基础教育课程改革力求"体现国家对不同阶段的学生在知识与技能、过程与方法、情感态度与价值观等方面的基本要求",[6]即通常所说的三维目标;以及正确观念、必备品格和关键能力等方面的培养要求,即通常所说的核心素养,为中小学教师选择或确立符合时代特点和社会发展要求的知识类型以及相应的教学方法提供了指导性思路。

根据三维目标和核心素养的思路,结合已有知识分类成果和当前课堂教学的主要问题,从学生获得知识的方式这一角度对知识进行类型划分,可以尝试性地把课堂教学中学生学习的知识分为事实性知识、方法性知识和价值性知识三大类别。

三、学习方式与知识类别

很多时候,知识的性质和类别被认为是客观的、外在的和静态的。实际上,对于学生而言,知识的性质和类别是学出来的,是由学习方式决定的。也就是说,知识性质与类别跟学习方式相匹配,即怎么学,决定了会学出什么性质和类别的知识(表7-5)。

---

① 布卢姆.教育目标分类学(第一分册 认知领域)[M].罗黎辉,等,译.施良方,校.上海:华东师范大学出版社,1986:29.布鲁姆(B. S. Bloom)原译为布卢姆,文献中仍用原书名的原译名,特此说明,下同。

② 布卢姆.教育目标分类学(第一分册 认知领域)[M].罗黎辉,等,译.施良方,校.上海:华东师范大学出版社,1986:59—85.

③ 盛群力,等.21世纪教育目标新分类[M].杭州:浙江教育出版社,2008:28—30,211—216,312.

④ Farenga S J, Ness D. *Encyclopedia of Education and Human Development*[M]. Armonk, NY: M. E. Sharpe, Inc, 2005: 750—753.

⑤ 钟启泉.课程的逻辑[M].上海:华东师范大学出版社,2008:57.

⑥ 钟启泉,崔允漷,张华.为了中华民族的复兴 为了每位学生的发展——《基础教育课程改革纲要(试行)》解读[M].上海:华东师范大学出版社,2001:6.

表 7-5 不同知识类别及相应的学习方式和活动

知识类别	内 涵	学习方式	学 习 活 动
事实性知识	事实所构成的知识系统	记中学	背诵、抄写、填空、辨析、默写、问答、反复操练
方法性知识	由方法所构成的知识系统	做中学	自主及合作学习如阅读、思考、尝试、交流、讨论、问答、争辩、分析、综合、归纳、总结、提炼、概括、解释、推理、运用和拓展
价值性知识	由价值观念所构成的知识	悟中学	在做中学基础上,体验、反思、比较、权衡、取舍、相互激发、借鉴和建构

■（一）记中学与事实性知识

所谓事实性知识,就字面意义而言,是说由事实所构成的知识系统。按照这样的理解,学生学习的每门学科或科目都有大量的事实性知识,即每门学科或科目总有一些不需要讨论的前提性规定,并在这些前提性规定的基础上形成和发展区别于其他学科或科目的学科知识体系。

从一定意义上讲,事实性知识的特点决定了事实性知识的学习方式必须是记中学。这种知识观及其对学习方式的理解是有合理性的。"根据智力系统的特点,似乎最自然不过的看法是,记忆与知识系统密切相联"。[①] 所以,在教学过程中,教师通常会要求学生采取背诵、抄写、填空、辨析、默写、问答、反复操练等记忆手段,来达到帮助学生掌握知识的目的。如果说,每门学科都有一些重要的学科知识属于事实性知识,需要记中学,这似乎并不过分,甚至是必需的。

判断一个人是否有事实性知识,主要看这个人是否记住了相应的事实,记住了就有,没记住就没有。众所周知,记忆最大的敌人是遗忘。这就导致事实性知识的学习在教学上面临三大困难,一是记不住;二是记住了很快会忘记;三是记住的时候不考试,而考试的时候又已经忘得差不多了。

所以,在教学过程中,如果有学生告诉教师说记不住,教师通常会让学生再记,因为投入的精力、强度和时间不够;或者有学生说本来记住了,但教师检查时又忘记了,教师通常也会跟学生说再去记,因为还记得不牢靠;或者有学生对教师说自己记住了,而且也没有忘记,教师通常也会告诫学生别掉以轻心,因为离期末考试还早着呢。如此看来,学生记忆的弦始终都得紧紧地绷着,不能稍有懈怠。也就是说,事实性知识的学习在教学上的基本策略就是重复,只有重复训练才能不断强化记忆,才能确认学生具备事实性知识。

在学生学习的各个学科或科目当中,都存在必需的事实性知识,学生付出一定的重复

---

① Lamberts K, Shanks D. *Knowledge, Concepts and Categories* [M]. Cambridge: The MIT Press, 1997: 216.

训练的代价是可接受的。但现在的情况是，对几乎所有的知识都强调记忆，都采取记中学的学习方式。

这在教学上主要有三个标志，一是以记忆为目的，二是以重复训练为手段，三是以是否记住为考核标准。从学习者的角度来看，与其说事实性知识是由事实构成的知识系统，不如说是由记中学获得的知识系统。"何谓'真正的知识'是一个跟'如何习得知识'密切相关的问题。客观的学科知识不等于学生主观的知识，这里面有一个如何把客观的学科知识内化为学生内在知识的过程。让学生'打开百宝箱'提取'现成知识'并不是真正习得了知识。这是因为，即便给出了个别的、具体的知识，但它并不能自动地纳入学生现存的知识体系之中"。[①]

也就是说，事实性知识是更多地与记中学的学习方式密切联系在一起的，不管学生获得的是否真的是一个事实，只要采用记中学的方式所获得的知识系统都是事实性知识，"事实性知识"与"事实"不是一回事。

这就在新的意义上重新定义了事实性知识。如果这样理解事实性知识，我们对事实性知识的分类就有了新的教学方法意义，传统知识观下解释不了的许多教学现象就能得到更好的解释，甚至获得更好的解决思路和解决方案。

■（二）做中学与方法性知识

从字面上理解，由方法所构成的知识系统叫方法性知识。每门学科或科目都有自己的学科方法，需要学生学习和掌握；同时，每个学生还需要掌握学习方法。学科方法和学习方法都属于方法性知识。

通常判断一个人是否掌握了方法，就是看这个人会不会做。换句话说，方法性知识其实就是会做、会用的知识。如果一个人不会做、不会用，那么这个人就没有获得方法性知识。方法性知识是个人能力系统的主要组成部分。"几乎只需要记忆或回忆的知识，与需要'理解''洞察'或如习惯上说的'真懂''真知识'的那些知识的概念是有区别的。后者的概念蕴含的意思是：如果知识不能被用于新的情境，如果知识不能按某种与原先遇到时截然不同的形式来使用，那么这样的知识就没有什么价值。这些知识的概念的外延往往近乎分类学中定义为'能力和技能'的知识"。[②]

从学生的学习活动来看，方法性知识并不是外在于学生主体的一种客观的方法所构成的知识系统，而是由做中学获得的会做、会用的知识系统，其知识的类型和性质更多地由做中学的学习方式决定。

方法性知识是学习者经由阅读、思考、尝试、交流、讨论、问答、争辩、分析、综合、归纳、总结、提炼、概括、解释、推理、运用和拓展等一系列自主、合作学习的"做中学"过程而获得的，不需要刻意去记，而记住只是做中学获得的与会做、会用相伴生的学习结果。

学生一旦获得方法性知识，就自然会记住，而且从来不需要想起，永远也不会忘记，这

---

① 钟启泉. 课程的逻辑[M]. 上海：华东师范大学出版社，2008：71~72.
② 布卢姆. 教育目标分类学（第一分册 认知领域）[M]. 罗黎辉，等，译. 施良方，校. 上海：华东师范大学出版社，1986：28.

就好比爱因斯坦所说的智慧。爱因斯坦说,什么是智慧?智慧就是把在学校里学到的知识都忘得差不多了而剩下的忘不掉的那点知识。在做中学所获得的方法性知识,就是这种忘不掉的知识。

或许有老师会说,我们让学生做了那么多的作业、练习,算不算做中学?答案基本上是否定的,在既有讲授教学模式下做再多的作业也基本上是以记忆为目的、重复训练为手段、是否记住为考核标准的记中学,而不是自主、合作学习的做中学过程。"在课堂教学中,教师与学生、学生与学生之间以教材文本和生活体验为媒介展开相互沟通,学生唯有通过这种沟通,才能习得种种的知识。学生不是单纯的'知识接受者',而是'活动式探究者''意义与知识的建构者'"。①

■（三）悟中学与价值性知识

顾名思义,价值性知识就是由价值观念所构成的知识系统。每门学科或科目都有自己的学科价值,需要学生学习和获得;同时,每个学生还需要获得学习的意义。学科价值和学习意义都属于价值性知识。

从学习方式的角度看,价值性知识所需要的学习方式是悟中学,即学生需要在做中学的基础上,经由体验、反思、比较、权衡、取舍、相互激发、借鉴、建构等体悟过程,指向某种个人价值和社会价值的创造,形成个人和社会的行为准则和信仰系统。这时,才可以说一个人获得了某种价值性知识。如果一个人的行为没有准则,或者口头所说的准则并不能指导自己的行动,那么这个人并没有真正地获得价值性知识。

价值性知识是一个人精神面貌的灵魂,是个人行为动力的精神支柱。对于学生而言,只有通过悟中学获得的知识系统,才是真正的价值观念,才能成为学生的行动准则和行为动力。在应试教育背景下,悟中学的学习方式被严重忽视,悟中学的时间和空间得不到教学设计上的保证,学生私底下有意无意地通过悟中学"悟"出来的学科价值和学习意义,往往是低水平的价值性知识,因为很多时候他们悟出来的都是一门学科作为考试工具的价值。

比如,学生觉得数学很重要,是因为高考满分150分,错一道题十几分二十分就没了,所以学生决心要重视数学学习。按照这样的逻辑,考什么就学什么,不考就不学,这就大大地窄化和弱化了学科价值和学习意义,导致学生学习动力的明显不足。

四、从记中学转向做中学和悟中学

知识性质和类别与学习方式之间的相互依存和促进的互动关系,不仅为课堂教学的固有问题提供了可能的分析和解释框架,也为教学方式变革奠定了某种理论基础,为从记中学转向做中学和悟中学的教学转型提供了某种动力(图7-4)。

---

① 钟启泉. 课程的逻辑[M]. 上海:华东师范大学出版社,2008:72.

图 7-4　学习方式的变革趋势

■ （一）矫正记中学与讲授法的误用

尽管记中学需要同遗忘作斗争,但它在教学时效上短期高效的特点,常常让人误以为记中学是最经济、最有效的学习方法,进而认为讲授教学是最为有效的教学方法。

殊不知,正是因为记中学需要不断地同遗忘做斗争,获得的事实性知识越多,遗忘也越多,教师和学生同遗忘做斗争的困难度也不断地加大。从一个相对完整的教学时段来看,记中学的教学特点是短期高效、中期低效、长期无效、长远有害。因此,要澄清对记中学及其相应的讲授教学方法的有效性的误解。

一方面,教师未能准确把握记中学的教学特点;另一方面,教师用讲授教学的方法去处理方法性知识和价值性知识,致使教学模式简单地固化为"讲—练—考"的三字诀。可是,在这个过程中,学生真的掌握了方法性知识和价值性知识吗? 答案几乎是否定的。因为只要教师一讲,学生就只能听、只能记,记中学的学习方式就已经被限定了,学生原本应该做中学和悟中学的学习方式也被迫蜕变为单一的记中学的学习方式,导致方法性知识和价值性知识也都因此蜕变为事实性知识,学生学到的方法和价值观念已经不是方法和价值观念本身,而是记住了关于方法和价值观念的结论。

或许有老师认为,帮助学生在理解的基础上进行记中学似乎不属于这种情况。在此需要指出,理解性记忆也是记忆,充其量只是比机械性记忆好一点,它在学习方式上仍然属于记中学的学习方式范畴。

在课堂教学中,学生的学习方式主要是由教师的教学方式决定的。讲授法的固有特点导致学生的记中学代替做中学和悟中学而成为唯一的学习方式,并且把方法性知识和价值性知识都蜕变为事实性知识。这正是教学效率低下、课业负担沉重的瓶颈问题在教学方式上的主要根源。

表面上看,学生学会了知识,获得的知识总量似乎没有减少,甚至有可能增加,但是知识结构和学习方式结构却不合理,变得单一而扭曲。学生只会记中学,不会做中学和悟中学,只记住了一堆死知识,缺少活的方法性知识和稳的价值性知识,不能活学活用,更不能乐学乐用。最终,学生的学习变成持续地死记硬背,加上不会学习和不愿意学习,所以生理负担和心理负担沉重;不断重复地同遗忘做斗争,学到一大堆死知识,而且绝大部分都会忘记,所以效率极低;耗费大量时间精力,身心俱疲换来的仅仅是几乎全会忘记的死知识,东西没学多少,身心却备受煎熬,所以得不偿失。

长此以往,恶性循环,教师和学生都没有创出和享受到教与学应有的个人价值和社会价值。

在记中学的教学系统中,奖赏的是讲得好的教师和记得好的学生,所以教师讲、学生听的课堂教学不断受到强化。因为教师讲得清,学生就听得懂、记得牢,最终就考得好。

但值得注意的是,教师讲得好,本身并不是过错,而是错在传统知识观下讲授法被误用了。一是讲的顺序有问题,教师讲总是在学生学之前,甚至以教师讲代替学生学;二是讲的内容有问题,教师不管学生会与不会都要讲,教学缺乏针对性,学生在多数情况下都是陪读,吃不饱和吃不了的现象普遍而且长期地存在;三是讲的时间有问题,讲授占据了课堂教学的主要或全部时间,甚至加班加点的时间也要用于讲授、讲解,学生完全没有自主、合作学习的时间和空间。

无论教师讲得多么好,一上课就讲,一讲到底,不放心,不放手,必定是越俎代庖,导致学生无法做中学和悟中学。最终,只剩下单一的记中学和事实性知识,学生的学科方法和学习方法缺失,不会学习;学科价值和学习意义缺失,不知为何学习,没有精神支柱,核心素养也就无从谈起。

讲授教学的方法被误用主要是因为旧有知识观的影响。一旦教师在知识观上觉醒过来,能放心,敢放手,培养学生做中学和悟中学的习惯和能力,当学生遇到自身解决不了的问题时老师能从旁点拨和与之交流,就能在教学上起到画龙点睛、事半功倍的作用。

■ (二) 探索做中学和悟中学的教学模型

记中学获得事实性知识,解决的是学会的问题。做中学获得方法性知识,解决的是会学的问题。悟中学获得价值性知识,解决的是乐学的问题。课堂教学改革的重要任务是促进学生从学会走向更具后劲和可持续的会学与乐学。为此,需要厘清对于记中学和讲授法的误解和误用,更新知识观念,转变教学方式,优化知识结构,逐步形成做中学和悟中学的教学模型。

做中学与悟中学,既是学生获得方法性知识和价值性知识的主要学习方式,也是需要不断培养的重要学习习惯与能力。许多教师在教学实践中也进行过大量的尝试,却发现做中学和悟中学在教学操作上非常困难。本来教师讲、学生听,一节课完成的任务,学生做中学和悟中学就需要两节课、三节课,甚至更多的课时,而且质量不高,所以多数教师被迫放弃。

其实,这与做中学和悟中学的教学特点有关。与记中学相比,做中学和悟中学在教学上是短期低效、中期有效、长期高效、长远终身受益。因此,探索做中学和悟中学的教学模型时需要有更多的耐心和勇气,要从更为完整的长期教学时段来进行教学规划和设计,而不是一蹴而就。就现有学制而言,在教学规划和设计上的长期以 1—3 年为宜,一般以一年为期,超过三年就没有多大的教学意义了。

真正的好学生是学出来的,而不是教出来的。所以,教师教学的重点和难点在于,如何帮助学生实现做中学和悟中学,为学生解决科目学习问题提供针对性的资源和方法支持。从教学安排、教学设计到上课过程,都要对教师讲授的顺序、内容和时间作出限定,以便为学生提供做中学、悟中学的时间和空间。

在操作策略上,可以考虑选择部分内容、部分时段的课堂教学作为做中学和悟中学的试点,先摸索经验再扩大规模和范围,逐步转型,最终形成完整的做中学和悟中学教学模型。其中,特别要在五个方面体现做中学和悟中学的教学设计:一是确定具体、合理的学习目标,二是提供典型、丰富的课程资源,三是激励自主、合作的学习方法,四是保护选择学习活动的兴趣,五是根据学习兴趣对学生进行分类指导。

五、重视课堂教学的行为指令与内容指令

在课堂教学中,教师往往注重行为指令,忽视内容指令,导致学生学习常常流于形式化的活动环节,很难获得实质性的学习内涵。教师只有在发出行为指令的同时,进一步发出具体清晰的内容指令,才能更加有效地引导和促进学生的课堂学习。

■ (一)教学指令的意义

教学指令是教师运用口头语言、书面语言和肢体语言等言语方式直接对学生提出学习要求并加以指导的教学言语活动。值得注意的是,教学指令属于教学行为中的言语活动,并且只有那些直接作用于学生的学习要求以及指导学生作为主体去直接作用于学习内容的教师言语活动才属于教学指令。也就是说,教学指令直接作用于"人"的教学因素,而非直接作用于"物"的教学因素,即使涉及"物"的教学因素,也是通过指导学生并由学生去直接作用于"物"的教学因素。例如教师的讲授,就不是直接作用于学生这个"人"的教学因素的课堂言语活动,而是直接作用于教学内容这个"物"的教学因素的课堂言语活动,就不属于教学指令范畴,因为它无法直接实现促进学生学习的教学指令功能。

从学习目标的角度看,教师的教学指令无非是指教师通过言语活动对学生的学习行为和学习内容提出要求并加以指导,以便更好地促进学生开展学习活动,并且学到应该学到的东西。诚如泰勒在谈到教育目标时所说,陈述教育目标最有用的形式,是既指出应培养学生的哪种行为,又指出该行为可运用于哪些生活领域或内容中。[①] 在这个意义上讲,教师的教学指令就是针对学生的学习行为和学习内容提出的要求和指导。

课堂教学的有效进行,离不开教师的教学指令。教师教学指令的完整、准确、恰当,在很大程度上制约着学生课堂学习过程的氛围、质量和水平。在课堂教学中,如果教师没有全面、准确、恰当地发挥出教学指令的作用,那么学生的学习活动将在很大程度上失去应有的方向、动力、秩序、内涵和自觉性。教学指令是教师将教师的教变成为学生的学的重要转化机制,是确定以学生学习为中心的教学模式的主要策略,具有其他教学行为因素无法替代的地位和作用。教学指令的作用具体表现在四个方面:第一,教学指令帮助学生明确学习的方向和范围。第二,教学指令启动、维持和调节学生学习行为的进程与变化。第三,教学指令引领学生聚焦于具体的学习内容。第四,教学指令创设和保持学生学习活动的氛围和条件。

---

① 拉尔夫·泰勒. 课程与教学的基本原理[M]. 施良方,译. 北京:人民教育出版社,1994:3—25.

■（二）教师教学指令的分类

从具体作用对象的角度来看，课堂教学的教学指令可以分为行为指令和内容指令两大基本类型。

1. 行为指令

课堂教学行为指令是指由教师发出的要求学生去执行或完成学习活动的教学言语行为。教师的课堂教学行为指令为学生的学习行为提供直接的方向和范围。所以，教师教学行为指令的重点是体现学生学习行为本身的性质和特点，而不是用教师教的行为去代替学生学的行为。这是准确理解和恰当运用行为指令最为基本的分析思路。根据学生学习行为的结构功能和实际的教学流程来看，教师课堂教学的行为指令可以分为三种：一是学习保障行为指令；二是学习进程行为指令；三是学习评价行为指令。从学习保障行为指令看，教师主要是提出有关集中注意力、维持纪律、避免干扰、端正态度和营造氛围之类的行为要求。从学习进程行为指令看，教师主要是发出吸收输入型学习行为指令、内化操作型学习行为指令、展示输出型学习行为指令。从学习评价行为指令看，教师主要是发出学习问题诊断指令、学习进展反馈指令和学习状态改进指令。

在实际的课堂教学中，有经验的教师总是根据具体的学情，将学习保障行为指令、学习进程行为指令和学习评价行为指令交替运用，因时因境相机转换，形成不同的组合式教学行为指令，从而发挥出教学行为指令的最佳功能。这些教学行为指令多数情况下都是通过口头语言和书面语言形式发出的，但也可以通过肢体语言形式加以传达，而且肢体语言形式和行为示范很可能具有更加奇妙的效用。有时候，"老师讲了多少话并不重要，他的倾听和在场鼓励、促进着学生的表达，他的干预帮助学生发现错误和局限。"[①]

2. 内容指令

课堂教学内容指令是指教师运用口头语言、书面语言和行为演示等形式赋予学生学习行为以实质性内涵的教学言语行为。教师通过内容指令帮助学生解决学什么、怎么学、学出什么来的学习目标问题，一步步引导学生从表层学习发展到深度学习和概念性思维，不断形成和优化学生自己内在的学科知识结构。教师的教学内容指令所提示和指导的是学生学习行为的条件和对象。所以，教师教学内容指令的重点是如何提示和深化学生需要学习和掌握的具体学科内容和学科方法。这里需要特别指出的是，不能把内容指令与内容讲解混为一谈。两者最重要的区别是，内容指令直接针对的是学生，而内容讲解直接针对的是内容，内容指令是为帮助学生更好地学到应该学到的内容而开展的教学言语活动。

由于许多教师对于学科内容的讲解比较熟悉，对内容指令既不重视也不熟悉，常常用内容讲解取代内容指令，导致教师内容讲解的言语活动过多，而指导学生内容学习的言语活动即内容指令缺失，从而降低了学生学习的积极性和参与度，结果往往是教师的"讲"取代了学生的"学"。同时，过多的内容讲解挤占了学生自主学习特别是独立思考

---

① 安德烈·焦尔当. 学习的本质[M]. 杭零，译. 上海：华东师范大学出版社，2015：153.

的时间和空间。

如果教师的内容指令运用恰当，那么课堂教学就不需要那么多的内容讲解，就可以用少而精的内容指令去促进学生对于学科内容和方法的直接学习，从而发挥内容指令"撬动地球的支点"的作用。"不管什么年级，如果教学具有挑战性和相关性，并在学业成绩上提出严格要求，那么所有学生都会有更高的参与度，教师话语也会相应减少——而最大的受益者要数那些处于边缘、可能掉队的学生。"[①]

根据学生学习行为的内涵构成，可以从学习的行为条件和行为对象两个维度将教师课堂教学的内容指令分成行为条件指令和行为对象指令。从这两个维度大致能够体现学生学习行为的主要内涵性要求，为教师不同内容指令的功能发挥提供基本思路。行为条件指令，通过明确行为条件界定学习行为内涵，旨在回答如何学习的问题，即学习方法问题；行为对象指令，通过明确行为对象界定行为内涵，明确学生学习要吸收什么、内化什么、展示什么的问题，即学习内容问题；两者形成一种动态互补的言语活动结构，为学生的学习提供有实质内涵的方法支架，将如何学习的问题具体落实到学习什么的问题上，两者的有机结合促成学生真正可操作且有实效的学习行为。

3. 行为指令和内容指令的互动关系

在实际的课程教学中，对于教学指令的运用常常出现偏颇。要么只有行为指令没有内容指令，导致学生学习活动形式化倾向严重，始终停留于表层学习阶段，成为一种敷衍了事的走过场；要么把内容讲解与内容指令相混淆，甚至用内容讲解代替内容指令，导致以教师的教代替学生的学，课堂成了教师自我展示输出学习心得的秀场。那些表面上热热闹闹实际上收获很小的课堂，就是属于只有行为指令没有内容指令的情况，而那些一讲到底、满堂灌的课堂，就属于以内容讲解代替内容指令的情况。

一般来说，教师的教学指令需要根据教学需要有侧重地选择行为指令和内容指令，分别运用、交替运用或同时运用。无论是单独运用，还是交替运用或同时运用，都必须明确行为指令与内容指令的匹配关系，正是这种匹配关系实现了学习行为的类别化和学习内容与学习要求的具体化，从而帮助学生的学习活动具有明确而合理的学习行为的方向、顺序、流程、内涵和深度，促进学生的有效学习，让学生学到真本事、真东西。

第三节　教学设计的基本模式

教学设计专家格斯塔夫森(K. L. Gustafson)指出教学设计是指分析教学内容、确定教学方法、指导试验和修改，以及评定学生学习的整个过程。[②] 教学设计中涉及教学理

① 约翰·哈蒂. 可见的学习：最大程度地促进学习(教师版)[M]. 金莺莲,洪超,裴新宁,译. 北京：教育科学出版社,2015：81.
② Husen T, Postlethwaite T N. *The International Encyclopedia of Education (2nd ed.)*[M]. Oxford：Pergamon, 1994：2857.

念、教学目标、教学背景、参与设计的人员、教学范围及教学设计者在实践中的不同针对性,因此教学设计形成了不同的模式。根据教学设计的理论基础和教学形式,教学设计的基本模式主要可以划分为四大类,即认知取向的教学模式、行为取向的教学模式、人格取向的教学模式及系统取向的教学模式(表7-6)。

表7-6　教学设计的不同模式及其特征

教学模式	理论基础	代表模式	基　本　特　征
认知取向的教学模式	认知心理学	布鲁纳的发现式教学设计	(1) 注重学习过程的探究性 (2) 注重直觉思维 (3) 注重内部动机 (4) 注重信息的灵活提取
行为取向的教学模式	行为主义心理学	斯金纳的程序教学设计	(1) 积极反应原则 (2) 小步子原则 (3) 即时强化原则 (4) 自定步调原则 (5) 低错误率原则
人格取向的教学模式	人本主义心理学	罗杰斯的非指导性教学设计	(1) 依赖个体成长、健康与适应的内驱力 (2) 强调情感因素,而不是理智方面 (3) 强调学生的即时体验 (4) 强调本身就能促进学生的经验成长
系统取向的教学模式	系统设计论	迪克-凯瑞模式	(1) 通过评估需要来确定目的 (2) 进行教学及学习者和其背景的分析 (3) 注重评估工具和评价实施等

一、认知取向的教学模式

■ (一) 理论基础

　　认知主义的教学设计是基于认知心理学的理论基础发展而来的。认知心理学始于20世纪50年代,并在60年代后迅速发展。认知心理学的研究领域极具包容性,包含了信息加工心理学、皮亚杰的认知发展理论、布鲁纳的认知发现说,以及奥苏贝尔(D. Ausubel)的认知同化说。

　　认知心理学旨在探究人的智能或认知活动的性质及其过程,主要有三个基本观点:第一,将人的心理活动看作是信息加工系统;第二,强调已有知识、认知结构对人的行为和当前的认知活动的决定作用;第三,重视认知过程的整体性,即各种认知之间是相互作用、有机联系在一起的一个统一体。认知取向的教学模式具有一个共同特质,即基于学生的认知发展进行教学设计,旨在发展学生的认知能力和水平。[①]

---

① 钟启泉,汪霞,王文静.课程与教学论[M].上海:华东师范大学出版社,2008:118—122.

■ (二) 代表模式

具有代表性的认知取向的教学模式主要包括：布鲁纳的发现式教学设计模式、瓦根舍因(M. Wagenschein)为代表的范例教学设计模式、赞可夫的发展性教学设计模式及加涅的教学设计等。本书将着重探讨布鲁纳的发现式教学设计模式。

布鲁纳是20世纪60年代学科结构运动的倡导者，是当代认知心理学派的主要代表人之一。他基于结构主义哲学，在詹姆斯、杜威及格式塔心理学派的影响下，提出了课程的结构主义范式。在教学设计上，他提出了发现学习、学科结构、认知发展等一系列独创的教学主张。

布鲁纳主张发现学习(discovery learning)，认为教学过程不应仅仅把知识作为现成的结论灌输给学生，而应当让学生通过自己的探究过程发现知识。发现学习过程中学生得到的不仅仅是知识，还有探究的态度和方法。他指出，发现学习是一种高级的、进行问题解决的心理认知过程。这种学习通常具有四个基本特征：第一，注重学习过程的探究性；第二，注重直觉思维；第三，注重内部动机；第四，注重信息的灵活提取。[①]

布鲁纳大力强调和推广发现学习，他认为发现学习具有以下重要价值。[②]

首先，发现学习有助于培养学生发现知识的能力，培养学生的卓越智力。只有自己亲自发现的知识才是真正属于个人的，才是自己的内在财富。布鲁纳指出："教育必须设法发展学生的智力过程，使学生能够超出他所处的社会、世界的文化方式，能够创新，即便是不大的创新，也使他能够创造他自己的内部文化，无论在艺术、科学、文学、历史、地理哪一个方面，每个人都应该成为自己的艺术家、科学家、历史学家和航海探险家。"[③]

其次，发现学习有助于学生直觉思维能力的发展。在学生探究和发现学习的过程中，需要调用直觉思维，并与分析思维相互补充、相辅相成。传统的灌输式教学方式不利于学生直觉思维能力的发展，过于强调理性，而丧失了直觉思维的培养，丧失了创新思维能力及想象力的发展。

再次，发现学习有助于激发学生内在的学习动机和自信心。布鲁纳指出要重视在课程设计中强调"发现的兴奋感"，重视"由于发现以前未曾认识的观念间的关系和相似性的规律而产生的对本身能力的自信感"。学生在发现学习中能够更多地体会到学习和探究的乐趣，发现自身的能量，而这个过程本身就是对学习者最大的"自我奖赏"。

最后，发现学习有助于记忆的保持。布鲁纳认为记忆的首要问题不是储存，而是检索。也就是说，记忆的过程不单单是个信息提取的过程，也是一个问题解决的过程，即发现的过程。学生在发现学习过程中，需要不断地调用已学知识或重新学习新的知识去分析和解决问题，知识不再是死的，而是鲜活的，是学生主动调用的。在这个过程中，学生对知识的记忆将是非常牢固的。

发现学习是布鲁纳对在"知识激增"的背景下如何提高教学质量做出的回应。他强调智力的发展，却只重视智力的发展；他重视发现学习，却忽视了其他各种学习方式的存在

---

① Bruner J. The Art of Discovery[J]. *Havard Educational Review*, 1961, 31: 21—32.
② 张华. 课程与教学论[M]. 上海: 上海教育出版社, 2000: 123—125.
③ Bruner J. After John Dewey, What? [J]. *Satuday Review（Educational Supplement）*, 1961, 7(17).

意义和价值;他重视学生的认知生长,但却把这种生长推到了极端。他本人在 70 年代也承认在论述儿童的成长时忽视了社会性因素的影响。

尽管认知取向的教学设计模式存在诸多不足,但不可否认的是,认知主义的教学设计模式在教育教学领域产生了重大的影响,它在学习、认知、信息加工、感知等方面形成了许多新的研究和设计,大大推动了教学的发展,至今仍有许多学者对其兴趣盎然。

二、行为取向的教学模式

■ (一)理论基础

行为取向的教学模式是基于行为主义心理学发展而来的。行为主义理论主要研究有机体的行为及其心理,起源于 20 世纪 10 年代的美国。华生作为创始人提出了经典行为主义,此后,以斯金纳为代表的行为主义心理学家进一步发展了行为主义理论,被称为新行为主义。其中,对教学设计影响最大的当属斯金纳的行为主义学习理论及其程序教学模式。

行为主义心理学流派的共同点是强调从行为的角度观照和审视人的心理,并试图找到人的行为本质及其变化规律,从而有效控制人的行为。因此,行为取向的教学设计模式是基于行为控制而进行教学设计的,其本质在于完善人的行为。

在教学设计中,行为主义者认为,教学应当运用适当的强化使学习者产生适宜的行为,而有效的学习取决于强化作用的安排。教师在设计教学时,需要预先设计学习者的预期行为,并针对行为选择拟定强化策略,通过分析学习者在不同行为选择中的反应来促进学习效果的达成。行为取向的教学设计模式的一个显著特点,是将教学目标的拟定、学习需求的评估、教学活动理论与策略的使用、教学媒体的选择与决定,及教学评价等各方面,均强调外显可观察和可量化的学习行为。

■ (二)代表模式

在各种不同的行为取向的教学模式中,斯金纳的程序教学模式对教学的影响最大,也最为广泛。该模式诞生于 20 世纪五六十年代的美国,是为了适应国内外科技的形势对提高基础教育质量的需要。

不同于传统的行为主义心理学家,斯金纳认为人的许多行为并非简单的刺激与反应(S-R)的联结,人不总是被动地等待刺激,而是会积极主动地操作环境,并在这个过程中不断改变自己的行为方式。通过著名的操作条件作用实验,他发现在操作性活动受到强化之后,这一操作性活动的频率会显著增加,而若在操作性活动反应之后不予强化,其反应就会减弱,他将这种学习称为"操作学习"。斯金纳认为,人类所从事的大多数有意义的行为都是操作性学习的结果,被动的应答性学习只占人类行为中很小的一部分。此外,他还认为强化物出现方式的不同可以改变反应概览,由此可以控制反应,促进某种行为的产生或消失。[①]

---

① 钟启泉,汪霞,王文静. 课程与教学论[M]. 上海:华东师范大学出版社,2008:116—118.

　　将操作条件作用与积极强化结合,并应用在教学设计中,便形成了程序教学设计。程序教学设计的关键因素有两个,一是程序教材的编制,即把教学内容根据学习过程分解成一个个小的项目,并按一定的逻辑顺序排列好。每个项目既相对独立,又彼此联系,这样学生的学习便可循序渐进,同时在每次的学习后又能在后续的学习中得到强化。二是教学机器的使用。教学机器主要用于呈现程序教材,要在学生每一次正确的反应之后给予强化,从而保证学生学习的正确性和速度。

　　程序教学在实施过程中需要遵循以下五个基本原则。[①]

　　1. 积极反应原则。在程序教学过程中,学生需要利用程序教材和教学机器,自主进行各种读、说、写、算等学习活动,并进行选择、比较等活动。这样学生将始终处于活跃和忙碌的状态,加上不断的强化,有助于学生真正学到知识。

　　2. 小步子原则。教学设计者需要按照知识的内在逻辑,将教学内容划分为许多个小步子序列,每个小步子都是逐步呈现的,且难度也是逐渐递增的。当学生在一个小步子中获得反馈后,才能进入下一个小步子的内容学习。

　　3. 即时强化原则。这一原则要求在学生对每一个问题作出反应后,教师应及时提供反馈,帮助学生及时了解自己的学习结果。这种反馈即是一种强化,当学生的学习行为得到肯定和强化后,有助于保持和巩固已经习得的知识,同时增加学习的信心和兴趣。

　　4. 自定步调原则。程序教学是一种个别化教学方式,鼓励学生以最适合自己节奏的速度进行学习,而不是强求所有学生统一学习进度。如此,学生可以根据各自的学习特点、知识积累、个性化学习方式安排自己的学习进程。通过一次次的强化,学生的学习兴趣和自信心能够得到激发。

　　5. 低错误率原则。这一原则要求程序教材的编写要尽量减少学生出现错误反应的可能性。因为过度的错误会带来消极的反应,或负向强化,容易影响学生的学习积极性和学习进度。因此,教材的编排中每一个小步子之间的难度差要小,逐渐增加难度,以减少学生的错误反应。

　　斯金纳的程序教学理论不仅促进了学习理论的科学化,加速了心理学与教育学的有机深度结合,而且也有力地推动了教学手段的科学化和现代化进程,对当今的教学改革仍然极具启发价值。此外,基于行为主义的程序教学设计也受到了很多质疑。批评者认为程序教学只能提供那种不需要解决问题的思维材料,只适合于常识领域、规律性的知识,而不适合那些需要涉及理解行为、需要进行价值判断的知识。此外,批评者还指出程序教学忽视了社会互动的作用,以及学习者的内因、思想状态及情感意志等问题。

三、人格取向的教学模式

■ (一) 理论基础

　　人格取向的教学设计模式建基于人本主义心理学。人本主义心理学诞生于 20 世纪

---

　　① 张华. 课程与教学论[M]. 上海: 上海教育出版社,2000:140—144.

五六十年代的美国,于 70 年代得到迅速发展,主要的代表人物有马斯洛和罗杰斯等。人本主义心理学关注人的潜能和价值,探究解决人类问题和困境的出路,旨在"基于完美人格、为了完美人格、在完美人格之中"[①]。人本主义心理学倡导以学生为中心开展教育、进行教学设计,主张关心和发展学生的整体人格,强调"人的问题"是最根本的问题。促进人的"自我实现"是人格取向的教学设计模式的根本目标。

■（二）代表模式

人格取向的教学设计模式中,最具代表性的是罗杰斯创立的"非指导性教学"(non-directive teaching)模式。非指导性教学模式强调充分挖掘和实现人的潜能与价值,促进人的人格完善,帮助学生自我实现。罗杰斯批判传统教学是建立在对学生和学习过程的错误假设之上的,例如把学生视为知识的被动接受者。而非指导性教学则倡导有意义的经验学习、自发学习和自由学习。罗杰斯在《自由学习》一书中指出人学习的本质是:人类天然具有学习的倾向,且当学生正确地了解了所学知识的意义和价值时,学习才能成为最好的学习。[②]

非指导性教学设计模式的要旨在于,引导学生通过自我反省活动及情感体验,在融洽的心理气氛中自由地表现自我、认识自我,最后达到改变自我和实现自我的目的。其特征主要体现在以下四个方面:

第一,极大依赖于个体成长、健康与适应的内驱力,坚决排除各种有碍于学生成长、健康和发展的障碍。

第二,强调情感因素,在教学中教师应重视教学情境的情感方面,而不是理智方面。教学要尽可能深入学生的情感世界,而非借助于理性的方法去强迫或干预学生的真实情感。

第三,强调学生的即时体验,即教学中要重视学生在学习场域中"此时此刻"的情形,而不关心他/她过去的情感和经验。

第四,强调本身就能促进学生经验生长的人际接触和人际关系中的经验生长。

在非指导性教学模式中,教师的角色要发生重大的变化,从传统作为知识先知的"灌输者"转变为组织或引导学生自省的"促进者"。教师的作用主要体现在与学生建立一种真诚、相互信任的关系,为学生创造一种安全的学习环境。[③] 具体而言,表现为:

首先,帮助学生澄清学习目标。教学需要根据每个学生的个性化特征和学习需求,帮助学生反思和澄清自己的个性化学习目标。这里的澄清并非通过"直接告知"的方式,而是启发式地引导学生自觉自省,让学生自己去找寻和思考,教师则是帮助学生梳理、归纳和确定。

其次,提供适宜的学习活动和材料。教师要根据不同学生的学习背景如知识基础、能力差异、学习风格差异等个性化特征,组织个性化的、分层的学习活动并提供针对性的学习材料。将学生简单地视为"一体"进行统一教学的模式不能充分发掘不同学生的潜力,而是需要通过实施差异化教学,引导学生反思和自省自我与他人的个性和共性,在教师的

① 张华. 课程与教学论[M]. 上海:上海教育出版社,2000:144—149.

② Rogers C R. *Freedom to Learn*[M]. Columbus, OH: Charles E. Merrill Publishing Company, 1969:157—163.

③ 张华. 课程与教学论[M]. 上海:上海教育出版社,2000:147—149.

引导和帮助下充分发挥自我的独特潜能。

再次,引导发现学习的个人意义。学习者中心的教学模式强调学习的意义不再是教师赋予的,而是自我发现的,是自觉自知的。因此,教师应在教学中引导学生在学习过程中发现学习过程对于自己的独特价值,对于实现自我的独特意义,从而从内在调动学生的学习积极性和主动性。

最后,维持益于学习的心理氛围。在教学过程中,教师的一个重要作用还在于为学生的学习过程营造一个轻松、安全、舒适的心理氛围。只要"心理安全"了,学生才能真正打开心扉,教师也才能真正走进学生的内心,而此时的引导和启发才真正开始发生。

非指导性教学模式在 20 世纪六七十年代非常盛行,是对五六十年代西方流行的"唯理智主义"教学论的反击和回应。它以"完美人格"和"自我实现"作为教学设计的出发点和落脚点,找到了教学设计的归宿,对当今的教育教学改革仍然具有深远的影响。

四、系统取向的教学模式

■ (一)理论基础

当代教学设计深受系统取向的教学设计模式的理论的影响,尤其是迪克和凯瑞(W. Dick & L. Carey)的"系统设计论"(Theory of Systematic Designing Instruction),代表性著作是他们在 1978 年出版的《系统化设计教学》,后经历了多次修订和再版。系统设计论强调教学过程的系统性,认为应将教学过程看成一个系统的过程,这一过程中的每一个环节都对学生成功的学习至关重要。系统化设计有两层基本含义,第一层是指循环操作、层层落实;第二层指统揽全局、着眼整体。系统设计论的诞生借鉴和吸收了多种理论并进行了相应的改进。[①] 迪克指出系统取向的教学设计来源于并在有限范围内参考了程序教学理论的发展,强调教学的程序和步骤。加涅的学习层级理论也对系统取向的教学设计产生了一定的影响,强调教学内容不应由学科专家来决定,而应根据学习者的学习需求来确定。[②] 因此,系统设计论非常重视以学生的学习为中心来进行教学设计。

■ (二)代表模式

系统取向的教学设计模式主要包括:迪克-凯瑞模式、肯普模式、马杰模式以及史密斯和拉甘模式等。迪克-凯瑞模式由美国著名教学设计理论家迪克和凯瑞开发和设计;肯普模式则由肯普(J. E. Kemp)、莫里森(G. R. Morrison)和罗斯(S. M. Ross)在其合作编著的《设计有效的教学》中提出;马杰模式由马杰(R. F. Mager)在《有效教学的设计》一书中提出;史密斯和拉甘模式由史密斯(P. L. Smith)和拉甘(Ragan T. J.)提出,并出版有《教学设计》,在国际教学设计研究领域享有盛誉。这些都是较有影响力的教学设计模式,对我国当今的课堂教学设计有深远的影响。

---

① 盛群力. 教学设计的基本模式及其特点[J]. 广州大学学报(社会科学版),2006,(7):32—37.
② Tennyson R D, Schott F, Seel N, etc. Instructional Design: International Perspectives (Ed.) Vol. I: *Theory*, *Research*, *and Models*[M]. Mahwah: NJ: Lawrence Erlbaum Associates Inc., 1997.

　　其中,肯普模式是一个典型的以"教"为中心的、以行为主义学习理论为指导的教学设计模型(图7-5)。尽管因为基于行为主义而带来较大的局限性,但是由于它具有较强的实用性和可操作性,加上它允许教师按自己的意愿来安排教学的各个环节,即具有灵活性,所以多年来,它在世界范围内产生过较大影响,并成为20世纪晚期第一代教学设计模型的代表。马杰则在程序教学目标的编写中提出学习目标的三要素,第一是说明做什么,第二是说明怎么做,第三是说明做得如何(图7-6)。

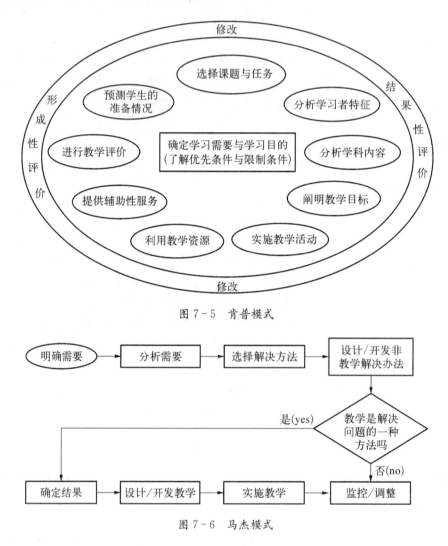

图7-5 肯普模式

图7-6 马杰模式

　　迪克-凯瑞模式在教学设计领域一直被奉为经典,为我们掌握基本的教学设计程序和规范提供了良好的基础,具有很强的实践指导价值,本部分以此为例略作分析。迪克-凯瑞模式从课前分析、过程分析、教学实施及课后评价维度将教学过程设计为一个由八个环节构成的教学系统。这八个环节(图7-7)层层递进、环环相扣、相互促进。①

---

　　① 王丽华. 论迪克-凯瑞的系统教学设计模式[J]. 外国教育研究,2004,(8):38—41.

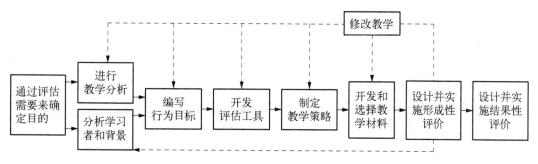

图 7-7　迪克-凯瑞模式①

（1）通过评估需要来确定目的。该环节旨在通过各种方式与途径调查和评估学生的学习需要，从而确定教学目的。根据评估结果发现学生学习的困难与挑战，分析学生的学习行为，从而帮助教师制定明确的教学目的。在这一环节，教学目的关注的是学习者在教学结束后能做什么。

（2）进行教学及学习者和其背景的分析。确定教学的目的后，首先，教师应逐步确定学生需要做什么才能达成教学目的。这需要教师在教学之始就充分了解学生在知识、技能和态度等方面的基础或起点，从而针对性地设计教学活动。接下来，教师还应对学生学习知识和技能的背景及运用这些知识和技能的背景进行分析，因为学生是否对学习具有兴趣和积极的态度很大程度上取决于教学环境的特征和知识与技能的可迁移程度。这些分析将有助于教师更好地进行系统的教学设计，选择针对性的教学策略。

（3）编写行为目标。这一环节旨在向学生阐明学习的内容、条件、资源和成功的标准等，即向学生表明教学结束后希望学生能够做到什么。

（4）开发评估工具。教师在完成以上环节后，需要基于行为目标来开发科学合理的评估工具，用以检查学生学习的效果或学习目标的达成情况。评估的重点是行为目标中所描述的具体行为。

（5）制定教学策略。教学策略的制定至关重要，关系着学生能否高效达成学习目标。教学策略应充分体现在教学的全过程中如教学前的各种准备活动、教学内容的展示、练习和反馈、测试及总结等。教学策略要依据当前前沿的学习科学理论和心理学等知识，以确保适应学生当前的身心发展特征。此外，教学策略还要具有针对性，根据学生的个性化特征和具体情境灵活设计。

（6）开发和选择教学材料。该环节教师应依据学生学习的需要，课程内容的前沿性、逻辑性和科学性等来决定教学材料的开发。教学材料可以包括学历案、拓展阅读材料、课后延展练习册等学习资源。

（7）设计和实施形成性评价。在这个环节中，形成性评价的方式主要有三种类型：一对一的评价、小群体评价和现成评价。每一种评价方式都可以为教师提供丰富的有关学生学习的数据或信息，从而帮助教师进　步调整和完善教学。

---

①　Dick W, Carey L, Carey J O. *The Systematic Design of Instruction* (5th ed.) [M]. Boston, MA: Addison-Wesley Educational Publishers Inc., 2001.

(8) 设计和实施结果性评价。这是整个教学系统设计的最后一个环节,也是对整个教学设计效果或学生学习效果的总结和评价。

此外,在"迪克-凯瑞模式"的基础上,史密斯-拉甘模式吸取了加涅在"学习者特征分析"环节中注意对学习者内部心理过程进行认知分析的优点,并进一步考虑认知学习理论对教学内容组织的重要影响而作了修改和发展(图7-8)。由于该模型较好地实现了行为主义与认知主义的结合,较充分地体现了"联结-认知"学习理论的基本思想。最后,格兰特·威金斯(Grant Wiggins)和杰伊·麦克泰格(Jay McTighe)认为理解是多维、复杂的,为了构成成熟的理解,其形成了一个多侧面的视角,即理解有六个侧面:解释、阐明、应用、洞察、神入和自知。任何追求理解的课程设计必须帮助学生们意识到他们要做的不仅仅是接受"灌输"的内容,还要主动"揭示"隐藏在事实背后的内容,并思考它们的意义(图7-9)。[①] 其中隐含了建构主义的思想:知识不能通过教师传授获得;它只能是通过巧妙设计和有效指导由学习者自我建构而来。因此,开发学生理解力的课程要做的就是"教"学生不仅仅要学习事实和技能,还应当探究它们的意义。"揭示"一词总结了以探究大概

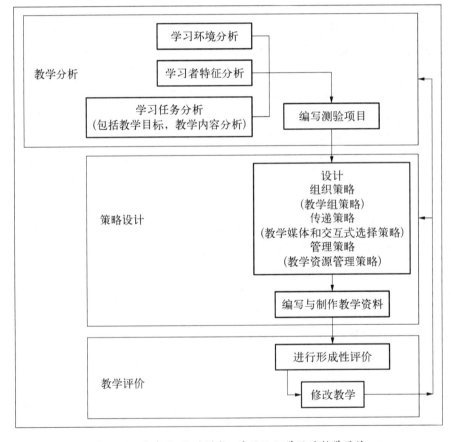

图7-8　史密斯-拉甘模式:基于认知学习的教学设计

① 威金斯,麦克泰格.追求理解的教学设计(第二版)[M].闫寒冰,等,译.上海:华东师范大学出版社,2017: 9—116.

念为导向的设计哲学,通过这种探究,使知识更具连贯性、更有意义、更有价值,其核心是定位或确定学生预期的学习结果(具体可参见大单元教学的关键步骤等内容)。

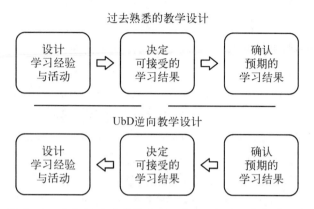

图 7-9 威金斯-麦克泰格模式:基于理解的逆向教学设计

素养导向的教学改革越来越重视培养学生在真实情境中综合运用知识分析问题和解决问题的能力,因而也更加重视综合课程、综合教学和综合学习。综合课程、综合教学和综合学习是一组概念,而分科课程、单课教学、单项学习则是另一组相对应的概念。但两组概念之间却不是相互否定和替代的关系,而是相互补充和促进的关系。

课程与教学必须有分化、分析的思维,否则是没法操作的。但只有分科课程、单课教学和单项学习,而没有综合课程、综合教学、综合学习,就容易出现知识碎片化、零散而隔离的问题,构不成一个整体的知识结构,不仅没有力量,而且成为僵化的知识包袱。同样,只有综合没有分化,课程与教学是很难深入到知识本质层面的。

尽管综合课程、综合教学和综合学习在侧重点上有所不同,但它们的基本指导思想是一致的,在广义上是可以用作同义语的,其目的都是要加强课程内容与学生经验、社会生活的联系,强化学科内和跨学科的知识整合,强化课程协同育人功能。

第四节　大单元教学

大单元教学是综合教学的一种具体形式,目的是为核心素养落地创造更好的时空条件。一方面,大单元有别于传统意义上的单课教学或知识内容单元教学;另一方面,大单元教学需要从过于重视传递专家结论转向更加重视培养专家思维,以素养导向的单元目标作为整体观照,推进情境化、生活化的单元学习活动,实现大单元的教、学、评一致性。

一、大单元与单元

大单元教学是在核心素养背景下提出的一种综合教学形式。其中,大单元与传统意义上的单课教学、学科知识内容单元相对,旨在克服单项知识点和技能点的机械重复训练以及知识隔离的碎片化教学等弊端。

由于单课相对简单,课时太短,容量过小,以至于无法考虑核心素养、大观念等方面的深入发展,也无法探究本质问题和实际应用,难以满足课程内容结构化的要求。同时,通常所说的单元,大都强调学科知识或专家结论的内在逻辑性,课时与课时之间更多的是学科具体知识上的关联,容易造成学科知识点的碎片化学习,缺少整体性。所以,必须在教学上突破单课教学和知识内容单元教学的局限,把若干单课按照某种联系组织成为一个相对完整的主题学习单位,在更大的单元和课程设计中,实现课堂教学的目的性和关联性。

决定单元性质和特点的是单元组织所遵循的底层逻辑。一般认为课程单元组织主要遵循学科逻辑和心理逻辑,但真正决定单元组织是采取学科逻辑、心理逻辑还是采取学科心理融合逻辑的是单元目标,目标才是大单元教学的首要问题。大单元之大,不仅是时间长短、内容多少等物理量度含义上的庞大,更多是单元教学设计的一种大思维。它蕴含了单元大观念、大主题、大任务,对学生当下学习、后续发展、未来生活有重大影响,是在本质性问题、典型案例和专家思维意义上的作用大而深远,是更为一般化的思想路线和探究方式,指向迁移性更大、心智灵活性更大的单元整体性目标。

总之,大单元是围绕核心素养,由大观念或大概念联结,有整体目标观照,从而和其他单元内容打通联系,编制成专家思维网络,使狭义的单课或知识内容单元,转变成为素养学习单元。

二、从掌握专家结论到培养专家思维

当前学校教育存在的最大问题之一,是学生学习"多而浅",而不是"少而精"。学生往往习得大量专家结论等事实性知识,却难以在现实世界中加以调用,形不成方法性知识和价值性知识,无法像专家一样思考,或运用专家思维分析问题、解释问题、解决问题。

世界上一切的专家结论是专家运用专家思维暂时得到的,既不是原本就有的,也不是一成不变的。同样是学习"温度计",浅层学习中我们会以温度计为例,讲解数轴的三要素,比如让学生回答"温度计刻度的正、负是怎样规定的? 每摄氏度两条刻度线之间有什么?"等问题。而深度学习则需要学生思考温度计为什么会以数轴的方式呈现? 它的原点、单位和方向是怎样确定的? 为什么将沸水的沸点规定为 100℃,而不是 10℃ 或1000℃? 等更为本质的问题。正是因为本质问题还原了专家思维的路径,循着本质问题,我们对事物的理解会越来越透彻,进而找到大观念,建立专家思维,让抽象的数轴学习获得现实关联意义。[①]

从一定意义上说,工业时代的教学强调教授已经得出的专家结论,专家结论按学科进行挑选和浓缩,由学科专家整理和编制成教材,再通过教师教授给学生,评价也主要检验学生掌握专家结论的情况。但是,信息时代则需要一种更加精准的教育,应培养人去做人

---

① 刘徽,徐玲玲,蔡小瑛,等. 概念地图:以大概念促进深度学习[J]. 教育发展研究,2021,41(24):53—63.

工智能做不到的事情,而人工智能不具备的恰恰是以创新为特征的专家思维。①

但是,专家结论只能引发低通路迁移,而专家思维更能引发高通路迁移(图7-10)。

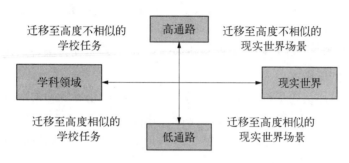

图7-10　迁移象限示意图

低通路迁移只能达成相似的具体与具体之间的简单关联,比如通过海量刷题,机械重复训练,让学生熟悉各种题型,以便应对考试,所依靠的就是具体问题之间的相似性。高通路迁移则可以不断形成和优化具体与抽象以及抽象与抽象交错的复杂认知结构,可以联结不相似的具体问题与真实情景,具备更多创造性地分析问题、解释问题和解决问题的能力。

大单元教学将教学目标由教授专家结论转向培养专家思维,即使儿童长大成人后并不从事相关的专业工作,在真实世界中他们也需要成为业余专家,能够自信地、正确地、灵活地理解和运用基础知识。

三、大单元的概念图谱

大单元教学的重点是落实素养导向的课程与教学,从教授专家结论为主转向培养专家思维为主。其中,大概念是将素养落实到具体教学中的锚点。大概念,也叫大观念,是指反映专家思维方式的特殊概念、观念或论题,具有生活价值。大概念可以是一个词或词组,也可以是一个短语,一个句子,或者一个问题。其中,除了人文艺术领域的大观念通常以论题形式出现外,其他领域的大概念更多是以概念或观念的形式出现。通过大概念作为锚点,大单元教学可以更好地帮助学生达成高通路迁移,形成具体与抽象交错的复杂认知结构,不仅可以打通跨学段、跨学科的学习,而且能解决学校教育与真实世界相阻隔的问题。

为此,大单元设计需要不断建构和运用相应的单元概念图谱。借助于单元概念图谱,所要展示的不只是特定领域概念的简单定义,而是一套完整的命题。命题一般是以观念的形式出现的,观念的基本构成单位是概念。但就像故事一样,如果要让人听懂,必然需要勾连起他们具体的生活经验,可以称为案例。概念图谱是一幅由概念和案例构成的纵横交错的观念图景,它包含了本质问题和大概念,不仅体现专家结论,更为重要的是体

---

① 刘徽."大概念"视角下的单元整体教学构型——兼论素养导向的课堂变革[J].教育研究,2020,41(6):64—77.

现专家思维。围绕大观念来组织"概念""案例"和"问题"等,不仅回答"是什么",还关心"为什么",它构建的是观念"地图",包含有概念、观念、案例、本质问题和大观念。

这些命题在一个特定知识领域中表现了一个概念是怎样与其他概念联系起来的。这里既要进行学科内整合,强调在具体某一门学科下构建起纵向或横向的知识联系;也要进行跨学科整合,利用多门学科相互关联来建构课程单元,注重通过综合应用知识来提高学生解决实际问题的能力。

概念图谱一方面提取了单元大观念,另一方面也把单元大观念与本质问题、概念、案例和观念关联起来,为大单元设计提供了基础。建构大单元的概念图谱,一般包括六个步骤:一是确定概念焦点,二是发现上位概念,三是初定图谱框架,四是激活概念和案例,五是制定概念图谱,六是修订概念图谱。

四、推进大单元教学的关键步骤

从宏观的认识视角来看,在推进大单元教学时,首先要拓宽单元设计的视野,特别是要考虑学科、学期、单元和课时的整体联系,把大单元作为上接学期课程纲要、下接课时教学的枢纽环节。其次是重点进行目标设计、评价设计和过程设计。再次是加强单元设计的理论建设,拓宽单元设计的知识基础,梳理单元设计的模式,规范单元设计的术语。[1]

从微观的行动视角来看,在推进大单元教学时,要突出大单元教学的目标设计、评价设计和过程设计三个关键步骤。

一是设计统整性单元目标,以及大概念、问题化的单元目标。设计大单元的目标,直接的依据是课程标准,间接的依据有教材分析、学情分析和教师经验。目标设计就是要定位预期的学习结果,需要考虑上位与下位的对接问题。上位对接学科核心素养或课程核心素养,下位对接具体课时目标和活动目标,形成单元教学的目标链:核心素养—学科核心素养—课程标准/内容标准—单元目标—课时目标—活动目标。同时,采用三维整合表述技术予以呈现。

二是开发统整性的单元评价任务。大单元的评价设计,可以参考三种评价。一是学习性评价(assessment for learning),目的是为学习的推进收集证据;二是学习的评价(assessment of learning),目的是对阶段性学习成果进行总结;三是学习式评价(assessment as learning),目的是让学生在学习中学会评价。大单元评价任务设计,在校准学习性评价和学习的评价的同时,更要强调学习式评价。每个单元的评价任务要明确考查指向、涉及课程内容、问题解决要求、情境设计理由、考查水平、任务难度预估、不同水平表现及评分标准、材料来源等方面的具体内涵。

三是设计情境化与生活化的单元核心学习活动。通过大问题转化为学习任务或项目,来组织大单元的教与学活动。并以本质问题为主线贯穿准备——建构——应用的学习过程,引导学生持续发展专家思维,建构相应的方法性知识和价值性知识。

---

① 邵朝友,杨宇凡. 回顾与反思:近十年我国单元教学设计述评[J]. 现代教育论丛,2020(4):59—68.

第五节　专题教育的整合实施

由于形势发展的需要,中小学各类专题教育的要求与呼声持续高涨。但是各类专题教育的整合教学单元设计与实施,不应该滑入做加法式地不断增加课时和课业负担的俗套,而应该是进行结构性的调整和转换,将社会主义先进文化、革命文化和中华优秀传统文化,以及法治、国家安全、民族团结、生态文明、生命安全与健康等各类专题教育内容,融入现有课程政策空间和课程实施框架中,相应地整合到学科教学、综合实践活动、校本课程和班团队活动等课程安排之中,从实施机制上保证各类专题教育能够纳入中小学的日常教育教学系统,进行统筹规划和整体推进。

一、中小学专题教育的整合实施路径

中小学专题教育的整合实施机制意味着专题教育是通过某些路径、技术、形式和方法等整合措施,融入整个中小学的既有教育教学体系当中,能够落到实处并顺利运行。也就是说,无论什么样的专题教育,从操作可能性上看,都必须通过设置相应的活动主题,按照领域相近和便于操作的原则,归口到既有的课程结构之中,要么是学科渗透整合实施,要么是板块单列整合实施,而不是在政策规定的既有课程结构之外另行拿出课时来开展教育教学活动。

■（一）专题教育的学科渗透整合实施路径

因为学科课程在中小学的课程结构中占主导地位,所以专题教育的整合实施首先要考虑如何与学科课程相融合,开辟专题教育的学科渗透整合实施路径。即从学科的角度出发,把专题教育内容和学科教学整合起来,既有专题教育内容,更有学科视角与方法的运用和延伸,相互渗透,组成一个渗透式的学科或跨学科教学单元,纳入到学科教学之中,同步完成学科教学和专题教育的任务。

以公共卫生安全教育专题为例,其中的新冠病毒抗疫主题就可以按照不同的视角,采用综合主题单元的形式,渗透整合到领域相近的不同学科教学当中,特别是运用学科的思想方法和探究方式,开展主题单元的内容学习活动。比如,在道德与法治课中设计"抗疫中的道德与法治问题"主题单元,或者在语文课中设计"居家隔离抗疫日记三则"主题单元,或者在数学课中设计"新冠病毒疫情数据总汇"主题单元,或者在物理课中设计"红外测温"主题单元,或者在化学课中设计"防疫消毒品制备"主题单元,或者在信息技术课中设计"健康码 APP"主题单元,或者在生物课中设计"新冠病毒传播与阻断"主题单元,或者在英语课中设计"世界疫情防控英语小报"主题单元,或者历史课设计"人类抗疫简史"单元,或者地理课设计"疫情地图绘制"单元,或者艺术课设计"抗疫事迹剧展"单元,体育健康课设计"防疫卫生三例"单元,等等之类,都是学科渗透整合实施的主题单元教学设计思路。

专题教育的学科渗透整合实施路径,主要特点是把学科视角、知识、思想、方法、探究方式和关键能力,运用到各类专题教育和相关内容的学习之中,用学科理论联系各类专题教育实际,学以致用,同时实现学科教学和专题教育的育人价值。

■（二）专题教育的板块单列整合实施路径

专题教育的板块单列整合实施路径,即运用学科课程以外的校本课程、综合实践活动、班团队会等课程板块政策空间和课时,为特定的学生群体单独设计专题教育整合教学单元,开展教学活动。这样,既落实了校本课程、综合实践活动、班团队会等课程政策要求,也能完成各类专题教育任务。

与学科渗透整合实施路径相比,专题教育的板块单列整合实施路径,在主题单元的教学设计技术上并无实质性的不同。它的主要特点是没有特定学科视角的限制,教学整合的自由度更高,可以是一个学科或多个学科整合的视角,也可以完全是兴趣小组活动和社团活动的视角,个人经验的视角,或者其他更加灵活的视角,设计和开发出一个或若干个教学主题单元或活动主题单元。

比如,同样是公共卫生安全教育中的新冠病毒抗疫主题,类似于"世界各国抗疫政策比较""配戴口罩与社会文化心理""抗疫中的在线学习状况调查"等跨学科整合主题单元教学或研究性学习活动安排等,都可以通过综合实践活动、班团队会活动和校本课程等课程板块单列整合实施路径来予以落实。

总之,运用综合实践活动、校本课程、班团队活动等课程政策空间,结合学生需要和学习要求,把各种专题教育转化成为整合教学主题单元或单元序列就可以了。

■（三）教学场域整合实施路径

专题教育的教学场域整合实施路径,主要包括实体空间的课堂教学场域整合实施路径与虚拟空间的在线教学场域整合实施路径。许多专题教育,仍以公共卫生安全教育专题中的新冠病毒抗疫主题单元整合教学为例,既有线上教学的条件,也有线下教学的需要。新冠病毒抗疫主题单元整合教学设计,应该用好线上线下两个教学场域的整合,同时更要把两个教学场域整合的优势进一步整合起来,实现优势互补。

首先,专题教育要充分发挥在线教学场域整合实施路径的优势。

在计算机信息技术、互联网技术和人工智能技术日益普及的信息文明时代,中小学生几乎都是数字原住民,他们获得各种信息的通道非常广阔,对于融媒体、5G$^+$技术的运用能力甚至强于不少教师。因为大量的抗疫主题教学资源其实网上都有,可以十分便捷地获取和利用,同时师生之间、同伴之间的线上交流平台技术也越来越成熟和实用,所以新冠病毒抗疫主题单元的线上教学几乎是水到渠成的事情。

学校和教师更多是要将一种自发的、向度不一的、偶然被动接触状态转换成一种自觉的、有计划的、主动探索和学习状态,将各种网上有关新冠病毒抗疫资料进行识别和结构化,使之整合成对学生有意义的知识,融入既有的课程结构当中予以落实,而不仅仅只是杂乱无章的信息散落在各种在线网络空间。

新技术条件下抗疫主题单元的整合教学设计,重点是探究信息结构化的视角和学习方式。如果说,新技术条件下的线上教学能够便捷获取各种抗疫大事件的信息数据是"水到"之水,那么,抗疫主题单元整合教学设计则是设法能够搭建信息结构化的探究视角和学习方式的"渠成"之渠。通过线上技术与抗疫主题内容、学习方式的整合,有助于学生更好地实现从抗疫信息到抗知识再到抗疫方法和能力乃至抗疫情感态度价值观的转变。

其次,专题教育要有选择地用好线下教学场域整合实施路径。

尽管线上教学场域具有获取资源以及相互交流非常便捷的优势,但却也存在某些局限,因为它毕竟是虚拟现实的教学空间,与真实现实的教学空间及其功能还是存在较大差异。从线下教学场域看,抗疫主题单元整合教学设计,优势和重点是师生之间的现场交流和相互激发,抗疫方法论学习、人际氛围体验和情绪情感交流,所以更适合于汇报展示、观点辩论、深度研讨、服务学习和实践学习等主题单元整合教学环节和方式。

需要注意的是,抗疫主题单元整合教学设计,无论是学校层面的整体设计,还是课堂层面的专项设计,无论线上还是线下教学场域的整合教学设计,重点是激发学生对于抗疫主题的兴趣,学到真本事,让教有所值、学有所值,实现专题教育的教育价值本身。在线上线下两个教学场域中,重点都不是增加课时和任务的思路,而是结构性调整和转换的思路,特别是必须要控制学习时间总量,避免抗疫主题整合教学成为无效学习时间。

总之,要善于运用线下教学场域的优势,以便实现线上线下两个教学场域的优势互补和深度融合。

■（四）汇总合成专题教育整合教学计划表

专题教育的整合实施路径需要转化为具体可操作的主题单元教学设计,即在大致完成学科渗透和板块单列、线上和线下的规划以后,就可以把规划的结果进行汇总合成,制作一份主题单元教学计划表(以抗疫主题为例,表7-7),简洁而直观地对单元教学做整体性的安排。

表7-7 专题教育整合实施的主题单元教学计划示例表

维度 主题	单元名称	年级/ 学期	场域/形式	课时/周次			
				学科渗透	综合实践	校本课程	班团队会
防疫知识	青春期卫生与防疫	5/上	线下/性别分组辅导				1/2
	×××	5/上	线上线下/班级	3/15			
防疫项目	×××	6/下	线下/社团			18/1-18	
防疫演练	×××	3-6/上	线下/班级		4/16		
备注			合计				

以上表为例,抗疫主题单元可以表格形式体现出专题教育整合实施的路径和结构分布状况。当然,制定的单元整合教学计划表可能是初步的,还可以根据具体情况及时进行调整和优化。该主题整合教学单元计划表,在技术上从纵向和横向两个维度简要地标明了抗疫主题单元整合教学设计的基本思路,也让教学管理者、教师和学生甚至家长对抗疫主题单元整合教学的计划安排能够一目了然。[①]

从纵向维度来看,主题可以大致分成知识类主题、项目类主题和演练类主题。三类主题一旦确定,就可以为主题结构的论证、选择和设计提供基本依据和思路。比如,三类主题当中,我们是希望知识类的主题单元多一点,还是项目类的主题单元多一点,还是演练类的主题单元多一点,或者哪一类主题更为合适,还是说三类主题单元分布更均衡一点比较好……诸如此类问题的思考、交流和讨论,方向就有了,比较容易把事情想清楚、说明白、写准确、做实在。

同样,从横向维度来看,主题单元整合教学的安排,大致可以按单元名称、年级和学期、场域和形式、课时与周次以及属于学科渗透、还是综合实践或校本课程、班团队会等要素来展开。只要按这些基本要件加以展开,主题整合教学到底需要、适合或者拥有哪些单元,具体在哪个年级或跨哪几个年级、在哪个学期开设,是线上还是线下还是跨两个教学场域,是属于学科渗透整合,还是属于板块单列整合以及板块单列整合中的综合实践活动、校本课程或班团队会活动,等等诸如此类问题经过思考、交流和讨论,也就有了明确的方向和思路,容易达成共识,做出具体的安排。

实际上,学校层面对学科渗透的综合主题单元,综合实践活动和校本课程的具体某门或某几门课程的开设,以及某次或某几次班团队会活动和社团活动等教学时间安排,这些课时是可以整合在一起的,既可以集中使用,也可以分散使用。但有一个原则必须非常明确,那就是学校要结合实际创造性地执行国家课程政策,也就是说,专题教育整合实施的教学总课时数,要控制在政策允许范围,保证课时的分配能够归口到各个科目,综合实践活动、校本课程和班团队会活动等相应的课时比例,不低于政策规定的下限,也不超过政策规定的上限。

二、专题教育整合实施的教学功能定位

因为专题教育整合实施主要还是学校和教师层面的工作,所以需要学校和教师根据教育教学的目的和条件,决定整合实施的教学功能定位。"最佳的设计其'形式追随功能'(form follows function)而定。换言之,我们使用的所有方法和教材,都是由对期望结果

---

① 如果新冠病毒抗疫主题单元整合教学的主题类别和结构要件这两个维度清楚了,抗疫主题单元整合教学计划的大致安排也就比较明确了。如表中的"青春期卫生与防疫",就属于防疫知识类单元,是在 5 年级上学期开学第 2 周,利用班团队会 1 课时时间,为即将或正在进入青春期的五年级学生,按性别分组集中进行一次青春期卫生与防疫知识专题辅导。课时与周次更多是从课程管理口径考虑的,旨在强化各种专题教育的课时政策要求。

有清楚的概念所塑造。"[1]教师和学生只有明确了专题教育整合实施的教学功能,才能清楚教学努力的方向和目标要求,成为自觉的教学主体,才能为专题教育整合实施注入持续的内生动力。

■（一）专题教育整合实施中教学功能定位的意义

教学功能与教学价值、教学目标密不可分。教学功能是教学主题和教学过程本身所具备的属性,不以人的意志转移,而教学价值则取决于人们对于教学主题和教学过程的认识、选择和运用,教学目标则是将教学价值在多大程度上转化成教学结果的预期。事实上,专题教育的各类专题往往具有多方面的教学功能,只有当我们认识、选择和运用了其中的某种或某些教学功能,才将某种或某些教学功能转换成教学价值,作为制定教学目标的基础,并相应地转化成教学目标。

通俗地说,功能只有被认识、发掘和运用才能叫价值,价值被作为可以实现的结果的预期就成了目标。没有功能或功能未能被识别或功能被弃之不用,也就无价值可言,目标也就失去了基础。教学功能定位就是进行教学价值判断和选择的过程,是发掘教学价值的过程,是明确教学目标的基础。

所以,专题教育整合实施的教学功能定位,要从专题及其教学过程本身的属性中进行选择和运用,使之成为学校整体育人价值的有机组成部分,转换成可以追求和实现的整合教学目标。

以心理健康教育主题为例,儿童健康成长的多重教育价值决定了心理健康教育主题单元整合教学的功能具有复合性,而且是相互联系的有机功能整体。对于心理健康教育主题整合教学进行功能定位,重点不是孰优孰劣的问题,而是要思考怎样的功能定位能够更好地与学校教育的目的、整合教学目标和教学条件相匹配的问题。也就是说,适合于学校办学目的、教学目标和教学条件的心理健康教育主题整合实施的单元教学功能定位就是好的教学功能定位。[2]

■（二）不同视角下的专题教育整合实施教学功能定位

从一般情况来看,专题教育整合实施中的教学功能定位,可以从教学主体、教学内容和教学方式等教学要素和关系角度来考虑和谋划。

首先,从主体关系视角进行专题教育整合实施教学功能定位。

从教学主体关系的角度看,有教师中心和学生中心两种教学价值取向。以传统文化美育专题教育整合实施为例,其中的传统文化美育主题单元的整合教学功能定位,如果是教师中心取向,那么就会更多地以教为主,更强调教师在传统文化美育主题单元教学中的主导作用,特别是教师在传统文化美育主题相关知识的准备方面,以及为学生引入、讲解

---

① 维金斯,麦克泰格.重理解的课程设计[M].赖丽珍,译.新北:心理出版社股份有限公司,2008:2.即定位或确定学习预期的学习结果.另可参考:威金斯,麦克泰格.追求理解的教学设计(第二版)[M].闫寒冰,等,译.上海:华东师范大学出版社,2017.

② 具体可参考查阅上海市建平实验中学心理健康专题教育的实践和研究。

和辅导传统文化美育主题相关知识学习的资源、方法和能力方面,会重点关注如何充分发挥教师教学的积极性和主动性,以及是否按时完成教学任务,是否达到教学要求等方面。

如果是学生中心取向,那么,传统文化美育主题单元整合教学就会更多地以学为主,更强调学生的学习主体作用,特别是学生对于传统文化美育主题单元相关材料和信息的预习、调查、参访、搜集、练习、自查、交流、分享、小结和汇报展示等学习过程,会重点关注如何发挥学生的学习积极性和主动性,更好地激发和满足学生对于传统文化美育主题单元学习的多种兴趣和需要。

其次,从内容组织视角进行专题教育整合实施的教学功能定位。

从教学内容组织来看,教学价值取向存在学科取向与活动取向、知识取向与素养取向、综合取向与分析取向等几种不同情况。

显然,如果是学科取向的专题教育整合教学设计,就会更强调学科知识逻辑和学科思维的整合。比如,前文举例的公共卫生安全专题教育中的新冠病毒疫情防控主题,根据不同学段学习特点还可进一步思考整合,语文可能更侧重于疫情防控中的大众语言、人物事迹和新闻报道等语文主题,像日本民间援助武汉抗疫物资时使用"山川异域,风月同天","岂曰无衣,与子同裳",中国民间援助日韩新冠病毒抗疫时借用"江山一道同风景,明月何曾是两乡"等古典风格诗句,引发网友广泛的热议,就是语文可以派上很好用场的主题内容领域;数学则可能对新冠病毒疫情防控中的检测与防治建模、大数据运用和统计分析等主题内容领域更有专长;而科学等学科就可以侧重于疫情防控中的生命科学、医学研究、诊疗工具与方法、病毒研究、健康码、信息科技等具体的科学研究和科技成果运用项目等主题内容领域;道德与法治则更适合于探讨和学习新冠病毒抗疫中的个人品德和公民素养、疫情通报与谣言处置、政府职责与依法抗疫等主题内容领域。

而如果是活动取向的单元设计,则会更强调学生基于兴趣和经验开展有关新冠病毒防控的学习和探索活动。比如,新冠病毒抗疫中的居家隔离日记、网络交流、疫情信息、社区观察、社会参与、个人与国家,抗疫大主题下的项目学习、问题解决学习、服务学习和实践学习等各种跨学科主题活动,以及实验方案设计、模拟疾控中心、模拟传染病防治医院、模拟街道办、模拟记者采访和新闻发布会、模拟世界卫生大会等之类的主题活动,都可以成为新冠病毒抗疫主题单元学习的活动选项。

同样,诸如知识取向与素养取向、综合取向与分析取向,也都是新冠病毒抗疫主题单元整合教学功能定位的重要思考向度。

此外,还有从学习方式特点划分的主动取向与被动取向、接受取向与发现取向等教学价值取向,也可以成为各类专题教育整合实施中主题单元教学功能定位的思考向度。

三、专题教育整合实施的教学问题链条

要实现专题教育的教育功能和教学目标,学校和教师必须进行学什么和怎么学的问题设计,以便引导学生展开专题学习之旅。好的问题是引导教学走向深入的有效工具,是学生学习的重要脚手架。但要提出好的问题却是需要经过精心准备和设计的。这些问题

可以由教师提出,也可以由学生提出。但就一般教学过程而言,首先得由教师提出问题,为学生示范提出好问题的思路,学生才能更好地学习、探索和内化为自己的问题,并逐步学会提出学生自己的好问题。"毕竟,专家才知道什么样的问题最能够促发学习和思考开花结果。虽然学生可以(当然也需要被鼓励)提出和探究他们自己的问题,但最好的核心问题反映的是学科专家在训练有素的探究过程中会提出来的问题和洞见。"[①]

从教学内容和教学方式的角度来看,专题教育整合实施的教学问题链条主要围绕教什么或学什么、怎么教或怎么学两大问题域展开。围绕教什么、学什么而建立起来的问题链条是教学内容问题链条,而围绕怎么教、怎么学而建立起来的问题链条是教学方式问题链条。

■（一）专题教育整合实施的主题规模与问题链条

从教学内容来看,专题教育整合实施的主题单元教学问题链条的设计与专题教育的主题规模属性是密切相关的。不同的主题规模会对问题链条的设计方向、风格、思路和性质、特点产生重要影响。在此,不妨把比较宏观的主题称为大主题,中观一点的主题称为中主题,比较微观的主题称为小主题。无论是大主题、中主题,还是小主题,各有适用范围和优缺点,可以因校适宜,酌情加以选择。

以生态文明专题教育整合实施为例,像环境保护主题单元的主题选择,既可以直接采用全球环境治理这样的大主题,也可以采用诸如碳排放、湿地保护、环保与社会志愿动员等更加具体的小主题。

采用大主题的好处是可以为教学内容问题链条的设计规定原则性的方向,便于学习和了解有关全球环境治理主题单元总体性的知识梗概,教师对具体内容的解读空间和自主决策余地较大,教学可以有比较大的灵活性。但大主题的缺点也很明显,要么对教师把握宏大问题的能力要求较高,要么教学容易失之宽泛、笼统和随意,学习也容易大而化之。大主题的教学,适合于大范围的比较集中的环境治理专题讲座、报告和参观、浏览等形式,宜于开阔学生环境治理方面的知识视野,更多了解一些概貌性的环境治理问题。

采用小主题的优点是切口小,内容聚焦,比较具体,更容易贴近学生特点和实际,便于小范围分组的环保项目类主题和环保实践类主题等实施操作,但也有失之狭窄、整体视野不够开阔等局限。环保小主题的教学,适合于项目式学习、问题探究学习、服务学习、实验实践学习等形式,宜于培养学生环保方面的具身思维和动手能力,更为深入地接触、探究和内化一些环保方面的操作性问题。

大主题与小主题是相对而言的,比较中间状态的主题选项就是中主题。而且,大主题、中主题、小主题的规模属性在一定程度上也是可以变化的,即所谓"小题大做"和"大题小做",关键还是看专题教育整合实施的教学功能定位与教学设计本身的需要和选择。

---

① 麦克泰格,维金斯.核心问题:开启学生理解之门[M].侯秋玲,吴敏而,译.新北:心理出版社股份有限公司,2016:32.

在学校层面,可以集思广益,凝练出一个或几个大的专题教育主题,然后在学科教学、综合实践活动、校本课程、班团队会活动等班级课程实施层面,分解和细化为若干中主题、小主题,这样就可以形成一个学校各个年级相互配合、各有侧重的主题整合,做到既有整体的结构,又有分项的落实。

比如,如果在学校层面选择学校地震减灾演练主题,那么,在年级或班级学科教学、综合实践活动、社团活动、校本课程实施层面,就可心分解成更多更小的观看视频、听讲座、紧急避险、抱头、紧急出口疏散演练等更为细小的主题,从而形成学校地震减灾教学大单元的整体结构和主题组合安排。

■ (二)基于教学内容的专题教育整合实施主题单元问题链条

无论确定怎样的主题规模,专题教育整合实施的主题单元问题链条设计,都要围绕教什么或学什么的教学内容来谋划。教学内容问题是教学本质意义上的关键问题,学生通常都不大可能直接就能掌握学什么的内容,而是需要在一系列内容问题链条的牵引下才能逐步把学什么的内容落到实处。教学设计的成功与否,在很大程度上取决于问题链条的设计是否合理,这是一个极大的挑战。

诚如有研究者指出,"就特定学科内容或某个特定概念而言,我们容易去问一些零碎而无关紧要的问题,或者引导孩子去问一些零碎而无关紧要的问题,也容易去问一些困难到根本无法回答的问题。这个诀窍就是要找到那些介于中间的问题,既可以作答,又能带你达成某种目的。这正是教师和教材所要做的工作。"[1]但同时,我们也要了解,"没有哪一个问题是重要不可或缺或琐碎不重要的,它是不是核心问题,必须视其目的、对象情境和影响力而定。"[2]

例如,在设计心理健康主题单元教学问题链条时,教师在明确了目的、对象情境和影响力之后,如何才能设法找到那些既可作答又可达成目的的中间问题,而不是零碎而无关紧要的问题呢?

这里有一个精准认知模型,可以提供某种参考。它是通过叠加布鲁姆的教育目标分类学框架和韦伯知识深度模型而形成的一种更为优化的教育经验。"布鲁姆的教育目标分类学将学生回答问题时使用的知识类型和呈现的认知过程类别进行了分类。韦伯的知识深度模型标明了学生在特定情境下回答问题时需要表达的知识深度。通过准确校准整合上述两个框架,精准认知作为高质量的教学工具,将会确保教师为学生在课堂内外的成功做好准备。"[3]

同一个主题内容,或者不同的主题内容,所设计的问题链条结构可能包含部分或全部的水平和问题链条(表7-8)。

---

① Bruner J. S. *The Process of Education*[M]. Cambridge: Harvard University Press, 1977: 40.

② 麦克泰格,维金斯. 核心问题:开启学生理解之门[M]. 侯秋玲,吴敏而,译. 新北:心理出版社股份有限公司,2016: 9.

③ 埃里克·弗朗西斯. 好老师,会提问:如何通过课堂提问提升学生精准认知[M]. 张昱瑾,等,译. 上海:华东师范大学出版社,2018: 11.

表 7-8　基于教学内容的主题单元问题链条示例表

维　度		问　题　链　条			
主　题	水　平	是什么	如何使用	为何能用	还能用来做什么
例如：青春期心理健康	拓展性思维				✓
	策略性思维与推理			✓	
	技能和概念应用		✓		
	回忆和再现	✓			

　　在公共卫生安全专题教育整合实施中,像青春期心理健康这一主题,只要求回忆和再现水平和是什么的内容深度,那么问题链条就是"是什么问题链条",包括"是谁?""是什么?""是哪里?""是什么时候?""是怎么样的?""是为什么?"等之类的问题,它们构筑的青春期心理健康知识内容问题链条,都是引导学生了解和熟悉青春期心理健康知识的中间问题。"当我们提及知识的深度时,我们所要确定的不仅仅是学生获得了多少知识,更重要的是学生对自己所学的概念和内容是如何广泛理解的。"[1]

　　当然,还可以有更多水平维度和问题维度的要求,形成更多基于教学内容的问题链条。例如,技能和概念应用水平,相应地就是"如何使用问题链条",包括"如何发生?""如何运行?""如何使用?""结果如何?""成效如何?""你有何想法和打算?"等等之类的问题。或者,策略性思维和推理水平,相应地就是"为何能用问题链条",包括为何能运行? 为何是这个答案? 为何是这样结果? 为何是这个效果? 可以推断出什么? 有什么启示? 有何动机和影响? 有何特点和标志? 有何原因? 有何关系? 如何做出一个模式? 或者,拓展性思维水平,相应地就是"还能用来做什么问题链条",包括"效果如何?""有何影响?""如果……会怎样?""可能发生什么?""将会是什么?""还能如何?""你相信、感到、想到什么?""你能建立、创造、设计、开发、生产什么?""你能制定什么计划?""你创作什么作品?""你还能提出什么问题?"

　　这些水平要求和问题链条的设计,都可以为心理健康主题单元整合教学计划提供参考性中间问题,引导和帮助学生更好地获得公共卫生安全专题教育领域中心理健康主题单元学习内容。

■（三）基于教学方式的专题教育整合实施主题单元问题链条

　　基于教学内容的主题单元问题链条设计,可以更好地帮助学生把学什么的问题落地。但还有一个同样重要甚至更为重要的问题也要落地,那就是怎么学的问题。尤其是像生态文明、新冠病毒抗疫、生涯规划等这样鲜活的主题教育,不应该落入讲、练、考的传统教

---

[1]　埃里克·弗朗西斯.好老师,会提问:如何通过课堂提问提升学生精准认知[M].张昱瑾,等,译.上海:华东师范大学出版社,2018:16.

学套路,而应该让怎么学的问题更加体现出新时代的教学改革气息。

如果把记中学、做中学和悟学看作基本的学习方式,那么学生就会相应地学出事实性知识、方法性知识和价值性知识,基于学习方式的问题链条设计就可以用三种学习方式与三类知识问题链条之间的二维表格进行简要的说明(表7-9)。

值得注意的是,"三类知识和三种学习方式之间相互转化的教学规律和原理,对于教学环节设计的启示是,教学的本质和重点是促进学生通过恰当的学习方式实现知识性质和类别的双重转化,即由客观知识向主观知识转化,由静止的知识向动态的知识转化,由外在的知识向内在的知识转化,经过一系列的同化、重构、叠加和耦合等复杂心理过程,再由内而外地表达和表现出来,调配和运用于各种现实需要和问题情境之中,变成活学活用的知识形态,看得见,摸得着,用得上。"①

但实际上,"在课堂教学中,学生的学习方式主要是由教师的教学方式决定的。讲授法的固有特点导致学生的记中学代替做中学和悟中学而成为唯一的学习方式,并且把方法性知识和价值性知识都蜕变为事实性知识。这正是教学效率低下、课业负担沉重的瓶颈问题在教学方式上的主要根源。"②换句话说,教师要通过基于教学方式的主题单元的问题链条设计,引导和促进学生学习方式的变革。

基于记中学、做中学和悟中学三种学习方式的专题教育主题单元整合教学问题,主要是引导和促进学生完成知识转化的问题,即怎样化信息为知识、化知识为方法、化方法为德性三大问题链条(表7-9)。

表7-9 基于教学方式的主题单元问题示例表

维 度			问 题 链 条		
主题	学习方式		怎样 化信息为知识	怎样 化知识为方法	怎样 化方法为德性
例如:流感疫情防控演练	悟中学	探究学习			√
	做中学			√	
	记中学	接受学习	√		

对于不同的老师而言,可以根据不同的教学目标和学情基础以及教师偏好等设计出不同的怎么学的问题链条。但是不管怎么学,都要学到真本领,尤其是越来越能够通过自主学习学到真本领,这才是王道。

当然,在讨论怎么学的问题时需要强调,自主学习并不是一个自足的命题。对于大多数学生来讲,自主学习并不会自动地发生,而是需要教师创设情境和条件激发自主学习、

---

① 吴刚平.课堂教学要超越讲授教学的认识局限[J].上海课程教学研究,2017(12):3—8.

② 吴刚平.知识分类视野下的记中学、做中学与悟中学[J].全球教育展望,2013,42(6):10—17.

维持自主学习和促进自主学习。也就是说,自主学习并不是不要教师教的学习,而是需要更善于激发、维持和促进自主学习的教师教。"教师最棘手的任务是要成为学习的启动者。教师要通过自己提出的问题、作出的反应或者提议的活动,引起学生的好奇和惊讶。"[①]

比如,关于怎样化信息为知识的问题链条,可以选择直接告诉,通过讲什么和怎么讲的问题,让学生知道哪些信息是重要的,它对于学科、专题或学习有怎样的意义,如何准确表述它的定义等,学生听老师讲、自己跟着老师弄清楚记什么和怎么记,这样构成一个机械记忆为主的学习过程。也可以选择提示学生如何判断哪些信息重要以及如何把信息结构化的视角和思路,具体的结构化过程由学生独立或学生合作完成,这样构成理解性记忆为主的学习过程。

关于怎样化知识为方法的问题链条,可以选择脚手架式的问题引导和促进学生做中学,学会像专家一样思考,诸如阅读什么和怎么阅读,观察什么和怎么观察,思考什么和怎么思考,交流讨论什么和怎么交流讨论,分析和综合什么以及怎么分析和综合,归纳总结和提炼什么以及怎么归纳总结和提炼,概括什么和怎么概括,解释什么和怎么解释,怎么推理拓展和运用等之类的部分问题或全部问题,都是怎样化知识为方法问题链条的选项。

关于怎样化方法为德性的问题链条,主要是引导和促进学生悟中学,形成反思性学习和明辨性思维能力,建立起个人价值与社会价值统一的世界观、人生观和价值观,诸如体验到什么和怎么体验,反思什么和怎么反思,取舍什么和怎么取舍,批判什么和怎么批判,改进什么和怎么改进,遵循什么和怎么遵循,创造什么和怎么创造等之类的部分或全部问题,也是可以借鉴和参考的怎么化方法为德性问题链条的选项。

当然,需要注意的是,主题的内容和形式只是划分问题链条的角度,这种划分是相对而言的,不是唯一的角度,还可以有很多角度;可以根据需要和条件,让内容问题链条和形式问题链条交替和混合出现,有所侧重和选择地加以运用。

■ (四)绘制问题导向的专题教育整合实施教学路线图

在设计专题教育整合实施的主题单元问题链条基础上,结合学生心理逻辑和问题解决逻辑,可以尝试分别绘制问题链条导向的专题教育整合实施教学主干路线图和分支路线图,进而形成用以指导专题教育整合实施的教学网状路线图。

主干路线图可以是以教学任务或教学环节连接而成的教学活动线索图,分支路线图是某个教学任务项或环节项具体展开的教学活动线索图,将主干路线图和分支路线图叠加合成就可以形成一个完整的网状实施路线图。在教学任务或环节之间,有的是先后衔接顺序关系,也有的是共时同步并举关系。

比如,如果我们选择学校流感疫情防控演练主题单元,那么,主干路线图大体上就包括明确要求—制定脚本—角色扮演—互动点评—教学小结。这一主线上的教学任务项或环节项进一步以问题链条为导向进行具体化,就形成各个环节的分支路线图,进而形成主

---

① 安德烈·焦尔当.学习的本质[M].杭零,译.上海:华东师范大学出版社,2015:153.

干和分支相互配合的网状路线图。每个教学任务或环节,到底是教师为主,教师讲学生听,还是学生为主,做中学悟中学,还是师生互动,既有教师讲也有学生学,这很大程度上取决于教师所确定的单元功能定位,以及教师自身的教学偏好。教师的教学活动应该围绕学校流感疫情防控演练主题展开,明确教学内容和教学方式的问题链条导向,包括设置学校流感疫情情境有哪些、明确演练要求是什么,准备学校流感防控主题材料和工具包括哪些,设计演练任务和评价标准是什么、提供或指导形成演练脚本是怎样的、提供怎样的行为指令和内容指令,进行哪些演练环节的过程监控、安全保障和支持辅导等。学生同样应该围绕学校流感疫情演练主题,开展个体、小组和全班问题链条导向的探究学习活动,包括描述流感症状或感受有哪些、查阅哪些流感疫情感染和传播资料、掌握哪些演练流程和要求、明确怎样进行任务分工、角色扮演,如何展开观察记录、交流问题与思考、小结学校流感疫情防控知识与注意事项,如何进行汇报展示演练成果等。

绘制专题教育整合实施主题单元教学路线图,既要体现教学过程要素的谋划,也要体现学习水平要素的谋划,以便确定每个教学环节上的繁简、难易、深浅、远近、多少、质量、大小等某个和某几个角度上的学习水平要求。

四、专题教育整合实施的主题单元教学设计方案

大多数人能够看到的专题教育整合实施的主题单元教学设计,往往只是最后的物化成果,即单元教学方案或单元课程纲要。但其实,专题教育整合实施的主题单元教学设计更多是一个教学创意不断形成、修订、完善和物化的设计决策过程。其中的大量工作,非亲身参与者是根本看不到的,包括专题教育整合实施的主题单元教学的整体计划、功能定位、问题链条、教学路线图等设计工作,都是不为外人所知,但却是更为基础、更为重要,也更需要经验和智慧投入的教学设计决策过程。而且,这个设计决策过程往往还需要借助于教学设计检核表技术,才能不断优化和完善教学设计,直至形成正式的单元教案或纲要文本,为专题教育整合实施的主题单元教学提供专业技术支撑。

所以,在讨论专题教育整合实施的主题单元教学设计方案时,应该把教学设计检核表与教案或课程纲要联系在一起加以考虑。

■（一）专题教育整合实施的主题单元教学设计检核表

从课程与教学的专业要件来看,专题教育整合实施的主题单元教学设计,基本的物化成果应该是按目标、内容、实施和评价等课程与教学要件而加以规范表述的单元教案或单元课程纲要。在一定意义上讲,教学设计检核表就是一种调适和优化单元教案或课程纲要的过程性评价工具和技术手段(表7-10)。

教学设计检核表内的项目需要与教案要件进行对接,包教学目标、教学内容、教学环节与过程、教学评价等基本要件,按照合目的、合需要、合条件、合好用以及内在一致性进行判断和取舍,为教案或课程纲要提供直接的内容基础。

表7-10 专题教育整合实施的主题单元教学设计检核示例表

合理性	主 题 单 元			
	教学目标	教学内容	教学过程与环节	教学评价
合目的				
合需要				
合条件				
合一致				
合好用				
备注				

当然,教学设计检核表只是一个技术手段,真正值得重视的是检核表得以制定的指导思想和那些过程性设计决策工作。判断专题教育整合实施的主题单元教学设计的教案或课程纲要文本好不好,主要依据三个方面的标准,一是与教学目标有关,即文本是否准确地体现出通过专题教育整合实施的主题单元教学达到预期我们想要什么;二是与学生兴趣和需要以及社会要求等特点有关,即文本是否准确体现专题教育整合实施的主题教学适合于做什么;三是与学校教学条件有关,即文本是否准确体现学校和教师在专题教育整合实施的主题教学方面能做什么。正是这三者共同决定了专题教育整合实施的单元教学设计的基本走向和文本内容。

■(二)专题教育整合实施的主题单元教学方案

无论是论证和取舍过程中的教案或课程纲要,还是定稿可以实施的教案或课程纲要文本,它们都是教学设计的物化成果,是对整个设计过程加以总结而形成的指导教学实践的蓝图。撰写和创造性执行教案或课程纲要,需要在教学的背景、目标、内容、过程与评价等基本要件上作出清晰的思考和表述,以简要的形式呈现出来(表7-11)。

表7-11 专题教育整合实施的主题单元教学简案示例表

主题名称:		年级/班级/课时:
背景分析		
教学目标		
教学内容		
教学过程		
教学评价		
备注		

专题教育整合实施的主题单元教学设计过程,可能需要经历多次反复,需要一次又一次地打磨、修改和完善,这个过程意义可能非常丰富,其中的影响因素甚至还很复杂。但是,最终凝结和呈现出来的教案或课程纲要文本却不能太复杂,必须是粗线条的,要以简案为宜。简单、明了、好操作,大道至简,这才是真正有利于实际教学的教案或课程纲要文本撰写与呈现的基本原则。这也就是为什么许多教师在看到别人写得好的教案文本时似乎觉得写好教案很简单,而真正要自己动手写出一份好的教案文本时却发现非常艰难的重要原因所在。

中小学专题教育整合实施的单元教学设计所涉及的背景分析、教学目标表述、教学内容选择、教学过程展开和教学评价任务等要件的具体设计决策过程和表述技术,与一般教学设计并没有什么本质性的区别,只是需要更加贴合专题教育整合实施的教学实际需要和特点罢了。

第六节　跨学科主题学习活动开展

《义务教育课程方案(2022年版)》提出加强课程综合的要求,明确各门课程都要设立跨学科主题学习活动。对于许多老师来说,这是个新课题。而对跨学科主题学习活动的课程板块意义、开发策略和单元设计问题等的研究仍在进一步深化中。

一、跨学科主题学习的课程板块意义

作为各门课程的重要板块,跨学科主题学习活动既有重视学生综合素质培养的考虑,也有带动课程综合化实施的意味。

■（一）跨学科主题学习是培养学生综合素质的重要载体

跨学科主题学习是指为培养跨学科素养而整合两种及以上学科内容开展学习的主题教学活动安排,具有综合性、实践性、探究性、开放性、操作性等特点。从义务教育课程方案(2022年)的规定来看,新的义务教育培养目标要求在"增强综合素质上下功夫",把"加强课程综合,注重关联"定为基本原则,要求"统筹设计综合课程和跨学科主题学习""开展跨学科主题教学,强化课程协同育人功能",并进一步要求"各门课程用不少于10%的课时设计跨学科主题学习。"[①]这就意味着,跨学科主题学习是加强课程综合和课程协同育人的重要课程板块,是培养学生综合素质的重要载体。

■（二）跨学科主题学习强调知识整合、问题解决和价值关切

长期以来,"在这种指向标准化考试的课堂中,每门学科之间并无交集,学生在科学课

---

① 中华人民共和国教育部. 义务教育课程方案(2022年版)[S]. 北京：北京师范大学出版社,2022：11.

学习科学知识,在数学课学习数学知识。但是,现实世界可不是作数学题。现实世界的不同之处就在于,你要把所有的知识技能都放在一起来解决一个问题。"①也就是说,学生必须获得更多跨学科主题学习经验,发展综合运用知识技能解决更多现实问题的能力,培养跨学科核心素养,才能应对更为复杂的现实生活中的问题。值得注意的是,在很大程度上,跨学科主题学习不能脱离学科而单独存在,应以学科内容,尤其是学科核心知识和思想方法为主干,运用和整合其他学科的相关知识和方法,围绕一个中心主题、任务、项目或问题,开展综合性学习活动,发展学生的跨学科核心素养。因此,跨学科主题学习更需要强调课程内容与学生经验、社会生活的联系,强化学科之间的课程整合。尤其是要从简单的跨学科知识技能拼盘,转向问题解决的跨学科知识技能整合和价值关切,重视培养学生在真实情境中综合运用相关学科知识解决问题的能力,培养学生整体的世界观,促进完整的人的发展。

■(三)跨学科主题学习可以带动课程综合化实施

自从2001年我国中小学开始设置综合实践活动课程以来,课程综合化实施取得重要进展,涌现出一批培养学生综合素质的实践成果。但同时,也存在诸如综合素质培养主要靠综合实践活动课程、跟学科教师关系不大等认识和行动误区,以及综合实践活动师资不足、人事编制少和职称晋升机制不畅等困境。《义务教育课程方案(2022年版)》规定,每门课程都设立跨学科主题学习活动。这就意味着,每门课程都要培养学生综合素质,从而形成培养学生综合素质的普遍基础和整体氛围,加强学科间相互关联,强化实践性要求,带动课程综合化实施。

二、跨学科主题学习的操作策略

要确保跨学科主题学习既符合课程政策要求,又能够落到实处,主要有两个基本的操作策略:一是跨学科主题学习任务化,二是跨学科主题学习与学科主题学习交融互渗。

■(一)跨学科主题学习任务化

学习任务是指在规定学习时间内完成某种设定主题要求的作品、作业、方案、设计、项目、实事等事项。一般是一个核心任务和若干分项任务所构成的学习任务群。任务化的要义是让跨学科主题学习"学什么""怎么学"的问题能够坐实,使教师对教学过程有确信感,便于操作。为此,跨学科主题学习要实现两个综合。一是综合学习内容。即以学习任务为内容聚合机制,突破分科教学的学科壁垒,基于问题解决需要,结合学生年龄特点和不同学科性质,合并、重构跨学科知识技能的结构,整合运用多种思想方法、探究方式和价值观念等,嵌套跨学科知识图谱,形成综合内容组织和学习活动单位,开发基于跨学科核心素养的大观念、人主题和大任务的主题学习内容,使其"少而精"。二是综合学习方式。

---

① 杜文彬,刘登珲.美国整合式STEM教育的发展历程与实施策略——与Carla Johnson教授的对话[J].全球教育展望,2019,48(10):3—12.

即以学习任务为动机激发机制,转变老师讲、学生听的习惯性教学形态,探索任务型、项目化、主题式和问题解决等综合教学方式,更多地体现做中学、悟中学、用中学、创中学,在学习方式层面落实育人方式改革。"跨学科学习是一种融知识综合与问题解决为一体的深度学习方式,是素养时代课程整合的重要实施途径。"①

当前,尤其要站在培养有理想、有本领、有担当的时代新人高度,选取两门及以上学科的节点性大观念、综合性主题和主干知识内容,进行问题式或项目式学习任务设计,根据问题解决和探究学习过程的需要,重塑学科知识和技能结构,引导学生自主、合作、探究学习,改善学生的学习体验,促进深度学习,提高综合运用多种学科知识分析问题和解决问题的能力,发展学生的跨学科核心素养。

■ (二)跨学科主题学习与学科主题学习交融互渗

由于在每门科目课程中都有跨学科主题学习活动安排,那么,它就与学科主题学习活动一起构成一门学科课程的整体结构,共同支撑学生综合素质的培养。每门学科课程是在课时确定的情况下,学习活动结构既包括学科主题学习活动,也包括跨学科主题学习活动,两种学习活动可以穿插安排,使它们能交融互渗,彼此支撑和促进。一方面,"以领域活动或任务为载体发展学生学科核心素养的同时,也有可能内在地承载着多个跨学科核心素养的培养。二者之间不应是简单的抽象与一般的关系,更应该理解为一种相互交融的关系,应该结合具体的情境、领域、任务或活动具体分析。"②另一方面,跨学科主题学习不是对学科主题学习的否定,而是需要以学科核心知识概念为依托,开展综合化程度更高的深度学习,避免跨学科主题学习流于"跨而拼凑""跨而不精"等浅层学习层面。

作为课程板块,跨学科主题学习,除了与学科主题学习交融互渗,还需要考虑跨学科的协同组团式教学安排,不同科目的任课教师可以分工合作,协同教学,避免跨学科主题学习的重复或雷同。

三、跨学科主题学习的单元设计思路

跨学科主题学习单元的设计,可能因为主题性质和类型的不同而存在差异,但主题单元设计的技术和思路却基本相同,主要有六个步骤:确立学习主题明晰学习目标提出评价要求安排学习任务展开学习过程促进学习小结。

■ (一)确立学习主题

跨学科主题不是越多越好,而是结构合理,整体设计。跨学科主题学习,可以直接选用课程标准或教材设计的主题,也可以创设更加符合具体学情的主题。无论是选用还是创设主题,都要结合学生经验、社会生活、学科基础等情况进行综合考虑,确认主题的性

① 安桂清.论义务教育课程的综合性与实践性[J].全球教育展望,2022,51(5):14—26.
② 杨向东.关于核心素养若干概念和命题的辨析[J].华东师范大学学报(教育科学版),2020,38(10):48—59.

质、类别、层次等，便于以主题为中心，梳理主导学科和相关学科的核心知识图谱和问题链条，列出学习资源清单。

■（二）明晰学习目标

围绕跨学科主题学习内容，以学生为主体，以学生达成预期的学习结果，包括知识与技能、过程与方法、情感态度价值观等整合的形式，明确表述目标要求，即通过哪些途径、任务或方式，获得哪些综合性的学习经历与体验、核心知识和思想方法，建立怎样的情感态度和价值观等综合素质。

■（三）提出评价要求

跨学科主题学习的评价要尽量前置，紧随学习目标，以便发挥评价的导向用。评价要求与目标要求相一致，但不必面面俱到，主要运用表现性评价等方式，重点评价学生的学科核心知识的综合学习和综合运用表现，目的是指向学生的跨学科核心素养。

■（四）安排学习任务

运用主题任务化的策略，设计满足跨学科主题学习特定要求的作品、作业、方案、设计、项目等事项和具体完成的条件，形成核心任务和若干分项任务。以飞行主题为例，可明确"自然飞行"为中心主题，设计"自然飞行探究学习"的核心任务，以及若干分项任务。比如：（1）制作演示文稿（PPT），列举至少三个自然飞行物，说明它们是如何飞行的？（2）运用资料图片或动画，演示说明三种不同鸟类的飞行模式或飞行原理，或记录展示鸟类飞行的运动轨迹。（3）对比分析鸟类与人造飞行器的飞行特点。

■（五）展开学习过程

把主题任务纳入学习环节和流程，在规定时间范围内依序推进，将问题链条、知识图谱、资源清单等学习支持条件穿插其中，并根据需要开展自主学习、小组交流讨论和汇报展示等活动。其间，教师要善于从主干学科核心知识和思想方法出发，运用问题链条，构筑学习支架，驱动学生进行跨学科主题学习。仍以飞行主题为例，基于道德与法治学科的问题链条，包括飞行活动与机场噪音，风筝、火箭的早期使用，飞艇与喷气式飞机的社会价值，以及与飞行有关的职业等；基于数学学科的问题链条，包括飞机平稳降落角度、机场模型和机票价格等；基于科学的问题链条，包括鸟类飞行模式，航空动力机制，航空航天器，无人机群，飞行轿车，太阳能飞机，昆虫飞行、太空飞行和不明飞行物的飞行速度等；基于语文学科的问题链条，包括嫦娥、冯如、莱特兄弟、蜘蛛侠等飞行相关人物等；基于艺术科目的问题链条，包括中国风筝、敦煌飞天形象、达·芬奇的《飞行机械设计草图》、飞行主题的电影、飞行主题的音乐歌曲等。在这一过程中，教师需要适时提出并引导学生思考与飞行相关的问题，结合设定的课时和资源清单，按照由浅入深、由易到难的顺序，创设便于学生学习的教学问题，形成新的结构化的教学问题链条。

教师可以设计持续3周共6课时的飞行主题学习单元的教学问题：（1）哪些东西会

飞(不仅包括动物或一些人工制品,也包括飞逝的时间等)?(2)自然界的飞行物是怎样飞的,它们为什么要飞?(3)飞行给人类造成了什么影响?(4)未来的飞行会是什么样的? 这些教学问题可以帮助教师规定飞行主题单元的学习内容与学习顺序。

■（六）促进学习小结

学习小结是学生跨学科知识结构化的重要环节和路径。教师需要提供学习小结的支架,比如,从主题内容与形式、思想方法、学习体验、人际交流、情意观念、精神境界、综合素质等方面,采用书面小结或口头小结,个人小结或小组小结等形式,帮助学生学会小结反思,不断提升学生跨学科主题学习的能力和水平。

教师需要提供学习小结的支架,比如,从主题内容与形式、思想方法、学习体验、人际交流、情意观念、精神境界、综合素质等方面,采用书面小结或口头小结、个人小结或小组小结等形式,帮助学生学会小结反思,不断提升学生跨学科主题学习的能力和水平。

重要概念

■ 课业负担

课业负担在概念内涵理解上,主要有两种不同的观点:第一种观点认为课业负担是一种客观负荷。负担是应该承担的、分内的责任或任务。课业负担就是学生在学习中应该承担的课业任务。对一定的学生群体而言,他们所要承担的课业任务是一样的,这些课业任务是外在的、独立于学生个体而客观存在的东西,因此课业负担是一种客观负荷。第二种观点认为课业负担既是一种客观负荷,也是一种主观感受,是一种心理负荷。持有这种观点的学者认为,客观负荷只是衡量课业负担的一个维度。对于不同个体而言,他们承担的课业任务可能是一致的。比如,两个学生都做了两个小时的作业,但他们主观上对这两个小时作业的体验与感受可能完全不同。因此,课业负担还应该包括主观感受的维度,即课业负担兼具客观与主观两种属性。

■ 布鲁姆目标分类学

1948年,美国心理学家布鲁姆等人提出教育目标分类法,将教育目标可分为认知、情感和动作技能三大领域。其中,布鲁姆首先细化的是认知领域的教育目标,将认知领域的目标分成:知道、领会、应用、分析、综合、评价。至于情感领域的教学目标,则是以克拉斯沃尔(D. R. Krathwohl)为代表的学者提出的,分为五个层次:接受、反映、形成价值观念、组织价值观念系统、价值体系个性化;在动作技能领域,1972年,辛普森(E. J. Simpson)提出动作技能领域教学目标分七个层次:知觉、定势、指导下的反映、机械动作、复杂的外显反映、适应、创新。

■ 教学机智

教学机智是教师面临复杂教学情况所表现的一种敏感、迅速、准确的判断能力。《现代汉语词典》对机智的释义是：脑筋灵活，能够随机应变。从这个释义来理解教学机智，可以认为它是教学过程中随机应变、灵活创造的能力。《教育大辞典》中对教学机智的定义为：一种善于根据情况变化，创造性地进行教育的才能。教学机智是构成教育艺术的重要因素，包括两个方面：在教育教学中，有高度的灵活性，能够随机应变、敏捷、果断地处理问题；有高度的智慧，能巧妙地、精确地、发人深省地给人指导、启发和教育。

■ 深度学习

深度学习（deep learning）缘起于计算机领域的机器学习或人工智能研究以及教育领域的学习研究。深度学习是学习者通过对知识本质的理解和对学习内容的批判性运用，追求有效的学习迁移和真实问题的解决，并以高阶思维为主要认知活动的高投入性学习。

第一，深度学习是一种以促进学生批判性思维和创新精神发展为目的的学习，不仅关注学习结果，也重视学习状态和学习过程。第二，深度学习是一种面向真实社会情境和复杂技术环境的学习方式和学习理念，倡导通过深度加工知识信息、深度理解复杂概念、深度掌握内在含义，主动建构个人知识体系并迁移应用到真实情境中解决复杂问题，最终促进全面学习目标的达成和高阶思维能力的发展。第三，深度学习是一种主动的、探究式的、理解性的学习方式，要求学习者进行理解性的学习、深层次的信息加工、批判性的高阶思维、主动的知识建构和知识转化、有效的知识迁移及真实问题的解决。

■ 支架式教学

支架式教学是 1976 年由美国著名教育学家和心理学家布鲁纳及其同事在研究母亲如何影响幼儿语言发展的过程中，吸取苏联著名心理学家维果茨基最近发展区思想的基础上提出的一种现代教学理念。支架（scaffolding）俗称脚手架，在这里用来比喻对学生问题解决和意义建构起辅助作用的概念框架。支架式教学应当为学习者建构对知识的理解提供一种观念框架，这种框架中的观念是为发展学习者对问题的进一步理解所需要的。支架式教学可以分解为以下基本步骤：搭脚手架→创设问题情境→独立探索→协作学习→效果评价。

■ 合作学习

合作学习（cooperative learning）是 20 世纪 70 年代初兴起于美国，并在 70 年代中期至 80 年代中期取得实质性进展的一种教学理论与策略。合作学习是以异质学习小组为基本形式，系统利用教学动态因素之间的互动，促进学生的学习，以团体成绩为评价标准，共同达成教学目标的教学活动。合作学习包含积极互赖、面对面促进性相互作用、个人责任、社交技能和小组自评五个基本要素。合作学习包括同伴互助合作学习、小组合作学习、全员合作教学三种主要形式。它具有以下特点：首先，合作学习的成员之间是一种平等的互促关系；其次，合作学习中，扮演操作者角色的个体通过向对方说明自己的理解或推理过程，将自己的思维及监控和调节过程呈现出来；第三，合作学习重视学生彼此间的人际交往；第四，合作学习经济有效，便于采用。

■ 问题式学习

问题式学习(problem-based learning，PBL)是学生围绕一个没有唯一正确答案的复杂问题展开的学习活动。问题式学习的基本特点，一是问题与目标的设定，最终由学习参与者自身决定；二是以小组的形式，直面没有正解的现实问题；三是学习活动本身是自律的；四是通过问题解决所需要的资料收集与问卷调查扩大学习共同体；五是学习参与者指向问题解决与创意形成，提出对未来负有责任的提案；六是把自己的学习成果展示出来，进行反思批判性思考；七是共同点在于自律性学习，基于各自的经验促进全员的学习，经验的重建，旨在问题解决与价值创造。问题式学习的理论基础是建构主义，问题式学习的价值在于把教学的中心从学科转向学科群所要解决的问题，由教师主体转向学生主体，从而有序地激发了学生的学习动机与兴趣。同传统的教学比较起来，它的优势与特色表现在三个方面：第一，真实问题与自生学习；第二，协同学习与信息网络；第三，自我变革与支援模式。

■ 情境教学

情境教学是指在教学过程中，教师有目的地引入或创设具有一定情绪色彩的、以形象为主体的生动具体的场景，以引起学生一定的态度体验，从而帮助学生理解教材，并使学生的心理机能得到发展的教学方法。

我国情境教学的专门研究，始于 1978 年李吉林进行的情境教学法实验。情境教学讲究学生的积极情绪，强调兴趣的培养，以形成主动发展的动因。情境教学从着眼于儿童发展的高度组织教学，把训练语言与发展智力结合起来，通过学生的语言实践，在字词句篇、听说读写的基础知识和语言能力的训练中，发展思维，并通过创设情境的美感，使学生从小受到美的陶冶，以美去激发爱，将教育性渗透其中。

情境教学以促进儿童整体和谐发展为主要目标，其特点在于形真、情深、意远、理寓其中。情境教学促进儿童发展的五要素在于：以培养兴趣为前提，诱发主动性；以指导观察为基础，强化感受性；以发展思维为核心，着眼创造性；以激发情感为动因，渗透教育性；以训练语言为手段，贯穿实践性。进入 21 世纪后，李吉林依据 20 多年的情境教育实践与理论探索，概括出真、美、情、思四大元素，并结合大量的典型案例，归纳出情境课程的五条操作要义，即以美为境界、以情为纽带、以思为核心、以儿童活动为途径、以周围世界为源泉，进一步提出整合、熏陶、启智和激励的四大作用，以最大限度地发挥课程促进儿童素质全面发展的功能。

■ 有效教学

有效教学的理念源于 20 世纪上半叶西方教学科学化运动，特别是美国实用主义哲学和行为心理学影响下的教学效能核定运动。有效教学的界定主要有两类，一类是从教学投入(或教学所耗)与教学产出(或教学所得)的关系来界定有效教学的。这一类定义主要有：有效教学是有效率的教学；有效教学是指在一定的教学投入(时间、精力、努力)内带来最好教学效果的教学,是卓有成效的教学;有效教学是指教师遵循教学活动的客观规律,以尽可能少的时间、精力和物力投入,取得尽可能多的教学效果,从而实现特定的教学目标,满足社会和个人的教育需求。另一类定义从学生的学习出发来界定有效教学。这一类定义主要有:有效教学被界定为促进学生有效学习的教学,教学的目标就是使学生学好;有效教学是指成功实现了明确目的——学生愿意学习和在教学后能够从事教学前所不能从事的学习的教学。在当前课程改革语境下,有效教学是师生遵循教学活动规律,以最优的速度、效益和效率促进学生能够适应终身发展和社会发展需要的必备品格和关键能力的全面、均衡、可持续地进步和发展的实践活动。

■ STEAM 教育

STEAM 教育缘起于 STEM 教育,STEM 教育是以科学(Science)、技术(Technology)、工程(Engineering)和数学(Mathematics)为整合课程的教育。2006 年,美国弗吉尼亚理工大学乔治特·亚克曼(G. Yakman)教授及其团队在原有 STEM 教育的基础上融入了艺术(Arts)学科,使得原有偏理工科特点的 STEM 教育学科更加广泛、视野更加开阔。STEAM 教育强调通过整合科学、技术、工程、数学和人文艺术等多个学科、多个领域的知识与技能,在传统上相互分离、各成体系的学科中间建立一座沟通的桥梁,使学生学习的各专业的、零碎的知识变成一个相互联系、相互统一的整体,让他们能够从完整、系统的视角去认识世界,认识社会。在实现这些目标的同时,避免传统分科教学所存在的知识割裂现象,有利于学生形成跨学科或交叉学科的综合素养。

■ 项目式学习

项目式学习(project-based learning, PBL)初现于 20 世纪 80 年代,指学习者在已有知识经验基础上与老师和学习伙伴一道主动建构自身知识架构的学习模式。项目式学习是学生综合运用多学科学习成就进行自主学习的一种综合性、活动性的教育实践形态,通常是在特定情境下,以解决一个任务为目的指向,采用各种手段、策略,独立或借助教师的支持,自主寻求或自主建构学习意义,强调自主学习、情境学习和多元学习等多种学习方式。

■ 学科教学知识(PCK)

1986 年,美国学者李·舒尔曼(L. S. Shulman)提出学科教学知识(PCK)的概念。PCK 是特定学科知识与教学法知识的融合,英文为 pedagogical content knowledge,简称 PCK。其中,学科是指对学科材料的组织,而教学则是指传递教学内容的技艺。教师 PCK 就是教师在真实教学中使用的,将学科知识和一般教学知识等相关知识进行综合而形成的从事有效教学的知识。PCK 的核心就是将对知识的深层理解和对学生怎样思维的理解结合起来,这样才能有利于教师将所知道的学科内容以学生易懂的方式加工、转化、表达并传授给学生,实现知识转化。

■ 学习共同体

学习共同体(learning community),也译为学习社区,是指一个由学习者及其助学者(包括教师、专家、辅导者等)共同构成的团体,他们彼此之间经常在学习过程中进行沟通、交流,分享各种学习资源,共同完成一定的学习任务,因而在成员之间形成了相互影响、相互促进的人际联系。在传统教学中,教师、学生同时在一个教室中参与教学活动,彼此之间可以很容易进行面对面的交流,可以自然而然地形成一定的学习共同体。比如,一个学习小组、一个班级乃至一个学校,都可能成为一个学习共同体。而在基于网络的远程学习环境中,学习共同体必须经过有意识的设计才能形成。由于缺少与学习者面对面的接触,网络教学中的教师常常意识不到自己在与各个自处异地的学习者进行沟通交流,这会减低学习者对学习共同体的认同和投入程度。

学校班级学习共同体是由学生和教师共同组成的,以完成共同的学习任务为载体,以促进成员全面成长为目的,强调在学习过程中以相互作用式的学习观作指导,通过人际沟通、交流和分享各种学习资源而相互影响、相互促进的基层学习集体。它与传统教学班和教学组织的主要区别在于强调人际心理相容与沟通,在学习中发挥群体动力作用。

■ 综合学习

综合学习作为一种学习方式或教学方式,与单项学习、单科学习或分科教学相对应。综合学习通常是指为了实现某种或某些综合性的目的,运用综合的学习方法、手段和途径等,解决综合性的问题或完成综合性的任务,学习综合性的学科或跨学科内容,进而发展综合素质的学习过程或状态。诸如任务型、项目化、主题式、问题解决式、服务学习以及大观念、大单元教学等,等都属于综合学习的形式。

综合学习有三个基本特征:首先在学习目标上凸显学习的整体育人价值,其次在学习内容上强化学生学习与真实世界的联结,再次在学习方式上主要体现为跨学科地开展教育实践的活动过程。综合学习有三条主要路径:一是学科内的整合学习。二是跨学科主题学习。三是设置综合课程以实现科目层面的综合学习。

讨论与反思

1. 为什么讲授教学会成为普遍的课堂形态?
2. 课堂教学方式变革的难点到底在哪里?
3. 综合教学与分科教学、单项教学是什么关系?
4. 综合教学的主要形式有哪些?请举例说明。
5. 在一次新课标领航计划活动中,有校长提出,素养导向的育人课程观是很好的课程观和理念,核心素养确定了价值方向,有标准可依。但是,大单元、大任务设计的有效性和质量水平,对教师提出了新的能力要求和挑战。那么,教师应该如何去提升自己的课程实践能力,而不是停留在知识传授的惯性和低水平重复教学?这位校长的话,引发了不少校长的共鸣和呼应,更多的校长就此陷入了沉思……你对此是如何看的?

(思路参考:的确如此,每次新的课程方案和课程标准出台,都会提出一些改革新概念、新理念、新思路,会对学校和教师已有的教学模式和教学经验带来新挑战。那么,学校和教师应该如何迎接挑战、创造出新的教学实践呢?通常的做法可能主要有三个方面,一是组织教师加强理论学习,提高对新概念、新理念、新思路的认识水平,强化教学改革的自觉性。二是共同研制案例和模板,比如大单元、大任务、大主题或大概念等的案例和模板,供教师照着做,改着做,创新着做。三是在评价导向上进行引导,比如听评课、学业成绩评价的指标和权重上向新要求倾斜等。)

拓展阅读

1. 崔允漷. 有效教学[M]. 上海:华东师范大学出版社,2009.

2. 钟启泉. 课程的逻辑[M]. 上海:华东师范大学出版社,2008.

3. 钟启泉,崔允漷,张华. 为了中华民族的复兴 为了每位学生的发展——《基础教育课程改革纲要(试行)》解读[M]. 上海:华东师范大学出版社,2001.

4. 吴刚平,安桂清,周文叶. 新方案·新课标·新征程——《义务教育课程方案和课程标准(2022年版)》研读[M]. 上海:华东师范大学出版社,2022.

5. 卢明. 教案的革命2.0:普通高中大单元学历案设计[M]. 上海:华东师范大学出版社,2021.

6. 刘徽. "大概念"视角下的单元整体教学构型——兼论素养导向的课堂变革[J]. 教育研究,2020,41(6):64—77.

前沿热点

从"教师中心"的课堂教学向"学生中心"或"师生互动"的课堂教学模式转型是教育改革和发展的必然,但在实际的教学过程中需要通过一定的载体来实现这种转型,而目前最佳载体就是"学历案"。素养导向的学历案有哪些核心的要素、如何进行设计,对于一线教师的实践而言,是值得研究的议题。

单元学历案的设计模型①

一个完整的大单元应该包含以下基本要素:单元名称与课时、学习目标、评价

---

① 改编自:卢明. 教案的革命2.0:普通高中大单元学历案设计[M]. 上海:华东师范大学出版社,2021:16—18.

任务、学习过程、作业与检测以及学后反思。这些要素也是单元学历案的构成要素。学习目标明确学生要到哪里去，即学会什么；评价任务用以判断学生是否到达了那里，即学会了没有、掌握到了什么程度；学习过程应设计学生怎样学习，即如何让学生在学习、真学习、有深度地学习；作业与检测要全面、系统地考查学生的目标达成情况，一方面用于评价学生的学习效果，另一方面帮助学生巩固提高；学后反思是提供给学生一个支架来管理学习，梳理知识，形成知识图谱，感悟思想方法，最终通向素养的发展。"六大"要素构成一个完整的学习事件。

在单元学历案设计时需要解决好如下问题。第一，通过分析教材、课标、学情和课时情况，确定并叙写单元学习目标。第二，依据单元目标，明确单元评价任务，对评价做出整体安排，预估学生在问题解决中的可能表现并开发对应量规，如有需要，设计一个有真实情境介入的综合性的评价任务。第三，处理好单元与课时的关系，在进行一个单元的课时分配时，要留出时间用于单元启蒙教学，即单元导学，还要留出一定的时间用于单元小结与拓展学习。第四，根据单元目标再细分课时目标，目标分解要体现学习进阶，分课时设计学习过程时也要体现学习进阶，并嵌入评价任务，贯彻"教—学—评"一致性，始终保持目标导向。直到至少三分之二的学生通过评价了，方可转入下一个目标或任务的学习，否则，教师要有弥补的预案或措施。第五，要整体设计与单元目标、课时目标相匹配的作业与检测，为学生提供必要的检测与巩固练习，也为教师提供可靠的目标达成评价证据。第六，设计好

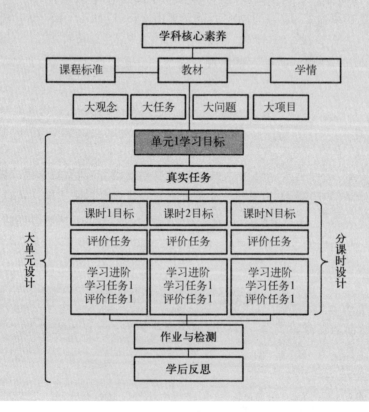

"学后反思"环节，强调学生的学习责任，推进深度学习，搭建支持性的反思支架，引领学生在悟中学，呼应前面的单元目标。

依据单元学历案的构成要素，我们尝试建构单元学历案的设计模型。

总之，大单元设计可以依据学习目标对教材内容进行补充、整合与重组。从课标出发，确定一个具有概括性的、能统领单元学习的大任务、大问题、大观念或大项目，然后依据一定的内在逻辑，对教学过程的导入、情境、问题、任务、活动、评价等各要素进行设计，并把所有的要素联结形成一致性的整体；学习过程的设计依然要分解到课时，逐课时落实；单元评价任务设计需要有真实情境的介入，将知识学习与真实生活连接起来，打通知识世界与生活世界，便于学生感受到知识学习的意义与价值，并通过将知识条件化、情境化和结构化，促进深度理解。当然，并非每一项评价任务都要有真实情境，用于检测知识技能的评价任务可以不加入真实情境。

义务教育课程方案和课程标准（2022年版）的颁布，标志着基础教育阶段核心素养本位的教学改革成为主流。新修订的课程标准明确阐述了在课程与教学中要培养学生的核心素养，即关键能力、必备品格和正确的价值观念。这倒逼了教学方式的变革和转型，教学设计需将单元作为课程的最小组织方式，进行结构化的单元设计。素养本位的大单元教学成为课程和教学发展的趋势。[①] 那么，在实际的教学过程中，如何实施大单元教学呢？它的行动逻辑是怎样的呢？

素养本位大单元教学实施的行动逻辑

大单元设计对于指向核心素养的教学具有独特优势，然而，再好的教学设计如果没有真正在课堂教学实践中付诸实施的行动，也难以改进现有教学的积弊，促进核心素养的落地。大单元教学实施的内在逻辑就是将系统的、专业化的教学设计付诸行动，以此来促进学生主动的、深层次的学的实践。

（一）教学出发点落实"为学而教"

大单元教学的设计体现了学习立场，呈现出学生学会的历程而非教师教的过程，强调引领学生的自主学习，那么以此为依据展开的课堂教学也应落实"为学而教"的思想。所谓为学而教，即学生的学习成为教学的本体目的与根本指向，一切教的实践都围绕学生"学什么、如何学会"展开，一切教学活动都是促进和服务于学生深度学习的手段或条件，一切学习环境都旨在辅助学生的主体性学习。践行为学而教需要在以下方面做出努力。

① 雷浩，李雪.素养本位的大单元教学设计与实施[J].全球教育展望，2022，51（5）：49—59.

第一，提供支架，为学生创造自主学习机会。学习是学生的本职任务。然而，由于传统教学从教师视角过于关注自己如何教的，而缺乏关注学生怎么学，导致课堂中学生学习的主体责任被弱化。素养本位的大单元教学从学生出发，让教学回归学生主体的常识。在实施过程中需要适时搭建学习支架：首先，需要引导学生用好大单元教学设计。比如，帮助学生理解单元主题、目标和任务；指导学生使用学习支架和教材；引导学生通过反馈调整学习策略等。其次，在课堂学习中，充分尊重学生。在教学过程中与学生展开平等、良性的互动，教的行动要与学生学的行动同频共振，引导、示范和支持学生真实情境中的实践，为学生的学习提供及时的反馈和强化。最后，教师需要沉浸式地参与学生的单元学习历程。在课堂教学中收集学生课堂学习的信息，监控学生课堂学习的方向和质量，并且给予学生及时反馈，以便学生开展自我调节学习。

第二，创设开放式学习环境，促进其与学习过程的共轭。学习环境影响学生的课堂参与程度，为了更好地促进学生投入学习，素养本位的单元教学需要改变教师控制的一言堂式的学习环境。具体而言，可以从这四个方面入手：一是打通不同学科课堂教学环境之间的连接，让教学过程渗透跨学科的学习思维，营造具有学科开放性的学习环境；二是鼓励师生、生生就学习活动展开平等的对话协商，激发彼此间观点的碰撞，形成系统开放的学习共同体，营造互惠共享的开放性学习环境；三是确保单元教学活动的组织形式预留弹性，为学生自主选择学习策略、自主安排单元学习活动的时间提供机会，保留其自定步调的空间，营造民主开放的学习环境；四是将课内学习与课外实践相结合，合理渗透生活情境，促进知识学习从经验接受和练习场域向实践场域转变，营造与实践相对接的开放性学习环境。

第三，选择符合学习任务和学习过程的课堂教学形态。对于课堂教学形态来说，大单元教学具有支持学生自主学习的灵活性，能适用于包括对话型、指导型、自主型、合作型、评价型等在内的多种教学形态。教师要以"教学有法、教无定法"为教学实施的基本准则，在遵循学生发展规律和单元学习逻辑的基础上，根据具体学习任务和过程为单元教学实施匹配合适的教学形态。就教学组织形式而言，教师可以根据学生的学习需求综合考虑教学形态、教学资源以及具体教学情境等，以此权衡班级授课、分组教学或个别化教学等不同组织形式的适宜度。

其四，根据学习需求提供匹配的学习资源，这是大单元教学能够顺利实施的前提和保障。大单元教学实施所需的学习资源可分为四类：一是学习场所提供的物资资源，如学习工具、教材、多媒体设备等；二是预备和激活已有经验体系的资源，例如学习档案袋、复习表、知识地图等；三是辅助学生开展学习或评价任务的资源，如拓展资料卡、评价量表等；四是指导学生精确掌握本单元学习历程的资源，可以是单元学习指导手册、学习策略/方法建议清单等。需要说明的是，学习资源的类型并不仅限于文字材料,还可以是音频、视频、图像等多媒体材料。

(二)实施路径聚焦学科实践

大单元教学之所以具有专业性,其原因之一是通过系统的学科教学助力学生形成学科核心素养,这需要在教学实施中聚焦学科实践。一方面,学科知识的产生与发展本就来源于人的实践,素养本位的教学就是要还原知识产生与发展的背景,借此形成从实践到认识再从认识到实践的探索能力。另一方面,学科素养是一种超越知识技能的综合表现,学生不仅需要理解知识,还需要迁移和应用知识,即用知识去实践才能形成素养。然而,并非有了实践就一定能形成良好的学科素养,学科素养的形成依托于具有学科本质的实践。学科本质既包括该学科独有的部分,如学科内容、学科核心观念、学科思想方法等,也包括在实践推进的过程中必定会突破本学科的边界,涉及与其他学科的关联、跨学科共通的范式和概念。只有在体现学科本质的实践中反映出的综合能力才是学科素养,因此,大单元教学要真正落实学科核心素养,需要根植于学科实践。

学科实践在大单元教学中最直接的表现就是建构学科思维方法、运用学科学习方式,换句话说就是用具有学科典型特征的思维和方式来"学会"学科,集中反映学科教学方式及其特性。具体而言,教师一方面要遵循学科知识建构的规律,在教学活动中不断挖掘学习情境所蕴含的学科要素特征、提炼内隐于具体知识的学科思想方法,并结合情境引导学生体悟学科思想方法的内在逻辑和价值;另一方面,也要借助学科思维方法实现单元教学内容的精简、提炼与整合,以此规避传统学科课堂教学内容分散和教学过程不连续的问题。学生在学的过程中要坚持用与学科特征相匹配的学习方式来理解、建构和运用学科知识。例如,用反映语文学科特性的口语表达来学习语文;通过符合科学特征的合作探究方式来学习科学;借助史料实证来学习历史等。此外,学生还可以及时借助作业或练习归纳总结学科思想方法,通过学后反思强化对学科思想方法的认识,促进自身学科实践的经验转化,并在此基础上尝试超越学科课堂所限定的知识范围,激发具有创造性的实践。

(三)教学全程贯穿教—学—评一致性

大单元教学本质上是一段完整的学习历程,这样的一段历程需要建立在素养导向的学习目标引领下,明确如何抵达目的地以及当前与目的地间的差距,对应到教学中分别是教学目标、承载目标实现的学习任务以及判断学到何种程度的学习评价三个要素。目标是单元教学起点和归宿,一切教与学的活动都旨在实现目标,因此,有效的单元教学需要以目标为出发点,遵循教学评一致性。所谓教学评一致性,就是在课堂教学中,教师的教、学生的学以及学习评价三者之间相互统一,而实现统一的判断标准和依据是学习目标,所以教学评一致性实则蕴含着教师教的活动、学生学的活动、评价任务都与学习目标保持一致。

在大单元教学实践中落实教学评一致性，具体可以这样做：其一，实施与学习目标一致的教学活动，即强调教师教的逻辑与学生学的逻辑相匹配。进一步讲，教师的教学内容、行为方式、活动过程等都能与学生学习的活动过程、评价任务相互伴随发生，并统一指向和对应支持学习目标的实现。其二，学习评价与教学目标一致，评价既回应教学目标的要求，又用于衡量学习与目标的差距、检测目标的实现情况，并通过反馈帮助改进学习、趋近目标。同时，评价任务嵌入学习的全过程，持续指向学习目标。其三，学生学习的活动过程与学习目标一致，各课时的学习活动在进阶的同时服务于本课时的目标要求。基于教学评一致性统筹规划教学活动，能够促使教学活动形成有机的动态互动的机制，有利于破除基于知识点和课时的碎片化教学设计，在单元内部建立有意义的联结。

第八章

课程与教学研究

📄 **本章内容导引** ||||||||||||||||||||||||||||||||||||||||||||||||||||||||||

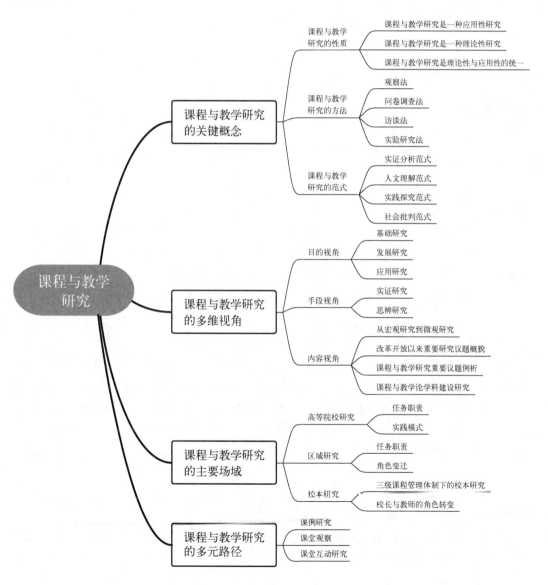

📖 引言 ⌁⌁⌁

只要有课程与教学实践,就会有课程与教学研究。只不过,不同的实践在研究的方式、方法、议题、质量和水平等众多方面存在着各种差异罢了。

自恢复高考制度,特别是改革开放以来,我国的课程与教学研究在回顾和总结新中国成立后课程与教学研究的经验教训的基础上,译介和引进发达国家的课程与教学研究成果,探讨我国课程与教学改革和发展的实践问题及理论问题,建立起日益丰富的研究方法、研究议题和研究人才队伍,逐渐形成具有中国本土特色的课程与教学研究话语体系。

课程与教学研究在很大程度上是一种交往实践研究,更多地带有行动研究的特质。因此,本书在讨论课程与教学研究时,更倾向于探讨适合课程与教学行动研究的研究方法、研究议题和研究场域。本章重点在于:

- 课程与教学研究的关键概念
- 课程与教学研究的多维视角
- 课程与教学研究的主要场域
- 课程与教学研究的多元路径

📑 案例 ⌁⌁⌁

我国学生发展核心素养的实证调查研究方法设计[①]

在借鉴国际经验的基础上,本研究采用将焦点小组访谈、个别化访谈和问卷调查相结合的方式进行。

首先,通过焦点小组访谈获取各领域人士对我国学生核心素养的期望与意见。访谈主要围绕"为了应对未来社会的发展变化,根据我国的实际国情需要,学生在通过不同阶段的学校教育之后应该具备怎样的核心素养"这一问题展开。

其次,对于无法参加焦点小组访谈的专家人士,通过个别化访谈的方法进行意见征询,访谈提纲与焦点小组访谈提纲相同。

第三,在焦点小组访谈和个别化访谈之后,请受访者完成一份调查问卷。问卷由两部分组成:第一部分是课题组在国际比较研究的基础上整理出的当前各国际组织、国家和地区提出的 32 项核心素养指标,请被调查者对这些核心素养指标进行评价,从中选出他们认为对我国学生发展具有重要价值的核心素养指标;第二部分是一个开放式问题,请被调查者填写问卷中未被提及的其他核心素养指标,具体问题为:"除问卷中提到的核心素养以外,您认为我国学生还应该具备哪些核心素养,才能够更好地促进个人发展和社会发展?"

在访谈和问卷调研结束后,课题组首先对部分专家的访谈录音进行文本分析,提出编

---

① 参见刘霞,胡清芬,刘艳,方晓义,陈英和,莫雷,张文新,赵国祥,李红,辛涛,林崇德. 我国学生发展核心素养的实证调查[J]. 中国教育学刊,2016(06):15—22.

码方案,继而根据编码方案对所有录音资料进行量化分析,并对问卷调查的结果进行统计处理。最后,结合访谈调研结果和问卷调查结果,从社会现实需求的角度提出建构中国学生发展核心素养总框架的建议。

🔲 **案例评析**:我国学生发展核心素养实证调查研究的目的是要"获取各领域人士对我国学生核心素养的期待与意见"。那么,用什么方法才能达到这一调查研究的目的呢?这就涉及研究方法设计。

本案例中,调查研究方法的设计,试图明确调查研究什么和用什么方法来调查研究的问题,即围绕学生应该具备怎样的核心素养这一问题主线,采用访谈法和问卷法对各领域代表性人士进行调查研究。这一整体设计,在借鉴国际经验的基础上,考虑到未来社会发展需要和现实国情,将主线问题具体化,把学生应该具备怎样的核心素养凝练成32项核心素养指标供被调查者参考,同时设置开放题供被调查者表达个人期待和意见;将方法问题工具化,不仅有详尽的访谈提纲,还有可操作的调查问卷;将研究过程技术化,整个调查有清晰的技术路线图,从调查问题到调查对象、调查程序和步骤,再到调查数据编码、分析和处理,环环相扣,相互照应。这样,就能在整体研究方法层面确保本次实证调查研究在目的、内容、手段、过程、结果方面的一致性、可靠性和有效性,即专业话语所说的信度和效度。

第一节　课程与教学研究的关键概念

有效地把握课程与教学研究的关键概念,能够有效勾勒出课程与教学研究的性质、方法、范畴。课程与教学研究的关键概念,涉及课程与教学研究的性质、方法、研究范式。对于这些问题的把握,有助于从理论和实践层面推进课程与教学研究的深入。

一、课程与教学研究的性质

关于课程与教学研究性质问题的争论从未停止过。围绕着课程与教学研究的性质,大致有如下三种具有代表性的观点。

■ (一) 课程与教学研究是一种应用性研究

从定义来看,应用性研究指的是那些基于实用性理由而开展的,通常会很快得到应用的研究。研究结果通常是可操作的,并会在特定领域带来提升效果和效率的有利变化[①]。关于课程与教学研究的性质,一种代表性的观点将其定义是应用性研究,具有实践性和技

[①] 米歇尔·刘易斯-伯克,艾伦·布里曼,廖福挺.社会科学研究方法百科全书(第一卷)[M].沈崇麟,赵锋,高勇,译.重庆:重庆大学出版社,2017:24.

术性的特点。持这种观点的学者一般被称为"硬课程专家"(hard curricularist)。他们反对课程研究的理论化倾向，认为理论的追求并不适合课程领域。如施瓦布就曾经指出："课程领域已经变得死气沉沉。依靠现行的方法和原理不可能使这项工作得以继续并对教育的进展作出重要贡献，需要拼命寻找新的、更有效的原则和方法……"[①]显然，他对借助于抽象的方法来建立模式或理论，基本上持否定态度。他认为，理论研究的对象是一般的、普遍的，而实践的内容总是具体的、特定的，并且受具体环境条件的影响。所以，他建议课程研究应致力于建立一套从理论到实际的应用原理，摆脱空洞的抽象议论，不要事先将某种"普遍的原理"硬套在课程实践上。

■ （二）课程与教学研究是一种理论性研究

第二种观点认为，课程研究应该走理论化、学术化的道路，使之真正跻身于科学的学术殿堂中。因此，课程研究不应该仅仅局限于描述性、经验性的范围。有学者认为，课程实践的失败，往往是因为理论研究跟不上，凭经验办事。持这种观点的课程学者，通常被称为"软课程专家"(soft curricularist)。软课程主义者从宗教、哲学和文学批评等"软"学科中汲取经验，而硬课程主义者则以经验数据为基础[②]。软的课程理论揭示了影响课程决策的相关政策和道德规范的问题。软的课程理论不研究在课堂中行为的改变和相关决策[③]。

■ （三）课程与教学研究是理论性与应用性的统一

第三种观点认为，课程研究是理论性与应用性的统一，它既要关注课程实践，又要重视理论探讨[④]。因为好的理论能够指导实践，而好的实践又有好的理论作为指导。借助理论，可以概括出课程诸现象之间的关系模式，以便有效地应用于不同的实际情境之中；借助实践，则可以找到应用于课程实践活动中的程序、技术和方法。在现代课程研究中，似乎很难找到在理论与实践问题上的极端主义者。不少课程学者力图走所谓的"中间道路"，把理论与实践结合起来，既强调"原理"，又关注"过程"。

二、课程与教学研究的方法

在课程与教学领域的调查研究是指围绕课程与教学的问题，运用观察、问卷、访谈等方式，搜集相关研究问题的数据和资料，从而对课程与教学的问题现状做出科学分析，并提出具体建议的一整套研究实践活动。具体研究方法的选择取决于研究的问题和研究目的，并受到外界条件性因素的制约。

---

① Connelly M F, Schwab J. Curriculum, curriculum studies and educational reform[J]. *Journal of Curriculum Studies*, 2013, 45(5): 622—639.

② Tom-Lawyer O O. *An evaluation of the implementation of the english language nigeria certificate in education curriculum: a case study of three colleges of education*[D]. Preston: University of Central Lancashire, 2015.

③ 马云鹏. 课程与教学论[M]. 北京：中央广播电视大学出版社，2015：11.

④ 靳玉乐，黄清. 课程研究方法论[M]. 北京：人民教育出版社，2012：18.

■ （一）观察法

观察法是指研究者运用自己的感觉器官或借助某些辅助工具，对在自然条件下发生的自然现象和社会现象进行有目的、有计划、系统性的考察，以获得经验事实的一种研究方法①。

依据不同的分类标准，观察法可以分为自然观察与实验观察、直接观察与间接观察、参与式观察与非参与式观察、结构式观察与非结构式观察。

表 8-1 观察法的类型②

分类依据	类　型	基　本　特　征
有无人为干预和控制	自然观察	观察者对被观察者的行为不进行任何暗示和控制，完全处于自然状态下，例如一般的听课活动
	实验观察	通过合理创设和控制一定条件，有目的地借助外界刺激来引发被观察者产生相关行为
是否借助仪器设备	直接观察	运用观察者的感觉器官直接观察被观察者的活动
	间接观察	借助设备仪器观察，例如单向观察屏、照相机、摄影机、录音机等，获得事实性资料
观察者是否参与	参与式观察	观察者参与到被观察者的活动中，作为活动的一员充当相应角色，与被观察者建立比较密切的关系，在相互接触、体验、倾听中获得资料
	非参与式观察	观察者不介入被观察者活动，与被观察者保持一定距离，以旁观者的身份进行观察
是否有明确的观察项目	结构式观察	实施前需要设计具体观察项目、制定观察记录表，在过程中严格按照项目与记录表进行观察并填写
	非结构式观察	仅仅有一个总的设想，并没有详细、具体的观察项目，也没有确定观察内容、步骤以及具体的观察记录表

课程与教学研究中的观察，要求研究者根据研究的目的与任务，有计划地利用各种手段和工具，搜集获取关于研究对象的经验数据。数据的获得可以是定量的，也可以是定性的。这两类数据均可用于实证研究，或用于经验研究、解释学研究等非实证研究中。

观察法能够帮助研究者积累大量生动、细节性的原始材料，有助于了解现实教育情境中特定教育现象的发展过程和机制；有助于获得典型、鲜活的资料；有助于发现教育实践

① 徐红.现代教育研究方法[M].北京：科学出版社，2018：70.
② 刘淑杰.教育研究方法[M].北京：北京大学出版社，2016：124—125.

中出现的新现象、新问题或易被忽略的问题；有助于研究者检验先前提出的研究命题与假设。[1] 观察具因有目的性、计划性、真实性、客观性等特征，故成为课程与教学研究领域的重要研究方法之一。

■ （二）问卷调查法

问卷调查法是调查者围绕某个主题，将编制的问题以书面的形式发放给被调查者作答，并及时收回和进行信息汇总，以此收集资料和数据的一种调查方法。研究者能够从中获得被调查者行为、态度、价值观等方面的信息。

问卷调查法关注教育现象的第一手资料，从中可发现教育现象存在的根本原因，并分析、总结和发现教育规律。通过这种方法，研究者能够明确教育现状、发现新的教育问题，依据既定的材料和数据有力地揭示教育发展中存在的矛盾与问题，提出科学的、合乎逻辑的教育结论[2]。

根据问卷的填制方式，可将问卷分为自填式问卷与访问式问卷；根据问题的设计类型，可将其分为封闭式问卷、开放式问卷和半封闭式问卷。

问卷调查法能够在较短时间内调查数量众多的对象，受到时空的限制较小，有利于搜集大量信息。与此同时，由于其统一印制和发放，在问题表达、顺序和类型上有较高的一致性，便于进行量化分析。

运用问卷调查法解决教育问题的基本步骤如下

初步探索：熟悉了解一些基本情况，对各种问题的提法和可能回答有一个初步认识，把调查内容转化为具体的问题。

设计初稿：根据初步探索得到的认识和结果，开始设计问题、答案。

试用和修改问卷：至少经过一次试用和修改，可采用客观检验法和主观评价法。

问卷的发放与回收：将问卷交送给被调查者，在其阅读和填写完成后，再行收回。

编码和输入：对问卷进行初步审阅，校正填错、误填的答案，剔除乱填、空白和严重缺答等无效问卷，而后进行编码转化输入。

分析：选择合适的统计工具和方法分析数据。

■ （三）访谈法

访谈法是指研究者有目的、有计划地与研究对象进行交谈，通过引导受访者回答问题的方式来收集所需材料的研究方法，过程紧紧围绕研究主题展开，有很强的针对性，也有很强的灵活性、准确性、深入性[3]。

根据访谈的控制程度、调查对象数量、人员接触情况、调查次数等，访谈法可以划分为不同类型。

---

① 齐梅. 教育研究方法[M]. 北京：高等教育出版社，2015：37.
② 刘淑杰. 教育研究方法[M]. 北京：北京大学出版社，2016：69.
③ 刘淑杰. 教育研究方法[M]. 北京：北京大学出版社，2016：96—97.

表 8-2　访谈法的类型①

分类依据	类　型	基　本　特　征
对访谈的控制程度	结构式访谈	访谈有一定的步骤,由访谈者按事先设计好的访谈提纲依次向受访者提问,并要求其按规定的标准进行回答
	非结构式访谈	事先没有完整的调查问卷和详细的访谈提纲,也没有规定标准的访谈程序,而是由访谈者根据一个粗线条的访谈提纲或某一个主题,与受访者交谈
	半结构式访谈	介于结构式访谈和非结构式访谈之间的形式,对访谈结构有一定的控制,但给受访者也留有较大的表达自己观点和意见的空间。虽然事先拟定了访谈提纲,但是可以根据访谈进程随时调整
调查对象数量	个别化访谈	访谈者对每一个受访者进行单独访谈,有利于受访者详细、真实地表达其看法
	集体访谈	也被称作团体访谈或座谈,由一名或数名访谈者召集一些调查对象或就访谈者需要调查的内容征求意见的调查方式,可以集思广益、互相启发、互相探讨,能够在较短时间内收集比较广泛的信息
人员接触情况	面对面访谈	是指双方进行面对面的直接交流以获取信息资料的访谈方式,是访谈中最常用的收集资料的方式。能够看到受访者的表情、神态和动作,有助于了解更深层的问题
	电话访谈	访谈者借助某种工具(电话)向受访者收集有关资料,可以减少人员来往的时间和费用,提高效率
	网上访谈	访谈者和受访者用文字而非语言进行交流的调查方式
调查次数	横向访谈	同一时段对某一研究问题进行的一次性收集资料的访谈,又称为一次性访谈。需要抽取一定的样本,拥有一定数量的受访者,内容以收集事实性材料为主
	纵向访谈	又称为多次访谈或者重复性访谈,是指多次收集固定研究对象有关资料的跟踪访谈,即对同一样本进行两次或两次以上的访谈以收集资料

　　为了有目的、有计划地实施访谈,研究者需要遵循一定的程序步骤,根据访谈的进程,一般分为准备阶段、访谈阶段和结束阶段。

---

① 徐红.现代教育研究方法[M].北京:科学出版社,2018:128—131.

表 8-3　访谈法的实施流程①

阶　段	具　体　步　骤
准备	(1) 制定访谈计划；(2) 编制访谈问卷或提纲；(3) 选择访谈对象；(4) 培训访谈人员；(5) 试访谈和修改问卷、提纲
访谈	(1) 进入访谈现场；(2) 建立融洽的访谈气氛；(3) 按计划进行访谈；(4) 认真做好访谈记录
结束	(1) 掌握时间；(2) 把握行为；(3) 结束语

访谈法常运用于教育调查、心理咨询等领域，有利于了解受访者的心理体验、情感或者对某一事物的看法态度等。

■（四）实验研究法

课程与教学领域的主要实验研究大多集中在课程设计、教学设计和评价设计等方面。设计实验既是研究过程本身，也是对研究过程进行的谋划。就其作为研究过程本身而言，通常是指在正式做某项工作之前，先根据一定的要求预先制定方法和图样等。

而作为对于研究进行谋划的设计，则是指在提出研究问题之后、正式实施研究之前，根据研究问题的性质和研究目的，对研究什么、如何研究以及可能的研究结果等，预先进行总体假设和规划的过程。具体而言，一项研究设计需要：明确研究问题的性质、提出研究假设、明确研究方法、选择研究对象、分析研究变量、形成研究方案等②。

在正式行动开始之前，研究者往往会展开小规模的尝试或实验研究，目的是在探索性尝试中对将要使用的研究工具和程序进行演练，为正式的研究提供检验、完善研究设计的依据。

以行动研究为例，其步骤通常是从问题出发，开展计划、行动、观察和反思，并由这四个步骤构成反省性动态循环螺旋。在第一阶段的"计划——行动——观察——反思"完成后，又开始另一个重新计划的过程，每一次回圈都会引发下一次回圈的进行。研究者在拟定一般性计划后便付诸行动，边执行、边评价，利用每一步收集到的反馈信息对初步方案进行修正，而后继续下一行动步骤，直至问题解决。

这个设计与实验过程并非严格意义上的控制实验，而更多是一种自然性质的尝试与改进实验。

三、课程与教学研究的范式

"范式"的内涵及其特征在课程研究领域的运用可描述为一种从上位到下位、从宏观

---

① 刘淑杰.教育研究方法[M].北京：北京大学出版社,2016：103—109.
② 刘淑杰.教育研究方法[M].北京：北京大学出版社,2016：55.

到微观的属性类推话题。伴随着课程研究的深入开展,在这一领域进行的研究也变得多样化。这不仅表现为研究视角选择上的不同,亦表现为研究所遵从的价值主张以及方法取向上的各异。基于此层面而言,"范式"之于课程研究领域来说是必需的[①]。从范式作为"解题方法"的角度出发,在详细考察西方课程研究历史发展的基础上,我们可以将课程研究方法归纳为四种主要范式,即实证分析范式、人文理解范式、实践探究范式和社会批判范式[②](如表 8-4 所示)。

表 8-4　课程与教学研究的四种主要范式

范 式 类 型		主 要 特 征
实证研究范式	"目的—手段"范式	把行为化的教育目标作为讨论和编制课程的基础,强调以客观的学习活动来组织课程
	"概念—实证"范式	把学生的认知发展、知识本质、学科结构等作为课程研究的基础,旨在描述、解释和预测学习经验
人文理解范式		关注课堂教学活动过程本身,注重对于主体心理过程特别是非智力因素如主体的个性、情绪、情感、动机等因素的研究
实践探究范式		把课程探究、课程开发,甚至课程评价统合起来,并将统合的基础置于具体实践情境中
社会批判范式		批判地分析课程的社会政治、经济和文化传统等背景因素作为课程研究的重心

■ (一)实证分析范式

"实证"一词源于拉丁文"positivus",意为"肯定""明确""确定"。孔德是实证主义哲学创始人,他把实证一词提升到了全新的思想高度。他认为,一切知识都必须建立在观察和实验的基础上,经验是一切知识的来源,经验范围以外的知识都是不可靠的[③]。真正把实证研究范式引入课程研究领域,并开始进行独立的课程论学科化研究,始于 20 世纪 20 年代前后,其标志是博比特所著《课程》(1918 年)一书的出版。在 1960 年以前,课程研究大多是在自然科学实证主义的范式下构建其理论框架和方法论基础,由此形成了课程研究的"目的—手段"范式。1960 年以后,课程研究开始在社会科学实证主义分析范式下构建其理论框架和方法论基础,由此形成了课程研究的"概念—实证"范式。

1. "目的—手段"范式

这种课程研究范式的代表人物是博比特、查特斯、卡斯韦尔、泰勒和塔巴等人。其特

① 罗生全.70 年课程研究范式的回顾与展望[J].湖南师范大学教育科学学报,2019,18(03):20—31.
② 靳玉乐,黄清.课程研究方法论[M].北京:人民教育出版社,2012:34—37.
③ 袁振国.实证研究是教育学走向科学的必要途径[J].华东师范大学学报(教育科学版),2017(03):4—17,168.

点是：在行为主义心理学的支配下，运用工业科学管理的原理、原则，以"凡存在的就是合理的"，"凡存在的必有数量，有数量就必可测量"为前提性假设，采取"工作分析"的方法来选择客观的成人生活经验，并制定出可测量的行为化目标，最后系统地组织课程。这显然是以"工学模式"和"原子论"的实证分析方法来研究课程问题，强调"效率"和"控制"，把价值和事实分割开来，回避了对课程意识形态的探讨。概言之，"目的—手段"范式把行为化的教育目标作为讨论和编制课程的基础，强调以客观的学习活动来组织课程。课程要着重解决的，是那些人通过自然发育无法达成或者很难有效达成的目标，这才应当是学校教育和课程设计中最为重要的内容。如此的界定能使学校教育的效率大大提高；同时，如果想要清晰地划定课程的范围，也必须建立在科学调研的基础之上[①]。

2. "概念—实证"范式

这种研究范式是以批判"目的—手段"范式为起点的。采用这一范式的课程学者大都有良好的社会科学素养，试图摆脱自然科学实证主义的影响，求助于开始在其他社会科学领域通行的一些新方法，以此进行社会科学实证的课程研究，力图建立一门课程科学。该研究范式把课程研究的重心由行为目标、系统控制转向了学生认知发展、知识本质、学科结构等方面。在具体的研究方法上，仍以经验的实证分析为主，旨在描述、解释和预测学习经验。在这种研究范式规范下的课程学者，仍然把价值中立作为课程研究的不二法则，而忽视了对课程的社会本质的探讨。

以布鲁纳和施瓦布等人为代表而提出的"概念—实证"范式虽然突破了"目的—手段"范式的行为主义机械性，但把课程问题作为主要知识问题来探讨，并受社会科学中几个主要领域的研究方法的影响，使课程研究作为一个独立领域的特点越来越模糊，大有被心理学和哲学等同化与统辖之势。比如，在学科结构运动中，布鲁纳特别推崇学科的基本结构，强调学科的结构将促进学习过程，发现学习和螺旋式课程将使学生成为自己学习的积极参与者，从而使课程变得有意义。布鲁纳高度重视参与式学习方法或模式，而不仅仅是接受信息、知识或技能。所以他强调，孩子像历史学家一样学习历史[②]。

■ （二）人文理解范式

从某种意义上来说，人文理解范式是相对于实证分析范式而产生和确立的。在科学发展史上，科学主义每前进一步，都要受到来自人文主义的挑战，课程研究范式的变革，似乎也很难例外。

大多数人本主义教育者把首要任务放在塑造人们生活的心理因素上，而很少关注社会、经济、政治和历史的影响。在人文理解范式中，教育家更多关注的是课堂教学活动过程的本身，而不是过程里一些特别引起研究者注意的项目；他们更注重对于主体心理过程，特别是非智力因素，如主体的个性、情绪、情感、动机等因素的研究。在他们看来，教学

---

① 郑国民，刘幸. 博比特以及他所开创的现代课程理论[J]. 课程·教材·教法，2016（08）：122—127.

② Takaya K. Jerome Bruner's theory of education：from early Bruner to later Bruner[J]. *Interchange*，2008，39（1）：1—19.

过程充满了意义和价值①。在此范式下,教育家同样期望通过研究能解决教学效果的问题,但相比实证主义范式的研究者,他们更能把握教学效果的真实含义。任何教育制度的成功都取决于它能否让学生参与到学习过程中来,并在获得知识的过程中感知意义。学生完全可以通过主体意识的能动作用,从学校环境以及师生相互作用的过程中获得有益的经验,以促使自我意识的觉醒和提升,达到自我实现的境界②。因此,他们坚决反对传统课程研究对"效率""控制""工具理性"的强调,主张采用定性的解释方法来诠释学校生活世界的教育意义,发展学生的"审美理性"和完满的个性。

■ (三)实践探究范式

实践探究范式是施瓦布在经历了结构主义课程改革运动失利的惨痛教训之后提出的一个新的课程研究范式。他从 1969 年到 1983 年,先后撰写了《实践 1:课程的语言》《实践 2:择宜的艺术》《实践 3:课程的转化》《实践 4:课程教授要做的事》四篇文章,系统阐述了他的课程理念,从而带动了自 20 世纪 70 年代以来影响深远的"走向实践的运动"(movement toward the practical)和"教师—研究者运动"(teacher-researcher movement)。

施瓦布实践的课程范式对"实践兴趣"的追求决定了该范式会把课程探究、课程开发,甚至课程评价统合起来,并将统合的基础置于具体实践情境中。在这里,课程开发的主体就不只是课程专家或学科专家了,"课程集体"或"审议集体"成为课程开发的主体。在"课程集体"中,教师和学生是核心,这不仅因为教师和学生直接参与课程开发,而且因为教师和学生本身是课程的构成要素,教师和学生的需要、兴趣、问题是课程审议的核心问题③。课程领域需要新的原理,需要有适合解决新问题的新的运作方式。其具体探究形式即所谓"课程审议"(curriculum deliberation)。课程审议主要由校长、社区代表、教师、学生、课程专家、心理学家、社会学家等组成的"课程集体"来负责。审议的特点是要求所确认的课程问题是所有参与者所体验到的或所理解的,审议最后作出的行动决定应该是集体共同的决定。显然,课程的实践探究范式一改课程开发由政府官员召集学科专家和课程专家来实施的传统,把课程的决策权交由课程研究者和实践者共同掌握,特别是教师和学生都负担起了探求课程的责任,成为课程的主体和创造者,使得学校课程能够根据具体的实践情境特点进行调整,最大程度地发挥其教育价值。

■ (四)社会批判范式

社会批判范式源于法兰克福学派的批判理论或社会批判理论,其特点是把批判地分析课程的社会政治、经济和文化传统等背景因素作为课程研究的重心。这既不同于实证分析范式把研究重心放在课程编制的技术层面上,又不同于人文理解范式把研究重心放在对学校生活世界的意义诠释和理解上,也不同于实践探究范式把研究重心放在各种理

---

① 王洪明. 人文理解:一种课程文化的研究范式[J]. 辽宁教育研究,2007(02):5—8.
② DeCarvalho R J. The humanistic paradigm in education[J]. *The Humanistic Psychologist*, 1991, 19(1):88—104.
③ 张华. "实践的课程范式"及其应用研究[J]. 全球教育展望,1998(05):26—31.

论和各方面意见的折中调和上。社会批判范式的意识形态色彩相当浓厚,而积极的课程理论建构则不多见,具有评价研究的性质。因此,它采用的具体方法主要是分析和评价。

采用社会批判范式的课程学者经常使用诸如"文化霸权"(culture hegemony)和"符号暴力"(symbolic violence)之类的概念来探讨学校课程知识的分配与传递。例如,阿普尔就将课程知识视为"文化资本"(culture capital)和"政治—文化权力",并由此把课程编制看作一种政治行为。他所理解和解释的霸权是指社会中的主流群体有能力建立"共同意志"或社会的"信念",即有权界定社会需要的合法性,有权界定社会形势的权威性,还包括有权界定什么被视为认可的和不认可的"合法化"知识①。

综上所述,采用不同的研究范式研究课程与问题,不仅意味着研究者变换理论视角,还意味着研究者从不同层次提出不同性质的问题。在进行课程与教学研究的过程中,需要研究者不断反思,从多学科、多角度来审视实践中的难题。

第二节　课程与教学研究的多维视角

在知识爆炸的时代,若仅仅从单一的视角去看待研究,对于解决复杂问题会越来越难无法胜任,很难促进新的知识生产与创造。对于课程与教学的研究,可以借助多维视角对其进行分类理解和刻画。特别是由于计算机网络信息技术和人工智能支持,学习科学不断取得进展,可能给课程与教学研究引入新的动力和方向。

一、目的视角

根据研究目的的不同,课程与教学的研究可分为基础研究、发展研究和应用研究,前者指向课程与教学的基本理论研究,后者指向课程与教学的实践研究,而中者则指向理论向实践转化的中介研究。三种类型的研究相辅相成,共同促进课程与教学的理论建构和实践发展。

■ (一) 基础研究

这类研究是以认识现象、发展和开拓知识领域为目的。即通过研究关注课程与教学领域的基本原理和核心命题,厘清课程理论的主题图谱,例如对概念本质、类别特征、相互关系等方面的剖析。研究者根据发展和完善理论的程度,又可将其细分为三个层次:第一,修正性基础研究,即对教育理论中的个别原理或概念做出修正;第二,拓展性基础研究,即对教育理论中的某一原理或概念进一步探究、丰富和拓展;第三,建构性基础研究,

---

① 迈克尔·W·阿普尔,等. 国家与知识政治[M]. 黄忠敏,刘世清,王琴,译. 上海:华东师范大学出版社,2007:5.

即在核心概念、基础范畴或基本原理方面有新的突破,建立某种新的理论体系。[①]

由于基础研究旨在完善理论体系,而并非以任何专门或特定的应用、使用为目的,为的是发现或加深对现象的认知,探究其本质,揭示其规律,故在逻辑思维上对研究者提出了更严格的要求,需要研究者积累大量相关领域的基本原理,利用扎实的归纳与演绎的思维方式,实现对于一般性原则的总结与理论建构,其研究成果具有普遍适用性和高度概括性。

■(二)发展研究

发展研究主要探讨的是某一课程理论进入课程实践的操作性的方法、步骤与程序,也有学者称之为"开发研究"。其主要目的在于发展用于教育事业、学校建设、教育教学质量提高等方面的有效策略、规划、方法、程序,回答的是"如何改进"的问题。这种研究类型建立起理论与实践间的联系,起到"桥梁"的沟通作用,旨在将教育理论在实践中加以运用、普及和推广,扩大已有研究和成果在实践中的影响作用与范围。

■(三)应用研究

应用研究始于对课程与教学实践过程中现实的直接关注,从问题出发,以相关课程理论为视角或工具,探寻现象问题的本质原因,进而有针对性地提出解决方法。可以说,应用研究关注的是解决现实问题,是基础研究成果的具体化、实践化、操作化。

根据应用研究的目的,又可将其划分为四类:第一,验证性应用研究,即将基础研究的成果直接运用于教育实践中,以验证基础研究的理论成果;第二,推广型应用研究,即在小范围内验证理论成果的有效性后,再将其广泛运用于教育实践中;第三,普适性应用研究,即直接解决教育实践中某些典型的、具有普遍意义且涉及面广的实际问题,以提出具有普遍意义的解决方案;第四,具体性应用研究,即直接解决教育实践中的单个实际问题,以提出解决这一实际问题的具体方案。[②]

值得特别强调的是,尽管是从具体问题出发,但应用研究并不止步于此,而是以此为支点,借由课程与教学的局部实际为现实依据,将解决某个问题的经验策略经由概念化、理性化形成处理此类问题的一般理论,从而成为新基础原理的有机构成。

二、手段视角

在改革开放四十年以来的发展脉络之中,我国课程与教学研究领域受到政策推动和国外研究的影响,逐步推进对于不同类型研究手段的学习与运用。随着新课程改革的推广与立德树人思想的深化,信息技术与教育技术带来了研究大数据与实验研究方法。长远来看,我国课程与教学领域的研究方法将越来越规范,研究手段将越来越多样。

---

①　朱德全,李姗泽.教育研究方法[M].重庆:西南师范大学出版社,2011:4.
②　朱德全,李姗泽.教育研究方法[M].重庆:西南师范大学出版社,2011:4.

■ （一）实证研究

作为一种重要的研究方式，实证研究意味着"用材料证据来证明或证伪理论假说"，这些证据可以是量化的，也可以是非量化的；可以是由研究者通过调查或实验获得直接证据，也可来自已有文献中的间接证据。

1. 质性研究

我国学者将质性研究定义为：以研究者本人作为研究工具，在自然情境下采用多种资料收集方法对社会现象进行整体性探究、使用归纳法分析资料和形成理论、通过与研究对象互动对其行为和意义建构获得解释性理解的一种活动[①]。主要运用文字而不是数字来描述现象，旨在理解、阐释做研究的对象，并不强调在开始研究时对所研究的问题有一个假设。实证的质性研究注重在互动过程中收集、分析原始资料，并在此基础上展开讨论，强调研究的过程性、情境性和具体性[②]。

在质性研究中，研究者需要深入现场去真切感知教育现象当事人所做出的行为以及行为背后的意义，并利用这些资料来建构有关教育现象的理论。其过程包括两个至关重要的因素：第一，教育现象意义的建构不是从研究者的立场出发来进行的，而是从研究对象本身所处的文化情境和立场出发来建构的；第二，只有通过研究者与研究对象之间的深层互动，才能够暴露心灵深处的秘密。[③]

2. 量化研究

量化研究又称为量的研究或者定量研究，是指实现建立某种假设并确定具有因果关系的多个变量，而后通过某些经过检测的工具对这些变量进行测量和分析，以检验事先提出的假设的一种活动[④]。该方法主要用数字和变量来描述现象。与质性研究不同的是，量化更强调标准研究程序和预先设计，更关心现象之间的关系和因果效应，更强调通过数据的展现说明研究结果[⑤]。

通常来说，量化研究的优势在于：第一，数据具有稳定性，不会因为时过境迁而发生意义上的变化，方便进一步分析和检验；第二，数据具有客观性，不会受到研究者主观因素的影响；第三，数据具有精确性，可以带来一种确定无疑的结果。量化研究曾一度成为教育研究科学化的重要标志。[⑥]

在课程与教学研究的实践中，质性研究与量化研究往往是不可分割的，与此同时，课程与教学领域问题的复杂性和不确定性，也需要通过更加多样化、综合化的研究方法去解析。因此，融合了质性研究和量化研究的混合研究法成为世界范围内教育研究方法的新的发展趋势。

---

① 陈向明. 质的研究方法与社会科学研究[M]. 北京：教育科学出版社，2000：12.
② 温忠麟. 教育研究方法基础(第 2 版)[M]. 北京：高等教育出版社，2013：10.
③ 刘淑杰. 教育研究方法[M]. 北京：北京大学出版社，2016：12.
④ 徐红. 现代教育研究方法[M]. 北京：科学出版社，2018：14.
⑤ 温忠麟. 教育研究方法基础(第 2 版)[M]. 北京：高等教育出版社，2013：10.
⑥ 刘淑杰. 教育研究方法[M]. 北京：北京大学出版社，2016：11.

■（二）思辨研究

思辨的研究方式注重逻辑推理，根据个人经验，用演绎、归纳的方式对自己的思考进行验证，偏向结论性、抽象性和概括性，主要属于个人观点的阐发。这种方式并不直接在现实实践中获取信息，而是利用经验总结或者概念推演来完成。其材料大部分来源于已有学术著作、政策法规、新闻媒体等二手资源。

思辨研究可以为教育实践提供重要的思想理论基础，也是开展实证研究的重要指导力量。但是思辨研究往往过于依赖思想者个人认识的深刻性和全面性，在研究方式上存在严重不足，还需要更多研究方式的配合才能加以弥补。

一方面，尽管我国课程与教学研究领域已经意识到，以思辨研究为当前的主流研究范式存在重视理性、忽略实践性的问题，但从具体方法上看，国内教育研究中最常用的仍旧是思考式研究，例如文献评述、经验感悟、批评建构、应然指导等。此种形势容易导致课程与教学理论越来越远离课程与教学实践。另一方面，也有研究者指出，即使有些学者真正尝试了质性与量化的研究方式，但由于缺乏理解，造成模式化，且缺乏深度描述与解释，而难以达到研究结果的可信度。

因此，我国课程与教学研究领域需要关注实践，注重微观研究和行动研究，加强方法意识、融入科学精神、转变研究方式，构建该领域的方法论体系[1]。

三、内容视角

研究内容视角可以进一步分解为内容涵盖范围和内容所属领域。从内容涵盖范围来看，课程与教学研究可以分为宏观研究、中观研究和微观研究[2]。从内容涉及领域来看，课程与教学研究可以分为课程论问题研究和教学论问题研究，或更为细化的议题研究类型等。

■（一）从宏观研究到微观研究

宏观研究作为对与国家或某个区域的经济和社会发展密切相关的宏观层面的教育问题所做的综合性和系统性的研究。在宏观研究中，教育活动被作为整个社会系统中的一个子系统，与社会的经济系统、政治系统等处于同一个层次，下面着重讨论教育系统与社会其他系统之间的关系。

中观研究介于宏观与微观研究之间，是对中观层面进行的研究，重在研究学校或社会其他教育机构中的某些活动，比如教师团队建设、学生管理问题等。

微观研究是指从微观的层面对某些教育教学实际问题进行的研究。在微观研究中，教育被视作人与人之间的一种特殊交往或活动。这类研究往往针对某个单独因素进行具

① 马勇军.我们该怎样做研究——对课程教学论主流研究范式的反思[J].课程·教材·教法,2011(7):4—7.
② 朱德全,李珊泽.教育研究方法[M].重庆:西南师范大学出版社,2011:4.

体而细致的研究,立足于改进教育教学实践。

■ (二)改革开放以来重要研究议题概貌

首先,1978—1991 年偏重教学论的研究议题。

受苏联教育理论影响,"教学论""教学大纲"等概念得到广泛关注。研究重点为中小学以"班级授课制"方式为主导的"学科教学"及其"教学过程"。此外,"课堂教学""课文""语文教学""教学方式""个性心理特征""兴趣"等关键词的出现频率明显较高。

其次,1992—1999 年兼重教学论与课程论的研究议题。

这一阶段集中于对学科与分科教学的研究,另一个突出的特点就是对"教学大纲"与"课程标准"的重视。"课程论"作为单独的关键词呈现。在此影响下,教学模式、班级授课制、教学目标、课程编制、必修课等关键词被提及的频率也相对较高;活动课程、综合课程、素质教育的概念出现。

再次,2000 年以来偏重课程论的研究议题。

这一时期,中国课程与教学研究主要受新课改实施、课程标准颁布、三级课程管理模式影响。"课程标准"成为了重要关键词,而"教学大纲"则日渐式微。研究多围绕课程与教学目标、设计、实施、评价等具体实践环节,而课程研究成为了独立的关键词。教师作为重要的课程与教学实施主体,成为了重要的研究对象,与教师相关的教师专业发展、反思、课程领导等概念也开始显现。有效教学、研究性学习等概念同样在此阶段出现。

最近这些年来,随着课程改革的深化,核心素养的研究占据了课程与教学研究的绝对主导地位。基于核心素养的学科教学、标准制定、教学与评价也纷纷出现。与以往的时代不同,信息技术、微课程、学习科学创新、深度教学成为了课程与教学研究领域的重要关键词。

■ (三)课程与教学研究重要议题例析

1. 课程设计研究

改革开放以后,研究者通过对国外相关理论的梳理,将课程编制的逻辑引入国内,其中包括学问逻辑与教学逻辑、泰勒原理,以及对教育内容(教材)的选择。从课程设计的原则上看,主要具有系统知识准则、历史尚存准则、生活效用准则、兴趣需要准则、社会发展准则五大派别[①]。

在面向 21 世纪的新课程改革的酝酿与实施过程中,课程设计的取向发生了一定变化,"以学生发展为本,培养创新精神和实践能力"成为国家和地方共同选择的课程设计理念,形成一种比较明显的儿童发展本位的交织取向。以"三维目标"为导向的课程设计的核心课题在于从"教师中心"转向"学生中心",具体包括从教案设计到学案设计、从显性学力到隐性学力、从个体认知到集体思维的重心转移[②]。

2014 年,学者们开启了对我国学生核心素养的研究。2016 年 9 月正式发布素养框

---

① 钟启泉.课程编制的逻辑与原则[J].全球教育展望,1989(02):11—17.
② 钟启泉."三维目标"论[J].教育研究,2011(9):62—67.

架,"核心素养"的概念也开始进入课程设计的视域。越来越多的研究者开始探讨基于核心素养的课程设计。与此同时,"网络课程""目标导向""学习环境""混合式学习"等概念进入课程设计研究领域,上升成为核心关键词。"微课""MOOC""翻转课堂"等新兴教学模式在更新教学方式、扩大传统教育场域的同时,成为课程设计的新兴研究焦点。

2. 课程管理与课程领导研究

1992 年的《九年义务教育全日制小学、初级中学课程计划(试行)》,首次明确将课程分为国家安排课程、地方安排课程。1999 年《关于深化教育改革全面推进素质教育的决定》颁布,我国开始试行国家课程、地方课程、学校课程。2001 年《基础教育课程改革纲要(试行)》颁布,我国全面致力于改善课程管理过于集中的状况,实行国家、地方、学校三级课程管理,提升课程适应性。这也让课程管理与领导成为持续研究的重点。

在此期间,研究呼吁中央教育行政部门要为地方服务,地方教育行政部门最终要为学校及教师的课程开发和课程实践服务。行政部门的引导主要应体现在大的方针和课程发展政策上,而不能具体到某门课程的设置和使用上;主要应在服务中达成,而不能在行政强制中实现。[①] 尤其要关注学校层面领导力的发展,强调学校文化、校长、教师、学生、家长的重要作用。

3. 课程实施研究

课程实施作为一个主要的研究焦点始于 20 世纪 60 年代末、70 年代初,其直接起因是对"学科结构运动"的反思。20 世纪 80 年代初,国外关于课程设置的理论和主要流派的课程观被引入我国,课程实施的概念也随之进入研究视野中。至 80 年代中后期,一系列课程论著作的相继出版,标志着我国课程实施研究正式起步。从 90 年代起,我国学者围绕理论与实践两个方面,不仅致力于评述国外研究成果,还开始了本土化的探索。

随着我国 2001 年"新课改"出台国家课程标准,基于标准的课程实施成为研究领域关注的重要话题。学者认为课程标准反映了国家对学生学习结果的统一的基本要求,是对学生在校期间应达到的知识与技能、过程与方法、情感态度价值观的阐述。基于课程标准的教学要求教师"像专家一样"整体地思考标准、教材、教学与评价的一致性,并在自己的专业权力范围内做出正确的课程决定[②]。学者提出要用建构主义取向看待课程实施,将课程实施视作教师与课程设计者、教师与学生间理解、对话与意义建构的过程[③]。教师在这一过程中从"代言人"走向课程开发者,从"技术熟练者"走向实践性研究者,实现专业角色成熟,走向批判反思型实践者[④]。

4. 课程评价研究

在课程评价研究领域,我国学者从课程评价的本质与功能,范围与标准,类型与其主体,过程、原则和方法,评价模式,以及其中存在的主要问题等角度展开探讨。

---

① 郭晓明. 从"控制"走向"服务"——论我国课程管理职能的转变[J]. 高等师范教育研究,2002(04):71—74
② 崔允漷. 课程实施的性取向:基于课程标准的教学[J]. 教育研究,2009(01):74—76.
③ 吉标,吴霞. 课程实施:理解、对话与意义建构——一种建构取向的课程实施观[J]. 西南师范大学学报(社会科学版),2005(01):85—88.
④ 房林玉,郝德永. 新课程实施中教师角色的重建[J]. 黑龙江高教研究,2006(03):98—100.

进入 21 世纪以来，人才培养模式发生了翻天覆地的变化，各国家和地区围绕学生的综合素质评价推动理论与实践研究。我国也开始进入构建普通高中学生综合素质评价的理论构想与实践操作阶段，对内涵、指标与体系、管理制度、结果呈现与使用等方面展开研究。

为改变以往以纸笔测验为主的高考制度，当前有关综合素质评价研究主要围绕"育人"和"选拔"两大诉求展开。研究者提倡要把综合素质评价纳入高校招生中，尤其是纳入重点本科院校的招生要求当中，让评价结果成为影响我国高校招生的一个因素，从而完善高校招生制度①。

■ （四）课程与教学论学科建设研究

1. 课程论研究

自中华人民共和国成立以来，苏联的教育学理论体系占据了我国教育研究领域的主导，由于其在教与学中围绕基本理论、教学、德育、学校管理展开，并未将课程论作为单独的学科分支，因此在这一时期，课程论作为教学论的组成部分而存在。

直到 1981 年，人民教育出版社课程教材研究室的设立，《课程·教材·教法》杂志社成立并于创刊号发表戴伯韬的《论研究学校课程的重要性》一文，我国课程研究领域开始有了较为集中、有针对性发表课程研究成果的平台。尤其是 1985 年中共中央颁布《关于教育体制改革的决定》后，课程问题受到越来越多的重视，也有越来越多的学者将研究视角聚焦于此。至 80 年代后期，在讨论课程与教学关系的研究中，学者们开始强调课程论的学科地位，致力于探讨如何使之脱离教育学，形成一门单独的学科。为实现课程论这一全新、独立学科的建立，学者们利用概念体系建构、国外理论引进的方式，相继发表了一系列相关著作与学术论文。1989 年两本课程论专著——陈侠的《课程论》和钟启泉的《现代课程论》出版，有关课程论的研究领域范围逐步扩大，一批专题研究也取得重要成果。1990 年 10 月，"课程发展与社会进步国际研讨会"在上海举行，这是我国第一次主办课程领域的国际性学术研讨会。

有学者从课程论与教学论的关系入手，探讨两者在研究对象、范围、任务等方面的不同特征，由此论证课程论不是教学论的下位理论，应该明确两者各自的地位，使课程论成为独立的教育学分支学科。并行论主张课程论与教学论作为教育科学下述的两个分支学科，划清界限、相对独立。也有学者认为课程与教学在教育实践中是概念、性质、功能、基础不同的两个研究领域，从两者的历史发展轨迹来看，也是并行产生的教育学分支。在现行的教学论体系内，很难完全包容有关课程研制的广泛而多样内容，课程论从教学论中的分离与分化是教育学发展的必然②。

2. 大课程观

为进一步确立课程论的学科地位，学者们也开始关注其在高等教育阶段的科目设置。

---

① 崔允漷,柯政.关于普通高中学生综合素质评价研究[J].全球教育展望,2010(09)：3—8.

② 刘要悟.试析课程论与教学论的关系[J].教育研究,1996(04)：10—16.

陈侠在简单讨论将课程论作为独立学科的所需条件与必要性之后,提出重视课程研制是各国教育科学研究的共同趋势,随着理论的发展,建立有中国特色的课程论是可行的。故提倡在教育科学研究的基础上,在大学开设此课程作为教育学系的必修课,以及教育心理学与教育史专业的应修课程①。从 20 世纪 80 年代中期开始,一些高等院校教育系开始为研究生开设"课程论"这门课。90 年代后,"课程论"作为一门必修课,陆续在教育系本科生中开设。

自 1997 年成立全国课程论专业委员会以来,我国教育领域开始热议"大课程观"的构想。大课程论将教学看作课程的一部分,以课程作为学校教育的大系统,视教学为其中的一个子系统。黄甫全提出课程论与教学论的价值追求不是相互独立的,而是课程论已经具备观念超越的趋势。大课程观强调课程作为教育进程,包含教学过程,其属性与类型是多方面的,包含学科课程与活动课程、显性课程与隐性课程等各类课程,同时包括课堂教学与课外教学、模仿教学与陶冶教学等教学部分。此外,其不仅涵盖历时态课程要素,还涉及共时态课程要素②。2001 年颁布的《基础教育课程改革纲要(试行)》将教学过程作为课程实施过程来谈论,体现了"大课程观"的倾向,也使得学者们在研究中再度反思两者之间的关系。

3. 课程与教学的整合

课程与教学的关系是现代教育理论与实践中的重要问题,也是困扰学术界的难题。为避免走向对立模式的极端,在呼吁实现两者独立并行与"大课程观"之外,在 20 世纪初出现了另一种"一体化"的整合观点,该观点指出课程与教学两者的关系密不可分,并非孤立存在的,而具有更加复杂、交融的特质。若将两者分割,虽然有利于分支学科的深入研究,却也容易形成误导、走向极端。由此需要通过把教学作为课程的开发过程,把教学作为课程的体验过程,从这两方面进行课程与教学的整合。

在此过程中,教学不再只是课程计划实施的忠实过程,而成为课程知识建构与开发课程内容的过程。两者相互转化、相互促进,彼此有机融为一体,使得课程变成一种动态、生长性的"生态系统"和完整文化③。自华东师范大学率先成立课程与教学系、课程与教学研究所之后,许多师范大学纷纷跟进成立课程与教学系、研究所,也可以看作是课程与教学整合发展在学科建设方面的体现。

近几年来,研究者们从理论联系实践的角度出发,重新反思课程与教学整合的路径。课程与教学整合作为我国当代基础教育课程改革的重要观念和变革实施的重要途径,其理论和实践的整合各有自己的发展逻辑。理论深度整合的观照视角应由学科逻辑转向文化视角,找到课程与教学理论赖以产生的文化逻辑和语境;实践深度整合的视角应转向生活世界的视角,观照决定生活世界根本样态的实践者的生存视野、内在观念、思维方式和知识基础④。

---

① 陈侠. 课程论的学科位置和它同教学论的关系[J]. 课程·教材·教法,1987(03): 24—27.
② 黄甫全. 人课程论初探——兼论课程(论)与教学(论)的关系[J]. 课程·教材·教法,2000(05): 1—7.
③ 王敏勤. 课程与教学的关系与整合[J]. 中国教育学刊,2003(08): 30—31.
④ 吴晓玲. 论课程与教学的深度整合[J]. 教育发展研究. 2014(24): 20—25.

此外,还有一部分学者通过对既有研究结论进行综述与反思,认为关于课程与教学关系的研究还存在一些问题,如对课程与教学概念理解的混乱;国内流行的课程观、教学观和课程与教学关系观大多引自国外,特别是西方国家,而缺少本土性的建构思考;绝大多数研究自觉或不自觉缺少对实践问题的梳理;缺少对中国课程与教学实践应有的历史眼光等[①]。

课程论与教学论在中国教育研究和实践中的发展虽然复杂,但也提供了多种学术视角与学术辩论的机会。从学科相斥、自顾立场,到中国课程与教学研究走向整合、面向本土的课程与教学理论建构的趋势已经开始显现。

第三节　课程与教学研究的主要场域

课程与教学的研究具有一定的层次性,从研究的场域视角来看,主要体现为高等院校研究者的基础理论与学术研究,区域研究机构或研究员基于本区域的课程与教学实践问题开展的研究,以及中小学校基于校本实践与挑战而开展的相关研究。不同场域下课程与教学研究者的任务职责、研究对象、关注点及研究范式不尽相同。

一、高等院校研究

高等院校,尤其是师范类高等院校,一直是课程与教学研究领域的重要研究力量,不仅担负着课程与教学论人才培养的重任,而且在推动课程与教学论的学科建设方面发挥着举足轻重的作用(如表8-5所示)。

表8-5　不同场域下课程与教学研究的职责与实践模式

场　域	任　务　职　责	实　践　模　式
高等院校研究	培养高级专门人才 发展科学技术文化 促进社会主义现代化建设	大中小学合作 教育智库建设
区域研究	推动和支撑省域或县域课程与教学改革实践研究	由区域教研机构或教研员为主体开展教研活动
校本研究	学校将国家课程、地方课程依据自身特点"校本化"的职责	以学校为基地,以教师为主体,研究学校课程实施过程中的具体教学问题

---

① 李本东,徐学福. 为了重建的反思——近十来年课程与教学关系研究综评[J]. 中国教育学刊,2010(03):23—27.

■ （一）任务职责

高等教育承担着培养高级专门人才、发展科学技术文化、促进社会主义现代化建设的重大任务。《国家中长期教育改革和发展规划纲要（2010—2020 年）》明确提出要提升科学研究水平，充分发挥高校在国家创新体系中的重要作用；坚持服务国家目标与鼓励自由探索相结合，加强基础研究；以重大现实问题为主攻方向，加强应用研究；促进高校、科研院所、企业科技教育资源共享，推动高校创新组织模式，培育跨学科、跨领域的科研与教学相结合的团队。

高等师范院校发挥着教育研究专业引领示范的作用，往往设有各类课程与教学研究所、研究基地、研究中心等。例如，华东师范大学课程与教学研究所，作为首批教育部人文社会科学重点研究基地，下设课程与教学理论研究中心、课程评价与政策研究中心、学科课程研究中心、教师教育课程发展中心、教师发展研究中心、学习科学研究中心、国际校外教育研究中心等机构。

大学层面的课程与教学研究更关注基础理论与学术研究，关注在教育实践的基础上认识各种教育现象，探索其本质规律，获取新的知识，形成较系统的教育基础理论研究。这种研究以发现新领域、新规律，提出新观点、新学说、新理论为目的。然而，当前我国课程与教学的主流研究范式存在重视理论性、忽略实践性的问题。研究者应当努力改变单纯的研究者角色，坚持教学与研究的统一，贯彻理论与实践结合的原则，努力克服研究概念化书写的偏向①。

■ （二）实践模式

1. 大中小学合作

大学与中小学合作共同体作为一种教育组织间的社会联结形态，既区别于既定的制度性教育组织间的结构割裂与分立，也有别于基于规划或政策的教育组织间的任务性、程序性或例行性合作。大学与中小学合作共同体标志着教育组织间的新式紧密型社会关系的出现与存在。它的出现与存在有力地突破了区域基础教育内部原有的学校间影响力的格局。作为一种持续且强大的支持力量，它正在发展为当前学校内外格局变化的新的发生性和结构性资源②。

坚持共同的教育信念与主张，有着共同的价值追求是双方合作的起因。努力将精力与智慧投向共同的教育问题与现象之中，会促使大学与中小学组织有意地开放组织边界，召唤或主动要求对方更多地进入自身的组织生活之中，参与更多的教育理论与实践研究活动，从而建构一种生动的教育日常生活。

大学与中小学建立伙伴协作关系，是为了更好地组织指向目标的集体行动，合作共同体在某个或某些领域和主题的研究兴趣以及所采取的具体教育实践行为，都是共同体成

---

① 徐继存.嵌入现实教学中的教学论思考[J].课程·教材·教法,2014,34(1)：72—78.
② 苏尚锋.大学与中小学合作共同体的特质及其构成[J].教育发展研究,2014(20)：6—10.

员选择意志的体现,表征着共同体成员在教育实践过程中的相互利益调整与配置。同时,每一次集体行动的过程都为共同体成员提供了合法周边参与机制,使共同体成员可以在其中获得学习与发展。

一般来说,大学与所在区域内中小学的合作反映了大学在办学思想和方向上的选择,依托区域社会经济和教育发展,成为支撑区域社会经济和教育发展的重要力量。大学与中小学合作共同体一方面反映了大学办学思路的改革,即能够更加开放地将自身的发展自觉地纳入区域社会发展的整体规划之中,从而建立起大学与区域中小学教育的全新联结方式,体现了大学与中小学教育新的社会关系;另一方面也反映了区域教育发展过程中由所出现的新问题与新挑战带来的对大学的新要求,具体体现在学校内涵发展和理念转型背景下的科学研究、教师专业发展和队伍建设的持续支持以及学校课程改革和教学质量提升等诸多方面。由于这些要求几乎囊括了学校生活的所有方面,使得以往大学所得出的教育理论供给或教育产品开发的单渠道服务已经无法满足区域基础教育发展的需求。大学与中小学合作共同体的形成正是应对区域基础教育发展的挑战的必然选择,是整个区域教育系统规划、协调变革、持续发展的重要支撑[①]。

2. 教育智库建设

我国很早以前就成立了教育政策研究机构。1941 年中央研究院中国教育研究室在延安建立,1957 年发展成为中央教育科学研究所,并在 2011 年更名为中国教育科学研究院。作为教育部直属的国家级综合性教育科学研究机构,其下设教育发展与改革、教育理论、基础教育、课程教学、教育督导评估、教师发展等 13 个研究所,并在全国东中西部建有 20 个教育综合改革实验区和若干所实验校,与联合国教科文组织、世界银行等国际组织,以及美国、日本、韩国等国家的高校、智库建立了长效合作机制,主要负责国家课程与教学改革的服务决策、创新理论、指导实践、引领舆论、协同战线,为我国教育事业科学发展和教育现代化提供重要智力支撑。

2017 年 9 月 20 日,我国高校高端智库联盟成立,设在高校的国家高端智库试点单位、进行智库签约的教育部人文社会科学重点研究基地等首批 31 家联盟成员单位代表共同签署了公约。高校作为我国哲学社会科学事业的主力军,是建设中国特色新型智库不可替代的重要力量。教育部出台《中国特色新型高校智库建设推进计划》、推动教育部人文社会科学重点研究基地转型升级、创办《高校智库专刊》、指导举办"中国大学智库论坛"[②],为国家课程与教学改革的科学决策提供了高水平智力支持。研究者提出,我们要发挥高校基础研究扎实的优势,为政府教育决策提供具有深厚学术底蕴的决策支撑;发挥高校学科门类齐全的优势,突出高校教育政策研究专长,改变书斋式的闭门造车的研究模式,紧扣国家、社会重大现实需求,充分发挥其教育战略研究和为教育政策建言的功能;发挥高校对外交流合作的优势,灵活地面向国外学者设立访问学者和研究员制度,吸引国外一流教育专家和学者到访交流,同时也积极选派高校专家学者到国外教育智库学习交流,

---

① 苏尚锋. 大学与中小学合作共同体的特质及其构成[J]. 教育发展研究,2014(20):6—10.
② 中华人民共和国教育部. 高校高端智库联盟成立仪式暨首届圆桌会议在京召开[EB/OL].(2017 - 09 - 20)[2019 - 08 - 24]. http://www.moe.gov.cn/jyb_xwfb/gzdt_gzdt/moe_1485/201709/t20170921_314923.html.

争取在国际舞台上发出更多的"中国声音"①。

二、区域研究

课程与教学的区域研究力量,主要包括不同区域层面的教研室、教研中心、教育学院等教研部门和教育学术研究机构,以及区域内中小学的优秀骨干教师团队。他们不仅熟悉课程与教学实际,而且拥有实践智慧,对于推动省域或县域课程与教学改革实践研究发挥着不可替代的重要支撑作用。

■ (一) 任务职责

区域教学研究是指由区域教研机构或教研员为主体开展的以教学实践为对象的研究活动。2001 年,我国启动新一轮基础教育课程改革,确立新的课程目标,重新构建各学段课程设置,制定新的学科课程标准,倡导研究性学习,鼓励开发校本课程,实行发展性课程评价。这一时期,教研员主要围绕基础教育课程改革开展工作。

其一,教研员的首要任务是认真学习国家的课程政策,发展适合本地的、有利于学校实施国家课程方案的相关政策。研究基础教育课程改革政策是教研员进行教学研究、指导教师课程实践、促使课程改革顺利推进的重要基础。

其二,此次基础教育课程改革中新的学科课程标准的制定、综合实践活动等新型课程的出现,凸显了课程实施的校本性。因此,指导教师开发课程资源,建设具有特色的地方课程和校本课程,依据课程标准进行富有成效的课程实施,成为该时期教研员的重要任务之一。

其三,基础教育课程改革的推进与深化,要求教师在课程理念更新、课堂教学改革、教育科学研究等方面提升专业化程度。

在此背景下,教研员的角色功能开始转向广泛组织开展各类校本培训、研修活动,指导教学改革创新,引领教师的专业化发展②。我国各省市都建立了相关教研中心、教科院所、教师发展中心等,作为该区域教育研究的主要领导机构。

例如,上海市教育科学研究院的主要职责包括:(1) 从事教育规划、教育管理、教育政策与人力资源研究,为教育部、市政府有关教育发展与改革的重要政策决策提供咨询服务;(2) 从事教育教学理论与应用研究,承担全国及本市的教育科研课题,促进我国教育学科的发展;(3) 开展教育教学实验研究,总结科研经验,推广教育科研成果,为各级各类院校的教育教学改革发展提供理论研究和实践指导;(4) 开展教育科研的国际国内合作与交流,借鉴和汲取世界各国教育发展的有益经验,为国家和上海教育改革发展服务。

---

① 付卫东,付义朝. 我国教育智库建设的现状、问题及展望[J]. 华中师范大学学报(人文社会科学版),2017,56(02):172.
② 赵虹元. 我国教研员角色的变迁与展望[J]. 课程·教材·教法,2018,38(10):111—116.

■（二）角色变迁

自区域教研制度建立以来，区域教研机构的职能定位、教研员的职业经历等使得区域教学研究具有鲜明特点和显著优势。

随着新课程改革的启动、实施及深化，面对支持和引领新课程改革的任务，区域教学研究面临新的挑战：（1）教学研究过程封闭，不同学科教研员相对独立，彼此之间缺少合作，业务开展各行其是，自说自话，仅从自己学科的立场、观点和方法开展教学研究；（2）教学研究内容仅侧重微观，开展教学研究时，往往选择自己熟悉或擅长的学科领域，研究内容一般固定在教材分析、教法选择、媒体应用及考试命题等微观内容上，对这些微观问题往往就问题谈问题，只停留在描述、解释层面，离不开具体的教学情境，具有"个性化"的特点；（3）教学研究方法单一，教研员之前为一线教师，没有经过严格、系统的科学研究培训，在教学研究中不能得心应手地选择与使用研究方法。在研究实践中，教研员由于专业研究能力的限制，更多采用直觉观察的方法，主要依靠观察，以个人经验为主，再加上简单的推理判断。这种研究的结果是笼统、模糊的，带有明显的主观性。[1]

由于专业制度缺失、行为习性固化、理论研究不足、教育资源多元等因素制约，教研员角色更新面临诸多亟待突破的困境。我国学者提议在面对新时代教育发展的新矛盾时，教研员应有新思考和新作为，努力突破角色更新的困境，把握教育发展的时代脉搏，提升自身的专业素养，加强对区域教育改革发展的顶层设计，促进基础教育的质量提升和均衡发展；深入推进"互联网＋教育"，促使互联网技术与教育教学的深度融合；强化中小学学科建设，促进基础教育课程改革的深化；扎根课堂教学实践创新，引领中小学"课堂革命"，以充分彰显自身的价值。[2]

三、校本研究

■（一）三级课程管理体制下的校本教研

学校作为课程与教学展开的主要场所，承担着将国家课程、地方课程依据自身特点"校本化"的职责。随着新课改的推进，国家、地方、学校三级课程管理体制逐步成形，学校、校长、教师获得了更充分的课程实施空间与课程权力。国家课程的校本化与校本课程的发展与实施，使课程更加符合学生、学校的特殊需要，在教育情境与师生互动中实现创生。校本化课程实施不仅适合我国新课程改革的特点和需要，也符合我们对学校作为一个学习型组织、教师作为一个专业工作者的教育假定[3]。

所谓校本教研，简言之，就是以校为本的教学研究，就是以学校为基地，以教师为主体，研究学校课程实施过程中的具体教学问题。我国校本教研制度是一种带有明显中国特色的课程与教学研究制度（如表 8-6 所示）。

① 张莉.区域教学研究的历史局限与改进[J].中国教育学刊,2015(08):57—60.
② 赵虹元.我国教研员角色的变迁与展望[J].课程·教材·教法,2018(10):111—116.
③ 徐玉珍.论国家课程的校本化实施[J].教育研究,2008(02):57—59.

表8-6 校本教研制度特点简表①

类 别		特 点
人员构成	校长	校本教研第一责任人,一方面作为教师的一员参与校本教研,另一方面作为校领导协调各方关系,为教师教研保驾护航
	教师	是校本教研的主体,直接的研究者。他们既是新课程的实施者,也是新课程的开发者
	校外专业教研人员	主要指区、县教研室或教师进修学校的教研人员。他们应介入"校本教研",起到专业引领的辅助作用
组织形式	年级组教研	同年级任课教师从不同的学科角度,分析研究学生学习发展的情况,并通过集体的智慧以及学科间的交流研究教学,有利于促进学生的全面发展
	学科组教研	学科教师共同研究本学科的有关教学问题,有利于学科研究的深入,更有利于教师个人学科专业化水平的发展
教研方式	自我反思	教师以自己的教学活动为思考对象,对自己在教学中的行为以及由此产生的结果进行审视和分析
	同伴互助	可以是讨论,共同探讨教学中发现的问题,寻找解决问题的方法;也可以是辩论,就某一教学观点展开争论、质疑,共同提高理论水平;更可以是寻找伙伴,共同承担某个实际问题的研究
	专业引领	教研室或教师进修学校的教研人员和专家应该介入校本教研中,起到引领与指导作用

■ (二)校长与教师的角色转变

学校课程管理水平是决定课程实施成败的关键。然而当前我国中小学的课程管理意识有待增强,其管理的科学化水平亟待提高,学校管理的领域需要拓展,校长与教师在此过程中的角色也亟须转变②。

校长作为学校课程实施和质量管理的第一负责人,承担着对教师专业发展和学生全面、健康发展的职责,是决定国家课程校本化实施成效的关键。校长的课程管理角色表现在课程目标达成、协调各方关系上。为达成国家与地方规定的课程目标,其负有的主要任务包括对国家课程目标的校本化确认;对于国家课程和地方课程的校本化实施;在课程实施方面构建专业发展学校,重视教师的专业发展;通过各种形式对教师、学生、课程以及领导自身进行评价。在人际处理上,则需要处理好学校与行政部门、家长、教师等主体间的关系。③

① 周岳. 校本教研制度及其建设[J]. 上海教育科研,2008(02):73—74.
② 杨中枢. 我国中小学学校课程管理:意义、问题与对策[J]. 课程·教材·教法,2003(7):15—18.
③ 彭虹斌. 新课程背景下的校长课程管理[J]. 课程·教材·教法,2005(11):12—16.

在课程与教学实践中,教师作为课程最直接的"实施者",其与课程的关系一直是广泛探讨的话题。从课程实施取向来看,具有包括忠实取向、相互适应取向、课程创生取向等三个基本取向。在忠实取向中,教师扮演着忠实使用者的角色,他们无须对课程计划做出改变,只要落实既定的课程计划、专家的意图即可。相互适应取向则允许教师根据具体教学情境对原先的课程计划进行适当的调适,教师成为积极的协调者和课程的共同决定者,教师的课程角色和功能受到重视。创生取向的课程实施假设课程不是既定的计划或产品,而是教师和学生经验的综合,教师扮演着课程开发的角色。[1] 随着新课改的持续推进,研究者提出要用建构主义取向看待课程实施,将课程实施视作是教师与课程设计者,教师与学生间理解、对话与意义建构的过程[2]。教师在这一过程中从"代言人"走向课程开发者,从"技术熟练者"走向实践性研究者,实现专业角色成熟,成为批判反思型实践者[3]。

第四节　课程与教学研究的多元路径

一、课例研究

■（一）课例研究的内涵与价值

1. 课例研究的概念与内涵

课例研究通常被视为指向教师专业发展的教学研究活动[4],因此从教研活动的视角,安桂清教授将课例研究界定为"教师以课为载体,对教学实践中的问题展开的合作性研究。[5]"她指出,课例研究强调教师要从自身教学实践中的问题、困惑和挑战出发,通过教研活动明确问题、分析和解决问题,而这通常会经历一个从"疑问"到"规划""行动""观察""反思",再到"重新规划"的循环过程。

目前学界对课例研究内涵的理解主要体现在三个层面。第一,课例研究是教师专业发展的一种途径,为教学建构专业知识基础并能改进教和学[6]。第二,课例研究是教师研究的一种方法,是教师专属的对其自身教学展开研究的一种模式。第三,课例研究是一种教学变革实践研究,旨在针对教学中存在的特定问题,在实践中进行探究以期改进教学[7]。这三个层面拓宽了人们对课例研究过于局限的理解,丰富了课例研究的内涵。

2. 课例研究的价值

课例研究以改进教学为直接目的,已成为当前广大中小学校积极推广的一种教学研

① 杨明全.课程实施的学理分析:内涵、本质与取向[J].全球教育展望,2004,33(01):35—38.

② 吉标,吴霞.课程实施:理解、对话与意义建构——一种建构取向的课程实施观[J].西南师范大学学报(人文社会科学版),2005,31(01):85—88.

③ 房林玉,郝德永.新课程实施中教师角色的重建[J].黑龙江高教研究,2006(03):98—100.

④ 张侨平,陈敏.课例研究的缘起和流变:回顾与前瞻[J].全球教育展望,2020,49(08):75—91.

⑤ 安桂清.课例研究[M].上海:华东师范大学出版社,2020:18.

⑥ Lewis, C. What is the nature of knowledge development in lesson study? [J]. *Educational American Research*, 2009,17(1):95—110.

⑦ 安桂清.课例研究[M].上海:华东师范大学出版社,2020:17—18.

究路径。在帮助教师改进和优化教学的同时，课例研究也逐渐发挥出其对"教"和"学"更大的正向影响力，使教育研究者、教师和学生悄然呈现出全新的面貌，因此课例研究具有重要的学术和实践价值①。

首先，引导教学研究回归真实的教学生活。

不同于传统以寻求教学规律为目的而有意或无意地遗忘真实教学实际的研究，课例研究则更强调教师要深入课堂，采用民族志的研究方法去更为直接地感受课堂教学的实际，在观察和反思中揭示课堂教学中存在的问题、挑战和困境，并通过深入研究去分析和解决这些问题和挑战。课例研究超越了以往教学研究采用的单纯思辨和实验等方法，其所倡导的民族志研究法目前在各国的教学研究中都深受欢迎。

其次，积累学习者中心的教学实践知识。

课例研究以洞察和理解"学生的学习"为研究的核心，注重联系儿童的学习过程和体验开展课堂教学研究。因此课例研究一方面有助于积累促进儿童有效学习的实践知识和有益经验，另一方面有助于帮助教师更好地理解儿童，调整和完善教学的方式与方法，发展以儿童为中心的教学实践。真正尊重和关心儿童的学习和发展需求是教学研究变革的重要方向和趋势。

再次，促进教师的专业能力发展。

长期以来，教学研究的主体是从事传统教学论建设的专业研究者，而教师则只能依据他们的教学研究成果来开展教育教学的实践。作为长期处于教学一线的教师，其专业研究的自主权逐渐丧失，而退化为教学的"技工"。课例研究打破了这种局面。课例研究强调和鼓励教师要在自己的教学情境中积极地思考，善于发现教学的问题和困境，学会采用科学的研究方法分析和解决实际的教学问题，并进行持续的教学研究和改进。这无疑有助于促进教师专业自主权的发展，调动教师深入课堂、研究教学、改进教学的主动性和积极性。课例研究还有助于引领教师群体在教学研究中不断超越学科、超越教室、超越学校，发展并融入教学研究的共同体，提升教师专业能力发展。

最后，改善教学研究者的专业生活方式。

传统以理论推演为专业研究方式的教学研究，很容易助长其自身作为理论创建者的傲慢和对教师实践工作和智慧的不屑。而课例研究则倡导在真实而复杂的课堂教学情境中开展课堂教学研究，这不仅是认知性的实践，同时也是文化性的、社会性的、政治性的和伦理性的实践。课例研究提供了专业研究者仅凭理论建构而无法真正了解和洞察的真实教学实际的机会，让"到中小学去研究教育"从口号真正变为教育研究者的一种专业生活方式。走进课堂，洞察和观察儿童的真实学习需求，从而探究有效教学的实践路径，正在成为广大教育研究者践履笃行的专业日常。

■（二）课例研究的范式

因课程与教学的相关因素较为复杂和多元，作为课堂教学的研究方法，课例研究也相

---

① 安桂清.中国课例研究学术话语的构建[J].上海教育科研,2022,(02):1.

应地呈现出多种不同的范式,主要包括:设计本位取向的课例研究、话语分析取向的课例研究、描述性评论取向的课例研究。

表 8-7　课例研究的不同范式

课例研究范式	概 念 内 涵	基 本 特 征	操 作 流 程
设计本位取向	是一种系统而灵活的方法论,旨在真实情境中以研究者与实践者的写作作为基础,通过分析、设计、开发和实施的反复循环,不断改进教育实践,并提炼出对情境敏感的设计原则和理论。	(1) 情境性 (2) 迭代性 (3) 干预性 (4) 合作性 (5) 理论生产性 (6) 实用导向性	(1) 了解性探究 (2) 实施干预 (3) 具体影响评价 (4) 扩展影响评价
话语分析取向	通过对话语的产生、发展和演变的解读,发现话语背后的意义变换和权力真实。	(1) 技术主义特征 (2) 功能主义特征 (3) 批判主义特征	(1) 分析语料的选取 (2) 对语料分类逐级编码 (3) 分析结果
描述性评论取向	描述并非判断,而是用一种语言界定、描绘、叙写或者表达教学情境的有关性质,是现象学把握和理解世界的一种方式。	(1) 倾听与观察 (2) 理解与解释 (3) 研究与改进	(1) 进入现场,开展描述 (2) 解释现象,揭示主题 (3) 协商改进,提供建议 (4) 提炼结论,获得启示

1. 设计本位取向的课例研究

设计本位取向的课例研究,又被称为"设计研究"或"基于设计的研究",由美国学者艾伦·柯林斯(A. Collins)和安·布朗(A. L. Brown)最早提出和创立。它是 20 世纪 90 年代初在美国学习科学研究领域兴起的一种新型的研究范式。

设计本位取向的课例研究,最主要和最直接的特点是它发生于真实的教学情境并在连续的迭代中不断发展的研究过程。有学者将设计本位取向的课例研究界定为一种系统而灵活的方法论,旨在真实情境中以研究者与实践者的写作作为基础,通过分析、设计、开发和实施的反复循环,不断改进教育实践,并提炼出对情境敏感的设计原则和理论[1]。这种概念界定强调设计研究不仅要改进教学实践,还应形成和发展一定的教学理论以指导教学。这意味着设计本位取向的课例研究的核心在于联结并整合实践层面对学习环境的设计和理论层面对学习机制的理解[2]。

整合国内外不同学者的观点,设计本位的课例研究具有如下六大关键特征[3][4]。

第一,情境性。设计本位研究发生发展于自然的教学情境中,并通过为特定的教学场合设计学习环境来促进教和学,具有很强的情境性和针对性。

---

① Wang F. & Hannafin M J. Design-based research and technology enhanced learning environments[J]. *Education Technology Research and Development*, 2005, 53(4): 5—23.
② 安桂清. 课例研究[M]. 上海:华东师范大学出版社,2020:33.
③ 祝智庭. 设计研究作为教育技术的创新研究范式[J]. 电化教育研究,2008(10):30—31.
④ 张侨平,陈敏. 课例研究的缘起和流变:回顾与前瞻[J]. 全球教育展望,2020,49(08):75—91.

第二，迭代性。设计本位的研究强调通过分析、设计、评价和改进的连续迭代过程来进行教学干预。

第三，干预性。设计本位的研究需要一些理论模型或工具应用于教学上进行干预，通过对"输入"到"输出"的过程进行详细的记录，以过程性地理解研究的过程。

第四，合作性。设计本位的研究鼓励教学研究者与一线实践者组成研究共同体通力合作，研究者基于前沿理论对教学系统进行干预，实践者进行实践教学的尝试，并在实践中检验和改进研究设计。

第五，理论生产性。设计本位的研究虽然强调要基于真实自然的教学情境，但同样非常重视科学理论的重要性，要在理论的基础上进行科学合理地设计，而非仅仅依靠实践经验。

第六，实用导向性。具有鲜明的实践使用导向是设计本位研究的重要特征。这充分体现了杜威的实用主义思想，强调教学研究的目标重在通过设计不断解决真实教学实践中的问题和挑战，从而促进教学理论的发展，最终持续促进教学实践的变革和发展。

班南-瑞特兰德(B. Bannan-Ritland)认为设计本位取向的课例研究一般应包含四个阶段：第一，了解性探究阶段，了解教学的需要并设计出灵活可变的教育教学的干预方法和行动策略；第二，实施阶段，一线教学实践者根据具体教学情境和干预计划采取行动实施干预；第三，具体影响评价阶段，研究的参与者通过收集研究数据，分析研究结果，对干预的具体影响进行评估，并形成新的设计方案和计划；第四，扩展影响评价阶段，将成功的教育干预传播和应用在更广阔的教育场景中，并总结和归纳基本原理。[1] 这四个阶段相互贯通、相辅相成，且评价始终贯穿于全过程。

2. 话语分析取向的课例研究

话语分析取向的课例研究崛起于 20 世纪 60 年代哲学领域的语言学转向，形塑了教学研究领域的崭新面貌。话语分析方法作为当今课堂教学和互动研究的重要方法之一，基于话语分析方法开展课堂教学的课例研究显得尤为必要。话语分析致力于通过对话语的产生、发展和演变的解读，发现话语背后的意义变换和权力真实。

我国话语分析取向的课例研究因时代背景和研究发展阶段的不同而呈现多种不同的特征。20 世纪 80 年代的课堂话语研究具有鲜明的技术主义特征，即认为存在课堂言说的最佳方式，而教师只要在教学中予以执行就会产生好的教学效果。到 20 世纪 90 年代，课堂话语研究开始反思话语的结构、特征及局限，而开始呈现出功能主义的特征。这一特征的课堂话语研究大多集中在二语学习研究，从教师的话语量、提问方式、话轮转换，及反馈方式等方面探讨教师话语的使用策略，以更好地发挥其功能。21 世纪以来，随着基础教育课程改革的浪潮，课堂话语研究则呈现出批判主义特征，即批判教师话语霸权对学生话语权力的剥夺，以此来探究课堂话语重建的路径，但在批判的同时却依旧未能提出建设性的解决方案。

---

① Bannan-Ritland B. The role of design in research: the integrative learning design framework[J]. *Educational Researcher*, 2003, 32(1): 21—24.

话语分析取向的课例研究方法主要基于弗兰德斯互动分析框架(Flanders Interaction Analysis Categories，FIAC)及 IRE(Initiation-Response-Evaluation)/IRF(Initiation-Response-Feedback)互动模式开展。其中，这两种模式都具有典型的结构主义特征，因为它们都试图揭示课堂话语的发生发展结构。IRE/IRF 互动模式将教师与学生之间的互动简化为三个话语步骤，三者之间的关系构成了师生互动的结构，虽然方便实践者运用和实施，但因其死板的模板无法适应愈加复杂多变的多样化教学情境。此外，学界还提出了制度化话语实践分析、第四世界法以及扎根理论等方法来开展课堂话语分析。无论哪种类型的话语分析方法，一般要遵循如下三个操作步骤。第一步，分析语料的选取，通常会以一段课堂实录或课堂观察记录作为主要的课堂话语分析对象。第二步，对课堂话语语料进行逐级编码，如开放编码，将话语数据资料分解为句子或段落，检视和比较每个句子或段落的主要意思，基于重复出现的意思，寻找可能的类别，最后将其概念化或范畴化；轴心编码，是指借助某种编码模式，在不同类别之间发现和建立联系，而这些联系可以是因果关系，也可以是相似关系或差异关系；选择编码，是指在已有的类别中经过系统分析，明确一个类别，将它和其他类别予以联系，验证其间的关系，并完善各个类别。第三步，分析结果，通过定性和定量的方法，研究不对等的言语事件中的参与者结构。通常需要对数据中涉及的权力关系和礼貌，且经常发生的言语行为或策略进行分类，从中生成可量化的话语分类①。

3. 描述性评论取向的课例研究

20 世纪 80 年代，随着教育统计学和教育测量学在我国的不断发展，基于量化研究方法开展课堂评价和研究的开始盛行，但很快其弊端便不断显现。量化的课堂评判破坏了教育和人的整体性，消弭了课堂教学的复杂性，同时也消解了教学评估的发展性，因此受到了许多学者的批判。在此背景下，描述性评论取向的课例研究应运而生，描述并非判断，而是用一种语言界定、描绘、叙写或者表达教学情境的有关性质，是现象学把握和理解世界的一种方式。

描述性评论取向的课例研究具有三方面的特征：倾听与观察、理解与解释、研究与改进。但三者之间并非线性、递进的关系，而是相互融合的。

第一，倾听与观察。描述性评论取向的课例研究强调对课堂教学中的师生进行欣赏和倾听，而非评鉴，是研究者与课堂师生围绕一个教学内容共同开展的思想之旅，并分享过程中所遇到的问题和创意想法。

第二，理解与解释。描述性评论取向的课例研究还注重投入移情的理解与解释之中，不能被表象所遮蔽，如此更好地理解师生话语中的真正意义，理解课堂中隐性的互动和思想的碰撞。

第三，研究与改进。描述性评论取向的课例研究通常是倾向于直观形象和生动具体的。它更关注课堂教学过程中关键的教学事件和教学问题与挑战的研究与改进。描述性评论旨在引导教师尝试不同的教学思路，提升教师对课堂教学问题的感知和深刻理解，帮

---

① 陈向明. 质的研究方法与社会科学研究[M]. 北京：教育科学出版社，2000：327—338.

助教师提升教学的实践性知识和能力。

　　学校层面通常以教研组或备课组为基本的研究单位开展描述性评论取向的课例研究，需要经历以下四个行动步骤[①]。

　　第一，进入现场，开展描述。研究者在教师执教时进入其课堂，并作为描述者开始描述自己在课程进行过程中的所有体验。这种描述刚开始不会设定特定的观察重点或内容，而是关注"课堂是什么样的"，而非"课堂的特征是什么"。研究者需要用心去感受和体验课堂的种种感受，而非用理性思维去分析。

　　第二，解释现象，揭示主题。课程结束后，在讨论过程中，研究者需要首先汇报自己在课堂上所记录的课堂教学现象，分享自己的课堂体验。对现象的解释可以围绕以下几点：探寻教师如此教学的原因；阐明自己是如何看待教师的整个教学过程的；发掘其他研究者对这类教学现象的解读。这一步骤最终的目的是揭示现象的主题，即经验的焦点和意义。

　　第三，协商改进，提供建议。在这一步骤，需要研究者引导教师反思具体的教学现象来明确主题，促使教师认识到主题的意义和价值，明确自身在教学过程中的各种局限和不足，并通过努力加以超越。课后研讨的最终目的是改进教学，提高学生的学习效率，达成学习目标。

　　第四，提炼结论，获得启示。描述性评论取向的课例研究还需要进一步去提炼研究的结论，总结教学情境的关键特征，以真正能够帮助教师进行反思并将其迁移应用到其他教学情境中，更好地提高教学能力。

■（三）课例研究的行动路径

　　开展课例研究的实践并不存在一个统一的普遍适用的操作模式。安桂清教授通过确立教师专业发展路径的行动过程中面临的一系列共同课题或关键节点来探究课例研究的一般行动路径[②]。

图 8-1　课例研究的行动路径

1. 确立研究主题

　　明确课例研究的主题有利于提高课例研究的目的性和针对性，从而提高研究的效率和品质。课例研究最终的目的是帮助教师解决教学实践过程中的各种真实问题，因此，课例研究的主题通常具有以下特征：第一，源于现实，基于教师在课堂教学过程中的真实挑战和问题；第二，始于反思，课例研究要求教师要能够对日常的教学过程进行认真的反思

①　安桂清.课例研究［M］.上海：华东师范大学出版社，2020：92—97.

②　安桂清.课例研究［M］.上海：华东师范大学出版社，2020：111—141.

从而明确真问题,确立具体而有意义的研究主题;第三,具体可行,课例研究的初期选题往往会比较宽泛,需要教师在研究者的帮助找到具体可行的研究主题;第四,答案开放,课例研究需要深入反思课堂教学现象并总结教学经验,具有很强的情境性和开放性,因此对研究问题的解决也并非唯一和明确的,而是更具开放性。

2. 合作设计教案

教案在课例研究中处于关键的地位,一些学者认为一份详尽的、全面的教案是课例研究成功的关键所在。教案不仅是教学工具,还是教学的观察工具和交流工具。教案的内容不仅要体现先进的教育理念,同时要能够在教学中具有可行性,因此一份好的教案需要教育研究者和一线教师形成研究共同体合作设计教案,各自发挥优势和特长。课例研究的重点是深刻理解学生是如何学习的,丰富对学生整个学习过程的见解,因此教案的设计重点应当从传统的"老师如何去教"的教师中心的局面,转向"学生应如何学"的学习者中心。由于课例研究是一个从研究规划,到行动再到改进的循环往复的过程,因此,教案的设计也同样需要在这个过程中不断地发现问题和解决问题,不断优化教案的设计。

3. 开发观察工具

开展课堂观察是课例研究的中心环节,该环节可以提供反映教学效果的证据,是对教学进行认真反思和重新规划的基础。课堂观察时需要结合教学设计明确课堂观察的重点,开发课堂观察的工具。最直接的课堂观察工具便是教案,研究者可以对照着教案了解课堂教学预设之外还生成了什么,为什么会有这样的生成,还可以如何改进等。观察量表也是一种非常重要的课堂观察工具。观察量表有助于观察者避免仅凭印象和感觉开展教学研讨的局面,从而更有目的和针对性地记录课堂教学的发生发展,并为后续进行深入的教学分析和研讨提供具体而充实的质性资料。此外,有学者指出座位表和姓名牌同样也可以作为一种课堂观察的工具,可以通过这另种工具记录每一位同学的课堂表现。观察者自身也可以成为一种观察的工具,通过观察者的语言记录,揭示所探究的现象。课堂观察可以是结构化的,亦可以是非结构化的,二者应相互补充,提高课例研究的品质。

4. 开展课后研讨

开展课后研讨是课堂观察者从不同的视角共同审视课堂教学的一种有效手段,有助于更全面地分析课堂教学的优势和不足,揭示教学可能改进的方向。课后研讨的质量直接决定了课例研究的质量以及教学改进的质量。课后研讨应遵循一定的原则,第一,关注对问题的研究而非对课的评价;第二,关注学生学习的事实而非教师教学的风格;第三,关注执教者与观摩者的民主协商而非观摩者对执教者的单纯建议。课后研讨要遵循一定的流程,即首先由观察者汇报观察的结果,执教者分析和讲解自己的教学意图和设计,然后双方基于课堂观察的结果、关键事件,或争议点展开群体研讨,并形成具体的改进建议。

5. 撰写研究报告

执教者需要综合群体研讨与自我反思的结果撰写课例研究报告,一方面有助于执教者对自身的整个教学过程进行系统的反思,从而真正提高教学研究能力和教学实践能力;另一方面有助于留存档案,帮助教师记录自身的成长专业历程。一个完整的课例研究报告主要包含五部分:研究主题的选取、教学方案的规划、教学实践的具体开展、教学成果的自我反思、附录等。

二、课堂观察

■ (一)课堂观察的内涵与价值

1. 课堂观察的概念与内涵

课堂观察,即"通过观察对课堂的运行状况进行记录、分析和研究,并在此基础上谋求学生课堂学习的改善、促进教师发展的专业活动。"[1]

课堂观察是一种专业的行为系统,不同于日常生活中随意的观察,课堂观察有明确的观察目的、观察对象、特定的观察工具、观察框架,并且会进行严谨的观察记录,整理和分析观察现象,呈现观察结果等。课堂观察还是一种教育的研究方法,课堂观察首先需要明确研究问题并将之转化为具体的观察点、行为、关键事件或现象,然后将课堂中的连续事件拆解为一个个小的时间单位,并透过具体的观察点对一个个时间单位进行定格、扫描、描述、反思、分析和推论。经过这一系列的研究过程解决研究问题,得出研究结论和启示,从而改善教师教学,促进学生学习。课堂观察还是一种工作流程,包括课前会议、课中观察以及课后会议三个阶段。通过课前会议讨论和确定研究问题,明确课堂观察的焦点;通过课中观察收集指向问题的数据和信息;通过课后会议分析和讨论数据,解决问题,改进教学。

2. 课堂观察的价值

作为一种课堂研究方法,课堂观察对促进教师专业能力发展,提升学生的学习效率和质量具有重要价值,具体主要体现在以下三个方面。

首先,课堂观察有助于提升学生课堂学习的效率。课堂观察以走进课堂,走进教学现场的方式对教育问题进行探究,能够从实践者、学习者和研究者的三重视角收集和分析研究数据,更直观地了解教师的教学实际和学生的学习情况。不同于传统的听评课,课堂观察的焦点放在学生学习过程上,即学生是如何学习的、采用什么学习方式,以及学习的效果如何等。因此课堂观察的出发点和归宿都是学生的学习,旨在通过发现和改进教学来提高学生的课堂学习效率。

其次,课堂观察有助于促进教师专业发展,提升教学质量。课堂观察能够更为直观和微观地对教师的教学进行深度探究,和教师一起发现问题、分析问题、解决问题。课堂观察基于与教师的合作探究,旨在面向未来的教学改进,而非评价教学现状。因此,课堂观察能够更好地调动教师的积极性,从他人视角重新审视自己的教学,并在研究者的引导下进行专业的教学反思和问题探究,提升自我的专业化发展水平。

① 沈毅,崔允漷.课堂观察:走向专业的听评课[M].上海:华东师范大学出版社,2012:74.

最后,课堂观察还有助于增进学校合作文化的形成。课堂观察强调基于自愿和协商开展专业学习活动,观察者和被观察者双方都能从课堂观察中受益。课堂观察旨在营造一种轻松的、合作互助的、批判性反思的学校合作文化,帮助学校的教师通过课堂观察更好地向他人学习、分享教学心得和经验教训以及合作探究改进自身的教学,同时提升教师对教学工作的责任感以及对学校的归属感和价值感。

■（二）课堂观察的多维框架

课堂观察,作为一项专业活动,需要科学合理的框架和工具作为支撑。一方面,有助于提高课堂观察的规范性、质量和效率;另一方面,有助于保障课堂观察的科学性,发现教学中的真问题,并进行针对性改进,提高教学质量,促进学生学习。

崔允漷教授带领的研究团队经历数年开发了《课堂观察框架》,并历经数次修改。崔教授根据课堂活动发生的要素,将课堂观察的维度确定为教师教学、学生学习、课程性质及课堂文化四个部分,如图8-2所示。每个维度都设置了若干具体的观察点及其相应的判断指标。教师教学的出发点和归宿都指向学生的学习。学生学习的效果还会受到课程性质和课堂文化的影响。课堂文化和学生学习之间相互影响、相辅相成,课程性质和教师教学也会对课堂文化产生影响。[①]

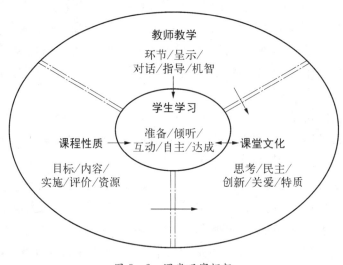

图8-2 课堂观察框架

其中,学生学习维度的观察点体现在:学习准备、课堂倾听、课堂互动、自主学习、目标达成五个方面。教师教学维度的观察点包括:教学环节、教学呈现、课堂对话、学习指导、教学机智。课程性质维度的观察点主要包括:课程目标、课程内容、课程实施、课程评价及课程资源五个方面。课堂文化维度的观察点主要包括:学习思考、课堂民主、鼓励创新、关爱学生、教学特色五个方面。每个维度具体的观察点举例请见下表8-8.

① 沈毅,崔允漷.课堂观察:走向专业的听评课[M].上海:华东师范大学出版社,2008:101—120.

表 8-8　课堂观察框架

观察维度一：学生学习

视　角	观　察　点　示　例
学习准备	➤ 课前学生做了哪些准备？有多少学生做了准备？ ➤ 学生在课前是如何准备的？学优生和学困生之间的准备习惯和行为有哪些不同？ ➤ 学生课前学习任务完成的数量、深度和正确率如何？
课堂倾听	➤ 课堂上学生认真专注倾听老师讲课的比例？学生课堂上专注力的保持情况如何？ ➤ 学生之间是否相互倾听彼此的发言？是否会相互积极反馈？ ➤ 学生之间相互倾听时有哪些辅助行为？
课堂互动	➤ 课堂上师生之间、学生之间有哪些互动和合作行为？这些行为是否指向学习目标的达成？ ➤ 学生参与课堂讨论或提问的积极性如何？参与的人数占全班的比例如何？参与的过程和结果怎样？都是哪些学生在参与？ ➤ 学生参与小组讨论的积极性如何？小组讨论的过程和结果怎样？有哪些显著的特征？ ➤ 学生参与课堂活动的积极性如何？参与活动的学生比率如何？学困生的参与情况如何？ ➤ 学生的互动与合作习惯、方式是怎样的？过程中学生流露出了怎样的情感体验？
自主学习	➤ 学生自主学习的机会和时间有多少？学生自主学习的过程和结果如何？ ➤ 学生自主学习的时间和地点有哪些特征？ ➤ 学生自主学习的形式、方式和策略有哪些？自主学习的学生比例有多少？学生自主学习的情感体验如何？ ➤ 学生自主学习的动机是否强烈？学优生和学困生在自主学习过程中各自呈现什么特征？ ➤ 学生在自主学习过程中有哪些困难？
目标达成	➤ 学生清楚这节课的学习目标吗？是如何知道的？ ➤ 学生在课堂中是如何展示自己达成了学习目标的？达成情况如何？ ➤ 课后抽查学生对本节课目标的达成情况，有多少人达成？背后反映了什么问题？

观察维度二：教师教学

视　角	观　察　点　示　例
教学环节	➤ 教师的教学过程是由哪些教学环节构成的？依据怎样的教学逻辑？时间是如何分配的？ ➤ 各个教学环节是如何围绕教学目标展开的？是如何促进学生学习的？ ➤ 各个教学环节是否考虑了学生的学习兴趣和需求？是如何体现的？ ➤ 各个教学环节展开的过程和效果如何？

视　角	观 察 点 示 例
教学呈现	➤ 教师的课堂讲解是否清晰？结构是否明确？重点是否突出？语速音量是否恰当？教学节奏是否合适？ ➤ 板书是如何呈现的？是否突出教学重点？是如何促进学生学习的？ ➤ 采用了哪些教学媒体来呈现教学内容？呈现的过程和效果如何？是否能有效促进学生的学习？ ➤ 教师的课堂行为、活动、动作或实验、示范都呈现了哪些？是如何呈现的？是怎样促进学生学习目标的达成的？
课堂对话	➤ 教师提问的时机、数量、对象如何？问题的类型、结构、方式、复杂度和难度如何？ ➤ 教师候答的时间多长？教师是如何就学生的回答进行反馈的？ ➤ 课堂对话中主要体现了哪些方面的主题和内容？课堂对话是如何促进学生学习目标的达成的？
学习指导	➤ 教师是如何指导学生自主学习的各项活动，如自主作业和活动等，效果如何？ ➤ 教师是如何指导学生的合作学习？指导的效果怎样？学生的反响如何？ ➤ 教师是如何指导学生开展探究学习的？效果怎样？学生的反应如何？
教学机智	➤ 教师的教学设计在具体的教学过程中要哪些调整？学生的反应如何？对学生学习目标的达成有哪些促进作用？ ➤ 教师是如何处理来自学生或教学情境的突发事件？效果如何？学生的反应如何？ ➤ 教师在教学过程中呈现了哪些非言语行为，如表情、体态、沉默等，效果如何？

观察维度三：课程性质

视　角	观 察 点 示 例
课程目标	➤ 课程预设的学习目标是如何呈现给学生的？呈现的学习目标在难度、复杂度及进阶性上是否合理？表述是否规范？ ➤ 课程的目标是否依据了学科课程标准，或学生的需要或相关重要教材等。
课程内容	➤ 教师是如何组织和展示教材内容的？采用了哪些具体的策略？ ➤ 教师是如何凸显本学科的特点、重要思想、核心技能以及知识之间的逻辑关系的？ ➤ 教学内容从难度和容量上适合该班级的学生情况吗？教师是如何满足学生的多样需求的？ ➤ 课堂教学中是否有新知识的生成？是如何生成的？教师是如何处理的？
课程实施	➤ 教师在教学过程中预设了哪些教学方法？这些教学方法是否有助于学生达成本节课的学习目标？ ➤ 教学过程中教师是如何体现本学科特点的？ ➤ 教师是否有指导学生就本学科的学习方法？是如何指导的？效果如何？ ➤ 教师在教学过程中创设了什么样的教学情境？效果如何？是否有助于学生达成学习目标？

视　角	观　察　点　示　例
课程评价	➢ 学生的学习目标是如何进行检测的？有哪些评价方式？效果如何？ ➢ 教师是如何获取学生学习情况的过程性评价信息的(如作业、课堂提问、测验、观察等)？ ➢ 教师是如何利用所获得的学生评价信息的(如反馈、解释、提供改进建议)？
课程资源	➢ 教师在教学中使用了哪些课程资源(师生、文本资料、实物模型、实验器材、多媒体等)？是如何使用的？是如何促进学生达成学习目标的？ ➢ 教师在教学过程中生成了哪些课程资源(如学生的错误回答、作业、作品等)？是如何利用并促进学生学习的？ ➢ 教师向学生推了哪些具体的学习资源？质量如何？可得性如何？

观察维度四：课堂文化

视　角	观　察　点　示　例
学习思考	➢ 本节课的学习目标是否体现了高阶认知技能(如解释、分析、应用、评价和创造等)？ ➢ 教师是如何驱动学生学习的？采用了哪些教学方法？教师是如何引导学生独立思考的？面对学生的错误思考和答案,教师是如何反馈和应对的？效果如何？ ➢ 学生是如何思考的？有哪些思考习惯？ ➢ 课堂或班级规则中有哪些是支持和鼓励学生思考的？
课堂民主	➢ 课堂上不同主体的话语(数量、时间、对象、措辞、插话)是怎样的？教师是如何处理学生的不同意见、想法和批判性思考的？ ➢ 学生的课堂参与情况如何？教师是如何引导和鼓励学生积极参与课堂的？效果如何？ ➢ 学生课堂参与的感受如何？有哪些情绪体验和行为呈现？ ➢ 师生之间、生生之间关系如何？有哪些特征和具体行为？ ➢ 课堂或班级规则中有哪些是支持课堂民主行为的？
鼓励创新	➢ 教师的教学设计、教学过程、情境创设、学业评价及资源利用中是如何体现教学创新的？ ➢ 课堂中师生有哪些奇思妙想？学生是如何表达和对待的？教师是如何激发和鼓励学生进行创新的？效果如何？ ➢ 教室的环境布置是如何体现创新的？对学生的学习有哪些促进作用？ ➢ 课堂活班级规则中有哪些体现和支持了学生的创新性思考和行为？
关爱学生	➢ 教师的教学设计和教学过程如何体现对不同学生学习需求的满足？ ➢ 教师是如何关注学困生或特殊学生的学习需求？效果如何？ ➢ 课堂或班级规则中有哪些是支持关爱学生的？
教学特色	➢ 教师的教学过程,如教学设计、环节安排、教材处理、导入、教学策略、学习指导及课堂对话等,有哪些特色？ ➢ 教师的整个教学过程中有哪些鲜明的个人特色？ ➢ 师生、学生之间的关系体现了哪些特征(平等、和谐、民主、控制、专制、权威)？

■（三）课堂观察的流程

作为一项行为系统工程,课堂观察需要有一套基本的行动流程,以确保课堂观察的日常化和常规化开展和运行,提高课堂观察的品质和效率,并减少课堂观察所带来的一系列时间成本、管理成本及财物成本等。课堂观察的程序主要体现为三个阶段:课前会议、课中观察及课后会议,见下图 8 - 3。①

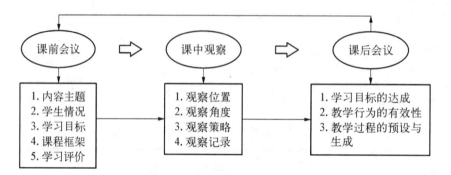

图 8 - 3　课堂观察流程

这三个观察阶段层层递进,相辅相成,形成一个螺旋上升的行动闭环。通过课前会议对课堂观察的实施进行整体统筹和规划,明确观察重点和相关技术细节,为后续课中观察阶段做好铺垫。课中观察阶段主要根据课前会议制定的相关计划和具体事项开展观察,做好观察记录,为课后会议阶段的研讨收集数据、发现问题。课后会议阶段主要针对学生学习效果和教师教学效果进行反思和研讨,重点关注一些突出的教学问题开展针对性研讨,发现问题、分析问题和解决问题,以帮助教师改进教学,提高学生的学习效率。

1. 课前会议阶段:统筹与规划

课前会议阶段,观察者和被观察的教师需要集中一段时间对课堂观察进行整体统筹和规划。课前会议主要集中围绕五个方面的问题展开:第一,明确本节课的内容主题,被观察的教师应向观察者介绍本节课的主要内容,对应课程标准中的具体核心素养,使用那些以及本节课在整个课程及单元中的地位以及与其他内容的关系。第二,了解被观察班级学生的情况,被观察教师介绍班级学生的整体特征,如学生的学习习惯、思维特征、课堂文化和氛围等,以及学优生和学困生的具体座位和学习情况。第三,确定本节课的学习目标,被观察教师简要介绍本节课内容的学习目标、知识的重点和难点,以及通过采用何种教学方式和策略去引导学生掌握这些学习目标以及重点和难点知识。第四,了解本节课的课程框架和结构,教师主要介绍本节课的课程框架、逻辑结构、情境设计、教学设计及创新等。同时教师亦可说明自己在教学设计和实施过程中的一些困惑或难点,以便让观察者针对性观察。第五,了解学习评价方式,教师应向观察者介绍采用何种方式对学

---

① 崔允漷,沈毅,吴江林,等.课堂观察Ⅱ:走向专业的听评课[M].上海:华东师范大学出版社,2013:28—31.

生的学习过程和结果进行评价。基于以上五个方面,最终确定课堂观察的具体观察点,制定观察量表。

2. 课中观察阶段:观察与记录

课中观察阶段,观察者进入课堂,按照观察计划收集所学信息。观察者首先需要选择恰当的观察位置和角度,能够尽可能观照到教师和学生的行为及表情和姿态。然后迅速进入观察状态,通过录音、录像或笔录等方式记录课堂观察信息。根据观察目的的不同,课堂观察可以是聚焦一位学生或一个观察点进行集中观察,亦可无固定观察对象和观察点进行分散观察。观察可以就课堂中的一些问题和现象进行诊断性的观察和分析,也可以就教师的教学风格或学生的学习风格进行的提炼性观察,还可以是指向研究某一个或某一些课题而开展的专题性观察。

3. 课后会议阶段:反思与研讨

课后会议阶段,一般围绕三个层面开展反思和研讨:第一,观察者进行课后反思,主要包括学生学习目标的达成度、教师教学设计及行为的有效性、教师课堂的预设和生成性问题。观察者就以上三个问题收集到的课堂资料进行分析、反思和总结提炼。第二,观察者汇报课堂观察的结果,汇报时需要遵循简明性、有证据、有回应、无重复的原则。第三,观察者形成观察结论,并提出教学改进建议,主要体现在教师的成功之处、教学的特色和个性化之处、存在的问题及具体的改进建议三方面。

三、课堂互动研究

■（一）课堂互动研究的内涵与价值

"课堂互动是调动参与课堂教学过程的各个主要要素,围绕教育教学目标的实现,形成彼此间良性的交互作用。这是一个整体性的动态生成的过程。在课堂的时空背景下,借助构成教学的各个要素之间的积极的交互作用而形成学习集体,并在学习集体的人际关系之中产生认知活动的竞技状态,这就是互动"。[1]此外,也有学者指出课堂互动概念的两种基本发展趋势,一种是逐步扩展到课堂中的人境互动和师生的自我互动;另一种是聚焦于课堂中的师生互动关系。[2] 另有学者将课堂互动定义为课堂教学中由某个个体提出问题或发起对话,同时至少有一个个体进行回应的交流过程。[3]

课堂互动研究,作为研究师生互动,反思课堂互动,优化教学效果,提升学生学习质量的有效手段,具有重要的价值和意义。

首先,课堂互动研究有助于促进"学习者中心"的课堂实践。课堂互动研究的兴起意味着从教师作为知识权威进行知识灌输的"课堂控制论",开始走向重视学生话语和师生人际的"课堂互动论"。课堂互动研究隐含着"学习者中心"的教学观,是尊重和鼓励学生

---

① 钟启泉."课堂互动"研究:意蕴与课题[J].教育研究,2010,31(10):73—80.
② 左璜,黄甫全.课堂互动研究的主题、方法与趋势[J].外国教育研究,2011,38(05):81—86.
③ Howe C, Abedin M. Classroom dialogue: A systematic review across four decades of research[J]. *Cambridge Journal of Education*,2013,43(03):325—356.

自主地、能动地、创造性地开展独立思考和活动的具体体现。

其次，课堂互动研究有助于促进教师专业能力的发展。课堂互动研究是教师作为"反思性教学实践家"成长的基础，是教师专业能力发展的助推器。[①] 通过课堂互动研究，与教师一起分析课堂教学过程中发生的互动事件进行案例分析，能够帮助教师从客观视角考察和反思自身的教学实践，发现、分析和解决教学中存在的问题，从而针对性改进教学，提高教学水平和专业能力。

最后，课堂互动研究有助于提升学生的学习效率和体验。课堂互动研究的出发点和归宿是提升学生学习的效率，促进学生核心素养的发展。通过探究课堂互动过程中学生的学习过程和体验，挖掘学生的个性化学习需求、问题、困境和挑战，寻找解决问题的多元解决路径，提升学生的课堂学习品质和效率。

■ （二）课堂互动研究的方法

为科学地开展课堂互动研究，国内外学者探索了一系列互动分析系统，被广泛引述和讨论的是 20 世纪 60 年代由美国学者弗兰德斯提出的互动分析系统。而与课堂互动紧密联系的理论主要有四个方面：学科知识研究、新维果茨基学习理论、微观民族志研究与会话分析。因此不仅可以展开量化研究，也可以进行质性研究，即通过课堂影像拍摄及对应转录过程来进行基于视频的实证研究。[②]

1. 弗兰德斯互动分析系统

弗兰德斯互动分析系统主要通过编码对课堂教学过程中师生的言语互动行为、过程及影响进行记录和分析，帮助教师和分析者分析教学行为及学生的学习行为，探究课堂中教师与学生的互动所带来的影响，以此推动教师改进其教学行为。弗兰德斯指出课堂教学最佳的评价方式是对课堂内教师和学生的语言互动进行分析。他通过调查发现了"三分之二规则"，即课堂教学过程中，大约三分之二的时间用于讲话，而大约三分之二的话是由教师发出的，教师讲话时间的三分之二对学生有直接的影响，而这种直接影响有三分之二是无法对学生产生预设的影响和作用的。[③] 弗兰德斯互动分析系统由三部分构成：第一，描述课堂师生互动语言的编码系统（见表 8-9）；第二，课堂观察和记录编码的标准；第三，用来呈现并分析数据的矩阵表格。

弗兰德斯互动分析系统对课堂互动研究具有革命性的意义，它通过对课堂互动行为进行定量编码使得课堂互动行为变得可分析，不再是模糊的感性和直觉状态，标志着课堂互动研究开始走向科学化。但同时，由于其强烈的结构化和定量化特征，也使得弗兰德斯互动分析系统存在一些弊端和局限。首先，弗兰德斯互动分析系统并未对教师不同类型的提问进行分类（如开放性问题和封闭性问题），因此无法对教师提问的质量和性质进行分析。其次，它将课堂的沉寂笼统地归为沉默或困惑，忽视了教学情境的复杂性。再次，

---

① 钟启泉. 读懂课堂[M]. 上海：华东师范大学出版社，2015：165—167.

② 课堂互动是一个国际研究热点，有关内容可参考肖思汉的一系列论文及专著。

③ Freiberg H. Jerome. Three Decades of the Flanders Interaction Analysis System[J]. *Journal of Classroom Interaction*，1998(2)：1—7.

表 8-9 弗兰德斯互动行为编码系统①

教师言语	回应	1. 接纳情感：以一种不具威胁的方式接纳和明确学生的情绪，这种情绪可以是积极的也可以是消极的，包括预测的和唤醒的情绪。 2. 表扬或鼓励：教师对学生的行动或行为进行表扬或鼓励，包括消除紧张感的同时不伤害到其他同学的幽默笑话，点头等也包含在内。 3. 接受或使用学生的观点：明确、建构或发展学生的观点，当教师过多代入自己的观点时，转向 5。
		4. 提问：教师就学习内容或程序对学生进行提问。
	发起	5. 讲课：教师呈现学习内容或程序的相关事实和观点，表达自己的想法和观点，提出一系列问题。 6. 提供指导：教师提供指导、要求或命令，要求学生去执行和完成。 7. 批评或维护权威：教师以学生不可接受或可接受的方式使学生改变行为，大声吼学生，解释自己为什么会这么做，使用极端的自我参照。
学生话语	回应	8. 学生话语——回应：学生回应教师的提问，教师发起对话或引导学生发言。
	发起	9. 学生话语——发起：学生自己发起并进行自我回应。
沉默		10. 沉默或混乱：观察者所无法理解的停顿，短暂的沉默或混乱。

该系统缺少对信息技术运用于课堂的分析；最后，在学生的话语中，该系统简单归为教师驱动和学生主动，无法涵盖所有的课堂互动行为，在真实的课堂教学中还存在学生主动提问以及分组进行讨论和交流等情况。②

基于弗兰德斯互动分析系统并参考其他研究，有学者设计了一个基于科学课堂的教学分析系统（FIAS Based On Contemporary Chemistry Class），简称 3C-FIAS。这个分析系统根据科学学科的特性新增了有关教师与学生的实验操作行为、技术应用、学生讨论等编码类别（详细的编码系统详见表 8-10）。

表 8-10 3C-FIAS 编码系统③

类 别		编码	行 为	解 释
教师语言	间接影响	1	接纳学生情感	以一种不具威胁的方式，接纳及澄清学生的态度或情感的语气。
		2	鼓励或表扬	称赞或鼓励学生。

① Bushman J. H. Flanders interaction analysis: For the teacher of English [J]. *English Education*, 1973 (2)：140—150.

② 宋宇，郝天永，刘葵. 学习分析视角下培养高阶思维的课堂互动研究[J]. 现代教育技术，2020，30(07)：50—57.

③ 陈凯，马宏佳，李丹. 基于 3C-FIAS 的优质科学课堂互动研究[J]. 全球教育展望，2019，48(01)：82—102.

类 别		编码	行 为	解 释
教师语言	间接影响	3	采纳建议	承认、修饰或重复学生的说法；应用它去解决问题；与其他学生的说法进行比较；总结学生所说。
		4	提问	以教师的想法或意见为基础，就内容或程序等提问，并期待学生的回答。
	直接影响	5	讲授	就内容或步骤等提供事实或见解；表达教师自己的观念，提出教师自己的解释；或引述某位权威者（而非学生）的看法。
		6	指示	指挥或命令学生做某件事情，并期望学生服从。
		7	批评	表明看法以期待学生纠正其行为；训斥学生；说明自己行为的原因。
学生语言		8	学生应答	学生为了回应教师而做出的反应。
		9	学生主动说话	学生主动开启对话表达想法，或自由阐述自己的见解和思路；或提出思考性的问题。
		10	学生讨论	与同伴讨论、交流看法。
技术		11	教师操纵技术	教师使用多媒体技术或板书辅助呈现教学内容，说明观点。
		12	学生操纵技术	学生使用多媒体技术板书辅助呈现教学内容，说明观点。
实验		13	教师演示实验、实物	教师通过演示实验或展示实物呈现教学内容，说明观点。
		14	学生操作实验	学生操作实验进行探索或锻炼实验技能。
沉寂		15	有益沉寂：思考或做练习	学生思考问题或学生做课堂练习。
		16	无益沉寂：沉默或混乱	停顿、短暂的沉默以及混乱。

该研究团队设计的 3C-FIAS 系统创造性地增加了技术与实验视角，但仅从互动分析中的数字仍然无法充分揭示复杂的课堂结构、教师的教学倾向与风格等特征，大量的课堂真相被量化数字所掩盖，因此课堂互动研究还需结合质性数据分析如课堂观察和访谈等来弥补量化分析结果的不足。

2. 基于信息技术的课堂互动分析系统

基于弗兰德斯互动分析系统，也有学者进行了改进，开发了基于信息技术的课堂互动分析系统（Information technology-based interaction analysis system，简称 ITIAS

系统)[1]，该系统增加了能反映学生行为的内容，以及能够反映技术与师生互动的内容，还将提问分为开放性问题和封闭性问题，将应答分为主动应答和被动应答。通过创新与改进，该系统力图更为全面地揭示和反映课堂的互动和师生之间的交互行为(该系统共18个行为类别，详见表8-11)。近年来，基于信息技术的课堂互动研究更多地集中到基于课堂视频的实证研究，既是热点，也是主流方法。

表8-11　基于信息技术的互动分析编码系统[2]

类	别	编码	行　为	解　释
教师言语	间接影响	1	教师接受情感	以一种不具威胁的方式，接纳及澄清学生的态度或情感的语气。
		2	教师鼓励表扬	称赞或鼓励学生。
		3	采纳意见	承认、修饰或重复学生的说法；应用它去解决问题；与其他学生的说法进行比较；总结学生所说。
		4	提问开放性的问题	以教师的想法或意见为基础，就内容或程序等提问，并期待学生的回答。
		5	提问封闭性的问题	
	直接影响	6	讲授	就内容或步骤等提供事实或见解；表达教师自己的观念，提出教师自己的解释；或引述某位权威者(而非学生)的看法。
		7	指示	指挥或命令学生做某件事情，并期望学生服从。
		8	批评	陈述的语句内容为纠正或改变学生的行为，从不可接受的形态转变为可接受的形态；责骂学生；说明教师自己为何采取这种行为；使用极端的自我参照。
学生言语		9	应答(被动反应)	(对编码4的反应)学生为了回应教师所讲的话。教师指定学生回答问题，或是引发学生说话，或是建构对话情境。学生自由表达自己的想法是受到限制的。
		10	应答(主动反应)	学生的回答超出了问题的答案，表达自己的想法；引发新的话题；自由地表达自己的见解和思路，如提出具有思考性的问题，开放性的架构。
		11	主动提问	主动提出问题，自由地表达自己的见解。
		12	与同伴讨论或共同完成任务	讨论、交流看法；表现性任务呈现。

[1]　顾小清，王炜.支持教师专业发展的课堂分析技术新探索[J].中国电化教育，2004，(7)：18—21.
[2]　本表对原文献表中的措辞略有修改。

续 表

类　别	编码	行　为	解　释
沉寂	13	无助于教学的混乱	暂时停顿、短时间的安静或混乱,以致于观察者无法了解师生之间的沟通。
	14	思考问题	学生思考问题。
	15	做练习	学生做课堂练习。
技术（或实验）	16	教师操纵技术(或实验)	教师使用技术等来呈现教学内容,说明观点。
	17	学生操作技术(或实验)	学生使用技术等来呈现教学内容,说明观点;学生课堂做实验。
	18	信息技术作用学生	学生观察视频、媒体演示等。

重要概念

■ 学业质量标准

　　学业质量标准是从学习结果的角度刻画学生学业成就表现的描述和规定,旨在明确核心素养统领下每个阶段的学生应"学到什么程度"。学业质量标准强调整合的学业质量表现,体现了一种整合的、实践取向的学业质量观,是学业水平考试命题的依据,对教学活动具有重要指导作用。

■ 研究性学习

　　研究性学习既是一种问题解决的学习方式,也是通过问题解决方式发展问题解决能力的一种课程形态。研究性学习是一种跨学科的综合实践活动,特别强调开放式问题、真实性情境、渐进式解决和发展性评价等基本要素。

　　研究性学习有四个基本特征:一是重过程,研究性学习重在学习的过程、思维方法的学习和思维水平的提高;二是重应用,研究性学习重在知识技能的应用,而不在于掌握知识的量,学习者面临的问题往往是复杂的、综合性的,需要综合运用多方面的知识才能予以解决;三是重体验,研究性学习不仅重视学习过程中的理性认识,如方法的掌握、能力的提高等,还十分重视感性认识,即学习的体验;四是重全员参与,研究性学习主张全体学生的积极参与和共同参与。

　　研究性学习的基本过程包括四个阶段:一是准备阶段,主要有准备知识背景、选择课题、组织课题小组、设计课题、制定研究方案;二是实施阶段,主要是收集事实资料、整理事实资料、分析处理事实资料、得出结论;三是形成结果阶段,包含确定研究结果的表现形式、结构、撰写研究成果;四是评价总结阶段,包含选定评价形式、实施评价、完善成果和总结经验。

课程文化

课程文化主要有三种理解：一是从课程的含义出发来界定课程文化，认为课程文化即为学生在学校情境中获得的一切经验的过程，是按照一定社会对下一代获得生存能力的要求，对人类文化经选择、整理和提炼而形成的一种课程观念或课程文化形态；二是根据文化的一般性定义，将课程文化界定为课程形态和实践活动中体现的规范、价值、信仰和表意象征符号的复合体；三是基于课程和文化这两个概念内涵的共同本质，认为课程文化是指对人的身心发展具有价值、意义或促进作用的文化资源。

根据文化基本构成的普遍观点，课程文化大体上可分为课程物质文化、课程制度文化和课程精神文化。这是一种广义上的课程文化概念。狭义的课程文化往往指课程精神文化，主要是指特定的学校教育主体（校长、教师和学生）所秉持的治学理念、人才价值取向、科学态度、探究精神、人文素养以及文化意识与能力等。

课堂观察

课堂观察有两种解释：一种认为它是教师通过观察学生获得反馈并提高教学有效性的途径和手段；另一种则将其理解为"听课"或"看别人上课"。课程观察可以从三个角度来理解：（1）从方法论的角度来看，课堂观察有一定的研究目的、工具和程序等，是一种教育科学研究方法。（2）从教学手段的角度来看，教师通过观察学生和反省自身获得教学反馈，是一种提高教学的有效性的手段。（3）从发展途径的角度来看，课堂观察是一项专业活动，旨在谋求学生课堂学习的改善、促进教师专业的发展，而不是为了评价教师。此外，还有研究者认为课堂观察是一种行为系统、研究方法、工作流程和团队合作。

课堂观察一般按照课前准备、课中观察和课后会议三个程序来进行，它的适用范围较广。而由准备、观察和反思三个阶段组成的课堂观察程序则适用于比较规范化的团队观察，在运用时有其局限性。但无论是哪一种课堂观察程序，无外乎都包括课前、课中及课后三个阶段，在各个阶段所完成的主要任务也有所不同。在国际上流行的课堂观察理论和工具，主要有互动过程分析理论，包括将 12 类人际互动行为编码作为课堂观察研究框架等课堂观察量化研究工具；还有互动分类系统理论，包括一套用于记录课堂中师生语言互动状况的编码体系。

课堂研究范式

课堂研究范式是课堂研究的模式、模型和图式，是进行课堂研究的思考方式和研究类型，是富有解释力地探究课堂理论的分析框架。课堂研究范式可以归纳为过程成果范式、中介过程范式和生态文化范式三种类型。

过程成果范式下的课堂研究，致力于寻求教师和学生的哪些特征与理想的学习结果相联系。人们相信一旦找到了能够引起成果的过程，就可以按照这个规律进行有效教学了。

中介过程范式从建构主义和人本主义心理学出发,增加了对教师信念、教学观念和实践的反思,以及对学生认知、情感等方面的研究,重视教师与学生在课堂中的认知过程和意义建构,认为教学的本质是师生之间展开的反思性的、持续性的互动,课堂是由教师和学生在互动中展现出来的主体性与能动性所创造和推动的,认为好的教学需要复杂的、情境化的课堂理论。在研究方法上,更多地采用观察、深度访谈等现场式方法。

生态文化范式不仅向内看课堂,而且向外审视课堂和社会的境脉联系。生态文化范式从社会学、人类学和语言学视角出发,认为课堂教学是一个满载文化、社会意义的场域,课堂与外部的"社会"有着千丝万缕的联系。话语分析是生态文化范式下课堂研究的重要思想工具和方法。

讨论与反思

1. 课程与教学研究的方法和内容怎样匹配?
2. 如何发挥一线教师在课程与教学研究中的作用?
3. 如何看待课程与教学研究方法的发展趋势?

拓展阅读

1. 齐梅. 教育研究方法[M]. 北京:高等教育出版社,2015.
2. 温忠麟. 教育研究方法基础究[M]. 北京:高等出版社,2017.
3. 徐红. 现代教育研究方法[M]. 北京:科学出版社,2018.

前沿热点

随着新一轮基础教育课程改革的整体推进,单一的学科教研已经不能完全适应新课程倡导的核心素养、跨学科实践、整体育人等要求,在此背景下,以跨学段、跨学科为特征的课程变革备受关注。那么,如何理解素养时代的教育研究? 如何运用教育研究促进基础教育课程改革? 这些成为值得思考的议题。

教育研究是推动基础教育课程改革的强大力量[①]

新一轮义务教育课程标准的修订凝聚了一大批专家学者的智慧,从核心素养的凝练、课程目标的确定、课程内容的组织到学业质量标准的制定和三级管理体制

[①] 中华人民共和国教育部. 教育研究是推动基础教育课程改革的强大力量[EB/OL]. (2022-04-21)[2022-07-08]. http://www.moe.gov.cn/fbh/live/2022/54382/zjwz/202204/t20220421_620100.html.

的优化,都集中体现着教育研究的价值和作用,可以说教育研究贯穿在本次课程修订的全过程、各领域和各学科中,有力地支撑了时代新人的培养。一是系统研究十八大以来党和国家对人才培养的政策要求,全面推进习近平新时代中国特色社会主义思想和全国教育大会精神进课程方案、进课程标准,体现明确的战略性和方向性;二是着力开展现状调研和矛盾分析诊断,破解十多年来课程改革实践中的重大现实问题,体现很强的实践性和科学性;三是深入开展历史研究和比较研究,坚持"在继承中创新、在稳定中推进",使课程改革既充分吸收中华优秀传统文化、革命文化和社会主义先进文化的精华,又反映社会进步和科技发展的新成果,体现鲜明的民族性和时代性。

课程方案和课程标准在实施过程中,仍然会面临一系列新情况、新问题、新挑战,教育研究的任务依然艰巨而复杂。例如,如何充分发挥学科的独特育人价值和综合育人价值,使之既要纵向一体化贯通,处理好幼小衔接和初高衔接的问题,又要横向关联,体现学科融合渗透?如何在"双减"背景下体现课程结构体系优化完善,改进育人方式,提高课程实施的实效?如何优化育人环境,形成学校、家庭、社会协同推进课程实施的有效机制?等等。这些问题仍然需要我们不断思考、深入研究。

只有坚持目标导向、问题导向、创新导向,系统思考,整体把握,重点突破,反思总结,不断揭示育人规律,破解实施难题,以扎实研究、深化课程改革,才是应然和可行之道。

一是把准正确育人导向,深入研究学生核心素养的转化机理,深入研究课程教材作为培根铸魂、启智增慧根本载体的内涵实质和基本要义,认真研究领会习近平总书记关于教育的重要论述,准确理解和把握中央关于教育改革的各项要求,充分反映习近平新时代中国特色社会主义思想,全面落实有理想、有本领、有担当的时代新人培养要求。以此为导向,深入研究核心素养的学科特点和要求,学段特点和要求,揭示核心素养由静态知识向动态转化的内在机理,探寻从学科目标内容转化为学生认知和能力的影响因素、培养路径、实践方式,真正实现课程的育人价值。

二是聚焦课堂教学主渠道,创新改进育人方式研究。一方面,要基于核心素养形成与发展的内在要求,研究以"知识本位"教学转向以"核心素养本位"教学的特点规律和方式方法,积极探索启发式、问题式、情境式和探究式等教与学的方式,提出创设合理教学情境,营造良好学习环境的可行性,深度挖掘教学内容,关注课堂中不同学科内容的有机融合,推进课程融合和学科渗透,全面提高教学的综合育人价值。另一方面,要强化实践性、综合性课程的育人研究,依据学生的年龄特点和学科特点,选择恰当的活动主题,合理倡导学生在全身心参与的实践活动中,综合运用所学知识发现、分析和解决问题。

三是跟踪研究课程实施过程,不断总结课程改革经验。实践既是检验课程方案和课程标准的唯一标准，又是催生课程理论的源头活水，必须把调查研究、行动研究贯穿于课程实施的全过程。在生动的课程实践中，运用并发展课程理论思想，发现鲜活的课程实施案例，提炼示范性的课程实施经验，推进"理论与实践""政策与行动"的双向良性互动，形成专家专业化研究为引领、教师实践性教学研究为基础、群众性研究为支撑的共同推进新课程落实落地的研究格局。

第四部分

课程与教学评价

◎ 课程与教学形成性评价

◎ 课程与教学结果性评价

◎ 课程与教学评价改革

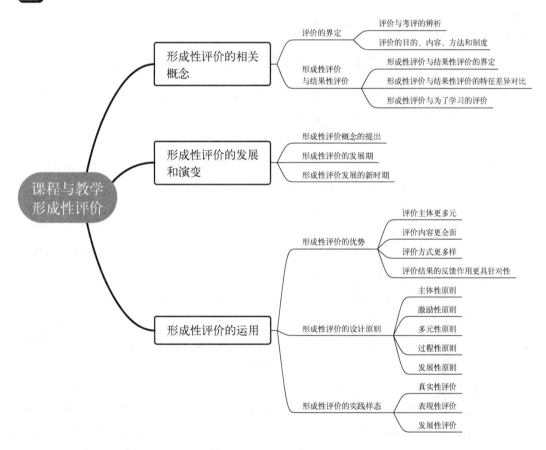

第九章
课程与教学形成性评价

本章内容导引

课程与教学形成性评价

- 形成性评价的相关概念
  - 评价的界定
    - 评价与考评的辨析
    - 评价的目的、内容、方法和制度
  - 形成性评价与结果性评价
    - 形成性评价与结果性评价的界定
    - 形成性评价与结果性评价的特征差异对比
    - 形成性评价与为了学习的评价
- 形成性评价的发展和演变
  - 形成性评价概念的提出
  - 形成性评价的发展期
  - 形成性评价发展的新时期
- 形成性评价的运用
  - 形成性评价的优势
    - 评价主体更多元
    - 评价内容更全面
    - 评价方式更多样
    - 评价结果的反馈作用更具针对性
  - 形成性评价的设计原则
    - 主体性原则
    - 激励性原则
    - 多元性原则
    - 过程性原则
    - 发展性原则
  - 形成性评价的实践样态
    - 真实性评价
    - 表现性评价
    - 发展性评价

引言

　　课程与教学是教师和学生共同参与完成的过程。在传统的学校情境中,以考试结果作为衡量学生学习好坏的单一尺度,容易导致教师为考而教,学生为考而学,一定程度上造成对学生学习过程的忽视。在新一轮的基础教育课程改革中,形成性评价(formative assessment)受到前所未有的重视。形成性评价关注过程,过程上的改进可以促进结果的达成,在这个意义上讲,形成性评价是改善学生学习、促进学生发展的重要手段。此外,形成性评价在教学过程中对学生的学习情况进行评价,能够为教师与学生提供反馈,将在评价中收集到的信息用于调整教学以满足学生需求,从而提高教学质量。因此,在中小学的课程与教学中,形成性评价如果使用得当,能显著改善教学效果,并帮助学生成为自主高效的学习者。

掌握好形成性评价,用好形成性评价,是一名高素质教师必备的重要素养。本章重点是呈现形成性评价的相关概念辨析、形成性评价的发展与演变、形成性评价的运用。主要内容包括:

- 形成性评价的相关概念
- 形成性评价的发展
- 形成性评价的应用

案例

收获满满快乐多多——一年级英语期末形成性评价活动[①]

本学期,一年级的同学们开展了丰富多彩的形成性评价活动。同学们在愉快的氛围中,采用游戏的方式向大家展示了一学期以来的学习成果。此次活动共分为三个部分,从英语学习的不同角度对学生一学期的学习做出综合评定。

【读者剧场】

读者剧场是英文"Reader's Theater"的中文直译,在此活动中,同学们以组为单位,选择一篇课文与同组同学合作上前来朗读课文。在不同角色分工下,学生大声朗读课文,实现从书本走向舞台。

此活动注重的是阅读能力和声情并茂的朗读能力,最大的价值是鼓励各种阅读水平的同学们流利顺畅地、有语气有表情地阅读,并享受这个过程。无论是准备过程还是正式的台上朗读,同学们都体会到英语阅读原来可以如此有趣。通过小组练习,激励同学们锻炼大声朗读的英语口语能力,加深了对课本内容的理解以及加强了口语的流利度;不仅如此,在准备过程中,小组同学间的互相帮助,使得同学们在无形间体会到了团结协作的重要性。通过小组分工合作式的舞台阅读表演,还帮助同学们树立大胆自信、合作分享的品格。

【单词闯关】

在此活动中,同学们四人一组,组长出示单词卡片,让其他三位同学依次说出给出的图片、卡片或与中文卡片相对应的英文。完成之后,再轮换组长,更换单词卡片,进行单词闯关活动,说出单词且准确的同学即为闯关成功。此活动考察了学生对于本学期所学单词的掌握程度,也考察了组长的识词听词能力,一举两得。同学们在此活动中能够认真完成,体会到了成功学习英语的喜悦。同学们非常喜爱这项活动,每位同学都愿意参与、乐

---

① 赵媛.北京市西城区五路通小学.收获满满快乐多多——一年级英语期末形成性评价活动[EB/OL].(2022-07-13)[2022-7-16]. https://mp.weixin.qq.com/s/UTjDXs3Lenz5a3r0cbKHiw.

于参与。

【乐考连连看】

在此活动中,同学们要将给出的单词与对应图片连线。此活动综合考察了学生对本学期第四和第八模块中相关的身体部位与服装的词汇的掌握程度,起到查漏补缺的作用。活动过程中,同学们答题认真,连线工整。活动后,一年级的英语教师及时批阅、讲评,做到问题单词及时解决,及时清零,为新学期的学习打好基础。

同学们在快乐中将本学期的所学内容再一次进行了巩固,英语水平取得了非常大的进步,并享受着成功带来的喜悦,体验着学习英语带来的快乐。

🗨 **案例评析:** 在小学一年级的英语课程学习中,本案例通过灵活和巧妙的设计,运用形成性评价,以读者剧场、单词闯关、乐考连连看等学习活动来综合、多元、全面地评价学生的学习成果。一方面丰富了学生的学习体验,将英语的学习从传统的听说读写转向融入真实情境的学习活动,有效调动学生的学习积极性、参与度、满意度。另一方面,运用形成性评价,使得对于学生的学习结果考量,有了更多的关注点,引导学生展现对学习的热爱、发现自身的问题、找到解决方法等。总之,教师创造性地将形成性评价与学生的日常学习结合起来,借助精细化的设计激发学生亲身参与,能够让学习超越简单的知识记忆,达到知情意的全面发展。

第一节　形成性评价的相关概念

在课程与教学评价话语中,形成性评价是对于学生学习过程进行的有效的衡量和反馈,是应用最为广泛的日常评价方式。为了用好形成性评价,需要对形成性评价的相关概念进行辨析和澄清,从而更好地理解形成性评价的理念、价值取向和实质,以期为深化形成性评价理论研究以及有效指导实践服务。

一、评价的界定

■（一）评价和考评的辨析

形成性评价是评价的一种样态。探讨形成性评价的概念演变,首先需要探讨评价(evaluate)和考评(assess)两个术语的含义。在英语中,evaluate 和 assess 经常被视为含义相近的两个术语,有时作为同义词相互交替使用。事实上,这两者是有区别的,随着评价概念的演变,人们越来越倾向于有区别地使用这两个术语。

1. 评价与考评的内涵

根据新版牛津英语字典,评价(evaluate)的含义是"form an idea of the amount, number, or value of",即"得出关于……的数或量或价值的认识"。考评(assess)的含义

是"evaluate or estimate the nature, ability, or quality of",即"对……的性质、能力和质量做出评定或估计"。然而在我国,长期以来并没有对这两个术语进行有效的区分,造成了一定程度上的概念混乱。

由含义的界定,我们能够发现:评价是评定学生学习及发展的质与量的全过程。要想使得这一过程取得最佳效果,还需考虑以下原则。

(1) 首先要明确界定评价目标。有效的评价不仅取决于所用评价方法的技术含量,也取决于对所要评价的内容的仔细描述,这两个方面同等重要。明确的评价目标能够有效提升评价的效果。因此,在选择或形成评价方法之前应当具体说明测量目标的特性。例如,在对学生的学业进行评价时,应在选择评价方法前明确界定预期的学习目标。

(2) 评价方法的选取应依其是否适用于所测量的特性或表现而定。在选择评价方法时,我们经常得考虑客观性、精确性及便利性这几个因素。尽管这些因素很重要,但相比这一主要标准来说仍是次要的;评价方法的选择要把握好适用性原则,即考虑这种方法能否有效测得想要考查的学习或发展目标。

(3) 综合评价需要使用多种方法。对于学校的教学体系中强调的所有的学习及发展目标而言,还没有哪一种工具或方法能够独挑起评价的重任。选择和简答测验适合考察知识、理解和应用,而论述测验和其他写作任务适合评价学生组织和表达观点的能力。一些需要学生提出问题、从图书馆查找资料或收集数据(如通过访谈或实验室观察)的任务,适合测量学生提出并解决问题的特定技能。观察技术适合评价学生的操作能力及表现的诸多方面,而自我报告技术适用于评价兴趣和态度。因此,要想完整地描述学生的学习及其发展情况,就需要使用多种不同的评价方法。

(4) 要充分认识各种评价方法自身的局限性。从十分完善的测量工具(如标准化的态度和成就测验)到非常粗糙的评价手段(如观察和自我报告技术),目前的评价方法良莠不齐。而且,即便是采用现在最好的教育和心理测量工具,其结果也易受多种测量误差的影响。

2. 评价与考评的区别

评价和考评尽管有一定的共性,但更重要的是要理解和把握好二者之间的差异。这两个术语主要有四点区别:首先,在教育领域中,与评价有关的主要是教育过程中各类的事物或事件,比如课程、项目、干预因素、教学方法和组织方式等。所谓对学生的评价(student evaluation)指的是抽离了人的、对学生的行为表现结果的评价。而考评这个词的使用对象是人。其次,就学生的学习来讲,评价是对学生的作品或表现做出价值判断的过程。而考评是为了做出有关教学决策而收集和反馈信息的过程。我们并不需要对学生所有的行为表现做出价值判断,需要加以关注的是当下的行为表现对后来的影响,以及如何使这一影响朝着有利于学生的学习的方向发展。第三,评价更多与认证相关,而考评更为关注学习;前者具有总结性的性质,关注结果;后者具有形成性的性质,更关注过程。第四,最重要的,评价侧重的是数、量和价值;考评侧重的是性质、能力和质量。[①]

---

① 冯翠典,高凌飚. 从"形成性评价"到"为了学习的考评"[J]. 教育学报,2010(04):49—54.

■ （二）评价的目的、内容、方法和制度

在中小学开展课程与教学评价，需要理清评价的目的、内容、方法和制度。把握好这些关键的维度，有助于在中小学课程与评价实践中明确方向、形成抓手。

■ 评价目的

我国中小学在应试教育的背景下，缺乏课程的概念，当然也没有课程评价的概念。中小学历来重视的是学生"学业成绩"的评价，社会舆论也是几乎以"升学率"作为唯一的指标来评价学校的。[①] 可以说，"唯分数"评价是当前教育改革亟待破除的一个顽瘴痼疾。

进入素养时代，课程与教学评价的目的在于落实立德树人，促进学生的全面发展。中共中央、国务院印发的《深化新时代教育评价改革总体方案》（以下简称《总体方案》）是我国历史上内容最完整的教育评价政策，其中儿童全面发展和学生学业发展的评价观是《总体方案》的核心，在"改革学生评价"部分明确指出，要"促进德智体美劳全面发展"。[②]

■ 评价内容

课程与教学评价在考试的甄别、选拔功能之外，开始关注评价的激励和促进学生发展的功能；采取多种评价方式与手段，既有定量评价，也有质性评价，既有传统的纸笔测试，也有观察、访谈、成长档案袋等评价方式；纸笔测试也不再是单纯地考查对书本知识的记忆，而是引导学生运用所学知识分析和解决现实问题[③]。课程标准是评价的重要依据，《义务教育课程方案（2022年版）》指出本次修订在各科课程标准里研制了学业质量标准，不仅回答了"学什么""怎么学"的问题，而且进一步回答了"学得怎样"的问题。结合课程内容，通过整体刻画不同学段学生学业成就的核心素养发展水平及其具体表现特征，形成学业质量标准，能让教师很好地了解学生完成阶段性学习后的结果表现。

从评价的内容而言，素养本位学业质量所指向的学习结果具有超越既有考试和评价范畴的现实价值。它指向学生在现实世界中精神、心理和生理上的健康发展，而不仅仅局限于习得学科知识和技能。[④] 素养本位的学习结果不是一系列孤立、零碎的学科知识或技能，而是一个整合的、有机的整体，是学生在应对各种复杂陌生情境时表现出来的人格品质与心智灵活性。

■ 评价方式方法

受国际教育思潮的影响，更多的评价思想、评价手段传入我国，包括质性评价、发展性评价等。在此基础上我们的课程与教学评价从单一走向多元，更加明确了评价的真正目

　　① 钟启泉.走向人性化的课程评价[J].全球教育展望，2010，39(01)：8—14＋20.
　　② 朱旭东，刘丽莎，李秀云.儿童全面发展和综合素质、核心素养、学业发展之辨——兼论儿童全面发展和学生学业发展的双重评价[J].国家教育行政学院学报，2022(02)：25—40.
　　③ 石芳，王世光.义务教育道德与法治课程标准解读[J].全球教育展望，2022，51(06)：3—13.
　　④ 杨向东.树立素养本位的学业质量观[J].全球教育展望，2022，51(04)：18—19.

的不能局限于价值判断,而是需要评价来不断提高改善教育教学质量和效果。为此我们国家实行内部评价与结果评价相结合的办法,通过课程内容、课程实施方式、组织形式来看课程本身的价值,通过对课程计划内部的评价来检验课程计划是否有效。除此之外,还要从不同角度对课程实施的结果进行分析研究,将二者有机结合,找到问题,积极调整。形成性评价与结果性评价相结合也是评价的方式走向综合化的表现,在课程进行中对每一个环节进行评判,以保证在第一时间发现问题并按照实际需要适时地调整,具有针对性与时效性。而想要从宏观上对课程进行把握就需要开展总结性评价,以便从整体上对课程有较为全面的认识。

■ 评价制度

　　如果要理解课程与教学评价制度,首要的问题就要理解何为制度。制度,通常被视为要求成员共同遵守的规章或准则。用社会科学的角度来理解,制度泛指以规则或运作模式,规范个体行动的一种社会结构。课程与教学评价制度,应当以新的思想和理念为指导,通过调整和变革已有的评价规则,制定出新的评价规范,平衡利益相关者的关系,更大化地实现人和课程发展的价值目的。[①] 课程与教学评价制度,可以看作是校长、教师、学生、家长等共同参与,按照一定的课程与教学标准和要求,所进行的评价活动,从而规范和提升课程教学活动的基本结构。评价在实施过程中,必须考虑由谁评价、谁被评价、评价对谁有影响。

　　1. 外部评价

　　外部评价从广义的角度而言,是相对于被评价对象的内部而言的外部。比如说学校的外部评价,即是相对于学校内部而言的"外部",其评价主体包含学校设置者、当事者(如学生及其监护人和地区居民等)和第三方机构。外部评价可以归纳为两类:一是评价的承包者、实施评价的人员、评价结果的客户都在评价单位之外(比如说,学校外部主动发起的对学校的评价);二是被评价单位发起评价并将其委托给外部的评价者(比如学校请外面的专家或第三方机构评估自己)。

　　2. 内部(自我)评价

　　所谓内部评价是指参与者主体进行的自我评价,如学习者主体对自身的自我认识和评价,教学者主体对自我的教学工作的评价等。作为一种内部评价,教师的自我评价过程实质上就是教师对课程和教学的一个反思过程。

　　在中小学,内部评价主要是为管理的要求而设计的,由项目人员来进行,其目的主要是在于给管理人员提供经常性的反馈意见,以便采取纠正措施。学校内部评价的执行者可以是一个教师,一组教师,学校专业人员之外的其他成员,校长或其他的学校管理人员,或者是由学校指定的作为学校评价者的特殊人员。从哲学层面讲,自我评价活动就是主体对处于客体地位的主体的评价活动,自我评价活动的过程就是"主体从自身需要出发来看待作为客体的主体属性的过程,也就是主体把经过选择的主体需要与作为客体属性之

---

　　① 徐彬,刘志军,肖磊.论课程评价制度创新的阻力及其化解[J].课程·教材·教法,2021(01):4—9+28.

间所形成的价值关系反映到主体意识中来的过程"。① 在课程与教学的角度,自我评价最常见的是三类:学校自我评价、教师自我评价、学生自我评价。

（1）学校自我评价

学校自我评价是一种学校内部评价,由组织内实施项目或提供核心服务的专业人员（即教师和校长）对自己的组织（即学校）实施的评价。② 学校自我评价的定位在于指向自我发展的评价,意味着将评价视为一种动态的过程,并且和日常的教学、管理相互结合。学校自我评价亦称学校内部评价,是指学校基于自身发展需要,以发展性评价理念为指导,在学校内部建立起来的学校各个评价主体共同遵守的规程和准则。其结构系统包括:规章系统、操作系统、组织管理系统和质量管理系统。在实施过程中,中小学校需要建立自我评价的组织实施程序,制定相关的制度,如评价前的培训、实施中的监控、结果反馈、报告反馈、学校改进等。

（2）教师自我评价

教师的反思能力,在很大程度上也表现为一种自我评价能力。它们通过"内隐的思维活动和外显的探究行为"、根据外部"参照",促进教师对自己行为的意识和思考,并辅之以教师的良好意志力,贯穿于教师专业成长过程始终,是促进教师专业发展的不可分割的重要方式。③

（3）学生自我评价

一般情况下,学生自我评价是以一种不自觉的和未被系统化的形式进行的,是一种未被教师设计的非正式的自我评价活动。但最近出现了将自我评价重新引入具体的、详细的课堂教学中的方法和运动。④ 在操作层面,学生需要依据一定的评价标准,如预先制定的学习目标和要求,对自己的学习作出分析和判断,并对自身的学习进行自我调节的活动,这种自我评价并不是随意的、主观的评价。

二、形成性评价与结果性评价

形成性评价与结果性评价,是教育场域中的重要的评价手段。二者在衡量学生的学习时,具有各自的优势与不足。在真实的教学情境中,二者并不是相互排斥的,而应当相互配合,共同发挥评价促进学生发展的作用。

■（一）形成性评价与结果性评价的界定

在对形成性评价（formative assessment）和结果性评价（summative assessment,也译作终结性评价）这两种评价活动分别进行浓墨重彩的介绍之前,有必要先对这两个概念进

---

① 陈新汉. 自我评价活动和自我意识的自觉[J]. 上海大学学报,2006(5):85—91.

② 雅普·希尔伦斯,塞斯·格拉斯,萨利·M. 课程与教学的评价与监测:一种系统的方法[M]. 边玉芳,王烨晖,译. 北京:教育科学出版社:329.

③ 方勤华. 教师自我评价策略:促进专业发展的角度[J]. 西北师大学报（社会科学版）,2009(02):99—103.

④ Yu&Wang, T. *The Use of Self-Assessment to Facilitate Self-Directed Learning in Mathematics by Hong Kong Secondary School Students*[D]. Durham:Durham University, 2013.

行清晰的界定。

所谓形成性评价,是指其结果能够指导以后的教学和学习的评价。形成性评价可以通过观察来确定一个学生应用知识和技能的能力如何①。从这里我们可以发现,首先,形成性评价可以是一节课一结束就接踵而至的评价,形成性评价不仅可以帮助学生巩固强化已经知道的知识,而且有助于学生辨别出还不清楚的知识点。其次,形成性评价可以改善学生的注意方式、记笔记的方式、提问方式和解决实际问题的方式。第三,形成性评价可以是结对进行的,也可以是以小组形式开展的。比如说,要求同一小组的成员向所有组员解释某个问题。在一张纸上可以写四个问题,要求小组中的每个学生用三分钟时间向其他学生解释清楚其中的一个问题及其解决方法。接下来,由下一个"教师"对下一个问题进行解释。教师通过简短的小组反馈汇报会议,就可以了解哪个知识点学生已经掌握了,哪个概念还需要做进一步的解释。新西兰怀卡托大学的科学教育专家柯尼和贝尔把形成性评价界定为"在学习过程中教师与学生识别学生的学习并对其做出反应,从而提高学习质量的过程"。②

从概念上讲,结果性评价指的是在每个单元或每节课后为判断学生在该单元/该节课中所学到的知识和所掌握的技能而进行的评价。结果性评价涉及最后的结果,而形成性评价则涉及在整个学习过程中的学习结果③。从这个定义中,我们不难发现,结果性评价,主要是用于给学生的表现打分,或证明学生对预期的学习目标的掌握情况。结果性评价所使用的方法是由教学目标决定的,它们通常包括教师编制的成就测验、对各种行为表现的评定(如实验、口头报告),以及对作品的评价(如作文、绘画、研究报告)④。这些关于学生成就的各种信息资源可系统地收集到成长记录袋中,以总结或展示学生的成绩和进步。虽然结果性评价的主要目的是评分,或证明学生的成就,但它也为判断课程目标是否恰当、教学是否有效提供了信息依据。

■ (二)形成性评价与结果性评价的对比

麦克米伦总结了两种评价方式的10种特征差异(见表9-1)。总体上看,形成性评价侧重即时性、参与式、灵活度高的非正式反馈;结果性评价以记录学生成绩为导向,侧重固定、非参与式、结构化的正式考试,能够对阶段性的教学效果进行记录⑤。

齐泽克等进一步提出了两者的区分标准,认为满足两条标准即可以称之为结果性评价⑥:(1)在一定教学阶段之后进行,例如在一单元、学期、学年结束之后进行;(2)其目的

① Ellen Webber. 怎样评价学生才有效——促进学习的多元化评价策略[M]. 陶志琼,译. 北京:中国轻工业出版社,2016:38

② Cownie B, Bell B. A model of formative assessment in science education[J]. *Assessment in Education Principles Policy & Practice*, 1999, 6(01):101—116.

③ Ellen Webber. 怎样评价学生才有效——促进学习的多元化评价策略[M]. 陶志琼,译. 北京:中国轻工业出版社,2016:42.

④ Robert L. Linn, Norman E. Gronlund. 教学中的测验与评价[M]. 国家基础教育课程改革"促进教师发展与学生成长的评价研究"项目组,译. 北京:中国轻工业出版社,2003:34.

⑤ McMillan, J H. *Formative classroom assessment: the key to improving student achievement*[M]//McMillan J H. Formative classroom assessment: theory into practice. New York: Teachers College Press, 2007.

⑥ Andrade H, Cizek G J. *An introduction to formative assessment: History, characteristics, and challenges*[M]//Torrance. Handbook of formative assessment. London: Routledge, 2013.

主要是收集学生和项目的绩效。因此,结果性评价的主要目标是掌握现有成绩,以便用于决策制定、打分、奖惩或者颁发证书、将被评价者划归到良(好、优)等级当中。与此相对,形成性评价则更加注重对个体的诊断,提供有价值的反馈意见,具体要满足两条标准:(1)在教学或者一定教学阶段当中;(2)主要目的是判断学生的强弱项,为教师接下来的教学提供前瞻性指导,帮助学生调节学习过程、提高学生自评与自主学习能力。

表9-1 形成性评价与结果性评价的对比①

特 征	形 成 性 评 价	结 果 性 评 价
目的	提供即时反馈促进学习	在阶段性学习之后记录学生学习
时间	在教学之中	在教学之后
学生参与	参与	不参与
学生动机	内在动机	外部动机
教师角色	提供及时、针对性反馈	测量学生学习结果并打分
认知水平倾向	深层的理解、应用、推理	知识与理解力
个性化水平	高度个体化	普通化和群体化
结构	灵活、适应性	结构、高度结构化
评价工具	非正式	正式
对学习的影响	强、积极、持续	弱、短暂

■ **(三)形成性评价与为了学习的评价**

一般意义上,为了学习的评价(assessment for learning,简称 AfL)和对学习的评价(assessment of learning,简称 AoL)是形成性评价与结果性评价的另类说法。为了学习的评价和形成性评价,既有密切联系又有显著区别。国内有学者认为,为了学习的评价是形成性评价的进阶。实际上,国外对两者关系存在争论,主要呈现三种观点:(1)为了学习的评价和形成性评价可以互换,持此观点的学者占多数;(2)为了学习的评价是形成性评价的发展,英国学者布洛德福特和美国学者斯蒂金斯是此观点的代表人物,是"为了学习的评价"的倡导者②;(3)为了学习的评价与形成性评价是两个概念,侧重点不同。

从发展脉络上看,1992年4月,"为了学习的评价"作为术语首次被使用在詹姆斯提交给国际督导与课程开发协会(ASCD)的会议论文中。自此以后,为了学习的评价虽然

---

① 王烁,宗序连.形成性评价的理论内涵与实践反思[J].教学与管理,2020(15):1—4.
② Stiggins R. From formative assessment to assessment for learning: a path to success in standards-based schools[J]. *Phi Delta Kappan*, 2005, 87(04):324—328.

也被其他学者用作书名,但没有引起反响。直到 1999 年,布洛德福特借用"为了学习的评价"这个术语,来批判形成性评价的概念。布洛德福特认为,形成性评价的含义太广泛,易产生不同理解,因此,为了更精确、更便于理解,建议使用"为了学习的评价"来替代形成性评价的概念。布洛德福特对为了学习的评价进行了如下定义:为了学习的评价是寻求和解释学习证据的过程,供学习者和教师判断学习者在学习中的位置,他们学习的目标是什么,以及如何达到目标[①]。布洛德福特指出,能否通过评价改善学习取决于五个关键因素:(1) 向学生提供有效反馈;(2) 学生积极参与学习中;(3) 根据评价结果调整教学;(4) 认识到评价对学生的动机和自尊有深刻影响;(5) 学生能够评价自己,了解如何改进。[②] 尽管布洛德福特的建议得到英国评价改革小组(Assessment Reform Group)的采纳,可是本内特和布莱克等人并不认为为了学习的评价与形成性评价之间存在替代和发展关系[③]。因为对形成性评价和结果性评价的替换存在诸多问题和隐患,形成性评价除了促进学习的作用以外,也能帮助教师对学生成绩进行非正式判断,结果性评价对学习也有促进作用。由此可见,从形成性评价到为了学习的评价既有共性,又有发展,我们需要理解和把握这种术语变化的过程,深刻理解课程与教学的评价从关注课程开发的效果,到深化拓展至关注学生的学习质量的变革。

第二节 形成性评价的发展和演变

只有在正本清源的基础上理解和把握形成性评价的发展脉络,才能让教育者准确理解形成性评价的概念内涵,把握并在实践中切实贯彻形成性评价的理念精髓。从形成性评价的实践来看,古今中外都有悠久的历史。但就独立形态的形成性评价理论而言,西方教育学者有着相对系统性、延续性的研究。

一、形成性评价概念的提出

关于形成性评价思想的萌芽,可以追溯到泰勒的课程评价思想。在 20 世纪 40 年代,泰勒就提出在教学中教师要根据从学生那里看到的微妙提示,不断进行现场评价,这些评价能够影响教师对正式评价结果的说明[④]。泰勒的评价原理中已经孕育了关注教学进程中的评价的思想萌芽。但很不幸的是,由于他自己及后来使用他著作的人们过度强调其

---

① Broadfoot P M, Daugherty R, Gardner J, et al. Assessment for learning: 10 principles[J]. *Cambridge: University of Cambridge School of Education*, 2002.

② Broadfoot P M, Daugherty R, Gardner J, et al. *Assessment for learning: Beyond the black box*[M]. Cambridge: University of Cambridge School of Education, 1999.

③ Black P, Harrison C, Lee C, et al. Working inside the black box: Assessment for learning in the classroom [J]. *Phi delta kappan*, 2004, 86(01): 8—21.

④ B. S. 布卢姆,等. 教育评价[M]. 邱渊,等,译. 上海: 华东师范大学出版社,1987: 34.

评价的总结性,忽视了评价的形成性(改进课程与教学)思想的一面。

面对自 20 世纪 50 年代以来美国政府投资大量资金开发教学材料,却没有达到应有效果的不争事实,60 年代中期克龙巴赫开始关注评价的形成性功能,他认为评价的形成性功能是项目的实施者和委托人在项目实施中提供的建设性的反馈[1]。斯克利文在其 1967 年所著的《评价方法论》中提出"形成性评价",指出其是通过诊断教育方案或计划、教育过程与教育活动中存在的问题,为正在进行的教育活动提供反馈信息,以提高实践中正在进行的教育活动质量的评价。形成性评价不以区分评价对象的优良程度为目的,不重视对被评价对象进行分等鉴定[2]。形成性评价针对的是课程开发过程,而总结性评价针对的是课程开发的整体效果。

1968 年,布鲁姆借用了斯克利文形成性评价的概念,将其用在新创立的掌握学习理论中。他的掌握学习理论将形成性评价作为理论支柱,将其具体实施程序描述为把一门课分成若干学习单元,再把每一单元分解成若干要素,使学习的各种要素形成一个学习任务的层次,确定相应的教育目标系统;在每一单元教学结束时,都要安排一次形成性测验(有时又称为诊断性测验,通常都是纸笔测试)。形成性测验的结果反馈给教师和学生,以为那些还没有掌握教学目标的学生确定恰当的矫正性措施。这些矫正方式有不同的形式,如额外的练习、各种不同的教学材料、小组讨论、个别化的教学、基于电脑的任务等,但在所有这些情况下,目标依然是矫正形成性评价检测出的学习上的困难[3]。在 1969 年,布鲁姆更明确指出,形成性评价的目的是在教与学过程中的每个阶段提供反馈和矫正,而总结性评价目的是判断学习者在课程或项目的结束所获得结果的评价[4]。不难发现,布鲁姆已经将形成性评价纳入到教与学过程中,强调形成性评价是教学和学习过程中的一部分,其目的不是要对学生进行分等或评定成绩,而是要了解学生是否已掌握所学内容,对学生学习过程进行诊断,帮助学生解决疑难问题。

从克龙巴赫到斯克利文再到布鲁姆,形成性评价实现了第一次飞跃。具体而言,将评价的对象从关注课程或教学材料转向关注学生,评价的目的从强调改进和完善课程或教学方案转向提高学习成效。值得注意的是,这种将形成性评价纳入到教与学过程中的做法,强调形成性评价是教学和学习过程中的一部分,有助于我们在当下更好地理解教学评—致性的问题。

二、形成性评价的发展期

伴随着教育理念的革新、人本主义思潮的影响,以学生为中心,充分发挥学生的主体地位,考虑每个学生的个性,调动全体学生的积极性,帮助学生有效调控自己的学习过程

① Alkin M. *Evaluation roots: tracing theorists' views and influences*[M]. Los Angeles: Sage Publications, 2004: 176.
② 瞿葆奎. 教育评价[M]. 北京: 人民教育出版社, 1989: 185.
③ Allal L, Lopez L. Formative assessment of learning: a review of pulications in French[C]. Paris: OECD Publishing, 2005: 241—264.
④ Bennett R. Formative assessment: A critical review[J]. *Assessment in Education: Principles, Policy & Practice*, 2011, 18(1): 5—25.

开始成为课程与教学领域的重要议题。20 世纪 80 年代末期,形成性评价在一些研究者的推动下获得了进一步的发展。1987 年,纳特洛基于文献综述提出了包括八个阶段的课堂评价模式:(1) 制定评价学生的目标;(2) 给学生布置任务;(3) 为学生表现制定标准;(4) 为学生标准制定指标;(5) 根据学生表现收集筛选信息;(6) 评价学生表现;(7) 给学生提供反馈;(8) 监控学生评价的结果。[①] 他的研究已经影响和预示着我们今后的教学应该更多地朝向课堂情境下的形成性评价。从理论层面,为形成性评价与真实的课堂情境挂钩、服务学生的学习做出了有效的回应和探索。

课堂评价如何影响学生的学习,成为当时教育研究者聚焦的关键议题。1988 年,克鲁克斯调查了课堂评价对学生动机、成就和学习策略的影响。从研究的视域而言,克鲁克斯的研究既关注了测验等正式的课堂评价,也包括了口头提问等非正式的课堂评价。从研究的主要发现而言,揭示出在学生评价中,评价的总结性功能占据绝对地位,应给予课堂评价更多的关注以支持学习[②]。特别令人深思的是,课堂评价应强调那些被认为是最重要的知识、技能和态度,而非仅仅局限在那些容易评价的内容上[③]。此外,提醒并帮助人们认识到,强调课堂评价对学生可能产生多方面的影响,教师应对课堂评价进行精心的设计,通过评价增加学生的自主感和对学习的掌控能力。

1989 年,萨德勒对形成性评价的研究在历史上具有划时代的意义,为以后形成性评价的研究奠定了理论基石。萨德勒最初提出的形成性评价的框架,为后续研究者的拓展和深化提供了支持。比如,评价专家斯蒂金斯和威廉都是以他提出的三个问题:将要去哪里、现在在哪里、如何到达那里等为基本框架来探究课堂评价促进学习的实现路径。萨德勒的研究何以具有如此重大的意义呢? 在他最具有贡献的论文《形成性评价和教学系统的设计》(*Formative Assessment and the Design of Instructional Systems*)一文中,萨德勒不仅突出强调了反馈在形成性评价中的必要性,而且对反馈进行再概念化,作出与布鲁姆不同的解释[④]。在萨德勒的形成性评价的基本模式中,反馈被视为支持和促进学习的决定性因素,从系统论的视角将反馈概念化为能够以某种方式缩小当前实际水平和目标水平之间差距的信息,并将形成性评价视为缩小学习者当前学习水平和预定目标之间差距的反馈循环(feedback loop)。同时,萨德勒进一步明确地指出,信息本身并不能称之为反馈,只有当信息被积极地用于缩小差距时才能成为真正意义上的反馈,从而与布鲁姆提出的反馈区分开来。在布鲁姆的形成性评价中,反馈仅仅被视为提供的信息,并且这种信息与其对教学的影响是截然分开的。然而在萨德勒的形成性评价中,反馈的概念不仅仅是指信息,还包括信息的使用,他将提供信息和利用信息合二为一。其次,在布鲁姆的形成性评价中,教师是反馈的主体,在形成性评价中起着绝对的主导作用,学生只是接受反馈信息的客

① Natriello G. The impact of evaluation on students[J]. *Educational Psychologist*,1987,22(2):155—175.

② Crooks T. The Impact of classroom evaluation practices on students[J]. *Review of education research*,1988,58(4):438—481.

③ Black P,Wiliam D. In praise of educational resarch:formative assessment[J]. *British Educational Research Journal*,2003,29(5):623—637.

④ Sadler D R. Formative assessment and the design of instructional systems[J]. *Instructional science*,1989,18(2):119—144.

体,他们在反馈中的主体地位并没有被凸显和重视。然而在萨德勒的形成性评价中,虽然教师在反馈中的地位并没有被削弱,但他更强调了学生自身在反馈中的主体地位,重视学生对学习的自我监察、自我控制和自我调节,并将其作为独立并相互补充的反馈过程。在他看来,只有充分发展学生的自我监控能力,让他们能够形成一整套操作性策略以管理自己的学习,才可能最终培养他们成为一名自我维持的终身学习者。可见,萨德勒的基本观点已远非将形成性评价视为一种具体的教学工具,而是将其概念化为以反馈循环为核心思想的一种实践和过程,在这个反馈圈中教师和学生通过共同使用信息、缩小差距来深化学习。

80 年代末期,形成性评价在以纳特洛、克鲁克斯、萨德勒为代表的研究者们的贡献下发生了第二次飞跃。将形成性评价应用的场域,从发生在某一段的教与学之后转向教与学的过程中。在此次转向中,形成性评价的内容首先被扩展,变得更加丰富,不仅仅包括了布鲁姆最初提出的形成性测验,还包括了课堂提问、课堂观察、小组交流及全班讨论等多种方式。其次,反馈在形成性评价中的作用被重新认识和概念化,成为促进学习的有力工具。最后,形成性评价的权力由教师控制转向师生共享,开始倡导学生在评价中的权力,让学生参与课堂评价,发展学生自我监控、自我主导学习的能力,这些方面都体现着评价为后续学习、终身学习提供服务的理念。形成性评价从教与学的某个时段到教与学的全过程,这种转向也折射出学习理论对评价的影响,评价由行为主义范式转向认知学习理论范式,开始关注学习者元认知的监控和调节。但在此需要指出,这种转变后的对学习的考察依然只是关注知识的习得层面,并没有认识到学习的建构性、交往性及情境性等特点,故学生的主体性地位还没有被足够地重视和充分地彰显。

三、形成性评价发展的新时期

虽然萨德勒在形成性评价方面作出了划时代的贡献,但在当时人们并没有发现其真正的价值。在学校教育的日常实践中,教师采用形成性评价来改进学习的现象并不多见,形成性评价没有真正成为研究者和教师习以为常的工作方式。直到 1998 年,布莱克和威廉的一系列研究才让形成性评价成为振奋人心的一项评价举措,并在实践中开始大放异彩。形成性评价在他们及其领导的评价改革小组的发展下有了崭新的名称——促进学习的评价,这个概念更为清楚地描述了这样一类评价的目的,即利用课堂评价得到的学习证据来改进学生的学习。其研究的大致过程如下。

20 世纪 90 年代左右,英国在"市场理论"的影响下,优胜劣汰成为主导社会的核心价值理念。这种理念渗透到教育评价中,使教师将总结性评价放在评价实践中的首位,形成性评价成为一种点缀。这种结果导致学生评价领域问题丛生,如评价过于强调分等和选拔,致使低成就的学习者丧失了学习动机;评价经常被用于管理而牺牲了其学习功能。为了改变这种现实,亟需寻找促进学习的评价方式。为此,1998 年,英国教育研究会(British Educational Research Association)评价小组,委派布莱克和威廉围绕以下三个问题对英国当前中小学的形成性评价现状展开研究:是否有证据表明形成性评价能提高成就标准? 是否有证据表明形成性评价有较大的改进空间? 是否有证据表明我们能有效促进形成性评价的发展？研究结果表明,课堂中的形成性评价能够提高学业水平,尤其能提高低成就者的学习动机和成就水平①。随后,布莱克和威廉及其同事通过对英国 20 所综合学校的合作研究,证明了形成性评价对学业成就的收益。形成性评价对教学和学习是敏感的,有效地利用形成性评价能够提高学生的成就标准。基于这些坚实的理论和实践研究,他们总结出了促进学习的评价所具备的特征：贯穿在教与学的过程中;和学生共享目标;致力于帮助学生了解和接受要达到的标准;涉及学生自我评价;提供给学生反馈以帮助他们发现学习的下一步;相信学生能够成功;师生共同评价和反思评价信息等。布莱克和威廉的具有里程碑意义的一系列研究的推动,不仅扭转了英国在 20 世纪 90 年代过度强调外部总结性评价的倾向,使形成性评价的地位重新被恢复,成为关注的核心,也在国际上掀起了一场促进学习的评价的改革热潮。

斯蒂金斯在美国促进学习的评价研究与布莱克和威廉等在英国的研究遥相呼应,有许多共同之处,如强调共享学习目标与成功的标准、有效反馈及学生参与评价的重要性。不同的是,他将学生参与课堂评价抬高到一个十分重要的位置,将学生从评价信息的生产者的定位中解放出来,成为与教师一样共享评价信息使用权的消费者。这突出表现了他以学生为中心,关注学生在促进学习的评价中占据主导地位的思想。

表 9-2　形成性评价的三次飞跃

形成性评价的飞跃	代表性人物	变　革　点
第一次飞跃	克龙巴赫、斯克利文、布鲁姆	将评价的对象从关注课程或教学材料转向关注学生,评价的目的从强调改进和完善课程或教学方案转向提高学习成效。
第二次飞跃	纳特洛、克鲁克斯、萨德勒	将形成性评价应用的场域,从发生在某一段的教与学之后转向于教与学的过程中。反馈在形成性评价中的作用被重新认识和概念化
第三次飞跃	布莱克和威廉、斯蒂金斯	评价、教学和学习呈现一致性,完全成为一个有机的整体,评价既是教学,又是学习。

21 世纪起,形成性评价更加注重学生自评与互评。美国州首席中小学教育官员理事会(Council for Chief State School Officers,简称 CCSSO)旗下的形成性评价的研究部门 FAST(Formative Assessment for Students and Teachers,简称 FAST)基于文献对形成性评价进行界定：形成性评价是教师和学生在教学过程中使用的,能提供反馈以调整正在进行的教学和学习的,提高教学预期成果的过程。2018 年,FAST 公布《修订形成性评价概念》(*Revising the Definition of Formative Assessment*)这一报告,改进了 2006 年的概念,即形成性评价是所有学生和教师在学习与教学过程中使用的有计划性的持续过程,

---

① Black P, Wiliam D, Inside the black box: raising standards through classroom assessment[J]. *Phi Delta Kappan*, 1998, 80(2): 139—148.

用于引出和使用学生学习的证据,以增加学生对预期学科学习成果的理解,支持学生成为自主学习者的评价。FAST认为有效的形成性评价需学生和教师融入有合作氛围与有序的课堂环境中:(1)要阐明学习目标和标准;(2)能激发学生思考,获取学生学习的证据;(3)鼓励学生进行自我评价和同伴反馈;(4)提供有实践指导意义的反馈;(5)使用学生学习的证据和反馈调整学习策略、目标和接下来的教学步骤,促进学习过程。[①]

形成性评价在本阶段发生了第三次飞跃:评价、教学和学习呈现一致性,完全成为一个有机的整体,评价既是教学,又是学习。从形成性评价的三次飞跃之中,我们可以发现评价、教学与学习三者之间的关系大致经历了这样的演变过程:从关注课程评价游离于教与学的过程之外,到逐渐同教与学的过程建立关联,再到成为教与学过程中不可分割的一部分,三者之间交融于一体。在这个过程中,评价的主体从评价专家过渡到教师,再到教师和学生,最后聚焦到学生身上,评价的重心逐渐下移,以形成性评价来促进学习的本质和功能逐渐被认识与挖掘。

第三节　形成性评价的运用

评价具有重要的育人价值,但是要想评价有效地发挥其价值,需要科学、恰当地运用评价这把尺子。作为评价的一种关键形式,课程与教学形成性评价的运用,既需要考虑形成性评价自身的性质特点,也要考虑其适用对象和范围。此外,还要遵循相应的原则,选择恰当的策略。

一、形成性评价的优势

形成性评价贯穿在学生学习的整个过程中,能够对学生日常学习过程的表现、所取得的成绩以及所反映出的情感、态度、学习策略等方面的发展做出评价,与结果性评价相比,具有明显的优势。

■(一)评价主体更加多元

传统的结果性评价主要是由教师对学生进行评价,学生往往处于一种被动地位,不能充分发挥其主动性。形成性评价则强调学生的主动参与,使学生由被动评价的客体变为积极评价的主体,加强评价者与被评价者之间的互动,鼓励学生自我评价与同学间的互相评价,促使他们对自己的学习过程、方法进行回顾和反思,从而培养学生学习的主动性与积极性。

---

① 王烁,宗序连.形成性评价的理论内涵与实践反思[J].教学与管理,2020(15):1—4.

■（二）评价内容更加全面

传统的结果性评价以测试作为检测学生学习质量的手段和工具,过度关注学生在测验中的分数时,往往会导致为考试而教,出现重知识轻能力的倾向。可以说,过度强调结果性评价,往往会重视对学习结果的评价,而不注重学习的过程。形成性评价的内容则是全方位的,评价的是学生学习的全过程,不仅注重评价学生对知识的掌握情况,而且也重视对学生的学习态度、学习策略及情感因素等方面的评价。因此,其评价结果更科学,更完整,更符合促进学生全面发展的评价的要求。

■（三）评价方式更加多样

纸笔测试是结果性评价的主要评价方式,无论是期中、期末考试,还是学科的考试,都采用的是这种方式。虽然纸笔测试具有方便、快捷、评分容易等优点,但学科知识的学习,对于学生而言,不仅要求学生掌握语言知识与技能,还要求培养学生的核心素养,这种能力是无法单纯通过纸笔实现的。形成性评价的方式更加多样化,它可以通过教师对学生的课堂表现进行观察而做出评价,也可以通过课堂讨论、学生日记、作业与小测验、调查问卷及访谈等方式对学生进行评价。这种评价结果更能反映学生的真实水平,真正做到以人为本,充分体现学生在学习中的主体地位。

■（四）评价结果的反馈作用更有针对性

形成性评价贯穿于学生的整个学习过程中,因而能够及时准确地反映学生在一定阶段的学习情况,给学生提供及时的反馈。更重要的是,形成性评价策略可以帮助学生建立自信心,激发和培养学生的学习兴趣,帮助其养成良好的学习习惯。同时,教师也能得到及时的反馈,及时了解学生的学习情况和需要,以便调整教学内容,改进教学方法,提高教学效果。

二、基于课程标准的形成性评价

2022年4月发布的《义务教育课程方案(2022年版)》强调,改进教育评价,注重更新教育评价观念,强化评价实践要坚持素养导向,注重对正确价值观、必备品格和关键能力的考查,倡导评价促进学习的理念。这些意见为形成性评价的实践提供了重要的参照和方向[①]。

■（一）标准驱动,与课程标准、教学目标紧密契合

在进行形成性评价的设计时,要聚焦核心素养,坚持标准驱动。形成性评价就像卫星定位系统,能够为教师有效收集学生学习的信息赋能,为学生的自主学习提供导航。借助于形成性评价,教师可以知晓诸如学生"开动脑筋没有""是如何进行思维的""思维上有哪些进展"等等学习进展情况,学生自己也可以把握自己的学习境况,清晰了解自己学习过

---

① 中华人民共和国教育部. 义务教育课程方案(2022年版)[S].北京:北京师范大学出版社,2022:14—15.

程中取得进步的情况,对"我学得怎么样""我为什么没有达到预期目标""我应该怎样调整才能更好地达标"等问题进行自我反馈与调节。[①]

形成性评价是教师在教学过程中即时、动态、多次进行的评价,但它绝不是"随便"的评价。形成性评价也必须根据教学目标设定评价标准,并选择合适的评价任务以收集信息。[②] 在进行形成性评价设计时,教师要注重研读课程标准。从框架层面来看,新版义务教育课程标准的"课程理念""学业质量"和"课程实施"三个部分中的相关评价建议,共同架构出"素养导向"的评价体系,为学生核心素养的发展和评价提供了完整的支持链。在评价目标的制定方面,应将评价目标定位为对核心素养形成状况与发展水平的诊断,教师需要从学生立场出发,根据学习的不同阶段科学制定具体评价目标[③]。

■ (二)方法创新,丰富形成性评价的方式

在评价方法的选择和使用方面,可以针对不同学科的具体核心素养维度,选择对应的评价方法。评价方法的选择与应用,能够有效地回应和追踪学生真实发生的进步,有助于教师对学生学习过程的观察、记录与分析。从方法层面,为师生之间的对话交流提供可能。

形成性评价要根据不同评价内容,如记忆、理解、应用、分析、创造等不同层面采用不同方法,大致包括口头测试、课堂观察、学生自评、学习概念地图、反思性日志、标准映射、课堂测验、评价量表等[④]。新版义务教育课程标准建议教师将评价渗透到学科教学各环节,如答问、演示、研讨、交流、调查、制作等,在教与学过程中开展实时诊断,提高教与学的效率。因此,选取的方法应当能够增强评价学生的自我总结、反思、改进的意识和能力,能够关照到学生的学科实践诉求。从而实现动手操作、作品展示、口头报告等多种形成性方式的综合运用捕抓学生有价值的表现,提升评价育人的成效。

■ (三)走向专业,注重评价内容的科学设计

新版义务教育课程标准的"评价建议",从教学评价(或日常学习评价)和学业水平考试两个方面,对学科教学全环节的评价内容设计和要求进行了系统指导,充分体现了"素养导向"的评价理念和方法应用。从形成性评价的内容设计而言,要注重从随意走向专业。评价的内容,要从课程标准、教学目标出发,围绕教学目标研制"过关清单"等具体检测依据和测评工具。如对于学生习作,不仅仅停留在字迹工整、语句优美等评价上,还要紧扣本次习作教学的目标设计评价的相关依据。对于阅读教学的检测,可以设计"过关清单",围绕教学目标从基础知识、单元语文要素落实等方面进行检测。对于默读、浏览、有

① 卢臻."双对话"主动学习系统开发与实施——指向真正学习的"教学评"策略与实践[J].基础教育课程,2020,(Z1):81—87.
② 赵德成.教学中的形成性评价:是什么及如何推进[J].教育科学研究,2013,(03):47—51.
③ 文军庆.以评价助推教育高质量发展——义务教育课程标准(2022年版)评价建议特点分析[J].基础教育课程,2022,(21):4—11.
④ WANJARI S, RAWELAR A. Effectiveness of DOPS "direct observation of procedural skills" as a method of formative assessment for improving the clinical skills of post-graduate students in the department of obstetrics and gynecology[J]. *Journal of education technology in health sciences*, 2019, 6(1):29—34.

速度地阅读等学习内容,可以采取日常观察、随堂考查及专项测试等多种方式进行[①]。作业评价也是教学评价的重要内容,形成性评价可以在作业评价的过程性评价中发挥重要作用,从内容的角度而言,教师应依据作业设计的意图,确定作业评价的侧重点,过程方面关注学生完成作业项目过程中的方案策划、素材收集、创意构思等参与情况[②]。

三、形成性评价的实践样态

课堂评价的改革是我国中小学面临的严峻挑战。革新的教师不仅要认识到现实的课堂评价的世界,更重要的在于改造课堂评价的世界[③]。对于教师而言,既要抓住形成性评价的理论思维,又要理解好形成性评价的实践样态。自其产生至今,形成性评价与质性评价、定性评价的运用相结合,其运用类型逐渐丰富并发展为真实性评价、表现性评价和发展性评价等几种实践样态。

■（一）真实性评价

真实性评价(authentic assessment)的倡导,始于对追求唯一正确答案的标准化纸笔考试的反思和批判。通过采用多样化的评估方式、创设具有现实意义的真实问题情境,真实性评价旨在改变过分关注事实性知识再认和回忆的做法,实现对高层次思维能力等有现实价值的学习结果的评价[④]。在课堂实践的角度而言,真实性评价的引入要注意家长、教师、专家和学生之间的协作,同时要把握好任务与学生真实生活环境、与学习过程的关联。

真实性评价的真实性主要体现在两方面,一是评价任务的真实性,二是评价信息的真实性。前者意在评价任务是对现实生活的模拟,或近似问题发生的真实生活情境;后者重在对评价对象信息的全面把握。具体而言,真实性评价要求评价者综合考虑评价对象的文化背景、个性特征等诸多影响学习表现的因素,并基于日常观察、问答交流等形式记录学生学习过程的真实状态,提供学生发展变化的真实信息。[⑤] 真实性评价的暗含之义是:评价是学习的一部分,是不断发展变化的,成功或失败只能用学生在新的环境中应用知识和技能的能力的具体事实说明。比如说,在真实性评价中,一个学生为了解释发动机的各个零部件,可能需要把一台发动机进行一次重新的组装:为了解释药物对疟疾的作用,可能需要对一个真实的病例进行分析。与此相反,传统的评价方法强调的是对发动机的零部件、身体各部分或者疟疾的表现特征的机械记忆。真实性评价隐含的意思是:评价是

---

① 李作芳. 走向"教学练评"的一致性[N]. 中国教师报,2021-12-15(04).
② 文军庆. 以评价助推教育高质量发展——义务教育课程标准(2022年版)评价建议特点分析[J]. 基础教育课程,2022,(21):4—11.
③ 钟启泉. 课堂评价的挑战[J]. 全球教育展望,2012,41(01):10—16.
④ 杨向东."真实性评价"之辨[J]. 全球教育展望,2015,44(05):36—49. 有关真实性评价与表现性评价的关系,可参考本文.
⑤ 马圆圆. 真实性评价:"道德与法治"课程教学评价的新路向[J]. 内蒙古师范大学学报(教育科学版),2021,34(05):117—122,146.

学习的一部分,评价是不断发展和变化的。无论学生成功还是失败,评价都只能用于描述学生在新环境中应用知识和技能的能力的具体表现。

■ (二)表现性评价

表现性评价(performance assessment)关注的就是学生知道什么和能做什么,通过客观测验以外的行动、作品、表演、展示、操作、写作等更真实地表现来展示学生口头表达能力、文字表达能力、思维能力、创造能力、实践能力及学习成果与过程[①]。学生应该知道评价的标准,明确的标准不仅可以使学生知道关键信息,同时也可以给学生确立一个奋斗的目标。

表现性评价是在尽量合乎真实的情境中,运用评分规则对学生完成复杂任务的过程表现/结果做出判断。它通过"任务"引发学生相应的表现,由于这样的任务不存在唯一正确的答案,因而需要基于评分规则对学生的表现做出判断[②]。尽管表现性评价关注的是学生的"表现",如写作、唱歌或做实验等,但是不能认为只要是让学生写作、唱歌或做实验,就确信将他们引入了表现性评价中。因为学生的写作可能只是在概括小说情节,唱歌可能变成程式化的表演,做实验也可能简化为执行规定好的步骤。如果任务没有要求学生运用和展示他们的批判性思维、创造力等复杂的学习结果,那么它们就并不构成真正的表现性评价。判断一个评价是不是表现性评价,不能只看评价任务的形式,关键还要看任务所要评的是什么。

由此,完整的表现性评价应包括三个核心要素:一是目标,即希望学生达成什么样的学习结果,往往是那些居于课程核心的、需要持久理解的目标;二是表现性任务,即学生需要完成的任务或作业,用于引发学生的相关表现,为目标是否达成提供直接证据;三是评分规则,即判断和解释学生对目标的掌握程度的标准,往往呈现了描述性的不同水平的期望,为学生的学习提供参照,而不仅仅只有二元的对错评分。

■ (三)发展性评价

发展性评价(development assessment)是一种形成性教学评价,它针对以分等和奖惩为目的的终结性评价的弊端而提出,主张面向未来,面向评价对象的发展。原始意义上的形成性评价强调对工作的改进,而发展性教学评价则强调对评价对象人格的尊重,强调人的发展。

什么是发展性评价? 简言之,即是指"促进学生发展、教师提高与改进教学实践"的评价。以浙江省金华市金东区光南小学的评价改革为例,从评价改革入手,以乐考推动教学减负提质,采取发展性评价策略,让学生全面发展。光南小学确立"好奇、好问、好思、好玩"的四好少年的育人目标,尝试进行以乐考为主要内容的评价改革探索,让学生对考试从"苦于面对"转变为"乐在其中"。学校以发展性评价为策略,从终端评价入手,将传统的

———————————

① 吴维宁.新课程学生学业评价的理论与实践[M].广州:广东教育出版社,2004:172.
② 周文叶,毛玮洁.表现性评价:促进素养养成[J].全球教育展望,2022,51(05):94—105.

纸笔书面评价改为轻松愉快的星级评价。学校引进分项等级评价线上查询系统,每次乐考结束后,发放家长问卷、学生问卷,同时进行班级星级统计汇总、年级星级统计汇总,提出整改意见。学校根据反馈数据和意见不断改进完善,最后形成相对稳定的评价体系。[①]与传统的纸笔测验相比较,通过对学生综合运用所学知识解决问题、完成任务的过程的观察,对学生进行学习评价(包括生活技能的评价),减轻了学生的心理压力。

发展性评价从评价的功能、目的角度出发,直接针对评价无法改进教学和促进学生发展等弊端而提出,强调有效发挥评价的改进和促进功能。发展性评价是"以充分发挥评价对学生学习与发展的促进作用为根本出发点,以融合教学与评价为基础和核心,以教师运用评价工具不断开展行动研究和反思,从而改进其教学和课程设计为中介或途径,并最终促进学生、教师教学以及课程三方面共同发展的评价"。[②]

整体而言,发展性评价凸显了"为了发展而评价"的价值取向、"在发展中评价"的过程特征、"评价即发展"的功能特征。这种评价的特征和理念,对于中小学教师转换传统的唯分数、唯排名的评价观念具有重要的价值。中小学教师在进行评价设计的时候,要注意客观公正,不仅重视结果,更要注重发展、变化和过程,鼓励采用多元的评价方式和多主体的参与,从而使评价成为促进教师教学、学生全面发展的有效手段。

重要概念

■ 形成性评价

形成性评价(formative assessment)由美国课程评价专家斯克瑞文于 1967 年首先提出,随后一直在西方发达国家的教育评价中被广泛推行。形成性评价是通过诊断教育方案或计划、教育过程或活动中存在的问题,为正在进行的教育活动提供反馈信息,以提高正在进行的教育活动质量的评价。形成性评价的本质特点是评价所收集的信息主要用于改进。不能将形成性评价简单等同于平时分数记录簿。教师只有把握形成性评价的本质特点,对平时作业和表现进行深入分析,考查学生学习的过程,既看到学生所取得的成就和进展,又客观识别学生距离目标的差距和不足,并在分析原因的基础上调整教与学,将平时作业和测验作为教学改进的基础,它们才真正发挥了形成性评价所应有的作用。形成性评价发生在结果性评价之前,是在教学过程中提供信息的评价。根据评价结果,师生可以不断为进一步提高学习效果而采取行动。形成性评价是一种不间断的、动态的过程。

■ 表现性评价

表现性评价(performance assessment)是 20 世纪 90 年代兴起的一种质性评价方法,评价目的是关注对学生综合素质的评价。表现性评价有狭义和广义两种解释。狭义地说,表现性评价意味着设计能够引发学习者表现其实力的评价课题(表现性课题),然后对

① 李建生.浙江省金华市金东区光南小学:乐考助学生快乐成长[N].中国教育报.2022-07-08(009).
② 刘岗.基于发展性评价理念的课堂教学设计[J].电化教育研究,2009(10):83—86.

其活动的过程与成果进行评价,这就是基于表现性课题的评价。广义地说,表现性评价意味着从教学中的发言、行为和笔记的记录,学习者的日常学习活动过程,进行不拘形式的形成性评价,这就是基于表现的评价。

表现性评价为测量学习者运用先前所获得的知识解决新异问题或完成具体任务的一系列尝试。表现性评价常常运用真实的生活或模拟的评价练习来引发最初的反应,而这些反应可由高水平的评价者按照一定的标准进行观察、评判,其形式包括构建反应题、书面报告、作文、演说、实验、资料收集、作品展示。开发和设计表现性评价应该遵循以下原则:(1)确保表现性评价任务能够反映学生复杂的认知技能及应用;(2)确保表现性评价与评价目的高度相关;(3)确保评分规则的可靠性、公平性及有效性。

讨论与反思

1. 你认为形成性评价相对于终结性评价有什么优势?
2. 你认为真实性评价有什么价值?
3. 如果让你进行形成性评价的设计,你觉得需要遵循什么样的原则?

拓展阅读

1. 吴刚平,李茂森,闫艳. 课程资源论[M]. 北京:北京师范大学出版社,2014.
2. [美]梅耶. 多媒体学习[M]. 牛勇,邱香,译. 北京:商务印书馆,2006.
3. [美]韦伯. 怎样评价学生才有效——促进学习的多元化评价策略[M]. 北京:中国轻工业出版社,2016.

前沿热点

形成性评价通过课堂学习、成果展示、观点交流等,考查学生的学习过程及其学习态度、学习行为表现,观察、记录学生在学习、实践、创作活动中的典型行为和态度,运用质性分析的方法,客观分析学生思想道德和品行的变化,发挥评价的诊断、激励和改进等育人功能。

双向驱动的学生综合评价新范式[①]

教育评价改革的需求与智能技术的发展,从理论、技术上均有突破现有困境的可能。在理论与技术的双向驱动过程中,通过评价模型构建、数据采集、数据智能

---

① 改编自郑勤华. 双向驱动的学生综合评价新范式[N]. 中国教育报. 2021−07−13(004).

分析、评价应用等环节的迭代优化,形成稳定且成熟的学生综合素养评价体系,发挥评价结果的导向、诊断、调控和改进作用,实现"以评促育"。教育评价事关教育发展方向,有什么样的评价指挥棒,就有什么样的办学导向。2020 年中共中央、国务院印发的《深化新时代教育评价改革总体方案》,明确提出要"健全综合评价"。在教育数字化转型的背景下,特别是教育信息化取得长足进步的今天,学生的综合评价需要构建以核心素养为底座的学生全面发展理论模型与指标体系,依托常态化教与学信息化应用所采集的学生客观行为、身心发展和结果数据,积极探索形成各指标与多模态数据的关联映射关系,从而建立起理论指导技术应用、技术应用优化理论模型的双向驱动评价新范式。

双向优化的新范式

如何全面理解理论与技术双向驱动下的学生评价新范式?首先,新范式的重中之重是,理论站得住,技术可操作,两者相互促进,在迭代中形成不断优化评价解决方案。新范式不仅在于理论层面的拓展与深化,而且涵盖方法层面的创新。

一是理论上的完备性和综合性。理论层面的完备性重在指导评价内容的全面性,即对学生面向新时代跨越学科特性的必备能力、关键品格和价值观的全面覆盖。综合评价不是对已有德智体美劳各要素的分立性判断,而是对学生能力发展的基础性和必要性成分的综合判定。学生问题解决能力、批判性思维、心理健康、亲子关系、家国情怀等,都是综合评价涉及内容。

二是技术上的可行性和先进性。新技术的使用,使采集和汇聚学生不同场景的客观数据已成为可能,突破了以往综合评价依赖主观经验的局限。同时,利用多模态数据的智能处理与分析技术可以对不同来源、不同结构的海量数据进行处理和分析,构建特征数据与各指标的映射关系,从而深度挖掘学生综合素养发展过程与特点,并为学生个体提供综合性评价结果和未来发展建议。

三是理论与技术不断迭代的发展性。新范式下,基于智能技术的持续动态采集能力,学生综合评价可以对特定时间范围内的学生能力变化进行持续刻画,精准洞察学生个体在一定时间范围内的发展变化,从而支持对学生的增值评价;并且,通过对相关评价信息进行关联挖掘、分析,能够实现针对学生发展规律的理解。更重要的是,大数据支持下的强化学习和主动学习,又帮助我们进一步挖掘出能够表征理论指标的更多数据特征,从而支持理论模型的不断迭代优化。

第十章

课程与教学结果性评价

本章内容导引

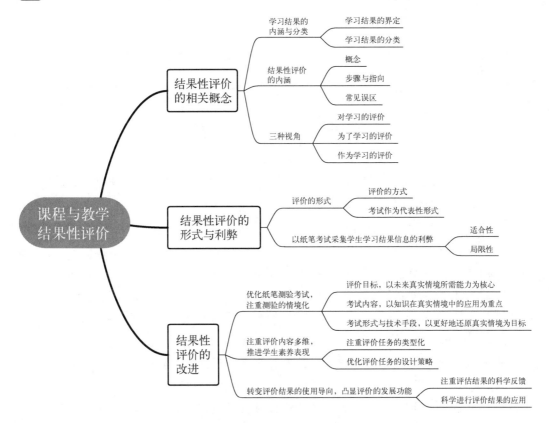

引言

　　教育评价是教育改革发展的指挥棒,是教育质量效果的评判标准。习近平总书记在2018年全国教育大会上指出,要深化教育体制改革,健全立德树人落实机制,扭转不科学的教育评价导向,坚决克服唯分数、唯升学、唯文凭、唯论文、唯帽子的顽瘴痼疾,从根本上解决教育评价指挥棒问题。2020年10月13日,中共中央和国务院发布《深化新时代教育评价改革总体方案》，提出："坚持科学有效，改进结果评价，强化过程评价，探索增值评价，健全综合评价，充分利用信息技术，提高教育评价的科学性、专业性、客观性。坚持统筹兼顾，针对不同主体和不同学段、不同类型教育特点，分类设计、稳步推进，增强改革的系统性、整体性、协同性。"

从世界上大多数国家的课程标准文本或相当于课程标准的文本来看，一个显著的共同点是，课程标准规定的是学习结果而非教学过程。按照加涅的学习结果分类理论，学习结果可以分为言语信息、智慧技能、认知策略、动作技能和态度五大类。然而，不同国家的课程标准除了在内容上的不同外，所涉及的五类学习结果的程度并不相同。对于学生学习的结果的评价，常常绕不开一个重要的话题"结果性评价"。

本章重点是呈现结果性评价的相关概念辨析、形式与利弊、发展方向。主要内容包括：

- 结果性评价的相关概念
- 结果性评价的利弊
- 结果性评价的改进

 案例 ┈┈┈

莫用"统一"标准定义人才

一位高一的学生在看图作文中这样写道：

今天看到这样一张照片，一群动物在参加考试，考试内容是爬上一棵大树，我认为这里的考试标准是不合理的。这里的标准对于这些动物来说，是不公平的。它们各有所长，各有所短。对于猴子来说，爬树轻而易举，正因为爬树是他的生存技能，是它的天赋；但对于其他动物来说，爬树是永远都爬不上的，如小鱼。小鱼生活在水中，脱离了水，是致命的，它也不可能为了考试，连命都不要。这无疑是可笑的。小鸟也不需要爬，可以直接飞到树顶，考试标准不能适用于所有动物，这就体现出考试标准的局限性。这场考试的目的是选拔人才，但因不能展现出其他弱势群体的隐藏天赋，这场考试也是摧毁人才。

这让我想起在生活中的例子。遥想古代考试的"四书五经"，僵化的考试标准限制了人们的思想，成为读书人迸发奇思妙想的精神枷锁。现如今，奥运会也开展了残奥会了，残疾人也能参加比赛，实现自己的金牌梦，这就是打破统一标准的限制，从而实现了更大的公平。最后，我希望每个教育者都能从这幅漫画得到启示，要实现教育公平，莫用"统一"标准去定义人才。

💬 **案例评析**：当前基于考试成绩的"唯分数论"，不仅是教育管理工具主义的外在表现，而且也是导致学生片面发展的重要根源。单纯结果评价造成"只见分数不见人"。推进教育评价的科学化和全面性，要坚持以学生成长成才为中心，超越"唯分数论"评价学生，促进学生多元智能、个性丰盈的全面发展。要创新管理服务评价体系，多用几把"尺子"评估教师和学生，而不是仅用"一把尺子"。

第一节　结果性评价的相关概念

在教育实践中,学生的结果性评价往往与学习结果紧密关联。在传统的教育实践中,在大众在谈论学生的学习结果时,更多的是在关注学生考试的成绩、分数的多少。从直观的教育实践而言,教育活动结束后为判断其效果而进行的评价,一个单元、一个模块或一个学期、学年、学段的教学结束后对最终效果所进行的评价,都可以说是结果性评价。这种评价模式主要以量化评价方式对学生的学习效果进行评估,以了解学生的学习情况,并为进一步学习提供反馈信息。① 可见,结果性评价与学生的学习密切相关。在进行评价时,人们对学习结果缺乏正确认识和多维的理解,那么评价的思维就很难实现变革。因此,理解学习结果的内涵、分类,把握好结果性评价的取向和视角,便尤为重要。

一、学习结果的内涵与分类

■（一）学习结果的界定

从国际上看,学习结果(learning outcomes),也有学者称之为学习成果、学习产出,泛指学生在经历学习过程后的获得。1979 年,艾斯纳(Elliot W. Eisner)最早提出"学生学习结果"的概念。他直接使用"outcome"进行表述,认为学生学习结果就是以某种方式参与之后所获得的有意或无意的结果。② 美国高等教育认证理事会(Council for Higher Education Accreditation, CHEA)认为,学生学习结果(student learning outcome)是他(她)在一段特定的高等教育经历结束时所获得的知识、技能和能力。③ 经济合作与发展组织(OECD)认为学习结果是个体在经过一段时间的学习之后,所产生的变化和发展,而且这种变化和发展是可以通过能力和成就来测量的④。联合国教科文组织则将学生的学习结果定义为:一个学习者被期望知晓的、理解的或能够表现出来的,诸如特定的智慧和实践技能。它们是通过成功地投入了一个(学习)单元、课程或教学计划后获得或展示出来的(东西)。⑤ 学习结果与学习目标(aims of learning)的区别是前者考虑学习者的学习成就,而后者考虑教师的总体目标。⑥ 美国教育评价标准联合委员会

---

① 王旭东. 学校学科考试评价改革的"五个转向"[J]. 教学与管理,2021(28):78—80.

② Elliot W. Eisner. *The Educational Imagination: on the Design and Evaluation of School Programs*[M]. New York: Macmillan, 1979:103.

③ *Council for Higher Education Accreditation*[EB/OL]. http://www. chea. org/pdf/Stmnt Student Learning Outcomes9-03. pdf, 2003 - 09 - 03.

④ Nusche. *Assessment of Learning Outcomes in Higher Education: A Comparative Review of Selected Practices*[R]. Paris: OECD Directorate for Education, 2008.

⑤ 王昕红,孙卫,席酉民,何小超. 能力导向的学习结果评估:撬动欧洲博洛尼亚进程一体化的杠杆[J]. 世界教育信息,2014,27(17):18—23.

⑥ *Analytic Quality Glossary* [EB/OL]. http://www. quality research international. com/glossary/learningoutcomes. htm, 2013 - 09 - 28.

(Joint Committee on Standards for Educational Evaluation)则将学习结果定义为学生在完成特定的学习阶段之后,在知识与理解、实际技能、态度与价值观和个体行为方面的收获程度。

学生学习结果的内涵,具体来说,包括以下几方面:第一,学生学习结果是学生参与学习活动后所表现出的状况,反映的是学生学习的增值情况而非自然成长的结果;第二,学生学习结果的内涵多样,包括认知、情感、行为等各方面的因学习而获得的积极表现;第三,学生学习结果应是具体的、可测量的目标和结果。

■（二）学习结果的分类

美国著名教育心理学家加涅对不同的学习结果进行了区别,加涅认为,"学习结果即习得的性能,主要包含五类,即智慧技能、认知策略、言语信息、态度以及动作技能。"[①]

从学习结果的内涵可知,学习结果是个体基于学习而产生的变化,如掌握某个知识、形成某种能力、产生某种情感等都可称之为学习结果。实际上,学习结果的内容是极其丰富多样的,如知识、技能、策略、方法、情感、态度、价值观、经验、习惯、能力、品格、素养、学科核心素养、核心素养、智慧等,皆可称之为学习结果。为了更加清晰地厘清这些概念,我们可以从学习结果的表现形式与获取方式对它们做进一步的分类。

由于学生学习结果的概念具有多维性质,它可能包括多个方面,研究者提出应该进行分类以确定哪些方面应该评估。作为早期开展评估运动的代表——阿尔维诺学院(Alverno College)的教师和管理者指出学生学习结果应该包括八个方面:分析能力、解决问题能力、交往能力、审美能力、社会互动、责任承担、价值观、参与世界。[②]

其中,尤厄尔(Peter Ewell)和阿斯汀(Alexander W. Astin)对学生学习结果的分类具有代表性。[③] 尤厄尔将学生学习结果归为四个要素:其一,认知性结果,即综合教育和专业领域的知识;其二,技能性结果,即人际交往、思辨能力和分析能力;其三,态度性结果,即学生的价值观以及价值观的转变;其四,毕业后表现,即学生获得第一学位后在工作和继续教育中的表现。

二、结果性评价的内涵

在教育实践中,结果性评价是衡量学生学习质量的关键手段,具有重要的价值。在表述上,结果性评价亦称"终结性评价"或者"总结性评价",尽管在称谓上存在差异,但从直观的视角而言,就是在教学过程结束后进行的评价,是对学习最终结果的评定,它往往以成绩报告单的形式对学生的学习作出较为全面的总结。[④] 为了科学地理解和把握结果性

① 加涅.教学设计原理:第五版[M].王小明,等,译.上海:华东师范大学出版社,2007:47.
② Alexander W. Astin. *Assessment for Excellence: The Philosophy and Practice of Assessment and Evaluation in Higher Education*[M]. New York:Macmillan, 1991:42—43.
③ 博格.高等教育中的质量与问责[M].毛亚庆,等,译.北京:北京师范大学出版社,2008:131.
④ 董玉琦.信息技术课程导论[M].长春:东北师范大学出版社,2001:118.

评价,摆脱结果性评价就是单一纸笔测验的刻板印象,就需要深入了解结果性评价的定义、指向和使用的常见误区。

■（一）结果性评价的界定

从时间的角度而言,结果性评价是学校在教学活动结束后,为了体现教学活动的有效性而进行的评价。通俗地说,是指在一个学期或者一门课程结束时对学生学习结果的评价,通常是在学期末进行。从功能的角度来看,通过结果性评价,教师可以清楚地了解学生在前一段时间的学习情况和知识掌握情况,从而对自己的教学工作进行总结。与此同时,教师还可以根据结果性评价的结果对学生的学习成果进行评价。有一个与结果性评价相类似的概念叫结果性评估,两者很多时候是同义词。但有时候结果性评估与结果性评价的目的有所不同,它是描述在某一特定时间内取得的学习成绩,以便向家长、其他教师、学生本人报告,并以总结的形式向其他感兴趣的团体,如学校董事或学校董事会报告。[①]

从预期的效果而言,结果性评价的目的是检验学生的学业是否最终达到了各个学科的教学目标要求。因此,对学生进行结果性评价可以达到以下效果:第一,对学生成绩进行评估。作出全面鉴定。从而了解教学活动的效果;第二,对学生智力水平与应掌握的知识技能进行检测。

■（二）结果性评价的步骤与指向

结果性评价是在日常教学中最为常见的评价方式,但是教师如何高质量地运用好结果性评价,就需要了解结果性评价的一般步骤和具体指向,从而提升教师自身的评价素养。结果性评价一般遵循以下五个步骤:第一,明确评价目的。评价实施中所依据的指标是根据目的拟定的。评价指标的研制是将评价变为可行性的过程。第二,制定具体的评价标准。它是指将评价转化为可测量的、直接的、具体的过程。第三,选择合适的策略方法。进行结果性评价的方法有很多,如测验法、调查法等。第四,对测量的数据进行统计分析。第五,对结果进行阐释。

从指向上而言,结果性评价的关键主体在学生,结果性评价注重教与学的结果,是对评价对象的全面鉴定。其评价目的是评定学生的学业成绩,是对学生在某个教程或单元所取得的学习成绩进行全面的评定。

■（三）结果性评价的常见误区

在中小学的教育实践中,尽管结果性评价随处可见,但是真正发挥出结果性评价的价值和作用,仍然有赖于教育者评价素养的提升。在进行结果性评价之前,了解和知晓常见的结果性评价的误区,有助于评价更好地服务教师教学和学生学习的改进。常见的结果

① Wynne Harlen & Mary James. Assessment and Learning: differences and relationships between formative and summative assessment[J]. Assessment in Education: Principles, Policy & Practice, 1997, 4: 3, 365—379.

性评价的误区,大致有以下几点:

一是主观性评价。教师习惯于用自己的想法进行评价。比如,按成人想法对幼儿彩绘作品进行判断,造成幼儿的被动接受,形成依赖。

二是形式化评价。比较注重评价的形式,忽略将问题引向深入的思考,忽略活动的生成因素,造成教育契机的流失。

三是偏袒式评价。总是夸奖教师眼中的好孩子,忽略其他孩子的创意、想法、表现及闪光点。

四是否定式评价。习惯对学生的表现或想法挑毛病,使用不能、不好等否定的语言较多。

五是盲目性评价。不能发挥评价的价值,缺乏具体、有针对性的评价,造成评价的随意性。

六是成果性评价。重视有形的成果,忽视无形的意义。比如,只关注作品像不像的问题、画面美不美观,忽视幼儿彩绘过程中情绪情感的体验和探究发现的过程。

三、学习结果评价的三种视角

学习结果的评价是国内外教育关注的重要热点。评价对学生的学习有重大影响,影响学生对学习任务的理解、参与这些任务的质量,乃至在未来学习中知识的迁移。从英语中对于学习评价、学生的学习结果的评价的阐述中,可以梳理出三种不同的视角,即对学习的评价(Assessment of Learning,简称 AoL)、为了学习的评价(Assessment for Learning,简称 AfL)和作为学习的评价(Assessment as Learning,简称 AaL)[1]。理解好这些视角差异,对于更好地认识学习评价、学习结果的评价很有帮助。

■(一)对学习的评价

在漫长的教育史上,"对学习的评价"长期占据着评价的主导地位。"对学习的评价",亦称为"为了终结性的目的而评价"或"终结性评价",是教师在教学计划结束时对学习结果的正式检查。[2] 终结性评价(结果性评价)不仅仅是对以前学习的概述,它还包括积累随着时间推移收集的证据,并涵盖以往的学习,它也能帮助老师决定未来的教学方向。评估的终结性用途可分为"内部"和"外部"两类,以供学校社区使用,内部用途包括使用定期评分记录,通知有关课程的决定,并向家长和学生自己报告。[3] 萨顿(Sutton,1992)解释了为何需要这种对学习的总结,指出需要一份总结,准确地描述儿

---

① Schellekens L H, Bok H G J, de Jong L H, et al. A scoping review on the notions of Assessment as Learning (AaL), Assessment for Learning (AfL), and Assessment of Learning (AoL)[J]. *Studies in Educational Evaluation*, 2021, 71: 101094.

② Ussher B, & Earl K. 'Summative' and 'Formative': Confused by the Assessment Terms? [J]. *New Zealand Journal of Teachers' Work*, 2010, 7(1): 53—63.

③ Harlen W. Teachers, Summative Practices and Assessment for Learning Tensions and Synergies[J]. *The Curriculum Journal*, 2005, 16(2): 207—223.

童的学习和进步，而不需要过多的细节负担。然而总结常常让人觉得很不满意，它使孩子作为一个个体的独特表现变得平实，有时会产生比我们想要的更粗糙和模糊的形象。① 对学习的评价，体现了运用评价来对学习进行衡量。正是由于对学习的评价过于重视学生的学习结果，常常只以测验、书面考试的形式进行，学生许多方面的能力和水平并不能展现，而评价结果往往只用于学生的排名和选拔，并不能真正促进学生学习，因此对学习的评价遭到诸多诟病。

■ （二）为了学习的评价

概念表述的差异，折射出理念的转型。"为了学习的评价"（或"促进学习的评价""学习性评价"）的概念随着评价理念的革新进入并影响评价领域。当代课堂评价的方法更加具有建构性，开始逐渐从"对学习的评价"转向"为了学习的评价"。② 英国伦敦大学的教授布莱克等学者通过对一系列有关评价与学习的关系的研究进行述评，提出了"为了学习的评价"理念。为了学习的评价是指以促进学生学习为目的的评价，其设计和实施的首要任务是促进学生的学习。因此，它不同于主要为问责、排名或证明竞争力的目的而设计的评估。如果评估活动提供的信息可以作为教师和学生在评估自己和彼此以及调整他们所从事的教与学活动时的反馈，那么评估活动就可以帮助学习③。与对学习的评价相比，为了学习的评价从结果性评价转向形成性评价，从做出判断转向创造有助于服务下一阶段学习的描述。

■ （三）作为学习的评价

伴随着研究的不断深入，课堂评价对学习的贡献和价值逐渐得到重视，"为了学习的评价"并没有详细指导评价后如何学习，因而研究者转向了在评价中如何学习的研究，作为学习的评价由此诞生。学者们在研究中发现，评价与学习两者并不是完全割裂开的，而是可以在课堂中融于一体的，课堂评价不应是教师的权力，而应让学生成为自己学习的评价者，监控和调节自己的学习进展。鲁斯·达恩（Ruth Dann）于2002年出版的《推进作为学习的评价：改进学习过程》一书中使用"作为学习的评价"（Assessment as Learning）一词，指出评价不仅仅是教学和学习的辅助手段，而且提供了一个过程，学生通过这个过程参与评价可以成为学习的一部分，也就是说，评价是学习的一部分，评价即学习。④ 作为学习的评价，综合了评价即教育、评价即学习、评价即改进的理念，凸显了"教—学—评"的一体化的思想。

---

① Sutton R J. *Assessment: A Framework for Teachers*[M]. London：Routledge，1992：3—4.
② Stiggins，R. J. & Chappuis，J. What a Difference a Word Makes：Assessment for Learning Rather Than Assessment Helps Students Succeed[J]. JSD，2006，27(1)：10—14.
③ Black P，Harrison C，Lee C，et al. Working inside the black box：Assessment for learning in the classroom[J]. *Phi delta kappan*，2004，86(1)：8—21.
④ Dann，R. *Promoting Assessment as Learning：Improving the Learning Process*[M]. London：Routledge Falmer，2002：153.

表 10-1　学习结果评价的三种视角

视　　角	代 表 人 物	基 本 主 张
"对学习的评价"（Assessment of Learning，简称 AoL）	泰勒、哈伦	学习评价是要确认学生知道和能够做的事情，证明学生达到了课程目标
"为了学习的评价"（或"促进学习的评价"、"学习性评价"，Assessment for Learning，简称 AfL）	布莱克和威廉姆	以促进学生学习为目的的评价，其设计和实施的首要任务是促进学生的学习
作为学习的评价（Assessment as Learning，简称 AaL）	鲁斯·达恩	"评价即教育""评价即学习""评价即改进"

第二节　结果性评价的形式与利弊

结果评价是教育教学、管理服务和学习结果等的效果评价，主要侧重于学生学习效果、教师教学质量和学校管理服务水平的最终结果评判。以往教育评价往往以考试分数作为主要标准，偏重课程知识的记忆，通过背诵获得考试成绩，而忽视人的情感、应用能力、社交沟通等多方面的发展。

一、结果性评价的形式

■（一）学习结果评价的方式

根据获得信息途径的差异，对于学生学习结果评价通常有两种方式：直接评价和间接评价。[①] 直接评价指通过测试、论文、评分量尺、档案袋、毕业考试和研究报告、通识课程和专门学科测试等方式，直接测量学生的学习结果。直接评价直接反映学生的核心学习结果，真实性和可信度较高，对于改进教师的教学和学生的学习具有重要价值。间接评价，则通过学生问卷调查学习行为、学生经历、学生自我期望和满意度等间接测量学生的学习过程。

两种评价方式各有利弊，直接评价通过纸笔方法，直接测量学生的学习效果，但直接评价不能涵盖其他因素，如学习过程、学习动机和学生的期望。因而直接评价无法测量和全面理解学生的学习过程。间接评价通过对与学习过程相关的学习动机、学习期望、学习满意度、学习参与等因素的自我评价，可以更加真实地反映学习过程，但间接评价收集的信息是学生学习的外围信息，无法直指学生学习结果的核心。

---

① 钟秉林. 教育的变革［M］. 北京：商务印书馆，2020：329.

■（二）考试作为结果性评价的代表性形式

在中小学，单元测试通常被认为是一种结果性评估，代表了一种时间点的、相对全面的工具，用于确定一组预期学习结果的成就水平。通常情况下，单元测试的结果是进入教师成绩册的分数，占期末课程分数的预定百分比。考试的本义是考查知识或技能掌握程度的一种方法，有口试、笔试、现场作业等方式。与其意思相近的有考核、考查。考核侧重于考定核查，而考查则在于用一定的标准来检查衡量（行为、活动），比如说考查学生的学业成绩。在课程与教学评价的视域里，考试的意蕴在于借助于具体的标准，基于证据来判断学生学习的效果或者教师教学质量的好坏。考试仍然可以看作是确定教育系统和子系统质量的一个基础，比如学校。考试的通过率，常常被用来作为判断教育项目和学校的教育质量的一个表现指标。与考试相关的测验类型主要有诊断性测验、成绩测验、学能（学习能力）测验。[①]

1. 诊断性测验

诊断性测验在测量学生掌握某一部分教育内容的情况时使用，是一种具有诊断性质的测验。通过这种测验可及时看到学生的学习情况，直接获得教学的反馈信息，调整教学的进度和教学的方式、方法。

诊断性测验的主要特点在于：第一，诊断性测验一般注重于与诊断相关的目标。第二，测验题目依据对成功学习特殊技巧的详细分析以及常见的学习错误的分析研究。第三，题目难度一般较低，重在确定学生所犯学习错误的类型以及学习困难根源所在。第四，诊断性测验一般限于课程教学中有限的部分内容，通常按若干部分的测验分数与测验记录来分析，很少用于测验全部内容。

2. 成绩测验

学生在一定的时间段内，完成了某一阶段的学习，为了解他们的学习成绩，往往对其进行成绩测验。测验内容为所考查的阶段内的教学内容，试题的设置可根据所考核的教学内容进行抽样。命题时应把握住基本的和重点的内容，而且在设问上也应考虑不同的层次要求，使测验结果能较好地反映学生对所学内容的掌握程度。

3. 学能（学习能力）测验

这类测验，旨在测量考生完成某项任务的能力倾向。这些能力倾向，在很大程度上带有潜在性，即在测验时，考生不一定已具备这些能力，而只是具备发展这些能力的基础和倾向。这类测验并不完全依据以往的教学内容来命题，而主要依据对学能结构的分析，选用那些可作为学能基础的内容作为命题的取材，在要求上也不一定局限于教学要求这个层次。各类入学测验，其实质都可作为学能测验来对待，成绩测验与学能测验的基本区别在于：前者注重的是现时所达到的水平，后者注重的是未来的发展倾向与趋势。

二、以纸笔考试采集学生学习结果信息的利弊

纸笔测验是在纸上呈现标准化试题，受测者按题意用笔回答的测验，如各种学业成就

---

① 胡中锋.教育评价学［M］.北京：中国人民大学出版社，2016：88—90.

测验、团体智力测验、人格测验等。纸笔测验实施方便、经济省时、评分客观迅速，是一种有效的搜集资料方式。[①] 尽管当前纸笔考试备受诟病，但纸笔考试仍然是评估学生学业成就的重要方式之一。

■ （一）纸笔测试对结果评估的适合性

纸笔测试，特别是脱胎于心理测量的标准化考试，有如下诸多优点。

评分客观公正，具有较好的信度，可以最大限度地控制评分误差；还可以把计算机等现代化手段引进考试结果的数据分析，或者说结果的量化程度高，结果处理十分方便。

有常模进行比较。由于具有统一的参照标准，使得不同考试的分数具有可比性。标准化测验有助于将单个学生的分数与标准化样本比较。还可以用于比较一个群体如一个班级与标准化样本的差异。

易于编制试题，所使用的标准化测验编制十分严谨，测验专家在测验的内容取样和题目编制时比较系统、合理。成本较低，简便省力，可以大规模地运用。

正是这些优点，使得纸笔考试能够在遭受激烈的批评之后依然能作为学生学业成就评估的主流方式而存在。

■ （二）纸笔测试为代表的考试的局限性

对于评价的认识，会影响教师在课堂教学中采取何种评价形式，影响教师如何处理评价结果和学生学习改进之间的关系。正确处理好学习和评价的关系，才能够为评价改革和评价实践的优化打好基础。例如，有些教师认为教学就是把自己的知识或课本上的知识简单地传授给学生，因此，他们一般只限于使用小型的纸笔测验来考查学生对所学知识的机械记忆能力。与之相反，一些教师则把学习看作是与学生思想观点或者解决问题能力的积极结合，当他们谈及评价时，则认为应该测量学生解决问题的能力和创造能力，以及将知识应用于真实情境的能力。对于一线中小学教师而言，如何正确认识考试的作用，充分理解考试的局限性，对于提升评价素养至关重要。

以纸笔测验为代表的传统评价的结果常常表现为：学生容易遗忘所学的知识；评价结果不能反映学生的天赋与能力；学生孤立地对每一个问题做出反应；竞争使学生们处于一种敌对的关系中；仅仅局限于课本知识的考查，与学生的课外生活无关，学生们以被动、消极的态度对待学习；学生以事实资料的简单堆砌对问题做出反应。[②]

1. 考试只考客观纸笔测验能检测的学习结果

考试是中小学场域中最为常见的衡量学生学习结果的方式。由于过多考虑考试实施的可操作性、评分的客观性和公正性，无论我们期望的学生学习结果是什么，也无论我们的评价目的是什么，以选择题为代表的客观性试题占据了主导的地位，不易于客观评分的试题往往被排斥在外。单一的客观纸笔测验，只能检测与记忆、理解有关的极其狭隘的领

---

① 杨治良.简明心理学辞典[M].上海：上海辞书出版社，2007：128.

② Ellen Weber.有效的学生评价[M].国家基础教育课程改革"促进教师发展与学生成长的评价研究"项目组，译.北京：中国轻工业出版社，2003：223—225.

域,而忽视了更加重要的学习目标:较高层次的思考、推理、判断、评价和应用的能力等。[①]
被滥用的客观纸笔测验的致命弱点是不能促进学生的理解与反思,给学生这样的一种误
导:对大多数问题来说,只有一个正确的答案。学生被训练成答题的机器——他们能很好
地回答试卷上的问题,但缺乏解决实际问题的能力;他们只要求记住试题的答案,而不是去
建构解决复杂问题的知识和能力。质疑、批判、创造等高级思维能力的培养不受到重视。

纸笔的考试方式有时候会限制对一些重要能力或素养的考查。受制于纸笔方式这一
前提性的设定,命题人员在确定能力考查目标时不得不进行一定的筛选,以保证这些能力
用纸笔方式考查得以实施。这容易导致人才选拔的标准与现实的需要相脱节。很多时
候,教师仅仅为学生能选出正确答案而教,在教学中关注的只是什么是易于检测的,什么
是会检测得到的。为了提高考试分数,把更多教学的时间用来反复地练习。由此,学生在
学习中也只需要再认,而不是去建构答案和寻求解决方法。

2. 为应试而教

对纸笔测验最常见的抱怨之一是,"为应试而教"的压力可能会给整体的、个性化的、
以学生为中心的学习带来潜在风险。例如,一项对美国肯塔基州(被视为标准领先者)评
估系统的分析发现,教师们很难抗拒"专注于任何被认为能提高考试成绩的东西,而不是
旨在满足学生个人需求的教学"。在长期激烈的资源争夺战中,管理者可能无法抗拒"通
过改变学校学生人数或将某些学生排除在考场之外来操纵考试成绩"的诱惑。[②] 考试的
滥用、唯分数的高利害问责,会造成学校场域中直接或间接的压力,并可能决定教育者愿
意将他们的时间和注意力投入到哪里。担心后果的学校领导和教师没有强烈的动力去创
新或打破传统的教育模式。

第三节　结果性评价的改进

当我们把教育质量理解为"教育水平高低和效果优劣的程度"时,我们对学生的评价、
对学校教育质量的评估方式,多以阶段性的考试成绩来衡量。考试成绩能够反映出一个
学生在某些方面的素质,这里蕴含着学生的学习习惯、意志品质和思维能力。从这个意义
上讲,阶段性考试是必要的,其功能就是评定学生的学习成绩,证明学生知识和能力是否
达到了一定程度。除此之外,我们还要从学生成长过程来评价学生,评价学校教育质量。
要在日常教育工作中,倡导过程性的价值追求,倡导过程质量观,以补充"标准—结果"评
价之不足。[③] 特别是在核心素养理念下,应当引导广大教育工作者树立素养本位的评价
理念,构建指向核心素养的评价模式。在任务类型上,有助于改变当前脱离情境的、元素

---

① 周文叶. 学生表现性评价研究[D]. 华东师范大学,2009.
② Jones K, Whitford B L. Kentucky's conflicting reform principles: High-stakes school accountability and student performance assessment[J]. *The Phi Delta Kappan*, 1997, 79(4):276—281.
③ 迟艳杰."进步即质量":指向学生成长过程的教育质量观与价值追求[J].教育研究,2019,40(07):36—43.

式的任务形态,鼓励整合性、情境化、开放性任务的创设,以各种具有不确定性的学科或跨学科探究项目或社会实践任务为载体,根据学生在真实情境下解决问题的过程和结果评定其素养表现。①

一、优化纸笔测验考试,注重测验的情境化

纸笔考试历来是考试评价的主要方式。指向核心素养的纸笔考试应超越对所学知识的回忆、对所学技能的操练或技能熟练程度的测评,依据基于核心素养的学业质量,重建试题属性,利用情境的复杂程度或熟悉程度、知识的不同类型与认知需求(难度)高低三个变量,即在什么情境下,应用所学的哪一类知识(内容知识、程序性知识、认识论知识)、能做什么事或解决什么样的问题,命制与学业质量水平相对应的试题,再根据学生的结果表现,推论其核心素养的发展水平。② 以国际学生测评项目(PISA)的数学测评框架为例,该框架整合了情境、学科内容、认知需求(核心素养)三个维度,通过改变真实情境的结构以及各要素的关系,可以创设不同复杂程度的情境化任务。如复杂的、开放性的情境可以用来测评较高的学业质量水平,学生需要整合知识、技能与观念来解决问题。相反,较简单、封闭的情境则可以用来测评较低的学业质量水平。

显性素养的发展水平可以通过纸笔测验或考试加以评价,而价值观、品格和高阶思维等隐性素养,往往具有"不易评"的特征。"不易评"又造成"不愿评"的畏难倾向和"不去评"的行动阻滞甚至"不能评"的错误研判,这些状况同"分数至上"的惯性思维叠加,就会使隐性素养的评价在学校中、在课堂上常常被边缘化、被虚化、被忽略。

■ (一)在评价目标层面,以未来真实情境所需要的能力为核心

真实性评价是学生运用自己所学的知识和掌握的技能解决生活中的或与现实情境相似的真实性任务,以便通过自己的创造性活动,培养、展示和证明自己的知识、才能以及解决问题过程中的策略。③

在能力考查目标的设置上,以未来真实情境所需要的能力为核心。长期以来,教育领域的诸多考试对能力考查目标的确定一直没有摆脱学科的约束,这虽然能够保证学科自身的逻辑自洽和学生掌握知识体系的完备,但在回应社会发展对人才素质的新要求上就显得有点滞后。以学科方式来确定的能力考查目标,建立在已知的知识体系之上,是一种面向过去的范式,具有天然的确定性和稳定性,其教学论的隐喻是:效仿过去,模仿前人。这对于促进学生学科能力的发展,实现既定的人才培养目标不无裨益。④ 然而,在以创新为主要特征并且急剧变化的知识经济时代,社会对于高素质的人才的要求已经发生了根

① 杨向东.素养本位学业质量的内涵及意义[J].全球教育展望,2022,51(05):79—93.
② 崔允漷.试论新课标对学习评价目标与路径的建构[J].中国教育学刊,2022(7):65—70,78.
③ 俎媛媛.美国真实性学生评价及其启示[J].教育发展研究,2007,(06):62—66.
④ 章建石.考试改革如何冲破应试主义的藩篱——兼论大规模教育考试改革的几个趋势[J].当代教育科学,2017(12):40—43.

本性的变化,这迫切需要我们以"面向未来""面向不确定性"的视角来更新人才评价的理念和方法,从而在考试设计中得出更能反映"未来时"特征的能力考查目标。

■ (二)革新考试内容,以知识在真实情境中的应用为重点

教育系统中过分强调分数、强调排名,往往在内容层面关注知识点的记忆,造成一种"测量的狂热",这给学生的学习和深刻理解带来了一系列负面后果。为了"确凿的证据"和"责任"而将评估正规化和标准化的持续趋势创造了一种强制性的环境,在这种环境中,对确定答案的记忆,去情境化知识的死记硬背,往往会消除学生日常的学科实践、实验和发现。学生们变得无动于衷,失去了学习新事物的天然兴奋感。竞争主导着学生与学生之间的互动。评估脱离了实际的学习体验,变成了威胁性的东西,而不是有用的东西。

因此,要注重革新考试内容,以知识在真实情境中的应用为重点。在确立了考查目标之后,考试设计的下一个环节是考试内容的选择。通俗地讲,就是"以什么样的知识为载体"来实现考查目标。考试内容之所以有选择性,是因为以不同的知识为载体可以实现相同的能力考查目标,考试评价应该转变分数至上的观念。为了实现这一目标,评估不能是在教学结束后发生的独立行为,而需要在学生仍对纠正措施持开放态度时伴随学习过程。

■ (三)在考试形式和技术手段的改进上,以更好地还原真实情境为目标

为大学学习和今后的职业生涯做好真正的准备,需要的远不止是考试中"冒泡"的答案。学生需要在新的环境中发现、评估、综合、构建和使用知识,能够解决非常规问题并产生研究成果和解决方案。快速发展的工作场景越来越要求学生展示良好的思维能力、解决问题的能力、设计策略和沟通能力。

采用什么样的考试形式以及依托什么样的技术手段,不仅关系施考的效率,也关乎能否实现预期的考查目标,甚至能够决定考查目标的选择。目前,包括中考、高考在内的很多高利害的大规模教育考试,主要是在纸笔环境下进行。这种形式决定了试题情境和呈现方式的单一性。受此束缚,命题所能够创设的情境极其有限,而且内容单薄,必须经过加工和提炼,这与真实的科研、学习、生活中的问题情境相差甚远。

二、注重评价内容多维,推进学生素养表现

核心素养主要是指真实情境下的问题解决能力,通俗地说,核心素养就是能做事,关键能力是指能做成事,必备品格是指愿意或习惯做正确的事,价值观念意指坚持把事做正确。因此,真正与素养测评匹配的方式不是纸笔测试,而是表现评价,即通过评分规则,评估学生在特定情境中运用所学知识去解决实际问题的过程与结果表现,得出其学业质量达成情况,来推论其核心素养水平。

改进结果性评价,应当从评价的内容作为突破口,明确核心素养发展水平与关键表

现,注重对正确价值观、必备品格和关键能力的考查,注重对价值体认与践行、知识综合运用、问题解决等表现的考查[①]。

毫无疑问,表现评价是素养导向的评价改革的着力点。既然核心素养的表现是能做事,那么便需要建构一个能很好地体现核心素养所描绘的学习结果的评价体系。这个评价体系必须能够检测高阶思维、复杂的认知能力以及在新的情境中解决问题的能力等。与只注重"双基"的客观纸笔考试不同,表现评价不仅评价学生"知道什么",更重要的是评价学生"能做什么";不仅评价学生行为表现结果,更重要的是评价学生行为表现的过程;不仅是对某个学习领域或某方面能力的评价,更重要的是对学生综合运用所学知识进行问题解决和表现能力的评价。因此,表现评价能够检测客观纸笔考试检测不了的学习结果,其在某种程度上主要是针对"高分低能"的问题。

■ (一) 注重评价任务的类型化

学业成就的表现性评价的形式可以有多种,主要有反应题、书面报告、作文、演说、操作、实验、资料收集、作品展示等。面对真实或模拟的任务时,被评价者必须运用已有的知识和技能产生一定程度的创造性方案来解决问题,即建构一种原创性反应,因此,被评价者在这一过程中的表现是真实的或接近真实的,对这一过程的评价也就是评价被评价者真正掌握和运用知识、技能的能力,学业成就的表现性评价就是运用的这一原理。[②] 在这一评价中,学生要完成的一般是比较复杂的现实或接近现实的任务,往往需要他们综合运用多种知识和技能才能完成,因此解决问题时被评价者依靠猜测或答题技巧的成分较少。运用学业成就的表现性评价往往能够测评被评价者实际掌握和运用知识、技能的能力。

研究表明,表现评价大致可以分为三大类:一是构答反应,包括图表或图解、概念图、网络、流程图、图形或表格等;二是作品,包括短文、研究论文、日志或日记、试验报告、诗歌、艺术展览等;三是行为表现,包括口头汇报、舞蹈或运动、演示、小组讨论等。不同的表现评价方式对应着不同的素养目标,需要根据实际情况选择不同的评价方式。

丰富的表现性任务可以让教师深入了解学生学习技能和策略的其他方面。例如,教师可以报告学生在面临困难任务时坚持努力的能力,管理时间完成复杂的、多步骤的任务,以及与他人合作提高个人和团队的表现。这种准备接受高等教育机会和职业道路的证据可以与考试成绩结合使用,以提供对学生能力的更平衡的看法,包括那些对成功至关重要的能力,如有效的学习习惯、良好的合作技能和足智多谋的证据。

■ (二) 优化学习任务的设计策略

那么,指向核心素养的表现评价应如何设计?

首先,要建立一个指向核心素养的表现性评价体系。如美国新罕布什尔州将表现性评价与州问责体系紧密地联系起来,开发和实施表现性评价体系,此体系由共同表现性评

---

① 褚宏启.推进"素养导向"的义务教育课程建设[J].中小学管理,2022(05):59—60.
② 邱均平,王碧云,汤建民.教育评价学理论·方法·实践[M].北京:科学出版社,2016:80—81.

价、智慧平衡评价以及其他测验(如学校表现性评价)组成,通过在各个地区、各个学校落实表现性评价以促进核心素养的落地。[①]

其次,具体化核心素养。核心素养作为教育目的与学习中介之间的桥梁,需要采用专业技术,在二者之间设置层级,保证每一层级的目标可理解、可实施、可评价。

再次,设计聚焦核心概念的表现性任务。指向核心素养的表现评价要为学生提供展示指向素养的真实任务,这里的任务不是依靠简单地回忆琐碎的信息来完成的,而是需要学生深度理解知识,并将知识在真实情境中应用,以达到对核心概念的深度理解。

最后,创建高质量的表现性任务库。任务库中的表现性任务有以下质量要求:一是聚焦核心问题或关键概念且与教学一致;二是注重学生参与并强调课程的重要内容,同时注重解决教室外的真实问题并为学生提供解决机会;三是注重公平,评价条件对所有学生都是相同的,不存在任何偏见。此外,也要开发与表现性任务相匹配的高质量的评分规则。评分规则要描述的是可观察和测评的行为表现,各个维度要聚焦且表现水平的表述要清晰。

三、转变评价结果的使用导向,凸显评价的发展功能

从评价的结果的使用,评价结果的解释是对学生获得的学习成果的解读,其重点应放在学生学习过程中核心素养的发展上。针对不同学生的特有学情,对学习成果作出个性化、发展性的解读。针对学生在学习活动中的表现与反应,给予必要的、及时的、适当的鼓励性评价和指导性评语。评语既要简练、中肯,又要有针对性、有感情、有重点,使学生准确了解自己的学习结果,体验成功,发现不足,知道努力的方向。[②]

改进结果评价,对于中小学而言,需要聚焦立德树人。立德树人、促进学生德智体美劳全面发展是我国教育的根本目的。从这个根本目的出发,需要转变传统的评价内容观,从单纯地关注成绩,到聚焦学生的学业发展、品德发展、身心发展等多方面的评价。教育评价的灵魂是教育质量提升,教育评价的结果应主要服务于教育质量的改进和提升,应强调以增值评价的形式体现质量改进的阶段性成果,而不是强调学校排名或绩效问责。

■ (一)注重评估结果的科学反馈

课堂评价的目的是促进学生的学习。教师测试学生是为了洞察学生获得知识和技能的情况,但这种洞察力只有从课程目标的角度来观察学生的表现才能获得。学生也是如此,如果学生只把他们的考试成绩看作是代表他们表现的符号、字母或百分比,那么就有可能失去支持学习的机会。学生需要关于他们表现的具体的、可理解的信息,这些信息可以建设性地用于继续和改进学习。

---

① 周文叶,陈铭洲.指向核心素养的表现性评价[J].课程·教材·教法,2017(9):36—43.
② 中华人民共和国教育部.义务教育地理课程标准(2022年版)[M].北京:北京师范大学出版社:38.

在教室里发还评估结果时，一个常见的现象是学生立即看成绩。然后，对评估提供的任何书面反馈——无论是简单的不正确的多项选择题的指示还是对作文回答的广泛书面评论，都会从总结性评分的角度来看待。教师可以先提供书面或口头评论，然后要求学生在接受评分之前做出回应（书面或口头）。这样，反馈就会更具体、更有建设性，因为它是由学生来解释的。

过程数据是评价与技术融合的新方向之一。人工智能、大数据等现代技术的发展推动了评价理念和方式的变革，我们可以利用技术对评价对象进行全方位监测，采集过程数据，实现数据的全过程采集和及时反馈。

首先，技术与评价的融合将评价逐渐扩展到"难以测量的素养"。其次，技术与评价的融合将评价逐渐转向"过程视角"，使评价不仅可以获得阶段性的总结，还可以获得过程数据。利用技术对数据进行全过程、全方位的采集以及自动化分析，评价学生的学习特征与优势潜能，有利于为每位学生建立数据库并提供分析报告，满足学生的个性化发展。最后，评价与技术的融合将评价逐渐转向多维度的综合素质评价。通过评价与技术的深入融合，"考试分数"不再是唯一一把衡量学生学习的尺子，必备品格（如兴趣）、价值观念（如道德感）反而成为教育评价的主要内容。这有利于对学生实行差异化评价，促进学生的个性化发展。与静态的结构性评价过程不同，过程评价是一种对教育行为的动态性、数据性和全面性的过程评价，体现对评价对象（学校、学生、教师、教育活动、教育政策等）的可量化、全周期、多角度、反馈性的评价思维。

■ （二）科学进行评价结果的应用

以评促建、以评促发展成为共识。突出评价的发展性功能成为评价改革的核心，促进形成"评价—反馈—改进"的良性循环。从教育评价的具体实践看，当前，树立科学的价值导向，首要任务是从根本上扭转教育功利化倾向。[①]"唯分数"的教育质量观、评价观背离"人的全面发展"目标，违背了发展素质教育的要求。教育者应有一种自觉认识：分数和成绩不是目的，学校教育首先要育人[②]。对于评价结果的管理，其目的并不是将评价结果的数据信息收集存档，它只是使用评价结果的一种手段。利用评价结果管理的数据信息，容易作出相应的反馈，适当调整教学或学习计划，以更好地促进学生的学习。[③] 使用评价结果促进学生学习的关键在于学生和教师一定要有问题意识，能从评价结果中发现问题。

在评价结果的分析时，衡量学生的学业评价既要关注学生知识与技能的理解和掌握，更要关注学生情感态度价值观的形成和发展。客观的评价有助于培养学生良好的学习习惯，激发潜能，不断鞭策自我，做到学业成绩和素养双提升。科学的多把尺子鼓励学生，不仅看重评价的区分功能，更注重评价的导向功能，不仅看重评价的结果效应，更注重评价

① 张宁娟，燕新，左晓梅，任春荣.构建科学的符合时代要求的教育评价制度——习近平总书记关于教育的重要论述学习研究之七[J].教育研究，2022，43(07)：4—16.
② 张献雨.创新德智体美劳过程性评价方式[J].人民教育，2021，(18)：45—46.
③ 董琼.学生如何深度参与课堂教学评价——促进学生学习与教学改进的评价新取向[J].人民教育，2019，(Z2)：106—109.

的过程推力,让评价产"值"、升"值"。

重要概念

■ 学业成就测验

学业成就测验是一类广泛用于检查学生完成学习任务、掌握知识的广度与深度,以及取得学业进步情况的教育测验。课堂教学中有许多常用的测验类型,每一种测验的编制依据和使用目的都有不同的侧重,时间的应用上也有讲究,教师应该根据实际需要,选择或编制相对应的测验。

■ 标准化测验

标准化测验一般是由学科专家和测验编制专家按照一定的程序,运用教育与心理测量领域的专门知识及统计原理编制而成的,具有较高的效度和信度。测验的施测在适用对象、指导语、时限、评分等方面都有严格的要求,且测验所得的结果有可资比较的标准作对照,可以把每个学生的学业水平与同年龄组的其他学生进行比较。由于标准化测验具有客观性和可比性的优点,它是评价学生学业成绩的重要工具之一。

■ 学生综合素质评价

学生综合素质评价是对学生在学校某一阶段的各种表现情况进行较为准确、客观、全面、公正的评定,包括对学生的优点、可改进点、个性、爱好、特长、能力等方面的小结。对学生的综合素质的评价应该是具体的、可操作的,要落实到学生的可观察到的日常具体行为、表现上来,对一些抽象的概念无法也不能进行等级评价。

综合素质评价是基础教育评价体系的重要组成部分;它以促进学生全面而有个性的发展为根本目的,以更加关注学生成长与发展的过程为评价重心;它着眼于发现学生的优势、特长,注重发挥成长记录、自我描述以及评语等定性方法的作用;它强调评价工作的常态化、规范化实施。

讨论与反思

1. 你认为传统的纸笔测验有什么利弊?
2. 你如何理解学习结果评价的三种视角?
3. 你认为如何优化结果评价来促进学生的全面发展?

拓展阅读

1. Judith Arter,Jay McTighe. 课堂教学评分规则——用表现性评价准则提高学生成绩

[M].国家基础教育课程改革"促进教师发展与学生成长的评价研究"项目组译.北京：中国轻工业出版社,2005.

2. 周文叶.中小学表现性评价的理论与技术[M].上海：华东师范大学出版社,2014.

3. 邱均平,王碧云,汤建民.教育评价学——理论·方法·实践[M].北京：科学出版社,2016.

前沿热点

2020 年 10 月,中共中央、国务院印发了《深化新时代教育评价改革总体方案》。这是新中国第一个关于教育评价改革的系统性改革文件,不仅规定了教育评价改革的具体内容和举措,而且提出了建立"富有时代特征、彰显中国特色、体现世界水平"的教育评价体系的目标要求。

以整体性治理推动教育评价改革深化落地①

新时代教育评价改革是一项重大而复杂的系统工程,牵扯教育内外的诸多因素,需要以整体性治理思维切实推进这一重大改革落地生根。

一要以立德树人为前提,以教育规律为遵循,满足评价对象的个性化发展需求。整体性治理视域下的新时代教育评价改革坚持以人为本,强化育人导向。立足于立德树人这根主线,着眼于全面贯彻党的教育方针,育人为本、德育为先、能力为重、全面发展,尽力为每个学生提供适合的教育。以评价育人,让每个孩子都能成为有用之才,成为德智体美劳全面发展的社会主义建设者和接班人。

二要进行全方位、多层次的整体性整合。整体性治理的核心在于整合。在评价方式上,不再局限于单一方式,而是注重全方位的系统改革。改进结果评价、强化过程评价、探索增值评价并健全综合评价,以增强改革的系统性、整体性。通过建立信任、协调和可持续性机制,在纵向层级结构和横向主体之间建立一种跨层级、跨组织和跨领域的整体性治理机制。以整体性整合的方式推进新时代教育评价改革,能有效避免教育评价改革中存在的改革裂解化和改革碎片化的顽瘴痼疾。

三要吸纳多元主体协同参与治理。教育评价改革是一项复杂的系统工程,涉及学校、学生、社会、政府等不同主体。评价是对事物属性满足实践主体需要程度或效果的评定与测量,评价主体需求、目的、价值观的多元性会导致评价目标、方式、方法和侧重点的不同。注重协商、协调、协作、协同,并妥善处理好这些关系,是推动教育治理体系现代化的前提。在整体性治理中,政府的教育治理角色从"划桨"变为"掌舵",其发挥"元治理"的作用,能够有效解决多元主体的利益分歧和目

---

① 谷亚.以整体性治理推动教育评价改革深化落地[N].中国社会科学报.2022-02-25(004).

标分化、治理活动的碎片化及不可持续等问题。

四要以信息技术赋能改革。教育评价应该是客观的、准确的、公平的、公正的，应该具备科学和理性。教育评价的方法、手段和标准都应该科学化。为此，一方面，要继续大力发展现代信息技术，不断创新评价工具，充分利用人工智能、大数据等现代信息技术，发挥信息技术在收集评价信息、分析评价结果和利用评价反馈等方面的优势，并将现代信息技术发展的最新成果运用于新时代教育评价改革治理中，以完善新时代教育评价改革信息管理系统和决策支持系统。另一方面，要将不同层级、不同部门、不同主体所关涉的信息进行整合，成立统一的新时代教育评价改革治理信息中心，以利于信息资源共享，切实做到以信息技术赋能新时代教育评价改革实践效能的提升。

第十一章
课程与教学评价改革

本章内容导引

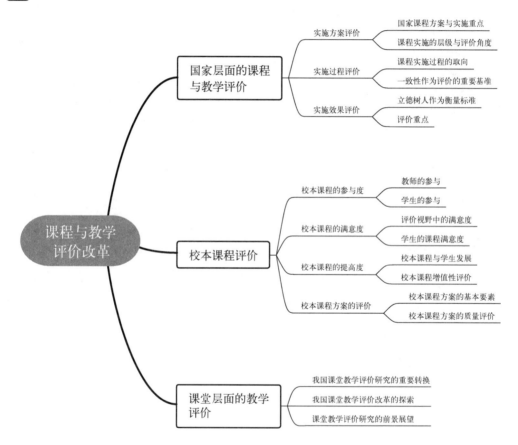

课程与教学评价改革

国家层面的课程与教学评价
- 实施方案评价
  - 国家课程方案与实施重点
  - 课程实施的层级与评价角度
- 实施过程评价
  - 课程实施过程的取向
  - 一致性作为评价的重要基准
- 实施效果评价
  - 立德树人作为衡量标准
  - 评价重点

校本课程评价
- 校本课程的参与度
  - 教师的参与
  - 学生的参与
- 校本课程的满意度
  - 评价视野中的满意度
  - 学生的课程满意度
- 校本课程的提高度
  - 校本课程与学生发展
  - 校本课程增值性评价
- 校本课程方案的评价
  - 校本课程方案的基本要素
  - 校本课程方案的质量评价

课堂层面的教学评价
- 我国课堂教学评价研究的重要转换
- 我国课堂教学评价改革的探索
- 课堂教学评价研究的前景展望

引言

　　课程与教学评价是一个既古老而又年轻的领域。一方面比较正规的课程与教学评价的活动和实践可以追溯到科举时代的考试制度,另一方面从课程与教学系统发展的角度来看,课程与教学评价,仅有百余年的历史。在课程与教学领域中,评价扮演着举足轻重的角色,从功能上而言,评价具有监督、导向、诊断与发展的作用。课程与教学评价的认识和理论的发展,推动了课程与教学的发展。课程与教学评价活动,是中小学最为常见的工作之一。有效的课程与教学评价,能够促进教师更好地教学、学生更好地学习。

本章重点是呈现课程与教学评价的重要议题,主要内容包括:

- 评价的基本认识与常见形式
- 课程与教学评价的发展脉络
- 关于学习的评价的视角
- 国家课程评价与校本课程评价

案例

谢家湾学校秉承"红梅花儿开,朵朵放光彩"的教育理念,努力培养"改良世界的中国人"。坚持孩子们每天有 1.5—2 小时户外体育活动,每天 10 小时睡眠,错峰错时长短课。孩子们用 70% 的时间完成国家课程学科学习,剩下的时间在 200 个社团和 500 个专题活动课程中选择自己喜爱的活动。孩子们根据优势自主选择,发展了更好的自己。[①] 我们评价班级和老师,不仅看考试成绩,更看学习态度、兴趣意志、情绪状态,甚至肥胖率、近视率、参与校外学科培训率等,权重占到 50% 以上。所以,学校的"小胖墩""小眼镜"少,孩子们成为"吃饭好、睡觉好、运动好、心情好、品行好、成绩好"的"六好"学生,形成了爱党爱国、阳光自信、思辨创新等群体特质。

学校也成为教育部减负提质优秀案例学校,获得全国教育领域唯一一个中国质量奖。谢家湾学校在十余年小梅花课程研究中,编写了 50 余万字的学科课时教学目标、152 本 400余万字课程丛书,为孩子们提供丰富、精准而差异的学习支持。区域评价学校坚持素质教育、五育并举的监测导向,学校评价教师教学业绩关注的则是全体学生的平均成绩。只有当老师、家长发现靠机械记忆、反复刷题、超前超纲学习难以取得好成绩时,才能从认识上、方法上摆脱对大量作业和大量培训的依赖。

案例评析:课程与教学的评价改革,从高位的宏观概念到一线的中小学实践,需要立足于学校层面的创新与突破。谢家湾学校立足于校情、学情,科学改进自己的评价体系。以评价内容为例,不仅看考试成绩,更看学习态度、兴趣意志、情绪状态,有效地围绕着学校"六好"学生的目标,科学地设计评价内容,有效地回应了"双减"时代的学习诉求。毫无疑问,中小学学校的教育评价要与时俱进、勇于探索、敢于创新,培养德智体美劳全面发展的社会主义建设者和接班人。

教育评价是指依据一定的教育目标和评价标准,对教育活动达到目标和要求的价值判断过程。在人类活动中,评价具有四种最为基本的功能:一是判断功能,以某种价值观念为尺度,对已经发生的事作出价值判断。二是预测功能,依据已有的经验,预估事物发

---

① 刘希娅.深化中小学评价改革,助力"双减"落地[J].中国教育学刊,2022(04):3.

展的趋势,并对可能发生的事作出超前反应。三是选择功能,通过价值的评估,对"候选者"进行选择。四是导向功能,理想中的人的活动是合目的、合规律的活动,而目的的确立是通过价值的发现、预测、选择的评价才得以实现的。评价是确立目的的基础和前提,因而评价具有了价值导向的功能。[①] 在课程与教学评价方面,最核心、最普遍的概念即考试、评估和监测。

课程与教学评价经历了多个发展阶段。课程与教学评价诞生于 20 世纪 30 年代美国开展的"八年研究"(1934—1942 年)。这一课程与教学评价项目由泰勒领导,以行为主义与科学管理主义为指导。泰勒提出了课程与教学的评价理论发展史上第一个较为完整的评价模式——目标评价模式,该评价模式以特定的课程目标为导向,以明确的、数量化的考试分数来测量学生的学习成果对预期目标的达成度,推动了课程与教学评价的科学化。

20 世纪六七十年代,盘踞课程与教学评价领域的泰勒目标模式也遇到了多方挑战,开始受到了许多学者的抨击与批判,克龙巴赫、格拉泽、斯克利文等评价领域的学者相继指出泰勒的目标评价模式的缺陷,指出目标导向的评价模式过于强调目标的重要性,而目标的表述需要视情况而定,因此这种评价模式并不一定适合教学实际。基于对目标模式僵化性的批判,这一时期出现了各种各样的评价模式,如 CIPP 模式、目标游离模式等,它们不只考虑评价者的需要,更重视评价对象的意见和利益,还关注评价者和评价对象之间的信息交流和思想认识。然而尽管如此,它们仍然脱离不了目标的限制,没有从根本上革新。此外,应答评价模式、差异模式等新的评价模式也被提出,这些评价模式在一定程度上体现了评价的价值取向,尊重复杂的现实和持有不同观点的学习者的需要。总而言之,这一阶段的课程与教学评价具有多样性,主要是为国家和政府的决策服务的,具有明显的政治色彩特征。

进入 20 世纪 80 年代,受后现代主义、建构主义和人文主义等理论的影响,课程与教学评价的发展走向深化发展时期。这一时期评价理念更新,评价理论的视野也拓宽了。其中,美国印第安大学教育学院教授古巴和林肯在提倡自然主义评价模式的基础上进行拓展,在《第四代课程与教学的评价》(*Fourth Generation Evaluation*)一书中提出了"第四代评价"理论,其基本特点是共同建构、全面参与和多元价值。[②] "共同建构"意味着评价是由所有参与评价的人或群体建构的关于评价对象的一种主观性认识,不存在特定的结果标准,不是事实发现意义上的对于事物的实际状态的描述,而是在主观性认识的基础上形成的一致看法。[③] "全面参与"意味着评价的权力不是由学术机构、教育管理部门、学校或教师某一主体独断的行为,还有学生和家长等利益攸关者,他们都应当参与到评价过程中。"多元价值"意味着对价值差异的尊重,人们在评价过程中可能有不同的价值标准,具有多元性,受到不同文化背景差异的影响,体现了个性化需求。

　① 冯平.评价论[M].北京:东方出版社,1995:2—4.
　② Guba, E. G. & Lincoln, Y. S. *Fourth Generation Evaluation*[M]. Newbury Park: Sage, 1989.
　③ 陈如.课程与教学的评价模式与发展特征探析[J].江苏高教,2000(1):71—74.

第一节　国家层面的课程与教学评价

在课程与教学评价领域,国家层面的政策支持与关注日益突显。2014年3月30日,《教育部关于全面深化课程改革落实立德树人根本任务的意见》指出,教育部建立课程实施监测制度,定期对课程实施和教材使用情况进行评估,修改完善课程标准和教材。各地要根据监测结果,加强和改进课程实施工作。高等学校和职业院校要按照人才培养目标,落实课程要求,确保教学效果。2018年8月15日,《教育部关于做好普通高中新课程新教材实施工作的指导意见》提出,建立课程实施监测制度,确保课程实施质量。建立国家、省两级课程实施监测制度,健全课程建设和管理反馈改进机制。教育部制定课程实施监测方案,对各地课程方案执行情况、课程标准落实情况以及新教材使用情况进行监测。

一、实施方案评价

■（一）国家课程方案与实施重点

国家课程方案是课程改革的总纲、课程育人的蓝图。[①] 国家课程方案是最高层次的课程的载体,属于国家的法规。义务教育课程方案是国家纲领性的教学文件,对各级学校所开设的课程进行宏观设计,规划各门课程的目标、在所有课程结构中的地位、课时比重等。根据义务教育分级管理的政策,地方和学校要坚持国家课程在育人过程中的主体地位,发挥地方课程、校本课程的补充与拓展作用。省级教育行政部门要统筹规划三类课程的实施,科学制定本省(自治区、直辖市)义务教育课程实施办法。学校要做好课程的整体规划,有效实施国家课程,规范开设地方课程,合理开发校本课程。课程方案是制定各科课程标准的依据,也是学校开设与安排课程的依据。教师对国家课程方案的精神也应该有所了解。

课程实施是一个复杂的系统工程,涉及理论指导与技术支持、行政管理与资源保障、主导理念与具体模式、配套措施与师资水平等一系列相关的问题。课程实施需要全面落实新时代教育评价改革要求,强调评价考试的素养导向,倡导基于证据的评价,关注典型行为的表现评价,重视有结构、重记录的过程评价,关注学生真实发展的增值评价,注重对话交流的协商评价,推动考试评价与技术的深度融合。

为贯彻落实党的十九大和全国教育大会精神,依据中共中央、国务院颁发的《关于深化教育教学改革全面提高义务教育质量的意见》文件要求,落实立德树人根本任务,深化教育教学改革,促进义务教育高质量发展,教育部组织专家对义务教育课程设置实验方案进行了修订,形成《义务教育课程方案(2022年版)》(以下称"课程方案")。从国家课程实施的重点和难度而言,强调课程实施要着重提升考试评价质量,强化考试评价与课程标

---

① 义务教育课程方案修订组. 育时代新人绘课程蓝图——义务教育课程方案(2022年版)解读[J]. 基础教育课程,2022(09): 15—22.

准、教学的一致性,促进"教—学—评"有机衔接;要增强日常考试评价的育人意识,因时因事因人选择评价方式和手段,增强评价的适宜性、有效性;增强作业针对性,丰富作业类型,合理安排难度,提高作业设计质量,提升学生学习有效性;优化试题结构,增强试题的探究性、开放性、综合性,提高试题的信度与效度。

■ (二) 课程实施的层级与评价角度

就课程的层级而言,美国著名课程论专家古德莱德,将这个过程中的课程区分了五个层次的形态:一是观念层次的课程,即课程目标、内容和组织等尚处于观念中,往往是由研究机构、学术团体和课程专家所倡导的课程。二是社会层次的课程,即国家和地方通过各种政策法规和课程指南来规定的课程,如课程计划、课程标准和教材等。三是学校层次的课程,即根据学校特色和需要对社会层次课程进行选择和修改的课程。四是教学层次的课程,即教师规划并在课堂上实施的课程,是教师"理解"并"运作"的课程。五是体验层次的课程,即学生体验到的、被内化和个性化的课程。[①]

中小学课程集中体现国家意志和社会主义核心价值观,是学校开展教育教学的基本依据。为进一步加强课程管理的科学性、规范性、实效性,更好地发挥课程在立德树人中的核心作用开足开齐国家规定的课程,是课改第一阶段的基本要求。中共中央、国务院印发的《深化新时代教育评价改革总体方案》提出了明确的目标:"到 2035 年,基本形成富有时代特征、彰显中国特色、体现世界水平的教育评价体系。"[②]2021 年,教育部等六部门关于印发《义务教育质量评价指南》正在向着这一目标前进。其中"办学方向"部分提到的"加强党建工作""坚持德育为先","课程教学"部分提到的"落实课程方案,开齐开足开好国家规定课程""优化教学方式,坚持因材施教、努力教好每名学生"等,多处彰显了中国特色,向人类贡献出了教育评价改革的中国智慧。

从 2017 年高中课程方案的中课程实施与评价的阐述来看,主要从开齐、开足、教好的三个角度出发。国家课程方案监测可以整合成三个维度来建构,这三个维度既可构成一个立方模型,也可构成三个既相互独立又具有递进关系的观测点。[③]"开齐"代表学校层面的课程设置与国家或省级教育行政部门颁布的课程方案的一致性,开齐国家规定的各类课程,特别是综合实践活动、技术、艺术、体育与健康等课程;"开足"代表这些开设的课程是否符合相关规定的课时要求,课时超出和不足都属于不符合要求;"教好"代表教师、学生在课程方案实施过程中投入程度高、满意度高、教学行为好、教学质量高等。

二、实施过程评价

■ (一) 课程实施过程的取向

关于课程实施取向的研究,最为大家熟知和广为引用的是斯尼德尔(Snyder)等人提

---

① 张华. 课程与教学论[M]. 上海:上海教育出版社,2000:232.
② 中共中央、国务院印发《深化新时代教育评价改革总体方案》[N]. 人民日报,2020 - 10 - 14(001).
③ 雷浩. 打开"黑箱":从近 15 万张学生课程表看国家课程实施现状与走向[J]. 教育研究,2020(5):49—58.

出的忠实(fidelity)取向、相互调适(mutual adaptation)取向和课程创生(enactment)取向。这三种取向构成了一个连续体,囊括了实施中一切可能与不可能的情况。从我国的课程实施现实而言,一方面,忠实取向的课程实施是不可能存在的,因为课程实施中的两个主体——教师和学生都是活生生的人,教学离不开他们的情感、动机与价值观,何况学校与课堂在情境方面又存在着如此大的差异,教师势必要灵活地处理这种差异;另一方面,三种取向的划分缺乏现实的执行力,如"相互调适"如何调适,调适的依据与标准是什么,"课程创生"创生什么,创生的依据与标准又是什么,这些核心问题都是没有答案的,因此,它对教学缺乏实际的指导意义。更关键的是,它无法为回答我们前面提到的、我国当前正面临的课程实施问题提供适宜的概念工具。这促使我们从我国的传统和现实出发,尝试提出更具本土性的课程实施取向分类。[①]

从历史的角度来看,我国的课程实施或教学主要有三种类型:一是基于教师经验的课程实施,二是基于教科书的课程实施,三是基于课程标准的课程实施(教学)。当前,尽管有了国家课程标准,倡导教师应该基于课程标准开展教学,但事实上很多教师还是依据教科书来实施课程。

第一,基于教师经验的课程实施。基于教师经验的课程实施就是教师凭借自身所具备的知识和所信奉的理念开展教学,"教什么"和"怎么教"主要依赖于教师自身的经验,"为什么教"和"教到什么程度"还没有真正进入教师关注的领域。这种课程实施取向主要存在于普及教育和教科书(正式的学生课本)出现以前。

第二,基于教科书的课程实施。基于教科书的课程实施,也就是我们通常所说的"教教材"。基于教科书的课程实施的基本特征集中体现在以下两个方面:(1)基于教科书的课程实施中的"课程"几乎等于教科书,大家把教科书视为唯一的课程资源,把教科书看作是学科知识体系的浓缩和再现,是学科知识的载体,是教学内容的组织与呈现。(2)教师在基于教科书的课程实施中成为照本宣科的"教书匠",无论是农村地区的教师还是城市的教师,无论面对的是怎样的学生,也无论在什么样的学校。

第三,基于课程标准的教学,不是要求所有教师教学标准化,也不是一种具体的教学方法,更不是像有些教师认为的"课程标准涉及到的内容我就教。课程标准没有涉及到的内容我就不教"。确切地说,基于课程标准的教学要求教师"像专家一样"整体地思考标准、教材、教学与评价的一致性,并在自己的专业权力范围内作出正确的课程决定。

■ (二)一致性作为课程实施过程评价的重要基准

开展课程实施监测是深化义务教育课程改革的必然要求,其中尤以针对具有基础性、实践性和综合性特征的科学类课程实施状况进行监测最具现实意义。进入 21 世纪以来,世界各国都在进行课程改革,都特别强调课程实施层面的问题,不仅出台了各种保障实施过程质量的措施,还确立了大量的课程实施监测项目,开发各种课程实施监测的相关框架,开展各具特色的课程实施监测实践。

---

① 崔允漷.课程实施的新取向:基于课程标准的教学[J].教育研究,2009(1):74—79+110.

在国际层面,PISA、TIMSS、PIRLS、TALIS 等调查项目都表明课程实施质量受到普遍的重视。课程实施过程的评价主要关注课程标准与评价一致性,国外已经研发了多个系统规范的一致性分析工具,最具代表性的三种一致性分析模式是韦伯一致性模式(Webb,以下简称"韦伯模式")、成功分析模式(Achieve)和课程实施调查模式(Survey of Enacted Curriculum)。

韦伯模式由美国学者韦伯在 1997 年开发,是最早的一致性研究工具。韦伯模式从四个分析维度进行分析,分别为知识种类一致性(categorical concurrence)、知识深度一致性(depth of knowledge)、知识广度一致性(range of knowledge correspondence)和知识分布平衡性(balance of representation)。

成功分析模式是由美国非营利教育测评服务机构——成功公司在 1998 年提出的。成功分析模式主要从"内容集中度、表现集中度、挑战、平衡和范围"四个维度来判断课程标准与评价的一致性,每个维度相应设置多个匹配程度等级。[①]

课程实施调查模式由波特(Porter)于 2001 年开发。其首先把课程标准和测试项目按"认知水平"和"内容主题"两个维度归入两个相同结构的表格,一个表格为课程标准,另一个表格为测试。认知水平一般采用布鲁姆的认知目标分类修订版,一共为六种认知水平,分别为记忆、理解、应用、分析、评估和创造。

三、实施效果评价

■ (一)立德树人作为课程实施效果的衡量标准

立德树人呼唤着课程改革的进一步深化。从国际课程改革的趋势上看,趋向多样化、开放的、发展的课程结构,把培养全面发展的人作为课程设置的目标;更加强调批判思维能力、问题解决能力和知识创新能力的培养;课程体系更加注重现代核心课程,强调课程内容之间的有机渗透,同时突出多元选修课程;课程管理更加注重学校与地区教育部门的协作机制、灵活多样的课程安排。[②]

■ (二)课程实施效果的评价重点

要了解一个国家教育质量的好与坏,可以透过基础教育课程实施效果来界定。对于基础教育课程的实施效果做出科学的评价,可以将基础教育自身的办学水平、教师的教学与学生的学习情况,做出直观的描述,成为家长、学生、社区根据自身需求,选择适合自身学习需要的项目、活动的一个参照依据。

从理论上讲,对课程实施的效果做探讨的前提是,课程是有投入、过程和产出的。教育可以视为具有生产性功能的系统,教育质量经典的系统框架来自于联合国全球质量监测报告所应用的基本框架。2016 年,联合国全球教育监测报告《教育造福人类与地球》

---

① 岳喜腾,张雨强. 基于课程标准的学业成就评价:韦伯模式之研究[J]. 全球教育展望,2011(10):79—85.

② 中国教育科学研究院课程教学研究所课题组. 深化课程改革是落实立德树人根本任务的必由之路[J]. 中国教育学刊,2017(7):1—6.

(2016 Global Education Monitoring Report-Education for people and planet: Creating sustainable futures for all)中对教育质量框架进行了新的调整[1]。质量框架的核心是学习和学习者,以及以输入、过程、输出的基本要素的特征所区分的教育质量标准。学校和课堂环境,主要分为三个方面,即教师和教学过程、学校领导力与管理、结构与材料输入。

"实施效果评价"一般是通过对学生的发展评价来确定的。从当前实践而言,学生发展核心素养已经成为我国基础教育领域的热词。核心素养作为学生应具备的、能够适应终身发展及社会发展需要的必备品格和关键能力,被视为课程发展的重要着眼点,也是衡量课程实施效果的关键。核心素养紧扣我国培养德智体美劳全面发展的社会主义建设者和接班人的教育方针。无论是国家课程,还是校本课程,都必须围绕着这个根本目标展开。国家课程实施效果的评价,就是要回答好、解决好、明确好基础教育的培养目标问题,即要培养什么样的人的问题。关注学生的增值性、发展性正成为衡量课程实施效果的关键。增值性评价(value-added assessment)作为评价学生在一段时间教育过程后的"成长",以变化取代原来对学生在某一个特定时刻的状态的关注。这种评价方式将学生原有的学业成绩及家庭背景等多个因素考虑在内,提出一个合理增长的模型。它不仅关注学习过程的最后产出,更看重学习过程所带来的增长,凸显了"以人为本"、尊重每个学生的教育理念。[2] 增值性评价不但通过多元方式测试学生的听、说、读、写、动手操作等多方面能力,对"五育并举"的教学效果进行综合考查,还注重考查学生团结、创造、探索等过程性表现,从而更好地以学定教。

第二节　校本课程评价

校本课程源于对 20 世纪五六十年代课程发展趋势的反思,发展于 20 世纪 70 年代,并逐渐成为课程改革的一个重要领域。随着我国教育改革的深入和素质教育的推行,在新一轮的课程改革中,有关素质教育的种种理论与实践正逐步成为各级各类教育的主流思想。在此背景下,我国于 2000 年正式将校本课程同国家课程、地方课程并列,形成了国家、地方、学校的三级课程管理体制;强调要以学校为本位、以学校为基础、以学校为中心,关注教师与学生的课程主体地位,顾及学校与社区的特殊环境和需要,呼吁要以学校为基地,结合学校与学生的特点进行课程开发、实施、评价。

构建科学完善的校本课程评价体系,是促进学生核心素养发展、落实立德树人教育根本任务的重要抓手和有效手段。由学校自主开设校本课程,是基础教育课程改革中的一项重要举措。根据《基础教育课程改革纲要(试行)》规定,校本课程与国家课程、地方课程

---

① Unesco. *Education for People and Planet: Creating Sustainable Futures for All: Global Education Monitoring Report Summary*[EB/OL]. 2016. https://en. unesco. org/gem-report/report/2016/education-people-and-planet-creating-sustainable-futures-all.

② 谈松华,黄晓婷. 我国教育评价现状与改进建议[J]. 中国教育学刊,2012(1):8—11.

并存，是学校课程体系中不可缺少的部分。校本课程开设的初衷在于"增强课程对地方、学校及学生的适应性"；学校主体有"开发或选用适合本校的课程"的权利和义务；校本课程开设的依据是"结合本校的传统和优势、学生的兴趣和需要"。如何衡量学校层面校本课程的质量，做出合理的评价，是一个值得深入思考的问题。通常而言，校本课程评价最基本的内容，包括课程的参与度、满意度和提高度，以及校本课程方案的评价。

一、校本课程的参与度

学习不是一种孤立、封闭式的行为，同样的，教学也不应该是单向的、无交流的说教。无疑，任何一门课程的有效实施，离不开教育情境中诸多要素的参与。参与度可以作为测量教师和学生在校本课程实施过程中所付出的时间和努力程度，以及课程本身所吸引学生参与到有效学习活动中的力度。

■（一）教师的课程参与

如果学校的课程发展有一线教师参与，可能会更能吸引其他的教师使用开发出来的课程材料，同时，因为有教师的参与，课程可能会更为清晰、易懂，更容易被其他教师所理解。[①] 三级课程的实施意味着原来属于国家的课程开发的权力部分地下放给学校和教师，从而使课程开发不再仅是学科专家和课程专家的专利，教师也成为课程开发的主体之一。这样，教师不再仅是课程的消费者和被动的实施者，而在某种程度上成为课程的生产者和主动的设计者。

如果把课程限定为"孩子的活动经验及其结果的总体"，那么教师的教育实践本身就是一种课程开发过程，教师无时无刻不在进行课程开发。事实上教师与课程是在相互作用中教育学生的。也就是说，教师不可能超越课程之外开发课程，课程开发也不可能脱离教师，学生既从课程中的教师那里学习，也从教师中的课程那里学习，因而必须考虑这两者之间的相互关系。[②]

教师参与课程开发的目的是使学校课程更加适合学生的需要，促进学生最大程度的发展，但就教师本身而言是确立教师即研究者的信念，在课程开发的实践过程中促进自身的专业发展。所以教师参与课程开发不仅是编制出一系列的课程文本，更重要的是参与课程开发过程本身。

从教师课程参与的评价而言，有研究者将教师参与课程发展视为教师在自愿的前提下，充分运用相应的课程权力和课程能力，通过合作的方式参与课程研究与开发，以促进课程不断发展完善的过程。教师参与课程发展的评价，可以从对教师课程权力的认识、对课程研发的认知度与参与度、对职业压力的感受、专业发展路径调查、参与课程发展的意愿这五个关键维度展开。[③]

① 王建军.教师参与课程发展：理念、效果与局限[J].课程·教材·教法，2000(05)：8—14.
② 傅建明.教师与校本课程开发[J].教育研究，2001(7)：56—60.
③ 周正，温恒福.教师参与课程发展：调查与反思[J].课程·教材·教法，2009(8)：73—78.

■ （二）学生的校本课程参与

课程改革的最终目的是促进学生的发展，而学生只有主体参与课程发展与变革才能获得真正的发展，因此，学生课程参与是课程改革的内在诉求。[①]《基础教育课程改革纲要(试行)》规定"改变课程实施过于强调接受学习、死记硬背、机械训练的现状，倡导学生主动参与、乐于探究、勤于动手，培养学生……合作的能力"，教学过程中"教师应与学生积极互动、共同发展……创设能引导学生主动参与的教育环境，激发学生的学习积极性……使每个学生都能得到充分的发展"。该纲要从学生学习方式的转变到教师教学行为的调整等多层面上都蕴涵着浓郁的学生参与思想，呼吁学生以课程主体的身份参与到课程变革中来，实现学生与课程的共同发展，进而推动课程变革的顺利前行。

学生在校本课程参与中可以扮演四种重要的角色：[②]第一，学生作为课程的规划者。即学生自主设计课程，或者与教师一起规划新的课程以及为课程开发制作预算。第二，学生作为课程的评价者。即学生检验课程的有效性，自主或协同开展改进课程开发的调查活动。学生开展的调查活动，往往涉及成人研究者没有想到的视角和议题。学生向课程负责人展示基于数据的结论和建议，课程负责人的责任是接纳学生的建议或解释为什么他们不想或者不能这样做的原因。第三，学生作为课程的任课教师。即学生担任教师的教学助理，学生与教师或同辈搭档讲解课程，学生对同龄学困生进行辅导或学生教成人以促进其专业发展。第四，学生作为课程资源的开发者。即学生通过多种努力，为课程开发争取资源。

泰勒在《课程与教学的基本原理》一书中指出，学习在本质上是通过学习者自身的经历而发生的，是学习者通过对自身所处环境所产生的反应而发生的，是学习者的主动行为；学习者学到什么取决于他自己做了什么，而不是教师做了什么，因此，教育的关键手段是教育环境向学生提供的经验，并不是展现在学生面前的东西；经验指的是学习者与环境之间的互动，学习者是一个积极的参与者，环境中某些特征吸引着学习者的注意力，学习正是学习者对这些环境中的特征产生的反应。泰勒把学生的主动参与及个体投入学习过程视为学生获得学习经验的重要保证，从而获得实现目标带来的满足感，学生获得满足感反过来推动学生主动参与和投入学习。[③]就学生的校本课程参与度而言，有研究者将学生的校本课程参与从"行为参与、情感参与和认知参与"三个维度来进行分析。[④]

二、校本课程的满意度

校本课程的评价应以学生为中心的理念，关注学生的学习过程和体验，关注学生的满

① 吴支奎.学生课程参与：一个亟待关注的问题[J].教育科学,2009(2)：30—33.
② 曾文婕.深化校本课程开发的四个生长点[J].课程·教材·教法,2014(8)：86—91.
③ Tyler R W. *Basic Principles of Curriculum and Instruction*[M].Chicago：The University of Chicago Press,1949.63.
④ 李红恩.国内高中生校本课程参与度调查研究[J].上海教育科研,2015(11)：39—42.

意度。满意度的问题,最起初是涉及到经济生活中的顾客消费满意度。目前普遍认可并使用的顾客满意度模型 ACSI(American Customer Satisfaction Index),是美国密西根大学发起并研究提出的,由用户期望、感知质量、感知价值、用户满意、用户抱怨、用户忠诚六方面相互关系构成。ACSI 将顾客满意度模型表达成一个具有流向的因果关系系统,用户满意由用户期望、感知质量和感知价值共同决定[①]。

■ (一)校本课程评价视野中的满意度

校本课程满意度主要关注学生的校本课程参与学习过程的满意度,是一种带有情绪色彩的主观感受。校本课程的满意度可以从学生学习后期望达成的程度、对校本课程质量的感知程度、学生对校本课程的认可程度等方面理解。满意度在很大程度上影响着学生的学习动机、投入和效果,进而影响学生发展及学校教育质量的提升。对学生的校本课程的满意度的数据监测,可以从总体满意度水平监测、分层级的满意度水平来着手。分层级的满意度水平,可以根据不同类型的校本课程、不同学段(年级)的校本课程的实施作为切入点。

■ (二)学生课程满意度的调查模型

国外从 20 世纪 80 年代开始对学生满意度进行调查,关于课程满意度的研究成果主要有:瓦利德·艾尔·安萨里(Walid El Ansari)对牛津布鲁克斯大学护理学专业学生课程满意度水平的影响因素进行研究,认为课程的学术水平、学习方式和学习目标三个方面影响学生课程满意度。[②] 测量学校提供的教育教学是否符合学生预期,以及由此产生学生感知质量、学生感知价值等。学生对教育服务的满意可以增加对学校、教师或某类课程的忠诚;反之,学生则会产生对教育系统的抱怨。

我国有研究者借鉴该模型调研学生对传统文化类校本课程的满意度,调研维度分为学生期望、感知质量、价值感知、课程满意度与课程忠诚等五部分。[③] 其中,学生期望与感知质量、价值感知为自变量;课程满意为因变量;课程忠诚是课程满意度的结果变量,是学生基于满意度而形成的心理承诺,表现为学生愿意继续选择或向他人推荐传统文化类校本课程。

三、校本课程的提高度

校本课程评价的一个关键维度是提高度,单单从字面上理解,提高就是使位置、程度、水平、数量、质量等方面比原来高。如何有效地发展学生,提升学生的核心素养,成为当前

---

① Fornell C, Bryant B E. The American Customer Satisfaction Index: Nature, Purpose, and Findings[J]. *Journal of Marketing*, 1996(4): 10—11.

② 周海银. 普通高校课程建设的向度——基于山东省普通高校毕业生课程满意度的调查[J]. 教育研究,2015 (10): 37—46.

③ 吕立杰,丁奕然. 指向学生中华优秀传统文化认同感提升的校本课程调查[J]. 教育研究,2019(9): 56—64.

课程建设、发展、实施的关键主题和核心要求。如果脱离了发展与提高这一课程的基本要求，任何形式地将校本课程纳入到课程体系的尝试，都是在做无用功，发展才是硬道理。校本课程评价视野的提高度，反映在学生经过学习后，知识、能力层面的进步与道德层面的发展等。

■ （一）校本课程与学生发展

校本课程开发的目标与素质教育的目标是完全一致的，不但注重全体性、全面性、主动性，而且注重每个学生发展的差异性、可持续性，从而真正确立"使每个学生都能得到充分的发展"。[①] 校本课程的提高度，可以从校本课程实施后对学生、教师和学校产生的影响做出的评价进行判断。比如：对学生学业的评价，评价的内容不仅包括对学生知识的学习、技能的掌握、心理品德的发展，而且包括学生学习的目的、学习的态度、人生观、价值观、探索能力、综合学习能力、创新意识和实践能力等方面。

校本课程开发，在形式上看是"以校为本"，而隐藏其背后的真正的哲学理念是"以人为本"，以人的充分自由的健康发展为最高目标。以人为本的理念既强调全体学生都得到全面发展，又强调学生的个体差异，让每一个学生都成为与众不同的主体。校本课程开发不仅承认学生的差异，而且满足每个学生的不同的发展需要，以促进学生的最大限度的发展。也就是说，学生的充分发展是校本课程开发的着眼点和目标，因而课程开发不是以学科为中心，也不是以成人（学科专家、教师）为中心，而是注重学生原有的生活经验和学习经验。

校本课程和活动是常规教学的延伸、丰富和补充。在"双减"背景下，不能增加课程内容和学习任务，而是要因地制宜开发和实施国家课程方案中规定的各类课程，包括各种选修课程。课程开发要基于学生的兴趣和需要，课程实施要强调学生的自主选择和自主学习。

■ （二）校本课程视域下的增值性评价

在教育评价领域中，增值性评价是指通过追踪研究设计，收集学生在一段时间内不同时间点上的标准化测验成绩；基于学生自身测验成绩的纵向比较，并考虑其他不受学校或教师控制的因素对学生成绩的影响（如学生的原有成绩水平、人口学因素、家庭背景信息以及学校周围地区的经济发展水平等）。与传统的学生评价相比，增值性学生评价不仅关注学生的最后考试成绩，而且还将学生原有的知识、技能等纳入评价的范围。素质教育要求中小学生全面发展，因此，增值性学生评价同样关注学生在学习过程中的知识与技能、过程与方法、情感态度与价值观的发展。[②]

用增值性评价客观判断不同类型学生的成长，让学生"看见自己"。借助校本课程，落实"五育"并举，要抓住教育评价这个"牛鼻子"。从校本课程对于学生发展的增值的角度，去构建反映学生的发展水平、品德行为、健康状况、兴趣爱好以及学业负担等多方面情况

---

① 傅建明.校本课程开发的价值追求[J].课程·教材·教法,2002(7)：21—24.
② 刘志春,吕宏伟.增值性学生评价探析[J].现代教育论丛,2010(4)：35—38.

的教育质量综合评价体系。用增值性评价考察学校、教师对学生发展进步和能力提升六年或三年影响的净效应,对学校进行多元、综合性评价。

四、校本课程方案的评价

校本课程设计方案是课程开发者(教师)依循既定的课程意图,对课程目标、内容或结构以及课程实施与评价等方面进行预先谋划、安排的文本。[①] 作为师生互动"媒介",校本课程方案对校本课程实施起着定向、引导、促进作用,它不仅集中体现了教师课程信念、课程能力,同时制约师生互动水平并最终影响学生的学习质量。高质量的课程设计方案是保障校本课程效能实现的逻辑前提。在深化课程改革的背景下,我国校本课程设计质量水平究竟如何? 衍生出哪些新问题? 如何通过政策引导进一步提升、推动校本课程持续发展? 这些问题亟待实证性的回应,进而为新时期校本课程的持续发展廓清迷思、指明方向。

■ (一)校本课程方案的基本要素

一般而言,校本课程方案由"学期课程纲要"和"课时教案"两个模块构成。"学期课程纲要"阐明了教师对学期内课程开设状况的整体计划,"课时方案"意指教师在学期课程纲要指导下对一节课如何展开、推进的预先谋划。"学期课程纲要"与"课时教案"围绕基本信息、背景分析及课程编制(教学设计)三个核心要素展开。基本信息主要澄清课程是什么(学习领域)、为谁开发(学习对象)、由谁开发(个人或团队),为更好理解课程方案的设计意图及对方案本身进行客观评估提供依据。背景分析则扼要阐明课程来龙去脉及所开发课程的适切性、可行性、创新性等,以便对校本课程开发质量监控及教师之间分享经验、共享智慧提供便利。课程编制(教学设计)则是对前后相续四个核心问题的回答:让学生达到怎样的目标、提供怎样的经验可以达到这些目标、这些经验该如何组织、如何确定已经达到这些目标,具体而言即如何研制课程目标(教学目标)、设计课程结构(教学设计)、选择课程实施方式(学习方式)、制定课程评价(教学评价)。

好的校本课程规划方案需要整体规划本校校本课程开发的相关内容。校本课程规划是学校校本课程相关活动的行动指南,因此质量的规划方案在内容维度上应是完整的,即规划方案中应包含学校开展校本课程将要面临和处理的所有事件和问题。韩艳梅认为,课程规划方案的内容框架主要包括六部分:背景分析、课程目标、课程结构、课程设置、课程实施、课程管理与评价。[②] 吴刚平认为,学校层面的校本课程方案大体上要描述以下内容:开发校本课程的基本依据、校本课程的总体目标、校本课程的大致结构、校本课程的实施安排、管理与评价细则。[③]

①　郑东辉. 什么样的课程方案评价是好的评价[J]. 当代教育科学,2011(16):13—15,40.

②　韩艳梅. 如何使学校课程从局部零敲碎打转向整体系统设计——学校课程计划的框架及实践分析[J]. 基础教育课程,2013(10).

③　吴刚平. 开设校本课程的若干认识问题探讨[J]. 教育科学论坛,2006(1):14—17.

■ (二)校本课程方案的质量评价

课程方案质量的研究多集中在学校课程规划方案上,对校本课程设计方案质量关注较少。而对学校课程规划方案的质量研究呈现出"价值演绎"与"要素归纳"两种不同的研究模式。价值演绎强调"预设目标"对课程规划方案的统摄作用,视校本课程规划方案质量为预设目标的实现程度,围绕目标实现的价值判断是校本课程设计方案质量评估的逻辑前提。[①] 如周文叶等人认为一份专业化的学校课程规划方案需要满足合目的、合一致、合好用三个关键特征,继而演绎、分解出 18 条目质量评估框架。[②] 专业化的校本课程方案,表现为贴合校本课程特性,突出活动性、体现政策导向性;融合先进课程理念,渗透所属学校的课程文化,体现"教—学—评"一致性的有效教学理念;切合课程开发技术特点,表现为课程名称:清晰具体、内涵明确、背景分析"小、确、信";课程结构的设计契合目标、合乎儿童心理特点;课程实施:学习导向、多元适切;课程评价:聚焦目标、关注过程。[③]

第三节　课堂层面的教学评价

课堂层面的教学评价,是中小学教育实践中最为普遍,最直接的评价领域。课程改革的关键是教学改革,教学改革的主阵地是课堂,只有课堂发生了变革,真正的改革才算发生。以下讨论我国课程教学评价研究的重要转换,以及以"新基础教育"课堂教学改革的评价系统、以课堂观察 LICC 范式为代表的我国课堂教学评价改革的探索,并进一步反思与展望了未来课堂教学评价研究。

一、我国课堂教学评价研究的重要转换

课堂教学质量评价是当前深化学校教育改革、实施新课程标准的关键一环。如何构建体现现代教育观念的课堂教学评价标准,是近年来学校教育改革的中心议题。我国目前的课堂教学质量评价研究正面临着研究主题、评价功能、研究范型三个方面的重要转换。[④]

■ (一)研究主题:从工具理性到价值理性

在传统教育观念的影响下,人们一直将课堂教学评价作为淘汰选拔和对学生进行分等的工具,考核或其他评价程序从根本上决定了每个学生的价值与前途,尤其是在中国形成了

---

① 刘登珲.校本课程设计方案质量研究——基于全国 2 200 份校本课程设计方案的实证分析[J].教育发展研究,2016,36(10):78—84.

② 周文叶.校本课程规划方案质量的实证研究[R].上海:华东师范大学课程与教学研究所,2015.

③ 刘登珲.专业化校本课程设计方案的关键特征及其实现——以 140 份全国人赛获奖作品为分析对象[J].中国教育学刊,2016(07):56—62.

④ 裴娣娜.论我国课堂教学质量评价观的重要转换[J].教育研究,2008(01):17—22+29.

独特的考试文化,并从根本上影响着每一个学生的生存方式和生活方式。现代教学评价研究的主题是促进学生个性的全面发展和良好人格的养成。从工具理性到价值理性,导致评价目标和对象的扩展、丰富,从深层面上反映了教学评价主题从知识论向主体教育论的转化。

传统教学论以知识论为基础,将研究对象仅仅局限于考察和研究发生在学生个体内部观念世界中的内隐封闭过程,纯认知过程,考察和研究已经完成了的认知——知识。因此,课堂教学质量评价被误导为将教学过程仅作为一个知识、技能的"授—受"过程,教学质量关注的是学生掌握知识的数量多少及程序,关注的是单位时间内所规定教材讲授任务的完成。促进学生发展的课堂教学评价作为课堂教学的有机组成部分,特别注重教师和学生的积极参与,在教师和学生水乳交融的活动中展示评价的总结、矫正、促进和催发的教学功能。① 这种现代教学评价,不仅关注教师教的活动,而且更关注学生的学习活动,教与学的互动作为重要的评价内容;同时将教学过程优化所需要的内外部因素、环境和条件均纳入了评价的视野。

■ (二)评价功能:从选拔分等的工具到负载发展功能

区别于教育管理者对教学质量鉴别、分等的功能定位,课堂教学评价标准承载的发展性功能主要体现在以下三方面②。

第一,通过教与学的行为分析,研究学生通过学习是如何实现发展的。学生发展涉及基础知识、基本能力、问题意识、创新意识、实践意识、合作意识的形成,以及发展的关键期等问题。从研究课堂教学策略模式与方法,进而深入到教与学行为方式变革层面。这是一次重要的关于构建评价标准的研究转型。

第二,探讨课堂教学的有效性,把握学科教学的内在规律。研究评价标准,深层的问题在于对学科教学内在规律的把握。抓住"实践与活动""合作与交往"这些重大命题,探讨通过教与学的学习活动以及个体与群体的交往活动,学生是如何学会学习、学会发展的。这是在强调教学过程的实践性、文化性及主体性等特质基础上,将实践活动、交往、主体性作为理论基石,为重新建构现代教学的理论框架,为研究当前教育问题,为改造原教育理论提供一个新的解释系统。这是一种真正意义上的理性的思考和理论的提升。

第三,揭示现代课堂教学的基本特色,形成教学的不同流派与风格。课堂教学评价标准是引领课堂教学改革走向的方向标和指挥棒。而课堂教学评价标准的选择或制定,与课堂教学的价值取向及课堂教学的基本形态是相匹配的。传统课堂教学的评价标准与传统课堂教学主要追求让学生掌握知识的价值取向,以及以教师讲授为中心的课堂形态是高度契合的。③ 评价标准的构建是作为过程而展开的,重在培养教师的教学质量观。教师通过参与研究,有助于反思和克服当前教学实践中不合理的传统教育观念和行为方式,增强实践活动的合规律性与合目的性,增强教育改革的意识,明确教育科学研究的方向和主题,提升教育能力,并形成教学风格与特色。

① 赵明仁,王嘉毅.促进学生发展的课堂教学评价[J].教育理论与实践,2001,(10):41—44.
② 裴娣娜.论我国课堂教学质量评价观的重要转换[J].教育研究,2008(01):17—22+29.
③ 陈佑清,陶涛."以学评教"的课堂教学评价指标设计[J].课程·教材·教法,2016,36(01):45—52.

■（三）研究范型：从重传承知识的演绎推理到人文与科学相结合的整合分析

重构课堂教学评价标准，在研究方法论层面面临的重要挑战是，现代课堂教学评价标准的构建如何体现和坚持评价的形成性、共生性、探讨性和建构性。重构课堂教学评价标准，在研究方法论层面的转型集中表现在如下方面。

第一，评价主体由一元向多元发展。评价主体指能亲自参加教学质量评价活动并能对评价结果作出判断分析解释的相关人员。评价主体的多元化，不仅有教育行政部门，而且有研究工作者，中小学校长、教师、学生家长和社会各方面参与评价。教学质量评价主体的变化反映了世界教育评价发展的趋势和潮流，那就是强调评价过程中的人文因素，人与人之间的对话与交流，重视评价中多种因素的交互作用，强调评价者和被评价者的主体参与，评价主体与客体之间在一定的社会文化环境中的相互建构[1]。关于评价主体，发展和变革的整体趋势就是从"一"到"多"。尤其是在新课程改革的冲击下，课堂教学评价的主体逐渐发生变化，教师、学生、家长等社会群体也逐步参与到课堂教学评价中，教师与学生、领导与同行、骨干与专家、社会与家长等构成了评价的多元主体。[2]

第二，评价主体具有更大的参与度。教学质量评价，作为一种教学观念的价值判断，要求评价主体（主要指教师），不仅要积极参与教学质量评价指标体系的建立，而且要在评价实施过程中能灵活运用评价标准来观察了解教学现象与过程中的行为变化，调整教学目标，及时采取有效的教学策略，保证教学任务的完成。

第三，评价过程从注重结果向重视过程与反馈调节发展。长期以来，在片面追求升学率的影响下，学校教学质量评价仅重视凝固的、静止在某一点上的终结性，而终结性评价又将评价标准定位在学生学业考试成绩的分数上，这是一种误导。现代教学评价，不仅关注结果，更重视过程评价，把评价变成教育、指导和改进的过程。在教学过程中对教学过程进行的评价，其主要作用在于促进教学过程的合理性与正当性，需要深入课堂、深入现场。可以说，过程性教学评价实际上是内部评价、专业评价、现场评价。它只能是由学校进行的自主评价，且只能采用自我评价、学生评价，尤其是同行评价的方式[3]。不仅有横向评价，而且也有纵向的连贯性动态发展的评价，从而使评价从封闭走向开放，真正成为促进师生发展，促进教学质量提高的一种教育方式。

第四，定量研究与定性研究的综合应用。以往的学校教学质量评价，由于将学生考试测验分数作为唯一标准，因此十分强调数据分析，强调以严密的数学方法精确地搜集和处理信息资料，以追求结论的客观性。现代教学质量评价，基于对学校教学质量丰富内涵的认识，不刻意追求实证化评价方式及评价的客观与精确，主张将人文化与实证化评价方式结合，定量评价与定性评价结合，主张采用多种方法搜集教学活动信息，搜集和处理信息的方法，具有立体层次性和全方位性，同时要对各种量化技术的效果进行分析比较，要简明可行，追求评价的有效性，防止形式化。评价的标准及评价结果的解释，从仅用测验分

---

① 裴娣娜.论我国课堂教学质量评价观的重要转换[J].教育研究,2008(01)：17—22＋29.
② 卢立涛,梁威,沈茜.我国课堂教学评价现状反思与改进路径[J].中国教育学刊,2012(06)：43—47.
③ 罗祖兵.有效教学的过程性阐释[J].教育研究,2017,38(09)：99—105.

数的高低作为衡量学校教学质量的重要标志,向强调立体、综合、多层次、全方位发展。

二、我国课堂教学评价改革的探索

"讲好中国故事,传播好中国声音"是新时代背景下的发展需要。中国教育故事是中国故事的重要组成部分,讲明白中国教育实践对于凝练中国教育智慧、提振中国教育工作者的信心、提升中国教育的国际影响力与亲和力具有重要意义[①]。在课程教学评价的领域,我国已经历了长期的探索,形成了许多代表性的课堂教学评价改进的中国实践。

■（一）"新基础教育"课堂教学改革的评价系统

"新基础教育"不是西方某一教育家的思想、某一种教育流派在中国"本土化"的产物,而是植根于本土的果实,散发的是中国教育文化特有的果香。"新基础"改革研究始于1994年,以叶澜为代表的研究团队深入实际,开始了"新基础教育"的研究。[②] 课堂教学的过程改革研究,是"新基础教育"研究中有关课堂教学改革研究的核心构成。[③] 基于"新基础教育"课堂教学改革的实际开展,"新基础教育"课堂教学改革评价系统的形成大致经历了三个阶段:第一阶段以诊断性评价与常规性评价为主要构成;第二阶段以原则性评价与比较性评价为主要构成;第三阶段以全程整体性评价与阶段系统性评价为主要构成。[④]

1. 以诊断性评价与常规性评价为主要构成评价的第一阶段

在第一阶段中,新基础教育课堂评价采用"常规评价"作为外评的主要方式,包括学校内举行的阶段测验、期中考试、期末考试以及由区举行的统测等,主要指向学生学业成绩的测评。教师对每次测验中学生暴露的基础知识和基本技能方面的问题,要认真对待,作细致分析和及时补救。因为该研究在九年基础教育阶段进行,基础知识与基本技能依然是本阶段不可忽视的要求,不应盲目无视或简单否定。何况,在当前我国教育改革的大气候中,常规测评本身也在不断向有利于改革的方向发展。常规测评本身是一个可与非实验班进行比较的指标,不可能受到实验人员的影响,相对满足评价客观性的要求。坚持参与常规测评,也是基于该研究实验的课堂教学过程改革,具有能达到并超越常规性结果评价要求的理性分析,并已有小规模研究测试效应的事实支撑。

在两种评价的结合上,新基础教育把重点放在诊断性评价的改革上。因为其直接指向课堂教学过程改革,以促进过程改革和教师发展为宗旨的评价,它成为实现改革过程的方法与内在组成。这种新的评价品质是"新基础教育"教学改革研究之追求。第一阶段中两种评价的结合,是指向过程和指向结果、自评与他评、内评与外评的结合。

① 张民选,朱福建,黄兴丰,吕杰昕. 如何讲好中国教育故事:需要研探的命题——以中英数学教师交流项目为例[J]. 教育发展研究,2021,41(12):1—10.
② 李政涛. 追寻"生命·实践"的教育智慧——叶澜与"新基础教育"[J]. 中小学管理,2004(04):22—26.
③ 叶澜. 重建课堂教学过程观——"新基础教育"课堂教学改革的理论与实践探究之二[J]. 教育研究,2002(10):24—30+50.
④ 叶澜,吴亚萍. 改革课堂教学与课堂教学评价改革——"新基础教育"课堂教学改革的理论与实践探索之三[J]. 教育研究,2003,(08):42—49.

2. 以原则性评价与比较性评价为主要构成第二阶段

借助于第一阶段的研究基础，"新基础教育"课堂教学过程区别于传统教学的一些基本原则和要求，从而有可能以此为标准评价实验教师的课，即进入"原则性评价"，这体现了"新基础教育"课堂教学追求的"新质"，同时对改革实践具有针对性、建设性和指导性。

"原则性评价"旨在促进教师对内含新质的实践形态的理解、追求与创造，它比"诊断性评价"更强调"新质"的创建任务。对于研究人员而言，运用这一评价的过程，尤其着重于发现教师在课堂上贯彻这些基本原则与要求时，所创造的经验和发生的问题；在听课评课的实践中，注意体现上述原则的具体形态和方法，通过评课，积极利用这些资源，使教师的创造得到传播和发扬，同时为形成体现新原则，且具体的可作定量分析的评价指标体系作积累。

原则性评价采用了以定性为主，定量为辅的方法，为此新基础教育设计了两份"听课记录表"，一份记录课堂教学过程的空间分布和活动形态变换状态，一份记录时间分配、过程行进及其内容的状态（包括每一活动所用时间、师生活动过程实录、记录者过程评点及总评点等几大栏目），在必要的时候还辅之以全程录像。原则性评价的进行过程与诊断性评价基本相同。教师在这一阶段的自评水平明显提高，建设性的内容明显增加，并开始有了课堂生活创造的欢乐体验。在一定意义上，这一阶段是"新基础教育"课堂教学新形态的重要创建期。

3. 以全程整体性评价与阶段系统性评价为主要构成的第三阶段

这一阶段的评价改革主要实现了三个发展。第一，与原则性评价相比，"全程整体性评价"不仅使原则性要求相对具体和指标化，而且通过制定"新基础教育"课堂教学评价指标体系的方式，反映了课堂教学改革的全程性和内在关联性。所谓"全程性"是指指标包括了教学设计、教学过程和教学反思三个阶段，所谓关联性，不仅指全程三个大阶段之间，而且指每个阶段的"项目"与"项目"之间，"指标"与"指标"之间存有内在关联性。

表 11-1 中"开放式导入"，是学生能否启动、教学过程能否生成资源的条件；而教师"回应反馈"的质量，不仅对学生"资源生成"的丰富性、质量有重要影响，而且是能否出现"过程生成"的重要条件。这份评价表在相当程度上刻画出了"新基础教育"课堂教学过程改革的关节点及其内在关联，教学过程交互生成的基本线路，体现了该改革主张结构灵活开放、过程有效互动和动态创生的基本立场①。

表 11-1 "新基础教育"课堂教学设计评价表

项 目	指 标	评 分		
		A(1)	B(0.7)	C(0.5)
教学目标设计	① 教学目标清晰具体			
	② 针对学生实际状态			
	③ 考虑学生发展可能			

---

① 叶澜,吴亚萍.改革课堂教学与课堂教学评价改革——"新基础教育"课堂教学改革的理论与实践探索之三[J].教育研究,2003(08)：42—49.

续　表

项　目	指　标	评　分		
		A(1)	B(0.7)	C(0.5)
教学内容设计	① 体现与生活世界沟通			
	② 体现灵活结构性			
	③ 体现学科教育价值			
教学过程设计	① 师生双方活动形式			
	② 考虑双方活动有效性			
	③ 开放设计有度有弹性			

第二,"指标体系"的制定和运用,实现了直接指向教学过程改革的评价在定性、定量和定级分析三结合的可能。从"表"中可见,"项目"反映了"定性"要求;每项"指标"中所列①②③项,意在测量的不是同一项目的不同方面,而是测量改革达到的层级差异;给每个指标赋予的不同分值,则是定量判定的反映。正因为关注了上述三方面的结合,该评价指标既能记录和判断每一个教师在某一阶段具体教学过程状态中表现出的相对综合和全面的状态,也可对过程中每一阶段呈现的状态、水平作出分析性的判断,有助于教师既看到自己的总体发展状态,又能发现具体的问题所在。

第三,阶段系统性评价是自评与他评、过程与效果相结合的一种评价,它的主要特征是既指向教师个体,又指向学校群体的阶段性多层评价,以中期评价的方式集中进行,且在有关改革成效方面,进行实验学校之间的发展系数与达标水平的比较。在他评的主体方面,凡区域性推进"新基础教育"的地区,请区督导一起参加,因而提升了这一评价的客观性和区域内的权威性。在自评方面,该研究要求展示经常性开展教改研究活动的原始档案和提交教师阶段性小结,并对中期评估期间被抽查到的教师上的课、所作的自评等活动做了全程录像,还对从多角度采集的信息作综合判断。中期评价结束后,该研究对每一所学校都进行了口头反馈,提供了书面文字评语和评分结果。使这次评价呈现出明显的阶段性特征,起到承前启后的作用。

表 11-2　"新基础教育"课堂教学实施过程评价表

项　目	指　标	评　分		
		A(1)	B(0.7)	C(0.5)
积累性常规活动	① 活动节奏恰当			
	② 点面结合灵活			
	③ 活动方式趣味性			

续　表

项　目	指　标	评　分		
		A(1)	B(0.7)	C(0.5)
开放式导入	① 开放合理性			
	② 开放发散性			
	③ 开放深刻性			
资源生成	① 学生有主动活动时间、自主学习有效			
	② 资源生成的丰富性(形式、内容、方向)			
	③ 资源生成的质量(综合、新颖、有创造)			
回应反馈	① 教师回应及时			
	② 回应明确有推进			
	③ 对新资源有敏感性			
过程生成	① 新资源利用程度			
	② 分析比较、综合重组水平			
	③ 形成深入学习新方案			
互动深化	① 生生互动程度(倾听质量、不同意见表达)			
	② 生生互动质量(讨论深化)			
	③ 师生互动程度(教师组织与点拨水平)			
开放式小结	① 总结提炼水平			
	② 内容的延伸性(新问题的提出)			
	③ 作业的开放性、实践性			

　　从"新基础教育"课堂教学改革评价系统的历程与经验出发,研究者强调:不要简单化、孤立化、形式化和教条化地使用初建的"指标体系",以至使原来在改革中诞生、反映改革探索经验、有力促进改革的自创工具演变为自我扼杀的武器。

■（二）以课堂观察 LICC 范式为代表的听评课教学评价探索

　　自 1952 年教研组在我国产生之日起,听评课便成为我国中小学普遍采用的教研方式并活跃于基础教育领域。在我国,各级教育行政部门和中小学形成了一套常规的教学研讨制度。作为学校最常见的一种教研活动,听评课对改进课堂教学、提升教师教学水平和促进教师专业发展具有重要作用。① 作为一种评价方式,"听评课"在我国课堂教学评价中占据着主导地位。课堂变革是当前我国推进素质教育与课程改革的关键,而引起课堂变革的重要因素是听评课制度的改革。②

1. 专业的观察框架与工具

崔允漷研究团队,构建了一种教师同伴合作研究课堂的听评课模式——课堂观察LICC 范式:学生学习(Learning)、教师教学(Instruction)、课程性质(Curriculum)和课堂文化(Culture)。③

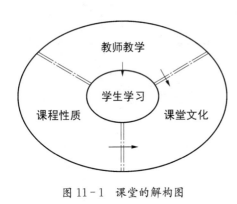

图 11-1 课堂的解构图

其中学生学习是课堂的核心,另外三个是影响学生学习的关键要素,图中的箭头表明各要素间的关系。出于观察的需要,遵循理论的逻辑,将每个要素分解成 5 个视角,再将每个视角分解成3—5 个可供选择的观察点,这样,就形成了"4 要素 20 视角 68 观察点"(见表 11-3)。这 68 个观察点并不是要求每堂课都需要观察 68 个点,它只是说明课堂是非常复杂的,充满着丰富的信息。

通过解构课堂,一是为观察者开展课堂观察提供知识基础或问题基础;二是让观察者认识到个人的能力是有限的,课堂观察需要"合而作之",正如医生碰到个人解决不了的病情就需要会诊一样。这为我们理解课堂、确定研究问题、明确观察任务提供了一张清晰的认知地图和实用的研究框架。

2. 课堂观察的程序

课堂观察是一种专业活动,它需要围绕一个有意义的问题,体验一次完整的合作,完成一项持续的研究。因此,一次完整的课堂观察必须包括课前会议、课中观察与课后会议三个阶段。④

课前会议,是指在课堂观察之前,观察者和被观察者集中在一起进行有效商榷,以了解本堂课的教学情况,确定观察主题的过程。因此,课前会议的核心任务就是明确观察点。课前会议最好是在开课的前一天举行,以便观察者准备观察记录工具或观察量表。会议持续时间视具体情况而定,一般至少需要 15 分钟。其基本程序如下。一是上课教师陈述:(1)本课的内容主题是什么,在该课程中的关系与地位怎样;(2)介绍本班学生的情况,并提供一张座位表,标出 5—8 名"学优生"与"学困生"所在的座位方位;(3)阐述想让学生明白什么,难点在哪里,准备如何解决;(4)介绍本课的大致结构,包括创新与困惑;(5)如何确定学生是否掌握了目标所规定的知识(对经验丰富教师而言)。二是观察

① 方洁. 我国听评课研究二十年:回顾与反思[J]. 西北师范大学学报(社会科学版),2014,51(03):104—108.
② 崔允漷. 听评课:一种新的范式[J]. 教育发展研究,2007(18):38—41.
③ 进一步阅读,可以关注:沈毅,崔允漷主编. 课堂观察:走向专业的听评课[M]. 上海:华东师范大学出版社,2008.
④ 崔允漷. 论指向教学改进的课堂观察 LICC 模式[J]. 教育测量与评价(理论版),2010(03):4—8.

者提问或上课教师作进一步说明，以便观察者确定观察点。三是经过双方协商，大家最后都明确了各自或他人的观察点或观察任务。

表 11-3 课堂的 4 要素 20 视角及观察点举例

要 素	视 角	观 察 点 举 例
学生学习(L)	(1) 准备 (2) 倾听 (3) 互动 (4) 自主 (5) 达成	以"达成"视角为例，有三个观察点： • 学生清楚这节课的学习目标吗？ • 预设的目标达成有什么证据(观点/作业/表情/板演/演示)？有多少人达成？ • 这堂课生成了什么目标？效果如何？
教师教学(I)	(1) 环节 (2) 呈示 (3) 对话 (4) 指导 (5) 机智	以"环节"视角为例，有三个观察点： • 由哪些环节构成？是否围绕教学目标展开？ • 这些环节是否面向全体学生？ • 不同环节/行为/内容的时间是怎么分配的？
课程性质(C)	(1) 目标 (2) 内容 (3) 实施 (4) 评价 (5) 资源	以"内容"视角为例，有四个观察点： • 教材是如何处理的(增/删/合/立/换)？是否合理？ • 课堂中生成了哪些内容？怎样处理？ • 是否凸显了本学科的特点、思想、核心技能以及逻辑关系？ • 容量是否适合该班学生？如何满足不同学生的需求？
课堂文化(C)	(1) 思考 (2) 民主 (3) 创新 (4) 关爱 (5) 特质	以"民主"视角为例，有三个观察点： • 课堂话语(数量/时间/对象/措辞/插话)是怎么样的？ • 学生参与课堂教学活动的人数、时间怎样？课堂气氛怎样？ • 师生行为(情境设置/叫答机会/座位安排)如何？学生间的关系如何？

课中观察，是指进入研究情境，在课堂中依照既定的计划和所选择的记录方式，收集重要相关信息的过程。观察者进入现场后，要遵循一定的观察技术要求，根据课前会议后制定的观察量表，选择恰当的观察位置和观察角度，迅速进入观察状态，并通过不同的记录方式（如录音、摄像、笔录等技术手段），将定量方法与定性方法结合起来，记录所观察到的课堂关键行为和自己的思考。课中观察是整个观察系统的主体部分，所采集到的信息资料是课后会议分析的基础。课中观察的科学性、客观性，关系到研究的信度、效度问题，以及针对行动改进的课后分析报告的质量。

课后会议,是指在课堂观察结束之后,观察者和被观察者针对课堂教学的情况进行探讨、分析和总结,在平等对话的基础上达成共识,并制定后续行动跟进方案的过程。课后会议的持续时间视情况而定,一般至少需要 30 分钟。其基本程序如下。一是上课教师陈述:(1) 这节课是怎样获得成功的? 学习目标是否达成;(2) 谈谈各种主要教学行为(如活动或情景创设、讲解、对话、指导和资源利用等)的有效性;(3) 谈谈有无偏离自己的教案,如有,请继续说说有何不同? 为什么? 二是观察者从不同的角度报告并交流课堂观察的结果,报告时要基于证据、言简意赅、倡导对话、避免重复。三是综合所有的观察结果,形成几点结论和行为改进的具体建议。结论主要体现在三个方面:一是成功之处,即本课中值得肯定的做法;二是个人特色,即基于被观察者本人的实际情况,探究其个人特色,逐步澄清其教学风格;三是存在的问题,即根据本课存在的主要问题,基于被观察者的教学特征和现有的教学资源,提出几点明确、具体的改进建议。之后,如有可能,可再进行跟踪递进式观察。

总之,在大力提倡校本教研、教师成为研究者的今天,关于听评课活动的研究正在成为当前的研究热点领域。然而,听评课活动不仅是草根式的教研活动,更应该在教育理论工作者的专业引领之下进一步走向专业化。因此,一线教师也要成为听评课研究的主体,并采用多样化的研究方法,使听评课的研究真正关注实践变革,深入学科内部,进一步走向深入。

三、课堂教学评价研究的前景展望

课堂教学评价是提升课堂教学质量的必要之径,是课堂教学指向发展和育人的重要保障,其重要程度决定了它将是我国课堂教学领域中应长期坚持的重点的研究方向。为更好地促进课堂教学评价研究,需要做好以下努力和准备。

■ (一)深化理论研究,做到理论研究与实践研究的视域融合

加强课堂教学评价研究的论域与论题研究。如评价与人的发展问题,评价与教学的关系问题,评价的多元价值取向问题,评价的人文性与科学性问题,评价理论与实践的问题等。深度分析和把握这些重大问题,对于未来课堂教学评价理论的提升与构建具有重要的解释意义。[①] 加强课堂教学评价的元分析研究。元分析是对整个课堂教学评价体系和实践所进行的评介和析理,具有专业化和理论化的特性,其分析的目的也多是用于评价理论的改进和完善,其分析主体则是更加专业的教育理论研究者,因而这对于推动课堂教学评价理论的研究大有裨益。

加强对中国故事、中国本土化的课堂教学评价实践经验的提炼和总结研究。实践为理论提供例证,加强理论的可靠性和说服力;实践为理论的形成和发展提供基础;实践起诱发灵感和智慧的作用,是思想火花、新思路的引爆机制。增强课堂教学评价研究者的理论水平和理论自觉意识。作为研究者,要积极转变偏向实践逻辑的研究思路和单线思维,提高自身的理论研究水平和意识,做到理论研究和实践研究视域的有效融合。

---

① 刘志军,徐彬. 我国课堂教学评价研究 40 年:回顾与展望[J]. 课程·教材·教法,2018,38(07):12—20.

■（二）促进课堂教学评价研究内容的多元化，评价视角多元

课堂教学评价研究内容的多元化促使课堂教学评价视角的多元化。在已有的课堂教学评价研究中，多元视角的课堂评价已经崭露头角，但是已有的评价视角相对单一、独立和封闭，未来的课堂教学评价视角应是综合的、多层次和全方位的。

重视学生和教师的自我评价，发挥评价的发展性作用。在评价之中应突出教师和学生评价地位的重要性，各个评价主体之间还应加强沟通和理解，共商共享各自所评的结果，促使评价结果更加全面和立体。完善课堂教学评价方法的多元化。注重有效选择和综合运用量化的方法和质化的方法。完善课堂教学评价结果的多元应用研究。如明确评价结果反馈的对象及其需求，清楚结果反馈的目的和内容要素，分析各种结果反馈形式的优缺点并正确使用，构建起评价结果反馈与发展之间的通道。

■（三）深化课堂教学评价指标体系的研究，推动课堂教学评价个性化标准的构建

为了契合教育促进人的全面而个性的发展的目的，课堂教学评价的标准应兼有对人的共性和个性两者的全面关照，课堂教学评价指标体系不仅只停留在求同和强调共性的表面研究，还要加大其在存异和注重个性的深度研究。因而，为了加强课堂教学评价指标体系的深度研究，提升评价对教师的个性化教学活动和学生的个性化学习活动的关注度，强调构建个性化的课堂教学评价标准的研究已经刻不容缓。要针对不同类型课堂教学设计不同的评价标准。教师的课堂教学活动绝不是统一的、一成不变的，而是多样化的且不断发展的①。

■（四）促进教育公平，增强课堂教学评价育人环境创设的研究力度

课堂评价不仅能够对教学进行及时反馈，提高评价的时效性，还能够让学生清晰地制定自己的学习目标并进行自我比较而不是与其他学生进行比较来监控和调整目标，提高学习效果②。提高课堂教学评价的教育力课堂教学评价的育人环境指的是以育人为目的且充满民主和谐氛围、利于师生教学相长和学生发展的环境。它不仅包括知识的掌握、能力的培养，还注重学生自主性、主动性和创造性的发挥，也强调学生将其所学的知识真正融入自身的知识结构之中，使之能够自由自觉地适应社会，并在社会上得到良好的发展。用多种评价方式，提高教学评价结果的公平性，发挥教学评价的正向效用。

重要概念

■ 八年研究

八年研究（Eight-Year Study）亦称"三十校实验"，是美国进步教育协会 1933—1940

---

① 罗祖兵,郭超华.新中国成立 70 年课堂教学评价标准的回顾与展望[J].中国教育学刊,2020(01)：55—61.
② 薛辉,徐文彬.国际教学评价研究：发展动态、热点与前沿——基于 Web of Science 数据库的知识图谱分析[J].外国中小学教育,2019,(09)：71—80.

年在中等教育方面开展的一项调查研究活动。因历时八年,故名八年研究。这项研究旨在对进步主义学校毕业生和传统学校毕业生在大学的学习情况作对比分析,以便了解两类不同课程、教法的优劣,以及大学入学考试科目对于大学学习是否必不可少,进步主义学校的课程、教法是否同样能为学生升入大学作准备等问题。

八年研究中的课程改革,被泰勒视为 20 世纪五项最有意义的课程事件之一。1930 年代的大萧条使许多中学毕业生面临找不到工作的问题,只好又回到中学注册。他们既没有进入大学学习的准备,又缺乏相应的就业能力。面对这种情况,许多美国中学校长提出或赞成重新制定中学的课程和教学计划,同时又避免使学生完全失去升入大学的机会。于是,进步教育协会率先开始进行课程改革的实验。合作中学的课程改革不仅是贯彻进步教育思想和理念的过程,而且也是形成课程开发理论的过程。在这个过程中,美国现代课程的基本理念逐渐清晰,那就是课程开发是实现教育目的的手段,课程改革本身并不是结果,无论是重建的新课程还是重组修订的课程都是达到教育目的的手段。

教材评估

狭义的教材评估是指对教科书进行的价值判断。广义的教材评估是指对教科书、音像教材、讲义等教学材料进行的价值判断,即分析教学材料在帮助学生学习,促进学生智力和思想品德成长方面的有效性、可靠性和可行性,判断教材的功能效益水平等。教材评估的指标体系有:(1)教学水平,包括内容及其分量的规定性、可接受性、启发性,以及例题、习题和思考题的典型性、综合性、实用性和创造性;(2)科学水平,包括内容的理论性、实践性、系统性、先进性、正确性;(3)思想水平,包括内容的思想性、思想方法的正确性及逻辑性;(4)文、图水平;(5)印刷装订质量。好的教材,内容应符合教学大纲要求,分量适当;有较强的思想性、科学性、系统性,在结构安排、内容选择、原理和方法的阐述等方面有见解、有特色;能体现理论与实践相结合的精神,能反映国内外最新科研成果和动态;文理通顺,图表清晰。

教学评价

教学评价是判断、衡量、评定教学所起的作用或产生的价值,功能是调节、激励、促进教学。《中国大百科全书》(教育卷)把教学评价称为成绩评定,解释为"根据教学目的、任务对教学效果作出价值判断的手段,又是提供教学活动所需信息的途径"。《教育大辞典》把教学评价定义为,基于所获得的信息对教学(或实验)效果作出客观衡量和判断,基本范围包括教学目的、教学内容、教学方法的选择和合理运用,教学过程诸环节的有机结合及学生学习的积极程度等。

教学评价有三条具体标准。(1)效果标准,指每个学生在某一时期内,根据所提出的任务,尽自己最大可能所达到的知识、技能、思维素质和智能发展方面的实际水平。(2)时间标准,指评估教学应具有速度和时间的意义,即要表明学生在规定的时间内,根据现行教学大纲的要求需达到的应有水平。(3)活动性质标准,指教学评价不仅要考虑效果,还要评价取得效果所采取的手段和方法的教育性质。教学评价的基本方法有测验法、问卷法、观察法、调查法、实验法等。

■ 课程评价

课程评价是对学校课程进行的价值判断,是指根据人才培养目标对课程设计、课程条件、课程实施过程、课程实施结果进行定量测量和定性描述,进而做出的价值判断,并寻求改进课程途径的一种活动。当前课程评价的趋势表现出四大明显的特征:质性评价与量化评价相结合;评价主体的多元化;强调课程评价的真实性和情境性;评价类型从结果性/总结性评价转向形成性评价/过程性评价。

■ CIPP 模式

CIPP 评价模式包括四个步骤:背景评价(context)、输入评价(input)、过程评价(process)及结果评价(product)。这四个步骤的英文缩写为 CIPP。斯塔弗毕姆认为教育评价不应该局限于目标的达成,而是一种广义的评价,评价最重要的目的不在于为评价对象的优劣提供证明,而在于改良评价对象。背景评价是对所实施的方案的各种背景进行分析,确定方案目标的原则,决定方案实施的场所。输入评价即对方案设计的评价,以便筛选出经济适用的最佳方案。过程评价即对方案实施的过程进行评价,为日后改进方案而提供一份真实的记录。成果评价即是对方案的成就进行测量、判断,决定是否继续、终止、修订、调整某项变革活动。

讨论与反思

1. 你如何理解课程与教学的评价?
2. 为什么要进行国家层面的课程评价?
3. 如何进行国家层面的课程方案评价?
4. 你认为校本课程评价的关键是什么?

拓展阅读

1. 崔允漷. 学校课程实施过程质量评估[M].上海:华东师范大学出版社,2017.
2. 经济合作与发展组织. 为了更好的学习:教育评价的国际新视野[M].上海:上海教育出版社,2019.
3. 陈玉琨. 教育评价学[M].北京:人民教育出版社,2019.

前沿热点

《义务教育道德与法治课程标准(2022 年版)》指出,学业质量标准旨在引导教师转变育人方式,树立科学的学业质量观。学业质量标准是指导评价与考试命题的基本依据。

评价是指挥棒,学业质量标准有助于"倒逼"教育教学改革,引导教学方式变革,实现"教、学、评"的统一。

道德与法治新课标:学业质量标准引导"教学评"改革[①]

2022 年 4 月公布的新版义务教育课程方案和课程标准,首次在各学科的课程标准中明确提出了学业质量标准。与以往的课程标准相比,这是一个重要的创新与发展。学生通过课程学习,是否实现了核心素养、实现程度如何,需要以学业质量标准衡量。因此,认识学业质量标准"是什么""有什么用""怎么用",是打通课程标准落实核心素养"最后一公里"的关键。对于道德与法治学科而言,如何用学业质量标准引导教学、落实核心素养要求,有很多问题值得深入研究。

学业质量标准是对学业成就的整体刻画

在新版义务教育课程方案和课程标准中,使用了核心素养、课程目标、学业要求、学业质量标准等概念。它们之间有联系,也有区别。《义务教育道德与法治课程标准(2022 年版)》指出,核心素养是课程育人价值的集中体现,是学生通过课程学习后逐步形成的正确的价值观、关键能力和必备品格。课程目标是核心素养在课程中的具体化,是学习课程内容之后应达到的素养水平。课程有总目标和学段目标。总目标是在课程学习之后,核心素养实现的总体要求。学段目标是课程总目标在每个学段的具体化。在课程内容中设置的学业要求,是对课程内容学到什么程度、达到什么水平的具体规定,是学习特定内容的学业要求。

《义务教育道德与法治课程标准(2022 年版)》指出,学业质量是学生在完成课程阶段性学习后的学业成就表现,反映学生发展核心素养的要求。学业质量基于核心素养,是在完成某一阶段的课程内容学习之后核心素养实际达到的水平,反映课程目标和学业要求的达成度。

学业质量用学业质量标准来衡量。学业质量标准是以核心素养为主要维度,结合课程内容,对学生学业成就具体表现特征的整体刻画。核心素养、课程目标和学业要求,是制定学业质量标准的依据。

理解学业质量标准的内涵,需要把握以下五个要素:

一是核心素养。学业质量标准反映学生发展核心素养的要求,是经过了课程学习之后所达到的核心素养发展水平。学业质量标准是核心素养的具体化表达。

二是课程内容。道德与法治以道德教育、生命安全与健康教育、法治教育、中华优秀传统文化和革命传统教育、国情教育、入学教育等大主题组织课程内容。学业质量标准是这些大主题课程内容学习之后所达到的核心素养水平。

---

① 改编自:冯建军.学业质量标准引导"教学评"改革[N].中国教育报.2022-06-17(009).

三是学段特征。义务教育的学业质量按学段设置,六三学制的学段为"二二二三",科学描述每个学段的学业质量特征,保持学段的独特性和学段间的一致性、进阶性。

四是问题情境。素养是在一定的问题情境中通过解决问题形成和发展的。因此,在学业质量标准的描述中,必须有问题情境,要在真实的问题情境中,发展学生运用知识发现问题、分析问题、解决问题的综合性能力和品质。

五是学业成就的具体化。学业成就不是单方面的知识、技能,而是一个包含知情意行的素养整体。但这个整体不是笼统的,而是具体的。学业质量标准是在不同学段,依据情境的复杂程度和对知识技能的不同层次要求,对学生道德品行和能力的可见、可测的具体表征。

第五部分

课程与教学治理

◎ 课程与教学领导

◎ 课程与教学管理

◎ 课程与教学绩效问责

第十二章
课程与教学领导

本章内容导引

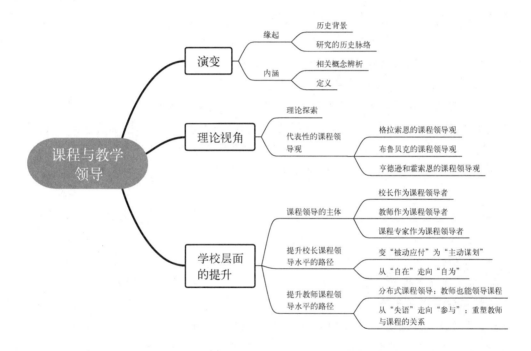

引言

    课程与教学领导是课程与教学和领导的结合,并且它与治理有着十分紧密的联系。课程与教学领导是一种不同于课程与教学管理的新的治理观。在课程与教学领导的背景下,传统学校的工具型组织角色已经不能满足其要求,由工具型组织走向学习型组织是课程与教学领导下学校角色转换的必然要求。了解课程与教学领导的历史脉络与内涵、把握好课程与教学领导的理论视角,在学校层面充分释放课程与教学领导的价值,对于推进中小学高质量育人、课程与教学高质量发展具有重要的意义。

    本章重点是呈现课程与教学领导的丰富意涵、课程与教学领导理论视角,重点解决学校层面的课程与教学领导力的提升。主要内容包括：

- 课程与教学领导的历史脉络与内涵分析
- 课程与教学领导的理论视角
- 学校层面课程与教学领导力的提升

 案例

提升课程领导力的重点工作①

1. 学校课程计划的研制与校本化实施

学校要按照课程方案和课程标准的要求，开齐课程，开足课时。任何学校不得随意提高课程难度，杜绝随意增减课程或周课时总量、随意提前上学时间和延后放学时间的现象。学校要根据实际情况和办学特色，以内涵发展为目的，制定学校课程计划，优化学校课程结构，设计适合学生发展的课程体系，增强学校课程的适应性和创造性。在课程校本化实施过程中，形成学校特色，提升内涵发展水平。市和区县督导部门，要研究学校课程领导力和课程实施状况的评估指标，进行专项督导评估。

2. 大力推进特色学科建设与特色活动开展

学校要在充分挖掘自身优势的基础上，以提高课堂教学效能为主线，以提升教师课程实施能力为核心，以加强教学基本功训练为突破口，抓好学科队伍建设，抓实学科教研活动，严格学科教学常规管理，从研究学生开始，关注学生的身心发展。努力通过特色学科建设和特色活动的开展，提升教师的教学能力、学科组的教研合力和学校的综合实力。

3. 完善课程资源建设与共享机制

学校要充分发挥本市资源优势，建立社会教育资源与学校课程资源的整合机制，开发、建设、利用和共享动态、开放、易用的网络学习资源和社会教育资源。变革教与学的方式，注重学习情景的创设，增强学生学习的实践性、体验性、互动性和社会责任感。

4. 加强学校课程领导团队建设

课程实施是团队行为，校（园）长是学校课程团队的核心，要采取切实有效的做法，加强学校课程领导团队的建设。要进一步加强"以校为本教学研修"，围绕课程目标和教学要求，引领教师落实教学基本规范，把握教学基本要求，改革课堂教学，创新教学方式。校长和教师要敏锐地捕捉课程实施中的问题，通过加强教研组、备课组建设和活动，引导教师共同反思和研究，寻找对策，破解难题。通过制订和实施学校、部门和教师个人的发展规划，实现个人与团队的共同成长，不断提升教师课程研究和实施能力。

5. 建立和完善科学有效的教育评价体系

教育评价改革是课程改革的重要内容和新的生长点，是教育行政部门专业能力建设的重要内容，是学校提高教学成效的内在要求。区县教育行政部门和学校要树立全面、正确的

---

① 上海市教育委员会. 上海市提升中小学、幼儿园课程领导力三年行动计划（2010—2012 年）[EB/OL]. [2019-07-27]. https://baike. baidu. com/item/上海市提升中小学、幼儿园课程领导力三年行动计划（2010—2012 年）/15139878?fr=aladdin#1.

教育质量观,在关注学业质量评价的同时,更要注重学生的内在需求、学习兴趣、身心健康状况、社会责任感以及师生关系和社会满意度等方面的评价。区县、学校、教师要研究和掌握科学的评价手段,从日常教学过程中的评价上进行改革,使教育评价回归到教育教学过程之中,利用评价结果改进课程设计、建设和实施,提高课程的针对性和实效性,促进学生综合素质的发展。

6. 建立健全提升学校课程领导力专业支持体系

建立健全以科研为引领、以教研为主力、以督导为保障的提升中小学(幼儿园)课程领导力的专业支持体系。当前特别要加强教研室建设,充分发挥教研在提升学校课程领导力的作用,要将教研室建设成为探索课程与教学理论与实践的研究机构,提供课程与教学专业指导的服务机构,评价和改进基础教育质量的指导机构。

💬 **案例评析:** 传统意义上的课程与教学管理,重在运用权力对课程与教学进行监督和管控,管理视野相对狭窄,缺乏治理思想和领导理念,容易导致课程与教学管得过死,缺少生机和活力,创造性严重不足。

本案例中,作为课程与教学管理能力建设的重要举措,确定了提升课程与教学领导力的六大重点工作,突破了传统意义上仅仅对于课程与教学进行控制的管理意涵,从课程与教学领导力的视角为课程与教学管理注入了新的思想动力。

课程与教学管理观念的更新,也意味着课程与教学工作重心的相应转变。比如,传统课程与教学管理工作重视监管和控制,管理措施往往是检查和汇报,大多是一些要求重复性地抄写教案、提交表格、填报材料等各种形式化、事务性的工作。这些常规工作,不是完全没有意义,但却不应该成为课程与教学管理的工作重点。

事实上,本案例中关于提升课程领导力的重点工作,在很大程度上预示着,课程与教学管理的主要目的和重点是充分调动教师和学生的积极性、主动性和创造性,是不断发现和解决课程与教学问题、提升课程与教学质量,是齐心协力谋划和推动课程建设、教学实施、团队发展、评价导向和专业支持等方面的改革与创新。

第一节　课程与教学领导的演变

课程与教学领导是一个比较宽泛的概念。在它兴起之初,有叫课程领导的,也有叫教学领导的,后来更多是简称为课程领导或课程领导力。课程领导内涵因应着课程变革历史发展的脉络发生着变化。课程领导发展至今,其内涵已经相当丰富,课程领导既有对课程开发技术层面的要求,也有对学校文化层面的要求;既需要有对课程开发的规范与指引,更需重塑学校文化,转变学校教育的一些基本假定,转化"个人主义"教师文化,进而形成一种合作、分享、探究的学校文化,使学校成为学习型组织,以此更好地保障课程开发,全面提升学校教育质量。[1] 从历史的视角审视课程领导演进的发展脉络,对于把握和进

---

[1]　林一钢,黄显华.课程领导内涵解析[J].全球教育展望,2005,34(06):23—26.

一步提升课程领导力至关重要。

一、课程领导的缘起

课程领导作为一个概念,与领导和课程的话语体系紧密关联。同时,关于领导力和课程设置的研究文献既庞大又复杂。这些研究主要集中在学校管理、校长作为发展有效学校的领导者、教育变革、国家和学校层面的课程开发以及教师发展等方面。要理解清楚"课程领导"一词的含义,就需要厘清这几个重要问题:为什么我们需要课程领导力? 谁是课程的领导者? 他们领导的是什么? 课程领导者的特点是什么?

■ (一)课程领导的历史背景

教育管理作为一个研究领域,在 20 世纪之前并没有多少关注。当时,学校的领导角色和教学职能之间并没有明确的分离。

20 世纪中期以来课程决策的权力下放成为美国等关于适当变革战略的广泛讨论中的关键辩论之一,以加强学校改进、教师发展和学生学习。[1] 权力下放意味着决定更相关的教学内容,如何更有效地教学,以及如何更准确地评估更接近学习情境的情况,以满足 20 世纪 70 年代普及义务教育后,学生课堂中的多样化需求。因此,这也意味着将教师的传统角色从课程使用者转变为课程开发者,在为学生学习做出课程决策方面承担更多责任。

从我国来看,在追求促进学生全面发展的大时代背景之下,基础教育课程改革纲要指出,为保障和促进课程适应不同地区、学校、学生的要求,实行国家、地方和学校三级课程管理,主张通过对地方、学校赋权而发挥其能动性与积极性,改变被动控制的低效"科层化"管理,实现对课程权力的再分配。课程管理体制的改革使得课程领导问题成为课程实施过程中关注的话题。课程变革和赋权承责使得课程领导成为可能,与课程领导相关的理论与实践引起越来越多的重视。[2]

课程领导在学校管理制度的变革中不断得到重视。教育发展需求与学校办学体制的矛盾,要求学校办学必须从"一统化""标准化"转换到"个性化""多样化",以人的发展为核心的学校教育价值功能的转换,要求正确处理考试文化的制约与人才培养模式创新的矛盾,真正实现从分数唯一到以学生发展为本的转变,学习内容和考试重点的转变,必然带来课程结构的重组和学科课程功能、内容、实施及评价等多方面的变化,从指令性课程范式走向弹性多元课程范式,必然促发课程管理形态的根本性变革[3]。

随着我国三级课程制度的实施,通过放权增强校长领导的角色,要求校长从本校实际出发、依据培养目标设计课程结构及处理好各类课程的内在关系;要求校长以战略举措实现学生学习方式的根本变革,提升教师课程创生能力,丰富教育资源,建立以开放、多元、

① Fullan M. *Leading in a culture of change*[M]. John Wiley & Sons, 2007.
② 马云鹏,金轩竹,张振. 我国课程实施研究 20 年回顾与展望[J]. 教育研究与实验,2019(05):38—44.
③ 裴娣娜. 领导力与学校课程建设的变革性实践[J]. 教育科学研究,2017(3):5—13.

创生为特征的新课程体系,实现学校的个性化发展。校长的角色、身份及责任发生了根本性变化,校长应是深化课程改革的学习者、引导者和反思者,是课程改革的实践者、组织者和探索者,是课程改革的协调者、管理者和服务者,而不能仅是国家规定性课程的忠实执行者。

■（二）课程与领导研究的历史脉络

在 20 世纪初,学校的领导知识受到泰勒的科学管理理论的重要影响,这是当时的主导意识形态,从商业研究中输出,与"科学管理时代"相对应,在此期间,学校更多地被视为一个"理性—技术系统",因此对领导实践的讨论没有超出学校教育的组织和法律问题的边界。遵循泰勒的科学管理理论,这些理论塑造了对这个时代领导特征的理解,对当今教育体系的影响是学校内部等级制度不可忽视,与有效的学校领导的实践与组织的科学管理理论密切相关。这样的研究为教育中的"管理领导"模式的发展奠定了基础。

从国际上看,哥伦比亚大学帕索（A. Harry Passow）教授早在 1952 年就写了《以集体为中心的课程领导》（*Group Centered Curriculum Leadership*）的博士论文。[①] 并在后续的研究中进一步强调了"领导是一个群体互动的过程"。领导者和非领导者都有许多相同的基本能力技能和个人素质。[②] 在不同的情况下,被认可的领导者的性格特征往往是不同的。领导既不是一种特质,也不是一种自身存在的品质,它是一个社会过程,在这个过程中,个人作为其他群体成员的行为和对其他群体成员的行为的结果。由小组成员提升为领导角色,这是一个循环过程:它是相互作用的产物,反过来又影响这些力。领导者受团队活动和态度的影响,同时也影响这些活动和态度。任何一个群体的成员都经常彼此处于某种动态的心理社会关系中。行为上的相互依存和对群体目标的认同是所有群体的基本条件。

到了 1970 年代后期,代表着概念重建主义课程范式兴起的批判课程论和存在现象学课程论出现了,他们的共同点是反思、批判传统课程理论的弊端:过分追求客观,致使课程沦为控制的工具;受"技术理性"支配,标榜价值中立。课程理论逐渐摆脱"工具理性"一花独放的局面,在"实践理性"和"解放理性"的引领下,寻求多元价值意义上的课程理解研究。对"目标导向"的课程理论与课程管理范式的反思批判。在西方课程发展史上,长期居于统治地位的是"目标导向"的课程理论,代表人物是美国学者拉尔夫·泰勒。泰勒在继承前人研究的基础上,提出了课程开发的基本程序和方法。尽管,这一课程理论思潮有其自身的局限性,但它为整个课程领域吹入了一股强大的反思、批判之风。[③] 而此时,美国教育界在回顾其 60 年代早期的课程发展的同时,也发现美国的教育存在着危机,如:教育内容与时代发展相脱节,在课程方面表现为课程缺乏相关性,不能适应出现的社会问题,教师没有自由发展的空间,课程规划往往忽视了学生经验的重要性等。[④] 因此他们意

---

① 欧用生. 课程典范再建构[M]. 台北:丽文文化事业股份有限公司,2003:80.
② Passow A H. A Conception of Educational Leadership[J]. *Teachers College Record*, 1953, 54(6):1—7.
③ 鲍东明. 关于西方课程领导理论发展趋向研究[J]. 比较教育研究,2016(2):64—71.
④ 汪菊. 课程领导研究:一种综合的观点[D]. 上海:华东师范大学,2004.

识到了教育改革势在必行，要让学校教育能够面对社会中出现的各种问题，甚至危机，此举的关键就在于学校中的领导质量，而学校教育的核心是课程，学校教育的问题归根到底表现为课程问题，所以学校领导工作的核心实为对课程的领导。

20世纪60年代和70年代的课程领导研究集中在有效的学校校长的特点上。从这些研究中得出的共识是，一个有效的领导者是一种相当关注学校的教学和学习方面的领导者。有效的领导者被描述为那些提供指导并努力改善教学实践的人①。有效的领导者发挥着重要功能，比如：监督教学、评估教学质量、向员工提供反馈、将教学项目与学校目标保持一致，提供改善教学所需的动机和物质支持；为学生制定学业目标，制定教学策略，监督学生的进步，这些早期努力对有效领导的理解，为校长教学领导理论的出现和发展奠定了基础。尤鲁(Glenys G. Unruh)在1976年《课程领导的新内涵》(*New Essentials for Curriculum Leadership*)一文中就提出教育改革的关键所在是课程领导。② 而此时尤鲁谈到的"课程领导"已经具有了新的意义，并带有时代的烙印。他认为课程领导的目标旨在培养学生能对社会乃至全球出现的问题与挑战有所对策。英格利什(English F. W.)强调，课程管理需要明确的愿景说明、资源控制和结果反馈。学校课程至少包含三个常见且可管理的要素。为了便于管理，它必须能够被识别和区分出来，并且必须对指示做出响应。第一个可管理的元素是课程边界，它是做出包含/排除内容相关决策的标准。第二个要素是所选内容的计划重复水平或时间分配。第三个要素是内容的顺序，课程顺序是对在给定时间段内引入或安排任务的方式的陈述。③

20世纪80年代以后，原来相对稳定的社会和经济环境在这一时期都逐渐发生了根本性的变化，最为突出的现象是急速发展的全球化趋势，这反映出人们渴望相互交流、广泛分享世界各地的知识、经验和技术的愿望。整个时代发展呈现出前所未有的民主、合作的氛围，而传统的等级森严的科层式学校管理模式，与时代发展趋势背道而驰的情形也越来越明显。直到20世纪80年代，教学领导的概念一直是模糊的，当时具体的模式被引入。文献中被引用最多的教学领导模式是由哈林格和墨菲(1985)开发的一种模式。这种模式通过三个部分来定义教学领导：定义学校使命要求校长制定和沟通学校的目标；管理教学计划建议校长协调课程，监督和评估教学，并监督学生的进步；最后，促进积极的学校学习环境包括校长努力保护教学时间，为教师和学习提供激励，促进专业发展，发展和执行学术标准，并保持高知名度。从这个定义来看，我们可以认为，早期对教学领导能力的理解大多是以校长为中心的。④

与此同时，在20世纪的中后期管理学理论也进入了蓬勃发展的时期，例如，1970年代在英国刮起的"新管理主义"之风，它强调管理应减少层级，主张赋权和地方分权的观

---

① Chase F S, Guba E G. Chapter I: Administrative Roles and Behavior[J]. *Review of Educational Research*, 1955, 25(4): 281—298.

② Unruh G G. New Essentials for Curriculum Leadership[J]. *Educational Leadership*, 1976, 33(8): 577—83.

③ English F W. Management practice as a key to curriculum leadership[J]. *Educational Leadership*, 1979, 36(6): 408—413.

④ Hallinger P, Murphy J. Assessing the instructional management behavior of principals[J]. *The elementary school journal*, 1985, 86(2): 217—247.

点,着实对"泰罗主义"产生了巨大的冲击。而领导学理论的兴旺,把管理学的发展推向了新的巅峰。对于这种一直以来从上至下的线性课程管理模式,人们在质疑、批判的同时,也开始试图寻找符合时代特点的新的课程管理范式。

虽然关于领导力的讨论有着悠久的历史,但今天讨论过的大多数教育领导力模式,如教学领导力、分布式领导力和教师领导力,都出现在后行为科学时代(20世纪80年代之后)。后行为科学时代的特点是"学校改善、民主社区和社会不公正的相关概念,以及教育管理研究和实践的主观主义和解释主义方法,即新马克思主义/批判理论和后现代主义"随着对领导研究的深入,人们发现组织发展的成败与领导者有着举足轻重的作用,而成功的领导不是去命令、控制、监督,而是去倾听、合作、指引。这一理念不仅在企业管理中反响巨大,也为僵化已久的教育管理体系注入了新鲜的活力。于是,蛰伏已久的课程领导理念迎来了全新的发展期①。

二、课程领导的内涵

从字面意义而言,课程领导包括课程和领导两个方面。因此,通常对于它的由来,人们的理解是它建立在课程理论与领导理论两大基础之上,是两种理论并行交融发展的结果。其实,只要我们回顾整个课程理论发展的历史,不难发现,课程领导的出现事实上是课程理论发展的一种必然。

■(一)课程领导相关的概念辨析

关于课程领导,在领导的维度,英语表述有几种代表性的术语,即 management、administration、leadership。management 肇始于拉丁语 manus(手),意大利语mangggiare(驯马术),后来又延伸到一般性的技巧操作。《柯林斯英语词典》将management 释义为:控制和组织一个企业或其他的组织形式;也可表示实施控制和组织的人;或是人们对其生命不同阶段的控制方法。administration 也源于拉丁语,意为"管理活动""服务"。administration 由前缀 ad 和词根 ministration 组成。在《韦伯斯特大词典》中,ministration 意旨"照顾某人或某事的过程",含有"做有用的、需要的、有帮助的事"之意。因而,administration 最普遍的解释为:有帮助功能的、有服务性功能的、有照顾责任的、有促进作用的相互关联的活动。② 从以上词义分析可知:"管理"的实质是帮助组织达标,服务于组织的成员,照顾组织中的物质,促进与协调组织成员的工作等一系列活动。leadership 在《柯林斯英语词典》中的含义为:控制一个组织或群体的人;是能够得以控制群体和组织的地位和状态;或是使某人成为一个好的领导者的素质,或领导者所采用的办法。(三者的比较见表 12-1)

---

① Gumus S,Bellibas M S,Esen M,et al. A systematic review of studies on leadership models in educational research from 1980 to 2014[J]. *Educational Management Administration & Leadership*,2018,46(1):25—48.
② 黄志成,程晋宽. 教育管理理论[M]. 上海:上海教育出版社,2001:1—5.

表 12 - 1　Administration、Management、Leadership 的对比①

	Administration	Management	Leadership
关注点	关注组织结构,强调系统的发展	关注规划和预算,强调结果	注重愿景和策略,强调向前看
组织	强调规划、结构调整、组织发展以及系统化	强调组织发展、人事管理和指导,使用控制的方式	建立分享的文化和价值观;帮助成员提高;减少阻碍
人际关系	关注有效的过程;权利建立在信息的掌握上;扮演咨询人的角色	关注有效的产出;权利基于头衔或职位;扮演老板的角色	注重鼓舞和激励他人;权利来自个人处事方式;扮演教练和促进者的角色
个人素质	条理性强;公正;擅长逻辑思维;能言善辩;对发展过程和系统了如指掌	擅长理性分析;具备专业知识;能言善辩且方向感强;顺从;对组织很了解	强调情感的重要性;开明;善于倾听;不盲目顺从,喜欢挑战;了解自己
结果	获得可想而知的结果	维持稳定性	创造变革,并且常常带有激进的色彩

　　从西方英语国家教育管理的研究文献来看,对于教育管理的若干基本概念并不存在公认的定义,这就导致了人们在使用"行政""管理""领导"等概念时,往往存在一定的混淆,研究和讨论中就可能出现概念不同一的问题。当研究者们在宽泛的意义上谈论教育管理时,美国人习惯使用 administration,而英国(包括英联邦国家)人习惯使用 management。澳大利亚的布赖恩·卡德威尔(Brian J. Caldwell)在论及教育管理基本概念的辨析时就指出,在美国,"administration"被用来描述一个组织中最高负责人所行使的一系列职能,而 management 就比较局限,有时是指日常的管理工作,而这些工作常常是由一些支援性人员来履行的。英国著名教育管理学者雷·博兰(Ray Bolam)在区分educational administration、educational management 和 educational leadship 三个概念时,对 administration 作出了类似于美国人的理解,将 administration 作为一个包容了management 和 leadership 的大概念来使用。

　　在有的文献中,还出现"教育治理"(educational governance)这一术语。萨乔万尼认为,"教育治理"关注的是联邦机构、州教育厅和地方学区等政治单位所行使的权力和工作职能,并关注作为管理功能和管理职责基础的复杂的政治制度、法律体系及种种社会习俗。②

■ **(二) 课程领导的定义**

　　从国际上看,美国课程专家兰姆博特(Lambert)提出课程领导的几点含义:(1)领导力可以理解为在共同体中互惠的有目的的学习;(2)人人都有做领导的权利、责任和能

---

① 余进利. 五向度课程领导框架的构建[D]. 华东师范大学,2005.
② 冯大鸣. 美、英、澳教育管理前沿图景[M]. 北京:教育科学出版社,2004:41.

力;(3) 学校和共同体的成人学习环境最能唤起领导身份和行动的关键因素;(4) 教育者是有目的地实现领导力的达成①。

美国学者格拉特霍恩(Glatthorn)从功能方面,将课程领导定义为课程所发挥的功能在于使学校及其体系能达成增进学生学习品质的目标②。

萨万乔尼(Sergiovanni)从领导管理的目的性出发,提出课程领导是"为学校成员提供必要的基本支持与资源,进而充实教师的课程专业知能,发展优质学校教育方案……最后把学校发展成为课程社群,达成卓越教育的目标"。③

费德勒(Fidler)将课程领导描述为一个意味着校长对学校的专业工作有影响,包括在课堂上进行的教学和学习,并提出了两种观点来考虑课程领导,一种采用功能性方法,另一种采用过程方法。功能性方法包括领导力在定义学校的使命,管理课程和教学,监督教学,监测学生的进步和促进教学环境。重要的是过程方法,因为他认为,领导能力来自于功能方法中的任务的实现方式,而不是个人任务本身的实现④。

澳大利亚学者麦克弗森(Macpherson)等人对课程领导的概念作了较为全面的阐述,指出课程领导旨在改善学校现行的课程现状,指导并促进课程改革在学校的推进,是一种持续变化、充满活力的互动过程。⑤

从我国关于课程领导的研究来看,课程领导属于课程管理范畴,是课程管理的重要职能。课程管理的领导职能是使整个管理过程中其他职能得以实现的起主导作用的推动力量。⑥ 郑先俐、靳玉乐提出,课程领导是在课程权力共享和民主参与的基础上,引导相关组织和人员进行高层次的课程决策和自我管理,以达到提高教育品质、增进学习成效的最终目标⑦。

表 12 - 2　课程领导的代表性的定义梳理⑧

研 究 者	对课程领导的内涵分析
克鲁格(Krug，1992)	课程领导包括五个元素:订立愿景,管理课程及教学,监督教学,监控教学进度,提高教与学的气氛
萨乔万尼(Sergiovanni，1995)	为学校成员提供必要的基本支持与资源,进而充实教师的课程专业知能,发展优质学校教育方案,促进教师间的交流与观摩,促进学校形成合作与不断改进的文化,最后把学校发展成为课程社群,达成卓越教育的目标

① Lambert L. Leadership redefined: An evocative context for teacher leadership[J]. *School leadership & management*，2003，23(4)：421—430.

② Allan A. Glatthorn. 校长的课程领导[M]. 单文经,等,译. 上海: 华东师范大学出版社,2003: 25.

③ Sergiovanni Thomas J. Leadership and Excellence in Schooling[J]. *Educational Leadership*，1984：4—13.

④ Fidler B. School leadership: some key ideas[J]. *School leadership & management*，1997，17(1)：23—38.

⑤ Macpherson, R Brooker, Positioning Stakeholders in Curriculum Leadership: How Can Teacher Educators Works with Teachers to Discover and Create Their Place[J]? *Asia Pacific Journal of Teacher Education*，2000，28(1)：69—85.

⑥ 李定仁,段兆兵. 试论课程领导与课程发展[J]. 课程·教材·教法,2004(2)：3—7.

⑦ 郑先俐,靳玉乐. 论课程领导与学校角色转变[J]. 河北师范大学学报(教育科学版),2004(03)：99—103.

⑧ 陈明宏. 校长课程领导的研究[D]. 上海: 华东师范大学,2007.

续 表

研 究 者	对课程领导的内涵分析
埃维 & 罗索（Ervay, Roach，1996）	结合学校课程与教学，注重学生的改进，强调教师的专业发展
多尔（Doll，1996）	课程领导是一般的教育领导领域中的一项特殊的功能。有效的课程领导特点包括：领导者具有采用明确可行的课程原则之能力；领导者乐于作出可以长期影响课程的承诺；能够独自担负起责任，不受政治势力所左右
霍尔（Hall，1996）	课程领导是引导课程的设计、发展、改进、实施与评鉴的人
格罗斯（Gross，1998）	课程领导是一复杂的过程，包含一些重要的元素。从最广泛的观点来看主要包括：建立并基于扎实的学理基础以组织课程领导，选择可供遵循的方向与方针，持续不断地发展，并克服无可避免的混乱

值得注意的是，对于课程领导的内涵，从国内外的研究而言，课程领导涵义表现为一种不断拓展和深化的过程，研究者对于课程领导的主体、方式和实践都有进一步的完善。比如，亨德森与格尼克（Henderson & Gornik）强调要逐渐转变课程领导的范式，为实现科目、自我、社会的三重目标，需要培植课程方面的教师领导力。这样的课程领导不是一种有既定答案的技术问题，而是需要学校整体课程文化的变革。[①] 可以说，理解课程领导，需要我们与时俱进、在教育理念变革的时代下，在学校课程与教学改进的驱动下，深刻把握课程领导的革新。

第二节　课程与教学领导的理论视角

理论是实践的先导，课程与教学领导理论的探索与完善，对于推进课程与教学领导的实践，优化学校的课程建设和教学发展具有关键性的作用。

一、课程领导观的理论探索

早期的课程领导，许多课程专家还只是将之作为"课程开发中的领导"来理解，如：1993 年韦尔斯（Wiles）等编著的《课程开发：实践指南》一书中曾提到课程领导，他们将课程领导作为课程开发过程中一个部分——课程开发中课程组织的领导来叙述，强调了正确的领导是课程组织应对外界和未来变化及挑战的重要前提。此外，也有人只是把"领

---

① Henderson J G, Gornik R. *Transformative curriculum leadership* [M]. Upper Saddle River：Pearson Educations，2007：32.

导"的概念从工商管理学中直接移植到课程领域,将之视为课程和领导的简单叠加。步入 90 年代以后,课程领导越来越受到人们的青睐,人们对它又有了新的理解。许多教育领导和教育管理的书籍中也开始频繁涉及课程领导的话题。

表 12-3　课程领导的相关著作

出版年份	书　名	作　者
1990 年	《校长:教学领导中的尺度》(*The Principashipl: Dimensions in Instructional Leadership*)	罗梭(L. E. Rossow)
1991 年	《教育管理和政策:美国教育的有效领导》(*Education Administration and Policy: Effective Leadership for American Education*)	格思里(J. W. Guthrie)和利德(R. J. Reed)
1992 年	《教育领导:新管理者和经营者的实践理论》(*Educational Leadership A Practical Theory for New Administrators and Managers*)	杜克干(P. A. Ducgan)等人
1992 年	《创造性课程领导》(*Creative Curriculum Leadership*)	布鲁贝克(D. L. Brubaker)
1994 年	《朝向 2000 年的初级学校管理和领导》(*Primary Management and Leadership towards 2000*)	斯皮尔(E. Spear)
1998 年	《教学领导手册:真正优秀的校长如何促进教与学》(*Handbook of Instructional Leadership: How Really Good Principals Promote Teaching and Learning*)	布雷斯(Blasé)等人
1998 年	《保持中心:动荡时代的课程领导》(*Staying centered: Curriculum leadership in a turbulent era.*)	格罗斯(S. J. Gross)
1999 年	《校长:为了新挑战的新领导》(*The Principal: New Leadership for New challenges*)	塞法斯(J. T. Seyfarth)
2005 年	《课程领导:开发与实施》(*Curriculum Leadership: Development and Implementation*)	格拉索恩等(A. A. Glatthorn, F Boschee, B. M. Whitehead)
2014 年	《课程领导:发展优质教育项目的阅读材料》(*Curriculum leadership: Readings for developing quality educational programs*)	帕基等(F. W. Parkay, E. J. Anctil, G. Hass)
2016 年	《多样化学习情境中的领导力》(*Leadership in Diverse Learning Contexts*)	约翰逊等(G. Johnson, N. Dempster)

在这些著作中也已经出现了对课程领导论述的部分内容,它们大多是把课程领导作为校长实现学校领导和管理的措施,尤其是校长的教学领导,但几乎都未能对课程领导做深入的介绍。所以,人们对课程领导的了解仍然比较模糊,或者对它的理解是零散的。进入 21 世纪以来,对于课程领导的认识,不单单局限在校长这一主体。虽然许多管理任务是校长对

学校整体负责的一部分,但也有一些方面的领导能力可以由学校社区的其他成员承担。在这种情况下,领导力以多种形式出现,并通过一系列正式和非正式的角色来实现。课程领导可能属于校长的范畴,但也可能是权力下放或分布式领导模式的一部分,主要教师可能承担领导课程创新的作用①。因此,课程领导可能是学校结构中的一个无定形的角色,属于一个人或一群人,他们负责整个课程,或负责某个特定的课程领域,比如学校的数学课程。

二、代表性的课程领导观

国内学者在对国际课程领导理念的追踪与分析中,重点把握了具有代表性和影响力的课程领导理论领军人物。为了让读者能更清晰地认识课程领导,以下具体介绍三种课程领导观,分别来自格拉索恩、布鲁贝克以及亨德逊和霍索恩,他们对于课程领导给出了较为系统、全面和深入的解释。

■ (一)格拉索恩的课程领导观

格拉索恩(A. A. Glatthorn)是美国著名的课程专家,他多年担任课程领导者的工作,曾对课程领导做过系统的研究。根据其多年的实践经验和理论研究,他在 1987 年出版了《课程领导》一书,这本教科书为课程领导者和那些准备成为课程领导者的人提供了在多个层次和多个角色上发挥领导力所需的知识和技能。本书分为四个部分,第一部分在关于课程的一般概念、课程的历史、课程理论的类型以及影响课程决策的政治的章节中探讨了该领域的基础。第二部分帮助读者掌握实现课程变革的技能。回顾了课程规划过程,并讨论了学习计划、学习领域、课程和学习单元的改进和发展。第三部分涉及课程管理,提出了监管领导的具体策略,调查了实施课程的有效流程,为调整课程的各个方面提供了指导,并审查了课程评估模型。最后一部分,在关于学科领域趋势、整个课程趋势(包括计算机使用)以及当前课程个性化或使其适应有特殊需要的学习者的举措的章节中探讨课程趋势②。90 年代末,通过对课程领导的进一步研究,他完成了《校长的课程领导》一书的写作,具体阐述了校长的课程领导事务,这本书常被当作课程领导理论的入门书籍。

对于课程领导,他首先建立了自己的课程观。结合对古德莱德(J. I. Goodlad)的课程定义分析,按照课程发展的阶段,他提出了六种类型的课程:(1)建议类课程(the recommended curriculum),即指由专家、学者、专业协会和改革委员会"建议"形成的课程,类似古德莱德的"理想的课程"。这种课程是建立在一个相当高的概括水平上,常常表现为课程政策的"建议",目标的制定以及有关学习内容等。(2)书面类课程(the written curriculum),是以地方(州、学区)为主,同意批准的课程。主要是一些课程文件(curriculum documents),对学校所教内容起指导作用。与古德莱德的"正式的课程"近

① Jorgensen, R. Curriculum Leadership: Reforming and Reshaping Successful Practice in Remote and Regional Indigenous Education. In: Johnson, G., Dempster, N. (eds) Leadership in Diverse Learning Contexts. Studies in Educational Leadership, 2016, vol 22. Springer, Cham.

② Glatthorn A A. *Curriculum leadership*[M]. IL: Scott, Foresman and Company, 1987.

似,强调教育目标的实现。这种课程突出调和、标准化、控制的功能。(3)支持类课程(the supported curriculum),即指通过资源分配来支持和传递课程。除了地方政府的影响,学校董事会、校长、教师都起了关键作用。教育者要注意教学材料、教学时间及其他资源的分配以确保课程的实施。(4)施教类课程(the taught curriculum),是指通过教师在课堂传授给学生的课程。(5)测试类课程(the tested curriculum),实际指的是学生学的东西,只不过要通过教师出的课堂测试来评价,另一方面也是为了适应州和学区的考试。(6)习得类课程(the learned curriculum),强调学生所理解的内容。格拉索恩主张开发高质量的课程(high-quality curriculum),而课程领导正是达成这一目的的重要因素,因为它摒弃了传统课程管理的弊病,为课程开发带来了一个高效能的体系。课程领导者在开发课程的过程中不仅注意用建议类课程作为基础,识别各学科领域的课程标准,而且也关注到了州的课程框架。课程领导者深知课程开发是一个动态发展的过程,所以,他们会对已有的课程政策时常进行评价,不断改进。而各个阶层(联邦政府、州、专家委员会、地方、教师等)角色的明晰也确保了适当的课程领导关系。课程的复杂性是很难形成一个明确的管理条例,格拉索恩还具体分析了课程规划、课程监督、课程实施、课程调整(align the curriculum)以及课程评价中的课程领导,认为课程领导的民主性、灵活性能让地方课程领导者知道如何更好地利用"他人的建议"来开发书面类课程文件(written curriculum documents),而各层次的课程也说明了课程开发离不开众多教育利益相关人士的参与,尤其是在习得类课程的开发,它使得教师有了充分的自主权。根据此,他还提出了"能动分享式的领导"(dynamic shared leadership),主张各方面人员共同参与课程决策、共同承担责任,强调合作和团队精神。但在此过程中,课程领导者需要为成员提供系统的专业发展机会。

■(二)布鲁贝克的课程领导观

1990 年代初,美国北卡罗来纳大学的教育学教授布鲁贝克(D. L. Brubaker)提出了"创造性课程领导"的观点。布鲁贝克长期从事有关教育领导、课程领导有关方面的研究,著有:Leadership: Antidote to Boredom Cynicism (1980), A curriculum Leaders' search for meaning (1989), The underpinning of Creative Leadership(1992)等著作。尤其是他的《创造性课程领导》(Creative Curriculum Leadership)一书倍受业内人士和众多专家的赞誉,他们称赞该书为:"教育领导者必读之书","教育行政人员和教师一定要认真研读此书","该书有助于我们教职员工重新看待评价,并致力于创造一个学习共同体","它为教师提供了成为领导者的指南","它提供了革新和解决问题的新形式"。[①]

布鲁贝克的课程领导观最为突出的正是"创造性地课程领导"。首先,他对课程领导的理解也是建立在自己架构的课程观上,他认为课程应分为内在课程(inner curriculum)和外在课程(outer curriculum)。内在课程是指共同将每个人的经验创造为学习的环境,强调个人存在的意义,这种课程是鲜活的,强调每个人都应有自己的课程;外在课程就是指学程(the course of study),它是为人们被动接受的,教师在此往往是课程的机械实施

---

① 参见汪菊. 课程领导研究:一种综合的观点[D]. 上海:华东师范大学,2004.

者,而非决策者。布鲁贝克认为内在课程与外在课程,二者之间尽管异同,但事实上它们是互为联系。

　　为了纠正实践中只注重外在课程,而忽视内在课程建构的问题,布鲁贝克从哈贝马斯(J. Habermas)的人类兴趣的三种划分观(控制的兴趣、实践的兴趣、解放的兴趣)出发,批判了学程——外在课程的"工具理性"特征,过于强调控制和监督。课程开发应是一个创造性、挑战性、艺术性的行为。① 外在课程的课程领导表现为控制倾向、等级鲜明,认为权威外在于学习者(学生和教师),来自教科书、课程指南(curriculum guide)和课程本身。因此,教师很容易将责任推卸给这些外在的"权威"——教材的质量差、课程指导不到位、校长的处事不力等。然而内在课程弥补了外在课程忽视学习者经验的缺陷,它强调变革、转换(transformative),反对机械地模仿。倾向于内在课程的课程领导者认为传统的从上至下,关系错综复杂的领导体制已经过时了,因为这种领导体制花了大量的时间在管理人事上,否定了课程参与人员的拥有权(ownership),课程参与人员常常坐等命令的下达,推卸责任,而不是把工作看作是自己的职责。因此,内在课程领导者重视授权(empowerment)和提高服务。

　　布鲁贝克强调内在课程的重要性,认为要想实现创造性的课程领导,课程领导者首先要认清自己的职责,认清自己。课程领导者要和其他人一起弄清楚自己所做过的、正在做的以及将来要做的事情。同时,课程领导者也要知道如何保持适当、持久的工作活力。由于课程领导的实施在课程开发的过程中进行的,因此课程领导者需要知晓课程开发的相关事宜。而且,在课程委员会中,领导者要清楚成员的能力和职责,以便于任务的分配,同时也要让成员知道领导者的能力和职责。课程领导既然是实践中的领导,它不是纯粹抽象的理论,而是具体的、情境性的,因而不同的情况要求课程领导有不同的工作类型。布鲁贝克认为课程领导工作视工作强度和时间的不同而各异,就像签订不同的工作合约(covenant),因而他将此命名为合约框架(the covenant frameworks),分别为:(1)低强度、短期型;(2)高强度、短期型;(3)低强度、长期型;(4)高强度、长期型。这四种合约框架能有助于课程领导者鉴别和发挥自己的才能,每一种框架内尽管具体情况不同,但都会为课程领导者提供创造性领导的机遇。

　　按照布鲁贝克的主张,创造性的课程领导,需要一个和谐的人际关系,课程领导者应能正确处理与他人的关系,挑选与自己志同道合的人做助手。基于领导者个人和组织的完善,课程领导者还应关注个人和组织愿景(vision),尽量让组织的愿景反映出个人的愿景。同时,积极营造良好的组织文化,这一过程中,课程领导者要注意了解有关背景文化。最后,布鲁贝克再次强调课程领导者个人的品质(traits)对课程领导的重要性。

■（三）亨德逊和霍索恩的课程领导观

　　1995 年亨德逊(James G. Henderson)和霍索恩(Richard D. Hawthorne)共同提出了"转型的课程领导"(transformative curriculum leadership)的观点。亨德逊和霍索恩皆

---

① 汪菊.两种课程领导观的比较研究[J].全球教育展望,2004(3):29—33.

为美国肯特州立大学教授，前者是课程与教学专业教授，后者现为教师发展和课程研究的名誉退休教授（emeritus professor）。尤其是亨德逊，作为美国教育研究协会会员，他的研究方向主要有：合作课程开发、教师作为课程决策者、课程民主化及领导，特别是对课程领导有着深入的研究，著有多本论著。"转型的课程领导"观点的提出可以说是为以民主道德为核心的课程实践提供了指南。在此，使用了"转型"一词，是为了突出现在所谈的课程领导与以往的观点有所不同，避免出现同早期一样将课程领导与课程管理混用的情况。

转型的课程领导观的提出是致力于对落后课程管理体系的批判与变革，希望带来课程管理范式的转换。亨德逊和霍索恩同样有自己对课程的理解，他们认为课程是教育的途径，是引导学生迈向美好生活的特定概念，而这一理解在现实中往往被教育者所忽视。因此，转型的课程领导观是要在对传统管理范式批判的同时，在课程领域内重新唤醒人们对民主认识。

他们认为传统的课程领导实为一种标准化的课程管理范式，它重视正确的学习模式，通过选择教育经验，然后利用科学的方法将之转化为一系列标准化的成就目标。学校如同流水线的工厂，制造出这些成果，然后用目标来评价其达到的程度。课程领导者的工作只不过是管制教室中线性作业的课程，以达成教学标准化的课程目标。依据这种标准化、常规性的工厂模式，学校管理纵使有最佳结果，也只是服从上级的规章制度得来的，它对动态的、复杂的学校情景意义并不大。反而使得课程设计成为了不容怀疑和批评的上层事物，官僚气息弥散其中，在追求效率意图的促使下，求知的喜悦被功利的紧迫感所取代，教师与其教学处于被控制之中。同时，包括教师、学生、家长、社区人士等在内的教育利益所有者，都被排除在课程决策之外。另一导致这一观点形成的原因是对民主的思考，他们认为民主可以被人们理解为许多不同的形式，民主是追求自由的方式，因为人类的自由受到了限制，应寻求积极的自由——负责任、真正地自我决定。而且民主的论述不仅是政治的分析，更是文化的分析。文化的民主来自对多元文化的理解，这不仅是教育问题，也是社会的主要特征。而真正的民主也应该表现在学校、家庭、社会等的相互关系中，尤其是课堂。

所以，亨德逊和霍索恩认为转型的课程领导首先是民主的领导，要建立学习共同体，而且要不断地批判反思。在此，被动的课程实施应转换为主动的课程创生（curriculum enactment），转型的课程领导强调课程是师生共同建构的经验，因此教师、学生及其他相关人员在课程改革的过程中是平等的伙伴关系，而且在课程设计和落实中要考虑学生是否获得了最佳的学习效果。

具体说来，转型的课程领导包括实施转型的教学，设计课程方案，改进课程评价，再造学校组织文化等方面的内容。实施转型的教学就是要真实地、创造性地学习，其中充满了关怀、批判与合作的气氛。教师不仅要具有创造精神，还应能与同事合作交流，尤其是与专家对话，彼此维持一种真实而安全的关系；设计课程方案，由于学生是意义建构的主体，因此课程设计必须以学生为中心。学校要组织课程委员会来设计课程，成员包括教师、学生、家长、社区人士等；改进课程评价，学生、教师、行政人员、家长与社区人士是主动参与者，评价人员采用质化和量化的方式获取评价资料，而评价的问题集中在：课程计划与实施,学生学校生活,学生学习等方面上,提倡用多种的指标来衡量;再造学校组织文化,转型的学校文化强调自我概念、民主价值、共同决策以及不断地自我反省。每个教师都是研究者、课程设计者,每间教室都是课程实验室,每所学校都是教育论坛、学习性组织和课程改革的中心。

第三节　学校层面课程与教学领导力提升

不同层面的课程与教学领导,具有不同的性质和特点。其中,学校层面的课程与教学领导是学校课程实施质量的主要决定性因素。

一、课程领导的主体

课程领导中重要的问题是谁来领导? 课程领导者是那些产生使命感、影响人们实现目标和改进实践的人。斯帕克斯和赫什(D. Sparks, S. Hirsh)认为,管理者、课程主管、校长和教师都具有领导角色。[①] 布雷德利(L. H. Bradely)认为,课程领导者必须随着情境的不同,扮演指导者(instructor)、纷争调解者(troubleshooter)、倡导者(advocator)、服务者(servitor)、促进者(facilitator)等五种角色。[②] 布鲁贝克主张课程领导者应和成员建立一种创造性的关系,懂得利用自己的智慧,帮助成员发现潜能、展现才能,并能使他们心甘情愿去做原先自己不愿做的事。[③] 为了实现学校的教育目标,学校课程领导主体(包括课程专家、学科专家、校长、教师、家长和社区人员等)带动、引领课程共同体在课程开发与变革活动中所表现出来的所有行为或过程,其目的在于促进教师专业发展、优化学校课程品质、提升学生学业成就。[④] 本节从一线实践出发,主要介绍中小学中校长、教师、课程专家为代表性的课程领导的主体。

■（一）校长作为课程领导者

校长课程领导是近年来在我国教育学术界凸显的一个研究课题,并日渐影响着学校课程实践和校长的管理与领导方式。校长作为一个课程、教学领导者一直是许多研究的主题。

从国外来看,事实上,费尔斯通和威尔逊(W. A. Firestone, B. L. Wilson)已经提出,校长可以通过官僚主义、人际关系和文化联系来影响教学质量。官僚联系是学校的正

---

① Sparks D, Hirsh S. *A new vision for staff development*[M]. Association for Supervision and Curriculum Development, Alexandria, VA, 1997.

② H. L. Bradely. *Curriculum Leadership and Development Handbook*[M]. New Jersey: Prentice-Hall,1985: 92—94.

③ D. L. Brubaker. *Creative Curriculum Leadership*[M]. California: Corwin Press. 1994: 67—71.

④ 王淑芬. 教师课程领导力研究框架探析[J]. 社会科学战线,2020(11): 274—280.

式安排,其中包括允许学校运作的规则、计划、监督和管理。① 人际联系是指涉及直接影响教师课堂实践的一对一互动。文化联系是指影响教师如何看待他们的工作和他们对工作的承诺的主要能力。

关于校长在课程领导中的作用等问题,国际学者已有不少探讨。霍尔(G. Hall)等人指出:在新课程实施时,校长所扮演的角色可分为回应者(responder)、管理者(manager)和缔造者(initiator)三种形态。② 萨万乔尼(T. J. Sergiovanni)提出校长在追求校务卓越时,可以运用五种领导力,即技术领导、人际领导、教育领导、象征领导及文化领导。③ 校长课程领导力是学校课程发展、教师专业发展与学生素养提升的重要保障。校长还通过以下方式提供间接的课程领导:例如通过发展愿景、共同目标和使命感来建立和维持文化;通过满足个人和团体的需要,让所有教师发展协作关系;以及促进开放和清晰交流模式的发展。克鲁格(S. E. Krug)认为,校长课程领导包括五个元素:订立愿景、管理课程及教学、监督教学、监控学生进度、提高教与学的气氛。④ 尽管关于校长课程领导的维度和范畴存在差异,但是不难看出,校长作为课程领导的作用和价值已经得到了研究者的认同。校长的课程领导,对于学校愿景的塑造,课程与教学的改进,教师和学生的发展发挥着关键性作用。

从我国的学者对于校长课程领导的研究来看,杨明全认为,校长课程领导是校长课程实践的一种方式,是指引、统领课程改革、课程开发、课程实验和课程评价等活动的行为的总称,它的目的是影响课程改革与开发的过程和结果,实现课程改革和课程开发的目标。⑤ 李定仁等人认为,所谓校长课程领导就是指为了实现课程目标,校长在一定条件下对课程领域的组织和人员施加影响的过程。⑥

校长课程领导是旨在促进每个学生有效发展,统领课程创造性实施和积极主动建设的行为。对于中小学校长课程领导而言,需要立足于促进学生全面发展为核心的教育理念,从战略性的视角,聚焦学生的毕业形象设计,来搭建契合核心素养培育、符合学生学习诉求的创新性的课程体系,不断增强学校的活力、凸显育人特色的先进学校文化。⑦ 校长要通过领导学校进行课程创造性实施、校本课程开发与建设、教师课程创生,创造适合每个学生的教育,让每个学生获得最有效的发展。校长课程领导的行为特征表现为战略谋划、创新实践。作为课程领导的校长自身特质是自主性、主动性和创新性。校长课程领导的具体领导方式特点为开放、合作、民主、反思。

从校本课程的角度,中小学校长在校本课程领导中发挥着重要作用。特别是为学校进行设计校本课程目标,决定学校校本课程设置、课程结构和课程内容,组织校本课程的实施与评价,组织、指导和协调校本课程开发等基本功能。中小学校长有效进行校本课程

---

① Firestone W A, Wilson B L. Using bureaucratic and cultural linkages to improve instruction: The principal's contribution[J]. *Educational Administration Quarterly*, 1985, 21(2): 7—30.

② 余进利. 校长课程领导:角色、困境与展望[J]. 课程·教材·教法,2004(6):7—12.

③ T J Sergiovnni. *The Principalship: a Reflective Practice Perspective*[M]. Boston: Allyn and Bacon, 1987.

④ Krug S E. Leadership craft and the crafting of school leaders[J]. *The Phi Delta Kappan*, 1993, 75(3): 240—244.

⑤ 杨明全. 试论中小学校长的课程领导[J]. 河南教育,2002(11):14—15.

⑥ 李定仁,段兆兵. 试论课程领导与课程发展[J]. 课程·教材·教法,2004(2):3—7.

⑦ 鲍东明. 校长课程领导意蕴与诉求[J]. 中国教育学刊,2010(4):39—42+46.

领导的策略有：制定学校校本课程开发规划、再造与重组学校的组织结构、寻求专业支撑、提升教师开发校本课程的能力、组建高素质校本课程开发的团队、把好校本课程内容质量关、"诊断"校本课程课堂教学、评价与监控学生的进步、重建学校文化、构建校本课程开发保障机制。[①] 吕立杰从中小学教育实践的角度出发，将中小学校长课程领导力的构成要素分解为校长课程意识、课程规划能力、课程管理能力、课程评估能力、课程领导效能。[②]

■（二）教师作为课程领导者

有研究者认为教师领导的概念表明，教师在学校的运作方式和教学的核心功能中拥有正确而重要的中心地位。[③] 教师作为课程领导者，基于这样一个理念：一个组织的所有成员都可以领导，而领导力被认为是一个分布式的机构。教师领导是指教师参与学校的决策机制，促进他人的专业发展，与同龄人分享他们的专业知识，并为学校的发展出谋划策。[④]

教师可以在学校场域的同事和学生提供课程领导。教师应该成为教学领导者，以扩大自己的知识基础和更好地理解自己的教学概念，这种领导不应该总是来自教师之外的来源。[⑤] 在特定课程领域支持和领导同事是教师展示他们课程领导能力的一种方式。[⑥] 教师在课程领导中的作用对其成功至关重要。然而，要让教师做好课程领导角色，就需要专业发展，增加教师的知识和技能基础，使他们更有效地满足所有学生的需求。富兰(Fullan)提出的一些方式包括教师承担发展协作文化和改变学校规范和实践的责任，教师作为课程领导者，必须在其整个职业生涯中带头成为持续的学习者。教师有很多东西需要学习，而且它还在不断变化。对于教师而言，改进是一个永无止境的命题，教师需要作为专业人员不断地反思自己的日常工作。[⑦]

从我国关于教师课程领导的研究而言，朱德全等将教师课程领导力界定为，为了实现课程愿景，提升学生学习品质，教师在课程设计、开发、实施和评价等课程事务过程中，对课程活动相关成员进行引领和指导的能力。是由教师课程设计领导力、教师课程开发领导力、教师课程实施领导力，教师课程评价领导力构成。[⑧] 郑东辉强调我国中小学教师应扮演以下五种关键性角色：（1）课程意识的主动生成者；（2）课程实施与开发的引领者；（3）学生自主学习与教师专业发展的促进者；（4）同侪教师的帮助者；（5）学习共同体的

① 邹尚智. 论中小学校长校本课程领导的功能和策略[J]. 课程·教材·教法, 2007(1)：19—22.
② 吕立杰, 丁奕然. 中小学校长课程领导力构成要素及作用机制研究——基于 PLS - SEM 的实证研究[J]. 华东师范大学学报(教育科学版), 2022(3)：20—29.
③ Harris A. Teacher leadership and distributed leadership: an exploration of the literature[J]. *Leading and managing*, 2004, 10(2)：1—9.
④ Leithwood K, Jantzi D. Principal and teacher leadership effects: A replication[J]. *School leadership & management*, 2000, 20(4)：415—434.
⑤ Wiggins R A. *The Principal As Instructional Leader: Inducement or Deterrent to Teachers' Personal Professional Growth?*[C]. Paper presented at Annual Meeting of the Association for supervision and Curriculum Development, 1994.
⑥ Hargreaves, A. Cultures of teaching: A focus for change. In A. Hargreaves and M. G. Fullan(Eds.), *Understanding teacher development*[M]. London: Cassell, 1992.
⑦ Fullan M. The school as a learning organization: Distant dreams[J]. *Theory into practice*, 1995, 34(4)：230—235.
⑧ 黄云峰, 朱德全. 教师课程领导力的意蕴与生成路径[J]. 教学与管理, 2015(4)：1—3.

营造者。①

从国外和国内的研究进展而言,赋予教师课程领导的角色,强调教师的课程领导作用,是当代教育理念变革的重要表现,反映了追求教育民主化、学校发展协助化、课程与教学实践中师生的共同体的诉求。对于教师而言,要转变观念,重新认识自身的角色,从知识本位的教授者的角色,转换为学生成长过程的协作者、设计者,发挥出在学校层面课程实施中的变革力量。

■ (三)课程专家作为课程领导者

从学校层面来看,在课程领导能力中发挥重要作用的群体还涉及课程专家、课程顾问。课程专家或者课程顾问在学校的课程领导中,扮演着榜样、信息提供者、促进者、思想交流的知己等角色。课程顾问也被描述为变革创造条件并协助教师制定实施变革的战略的人。② 他们与教师一起工作,提供特定技能的培训,协调方案发展工作,直到相关的教师发展必要的技能和承诺。通过这种方式,课程专家可以提供一种领导形式,通过帮助教师发展他们自己的个人专业技能来促进课程的发展。课程专家长期从事课程理论研究,掌握了丰富的课程理论知识。因此,课程专家可以为学校课程改革提供理论支持,指导学校成员更加有效地推进课程改革,帮助教师把学校的草根资源从零散的经验上升为系统的理论,以更好地指导课程实践。③

课程专家也可以帮助学校立足于学校的历史传统、教师和学生的需求,帮助学校系统性地梳理和凝练自身独特的学校哲学,提升学校的课程执行力,推动学校的课程发展,形成一定的办学特色。除此之外,课程专家还可以帮助学校协调与校外课程改革的发起者和推行者的关系,营造良好的学校课程领导氛围,从而推动课程改革的进展。从这个意义上说,课程专家应当是学校课程领导主体之一。

二、提升校长课程领导水平的路径

课程领导的角色是指课程领导者在课程领导过程中所扮演的不同角色。校长和教师是影响课程改革与实施的两个重要因素。与教师相比,校长在课程改革方面的角色是主导性和决策性的,因此,提高校长的课程领导水平和能力对进一步推动和深化课程改革具有至关重要的作用。综合已有研究发现,目前关于提高校长课程领导水平和能力的研究路径可以归纳为以下两个方面。

■ (一)校长课程领导变"被动应付"为"主动谋划"

当前,我国中小学校长课程领导实施面临很多困境和问题,较为突出的是很多的中小

---

① 郑东辉.教师课程领导的角色与任务探析[J].课程·教材·教法,2007(4):11—15.
② Ramsay P, Hawk K, Harold B, et al. Developing partnerships: Collaboration between teachers and parents [J]. *Learning Media*, 1993.
③ 金玉梅.学校课程领导主体系统探析[J].西南大学学报(社会科学版),2008(6):143—147.

学校长对待课程领导主要还是采取被动应付的态度,缺乏自身的对课程领导的创新,课程意识淡薄,驱使自身提高课程领导能力的内在动机不足,导致课程领导力缺失,课程领导流于形式。我们之所以大力提倡"课程领导",就是希望通过课程领导促使校长从"被动应付"向"主动谋划"转变。主动谋划是指"校长作为课程领导者,应主动积极寻求机会以实现课程变革",其主要表现在两方面:一是校长要主动参与课程制订,影响上级的课程决策;二是校长要主动谋求学校内部的课程发展。① 所以,现代校长应该主动转变行政化的课程管理方式,成为真正的课程领导方面的"专业权威"。②

■ (二)校长课程领导从"自在"走向"自为"

"自在"是指一种未开发的潜在状态,在这里引申为校长作为课程领导者并没有真正认识到课程领导对于学校课程的建设与发展的重要作用,对课程领导的认识与把握不足。普遍来说,目前一些校长对于课程领导的认识还处于初级阶段,主要以自身的实际经验作为开展课程领导的依据,因而在课程领导的实践中表现出了某种自发性和盲目性。这种自在型的校长课程领导方式导致了校长难以从纷繁复杂的资源中提取出关键信息,从而对学校课程的发展不能准确定位和提出应对之策。但是,我们也必须看到校长课程领导从"自在"走向"自为"的可能性。"自为"式的课程领导要求:首先,校长应该转变课程领导的观念,增强课程领导意识;其次,加强自身对课程哲学及相关课程理论知识的学习,提高课程领导的专业性和自觉性;最后,要结合理论和学校自身发展的需要,合理规划愿景和学校课程设置,制定学校发展目标,积极引导教师参与到课程改革和决策中来,促进教师的专业化发展,促进学生的全面发展。③

三、提升教师课程领导水平的路径

我国新课程改革所确立的一系列以"走向校本"为特点的政策,诸如"校本课程开发""校本教学研究""校本教师培训"(或"校本教师专业发展")等等,不只是为了有效推广、实施新课程而准备教师,其在本质上是为了确立一种新的教师观,即"教师即课程"(teacher as curriculum)、"教师即课程开发者"(teacher as curriculum maker)。④

教师在课程运作乃至学校发展中的作用和地位不言而喻,教师课程领导是指"以教师为领导者,通过教师之间相互协作与对话,影响学校课程发展的过程"。⑤ 教师成为课程领导有利于打破传统权威思想的束缚,合理发挥自身的教学技能和选择适合的教学方法,拥有参与学校课程管理与决策的权力,对于提高教师的专业化水平和课堂教学的有效性有着不可替代的作用。由此可见,教师在课程运作中的作用和地位。当前,我国对于提升

---

① 罗祖兵.试析校长课程领导的理念转型[J].中国教育学刊,2013(3):67—70.
② 钟启泉.从行政权威走向专业权威——"课程领导"的困惑与课题[J].教育发展研究,2006(4A):1—7.
③ 鲍东明.从"自在"到"自为":我国校长课程领导实践进展与形态研究[J].教育研究,2014(7):28—36.
④ 张华.论课程领导[J].教育发展研究,2014(2):1—9.
⑤ 刘径言,李洪修.教师课程领导的实践向度与文化底蕴[J].教育探索,2012(3):13—15.

教师课程领导水平路径的研究主要集中体现在两个方面：一是分布式的教师课程领导，强调课程领导权力的分享；二是教师课程领导话语体系的建立，强调改变目前课程领导中教师"失语"现象，重塑教师与课程的关系。

■（一）分布式课程领导：教师也能领导课程

分布式的课程领导不再局限于校长作为课程领导的专利，它强调教师除了参与课程实施（主要是通过教学活动参与）外，也能在课程改革、开发和设计等领域发挥引领作用。这种分布式的课程领导打破了以"校长"为核心的课程领导模式，使教师课程领导的对象、范围和权力得到了进一步的细化和强化。但是，教师要成为课程领导领域的重要角色除了需要学校层面的赋权之外，更需要的是教师自身能够提升课程领导意识，并对课程领导的相关知识与能力进行不断的学习。因而，能够成为课程领导者的教师是有选择性的，如：经验丰富的教师比新手教师更能成为课程领导者，具备课程领导素养的教师更能胜任课程领导者的角色。

■（二）从"失语"走向"参与"：重塑教师与课程的关系

教师在课程改革中扮演着教学方案的设计者、实施者和创生者的角色，其教育教学影响直接作用于学生主体，教师对课程角色的定位和具体落实很大程度上决定了课程对学生的学习与发展的影响作用。所以，必须提高教师对课程的反思和分析能力，增强教师对课程领导的意识和能力，厘清"教师"与"课程"之间的应有关系，寻求教师在课程参与过程中的话语权，改变教师当前在课程领导中的"失语"现象，只有这样，才能从根本上推动课程改革进入深水区，方能正确看待教师与课程内在整合和生发的统一关系，进一步体现课程改革的根本旨归。

保障教师课程权力的有效行使。教师课程领导角色和权力的实现需要有相应的技术、资源和机制等作为强有力的保障。从学校层面上来看，课程图谱的实施就是一个从学校文化出发，建立共同愿景、提升全校教师课程领导力的系统过程。首先，要增加教师接受培训学习的机会，为教师绘制课程图谱提供专家引领、数字软件、信息技术等系统化、网络化的支持。其次，要以资源共享为纽带，为教师提供课程图谱分享、对话、合作的平台。最后，校长需要从"行政领导"向"学术领导"转变，建立课程图谱实施的相关制度，营造良好的文化氛围，鼓励学校所有教师参与课程图谱的绘制，加强学校组织的互信互助、团结合作。有相应的组织和制度作为有力的保障，尤其是对于教师的激励制度，通过制度引领，达成文化共识、形成良好机制，最终实现共同的课程愿景。

重要概念

■ 课程领导

课程领导系课程变革过程中不同课程利益相关者通过民主合作而进行的创新性课程

工作,旨在促进教师的专业成长和学生的个性发展。它把民主合作与课程探究或问题解决、课程变革实践与课程问题的反思批判加以整合,并与教学领导形成有机整体。它是20世纪70年代以后伴随教育民主化运动的深入、课程领域的"范式转换"和课程变革过程研究的深化而产生的新兴课程研究领域。国内学者对课程领导进行定义时,主要采用了行为、过程和功能三个维度。

从行为维度看,课程领导是一种政府行为,是一种专业行为,是一种合作行为;课程领导是教育人员对学校的课程相关事务所表现的领导行为,其范围包括学校的课程、教师的教学及学生的学习,课程领导包括唤起教师的课程意识、结成课程社区的制度、塑造优质的课程文化和发挥课程设计的技巧。

从过程维度看,课程领导是指为了实现课程目标,在一定条件下对课程领域的组织和人员施加影响的过程,具有决策、组织和引导三个基本功能。

从功能维度看,课程领导是"结合学校的课程与教学,着重学生学习的改进,强调教师的专业发展",其功能在于使学校的体系及学校能达到增进学生学习品质的目标。

讨论与反思

1. 你觉得在中小学强调课程领导有什么价值?
2. 你觉得中小学校长如何实现课程领导?

拓展阅读

1. Allan A. Glatthorn. 校长的课程领导[M]. 单文经,等,译. 上海:华东师范大学出版社,2003.
2. 詹姆士·G. 亨德森,理查德·D. 霍索恩. 革新的课程领导(第2版)[M]. 志平,李静,译. 杭州:浙江教育出版社,2005.
3. Leo H. Bradley. 课程领导:超越统一的课程标准[M]. 吕立杰,等,译. 北京:中国轻工业出版社,2007.

前沿热点

一个好校长就是一所好学校,有时候某个薄弱学校还是那所学校、老师还是那些老师,就因为换了一个校长就日新月异,甚至三年内便成为百姓家门口的好学校。要抓住校长这个关键少数群体,深化校长治校育人能力建设,着力提高校长现代治理、课程领导、教师专业化发展、盘活资源、改革创新、自我发展等关键能力,引领学校特色发展、内涵提升。教育主管部门则把主要精力放在守住底线、营造环境、搭建平台、价值引领等方面,让每一所学校都有自己的办学故事,培养一批有较大影响的专家型校长。

区域教育家型校长培养的实践与思考①

陶行知先生曾经说过"校长是一个学校的灵魂"。《中共中央、国务院关于全面深化新时代教师队伍建设改革的意见》中提出，"加强中小学校长队伍建设，努力造就一支政治过硬、品德高尚、业务精湛、治校有方的校长队伍……营造教育家脱颖而出的制度环境"。迈入新时代以来，为实现公平而有质量的教育目标，浙江省杭州市拱墅区加快推进区域教育现代化发展，着力培养一支政治思想坚定、教育思想领先、创新思想卓越的教育家型校长队伍。近5年来，区域在推进教育家型校长培养的实践中，取得了较好的改革成效。

政治底色：试行党组织领导的校长负责制

推行党组织领导的校长负责制，能够加强和改善党组织对学校工作的全面领导，为促进教育家型校长的培养奠定坚实的政治基础。2022年1月，中共中央办公厅印发了《关于建立中小学校党组织领导的校长负责制的意见（试行）》，并要求各地区各部门结合实际认真贯彻落实，这其中就有杭州市拱墅区的实践智慧。

教育家型校长的专业化建设。教育家的重要标志就是专业化，有三个方面最为核心。第一，提升校长的课程领导力。课程体系有国家课程、地方课程、校本课程，校长的课程领导力既是对课程体系的统筹使用能力，又是对校本课程的创新开发能力，是最接近专业化的核心能力。教育家型校长应整合资源，规划课程，传承历史地域文脉，结合师生发展需求，围绕立德树人根本任务，带领全校开发出独具特色、彰显学校DNA的校本课程，为提升学生核心素养贡献智慧。第二，提高师生的生长力。教师发展、学生成长是一所学校的生命源泉。教育家型校长应善于构建赢得师生共同认可的学校文化理念，在文化认同的前提下营造以人为本的管理文化。为教师发展设置梯级成长目标，不断激发教师成长的自我内驱力。遵照马斯洛人类心理需求层次理论，将教师的尊重需求、自我实现需求融进学校规划中，搭建合适的舞台让教师展示与绽放，在教师的发展中同时实现学生的成长，进而影响到学校的提升。第三，提炼教育思想的引领力。教育家型校长必须思考提炼办学实践中的智慧，结合学校实际提升到理论层次，逐步凝结成校长的办学思想，最终将其体系化上升为教育思想。将教育成果提炼为教育思想是教育家型校长专业能力的体现。

① 改编自：王达.区域名校集团化的实践路径、问题与思考——以浙江省杭州市拱墅区为例[J].中国民族教育，2021(2)：47—49.

第十三章
课程与教学管理

 本章内容导引

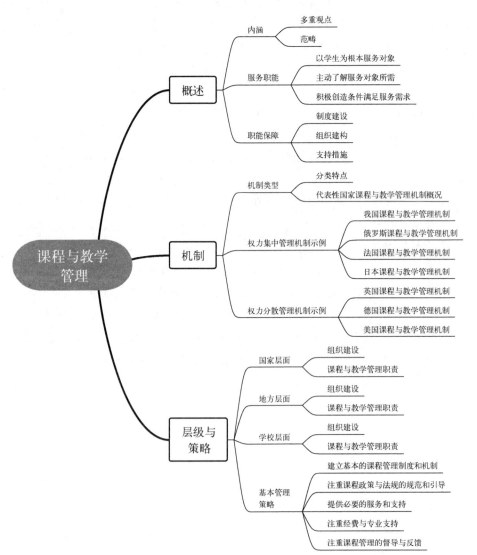

📖 引言

管理一词的含义,有狭义和广义之分。事实上,自20世纪70年代以来,随着社会进步和时代发展,人们就试图突破狭义的管理概念,从广义的角度重新思考管理的本质,持续探讨如何在科学文化和技术理性基础上,让管理更加充满人文关怀。管理不再仅仅意味着管理者借助于权力和技术手段对被管理者进行自上而下、由外及内的有效控制,而是还可以理解为管理者与被管理者之间积极互动、彼此理解、共同协商、合作建构意义的过程。[①]

在我国基础教育领域,课程与教学管理体制实行国家、地方和学校三级管理模式。课程与教学管理,不仅有传统意义上监管、督促的控制意涵,也有协商包容、互动博弈的治理思想,更有问题解决、合作建构的领导理念,逐步形成包含控制、治理和领导在内的组合式课程与教学管理话语系统。

本章重点是呈现课程与教学管理的丰富意涵、课程与教学管理机制类型以及不同层级课程与教学管理职责。主要内容包括:

- 课程与教学管理相关概念
- 课程与教学管理机制
- 课程与教学管理层级与职责

📖 案例

课程管理,助推领航名校长成长[②]

2014年,随着《教育部办公厅关于实施中小学校长国家级培训计划的通知》和《关于举办"校长国培计划"——2014年中小学名校长领航班的通知》两个文件的出台,我国首期校长国培计划——中小学名校长领航工程研修班正式起航。领航工程的培养目标就是,旨在培养造就一批具有较大社会影响力,能够在基础教育事业发展中,发挥示范引领作用的教育家型校长。为了达到这一培养目标,我们需要领航的课程去架桥、铺路和导航。

领航名校长培养需要确立领航的课程管理理念。课程管理价值取向是领航名校长培养的重要基础。课程管理的价值取向是指,课程管理主体在管理过程中,基于一定的价值观,以特定方式实现课程与课程管理目标时所持的基本立场、态度以及所表现出来的基本价值倾向。依据领航名校长的对象特征和培养目标,课程管理的价值取向应包括:一是重要教育问题的解决;二是切实促进学校发展的实践导向;三是教育思想或理论建构能力、教育实践创新能力与教育思想或文化传播能力的综合提升。其中,问题解决是课程设计与开发的逻辑起点;实践导向是课程实施的价值追求;能力本位是课程评价的核心

---

① 张华.论课程领导[J].教育发展研究,2014,33(02):1—9.
② 于慧.校长培训|课程管理,助推领航名校长成长[EB/OL].[2015-01-10](2021-02-15)https://mp.weixin.qq.com/s/Ryo8fXyB3cgZuW3jrT700Q.

原则。

💬 **案例评析**：传统意义上的课程与教学管理，重在运用权力对课程与教学进行监督和管控，管理视野相对狭窄，缺乏治理思想和领导理念，容易导致课程与教学管得过死，缺少生机和活力，创造性严重不足。

本案例中，作为以校长的课程管理能力建设的重要举措，确定提升课程与管理的六大重点工作，突破了传统意义上仅仅对于课程与教学进行控制的管理意涵，从课程与教学领导力的视角为课程与教学管理注入了新的思想动力。

课程与教学管理观念的更新，也意味着课程与教学工作重心的相应转变。比如，传统课程与教学管理工作重视监管和控制，管理措施往往是检查和汇报，大多是一些要求重复性地抄写教案、提交表格、填报材料等各种形式化、事务性的工作。这些常规工作，不是完全没有意义，但却不应该成为课程与教学管理的工作重点。

事实上，本案例中关于提升校长课程管理的重点工作，在很大程度上表明，课程与教学管理的主要目的和重点是充分调动教师和学生的积极性、主动性和创造性，是不断发现和解决课程与教学问题，提升课程与教学质量，优化课程评价，是齐心协力谋划和推动课程建设、教学实施、团队发展、评价导向和专业支持等方面的改革与创新。

第一节　课程与教学管理概述

从某种意义上讲，课程改革的每一次重大进展无不起源于课程管理体制的改革创新。1985年中共中央《关于教育体制改革的决定》提出管理体制的改革要有系统地进行，"在加强宏观管理的同时，坚决实行简政放权，扩大学校的办学自主权"。紧接着1993年中共中央国务院印发的《中国教育改革和发展纲要》规定教育体制要"改革包得过多、统得过死的体制"。2010年《国家中长期教育改革和发展规划纲要（2010—2020年）》再次强调了转变政府职能和简政放权的重要性，要求"健全统筹有力、权责明确的教育管理体制"。课程与教学管理虽然涉及方方面面，层次不一，各领域进展也不一定齐步，但梳理我国课程与教学管理机制发展的主线，发现主要的改革趋势就是实现简政放权，追求民主与科学。

一、课程与教学管理的内涵

从狭义的角度来看，课程与教学管理更多是课程与教学行政概念，其基础是行政权力。即通过授予和运用行政权力，特别是通过明确职责和分工、建章立制、检查监督、考核问责、绩效奖励等行政举措，使课程和教学能够顺畅运行。但随着时代的发展，行政权力意义上的课程与教学管理，与领导、服务和保障等概念的边界变得越来越模糊，形成一种相关概念整合使用的话语发展态势。课程管理是学校管理工作的主要组成部分,影响着学校整体管理水平。但课程管理具有自身的特点和规律,它涉及学校教育中最核心、最复杂的课程问题,是与学校教育目标直接相关的,因此决不能简单套用学校其他管理工作的做法。[①] 这就需要我们把课程管理作为一个相对独立的研究领域加以探讨。

■ (一)课程与教学管理的多重观点

对于课程与教学领导的界定,学术界有不同的观点。有学者认为,课程管理作为一种贯穿于课程开发与实施过程始终的活动,这是一个过程,是"以课程品质及学生学习成效的持续提升为目的,以学校行政领导为前提,课程领导者引导组织成员集中更多精力关注课程和教学事务,共同创建学校课程愿景,朝着正确的目标前进,上下一心进行课程实践的活动过程。"[②]其中,政府和教育职能部门、学校领导者、教师、家长和学生等都可以作为利益主体参与课程与教学的决策和操作事务,而关注范围则涵盖整个课程发展历程,包括目标、内容、组织、实施、评价等环节。

也有学者着重从校长作为课程领导者的角度出发,提出课程领导所发挥的功能在于使学校能达成增进学生学习品质的目标。特别强调,领导是使整个制度和个人达成目标的过程。这些功能是目标导向的,而不只是用心思考的例行活动步骤。其最终目的,是要提供高品质的学习内容给学生,以增进学生的学习成效。[③]

表13-1 课程与教学管理的领导职能[④]

职　能	具　体　表　现
规划、决策	通过调查研究,对课程建设的发展方向、远期和近期的目标做出规划,对课程设计的方案做出决策
组织、协调	建立合理的课程建设管理的组织机构,分配所有参加课程建设者的责任和权限,制定课程实施的各项运行规则,运用组织的力量去实施既定的课程方案,并在实施过程中处理好各种关系、各种矛盾,把各种积极因素充分调动起来,为实施课程方案、实现课程目标而共同努力工作
控制、引导	对课程建设的运行情况进行监督和检查,掌握反馈信息,发现偏差,分析原因,采取对策,正确引导,使课程实施正常有效运行

还有学者指出,课程领导的失败有两个原因,一是将领导视作行为而不是行动,视作心理学方面的而不是心灵方面的,视作与人有关的问题而不是理念问题;二是过于强调科层的、心理的和技术理性的权威,而忽视专业道德和权威。在此基础上,研究者提出"领导之心""领导之脑""领导之手"的概念。其中,领导之心强调与"个人愿景"的联系,也就是

---

① 杨中枢. 我国中小学学校课程管理:意义、问题与对策[J]. 课程·教材·教法,2003(7):15—18.
② 靳玉乐. 课程论[M]. 北京:人民出版社,2012:388.
③ Allan A. Glatthorn. 校长的课程领导[M]. 单文经,译. 上海:华东师范大学出版社,2003:25.
④ 廖哲勋,田慧生. 课程新论[M]. 北京:教育科学出版社,2003:454.

有关信仰、价值观、理想以及人所专心投入的东西。"领导之脑"必须与心智图景（mindscapes）或领导者长期发展起来的实践理论结合起来，也要与根据理论来思考他们面对情景的能力相结合。领导之心塑造了领导之脑，领导之脑驱动了领导之手。而后，对于决策和行动的反思又肯定或者重塑了领导之心和领导之脑。①

■ （二）课程与教学管理的范畴

要深入理解课程与教学管理的内涵，需要划分领导与管理的范畴，并辨析其差异和联系。

对于两者关系，在学界有着不同的观点，有部分学者将课程与教学领导视作课程与教学管理的一部分，认为课程与教学领导是随着课程理论、课程管理理论研究的深入才逐渐浮现出来、引起关注的。例如，廖哲勋与田慧生就在《课程新论》中将领导这一概念纳入课程管理的范畴，将其作为管理的重要职能，认为课程管理的领导职能是使整个管理过程中其他职能得以实现的、起主导作用的推动力量。②

然而，也有部分学者提出领导概念是为挣脱以控制为主的管理而演化出来，是对传统管理理念进行改革与反思的产物。作为一种转型的、优化的管理方式，更能体现现代管理理念，也更符合当下课程与教学的发展趋势。从课程管理转向课程领导、由管理学走向领导学，是时代精神超越科学主义（scientism）和管理主义（managerialism）、迈向人文主义并深化民主主义的必然结果和具体体现。③

因此，在课程与教学管理相关术语使用中，近来多用领导一词代替，意在摆脱历来的管理思想：自上而下的监控、管制。改变学校接受上级行政部门的指令之后才开始围绕学校的课程展开活动和运作的认识；改变行政和管理是从学校的上司和外部提供驱动力的观念。若要从根本上改变这种模式，就得从经营或是领导的功能出发，强调诉诸主体的创意与创造力，自律地、自主地驱动组织本身的涵意。实现从管理到领导的根本转型，学校本身要把日常的课程实践活动作为自身的东西加以自主地、创造性地实施。④

如表13-2所示，研究者提出课程管理与课程领导是两种不同的管理理念，课程领导不仅仅是一种术语的改进，更重要的是体现了一种民主、开放、沟通、合作的管理新理念。⑤ "领导是做正确的事情，管理则是正确地做事。"⑥这一区分表明，领导者和管理者的根本区别在于一个有自己的目标和方向，一个则是按照别人或者外部规定的目标与方向去高效率地做事情。有没有目标和方向，对于领导具有决定性的意义。⑦

---

① 托马斯·J·萨乔万尼. 道德领导：抵及学校改善的核心[M]. 冯大鸣，译. 上海：上海教育出版社，2003：25.
② 廖哲勋，田慧生. 课程新论[M]. 北京：教育科学出版社，2003：454.
③ 张华. 论课程领导[J]. 教育发展研究，2014，33(02)：1—9.
④ 钟启泉. 从"课程管理"到"课程领导"[J]. 全球教育展望，2002(12).
⑤ 靳玉乐，赵永勤. 校本课程开发背景下的课程领导：理念与策略[J]. 课程·教材·教法，2004(12)：10.
⑥ Bennis, W. *Why Leaders Can't Lead*[M]. San Francisco：Jossey-Bass，1989：18.
⑦ 靳玉乐. 课程论[M]. 北京：人民出版社，2012：387.

表 13-2　课程领导与课程管理的对比

项　目	课 程 领 导	课 程 管 理
权力主体	课程相关人员尤其是学校领导者与教师分享课程与教学权力	管理权力集中于特定管理者
权力实施	依靠课程领导者的行政权力和专业能力,以后者为主	依靠课程管理者的行政权力和专业能力,以前者为主
决策及推行	课程相关人员民主决策,作为决策主体之一的学校和教师进行实施	课程管理者进行决策,以行政指令自上而下推行,学校和教师被动执行课程决策
教师观	相信教师具有创意和创造力,具有一定的决策能力	认为教师只是既定决策、指令的执行者,缺少决策能力
沟通模式	纵向沟通之外有较大程度的校内外横向沟通和交流	纵向行政指令为主,有较少的自发形式的校际间横向沟通
动力来源	决策主体自身的创意和创造力,自我驱动	来源于外部、上级的监管、监控

除上述观点外,还有学者认为管理与领导是相辅相成的关系,甚至是异名同义的话语。对于课程与教学管理与领导之间是否存在包含、取代的关系,目前学界并未有权威而统一的说法。但基本可以达成共识的是,课程与教学领导这一概念的产生与发展,不仅仅是一个新名词、新理念的提出,更是一种关注价值引领、目标拟定、团队建设、决策与执行效果的,更加开放、民主、专业的管理理念的拓展与丰富。

二、课程与教学管理的服务职能

随着我国行政管理体制改革和服务型政府建设的推进,公共管理和公共服务理论日益受到重视。其中,如何提升教育管理的服务职能成为教育管理理论研究与实践探索的重要内容。在课程与教学管理的视域下,其着眼点在于学生。

■ (一)以学生为根本服务对象

服务取向的管理理念意味着,各级各类的课程与教学管理者要弱化权力集中和强制管控,要倾听课程与教学一线的心声,主动为学校发展、教师发展和学生发展服务。当然,最终落脚点是学生的发展,即坚持以学生发展为本是学校课程与教学管理的基本原则。

每一所学校都必须考虑学生的需要、兴趣和经验,科学设计课程与教学方案,合理组织教学内容,积极探索自主、合作的学习方式,实施发展性评价,为学生全面而主动地发展提供课程与教学保障。

以学生为本的课程与教学管理模式下,学校将为学生提供多种类型的课程,既包括国家规定的课程,也包括可以根据自身兴趣与未来发展所需的选修课与综合性课程。在此过程中,教师与学生的教与学活动是互动的、创生的,强调学生的主动参与。

■ (二)主动了解服务对象所需

将管理作为一种服务行动,并非简单地执行各级教育行政部门规定的课程决策,而是应当主动发现、预估服务对象的需要,提供适时、合理的帮助与支持。

国家对于地方和学校课程规划与实施的服务体现在:指导、推动教育思想转变,确立素质教育思想,提升教育理念和课程理念;指导、帮助地方和学校制定课程发展和实施规划,促进国家课程、地方课程和校本课程的融通和整合,指导学校课程的设计和选择;指导、帮助地方和学校开发、利用课程资源,统筹和组织社区、家庭及社会的各方力量,优化资源,分享资源;制定考试评价改革的政策或规定,指导和支持建立新的考试评价制度和方法。

此外,服务还体现在对理论和技术的支撑上,具体包括推介先进的教育理论和课程理论,并与课程改革的实践相结合,指导开展校本行动研究;用理论观照实践,并对学校改革实践进行总结、概括和提炼;提供课程的设计、教学设计和学校设计技术以及质量文化的监控、测量、评价的技术;提供信息技术等。[①] 在这一过程中,需要特别强调高等院校、教育研究机构、教育学专家的特殊作用。各级行政部门应简政放权,将涉及领域的学者纳入管理决策制定和实践开展的过程中,充分发挥他们在课程改革中的作用。

■ (三)积极创造条件满足服务需求

在主动了解服务对象所需基础上,国家与地方层面还需要通过制度完善与设施建设提供更加实质性的帮助,创造条件满足服务对象需求。

例如,在国家与地方颁布的法律法规、政策文件外,有计划、有针对性地研制一系列对地方及学校课程改革具有指导意义的课程文件,如"课程资源开发指南""校本课程开发指南""课程开发人员培训手册""课程管理人员培训手册"等。这些文件的课程行政色彩较淡,专业实践色彩更浓,能对地方和学校的课程开发与管理起直接的指导作用。此外,也可重视课程调查、课程教材评价及教育质量评估,定期或不定期发布有关评价报告和调查报告。

在国家和地方层面,可以利用网络信息技术,开发全国性或地方一级的"基础教育课程改革信息交换与服务平台",向各级各类学校提供基础教育的课程资源信息,向地方和学校推送最新课程研究成果,介绍国内外课程改革动态,发布国家最新课程政策;提供中小学教材开发信息,重点搜集和介绍国内外各种教学材料和课程标准的最新研究情况及一些有代表性的教材,为各地的教材开发服务;提供地方课程和校本课程开发的经验和案例,为地方和学校间的网上交流及合作提供方便。

---

① 成尚荣.地方课程管理和地方课程开发[J].教育研究,2004(3):69.

三、课程与教学管理的职能保障

课程与教学管理的主要基础是课程与教学的行政权力。这就意味着，课程与教学管理主要是通过行政权力推动课程与教学顺利实施的保障机制，为课程与教学的实施提供制度、组织、经费和物质资源等多方面的行政保障。同时，课程与教学管理还有专业基础，也就意味着管理还能提供各种形式的专业支持。

■（一）制度建设

完善制度建设是保证课程与教学管理有据可依、有序实施的重要前提。我国各级教育部门分别制定出台相关政策法规文件，致力于推动管理制度的法制化进程。

自改革开放以来，教育立法就受到高度重视。先后颁布和实施了教育法、义务教育法、高等教育法、民办教育促进法、职业教育法和教师法等一系列教育法律、行政法规、部门规章和地方性教育法规及规章组成的教育法律法规体系，为课程与教学管理提供坚实的法治基础。同时，为具体落实课程与教学管理，我国还单独颁布了有关各级各类学校管理、校长与教师专业培训与发展、学校场地与设施建设等一系列指导意见、决定、规划、纲要与行政通知等，为课程与教学改革与发展提供强有力的政策基础。

在学校层面，则需要建立健全课程审议制度、教学管理制度、校内课程评价制度、教师教育制度、校内课程管理岗位职责及激励制度等。在完善学校层面课程与教学管理的制度建设的同时，学校各级人员要严格执行各项管理制度，管理者则需要定期检查制度的执行情况。

■（二）组织建构

我国基础教育课程与教学管理实行国家、地方、学校三级管理体系。各层级设有相关部门，分别履行领导、执行、咨询、监督的职能。

教育部作为国家一级的教育行政部门，承担课程与教学管理的主要决策职能。其体现在制定国家基础教育培养目标、课程计划框架、课程标准和教材建设等宏观政策，并且指导、监督、服务地方和学校贯彻执行党和国家教育方针政策。

地方一级课程与教学管理的决策部门为省级教育行政部门，主要在遵循国家课程计划和课程标准的基础上按照地方实际情况与发展需求，为落实国家教育目标制定具体方案、开发地方课程，以及指导、监督、服务学校落实国家与地方课程规划。

学校一级的课程与教学管理，重点是在严格执行国家政策以及上级教育部门颁布的相关课程政策基础上，创造性实施国家与地方课程，合理开发和实施校本课程。

■（三）支持措施

教育经费投入是支撑国家长远发展的基础性、战略性投资，是课程与教学管理实施的物质基础。我国在确保财政性教育支出前提下，召开全国教育财务工作会议，印发指导意见,督促各地调整优化支出结构,进一步提高教育经费使用效益,全面加强投入使用的管理。与此同时,按照教育领域财政事权与支出责任划分改革要求,完善各级教育经费投入机制,督促落实各级政府教育支出责任。由此,保障学校办学经费的稳定来源和增长。各地根据国家办学条件基本标准和教育教学基本需要,制定并逐步提高区域内各级学校学生人均经费基本标准和学生人均财政拨款基本标准。

在学校管理层面,为有效实施国家、地方课程,合理开发校本课程,则需要利用好多种渠道获得的教育经费。通过加强图书馆、实验室、专用教室等设施建设,合力配置各种教学设备,为学校课程实施提供必要的物质保障。与此同时,也可设立课程管理专项基金,有针对性地用于课程开发与研究、教师培训与发展、信息化设备配置与对外交流等方面。

除上述教育经费投入、硬件设备完善等物质保障,建设高素质教师队伍、提升校长领导力,也是更有效实现课程与教学管理的重要环节。我国长期实行教师职称晋升和荣誉奖励制度以及教育人才计划,不断完善教师培养培训规划和实施体系,优化队伍结构,提高教师专业水平和教学能力。通过研修培训、学术交流、项目资助、赋权增能等方式,培养教育教学骨干、"双师型"教师、学术带头人和校长,造就一大批教学名师和学科领军人才。

第二节　课程与教学管理机制

课程与教学管理机制,涉及课程与教学管理运行方式和相应的动力系统。课程与教学管理机制改革的主要目的,在于增强课程与教学的育人功能、专业水平和团队凝聚力,化解课程与教学实施过程中的各种矛盾和困难,提高课程与教学质量和成效。

一、课程与教学管理机制类型

从不同的视角,可以对课程与教学管理机制作出不同的类型划分。比如,从权力分配方式来看,可以分为权力集中机制和权力分散机制;从权力运行方式来看,可以分为自上而下机制,也可以是自下而上机制;从管理依据来看,可以分为法治机制和人治机制等。不同类型的管理机制呈现出不同的特点和关注重心。

■（一）课程与教学管理机制分类特点

就宏观教育系统而言,课程与教学管理机制更适合于从权力分配的视角进行类型划分。也就是说,世界各个国家和地区的课程与教学管理机制主要包括权力集中机制和权力分散机制两种类型。

课程与教学管理的权力集中机制,在管理主体上比较集中,主要是获得特定授权的管理部门和管理者;在管理方式上,主要是管理部门和管理者在权职范围内对学校和教师的课程与教学进行自上而下的分工、安排、监督与控制等。集中管理机制的优点是容易形成统一意志和指导思想,可以集中力量办大事,职责明确,效率较高。其缺点是过于依赖于少数管理者的行政权力和能力,比较容易脱离多数一线教育工作者的实际需求和专业特点,课程与教学一线的积极性和创造性容易受到抑制。

具体来说,权力集中的课程与教学管理具有以下主要特征:(1)由国家教育行政部门制定课程标准或教学大纲并通过政令颁布实施,地方政府和学校依照执行;(2)国家统一规定科目设置、课程内容、教学时数和培养目标等,执行全国性或区域性的中小学升学考试或毕业考试;(3)国家行使对中小学教材的审定权。[①]

这种管理模式一方面难以适应不同地区经济、社会发展的多样化需求,另一方面也不利于学生个性发展与教师主动性、创造性的发挥。为克服单一的自上而下集中管理的弊端,我国、俄罗斯、法国、日本等,也都在探索课程与教学权力下放的路径,逐步推进中央、地方、学校分级管理。

课程与教学管理的权力分散机制,在管理主体上相对分散和多元,除了管理部门和管理者外,主要利益攸关者都可能不同程度地参与课程与教学管理事务;在管理方式上,往往要通过获得多数同意形式自下而上地形成课程与教学的管理意见和管理措施。权力分散机制的优点是比较重视利益攸关者特别是学校和一线教师的意见和建议,发挥他们的积极性和创造性。其缺点是各利益攸关方的局部利益和意见难于统一,导致管理效率较低和各自为政,有时难以顾及课程与教学的整体利益。

权力分散型课程与教学管理体制,主要具有以下特征:(1)国家没有统一的课程计划(有些仅有指导性意见),课程设置、课时安排均由地方或学校自行决定;(2)国家没有统一制定课程标准、没有统一编订教科书,或学术机构、大学或民间的课程机构编订教科书,供地方或学校使用,中央教育行政部门不做统一要求;(3)没有全国性的统一考试制度,由地方或学校自行组织考试测验。

课程与教学管理的各种机制类型,各有优缺点,而且这些优缺点也不是绝对的,而是相对的,在一定条件下甚至可以相互转化。这就是为什么不同国家和地区的课程与教学和管理机制都会随着时代和形势的变化而不断进行调整和改革,在某种主导的课程与教学管理机制基础上,努力寻求其他管理机制的辅助和补偿作用。

比如,当课程与教学管理权力过于集中而严重影响到基层积极性和创造性时,就出现权力下放的调整和改革需求与呼声。同样,当课程与教学管理权力过于分散而严重影响行政效率时,就会出现权力集中的调整和改革需求与呼声。这就形成一种周期性的钟摆现象。

当然,权力集中机制下的权力下放,与权力分散机制下的权力集中,看似矛盾的改革措施,实则具有一致的改革思路,即实现课程与教学管理机制的功能优化。

■（二）代表性国家课程与教学管理机制概况

课程与教学管理机制的形成和发展,总是受到特定社会、政治、经济和历史文化条件

---

① 杨明全.课程论[M].北京:中国人民大学出版社,2016:282.

等多重影响因素制约,并且经常是作为整体教育体制机制的有机构成部分而存在的。因此,不同的国家和地区都会建立与本国和本地区情况相适应的课程与教学管理机制(如表13-3所示)。

表13-3 课程与教学管理机制代表性国家简表

主导机制	代表性国家	基 本 特 点
权力集中	中国、俄罗斯、法国、日本等	国家课程标准;统一课程设置;教材审订或统编教材
权力分散	英国、德国、美国等	学会或专业组织等民间标准;选用国家课程;地方课程自主;学校教学自主

近年来,各个国家和地区都在努力变革单一的课程与教学管理机制,寻求课程与教学管理主导机制与辅助机制的协调与平衡。

世界课程与教学管理体制改革进程表明,各种管理机制类型都需要随着时代的进步而不断调整和完善。当前一种管理主体走向融合、多元的趋势逐渐显现。无论是自上而下的集权,还是自下而上的分权,都致力于寻求统一与多样的动态平衡,获取国家、地方、学校三层次的连结点,以达到在保证国家享有对课程与教学统一领导权力的同时,又能够保护地方特征与其积极性,并给予学校适当的自主权。

二、课程与教学权力集中管理机制示例

虽然我国、俄罗斯、法国、日本等国都是权力集中型课程与教学管理的代表性国家,但这些国家具体的课程与教学管理还是存在差异的。从发展的趋势而言,在课程与教学管理在一线中小学的实践呈现着民主化、权力下移的潮流,表现为强调学生的主体地位、注重教师的课程参与、释放学校在课程管理中的创造性。

■(一)我国课程与教学管理机制

在中华人民共和国成立初期,我国受苏联影响,采用的是高度集中的课程与教学管理体制,基本特征是制定全国统一的教学大纲、编写统一的教科书、进行统一的升学考试等。

伴随着改革开放,我国在坚持权力集中课程与教学管理作为主导机制基础上,推动某种程度的"简政放权"。我国自1992年《九年义务教育全日制小学、初级中学课程计划(试行)》首次明确将课程分为国家安排课程、地方安排课程,再到1999年《中共中央国务院关于深化教育改革全面推进素质教育的决定》明确试行国家课程、地方课程、学校课程,至2001年《基础教育课程改革纲要(试行)》确定正式实行国家、地方、学校三级课程管理。

随着中央与地方对课程与教学管理权力的重新划分,其参与人员、队伍构成愈发多元化,除了国家层面教育官员、学科专家这些传统角色外,地方教育行政人员、工商企业界代

表,学校教师、学生、家长也获得更多表达诉求的机会,推动课程管理在分享、协调、合作中向着更加科学、民主的方向迈进。

■（二）俄罗斯课程与教学管理机制

俄罗斯一直以来都实行的是权力集中的课程与教学管理机制。这种整齐划一的管理体制虽然有利于国家统一管理,有利于保证教育质量,但却容易脱离各个地方和学校实际,限制地方和学校主动性和积极性发挥,也不利于学生个性发展。

从1998年起,俄罗斯开始实施新的《基础教育教学计划》。课程结构由不变部分和可变部分组成,不变部分即国家课程,而可变部分的课程则包括民族地方课程和学校课程,实行三级课程管理制度。[①] 其中,国家课程是指由联邦制定的并在全联邦实施的课程计划,它主要指向那些能够保证与全人类的思想和文化传统相适应、形成学生个性品质、在联邦境内形成统一的教育空间的基本课程,其重要意义在于保证俄罗斯统一的教育空间。可变部分是指由联邦各主体和各学校根据各民族各地区和各学校特点制定的教学计划,它由可选择的必修课和自由选择课来构成,包括地方性必修课程和选修性课程。各地方的教育行政机关和学校可自行决定该部分课程的具体教学内容。

权力的逐级下放使得各个地方在课程管理上有了较大的自主权,从而能够因地制宜地设置符合地方实际的课程。俄罗斯在课程与教学管理机制改革上有力度,一改苏联时期高度集中的管理方式,实行中央、地方和学校三级分权管理模式。

■（三）法国课程与教学管理机制

长久以来,法国的教育体系都是中央集权。国家在管理中起着重要作用,主要负责制定国家教育方针、政策、执行议会通过有关教育的法律,及审核教育经费预算等。此外,另设有咨议机关及督导机关,负责向部长提出建议及在有关行政部门的配合下,对全国教育发展水平进行评估。

自20世纪80年代开始,法国教育系统管理权限逐步下放,地方政府已经成为课程与教学管理中越来越重要的一部分。地方政府可以决定关于学校、初中和高中如何管理国家批准的预算的调整计划,以及未来实现国家的教育目标该采用什么样的教育策略。近年来,法国开始加强地方自治的实施,课程与教学管理体制显现出中央集权型国家开始向地方、学校进行权力让渡的特征。通过颁布新的教育管理的权限分配法,中央和大学区的权力出现逐级下放的趋势。

需要说明的是,法国虽然是一个典型的中央集权制国家,但是在教科书选用上,法国实行自由开放的政策,国家教育部不干涉教科书的编写和出版,没有规定统一的教科书版本,任何没有被明确禁止的教科书都可以进入市场,同时任何个人和团体都可以把自己编写的教科书推向市场,但必须要根据国家教育部制定的课程标准。[②]

---

① 雷顺利. 从钟摆现象看课程管理体制改革的走向——兼论我国三级课程管理体制的产生[J]. 山东教育科研,2002(11)：13—15.
② 刘丽群,马延朝. 发达国家中小学教科书选用的类型、特点及对我国的启示[J]. 湖南师范大学学报,2008(6)：19.

■ **（四）日本课程与教学管理机制**

在日本，文部科学省作为中央政府教育行政机关，负责统筹日本国内教育、科学技术、学术、文化及体育事务。在中央集权体制下，文部科学省享有较大的教育行政权力，对教育规划、实施、评价等各环节都做出制度和实践层面的规约。

在国家层面的领导下，日本地方教育行政组织上采用委员制，在都道府县、市町村两级设有地方教育委员会。日本文部科学省将地方教育委员会的特点明确表述为：致力于确保个人价值判断和特定政党影响的中立，强调教育改革中的稳步推进，并且关注当地居民的需求。教育委员会有权决定教育管理中的重要事项和基本政策。[①]

三、课程与教学权力分散管理机制示例

课程与教学权力分散管理机制，以英国、德国、美国等为代表，课程与教学管理的权责主要分配给地方和学校。近年来，权力分散机制国家也在加大力度，通过各种非集权名义颁布国家课程标准，加强国家对地方的管控力度。

■ **（一）英国课程与教学管理机制**

英国在传统上属于比较典型的权力分散的课程与教学管理机制，既没有全国性课程或者统一的课程标准，教师在课程设置、教材选用和教学方法选择上也具有较大自主权。

自20世纪70年代末，英国开始提出建立全国统一课程的设想。1987年颁布《全国统一课程（5—16岁）：一份咨询文件》指出，要建立一种能发展所有学生的潜能，并使他们为明天世界公民的职责和就业的挑战做好准备的课程，1988年公布《教育改革法案》奠定了国家课程的法律基础。从此，国家加强了对中小学课程设置的控制。法案以法令条文的形式，规定从1989年起全国所有公立中小学实行统一的国家课程。这是英国课程发展史上具有划时代意义的一项重大改革。新的全国统一课程的实施，取消英国教师作为主要力量影响课程的传统自由，结束教师自由组合课程门类、确定学科重点、设计课程内容的历史。[②] 此后，英国基础教育课改逐渐强化国家课程的作用及其所占比例。

2013年9月，英国教育部发布最新《国家课程标准》（The National Curriculum in England-Framework Document）。虽然英国已拥有统一的课程标准，但时至今日，英国中小学还没有实现全国范围内，或者是全地区统一的教科书使用。

■ **（二）德国课程与教学管理机制**

德国作为联邦制国家，在教育管理上体现出地方分权的特点，形成联邦、州、市镇的三

---

① 日本文部科学省. 教育委员会制度［EB/OL］.［2019 - 07 - 27］. http://www. mext. go. jp/a_menu/chihou/05071301. htm.

② 王桂林. 英国课程改革及其政策取向分析［J］. 教学与管理，2010(9)：160.

级教育行政组织。联邦政府具有从政策层面制定全国教育目标、原则等权力,发挥咨议、顾问作用。

教育的实际权力属于各州。每个州政府内均设有文化部负责诠释、执行联邦层级颁布的各项决策,并且承担中小学运作、教育计划制定等职责。市镇教育局是德国最基层的教育行政机构,主管基础学校,并负责地方学校事务的管理。

根据德国《基本法》的规定,教育事业由各州管辖,各州在教育领域享有充分的自主权。在德国,教学大纲一般由各州文化教育部自行为每门学科组织一个小组(3—4 人)来制定。制定后,对编写教科书感兴趣的任何人可以着手编写或者出版社组织人员编写。为使教科书能为较多学校采用,有较好的销路,编写的教科书必须符合教学大纲精神,并能为州文化教育部核准。[①] 对于教科书的选择权在中小学,教育行政部门没有权利进行干预。德国对于每一个学科,通常要出版多种类型的教科书,供学校和老师从中选择使用,各州学校可以从本州文化教育部公布的教科书目录中自由选择,也可以选择教师喜欢的其他州出版的教科书。[②]

不过,德国地方和学校对于联邦层面的政策建议素有较高的尊重和认可度。同时近年来,德国也着手开始调整现有体制,通过出台国家课程标准的方式,将部分课程与教学管理权力收回,致力于寻求联邦与地方权力的平衡。

■ (三) 美国课程与教学管理机制

在美国,联邦层面会通过各种法案或民间学术机构或团体,从大方向上把控国家教育的基本培养目标、课程计划框架和课程标准等宏观的课程政策,并向地方和学校提供指导和经费,监督贯彻执行这些政策。主要的课程与教学管理权力则由地方学区掌握,州一级有权力制定本州辖区内学校的课程框架,制定本州辖区内学校的测验,必修学科的成就标准,并向地方学区提供各项必要的资源,定期评价本州确定的课程框架。学区在不违反州规定的课程基准和毕业最低要求的前提下,享有制定并执行课程政策与规划、确定各阶段课程内容与课时分配、选择教学材料、规划测验与评价方式等权力。

由于美国各州具有较大的自主权,没有统一的强制课程标准,更没有统一的教学内容,各州往往根据自己的实际情况设置课程标准,进行灵活的教学。但是,这也引发各州教育标准混乱、教育质量排名全球靠后的难题。面对各州课程标准混乱、缺乏统一教科书编审选用机制的困境,在 20 世纪末美国就已开始有关课程标准的研制,《2000 年目标:美国教育法》《学校数学的原则和标准》等文件的制定与出台,加速了这一过程。

2009 年起,由全美州长协会最佳实践中心和州首席教育官员理事会这两个民间组织联合发起,开始制定《共同核心州立标准》(Common Core State Standards,简称 CCSS),开启了标准运动的一个新阶段。其包括两门核心课程的内容标准,即数学与英语语言艺术/语言素养,两门核心学科的内容标准均按年级(K - 12)分别设置详细具体的能力与素

---

① 李其龙. 德国教科书管理制度[C]//臧爱珍. 世界主要国家教科书管理制度. 北京: 人民教育出版社,2005:57—58.

② 陈倩,方成智. 中外教科书选用制度比较研究——以中、美、德、日为例[J]. 学理论,2018(1): 193—194.

养项目,以及学生在每一个年级需要达到的水平目标。制定核心课程的统一核心标准,其最终目的是确保学生获得世界一流的教育,提升其全球竞争力,使他们在完成基础教育阶段学业之时充分地做好了升学与就业的准备(college-and-career-readiness)。出于同样的目的,美国于2012年公布了专门针对英语学习者的英语语言能力发展标准,并于2013年4月公布了下一代科学标准(Next Generation Science Standards,NGSS)。[①] 这也标志着各州将采用并实施全国统一课程标准的开始,从而结束课程标准各州各自为政的局面,对美国基础教育未来的影响意义深远。

此次制定《标准》并非政府行为,而是由全美州长协会最佳实践中心和州首席教育官员理事会这两个民间组织联合发起。全国课程标准颁布后,是否实施仍然由各州自行决定。但根据各州签署的协议备忘录规定,各州的标准可以超越全国统一标准的核心内容,只要求统一标准的核心内容至少占到州标准的85%,并且在三年内必须实施。[②]

第三节 课程与教学管理层级与策略

自1985年到1992年提出"基础教育管理权属于地方"到各地区可以设置地方课程以来,课程管理的权限逐渐从国家下放到地方。此后,《中共中央、国务院关于深化教育改革,全面推进素质教育的决定》指出,对基础教育课程体系、结构以及内容进行调整,同时试行国家、地方以及学校课程,又逐步将中央的管理权力下放到学校层面,明确了我国课程管理中的三级管理机构,丰富了课程的类型,给学生提供了更多的选择机会。渐进式的权力下放过程为三级课程管理体制的有效实施创造了条件。2001年,《基础教育课程改革纲要(试行)》确立了三级课程管理体制的正式实施。在我国基础教育领域,实行国家、地方和学校三级课程管理。[③] 其中,党和国家依法领导和协调国家、地方和学校三个层级的课程与教学管理事项和权责。

课程与教学管理是一个多层次的复杂系统,其职责主要分布在国家、地方和学校三个层级。明晰三个层级的职责分工和协调,对于加强和改善课程与教学管理具有重要意义。

一、国家层面

在国家层面,课程与教学管理主要体现为自上而下的管理职能,发挥着基本的制度架构和体制安排的功能。教育部《关于全面深化课程改革落实立德树人根本任务的意见》中强调加强课程实施管理。各地和学校要全面落实基础教育国家课程方案,要将综合实践

---

① 程晓. 学科内容标准驱动的美国教材建设机制研究[J]. 教师教育研究,2017(5):116.
② 杨光富. 美国首部全国《州共同核心课程标准》解读[J]. 课程·教材·教法,2011(3):105—106.
③ 王明宇,吕立杰. 我国基础教育课程管理发展70年的回顾与反思[J]. 教育理论与实践,2019(22):51—55.

活动、技术、音乐、美术、体育等课程开设情况作为考核学校工作的重要内容。

（一）组织建设

教育部作为国家教育行政部门，下设有包括政策法规司、发展规划司、基础教育司、高等教育司、教材局、教育督导局等在内的若干内设机构，各司其职，分别承担相应责任。

其中，比如基础教育司，主要承担基础教育的宏观管理工作，拟定推进义务教育均衡发展政策，拟定普通高中教育、幼儿教育、特殊教育的发展政策；会同有关方面提出加强农村义务教育的政策措施，提出保障各类学生平等接受义务教育的政策措施；会同有关方面拟订义务教育办学标准，规范义务教育学校办学行为；拟订基础教育的基本教学文件，推进教学改革；指导中小学校的德育、校外教育和安全教育；指导中小学教学信息化、图书馆和实验设备配备工作。

又比如教育督导局，主要负责是拟定教育督导的规章制度和标准，指导全国教育督导工作；依法组织实施对各级各类教育的督导评估、检查验收、质量监测等工作；起草国家教育督导报告；承办国务院教育督导委员会的具体工作。

除内设机构外，教育部还下设包括教育发展研究中心、基础教育课程教材发展中心、考试中心、中国教育出版传媒集团等在内的若干直属单位。

（二）课程与教学管理职责

就课程与教学管理而言，国家主要是负责制订国家课程计划、国家课程标准或指导纲要等，并对依据标准编写的教科书进行审定；制订国家课程实施的指导性意见，以及地方一级和学校一级课程管理的基本规范；确定课程评价制度，监控国家基础教育课程整体运行质量。

国家课程与教学管理的具体事项包括以下三个方面[①]。

一是国家有关部门如教育部门通过制定和颁布的各种课程政策，其中包括课程管理与发展的政策，制定基础教育课程规划，规范各类课程比例和范围等，引导课程资源开发。

二是国家委托类似国家课程标准委员会机构制定的基础教育课程方案和必修课程（或核心课程）的课程标准，明确课程目标、课程内容、课程实施和课程评价。鼓励各地有条件的高等院校相关学者和教师根据课程标准，编写出版不同风格特色的教材，供各地中小学学校选择。国家通过全国性的水平测试监督和引导课程的实施，并进行审查和反馈。

三是就研制主体而言，包括教育行政人员、教育专家、课程专家、一线教师等共同组成的代表国家意志的课程领导共同体，教育行政人员更多起着组织协调角色，专业人员负责课程内容、课程结构与类型的决策。如国家基础教育课程教材工作领导小组就是国家课程领导的主要机构之一，其主要负责基础教育课程教材建设的领导决策。

---

① 谢翌，李朝辉.学校课程领导引论[M].北京：高等教育出版社，2012：69—70.

二、地方层面

地方一级课程与教学管理的基本要求在于,依据国家教育方针政策法规,结合地方经济、文化、社会发展对人才素质要求和学生发展需要,制定适应本地区的课程整体规划和管理要求;在规划与实施课程时针对本省(自治区、直辖市)不同地区的实际、统筹规划、区别要求、分类指导,并组织相应的检查与评估。在这一过程中,重视发挥各地和学校积极性、主动性、创造性,明确教育各部门和学校在课程管理中的主导作用,改进地方教育行政对课程的管理、协调、组织,动员社会力量参与课程的管理和开发。

地方一级课程与教学管理的具体事项,涵盖课程实施计划的制定、对实施国家课程的管理、地方课程开发、学校课程指导、教材开发与管理、课程评价等方面。

■ (一) 组织建设

在地方一级,主要由省级行政部门领导和协调本省(自治区、直辖市)基础教育课程管理。在此过程中,课程与教学管理主体包括代表地方行使教育领导权的教育行政部门及其所属行政人员,如省教育厅、市教育局,也包括部分教育学专家、学科专家。

省级教育行政部门依据国家课程管理政策和实际情况,制订本省(自治区、直辖市)实施国家课程的计划,规划地方课程,报教育部备案并组织实施。经教育部批准,省级教育行政部门可单独制定本省(自治区、直辖市)范围内使用的除国家课程标准以外的课程计划和课程标准,例如中职教育课程标准。在省级教育行政部门的统筹协调下,基础教育课程实行分级管理,地(市)、县(市、区)教育行政部门是基础教育课程与教学管理的重要力量。在教育行政部门的领导和统筹下,包括各级中小学教研机构、各级教育科研机构、师范院校、教育督导等部门明确职责、分工合作,共同支持地方一级课程与教学管理。

其中,各级中小学教研机构应把基础教育课程改革作为中心工作,积极开展研究,提出课程更新与发展的建议,并协助组织实施;开发地方课程,指导并帮助学校按照国家和地方对课程的规定,以及本地区和本校的具体情况,均衡设置课程,开发校本课程;积极开发多样化课程资源,协调校际间课程资源的交流与利用,为学生学习方式的多样化和学习空间的拓展提供服务,为学校选择教材提供服务;围绕学校和教师在课程实施中发生、体验到的实际问题,进行调查研究,提出对策建议,组织形式多样的教研和教师培训活动,协助学校建立自下而上的教学研究制度;积极参与评价与考试制度的改革。

各级教育科研机构从理论和实践的结合上对课程改革进行研究,为课程改革的决策和实施提供指导和咨询服务。

师范类大学的"基础教育课程研究中心"和教育学院,对基础教育课程进行理论研究和指导,积极参与本地区的基础教育课程改革实践。

此外,在充分发挥教育督导部门在课程实施与管理中的检查、评估、指导作用的同时,各级教育行政部门应协调新闻出版、学术团体、文化团体、公司企业等社会力量,建立教育部门、家长以及社会各界有效参与课程建设和学校管理的制度，指导学校成立由校长、教师、社会相关人士和学生家长各方代表组成的课程委员会，积极参与基础教育课程建设与管理。

■（二）课程与教学管理职责

地方在课程与教学管理的职责，重在规划、指导、决策与检查。当前，我国地方教育行政部门在课程管理中的职责主要有以下几方面[①]。

第一，制定区域课程与教学政策方案。包括制定本地区各个教育阶段的课程实施方案与指导性意见；制定本地有关课程开发、教科书开发、审查与推荐，课程评价的具体法规、办法。有关方案、法规、实施意见的制定，既要反映地方经济、文化发展对人才素质的要求，与当地基础教育的发展水平相协调，充分挖掘地区可资利用的课程资源，具有一定的地域性特征；又要依据国家课程计划的要求，与国家总体课程方案相衔接，必要时须报教育部备案。

第二，推进区域课程与教学实施。切实抓好课程计划、方案、意见的贯彻落实，具体包括协调教研、科研、教育技术装备、学校等各方面的力量，并努力争取新闻出版、文化团体、科研机构、公司企业等社会各方的力量的支持配合，充分挖掘本地区课程资源，促进地方课程资源的优化组合，严格教材、教辅用书、学具的审查、公布与推荐，努力规范教科书市场；不断培训课程方案的实施所需要的教学人员，特别是教研人员和骨干教师，抓好新课程方案、新教材的试验、推广工作，努力提高课堂教学质量；指导基础学校开发校本课程，努力建构富有本地特色和鲜明个性的地方本位课程和校本课程等。

第三，建立健全区域课程与教学的督导、评估制度。密切关注拟设课程（计划中的课程门类、标准、学生素质发展的规格要求）、实施课程（在学校和课堂上实际发生的教与学的动态过程，包括内容、时间、教学策略、方式等）、习得课程（学生在认知、情感、价值观等方面获得的或学到的东西）三者之间的动态关系，确保我国基础教育的基本质量规格的落实。要将检查、评估情况及时反馈给上级课程决策部门以及基层学校，促进国家、地方、学校三级课程管理主体间的沟通与协调。

地方课程与教学管理，需要按照国家政策法规和课程方案要求，不得随意增加或减少课程门类及课时。对实施课程必须的教师配备、条件保障、教学管理等各个环节提出明确要求，建立管理规范，结合地方的具体情况，提出具有本地特色的管理规定，创造性地实施国家课程。要按照国家和省级教育行政部门的要求，有计划地组织对课程实施过程的评价。

三、学校层面

随着校本管理实践的持续推进，学校课程与教学管理的要求和水平在不断提高。在

---

① 柳夕浪.从地方课程管理：思维、作用与策略[J].课程·教材·教法，2001(11)：17.

学校层面,课程与教学管理的具体事项,涵盖学校课程计划制定、教学实施、教材建设、校本课程开设和课程评价等环节。

■ (一)组织建设

学校和教师应严格执行国家课程计划和课程标准,严格执行地方各级教育行政部门的有关规定,结合学校实际情况,形成相应的课程与实施方案,报上一级形成部门备案。

为保证学校课程与教学管理决策的科学性、民主性,可以由学校管理人员、教师、家长以及相关专家组成学校课程委员会,负责策划课程开发计划,提出课程开发的目的或标准;搜集、整理和提供课程开发所需要的重要学习材料和学习活动案例,为教师开发、实施课程提出框架性建议;了解学生和教师在课程实施中的真实情况,并提出改进方案;听取教师和学生建议,制定课程评价方案;组织研讨会,分享教学和学习经验。①

教导处或者相应的课程与教学职能部门,承担计划、执行、检查、评估全校各门课程及各教研组的课程教学工作;组织协调各教研组与年级组的各项工作关系,落实课程管理措施。各学科教研组、年级组或备课组,作为课程与教学方案具体执行组织,负责制定学年及学期教学计划、教学研究活动计划和学生活动计划;对教师教学活动进行协调,确保完成学校课程管理的各项要求;即时反映课程实施过程出现的问题及教师的需求;研究学生实际情况,为课程管理提供依据;联系各学科教师之间的合作,以促进课程合力的形成。

需要强调的是,在学校进行课程管理的过程中,要正确处理国家课程、地方课程和校本课程三者之间的关系,确保各类课程各得其所、相得益彰。

■ (二)课程与教学管理职责

在学校课程与教学管理过程中,如何在国家、地方和校本课程之间寻求平衡点、实现从理想的课程到学生习得课程之间的连接以及深化对课程本体意义的理解,校长的专业水准和教师的课程能力无疑是最为关键的因素。② 学校及其相关人员要形成权力分享、责任共担的意识,明确管理角色,履行课程与教学职责。

校长是学校课程与教学的主要领导者,其管理角色主要表现在课程价值引领、目标达成和团队建设上。为实现校长课程与教学管理能力的提升,可通过加强课程领导理论和实践研究、建设本土化校长理论,加强对校长的培训,进行行动研究与反思,促进校长个人的学习。其次,通过明确划分国家、地方和学校课程领导权限、提高校长课程领导执行力,从而赋予校长课程领导权力。还可通过建立课程领导共同体、培养领导型教师、使家长和社区参与其中、加强校际合作,在互动合作中寻求课程领导的同行者。最后,借由明确校长角色定位、加大对学校变革的投入,帮助校长实现角色转化、身份认同。③

---

① 杨中枢.学校课程管理研究[M].兰州:甘肃教育出版社,2014:237.
② 钟启泉,岳刚德.学校层面的课程领导:内涵、权限、责任和困境[J].全球教育展望,2006(3):12.
③ 李朝辉,马云鹏.校长课程领导的境遇及解决策略[J].全球教育展望,2006(6):53—55.

教师则作为课程实施与开发的主要力量,对课程目标的实现、学生的发展承担最直接的主要责任。不论是国家课程、地方课程、学校课程均需要通过教师个体的理解、设计、实施,来实现文本层面的理想课程到实践中的真实课程。在这种程度上,教师对于三级课程的建构、创造直接影响学生最终习得的知识与素养。教师根据学校层面的课程标准、自身面对的学生实际、可以利用的可能的课程资源,结合自身独特的课程经验,进行班级层面的课程规划并预留一定的弹性,在课程实施过程中,结合学生的生活实际,及时将社会变迁和重大事件纳入课程计划予以实施,通过教学互动师生共同创生课程对日常生活的意义。①

此外,学校应尽可能提供选修课,以及学生和家长参与课程教学评价的机会,听取学生和家长关于课程与教学的意见和建议。

四、基本的管理策略

一般而言,课程管理涉及的是教育行政部门及其所授权的机构对课程规划、课程编制、课程实施和课程评价等工作环节所进行的组织、领导、监督和检查等一系列的课程行政行为。

无论是国家,还是地方和学校,课程管理的策略都应该是多种多样的。可以选择的基本策略包括建立基本的课程管理制度和机制,颁布相应的课程政策和法规、提出课程设置方案和实施计划、提供必要的服务和支持、设立具有导向性的专项经费、组织课题攻关研究、开展专项评估和督导发布调研报告和信息、通报管理动态和整改建议等。

■ (一) 建立基本的课程管理制度和管理机制

课程管理制度和管理机制是课程管理框架的基本内容,应该清晰化、文本化和透明化。要根据我国的三级课程管理的基本形态,科学地明确权力和责任主体,便于操作和监督。要在学校层面,注重课程管理的优化和创新,建立起校长引领、教师参与具有学校文化特色的校本化、民主化的课程管理制度。

■ (二) 注重课程政策和法规的规范和引导

课程管理是一种规范化的政策实践、课程实践。有些课程管理,特别是那些依靠教育行政部门的权限难以单独完成的课程管理职责,需要从政策和法规的角度去考虑。② 例如,课程成本管理办法,哪些课程的成本需要在日常的教育经费中支付,而哪些课程的实施可能需要另外收费以及如何收费,收多少费用等,这需要会回物价管理等部门共同制定相关政策。像高中新课程因选修课增加而导致课程成本增加,就面临这样的问题。又比如,实施综合实践活动,尤其是在校外开展活动,安全、保险、责任认定与善后处理等诸多

① 钟启泉,岳刚德.学校层面的课程领导:内涵、权限、责任和困境[J].全球教育展望,2006(3):13.
② 吴刚平.学校课程管理实务[M].北京:高等教育出版社,2005:4—7.

问题,都需要有明确的政策,如有可能,要逐步上升到更具强制力的法规甚至是法律的高度,进而形成依法实施和管理课程的法制环境。

■（三）提供必要的服务和支持

一个好的课程管理应该包含提供必要的课程实施方面的服务和支持,特别是建立专业技术上的服务和支持机制。比如,对于课程实施中的问题进行调研,教育行政部门要通过协调,引入和提供专业技术力量对学校解决课程实施中遇到的问题和困难进行指导,提供培训、咨询和合作等方面的帮助,提高学校实施新课程、提高教学质量的业务能力和业务水平,从而营造一个学校愿意真实反映课程实施问题和积极寻求帮助解决问题的良好氛围。在学校内部,课程管理也同样需要建立一个主动解决问题的机制,包括采取校本培训、合作研讨、寻求专业支持等多方面的策略。

■（四）注重经费与专业支持

设立专项经费,作为一种课程管理上的策略,至少需要考虑两个方面的导向。一是研究和解决问题的导向,即把一部分经费用于解决那些在学校课程实施层面上具有典型意义的课程与教学问题的计划和活动,比如新课程中的一些亮点、热点和难点问题,像综合实践活动的实施、校本课程的开设、学分制和选课指导制度的建立、发展性评价制度的建立、教学方式的转变等专题,都需要有一定的研究经费投入来支持,建立相应的交流与研究的机制和平台,从而推动新课程的实施。二是发现、总结和推广经验的导向,即把一部分经费用于对地区、学校或教师在实施新课程过程中摸索出来的好的做法进行总结、完善和推广让好的课程实施经验成为更大范围的财富,成为点燃学习、借鉴、研究和创新热情的火种。

■（五）注重课程管理的督导与反馈

要建立起对课程管理实施过程和效果的动态督导好反馈的机制。注重对于课程管理效果的动态督促、评价,建立科学、透明的评价标准。注重对课程管理的评估反馈,形成文本化、专业化的通报管理动态和整改建议。采用资讯的手段和交流的平台,特别是利用网络技术平台,通报管理动态和整改建议是现代课程管理的一个重要策略。在通报管理动态和整改建议的时候,要注意工作方式和方法,特别要注意这一策略的层次性。在使用这一策略的过程中,要始终注意和上级主管部门的沟通。

重要概念

■ 教科书编选制度

教科书亦称课本、教本、教材等,是指根据各科课程标准或教学大纲编写的教学用书。教科书是教材的主体,是师生教学的主要材料,考核教学成绩的主要参考依据,学生课外扩大知识领域的重要基础。教科书编选制度是国家或地区在其教育体系内所规定的有关教科书的编辑、审查和选定的制度。

教科书编选制度可分为三种类型。（1）教科书统编制度。由国家教育行政部门按照课程标准或教学大纲统一组织编辑教科书，适用于全国各地学校，各地方教育行政机构和民间不得自行编辑出版教科书。（2）教科书审定制度。由民间编辑出版教科书，经中央或地方教育行政部门根据所颁课程标准或教学大纲审查合格，供各地学校选用。（3）教科书自选制度。由民间自行编辑出版和发行教科书，供学校自由选用，无须教育行政部门审查或认可，但事实上仍会受到课程标准或国家考试制度的制约。

■ 三级课程管理

三级课程通常是指国家课程、地方课程和学校课程。国家课程是指由国家教育职能部门代表国家进行开发和设置的课程，地方课程则是指由地方按照国家课程政策组织开发和设置的课程，校本课程则是由学校按照国家课程政策组织开发的课程。

三级课程管理是指国家、地方和学校三级课程管理制度。国家课程管理是指国家制定课程规划，编写、颁发国家课程标准，确定课程门类和课时，宏观指导中小学课程实施。地方课程管理是在确保国家课程得以实施的基础上，开发适应本地区的课程，指导辖区中小学课程实施。学校课程管理是确保国家课程、地方课程在学校的实施，以及开发或选用适合本校特点的课程。

讨论与反思

1. 如何理解国家、地方、学校三级课程管理之间的关系？
2. 你认为学校层面如何优化自身的课程管理？

拓展阅读

1. 托马斯·J·萨乔万尼. 道德领导：抵及学校改善的核心[M]. 冯大鸣，译. 上海：上海教育出版社，2003.
2. 靳玉乐. 学校课程领导论：理论研究与实践探索[M]. 北京：人民教育出版社，2011.
3. 吴刚平. 学校课程管理实务[M]. 北京：高等教育出版社，2005.

前沿热点

进入新时代以来，基础教育减负问题被提升到前所未有的高度。随着"双减"政策的出台，学校教育巩固了教育教学活动主阵地，不仅要承担起各科教学及课后辅导的主要责任，还要在课后为学生的个性化发展提供保障。从这个角度而言，"双减"政策强化了学校的课后服务职能，同时也为学校在减负工作提出了新要求。

提质增效站好育人主阵地[①]

"双减"是一项重大民生工程。"双减"政策出台后,学校应该积极思考、主动作为,高水准落实"双减"政策,在聚焦"减法"的基础上,着力做足"加法"。减法,是减去学生过重作业负担和校外培训负担,减轻家庭教育支出和家长相应精力负担,这是矫正和纠偏;加法,是让学校回归教育理性,提升教育教学质量和服务水平,这是关键和重点。为此,辽宁省本溪市实验小学从三方面深化教育改革。

一是减负增效,突出学校教育的主体性。课程管理是减负增效的基本前提。一方面,要把国家课程作为所有教学策略研究的重心和着力点,最后落地于学生关键能力的培养和综合素养的提升。另一方面,提升课程实施水平,要建立符合学校实际与新课程相适应的"常规＋特色"的课程管理体系、课程实施模式和课程评价机制,从而实现国家课程校本化、地方课程活动化、校本课程特色化。辽宁省本溪市实验小学具体以"大教研""小对标"聚焦课堂增效,建立师生学习共同体,推进课堂效率提升和学生的高阶思维训练。以小组合作探究为例,教师从"改进课堂生态、变革课堂模式、研究课堂实践"的视角,总结课堂增效的途径和方法,形成小组合作学习"五步法"。此外,学校采取赋能管理、赋能智慧等六大行动激活内部活力,提升教师专业素养,赋能教师成长;精准把握教学的深度和广度,对不同学力的学生采取分层教学的方式,因材施教。

二是减量提质,提升课后服务的人文性。"双减"从根本上说,是减少学生大量的单调、重复、低效的作业负担和不合理的家庭教育投入成本。所以,它的加法不仅体现在课程育人、"五育"并举、教育评价等方面,更要体现在课后服务的人文性上。为此,学校将作业管理和课后服务关联在一起,把减下来的学业压力变为学生的素质和能力,把减下来的家长精力变为家庭的协同和动力。

在发挥作业育人功效方面,学校在统筹作业管理、加强作业设计指导和校本作业创新上下功夫。严格控制作业总量,建立作业校内公示制度;将作业设计纳入教研体系,布置分层、弹性、个性化的作业;遵循"巩固知识、形成能力、培养习惯"的三维目标,形成系列化的校本作业,包括"自助餐"式的作业、"导演"式的作业、亲情式的作业、友情式的作业、调查式的作业等。

在开展课后服务方面,学校将其核心功能定位于"服务"。在优化配置师资上,学校一方面挖掘校内有特长的教师,同时也从校长工作室、名师工作室中遴选名师,组建专业团队,开展优质的跨学科课后服务。另一方面,通过社会招募和资质评审,让职业代表、社会学者、家长志愿者、大学生志愿者进校园,更好地满足学生个性化、多样化的兴趣需求,提升课后服务的整体品质。在课后课程构建上,学校

结合"五项管理"进行学生校内作业辅导,开展自主阅读以及"每天锻炼一小时"等相关活动;根据学校办学特色和学生需求,开发艺术类、运动类、益智类、语言文学类、手工类等系列兴趣课程,让学生玩在其中、乐在其中、润在其中。

三是正本清源,增强家庭教育的协同性。达成"双减"共识,要转变家长观念,进一步密切家校合作,完善家校协同育人机制。辽宁省本溪市实验小学坚持"一家三口"办教育,即老师、家长、学生共同组成广义上的三口之家,共同进行学校管理。学校还通过开设"家长讲堂"请来家长志愿者做家长学校的讲师,参与学校的家庭教育工作,传授家庭教育的成功经验;定期开展家庭教育讲座,引导家长树立正确的家庭教育观念;开展丰富的亲子活动,包括亲子共读活动、亲子共做活动、亲子共讲活动等。

第十四章

课程与教学绩效问责

本章内容导引

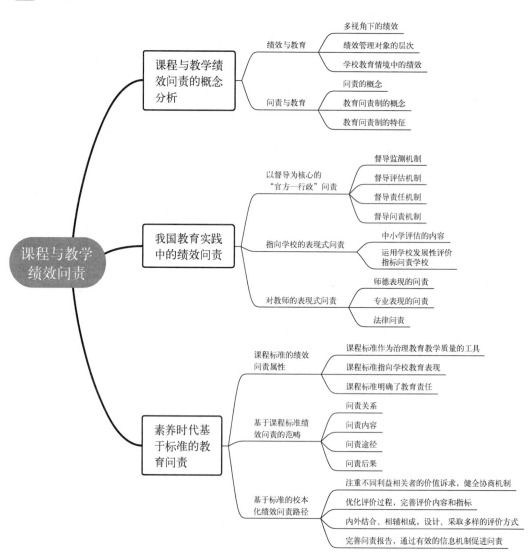

引言

在我国,保障与提升教育质量的努力至少可以追溯至 20 世纪 80 年代。在这一时期,我国恢复教育督导制度,其后逐步形成了"督政与督学并重、监督与指导并重"的督导体系。综合督导、专项督导和经常性检查等,是监督与评价下级教育部门及学校工作的主要方式。另外,基于标准的改革在全国范围内不断展开。伴随基础教育课程改革向纵深方向的推进,学生学业质量科学评价及其与之相关的反馈指导体系的不完善,引起了国家注意。在这种保障教育质量的改革背景中,问责概念的重要性也变得越来越清晰。

2020 年 10 月,十九届五中全会明确"建设高质量教育体系""建成教育强国",标志着教育进入了高质量发展的新阶段。2021 年 3 月,政府工作报告提出"发展更加公平更高质量的教育",全社会对高质量教育体系的期待更加具体和全面。2021 年 11 月,十九届六中全会强调"推进教育强国建设",为在新征程上加快建设高质量教育体系指明了方向。2022 年 3 月,政府工作报告强调"促进教育公平和质量提升",提出了各级各类教育改革发展的重点,使高质量教育体系的目标更明晰、任务更清晰。

本章重点是呈现课程与教学绩效问责的话语演进与基本框架。主要内容包括:

- 绩效问责的概念分析。
- 我国教育实践中的绩效问责。
- 素养时代基于标准的教育问责。

案例

学校场域中的问责

2021 年 9 月,某市某中学新上任的校长,提出三项举措:要求教师在高一阶段完成高中三年所有科目的课程教学,以方便学生在高二、高三阶段的时间全部用来进行复习;要求住校生每天早上 5 点在食堂进行"早早读",班主任及授课教师均需在场;要求每个班都要有一名具有美术功底且学习成绩优秀的学生去参加艺考,目标是能被清华、北大的美术学院录取。该校长并对提出不同意见的教师采取停课措施。此举引起教师、学生和家长的极大不满。后来,市教育局就此事展开调查,约谈相关责任人,督促学校进行整改;县委对该校长(党委副书记)作出停职处理。

案例评析: 在案例中,该校长为了达到提高考试成绩的目的,违背教育政策规定,刻意延长教学时间、开展补课、强化应试。该校长不仅违背了教育规律,也违反了法定义务,侵犯了学生的合法权益,与党的教育方针背道而驰。对于中小学而言,为了全面贯彻党的教育方针,就需要加强宣传引导,注重教育部门依法监管。在中小学校,强调问责,一方面是为了明晰学校、教师、政府、社会共同的责任,依法治校、科学管理;另一方面也是为了更好地帮助学校树立正确的办学理念和育人导向。

第一节　课程与教学绩效问责的概念分析

从国际上看,20 世纪 80 年代以来,质量已成为全球教育讨论中的一个关键概念。"高质量的教育""优质教学""质量保障""质量监控",类似的议题不断传递出政府与公众对学校教育的期冀。在提升教育质量的普遍诉求下,问责逐渐成为重要的理念,被用以促进学校与教师来承担起相应的教育变革责任。

教育高质量的发展受到政治、经济、文化等多方面现实因素的影响而使其变得复杂,人们需要促进其发展就必须协调多方因素,这时问责作为一种手段便应运而生。问责不仅可以通过发挥其联结多方主体的中介作用,协调多方现实因素以达到促进质量提升的目的,而且作为一种长效机制,可以形成良性的质量保障体系。科学有效的问责对于教育质量的提高具有重要意义。

一、绩效与教育

绩效一词源于英文中的"performance",原意是性能、能力、成绩、工作成果等。在西方心理学中,绩效则是指与内在心理相对的外部行为表现。近年来,经济管理领域中广泛采用绩效这一概念表示工作业绩、效益,具体包括完成工作的数量、质量、经济效益和社会效益。在教育领域,人们也在各种场合谈论教育绩效,并在各级各类学校中实行了绩效工资。

■（一）多视角下的绩效

"performance"是一个词义丰富的概念,研究者公认对其清晰的解释十分困难。在企业管理中,它通常是"绩效""业绩",而在学习评价中它有时又被译作"表现",如表现性评价。美国学者贝茨(Bates)和霍尔顿(Holton)指出:"绩效是一个多维构建,观察和测量的角度不同,其结果也会不同。"

绩效在不同的视角下,其含义的侧重点也不同。在管理学的视角下,绩效是组织期望的结果,是组织为实现其目标而展现在不同层面上的有效输出,代表了和工作或组织目标相关的行为或结果的集合,一个多维结构行为与结果的综合体。[①] 在经济学的视角下,绩效是员工和组织之间的对等承诺。在社会学的视角下,绩效是社会分工所带来的角色承担。

■（二）绩效管理对象的层次

绩效根据不同的管理对象可分为不同层次,一般认为绩效有三个层次:组织、部门或

---

① 韩翼,廖建桥,龙立荣.雇员工作绩效结构模型构建与实证研究[J].管理科学学报,2007(05):62—77.

团队、个人。不同层次的绩效，关注的重点各不相同。组织绩效包括三个方面：有效性（满足顾客需求的程度）；效率（公司使用资源的节约程度）；可变性（公司适应未来变化的能力）。部门或团队是介乎企业和个人之间的中观层次的组织，其绩效表现来源于个人，并决定着企业的绩效水平。个人绩效既表现为个人的工作结果，也表现为个人的工作过程，如行为、技能、能力等。在迪恩（Deanne）等看来，虽然存在着组织、个体以及组织与个体相整合的三种绩效层次模型，但从管理的角度来看，以不断提高个体绩效和发展团队和个体能力的方式，对于提升组织效能是最有效的。[①]

■（三）学校教育情境中的绩效

教育绩效是教育活动综合效果的反映，具体包含以下三个方面的内容：第一，教育目标的实现情况。教育目标的实现情况包括未达到目标、达到目标和超越目标三个层次。由于信息时代社会的飞速发展，教育活动只能在宏观上设定有前瞻性的教育目标，而难以制定出适应未来社会要求的具体、细微的教育目标。因此，教育绩效应当承认并鼓励评价对象根据现实情况而超越既定的教育目标。第二，在实现教育目标过程中资源配置的状况。这里的资源并非仅指用于学与教过程的设备和材料，还包括人力资源和信息资源，涵盖能帮助学习者有效学习的任何东西。第三，实现教育目标过程中过程安排的情况。

简言之，教育绩效就是在一定教育目标的指导下，教育目标的实现程度、教育资源的配置状况和教育过程安排等情况的综合反映。[②]

从绩效评价的对象而言，教师绩效评价（teacher performance evaluation）是具有代表性的群体之一。教师绩效评价是对教师在工作中的表现，也就是教师的行为进行评定，以了解教师工作的质量。教师绩效评价通常是在工作中通过课堂观察，由领导、同事和学生等作出主观性评定。有效的教师绩效评价内容应以系统的工作分析为基础，参考已有教师有效性研究的成果，在此基础上才能有效地反映教师行为的本质。教师的行为应是教师评价的核心内容，因为教育教学活动是教师与学生发生联系并影响学生发展的主要方式，而教师的知识、经验、能力、职业理想以及教育观念，只有通过教育教学行为才能表现出来，并最终影响到学生知识的获得以及个性的全面发展，从而实现教育教学的目标。[③]

二、问责与教育

■（一）问责的概念

"问责"（accountability）一词是舶来品，在韦伯斯特（Webster）的词典中"accountability"的意思是给出理由，提供说明。它的词根"account"包含报告、对某种行动作出解释，给出理

① Den Hartog, D. N., Boselie, P., Paauwe, J. Performance management: A model and research agenda[J]. *Applied psychology*, 2004(04): 556—569.
② 殷雅竹，李艺. 论教育绩效评价[J]. 电化教育研究，2002(09): 20—24.
③ 蔡永红，黄天元. 教师评价研究的缘起、问题及发展趋势[J]. 北京师范大学学报(社会科学版)，2003(01): 130—136.

由、原因、根据、动机的说明,或者仅仅是简单地对事实和事件的描述等意思。① 问责制的基本要素可归纳为:谁负责、负什么责、向谁负责、通过何种方式负责、结果如何。简而言之,问责同时包含了说明、解释和承担责任的含义。

问责观念在西方有着深厚的历史渊源和文化土壤,并随着近现代社会的民主化进程而得到不断发展。在现代社会治理中,问责成为了一条令人着迷的价值准则,代表了一切形式的良好管理与治理:相比合法性与权威性这类艰深晦涩的抽象术语,问责更能在公众话语和日常事务中引发关注和共鸣。问责思想弥散于社会各领域,深刻影响着责任政府、企业责任、教育问责等诸多实践,并引发了学术界的广泛关注和持续思考。问责有不同的含义。问责可以作为一种承诺,可以作为一种效能,也可以作为一种结果,还可以作为一种奖惩。

■ (二) 教育问责制的概念

从国际上看,虽然问责制的定义很多,但是这个术语的产生源于 20 世纪 70 年代到 80年代的教育改革浪潮。美国问责之父里昂·莱森格(Leon Lessinger)和美国联邦教育专员悉尼·马兰(Sidney Marland)二人把商业领域中的问责制的理念引入到教育界,在强调以能力为本的教育运动中,确定学生和教师应该达到的最低标准。在问责制盛行的 20世纪 80 年代中期,美国有 35 个州利用考试成绩来决定学生的升、留级和中学毕业与否。同时,美国有 37 个州还规定,教师的专业资格认证的前提条件之一就是通过该结业考试。能力考试的观点受到了攻击,因为所谓歧视性的考试结果和考试方案对于提高学生成绩并没有什么作用。根据教育问责制的发展特点可以概括为五大模式:以全国标准化和州问责为核心的美国问责模式;法国的中央集权问责模式;英国中央集权加地方自治的问责模式;荷兰中央集权加高校自治的问责模式;新西兰以新自由主义为核心的市场问责模式。②

根据里昂·莱森格的观点,教育问责是"学校系统内对学生教育成就的评估,把学生取得成就的水平与州、社区的教育目标相联系,与社区内家长、教职工、纳税人及市民的期望相联系"。美国学者马丁·特罗认为,问责即向他人汇报、解释、证明及回答资源是如何使用的,并达到了什么效果。③

教育领域中问责的含义多种多样。教育问责制可以将其归纳为责任、制度、管理和信息流动四个维度。从制度建构的角度而言,问责主要是教育外部实体采取措施令教育组织说明其责任兑现情况,并就结果进行奖惩的一套制度安排。问责制意味着学生、教师和学校必须将某些标准、能力水平或成绩水平等广而告之,同时教育者必须设法把学生的学习成果和教师的业绩、学生的经费开支等挂钩。多年以来,对教育质量的考察是用每名学生经费支出的总金额或学生成绩来表示的。成绩标准被引入,学生要参加测试,课程内容

---

① 王若磊. 政治问责论[M]. 上海:上海三联书店,2015:72—73.
② 司林波,孟卫东. 教育问责制在中国的建构[J]. 中国行政管理,2011(06):24—27.
③ 辛涛. 我国教育问责制建立的几个关键问题[J]. 北京大学教育评论,2013(01):164—171.

要与考试内容吻合,学校之间要进行比较,学生和教育工作者要对测验结果给予必要的解释、说明。① 在美国基于标准的教育改革中,"不让一个孩子落后"法案(NCLB)要求每个州建立一个基于标准的问责制度,其中包括标准、评估和年度绩效目标。② 国家标准确定了他们的学生应该知道和能够做什么,这些标准符合良好的教育实践,公众应该让学生和教育工作者对达到一定结果负责。③

从我国的学者研究来看,主要从目的、操作、主体的角度来分析教育问责制。

第一,从目的的视角来看,教育问责制即政府通过立法确立参与教育活动各方的责任与权利,制定内容标准和表现标准,定期评估活动成效并辅以奖惩措施,从而激发各方潜力以达到最终提升教育质量的目的。④ 建立教育问责制度的实践动因或根本动因,不仅仅在于追责,更重要的是通过问责制度建设来确定各主体的教育责任,提供一种确保各教育主体权责平衡或权利与义务对等的管理制度与手段,以引导、监督、激励各教育主体转变教育发展方式,最终达到提高教育质量、促进学生全面发展的目的。⑤

第二,从操作的层面而言,教育问责制就是教育行政领导、学校校长以及教师在工作过程中,对教育教学工作履行足够的教育权利和教育义务。同时,对其工作过程中出现的因为疏忽或过失造成的教育事故,也要追究必要的教育责任,以提高学校的办学质量。

第三,从相关主体的角度而言,教育问责制指教育的有关部门和相关人员,包括中央、地方、学校、社区和教育行政人员、教师、学生、家长,要理清各自的责任,对学生表现和教育目标负责,依据执行的过程和目标的达成度进行奖惩,改进与提升教育的品质。教育不仅仅是学校的责任,学校办学水平的高低也不仅仅是校长个人的责任,从政府及其职能部门到基层社区,从学校教职工到学生家长,都应承担相应的责任。⑥

表14-1 教育问责制的内涵与特征

教育问责制	目的的视角	政府通过立法确立参与教育活动各方的责任与权利,制定内容标准和表现标准,定期评估活动成效并辅以奖惩措施,从而激发各方潜力以达到最终提升教育质量的目的
	操作层面	履行足够的教育权利和教育义务。同时,对其工作过程中出现的因为疏忽或过失造成的教育事故,追究必要的教育责任
	相关主体	中央、地方、学校、社区和教育行政人员、教师、学生、家长
	关键特征	责任共同承担、重在改进与发展、客观性和可测量性、信息的开放性

① 艾伦·C. 奥恩斯坦(Allan Ornstein). 当代美国课堂教学[M]. 严文蕃,等,译. 南京:江苏教育出版社,2009:72—73.
② Kenna J, Russell W. The Culture and history of standards-based educational reform and social studies in America[J]. *Journal of Culture and Values in Education*, 2018, 1(1):26—49.
③ Goertz M E. Standards-based reform: Lessons from the past, directions for the future[C]//*Conference on the Uses of History to Inform and Improve Education Policy*. 2007.
④ 张喜军. 美国教育问责制探析[D]. 上海:上海师范大学,2006:9.
⑤ 贾继娥,高莉,褚宏启. 构建以质量为本的教育问责制度体系[J]. 中国教育学刊,2012(03):21—24,89.
⑥ 吕建. 对当前我国教育问责制运行的理性思考[J]. 天津师范大学学报(基础教育版),2009(03):1—5.

■（三）教育问责制的特征

从教育问责制的特征而言，主要表现为责任共同承担、重在改进与发展、注重客观性和可测量性、信息的开放性等。

1. 责任共同承担

纵观各国的教育问责制，其责任的归属主体涵盖教育政策制定人员、教育行政人员、教师、家长、学生和社区。多种因素共同发挥作用，决定着教育质量的高低与教育品质的提升。决策者的正确选择，学校的努力程度，学校所处经济社会环境等因素均至关重要。所以说，只有当积极承担责任、追求卓越教育品质的努力成为相关主体的共识和共同行为，才能使教育质量的提高得到有效保障。①

2. 重在改进与发展

从问责制的概念表面来看，有质问、责难之意，人们容易从字面上去理解它的含义，因而在许多国家教育问责制成为惩罚的代名词。事实上，教育问责制的主要目的并不在于处罚和惩戒，而在于科学评价和自我审视基础之上的改进与发展。问责的目的在于解决教育发展中存在的突出问题，使教育科学发展。其核心是以人为本，树立正确的教育观、质量观和人才观，促进学生的全面发展、个性发展、主动发展与可持续发展，促进教育内涵发展。② 教育问责制要求学校的发展战略与规划和自我评估的结果要公开透明，要广泛吸纳教育行政机构和社会各界的意见和建议，从而制定出学校的改进方略与发展计划，使学校得以持续改进和健全发展。问责制以所有学生的学习成就为努力方向，赋予学生成功的信任和动力支撑，使每个学生都平等享有机会，包括起点较低的学生。

3. 注重客观性和可测量性

传统的教育问责制结果是不可测量的，行为也可以违背法定性标准。而现代正式的问责制包括可测量的成果、法定性成果标准，以及达到或没达到这些标准的一定的后果。知识内容和行为表现方面高品质的标准是问责制有效建构的基础，上级教育机构经由问责制这一正规化的工具，通过标准化的测量手段，获取学校活动的相关信息。教师和学校表现的优劣，是否尽职尽责，可以与测量指标相对照比较，这就使得教育绩效的价值判断有了更强的客观性。

4. 信息的开放性

相对于信息控制而言，问责制更注重信息的沟通与交流，强调信息的公开与透明。学校绩效的一些法定性信号会通过各种途径及时传达给教育管理者、决策者和社会各界。根据这些开放的信息，家长和学生会作出相应的判断和取舍。教育评估不应该只是一种书面的工作，学校教育机构应该完成一份简明的自我评估报告以及年度性的机构改进计划。在一次教育督导与监测结束后，在后续工作之中，首先出台客观的评估结果报告；其次，发布清晰、准确的评估报告，为家长提供权威的关于教育质量的信息；再则，要注意收

---

① 赵新峰.教育问责制的推进方略[J].河北大学学报（哲学社会科学版），2008(06)：49—53.
② 贾继娥，赵茜.教育行政问责方式的转变[J].教育科学研究，2012(03)：23—26.

集家长和学生的观点,尤其是关心学校发展的那部分群体。[①]

第二节　我国教育实践中的绩效问责

在我国推进教育发展的进程中,理论与政策层面上存在着一种基本共识,即基于问责的教育质量保障体系,除了要涵盖教师与学校等教育主体外,还必须包括对政府的问责。只有形成一个上下贯通的问责体系,才能有效推进教育质量的提升。从指向于政府、学校与教师的问责三个层面来看,自20世纪80年代国家提出教育放权的政策以来,官方—行政问责、表现式问责、市场问责等是被运用的主要问责形式。[②]

表14-2　我国教育实践中的问责形式

指　向	问责形式	表　现　举　例
下级政府	官方—行政问责	对地方政府的教育投入进行问责、督导中的督政
学校	表现式问责	学校发展性评估、学校督导、实验性示范性高中评比、与学校考试成绩潜在相关的资源分配
	"不完全"市场问责	政策上的就近入学与现实中的家长择校
教师	表现式问责	年度考核、职称评定、绩效工资、专业发展情况评价

一、以督导为核心的"官方—行政"问责

自1983年恢复教育督导工作以来,我国教育督导制度建设取得了显著成效。从组织体系建设来看,我国教育督导由中央、省、市、县四级构成,所形成的是"以块为主,条块结合,统一领导,分级管理"[③]的体制。在我国,政府主导模式被认为是发展教育的重要形式。我国教育督导机构的行政性质决定了我国教育督导的职能主要是行政监督,监督地方政府、教育主管部门以及学校对国家教育政策与法律的执行情况,同时监督这些部门自身决策的合法性、合理性、有效性,并监督这些部门对决策、规划等的执行情况。按照上级政府规定,由下级政府及官员承担起发展教育的责任,并将责任承担的情况作为考察下级政府工作及官员任职的依据,这是中央与地方政府保障教育质量的重要方式。

为有效开展教育督导工作,国家和各地教育督导机构均建立了督导团或教育督导队伍,

①　李凯.爱尔兰基础教育质量督导研究[J].全球教育展望,2020(06):66—80.
②　王丽佳.问责教师:教育质量保障体系中的教师责任建构研究[M].上海:华东师范大学出版社,2016:5.
③　黄崴.我国教育督导体制现状、问题与改革路径[J].教育发展研究,2009(12):16—20.

由专职督学和兼职督学组成。专职督学是教育督导室的工作人员,属于公务员。我国教育督导部门是以行政权力为本开展教育督导工作的,无论是对下级政府教育工作的督导检查、教育执法检查,还是对中小学校、民办学校和职业学校的督导检查,都是依靠行政权力推动的。教育督导部门所拥有的行政权力的大小及其使用情况成为我国教育督导的关键。

我国教育发展方式和管理模式不断发生深刻的变化,教育管理过程中的"重决策、轻落实,重执行、轻监督"现象逐步得以改变,与教育决策、执行相协调的教育督导制度不断完备,教育督导的工作范围逐步拓展,覆盖各级各类教育,构建了督政、督学、评估监测三位一体的教育督导制度。这使得我国的教育督导逐步走向法治化轨道。

■ (一)督导监测机制

教育督导行使教育监测和评估职责。我国政府从法律制度层面确立了基础教育监测的制度框架,并不断创新国家基础教育监测机制。[①] 2011 年,《国家中长期教育改革和发展规划纲要(2010—2020 年)》明确指出,要建立国家教育质量基本标准和监测制度。党的十八届三中全会把"强化国家教育督导""开展教育评估监测"纳入"全面深化教育领域综合改革"的总体部署,同时《中共中央关于全面深化改革若干重大问题的决定》提出要"委托社会组织开展教育评估和监测"。2014 年,国务院教育督导委员会办公室发布《深化教育督导改革转变教育管理方式的意见》,强调建立督促地方政府依法履行教育职责的督政机制、指导各级各类学校规范办学提高教育质量的督学体制、科学评价教育教学质量的评估监测体系,形成督政、督学、评估监测三位一体的教育督导体系。以上文件的陆续出台,为促进我国教育事业科学发展、办好人民满意的教育提供了制度保障。

建立健全义务教育督导监测机制,能够有助于规范办学行为,推行均衡编班、均衡配备教师。科学的监测,是发现问题的手段,也是有效开展督政、督学工作的前提和基础。通过开展督导监测,可以全面、及时地获取准确的数据和信息,对整体现状作出判断,对整体现状作出判断,对未来的变化趋势作出预测,对政策的执行进行调整,可以真正实现对教育的有效管理。

■ (二)督导评估机制

教育督导评估是政府组织的一项重要职能,它与社会组织开展的评估不仅存在着评估主体的差别,而且在评估职能的性质上也存在着很大的区分。社会机构开展的教育评估是按照市场机制运行的,而政府组织开展的评估则是按照法律与政策规定运行的。概括地说,由政府组织开展的教育督导评估具有四种特征,即强制性、监督性、指导性与专业性。[②]

教育督导评估是以一定的教育目标和教育法规政策为依据,制定科学的、合理的、有效的评估指标体系,运用一系列有关的教育方法和手段,对被督导单位的教育活动及其过

---

① 陈小娅. 中国的实践:基础教育监测的新尝试[J]. 教育研究,2010(4):3—4,55.

② 杨文杰,范国睿. 教育督导制度改革:1977—2020——改革开放以来我国教育督导改革的回顾与展望[J]. 教育发展研究,2017(21):1—15+23.

去的成果进行分析比较,作出科学的判断,总结出所取得的成绩与尚存在的不足,为上级有关部门决策,为被督导单位发扬成绩、深化改革提供依据。[①] 高质量的督导评估机制,要注重评估方法制度的改进:一是要注重以"质性评价统整量化评价",建立以质性评价方法为主,以质性评价统整量化评价的方法制度。二是提倡评估模式多样化,探究适合本地区特色的新模式、新方法。三是在评估策略上,督导人员要"走进学校、走近教师、走近学生",与学校、教师、学生建立新型的民主、平等的合作关系。

■ (三)督学责任机制

督学责任区是政府教育督导部门为了落实督学职责,将辖区内的中小学校、幼儿园划分为若干督学区域,并对每个区域委派若干名督学,负责区域内学校的经常性督导工作。责任区督学通过对区域内学校的不定期随访检查、督导,促进学校全面贯彻落实党和国家的教育法规政策,规范办学行为,不断提高教育教学质量,全面实施素质教育。[②] 在督学责任区内,为每一所学校设置责任督学,在校门显著位置标注责任督学的姓名、照片、联系方式和督导事项,对学校进行经常性的督导。挂牌督导作为一种常态化、柔性化的形式,有效地保障学校健康发展和教育方针的贯彻落实。同时作为转变政府管理职能的重要举措,挂牌督导的实行是加强学校和社会联系、办好人民满意的教育的有效途径,也是促进学校内涵式发展的重要手段。

■ (四)督导问责机制

自改革开放以来,我国的教育督导制度建设成效显著,特别是在 2012 年《教育督导条例》颁布后,教育督导逐渐走上法制化、规范化、科学化的轨道。在教育督导活动中,问责是保证教育督导实效的核心措施,对落实教育督导制度,进而推动依法治教、促进教育改革和创新具有极为重要的作用。2015 年,国务院教育督导委员会办公室公布了《教育督导报告发布暂行办法》。《教育督导报告发布暂行办法》明确指出,教育督导报告将作为对被督导单位及其主要负责人进行考核、奖惩、问责的重要依据。各地市在推进教育管办评分离改革的过程中,也纷纷将督导评估作为问责的重要参考。督导问责制的建立,其根本不仅仅在于追责,更重要的是通过问责制度的建设来确定各主体的教育责任,提供一种确保各教育主体权责平衡或权利与义务对等的管理制度与手段,以引导、监督、激励各教育主体转变教育发展方式,最终达到提高教育质量、促进学生全面发展的目的。[③]

二、指向学校的表现式问责

20 世纪 90 年代以来,我国开始逐步推行中小学校督导评估制度。1991 年,国家教委

① 黄葳. 教育督导学[M]. 北京:中国人民大学出版社,2011:30.
② 周德义. 60 年来我国教育督导制度的回顾与审思[J]. 教育测量与评价,2009(09):9.
③ 杨文杰,范国睿. 教育督导制度改革:1977—2020——改革开放以来我国教育督导改革的回顾与展望[J]. 教育发展研究,2017(21):1—15,23.

开始试点普通中小学校督导评估工作；1997年，该项工作开始在全国范围内全面推行。2012年，教育部出台了《关于进一步加强中小学校督导评估工作的意见》，将中小学校督导评估工作日益规范化。以上海市为例，1999年，上海市组织开展"学校可持续发展评价"的课题研究；在此基础上，2001年，上海市教育评估院组织开展了基于发展性评价的"上海市幼儿园分等定级评估"①。自2005年，上海市便提出对中小学实施发展性评估。作为一项综合督导，学校发展性评估涉及对学校办学基础性指标与学校发展指南两大部分的评估，分为办学条件、学校管理、学校发展目标、课程建设等10个维度。② 在发展性督导之外，上海市教委的多个文件中，对中小学生学习负担、学生学业质量、课程教学、教师发展、教研与教学规范等方面，均有明确的评价指标并形成体系。政府开展各种专项督导与随机督导，对学校在以上各方面的表现进行评估。相关评估结果不仅是学校各种资格获得或持有的依据，也被用于考核校长与教师的表现。

■（一）中小学评估的内容

1997年，国家教委颁布的《普通中小学校督导评估工作指导纲要（修订稿）》对中小学评估的内容提出建议，从办学方向、管理体制和领导班子、教师管理与提高、教育教学工作、行政工作的常规管理、办学条件以及教育质量等7个要点评估学校。从这些评估要点的排序不难发现，当时学校评估的焦点主要在于依法治教和规范办学行为。采用学校办学质量元评估量表，对17份省级基础教育阶段学校办学质量评估方案进行评定。结果显示，我国基础教育阶段学校办学质量评估方案的整体平均水平介于"一般"和"较差"之间。③ 随着我国基础教育由数量、规模、规范向质量、效益、以人为本的发展转型，新构建的学校评估体系必须进行深刻变革，要重视办学质量，聚焦于学生发展。④ 在由国家教育督导团办公室编、清华大学出版社出版的《中小学校督导评估方案选编》中，常用的一级指标有：办学方向、管理体制、队伍建设、各项工作管理、办学条件和教育质量等。⑤

■（二）运用学校发展性评价指标问责学校

在我国，"应试教育"深植于文化与社会传统之中，以升学率作为评价学校、教师与学生的主要标准是很多地区的通行做法。最近一些年，从国家政策到社会舆论无不对应试取向进行批评，它被认为过分关注考试，在正规教育与实际生活间造成了鸿沟，未能培养学生的创造精神与责任感。基于此种认识，自20世纪90年代以来，以升学率评价学校工作或向下级政府及学校"下达升学指标"等做法被明令禁止，但鉴于考试在现实中仍然是考察学校教育质量与教师教学的重要指标，此种问责一直处于屡禁不止的状态。在破除

---

① 叶令仪.发展性评价在"上海市幼儿园分等定级评估"项目中的实践与思考[J].上海教育科研，2012（10）：44—46.

② 上海市教育委员会、上海市人民政府教育督导室关于印发《上海市关于深化与完善"学校发展性督导评价"工作的若干意见》的通知[DB/OL].（2012-2-11）[2022-9-13]. https://www.shhuangpu.gov.cn/zw/009002/009002004/009002004002/009002004002002/20120211/104802.html.

③ 王颖，张东娇.我国基础教育阶段学校办学质量评估方案的元评估研究[J].教育学报，2013，9（01）：28—36.

④ 赵德成.以学生发展为本的学校办学质量评估体系构建[J].教育研究，2012（06）：49—55.

⑤ 南纪稳.教育增值与学校评估模式重构[J].中国教育学刊，2003（07）：62—64.

"唯分数""唯升学"评价改革进程中,运用发展性评价,将学校在规划年度内各方面的工作成就与学校制定的发展目标的达成状况进行比较,衡量学校的发展和进步水平,从而作为学校表现问责的新视角。

在我国,将学校在教育质量为导向的表现作为问责的重要着眼点,已经在政策层面得到了有力的支持。《国家中长期教育改革和发展规划纲要(2010 2020 年)》明确要求:"建立以提高教育质量为导向的管理制度和工作机制,把教育资源配置和学校工作重点集中到强化教学环节、提高教育质量上来。"教育部于 2021 年 12 月 31 日下发的《关于印发〈普通高中学校办学质量评价指南〉的通知》,对普通高中学校办学质量评价提出了新的要求和标准。为了促进学生、学校和社会的可持续发展,中共中央、国务院以及教育部等密集出台了一系列教育改革和评价改革文件,反复强调了建设评价生态、办学生态、教育生态,进而促进学生、学校和社会可持续发展的战略价值与具体任务,对解读和实施《普通高中学校办学质量评价指南》的可持续发展思想提出了要求。

以鼓励和支持学校自主发展为旨归,保障与助力每一所学校内涵发展。在"三不得、一严禁"的要求下,中、高考成绩或升学率不再是评价中小学校办学质量的唯一或首要依据,这让那些更加注重学生成长进步及资源使用成效的学校有了证明和展示自己的契机,以素质教育为导向的教育教学及相应的评价体系也有了相对更加广阔的探索空间。学校发展性督导评价的基本理念在于:绝对评价与个体差异性评价结合,以个体差异性评价为主;过程性发展性评价与结果性终结性评价结合,以过程性发展性评价为主;内部评价与外部评价结合,以内部评价为主。[①] 从问责的角度而言,学校的发展性评价强化了学校自我评价的意义和价值,进一步聚焦了学生的学习成果,通过对"学生到底学会了什么,到底能做什么"进行督导与评价,来作为对学校表现问责的重要落脚点。

三、对教师的表现式问责

教师绩效评价是一种重要的教师管理手段。教师的工作业绩,也即教师的职务绩效,是教师聘任制有效执行的基础,是教育系统人事决策,如提职、晋级、奖惩、留用或解聘的重要依据,也是教师资格考试及检验培训效果的重要效标。相对而言,这种评价简单、容易操作,对保障教育教学质量、促进教师的专业发展具有重要的作用。我国政府相关部门颁布的一系列政策也在不断强化对教师的表现式问责。

在国家层面,新时期以来相继出台了《中华人民共和国义务教育法》《中华人民共和国教师法》《中华人民共和国教育法》等相关法律法规,这对教师权责的基本界定为教师问责工作的开展指明了方向。[②] 在此基础上,一些更为具体性的条例亦开始颁布实施,如 1994 年国务院颁布了《中华人民共和国教师资格条例》,对教师资格认定中存在的"弄虚作假"行为就提出了处罚措施;2014 年教育部发布的《中小学教师违反职业道德行为处理办

---

① 上海市人民政府教育督导室,上海市教育学会督导专业委员会编写组. 学校发展性督导评估 80 问[M]. 上海:百家出版社,2007:9—10.

② 胡洪彬. 我国教师问责机制的解构与重构[J]. 教师教育研究,2018(03):13—18+26.

法》,则从更加具体的层面上对教师责任追究的情形作出了界定。在高等教育领域,2014年教育部印发了《关于建立健全高校师德建设长效机制的意见》,明确强调要建立"责任追究机制"。在地方层面,《中华人民共和国教师法》颁布以来,我国各省区市均出台了《中华人民共和国教师法》的具体实施办法,如西藏、新疆等民族区域就额外强调了对教师"破坏民族团结""散布民族分裂主义言论"等的问责情形,这些法规条例为我国教师问责机制的建构奠基了根基。

■ (一)师德表现的问责

2018 年,《关于全面深化新时代教师队伍建设改革的意见》提出"健全师德建设长效机制,推动师德建设常态化、长效化"的改革目标;2019 年,《关于加强和改进新时代师德师风建设的意见》指出,要在五年左右基本建立起完备的师德师风建设制度体系和长效机制,可见制度化、规范化发展是师德师风建设的关键进路。[①]

道德问责在专业行为中占有重要位置,它协调的是个人和集体的不同利益,以公民普通社会道德、个人内在的道德权责为基础。道德问责靠内在价值观的推动,与外在行为守则联系紧密,并通过专业组织得以正式化。教育部就治理师德失范问题陆续颁布了多项处理办法,师德问责基本思路逐渐形成。师德问责目前还处于起步阶段,尚未形成专门的制度。但随着政策内容的更新完备,师德问责将必然走上制度化的发展道路。截至 2020年底,我国多个省市纷纷颁布了师德失范责任认定与追究相关的政策文件,构建了师德问责的话语空间。

■ (二)专业表现的问责

教师的教学是一项专业工作,也是一种公共服务,要求教师具备专门的知识、专业的技能和专业伦理。专业问责主要指遵守专业行为标准和守则,并受机构内专业同僚的监督。专业人员受行为标准和守则的约束,这些标准和守则是专业人员根据公众的利益而制定的。这些规范对所有成员都有约束力,必须在日常专业实践中得到落实。

面向教师专业表现的问责,要关注教师专业责任的落实程度。教师所承担的责任根据专业所委托与教师的专业权力来划定。如教师受尊重的权力、教师享受相当公务员级别薪资待遇的权力、教师教学专业自主权等。其中,教师专业自主权是专业赋予教师的最为重要的权力,教师专业自主权的履行成效不仅关系到教师个人的职业发展,还关系到专业声誉和专业形象。[②] 因此,教师所承担起的专业责任不仅仅是个体层面专业自主权的正确履行,还包括维持和提升教师专业形象、专业声誉的责任。换言之,对教师进行专业问责的目的和功能,不仅在于促进教师个人的专业发展,还在于促进教师职业的专业化。

---

① 安相丞,陈蓉晖. 我国师德问责制的演进逻辑与基本特征——基于 42 项相关政策文本的分析[J]. 教师教育研究,2022(03):40—48.

② 李冬冬. 基于专业发展的教师专业问责研究[D]. 上海:华东师范大学,2014:16.

■（三）法律问责

在我国,教育法以及相关规章制度在调整、发展、引领与规范教育方面发挥了重要作用。法律问责主要监督教师个人的诚实性,在法律问责中法院和准司法问责系统起核心作用。由于社会关系的正式化以及信任方式从议会转向法院,法律问责正变得日益重要。通过特别指定的正式合法的权威机构(法院),公众可以就违法情况进行申诉。将责任委托给独立机构,要求其根据详细的法律标准进行司法监督,这就意味着法律问责是所有问责中最不含糊其词的一类。比如,教师对于学生发展的责任并不仅仅在于知识传授。《中华人民共和国教师法》明确规定,教师有"关心、爱护全体学生,尊重学生人格,促进学生在品德、智力、体质等方面全面发展"的法定义务;2006 年新修订的《中华人民共和国义务教育法》指出:"教师在教育教学中应当平等对待学生,关注学生的个体差异,因材施教,促进学生的充分发展。"这些规定为教师责任行为和绩效考核提供了评价框架。[①]《中学教师专业标准(试行)》《小学教师专业标准(试行)》《幼儿园教师专业标准(试行)》等对教师的理念与师德、专业知识、专业能力进行了规范界定,使教师的日常工作"有法可依""有责可依"。

第三节　素养时代基于标准的教育问责

对教育教学质量问责的难处还在于,教育教学质量是一个模糊的概念。究竟什么是高质量的教育教学? 20 世纪 80 年代以来,英、美等发达国家开始实施"基于标准的教育改革"(standards-based educational reform)。课程标准开始担负起衡量学生学习结果,规定和代表国家和社会对于学校教育教学质量期望、体现国家意志的角色,成为判断在学校教育教学质量的统一标准。课程标准一般分为内容标准、表现标准、机会标准三部分。内容标准是对学生应该知道些什么、弄懂些什么和能够做些什么的一种提纲挈领式的概括,指明学生所要达到的目标。表现标准是对学生的掌握程度的表达,即"学到什么程度才算是好""学得多好才算好"的规定。机会标准是对多大比例的学生应达到预期的学习结果目标的规定。[②] 无论哪一类标准,都用清晰的行为动词来表达,使得学校教育教学质量具有了可评价性。

课程标准的这一特性使得学校教育教学质量从以往模糊的、不可测量的"泥沼"之地走了出来。从课程改革的视角看,课程标准应包括内容标准和学业质量标准,这已成为国际课程标准研制经验的共识,规范"学会什么"这一取向反映在"标准"中则体现为学业质量标准或学业成就标准,有利于为开展学习评价和测试开发提供依据。[③] 人们一般把这种建立在课程标准基础之上,以课程标准为依据开展的教育问责叫作"基于标准的教育问

① 贾继娥,高莉,褚宏启. 构建以质量为本的教育问责制度体系[J]. 中国教育学刊,2012(03):21—24+89.
② 张斌. "课程标准"含义的演变与解读[J]. 教育学术月刊,2010(6):70—73.
③ 崔允漷,郭洪瑞. 试论我国学科课程标准在新课程时期的发展[J]. 全球教育展望,2021(09):3—14.

责"（standards-based educational accountability），也叫"基于结果的教育问责"（outcome-based educational accountability）。

一、课程标准的绩效问责属性

■（一）课程标准作为治理教育教学质量的工具

"标准"作为一种调整社会秩序的规范或者准则，广泛存在于人类生产与生活的各个领域中，其目的在于规范人们的行为，使之尽量符合标准规约的要求，从而建立起有利于社会发展的秩序。标准是通过意见一致制定并经一个公认机构批准的，以在给定的范围内达到最佳秩序为目的，对各种活动或其结果提供共同的和重复使用的规则、指导原则或特性的文件。① 现代意义的课程标准是由国家的公认机构制定并由国家标准权威管理部门批准或核定的文件，是课程开发建设、课程实施、课程评价与管理的准绳。它规定了整个课程运作活动与过程的规则，供学校和教育机构遵守与反复使用，以确保教学活动的最佳效果和秩序。世界各国都十分重视课程标准的研究与制定工作。加强课程标准建设，是我国深化教育领域综合改革、加快推进教育治理体系和治理能力现代化的重要工作。② 以课程标准为准则和规范，去考察学校教学情境中的学生学习结果、教师教学效果，可以充分发挥其教学治理工具的作用和价值。

■（二）课程标准指向学校教育表现

学校教育表现的关键尺度在于学生的发展。作为预期的学生学习结果，课程标准表达了一个国家或民族关于基础教育教学质量的期望，而课程标准作为教学质量的一个工具，必须使"教学质量期望"具有可评价性。也就是说，课程标准是指向"评价"的，这是教学质量治理或者保障的必然要求。因此，在表达方式上，无论是内容标准、表现标准还是机会标准，都使用可理解的、可达到的、可评价的描述学习结果的行为动词表达，以实现课程标准的可测性、清晰性和精确性。

学校教育培养目标的达成直接与学校教育表现挂钩，而培养目标达成度的考察，需要借助于课程标准。课程标准明确学校教育的发展方向和基本理念，规定并阐述了学校教育的培养目标以及各阶段教育结束时学生应该掌握的内容和具有的才能。完备的课程标准是课程设计、教材编写、教学指导以及学业成就考试的基础。因此，国家课程标准本身的质量和水平直接影响着其教育改革的效果和成败。基于课程标准所开发的学业成就考试则通过建立学业水平与表现程度的一致性，向公众明确地表达课程标准对基础教育的期望，从而为指导教学和改进学生学习提供强有力的证据。③

学校教育表现的关键参照在于教师的教学成效。课程标准反映了国家对学生学习结

---

① 国家技术监督局. 标准化和有关领域的通用术语[S]. 北京：中国标准出版社，1996：82.

② 何玉海，王传金. 论课程标准及其体系建设[J]. 教育研究，2015(12)：89—98.

③ 杨向东，张晓蕾. 课程标准的开发与基于标准的学业水平考试的设计：美国的经验与启示[J]. 考试研究，2010(01)：109—125.

果的统一的基本要求,是对学生在校期间应达到的知识与技能、过程与方法、情感态度价值观的阐述。因此,课程标准限定的是学生的学习结果,而非教学内容。[①] 基于课程标准的教学,就是教师根据课程标准对学生规定的学习结果来确定教学目标、设计评价、组织教学内容、实施教学、评价学生学习、改进教学等一系列设计和实施教学的过程。基于课程标准的教学给了教师一种方向感,既为教学确立了一定的质量底线,又为教学预留了灵活实施的空间,因此它要求教师根据教学目标适当处理教学内容,根据课程标准倡导的理念选择适合的教学方法,而且还要求教师开展基于课程标准的评价。

■ (三)课程标准明确了教育责任

课程标准是由国家的公认机构制定并由国家标准权威管理部门批准或核定的文件,是课程开发建设、课程实施、课程评价与管理的准绳。基于课程标准的学业成就评价是进行国家层面教育质量监控的客观需要,是保障基础教育课程改革整体质量的重要技术手段,也是进行教育督导、应对社会公众质询的信息窗口。作为一种教育期望,课程标准给学生、教师、家长、学校、各级政府、社会公众等都提出了明确的要求。每一个利益相关者都能通过课程标准看清楚自己的责任,并能明确自己应该努力的方向。因此,对于与课程标准实施相关的人士或者组织来说,课程标准就是一份"责任合同",它用清晰而准确的语言写明了每一个利益相关者应该承担的责任,这就为利益相关人有效参与课程改革事务提供了前提性条件。比如,作为学校的监管单位,政府有责任对学校实施课程标准的状况进行评估,这是政府承担课程责任的重要表现。

二、基于课程标准绩效问责的范畴

随着我国教育由外延式发展向内涵式发展的转型,《国家中长期教育改革和发展规划纲要(2010—2020年)》提出要"把提高质量作为教育改革发展的核心任务",并提出"制定教育质量国家标准,建立健全教育质量的保障体系"的具体要求。以课程内容为标准建立相应的评估监测标准,发挥课程标准对于提高教育质量的驱动作用。对于如何基于课程标准进行问责,基于课程标准进行问责的范畴是什么,国内一些学者进行过探讨。[②]

■ (一)问责关系

学校与学生的学习结果有着紧密的关系,直接关系着课程标准的实施程度。在此背景下,把与学生学业成就高度相关的"学校"作为问责客体,即把学校作为新的问责单元,是新问责制度的一个特点。基于标准的教育问责把政府和学校分别作为问责的主体和客体,这并不意味着其他方面的问责如公众对学校的问责、学校内部校长与教师之间的问责、上级政府对下级政府的问责等不存在了,也不意味着基于标准的问责制仅仅存在于政

---

① 崔允漷.课程实施的新取向:基于课程标准的教学[J].教育研究,2009(01):74—79+110.
② 张斌.基于标准的学校问责研究[D].华东师范大学,2010.

府与学校这两个关系之间。其他问责关系如教师专业组织对学校的问责、学校内部校长对教师的问责、学校外部家长对学校的问责等依然存在并发生着。基于标准的问责更不是要取代或者消除上述问责关系。

■（二）问责内容

在基于标准的教育问责中，从问责的重点而言，学校有没有"效率"，衡量的标准不在于经费执行时如何节省，而更多的是聚焦于学生的发展，关注学生学习的实际结果；学校是不是实现了教育的公平，不仅仅在于学校是否遵守了法律、法规，而且更加聚焦学生的学习结果是否达到了课程标准规定的目标。从趋势上讲，采用基于课程标准的学业质量标准取向，构建"标准—教学—评价"的模式，以取代单一的甄别选拔考试模式，是学校层面的质量改进和问责的关键举措。[①] 在教育实践中强调教学评一致性，根据一致性的达成程度来衡量学校的课程与教学质量。这种基于课程标准形成的学业质量标准，为我们正式测量和感知学生学业成就提供了参照。同时，它作为了解学校课程实施质量的重要渠道，也是问责学校的一个关键基础。从更深远的意义上来说，基于课程标准的绩效问责，有助于促进教育从外延建设转向内涵发展。

■（三）问责途径

基于标准的问责把专业性的评价即"与课程标准一致的评价"或者说"基于标准的评价"作为政府实现对学校问责的基本途径。以美国基于标准的绩效问责制度为例，2010年共同核心课程标准颁布以后，美国加速了基于共同核心标准的绩效问责改革。[②] 美国教育部要求改革州建立基于共同标准的绩效问责制度，具体包括采纳升学与就业标准；重新设置合理的绩效目标；增设表现性绩效评价指标；根据测试结果对学校重新分类；依据数据考核学校教师和校长的绩效。因此，基于标准进行专业的教育评价需要学校问责的途径，使得问责对象、问责内容、问责程序更具针对性、科学性。

■（四）问责后果

在某种意义上讲，问责即评价，而评价的好坏，影响育人的质量。《基础教育课程改革纲要（试行）》要求"改变课程评价过分强调甄别与选拔的功能，发挥评价促进学生发展、教师提高和改进教学实践的功能"。为此，它要求"建立促进学生全面发展的评价体系""建立促进教师不断提高的评价体系""建立促进课程不断发展的评价体系"。从促进学校改善的角度看，基于标准的教育问责具有多个层面的含义。

第一，给学校提供信息反馈。反馈信息要注重提供更多关于学习的信息、要贴近教师教学和学生学习活动、应注重反馈的实效性。问责的重要目的是给教育系统的有效改革提供资讯、策略，而不是对教师、校长、学校顾问以及其他与学校相关的人士进行惩罚。如

---

① 乐毅. 试论制定国家学业质量标准的若干基本问题[J]. 教育研究，2014,35(08)：40—51.
② 刘春香. 美国基于标准的绩效问责改革策略研究[J]. 当代教育与文化，2014(03)：24—28.

果把问责界定为控制或者测量机制,就不会让教育者、学校教育利益相关人对学校、学生的学习承担相应的义务,也不会有助于学校教育的持续改善。问责的核心问题是构建反馈机制,不断促进学校办学质量的提高,而不是谴责和惩罚。[①]

第二,绩效责任。教育绩效责任的根本目的不在于处罚,而在于改善。换言之,教育绩效责任系经由绩效责任评价达到自我检视和自我改善的效果,故有其持续改善和发展的特性。平衡的教师绩效评价能够将教师与学校发展连成一体,能够兼顾评价的管理问责和专业发展的双重功能。当前我国教师绩效评价最大的一个缺陷在于仅仅把它当作评定、发放教师工资的依据。人们关注的焦点是改革之后工资总量是否增长、与公务员收入是否持平、行政人员和教师之间的分配是否合理公平……固然这些问题也是教师绩效评价能否落实的表现、能否提高教师工作积极性的风向标,但从因果关系上说,它们都只是终端的表现,并没有从源头探讨教师绩效评价的促进作用何以可能。

综上可见,基于课程标准的绩效问责,有助于深化和落实新时代教育评价改革的精神,为学生学习、教师教学、学校发展提供具有建设性的反馈。

三、基于标准的校本化绩效问责路径

学校是课程实施的基本单位,学校各项工作均围绕课程实施展开。当前推进课程改革的一个重要命题是学校能根据学生基础与需求的差异,创造性地、校本化地实施国家课程。即通过依据课程标准建设校本化评价方案来促进教学和学习的有效性,来进行学校场域中的绩效问责。

■ (一) 注重不同利益相关者的价值诉求,健全协商机制

学生、家长、教师、校长和管理者等各种利益相关者对学校教育有不同的价值诉求,对学校及学生发展有不同的理解和建构,因此,评估者要重视多种利益相关者群体的参与、协商与对话,广泛听取他们的意见与建议,使评估更加客观、深入地反映实际。[②]

尊重与有效利用教师自评结果,学校层面应当在绩效问责中给予教师自我评价权利的同时,也要让教师对自我评价有正确的认识,明确教师教学活动自评的主要目的。学生家长和教师同侪也应该在学校绩效评价中有一定发言权。对家长进行相应的评价培训,要让家长了解、清楚绩效问责背后中评价的主要目的、评价的内容、指标的解读、评价的过程等。绩效问责的重点应该放在使评价者对评价的标准有一个统一认识,从而能够更加客观公正地进行评价。

注重不同利益相关者的价值诉求,就要考量不同价值诉求之间的矛盾与冲突。在基础教育阶段,学校层面的绩效评价与管理的顺利实施需要基于统一的价值基准。这就需要通过协商机制,对相互冲突的价值诉求予以协调,达成一定的共识,形成实施校本化、科

① Macpherson R. J. S. *Educative accountability: Theory, practice, policy, and research in educational administration*[M]. Oxford: Pergamon, 1996: 2.

② 赵德成. 以学生发展为本的学校办学质量评估体系构建[J]. 教育研究,2012(06): 49—55.

学化的绩效评价与管理的价值尺度。

■（二）优化评价过程，完善评价内容和指标

绩效问责管理的一个研究重点就是如何让评价过程更加完整、更加可行。评价的过程可以视为一个持续改进的再循环。在绩效问责中，要注意科学地采集数据。从信息来源的角度主要包括以下数据：课堂观察、教师自我评价、结构性反思、计划材料、教学材料、学生—家长—同事反馈。

注意评价指标内容的针对性，注重评价指标权重的针对性。比如教师的绩效问责，一方面需要根据不同发展水平的教师设计相应的教学活动评价指标项目，能够充分体现出不同阶段教师教学活动发展的特点；另一方面，对不同发展水平的教师同一评价内容分配的权重应有所不同。

传统评价标准因其甄别特性，大多以加权量化来设计，其聚焦点不在发展，而在结果。义务教育国家课程校本化实施评价标准，一是将设计点放在学生知识技能、综合能力、体验感受、反思互动上、必备品格、价值观念等；[①]二是以校内生态为抓手。真正有效的评价标准是为了解其实施内部状态，以便判断校本化实施的有效性，从而促进学校调整方案、校正方向。学校作为课程实施载体，评价标准设计不能脱离校内生态。

■（三）内外结合、相辅相成，设计、采取多样的评价方式

评价方式是指评价者在进行评价时，要针对本次的评价的目的与内容选择科学有效的方式。在进行绩效问责时，要考虑评价者、被评价者自身的特点，采取最能反映被评价对象的真实水平的方式方法。在评估规划与准备方面，特别强调对于评估目的的厘清、评估组织与领导的设置。如在规划与准备阶段，要组建好评估小组，小组成员应该包含本地区教育行政管理人员、教育研究人员、资深的中小学校长或者资深教师。

基于标准的问责的核心是依据基于标准的评价所得到的结果进行问责，这种问责的基本定位是根据考试数据及其他评价信息对有关个人和组织进行奖励或惩罚或采取改进行动。这里所说的个人就包括教师在内，问责就是要把评价结果与教师有重要意义的后果，如工资、福利、职称等相联。一个公平、合理的问责系统，在对学生作出高利害的决定时，应运用多方面的信息来验证，比如教师的判断、教师实施的评价和观察、评分、表现性任务以及学生的作品等。

■（四）完善问责报告，通过有效的信息机制促进问责

问责报告是基于问责评价的报告，评价结果信息是问责报告的核心内容。[②] 要建立公开透明的信息公示，可从两个方面入手：一是定期地将已有的基础教育各项标准执行的评估结果、考核结果、改进情况向社会公示的工作，使现已有的相关结果信息透明化和

---

① 熊杨敏. 义务教育国家课程校本化实施评价标准的建构[J]. 中国教育学刊,2020(02)：53—58.

② 张斌. 论教育问责报告内容的构成——以美国的教育实践为例[J]. 外国教育研究,2011(08)：92—96.

公开化；二是借助多形式的信息渠道，构建公众参与和监督的交流平台，形成通畅的信息环境，推动各地政府和教育管理部门对基础教育各项标准的执行力度。[①] 问责信息的用户既包括问责主体，同样也包括问责对象。问责主体需要运用相关信息为干预决策提供支持。但是，如果问责报告只是为外部干预提供决策依据，报告对于改善的价值就会是有限的。如果教师以问责报告提供的信息来反思自己的教学、调整自己的教学策略和行为，那么报告就发挥了积极的作用。

学校教育机构应该完成一份简明的自我评估报告以及年度性的机构改进计划。在一次教育督导与监测结束后，在后续工作之中，首先出台客观的评估结果报告；其次，发布清晰、准确的评估报告，为家长提供权威的关于教育质量的信息；再则，要注意收集家长和学生的观点，尤其是关心学校发展的那部分群体。[②]

评估结果的处理方式大致可分为完全对外公布、不对外公布及选择性公布三种。评估报告和改进计划具备以下几种功能：可以为机构在哪些领域需要提升、哪些地方是自身的优势提供判断；可以为教师、管理者以及与教育工作相关的其他合作者提供一种讨论和反思的基础性材料；可以被用来向社会、家长反馈教育工作的质量与成效。通过有效的信息机制促进问责信息发布及报告是教育问责的一个必不可少的部分，其重要功能在于公开报告教育质量监测结果，满足公众对教育质量的知情权。学校层面要形成一种"公布—交流—反馈—修订"的信息机制，[③]就要根据国家课程标准、教育评价为代表的教育政策文件，对问责的报告制度进行严格规范后，使其在信息的内容、范围、报告对象、准确性等方面呈现出鲜明的特征。

讨论与反思

1. 你认为我国基础教育阶段在绩效问责制度建设中面临哪些挑战与机遇？
2. 你如何理解基于标准的教师问责？
3. 你认为教育督导如何影响学校课程与教学发展？

拓展阅读

1. 托马斯·J·拉斯利. 学校标准及问责[M]. 孙颖，等，译. 北京：北京师范大学出版社，2017.
2. 王丽佳. 问责教师：教育质量保障体系中的教师责任建构研究[M]. 上海：华东师范大学出版社，2016.
3. 联合国教科文组织. 教育问责：履行我们的承诺[M]. 北京：教育科学出版社，2018.

① 王晓燕. 绩效问责：美国教育质量国家标准的发展趋势及启示[J]. 教育文化论坛，2012(03)：35—39.
② 李凯. 爱尔兰基础教育质量督导研究[J]. 全球教育展望，2020(06)：66—80.
③ 王晓燕. 美国基础教育质量问责的制度创新及借鉴[J]. 外国教育研究，2013(02)：3—9.

前沿热点

联合国教科文组织在 2017/2018 年的全球教育监测报告《教育问责：履行我们的承诺》中强调，实现教育目标需要互相之间的合作、沟通与信任。"信任的建立需要让不同利益攸关方参与创设共同的目标，并通过相互问责承认各行动者的相互依存关系"。换言之，问责不是简单的结果检查，更非责难政治，而是通过问责确定彼此的责任和相互的依存关系，让权利和义务对等。在我国，教育督导是教育管理的重要组成部分，同时也是现代教育治理体系的重要组成部分。中华人民共和国成立以来，教育督导工作在推动教育改革与发展中发挥了重要的作用。新时代教育督导要推进建立现代教育治理体系。建设教育强国，实现教育现代化，必须建立与之相适应的现代教育治理体系。

社会组织参与教育督导评估的治理机制[①]

随着教育治理结构改革的深化，转变政府职能，改进教育管理方式；发挥学校主体作用，加快建设现代学校制度；发挥社会评价作用、动员社会参与支持监督教育成为推进教育治理体系和治理能力现代化的三大重要任务。在评价方面，关于"评"的工作机制日臻完善，包括以政府部门为主体开展的行政性评估、以各类学校为组织开展的自主性评估和以社会组织为主体开展的参与性教育评估三种形式。从外部评估来看，教育督导与社会组织评估有着各自不同的运行机制与规则。就教育督导而言，作为"政府管教育"的重要依据，它是在政府及其教育行政部门的主导下，根据国家法律法规对各级各类教育实施情况进行评估监测的过程；而社会组织则是作为政府、学校之外的第三方力量，通过其专业的第三方视角，运用监测工具、技术对教育活动以及教育现象做出价值判断的过程。教育督导与社会组织均具有教育评价功能，作为参与教育评价的第三方，如何处理社会组织与督导机构的关系，发挥其评价效力，实现督社对接，这是社会组织参与督导评估的关键问题。

就教育督导而言，自 2012 年《教育督导条例》颁布以来，关于加强教育督导的新政迭出，督导机构的权威性、合法性进一步加强；教育督导的职能、范围日益扩展，在推进教育改革与发展中的作用日益加强。但与此同时，教育督导也存在诸多问题。例如，对于教育督导的任务界定为"县级以上人民政府对下级人民政府落实教育法律、法规、规章和国家教育方针、政策的督导"以及"县级以上人民政府对本行政区域内的学校和其他教育机构教育教学工作的督导"，但督导机构并未脱离教育行政部门，其作为教育行政部门的一部分，在工作过程中极易受到教育行政主管部门的领导和制约，无法实现对同级、跨级政府的督政、监测评估；此外，督导人员

---

① 改编自：范国睿. 社会组织参与教育督导评估的治理机制[J]. 教育发展研究，2020(Z1)：1—10,18.

构成多数是高级教师、中小学校长以及即将退休的老教师等，仅仅通过调研、评课等方式对学校进行督导评估，较少量化分析，专业性不强等，这样一来，教育督导在进行评估过程存在着行政大于专业性、督政无力、人员、机构资质能力低、无法独立开展教育评估工作等问题。这种"一家独大"的评价主体造成了"管办评一体"的封闭格局，影响了教育评价的独立性、客观性、科学性。

第六部分

课程与教学研究展望

◎ 课程与教学研究新进展

第十五章
课程与教学研究新进展

本章内容导引

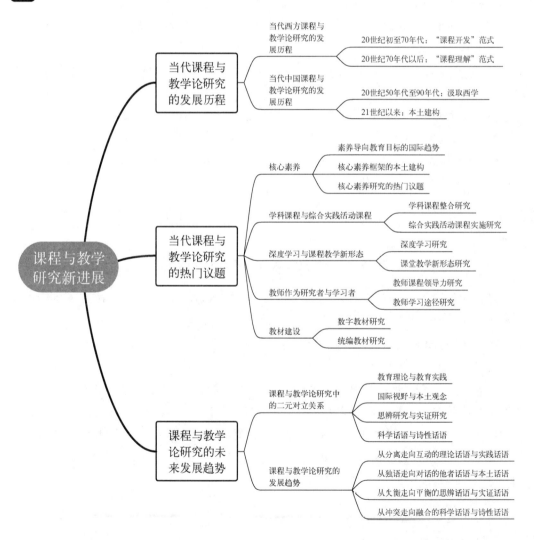

📖 引言

当代西方课程与教学论研究经历了从强调技术理性的"课程开发"范式转向强调多元价值的"课程理解"范式的过程。与此同时,我国的课程与教学论研究也由汲取西学逐渐向本土建构过渡。

随着时代的变迁与科学技术的发展,课程与教学改革的聚焦点及课程与教学论研究领域的关注点也悄然发生转变。人才培养目标、学习内容与方式、教师专业发展、建材建设等课程与教学论研究关心的话题都出现了新兴研究话语,如核心素养、深度学习、教师作为研究者与学习者、数字教材等。这些热门议题既是21世纪的产物,也形成了当代课程与教学研究领域的特色,具有深深的时代烙印。

在课程与教学论研究不断推进的过程中,教育理论与教育实践、国际视野与本土观念、思辨研究与实证研究、科学话语与诗性话语逐渐被推向两极,导致二元对立的局面。而这种非此即彼的二元对立思维不利于课程与教学论研究的长期发展,因此,课程与教学论研究的未来发展趋势是理论话语与实践话语、他者话语与本土话语、思辨话语与实证话语、科学话语与诗性话语的和谐共生,以造就更加多元的课程与教学论研究中的对话。

本章重点是呈现当代课程与教学论研究的新话语。主要内容包括:

- 当代课程与教学论研究的发展历程
- 当代课程与教学论研究的热门议题
- 课程与教学论研究的未来发展趋势

📖 案例

2019年基础教育课程与教学改革观察①

2019年年底,《中国教育报》对2019年基础教育课程及教学领域的改革大事和热点探索进行了总结。2019年的基础教育课程与教学领域的重点事件如下:

事件之一:铸魂育人,提升学科核心素养

关键词:新教材·新课标

重点事件:2019年6月19日,国务院办公厅印发《关于新时代推进普通高中育人方式改革的指导意见》,要求深化课程改革,努力建设体现时代要求、富有生机活力的新课程,卓有成效地推进普通高中育人方式的改革。2019年9月,统编三科教材实现义务教育所有年级全覆盖,高中统编三科新教材开始在部分省市起始年级试用。

事件之二:五育并举,培养全面发展的人

关键词:劳动教育

---

① 中国教育报.推进立德树人的生动实践——2019年基础教育课程与教学改革观察[EB/OL].（2019-12-25）[2020-07-31]. http://www.moe.gov.cn/jyb_xwfb/s5147/201912/t20191225_413424.html.

重点事件：2019 年 11 月 26 日，中央全面深化改革委员会第十一次会议审议通过《关于全面加强新时代大中小学劳动教育的意见》。

事件之三：科学施测，减负同时提质增效

关键词：减负

重点事件：2019 年 4 月 12 日，教育部办公厅公布《2019 年度面向中小学生的全国性竞赛活动名单》，确定全国青少年科技创新大赛等 29 项竞赛活动为 2019 年度面向中小学生开展的全国性竞赛活动。与此同时，各地教育管理部门也对中小学的作业布置、作息时间、放学后"三点半"的安排等进行了优化调整或创新改革，从聚焦学科核心素养、提升学生思维能力和实践活动能力、减少机械重复训练出发，提高课堂教学效率，在"减负"的同时"增效""提质"。

事件之四：多元评价，引导中学教学改革

关键词：高考综合改革

重点事件：2019 年 4 月中旬，广东、辽宁、河北、江苏、湖南、湖北、福建、重庆等第三批进入高考综合改革的八省市陆续发布新高考改革方案。八省市的改革方案（3＋1＋2模式）使得高考科目组合减少为 12 种，既有利于中学安排教学，也有利于学生作出选择。

事件之五：守正创新，建立"三全"育人体系

关键词：思政课

重点事件：2019 年 3 月 18 日，习近平总书记在京主持召开学校思想政治理论课教师座谈会并发表重要讲话。

💬 **案例评析：** 案例为我们归纳了 2019 年发生在基础教育课程与教学领域的改革大事记，这些事件在一定程度上可以反映课程与教学改革实践与研究的最新动向。无论是案例中提到的学科核心素养，还是提高课堂教学效率，它们都是当下及未来课程与教学论研究领域关注的热门话题。在充满机遇与挑战的 21 世纪里，课程与教学论研究领域关心的话题本质上依然是"培养什么样的人""学什么、教什么""怎么学、怎么教、怎么评"等核心问题。只不过，随着时代的更迭与科学技术的发展，对这些问题的讨论与回答有了新话语，而这些新话语的背后是许多教育工作者的共同贡献与支撑。

第一节　当代课程与教学论研究的发展历程

当代西方课程与教学论研究主要经历了从 20 世纪初至 70 年代间技术理性取向的"课程开发"范式转向 20 世纪 70 年代之后多元价值取向的"课程理解"范式，而中国课程与教学论研究则从 20 世纪 50 年代至 90 年代间的汲取西学逐渐过渡到了 21 世纪之后的本土构建。

一、当代西方课程与教学论研究的发展历程

根据课程与教学论研究的主要内容与价值取向，当代西方课程与教学论研究大致可以分为 20 世纪初至 20 世纪 70 年代间占主导地位的"课程开发"范式，以及 20 世纪 70 年代以后趋于多元化的"课程理解"范式。

■（一）20 世纪初至 70 年代："课程开发"范式

20 世纪初，在美国"社会效率运动"的社会背景下，美国"科学管理之父"泰罗（F. W. Taylor）提出了"科学管理理论"。该理论强调效率至上，为追求效率的最大化，需以标准化、科学化的方式管理工人。"科学管理理论"不仅在企业管理方面作出了贡献，其核心思想也影响了课程与教学论领域。

在 20 世纪初至 70 年代之间，从博比特的《怎样编制课程》（*How to Make a Curriculum*）到查特斯（W. Charters）的《课程编制》（*Curriculum Construction*），再到泰勒的《课程与教学的基本原理》（*Basic Principles of Curriculum and Instruction*），其所聚焦与讨论的核心问题都是"如何开发课程"。博比特给出的回应是将课程开发视为"活动分析"，他认为课程开发的具体过程可以包含以下五个步骤：（1）人类经验的分析，即把广泛的人类经验划分成一些主要的领域；（2）具体活动或具体工作的分析，即把人类经验的各个主要领域进一步划分为更加具体的活动；（3）课程目标的获得，即陈述从事具体活动所需要的能力；（4）课程目标的选择，即从所陈述的众多目标中选择出适合学校教育的目标；（5）教育计划的制定，即设计实现课程目标所需要的各种活动、经验和机会。与此同时，查特斯把课程开发视为"工作分析"。尽管与博比特的"活动分析"相比，其更聚焦于对人类职业领域的分析，但从开发步骤上来看，查特斯的课程开发过程也包含确定教育目标、分析并排序教学活动、确定并安排最佳实践措施等要素。沿用至今的课程开发模式是泰勒所提出的"目标模式"，该模式包含了"确定教育目标""选择教育经验""组织教育经验"和"评价教育计划"四个步骤。[①]

这一时期的课程与教学论研究受到"科学管理理论"的影响，课程专家试图将企业管理或工厂管理模式迁移到课程领域，追寻一种高效率的、科学化的、标准化的、具有普适意义的课程开发程式。不可否认，技术取向的课程开发模式为教育工作者呈现了一套可用于教育实践中的操作指南，为他们探索课程开发过程提供了最便捷的渠道。然而，也正是由于对"技术"与"程序"的过度强调与依赖，在看似"放之四海而皆准"的课程开发模式背后，是课程开发与教学行为的逐渐机械化，是教师与学生作为"人"的主体性和创造性的逐渐泯灭。

■（二）20 世纪 70 年代以后："课程理解"范式

进入 20 世纪 70 年代以后，美国课程研究领域发起了"概念重建运动"（reconceptualist

---

① 张华. 课程与教学论[M]. 上海：上海教育出版社，2000：1—14.

movement），目的在于挑战泰勒的"目标模式"在课程研究领域的主导地位，以突破"技术理性"对课程研究的束缚。与"课程开发"范式不同的是，"课程理解"范式不再寻求能够回答"如何开发课程"这一问题的标准答案，而是转向探索能够体现"如何理解课程"的多元观点。

"课程理解"范式把"课程"视为一种"文本"，一种"符号表征"。自 20 世纪 80 年代起，越来越多的学者从现象学、存在主义、解释学、法兰克福学派、后结构主义、解构主义、后现代主义、女性主义等视角解读课程。也就是说，作为"文本"的课程在不同的视角下被赋予不同的意义，对课程的丰富理解也衍生出多元化的课程话语与课程理论。其中，具有代表性的课程理论包括：政治课程理论、种族课程理论、性别课程理论、现象学课程理论、后现代课程理论、自传性/传记性课程理论、美学课程理论、神学课程理论、生态学课程理论、全球化课程理论。这些课程理论的核心话语与代表人物，如表 15-1 所示。

表 15-1 "课程理解"流派下的不同课程理论及其代表人物[①]

课程理论	文本类型	代 表 人 物	核 心 话 语
政治课程理论	政治文本	阿普尔、吉鲁、古德曼、卡尔森、弗雷尔、西蒙、韦克斯勒、埃尔斯沃思等	课程具有政治性；课程是社会经济、政治情境建构的产物
种族课程理论	种族文本	沃特金、麦卡锡、喀斯特奈尔、派纳、陶伯曼、扬等	揭示蕴藏在课程中的种族歧视及其根源，以追求种族平等与社会公平
性别课程理论	性别文本	格鲁梅特、米勒、帕格诺、西尔斯、古德曼等	揭示父权社会下课程中的性别歧视问题，为处在性别与性取向弱势地位的一方发声
现象学课程理论	现象学文本	奥凯、范梅南、史密斯、差迪尼、休伯纳、派纳、格鲁梅特、雷诺滋等	强调直接体验；寻求经验的本质与事件的意义，为人类的意义而生产知识
后现代课程理论	后现代文本	陶伯曼、戴格诺、车里霍尔姆斯、亚格金斯基、高西亚、胡文松、多尔、拉瑟、吉鲁、金彻里、斯滕伯格、麦克莱伦等	反表象主义、反基础主义、反本质主义
自传性/传记性课程理论	自传性/传记性文本	派纳、格鲁梅特、戴格诺、陶伯曼、多尔、米勒、雷尼格巴特、雷蒙德、康奈利、克兰迪宁、舒伯特、阿耶而斯、古德森等	把自传作为一种方法以理解课程、学生和教师

---

① 整理自：张华. 走向课程理解：西方课程理论新进展[J]. 全球教育展望，2001(07)：40—48.

课程理论	文本类型	代表人物	核心话语
美学课程理论	美学文本	布劳迪、罗赛欧、范兰斯、帕德海姆、巴耶尔、艾斯纳、费金斯、亚格金斯基、萨瓦德、海姆伦等	强调艺术在课程体系中的重要性； 用艺术领域的理念、框架理解课程； 建立戏剧与课程的关系
神学课程理论	神学文本	休伯纳、波普、澳利沃、杰士曼、金彻里、斯莱特里、米特莱诺、诺丁斯等	强调想象力、灵性、超越性与道德价值
生态学课程理论	生态学文本	高夫、鲍尔斯、诺丁斯、多尔等	基于人与环境之间的复杂生态系统考察课程问题； 从整体的视角而非分析的视角来理解课程
全球化课程理论	全球化文本	史密斯等	从人与自我、人与他人、人与世界的角度理解课程

从表 15-1 可以看出，"课程理解"范式下的课程与教学论研究不再拘泥于回答"如何开发课程"这个偏向技术层面的问题，学者们转向从不同的视角解读课程、追寻作为"文本"和"符号表征"的课程的意义。"如何理解课程"并没有唯一确定的回答，这些流派对于这一问题的讨论赋予课程更加丰富的意义，也促使课程与教学论研究话语走向多元化。

二、当代中国课程与教学论研究的发展历程

当代中国课程与教学论研究经历了从汲取西学转向本土建构的两个阶段。自 20 世纪 50 年代至 90 年代，中国先后向苏联、美国、英国等西方发达国家借鉴教育经验，以作为课程与教学论研究的参考框架。进入 21 世纪之后，中国在保持开放、放眼国际的同时，也尝试构建本土课程与教学论研究话语，为中国的课程与教学论故事发声。

■（一）20 世纪 50 年代至 90 年代：汲取西学

中华人民共和国成立之后，为了改造旧教育并发展新中国的教育事业，教育部所采取的方略是向苏联借鉴经验。受苏联教育理念的影响，这一阶段我国教育理念以教学论为主导，国家所颁布的教育政策文件也以"教学"命名，如教学计划、教学大纲等。尽管这些政策文件的内容涉及与课程论相关的科目结构、课时分配等问题，但课程话语依然被冠以教学话语的含义，可以说，这一时期的课程论依附于教学论之下。

自 20 世纪 70 年代末以来，为了突破照搬苏联经验而导致教育模式过于机械化的藩

篱,我国教育学者开始积极译介美国、英国等西方发达国家的教育理论。在西方课程理论的影响下,我国教育研究领域也逐渐意识到"课程论"的重要性,相继设置课程论相关专业与专业期刊。如此一来,课程论话语不再从属于教学论话语,而与其并驾齐驱,关于课程论的研究也引发了越来越多学者的关注。然而,20世纪末期我国课程与教学论研究依然停留在汲取西学的阶段。不论是前文提到的以泰勒为代表的"课程开发"范式,还是在"概念重建"的基础上产生的具有多元性的"课程理解"范式,都频频出现在我国各大学术研讨会、学术论文、专业课程、专业书籍之中,对我国的课程教学理论与实践产生了深深的影响。①

20世纪50年代至20世纪90年代,对我国课程与教学论研究来说,是集中于汲取西学的一个阶段。从借鉴苏联教育经验,到将"课程开发"范式与"课程理解"范式作为研究我国课程理论与实践的参考框架,都反映了这个阶段我国课程与教学论研究领域正以开放和包容的心态迎接、吸纳来自他者的课程与教学论话语。

■(二)21世纪以来:本土建构

随着21世纪初新课程改革的发展,课程与教学论研究领域涌现了越来越多的中国故事。在借鉴西方课程与教学理论解读发生在中国情境下的故事的同时,根植于中国的课程与教学论本土话语建构也正逐渐成长。尽管有学者认为,截至21世纪10年代之前,中国的课程与教学论尚未形成特征非常鲜明的学术流派。②但从近十年的课程与教学论研究发展趋势来看,依然有中国的学者在为课程与教学论研究发出本土的声音。

当下本土课程与教学论话语主要来源于教育理论与实践的结合,尤其关注教师与学生共同参与的课堂学习。如由华东师范大学的崔允漷教授团队和江苏省南京市第一中学合作研发的"学历案",便具有本土特色意味。"学历案"重新定位"教"与"学"的关系,将"学生的学习"放在了主要地位,作为具有专业性质的方案,它最终所要导向的是学生的"深度学习"。具体来看,它指的是"教师在班级教学的背景下,为了便于儿童自主或社会建构经验,围绕某一相对独立的学习单位,对学生学习过程进行专业化预设的方案。"③再如华东师范大学叶澜教授团队创设的"生命·实践教育学派"虽然并不完全指向课程与教学论研究,但学派中所涉及的理念也与课堂教学息息相关。在与"新基础教育"基地学校合作多年的基础上,"生命·实践教育学派"的理论者与实践者贡献了诸多关于课堂教学建设的本土话语。

中国的课程与教学论研究发展至今,已经逐渐从开放吸纳走向本土建构。学者们愈发意识到仅靠西方话语的"嫁接"似乎并不足以呈现中国课程与教学论研究的本色,而用中国的话语讲好中国故事才是现在和未来中国课程与教学论学者所要承担的重任。

① 罗生全.70年课程研究范式的回顾与展望[J].湖南师范大学教育科学学报,2019(03):20—31.
② 沈小碚,王天平,张东.对中国课程与教学论流派构建的审思[J].西南大学学报(社会科学版),2010(01):135—139.
③ 崔允漷.指向深度学习的学历案[J].人民教育,2017(20):43—48.

第二节　当代课程与教学论研究的热门议题

随着时代的更迭与信息技术的飞速发展,21 世纪的教育改革正在世界各国如火如荼地进行着,而课程与教学论研究领域的热门讨论话题也随着改革不断更新。本书围绕课程与教学研究领域中"培养什么样的人""学什么、教什么""怎么学、怎么教""教师如何成长""用什么学、用什么教"等几个亘古不变的话题,简要讨论了当下与未来课程与教学论研究中的部分热门议题,如核心素养、学科课程与综合实践活动课程、深度学习与课堂教学新形态、教师作为研究者与学习者、教材建设等。

一、核心素养

进入 21 世纪之后,素养导向的教育目标成为各国教育课程与教学改革关注的重点。21 世纪要培养什么样的人?"要培养具有核心素养的人"是我国对这个问题的回答。在此基础上,"核心素养"及其相关概念研究、落地研究都成为当前课程与教学论研究领域的热门议题。

■（一）素养导向教育目标的国际趋势

当前世界范围内不同的国际组织与国家、地区相继提出了 21 世纪学习者所应具备的素养,许多学者也对其内涵进行多番探讨与解读。1997 年 12 月,经济合作与发展组织(Organization for Economic Co-operation and Development,简称 OECD)启动了"素养的界定与遴选:理论和概念基础"项目(Definition and Selection of Competenccies:Theretical and Conceptual Foundations,简称 DeSeCo)。经过全球各个领域顶级专家的深入研讨,OECD 从功能论的视角界定了"素养"与"核心素养"的概念。DeSeCo 项目组提出,"素养"是一个动态的和整合的概念,它包含了三个要点:其一,素养是能够应对复杂的要求的能力;其二,素养的概念比知识和技能更宽泛;其三,素养是以行动和情境为导向的。"核心素养"则指的是"覆盖多个生活领域的,促进成功的生活和健全的社会的重要素养"[①]。经常被提及的还有欧盟对核心素养的界定,他们提出,"素养"是适用于特定情境的知识、技能和态度的综合,"核心素养"则是所有个体达成自我实现和发展、成为主动的公民、融入社会和成功就业所需要的那些素养。[②] 除了最早提出"核心素养"内涵的两大国际组织之外,各个国家也对核心素养及类似概念作出界定。例如,美国"21 世纪技能伙伴协会"(The Partnership for 21st Century Skills,简称 P21)提出,"21 世纪素养远超出基本的读、写、算技能,其意指如何将知识和技能应用于现代生活情境"[③]。澳大利亚的"共

---

①　张娜. DeSeCo 项目关于核心素养的研究及启示[J]. 教育科学研究,2013(10):39—45.
②　张华. 论核心素养的内涵[J]. 全球教育展望,2016(04):10—24.
③　张华. 论核心素养的内涵[J]. 全球教育展望,2016(04):10—24.

通能力"意为"学生在整个课程学习中开发和使用的一整套相互关联的知识、技能、行为和倾向"①。由此可见,素养导向的人才培养目标已经成为国际教育改革的新趋势。

在明确"素养"的内涵的基础上,各个国际组织与国家、地区相继推出素养的要素与框架,以更好地指导基于素养的教育改革,其中比较引人注目的是经济与合作组织(OECD)与欧盟(EU)两个国际组织及美国、澳大利亚、芬兰、新加坡等国家所提出的素养框架。具体素养要素如表15-2所示。

表15-2　代表性国际组织与国家素养要素②

组织/国家	素养名称	要素
OECD	核心素养	互动地使用工具 自主行动 在社会异质团体中互动
EU	核心素养	使用母语交流 使用外语交流 数学素养与基本的科学技术素养 数字素养 学会学习 社会与公民素养 主动意识与创业精神 文化意识与文化表达
美国	21世纪技能	学习和创新技能 信息、媒介和技术技能 生活和职业技能
澳大利亚	共通能力	读写能力 算术能力 信息通信技术能力 批判性与创造性思维能力 个人与社会能力 道德理解能力 跨文化理解能力

① *Australian Curriculum*, *Assessment and Reporting Authority*. *Curriculum Design Paper Version* 3.1[R]. Sydney: ACARA, 2013: 13.

② 整理自: 张娜. DeSeCo项目关于核心素养的研究及启示[J]. 教育科学研究, 2013(10): 39—45.

裴新宁, 刘新阳. 为21世纪重建教育——欧盟"核心素养"框架的确立[J]. 全球教育展望, 2013(12): 89—102.

Partnership for 21st Century Learning. P21 Framework Definitions[EB/OL]. (2015-05-15)[2020-07-26]. http://www.p21.org/storage/documents/docs/P21_Framework_Definitions_New_Logo_2015.pdf.

Australian Curriculum, Assessment and Reporting Authority. General capabilities[EB/OL]. (2013-01-01)[2020-07-26]. https://docs.acara.edu.au/resources/General_Capabilities_2011.pdf.

Finish National Board of Education. *National Core Curriculum for Basic Education 2014*[S]. Helsinki: Next Print Oy, 2016: 22—26.

Singapore Ministry of Education. 21st century conpetences[EB/OL]. (2015-04-16)[2020-07-26]. https://beta.moe.gov.sg/education-in-SG/21st-century-competencies/.

续　表

组织/国家	素养名称	要　素
芬兰	跨学科素养	思考与学会学习 文化素养、互动、自我表达 自我照料、管理日常生活 多模态识读素养 信息通信技术素养 工作生活的能力、创业精神 参与、影响、建设可持续未来
新加坡	21 世纪素养	核心价值观(尊重、责任、廉正、关怀、坚韧、和谐) 社会情感素养(自我意识、自我管理、负责任的决策、社会意识、关系管理) 全球素养(公民素养、全球意识和跨文化技能,批判性和创造性思维,沟通、协作和信息技能)

尽管不同组织与国家、地区的素养框架层出不穷,且不尽相同,但其所涵盖的要素大同小异。有学者曾对全球 29 个素养框架的条目进行梳理和合并,最终形成两类共 18 项核心素养。这两类分别为领域素养和通用素养,其中,领域素养又包括基础领域(如语言素养、数学素养、科技素养等)与新兴领域(如信息素养、环境素养、财商素养等);通用素养则可分为高阶认知(如批判性思维、创造性与问题解决、学会学习与终身学习等)、个人成长(如自我认识与自我调控、人生规划与幸福生活等)、社会性发展(沟通与合作、领导力、跨文化与国际理解、公民责任与社会参与等)。①

■（二）核心素养框架的本土构建

为了充分反映新时期经济社会发展对人才培养的新要求,提升 21 世纪国家人才核心竞争力,我国成立核心素养研究课题组,负责核心素养的研制工作。2016 年,课题组推出核心素养的总体框架,该框架以"全面发展的人"为核心,分为文化基础、自主发展、社会参与三个维度,每个维度对应两个核心素养,每个核心素养下设更加具体的基本要点及其相应的主要表现描述。具体来看,文化基础包含人文底蕴、科学精神两项核心素养;自主发展对应学会学习、健康生活两项核心素养;社会参与对应责任担当、实践创新两项核心素养。中国学生核心素养框架图,如图 15-1 所示。②

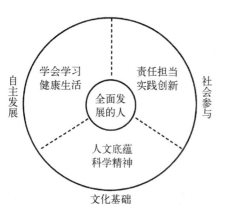

图 15-1　中国学生核心素养框架图

①　师曼,刘晟,等.21 世纪核心素养的框架及要素研究[J].华东师范大学学报(教育科学版),2016(03):29—37+115.

②　核心素养研究课题组.中国学生发展核心素养[J].中国教育学刊,2016(10):1—3.

与前文提到的比较具有代表性的两大国际组织和几个国家的核心素养框架相比,中国学生核心素养框架似乎与欧盟、澳大利亚的核心素养框架比较不同,而与其他组织、国家尤其是新加坡的表述较为类似。欧盟、澳大利亚明确将领域素养,特别是基础领域的素养作为核心素养的要素之一明确表述出来,而中国大陆则更加强调通用素养,且与具有相似文化背景的新加坡一样,把核心价值观蕴含在核心素养的要素之中。总体来看,中国学生核心素养框架既呼应了世界教育改革的新趋势,又凸显了中国的本土特色与智慧。

■（三）核心素养研究的热门议题

随着素养导向的人才培养目标主流趋势的发展与我国大陆学生核心素养框架的建构,国内教育学者对"核心素养"的讨论更加热烈。课程与教学论研究领域重点关注的议题包括:核心素养与学科素养之间的区别与联系研究、核心素养的落地研究等。

"素养"与"核心素养"概念一出,许多衍生说法随之而来,如"学科素养""学科核心素养"等。而"核心素养"与"学科素养"之间的区别与联系,是课程与教学理论研究者与一线教育工作者较为关心的话题之一。关于"学科素养"与"学科核心素养"两种说法,有学者认为"学科素养"的表述更为恰当。由于"核心素养"的界定具有唯一性、渗透性、整合性,而在"核心素养"前面再加上"学科"二字变成"学科核心素养",那便会使得每个学科都有"核心素养",造成"多核心"的局面,而"多核心"便相当于"无核心",有违"核心"初衷。① 而另外一些学者则依然采用了"学科核心素养"的说法,并从对"学科核心素养"内涵的理解推广到一般的"核心素养"。其认为,"学科核心素养"由"双基"(基础知识和基本能力)、问题解决、学科思维三个层面构成。② 此外,《普通高中课程方案(2017 年版 2020 年修订)》也在各个学科的课程标准中规定了"学科核心素养"。不论说法为何,谈及"核心素养"与"学科(核心)素养"之间的关系,二者是全局与局部、共性与特性、抽象与具象的关系。③

除了对"核心素养"与"学科(核心)素养"的关系研究之外,核心素养的落地研究也引发了学者的诸多讨论。其中,教育工作者较为关注的两个问题是:其一,核心素养如何培养? 其二,核心素养如何评价? 这两个问题在各个学科的课程与教学研究中又尤为突出。关于第一个问题,研究大多聚焦在素养培养的教学策略与课程建设议题上;关于第二个问题,研究则关注评价方法与评价指标体系建构议题上。④ 此外,核心素养中的"批判性思维""创造力""全球素养"的培养与评价问题也是核心素养研究的热点。这些素养究竟可以分散在各个学科课程中培养,还是需要设置专门的课程进行培养,又或者是二者相结合? 这些素养能否评价,又可以通过怎样的方式评价? 这些热点问题都值得进一步商榷。

二、学科课程与综合实践活动课程

随着发展学生核心素养成为教育改革的主流趋势,学校课程的内容选择与组织也面

---

① 钟启泉.基于核心素养的课程发展:挑战与课题[J].全球教育展望,2016(01):3—25.
② 李艺,钟柏昌.谈"核心素养"[J].教育研究,2015(09):17—23,63.
③ 钟启泉.读懂课堂[M].上海:华东师范大学出版社,2015:205.
④ 岳辉,和学新.学科素养研究的进展、问题及展望[J].教育科学研究,2016(01):52—59.

临着重新调整。基于此,呼应时代的学科内课程整合研究与综合实践课程实施研究成为课程与教学论研究者热衷探讨的两大话题。

■（一）学科课程整合研究

当教育目标转向发展核心素养之后,学校课程也随之发生变革。近年来,学科课程的整合研究是核心素养时代下的热门趋势之一。其中,又以学科内整合与跨学科整合研究为主要关注点。

在学科内整合研究方面,课程与教学研究者及一线学科教师主要探索的是以"大观念"统领的单元设计和教学设计。以往,教师往往习惯于割裂地看待每个知识点、每个课时,忽视知识与知识之间、课时与课时之间的联系。核心素养的理念则试图突破这种碎片化的局限,它不再仅仅强调单个知识点的掌握,而是主张将知识、能力、品格等统筹起来看待,期望学生能够在具体情境中能够综合运用所学知识与所具备的能力以解决实际问题。这也就意味着,把教学内容碎片化地当作知识点来处置的"课时主义"已经再适用于核心素养时代,取而代之的是一种"全局性展望",即单元设计。① 而这种具有整合意味的单元设计并非毫无根据地将学科知识点拼凑在一起,联结知识点的关键线索便是"大观念"。"大观念"是学科"核心"的观念,能够集中体现学科课程特质的思想或看法,有助于学生进行学习迁移,且与"核心素养"同样具有概括性、普遍性与抽象性等类似特点。② 基于此,许多学者呼吁一线教育工作者能够转变原有的"课时主义"模式,转向以发展学生核心素养为目的的以"大观念"统领的设计,以整合的视角看待学科课程中的知识关联。与此同时,也有越来越多的一线教育工作者在期刊上分享自己的学科内整合实践。

在以"大观念"统领的单元设计、教学设计受到重视的同时,跨学科课程之间的整合也引起多方关注。其中,最具代表性的是源于美国的 STEM 教育。STEM 教育是科学(science)、技术(technology)、工程(engineering)和数学(mathematics)四门学科内容有机整合在一起,以更好地培养学生的创新精神与实践能力。STEM 教育的核心特征包括跨学科性、趣味性、体验性、情境性、协作性、设计性、艺术性、实证性、技术增强性。③ 这种跨学科整合课程模式恰好呼应了核心素养时代下人才培养的要求,故其理念一经引入我国,便吸引了广大教育研究领域内外的学者的目光。当前我国对 STEM 教育的研究以译介、解读美国 STEM 教育的政策文件、案例实施、困境挑战等为主,也有一些学者关注到STEM 教育的本土化,提供了一些国内 STEM 教育实践的经验与问题。而国外学者则更多聚焦于 STEM 教育的概念演变、STEM 教育中的性别平等问题、STEM 教育与学生学业成就的关系,以及 STEM 教育中的教学实践变革等议题。④

对于学科课程来说,无论是学科内部,还是学科与学科之间,整合已经成为核心素养时代下难以回避的一种趋势。如何以发展核心素养为导向进行学科内整合,以及如何将

① 钟启泉. 单元设计:撬动课堂转型的一个支点[J]. 教育发展研究,2015(24):1—5.
② 邵朝友,崔允漷. 指向核心素养的教学方案设计:大观念的视角[J]. 全球教育展望,2017(06):11—19.
③ 余胜泉,胡翔. STEM 教育理念与跨学科整合模式[J]. 开放教育研究,2015(04):13—22.
④ 杜文彬. 国外 STEM 教育研究的热点主题与特点探析[J]. 电化教育研究,2018(11):120—128.

源于他方的以 STEM 教育为代表的跨学科整合模式更好地与本土情境相结合进而避免"水土不服"的问题出现,依旧是未来课程与教学论研究领域所需要留心关注的问题。

■（二）综合实践活动课程实施研究

2001 年,我国教育部在《基础教育课程改革纲要(试行)》中确立了"综合实践活动"作为必修课程的地位,以鼓励学生"通过实践,增强探究和创新意识,学习科学研究的方法,发展综合运用知识的能力",并规定主要内容为信息技术教育、研究性学习、社区服务与社会实践以及劳动与技术教育等。[①] 2017 年,教育部根据时代的新诉求,并结合过往十多年中综合实践活动实施经验与所面临的困境,颁布了新版《中小学综合实践活动课程指导纲要》,以加强对综合实践活动课程实施的指导与规范。与 2001 年版的政策文件相比,2017 年版的《中小学综合实践活动课程指导纲要》规定的课程内容更加丰富,在原有的四个领域的基础上增加了职业体验、班团队活动、专题教育、场馆教育、研学旅行等内容。此外,为了应对原有文件中课程目标不够明确、课程内容不够清晰进而给实施造成困境的问题,2017 年版的《中小学综合实践活动课程指导纲要》细化了课程目标,并针对几个领域提供了推荐主题与说明,以便于综合实践活动课程在学校层面更好地落实。

2017 年版的《中小学综合实践活动课程指导纲要》一经颁布,综合实践活动课程的实施研究便成为教育学者重点关心的议题之一,如《课程·教材·教法》《中小学管理》等刊物也专设与综合实践活动课程研究相关的栏目供学者们交流探讨。有学者提出,在指向核心素养人才培养目标下,综合实践活动课程需要充分发挥育人功能,而如何设计并落实综合实践活动课程则需要进一步的理论与实践探索。[②] 也有学者认为,当前综合实践活动课程最突出的困境是表层化实践,是学科课程至上倾向、普适性目标取向、课程统整意识欠缺、忽视课程评价的作用等原因造成了综合实践活动课程的实施困境。还有学者针对更加具体的综合实践活动课程领域的实施进行探讨,如研学旅行的实践策略与路径等。

综合课程实践活动课程作为国家课程体系中的一门必修课,其重要性不言而喻。尽管 2017 年版的《中小学综合实践活动课程指导纲要》已经尽可能改进旧版的不足,尽可能给予了更加详细的规定与说明,然而如何将文本转化为真正的实施过程则是需要理论者与实践者付出时间精力长期探索的话题。

三、深度学习与课程教学新形态

在新课程改革的背景下,"学生的学"成为教育研究领域,尤其是课程与教学论研究中学者关注的重点话题。"深度学习"是近年来课堂与教学研究中讨论度颇高的议题之一。

---

① 中华人民共和国教育部. 基础教育课程改革纲要(试行)[EB/OL]. (2001-06-08)[2020-07-27]. http://www.moe.gov.cn/srcsite/A26/jcj_kcjcgh/200106/t20010608_167343.html.

② 杨明全. 综合实践活动课程的内涵演变与未来走向——新一轮课程修订背景下的考量[J]. 教育科学研究,2020(03):39—45.

此外,在飞速发展的科学技术的支持下,人工智能时代下的课堂教学新形态也获得了学界的广泛关注。

■ （一）深度学习研究

近些年,随着培养目标的革新,"教师的教"不再是课堂教学研究关注的唯一重点,"学生的学"也逐渐成为教育工作者热烈讨论的话题。其中,"深度学习"可以算是教育理论与实践中出现的高频词汇。在 2013 年至 2018 年之间,有关"深度学习"的论文就达 500 篇之多。① 2019 年,《课程·教材·教法》的第 2 期也设置了"深度学习研究"专栏,为国内学者就该热门话题进行探讨提供了平台。深度学习指的是"相对于表层学习、机械学习、无意义学习而言的,是学习者认知、情感、思维高度摄入的一种学习方式。"②

传统的"教授主义"(instructionism)教学观强调关注教师的有效教学,而判断教师的教学是否有效的主要标准之一便是看学生是否"记住"了课堂上教师所教授的知识,他们的课堂测验分数是否提高,而基于"教授主义"的静态吸收知识对于学生的学习来说是不够充分的。③ 与传统课堂中的"教授主义"教学观相比,指向发展学生核心素养的"深度学习"观强调学生对知识的理解、生成和建构,体现的是学生在学习过程中的主体性、能动性与发展性,而并不是等待被"灌水"的容器。此外,从学习结果及其评价来看,"深度学习"观更加关注的是学生对所学知识与方法的迁移能力,而非对知识内容本身的熟记程度。"深度学习"既在特定情境中发生,又能够促使学生在遇到相似的情境时能够举一反三。④

就当前国内外对"深度学习"的已有研究而言,学者们对"深度学习"做了多番探讨。有学者梳理并回顾有关"深度学习"的文献后发现,国外研究多以学生深度参与学习及高阶学习策略研究为主,而国内研究受到"核心素养"人才培养目标的影响,则更加关注学生高阶智能的发展与迁移应用研究。但总体而言,国内外对"深度学习"中的灵活性问题缺乏关注,这种灵活性既关涉教学方式的灵活性,又涉及学生的认知灵活性。无论对于课堂实践还是研究来说,深度学习中的灵活性问题都是极大的挑战。⑤ 但也正是因为讨论尚不充足,才为"深度学习"研究的继续前行留下了空间。

■ （二）课堂教学新形态研究

2001 年,教育部在《基础教育课程改革纲要(试行)》中提倡"大力推进信息技术在教学过程中的普遍应用,促进信息技术与学科课程的整合"⑥。在科学技术飞速发展的今天,身处在人工智能时代浪潮之中的课堂教学形态正面临全方位的更新。十多年前,在"信息技术与学科课程整合"的号召下,最常见的课堂教学场景便是教师借助多媒体设备

① 吴永军.关于深度学习的再认识[J].课程·教材·教法,2019(02):51—58+36.
② 崔友兴.基于核心素养培育的深度学习[J].课程·教材·教法,2019(02):66—71.
③ 钟启泉.从学习科学看"有效学习"的本质与课题——透视课程理论发展的百年轨迹[J].全球教育展望,2019(01):23—43.
④ 崔友兴.基于核心素养培育的深度学习[J].课程·教材·教法,2019(02):66—71.
⑤ 彭红超,祝智庭.深度学习研究:发展脉络与瓶颈[J].现代远程教育研究,2020(01):41—50.
⑥ 中华人民共和国教育部.基础教育课程改革纲要(试行)[EB/OL].(2001-06-08)[2020-07-28].http://www.moe.gov.cn/srcsite/A26/jcj_kcjcgh/200106/t20010608_167343.html.

进行教学。而如今,在科学技术的辅助之下,课堂教学过程中的方方面面将以往的难以想象变成了更多可能性。

当前,我国学者对人工智能对课堂教学变革所带来的价值与挑战等做了多番探讨。一方面,教师能够借助人工智能为学生提供定制化的课程内容与教学方式,与此同时学生也能在技术的支持下体验更加智能化的学习历程。具体来看,人工智能对课堂教学变革的价值意义体现在学习情境创设的真实化、学习内容选择的精准化、学习形式的多样化、师生互动交流个性化、学习评价的动态化等方面。[①] 另一方面,也有学者提醒教育工作者警惕人工智能对课堂教学变革带来的潜在挑战,如人工智能支持下的课堂教学过于强调学生认知、智能发展而忽视情感、态度、价值发展的取向,师生关系中教师依靠数据的掌握成为绝对权威者或由于机器的间隔使得教师可有可无的两极分化倾向,以及虚拟情境中由"虚幻的真实"所带来的自我与社会性的迷失等。[②]

不可否认,未来科学技术依然还会继续飞速发展。而人工智能时代下的课堂教学形态研究,除了需要继续关注技术的革新影响了课堂教学的哪些方面以及如何影响了课堂教学之外,更要关心"人"的成分,作为教育中的"人"的教师与学生在人工智能支持下的课堂教学中是如何学习的。在新兴技术面前,教师与学生既是技术的学习者,也是技术的使用者与主宰者。技术本身值得开发与研究,而人与技术在互动的过程中发生的碰撞与交融也需要吸引更多的目光。

四、教师作为研究者与学习者

新时代对教师提出了新的期许,"教师作为研究者""教师作为学习者"等观念在教师专业发展研究领域被热烈讨论。在校本课程开发、校本教研等浪潮的推进下,教师课程领导力研究成为教师专业发展研究领域中的新动向。此外,随着时代的发展,教师学习途径也及时更新,关于教师学习途径的讨论也持续至今。

(一)教师课程领导力研究

教师领导力研究最早出现于 20 世纪 50 年代的美国教育研究领域。到 20 世纪 80 年代,在美国学校改进运动号召赋予教师权力的背景下,教师领导力研究大量增长。类似的情况也发生在我国,21 世纪初的新课程改革明确了校本课程开发、校本教研等改革动向,教师的角色也悄然发生改变。基于此,教师领导力也成为我国教师与教师教育研究领域重点关注的研究话题。

在教师领导力研究中,与教学领导力相比,学者更为关注教师的课程领导力,这大概是由于受到各国陆续掀起校本课程开发运动的影响,教师被期望从忠实的课程执行者变为具有能动性的课程开发者,从"教书匠"变为"研究者"。就我国的教师课程领导力研究

① 和学新,鹿星南. 智慧时代的学校教学形态探讨[J]. 课程·教材·教法,2020(02):43—50.
② 辛继湘. 当教学遇上人工智能:机遇、挑战与应对[J]. 课程·教材·教法,2018(09):62—67.

而言,已有文献聚焦于教师的课程领导者角色、领导力困境以及概念研究等,这些文献又以非实证研究为主。① 从现实状况来看,政策文件与理论文献虽然提倡并确立教师作为课程开发者、研究者的身份及这个身份所具备的权力,然而实践过程中的赋权程度以及教师自身的意识与能力水平,都与应然期待之间存在一定的差距。②

教师课程领导力对于一线教育工作者来说,不论是概念理解或是实践行动,都还并不算完全熟悉。而这个重要却未竟的命题便给予了研究者与实践者继续探索的生机,教师课程领导力的影响因素、培养机制、测评标准、实践中的成功经验与所面临的挑战、教师自身对角色转变的理解、对课程领导行为的看法或反思,以及在扮演领导者的角色过程中与他者的互动等都可以成为未来教师课程领导力研究的探讨话题。

■(二)教师学习途径研究

为了应对学习型社会所带来的机遇和挑战,"教师作为学习者"逐渐成为教师专业发展研究领域的口号与热门议题。教师学习指的是"教师个体在一定的文化情境中,通过积极或消极地卷入学习活动而发生内在变化的一个'动态'过程"③。国内外学者就教师学习的途径进行了诸多讨论,其中教师基于个人反思的学习与基于共同体合作的学习尤为引人注目。

基于反思的学习途径研究关注教师对自身教学行为的自我反思,以通过反思触发新的学习与思考,修正并完善自身的教学行为。这样的反思学习通常发生在教师的行动研究或以视频为导向的教师学习研究中。通过观看自身或同伴的教学视频以促进教师专业发展是国外教师教育研究领域的热门研究话题之一,观看教学视频的重要目的之一就在于激发教师的专业反思。④ 类似的反思学习途径及其研究也引发了部分国内学者的关注,有学者呈现了国内在职教师利用视频研究转变原有观念、主动参与学习并发展视频研究的意识的案例。⑤ 基于共同体合作的学习途径则更加丰富,此类研究关注教师群体内部的合作学习以及教师与其他社群的合作学习。教师群体内部的合作学习研究主要包括经验教师与新手教师之间的合作学习、不同学科教师之间的合作学习等;教师与其他社群的合作学习研究则体现在基于大学与中小学伙伴关系的合作学习等。

在愈加开放的教育生态环境的支持下,教师的学习途径也越来越多样化。然而,每种学习途径的实践并不都意味着教师学习的真正发生。"教师作为学习者"的研究话题依然值得课程与教学论研究者持续关注,其既需要本土理论构建,同时也需要更多能够反映一线实践案例的代表性研究成果。

---

① 汪敏,朱永新.教师领导力研究的进展与前瞻[J].中国教育科学(中英文),2020(04):130—143.
② 汪明帅,张帅.好教师形象的百年变迁——基于课程价值观念变迁的考察[J].教育发展研究,2020(02):77—84.
③ 桑国元.教师作为学习者:教师学习研究的进展与趋势[J].首都师范大学学报(社会科学版),2017(01):142—148.
④ Gaudin C,Chaliès S. Video viewing in teacher education and professional development:A literature review [J]. *Educational Research Review*,2015,16(16),41—67.
⑤ 王美.视频研究在教师学习与专业发展中的运用[J].远程教育杂志,2011(06):66—72.

五、教材建设

在信息化时代下,数字教材已逐渐成为纸质教材的补充。近年来,数字教材研究成为国内外教材研究领域中的一个新话题。与此同时,随着国内道德与法治、语文、历史三门学科的统编版教材的投入使用,有关统编版教材的研究话题也将持续进行。

■ (一) 数字教材研究

教材研究一直是课程与教学论研究领域的热点之一。在如今的信息化时代,教材研究除了包含原有的教材系统研究、文化价值研究等内容,还另外开辟了一个新的研究方向,即响应时代号召的数字教材研究。

当前国内学者已对数字教材的概念做了一些探讨,认为数字教材的概念主要具有教育、技术与出版三个方面的属性。教育属性指的是将数字教材视为教材的一种,不因形式变化而改变,这是其本质属性;技术属性主要体现在多媒体内容呈现和相关功能上,其会随着技术的发展而变化;出版属性即数字教材作为出版物,需经历编辑、审查、发布等出版过程。[1] 此外,也有部分学者对国外有关数字教材的政策文件进行了解读,为我国数字教材的研发及研究提供启示。[2] 国外学者则更倾向于从学生使用的角度对数字教材进行研究,包括学生对数字教材设计的偏好,[3]学生对数字教材与纸质教材使用的喜好程度,[4]以及关注数字教材与纸质教材对学生阅读行为与结果的不同影响。[5]

总体而言,与国外关于数字教材的研究相比,我国当前相对来说比较缺少从教师与学生使用角度来进行的数字教材实证研究。如何从教师与学生使用的角度设计数字教材,教师与学生如何同时使用纸质教材与数字教材,以及数字教材的使用对学生学习产生了怎样的影响等都值得进一步讨论。此外,由于数字教材同时兼具多重属性,如何将技术、出版属性与教育属性相结合,构建数字教材设计的评价指标与审查制度,也是数字教材研究领域未来关注的重点之一。

■ (二) 统编教材研究

2017 年 9 月,由教育部统一组织新编的义务教育道德与法治、语文、历史教材在全国所有地区的小学一年级、初中一年级首先投入使用,至 2019 年所有年级全部使用。尽管新版统编教材投入使用的时间不算太长,但已有部分学者对陆续对统编教材进行了研究与探讨。

---

① 王志刚,沙沙. 中小学数字教材:基础教育现代化的核心资源[J]. 课程·教材·教法,2019(7):14—20.

② 白倩,沈书生. 韩国中小学"数字教科书计划"及其对我国的启示[J]. 外国中小学教育,2019(09):64—70,53.

③ Öngöz S, Mollamehmetoğlu M Z. Determination of secondary students' preferences regarding design features used in digital textbooks[J]. *Digital Education Review*. 2017(32):1—21.

④ Laura R A, Diana, M S. Student's visions about Digital Didactic Materials in Spain[J]. *Educarem Revista*. 2019,35(77):79—94.

⑤ Goodwin A P, Cho S, Reynolds D, Brady K, Salas J. Digital versus paper reading processes and links to comprehension for middle school students[J]. *American Educational Research Journal*. 2020,57(4):1837—1867.

当前对统编教材的探讨,主要集中在对统编教材的具体内容分析以及对统编教材的理解与使用解读两个方面。在教材的具体内容分析研究方面,有学者聚焦于统编初中语文教材中的传统文化教育,分析了教材中所蕴含的传统文化的理念与内涵;①也有学者关注初中道德与法治教材中有关国家认同的内容,梳理了教材内容在身份认同、政治认同、文化认同、历史认同、地理认同等国家认同的五个维度上的具体分布。② 在教材的理解与使用解读研究方面,已有的研究主要为研究者以教材编写者的视角对教师如何理解与使用统编教材提出建议,如统编版小学《道德与法治》教材执行主编高德胜分享了关于统编教材设计理念的系列文章,以帮助教材使用者理解教材中所蕴含的以学习活动为核心的理念建构,③强调儿童经验的价值追求,④以及对叙事思维的探索;⑤又如,统编版义务教育语文教科书总主编温儒敏对教师使用统编版教材回应了教师在使用教材时可能会关心的十一个问题,给予了教师用好统编版语文教材的具体建议。⑥

随着使用时间的逐渐增加,教师与学生在使用新版教材过程中的体验也将更加丰富。统编版教材研究的空间依然需要慢慢被挖掘,统编版教材与国内外其他版本教材在各个系统上的异同点、在某一具体内容上的异同点,以及教师对统编版教材的理解、教材变化对教师的课程与教学实践的影响等话题仍需要进一步探讨。

第三节　课程与教学论研究的未来发展趋势

回顾课程与教学论以往的研究历程,存在着教育理论与教育实践、国际视野与本土观念、思辨研究与实证研究、科学话语与诗性话语等几对关系的二元对立现象。而未来课程与教学论研究需要破除这种非此即彼的思维观念,让理论话语与实践话语、他者话语与本土话语、思辨话语与实证话语、科学话语与诗性话语和谐共存。

一、课程与教学论研究中的二元对立关系

在课程与教学论研究的发展历程中,由于受到诸多因素的影响,教育理论与教育实践、国际视野与本土观念、思辨研究与实证研究、科学话语与诗性话语等多对关系逐渐趋向两极,演变成非此即彼的矛盾体。

① 郎镝,张东航. 统编初中语文教材中的传统文化教育研究[J]. 课程·教材·教法,2019(05):92—99.
② 高维,颜蒙蒙. 统编教材与国家认同——统编初中道德与法治教材中的国家认同教育内容研究[J]. 教育学报,2020(03):34—43.
③ 高德胜. 以学习活动为核心建构小学《道德与法治》教材[J]. 中国教育学刊,2018(01):1—8.
④ 高德胜."接童气"与儿童经验的生长——论小学道德与法治教材对儿童经验的处理[J]. 课程·教材·教法,2018(08):11—20.
⑤ 高德胜. 论小学《道德与法治》教材的"叙事思维"[J]. 课程·教材·教法,2019(06):11—20.
⑥ 温儒敏. 如何用好"统编本"小学语文教材[J]. 课程·教材·教法,2018(02):4—9+17.

■（一）教育理论与教育实践

理论与实践常常被认为是课程与教学论研究领域乃至整个教育领域中的一对矛盾关系。课程与教学论研究领域既有致力于理论建设的专家学者的参与，又得到了拥有诸多宝贵经验的一线教育工作者的支持。然而，由于理论与实践双方囿于所处共同体的边界，往往习惯于使用或创造各自共同体之内的话语。倾向理论的一方认为，实践经验过于表浅化、个人化，难以具有普遍意义上的参考价值；倾向实践的一方认为，理论观念对实践问题的解决并没有多少实质性参考价值，很多理论成果或许只是理论研究者的"一厢情愿"，在实践中很难真正落地。长此以往，这种泾渭分明的界限将理论与实践阻隔在两端，彼此之间互不了解，甚至无法理解、不愿理解对方的话语。而"理论与实践"这对本该相互依存、相辅相成的关系却被慢慢塑造成二元对立的关系。

■（二）国际视野与本土观念

我国在确立教学论与课程论地位初期，相关研究便主要以引进西方尤其是西方发达国家的理论观念为主。此后，在课程与教学论研究领域中，通过译介西方发达国家课程政策文件以西方教育改革思路对中国课程教学改革提出建议，以及借用西方课程教学理论框架分析中国课程教学实践等类似研究也屡见不鲜。如此一来，便形成了西方学术话语侵占中国本土课程与教学研究的局面。近年来，文化自信的呼声弥漫到各个领域，其中也包括教育研究领域。而当课程与教学论研究领域的本土意识开始觉醒后，却不自觉地将国际与本土、东方与西方推向了拉锯战的两端。有研究者对在教育研究的理论建设以及国际化等方面具有公认学养和成就的部分学者进行访谈，发现他们普遍表现出对东方与西方、传统与现代、地方与全球等几对关系的理解中的二元思维倾向。[①] 由于历史、政治、文化等原因，西方与东方之间依然存在难以逾越的中轴，这条中轴也在课程与教学论研究中彰显出来，并左右着研究中西方话语与东方话语的地位。

■（三）思辨研究与实证研究

思辨研究一直是我国课程与教学论研究采用的主要研究方法，其强调研究者自身的逻辑推演、经验总结等。思辨研究侧重于从"应然"层面剖析教育问题，通常表现为研究者针对自己所觉察到的某一课程教学话题或现象表达自己的见解、观念或建议。实证研究则是西方课程与教学论研究领域中多数研究者使用的研究方法，其强调遵循严谨的数据采集与分析步骤进行研究，研究结果的呈现与讨论都是基于证据的。与思辨研究相比，实证研究更侧重于探索课程教学问题的"实然"层面。在觉察到我国教育研究领域存在研究方法单一化的弊端后，近些年的教育研究领域掀起了研究方法由思辨转向实证的热潮，尤其是实证研究中的量化研究方法受到大力追捧。一时之间，思辨研究与实证研究似乎被置于天秤的两端，使原本具有相当分量的思辨研究受到了实证研究的冲击。尽管在几十

---

① 文雯,杨锐. 全球化时代我国教育研究的多重纠结及其出路[J]. 北京大学教育评论,2019(04)：173—182.

年的积淀下,国内实证研究的数量也许远不如思辨研究,但当前国内教育研究领域对实证研究的宣传与号召以及研究者对实证研究的追逐热情,都表明了天平正向着实证研究那一方迅速倾斜的趋势。

■ (四)科学话语与诗性话语

课程与教学论研究中的科学话语和诗性话语与前文提到的两种西方课程与教学论研究范式有关。科学话语是"课程开发"范式的代表,其体现的是现代课程理论;而诗性话语则是"课程理解"范式的代表,其体现的是后现代课程理论。科学话语旨在追求高效、简洁、统一、标准,语言具有指令性、规定性与程序性等特征;诗性话语则追求个性化与多元化的理解,语言具有描述性、阐释性与情境性等特征。[①] 科学话语的技术理性倾向使得课程与教学论研究关注课程开发与教学实践的程序,而诗性话语的价值理解倾向试图打破这种科学化、标准化的固有模式,呼唤课程与教学论研究中的人性关怀与多元解读。统一化与多元化、标准化与个性化、科学与诗性在过往的范式之争中似乎逐渐被推向非此即彼的境地。

二、课程与教学论研究的未来发展趋势

未来的课程与教学论研究需要摒弃二元对立思维,突破理论话语与实践话语、他者话语与本土话语、思辨话语与实证话语、科学话语与诗性话语的边界,构建多重话语之间的和谐共生。这也是课程与教学论研究的未来发展趋势。

■ (一)从分离走向互动的理论话语与实践话语

不论是课程与教学的日常实践,还是课程与教学论研究,理论与实践由分离走向互动都是未来发展的必然趋势。脱离了实践的课程与教学论研究缺乏现实指导意义,脱离了理论的课程与教学论研究失去对教育问题的本质理解。尽管不同的群体对理论话语与实践话语有不同偏好,但不可否认的是,理论话语与实践话语都反映了理论者与实践者的智慧。未来的课程与教学论研究鼓励不同群体跨越理论与实践的话语边界,共同寻找理论话语与实践话语的交织点,既可以借由理论视角来剖析课程教学中的实践问题,亦也由数个实践案例与经验总结出理论观点。在未来的课程与教学论研究发展过程中,理论话语与实践话语不仅从分离走向交织,而且更需要二者之间主动寻求双向互动。

■ (二)从独语走向对话的他者话语与本土话语

面对当前他者话语一直"走进来",而本土话语却一直"走不出去",而导致"走进来"的他者话语与"走不出去"的本土话语都在自说自话的困境,未来的课程与教学论研究需要致力于寻求他者话语与本土话语之间的对话的空间与形式。"讲好中国故事"是当前课程与教学

---

① 冯加渔.课程研究的语言转向[J].全球教育展望,2012(08):20—24.

论研究一直在努力的方向,而如何让世界听到中国的课程教学故事、如何让中国的课程教学故事与世界的课程教学故事发生联结是中国课程与教学论研究者面临的一大挑战。2017年,经教育部、国家新闻出版广电局批准《华东师范大学教育评论》英文刊(ECNU Review of Education,简称 ECNU RoE)正式创刊,该刊的创立为中国教育故事的国际对话提供了平台。未来的课程与教学论研究也一如既往地需要借鉴更多他者的经验,同时基于中国情境发展本土智慧,但更为重要的是,研究者应该创造更多的机会促成国际与本土的平等对话。

■ (三) 从失衡走向平衡的思辨话语与实证话语

从对课程与教学论研究的发展来看,思辨研究与实证研究并没有孰优孰劣之分,二者各自具有闪光点与缺憾。也恰恰是因为各自的闪光点与缺憾,思辨研究与实证研究才能弥补彼此之间的不足,为课程与教学论研究领域增添不同的色彩。我们需要反对的并非思辨研究或是实证研究本身,而是使其中任何一种话语成为课程与教学论研究领域的唯一,或是长期占据主导地位而导致研究的失衡状态。与其追求一种试图将对方取代的"转向",不如尽可能找寻两种话语在研究中的平衡点。课程与教学论研究涉及诸多话题,话题的不同潜在地决定了使用什么样的话语来讨论。思辨话语是我国课程与教学论研究的传统,而实证话语是近年来课程与教学论研究的大热趋势,对于这两种话语我们不能顾此失彼,未来的研究发展趋势应该是各美其美、美美与共。

■ (四) 从冲突走向融合的科学话语与诗性话语

课程与教学论研究中的诗性话语是建立在对科学话语的批判上而提出的,但这并不意味着当今与未来的课程与教学论研究就不需要关心科学话语。一方面,从现实状况来看,我国课程与教学论研究领域中依然涉及很多与课程目标、内容、组织、评价等经典的"泰勒模式"有关的话题,这些话题需要使用科学话语来继续讨论;另一方面,课程与教学论研究中关于"人"的研究,也呼唤更加强调"价值理解""多元化""个性化"的诗性话语。从过往的争论来看,科学话语与诗性话语二者的出现或许带着矛盾与冲突。然而,从未来的发展来看,过度追求其中任何一方都会陷入极端化的危机,科学与诗性两种话语的融合才是未来课程与教学论研究发展的趋势。

> **重要概念**

■ 课例研究

课例研究的概念源于 20 世纪 60 年代的日本,在日本被称为"授业研究",是一种教师联合起来的计划、观察、分析和提炼真实课堂教学的过程。课例研究的最终目的是改进教学,是教师校本专业发展的有效途径。课例研究对教学过程的干预,至少可以通过三条路径加以实现:一是在课例研究中发展教师有关学科、教学、学生等个体知识;二是提升教师改进教学的责任感;三是为教师的学习提供资源支持。课例研究是一个融合教学实践、知识、心智模式、人际关系、支持合作性研究的结构与工具等要素的复杂的教师学习体系。课例研究的特征主要体现在以下几个方面：以合作的方式设计研究课，注重课堂现场观察，全景记录课堂面貌，在课后进行集体研讨。

■ 教育行动研究

按照勒温 1949 年提出的定义，教育行动研究是将科学研究与教育实际工作者的智慧与能力结合于一件合作事业之上的方法。这是一种综合性的研究方式，即行动者与研究者共用科学的方法对自己的行动进行研究，并对自己从事的实际工作进行反思，以指导行动和改进行动。行动研究的核心是研究和行动的结合，是在行动中进行研究，以研究促进行动的改善。教育行动研究的过程，一般包括问题的提出、问题的归因、措施与行动、评估与反思四个循环往复的阶段。教育行动研究是一个循环往复不断修正的过程，其特点可以概括为：以问题解决为导向，以教师实际工作中的问题为题材，重视与校外专家的伙伴关系，重视研究过程对教师观念和行为带来了的变化与改进。

■ 教育叙事研究

教育叙事研究是一种质性研究。在研究过程中，研究者必须关注具体事件。在写作方式上，研究者最好采用有情节的、故事性的深度描写。教育叙事研究是教育研究对叙事研究方法的一种整体性借用，是研究者通过描述个体教育生活，搜集和讲述个体教育故事，在解构和重构教育叙事材料过程中对个体行为和经验建构获得解释性理解的一种研究活动。

■ 教师身份认同

由于身份认同是个性与共性的统一体，它也就同时具备了个体性与社会性两种属性，成为一种被个体化了的社会位置。教师身份认同包含三个方面的内容：一是自我认同，是对教师的概念和意象的认同，是主观的理解，是内部生成的；二是他者认同，是身份的主体间性的特质，当教师的身份与他者眼中的身份一致时，教师身份认同才能形成；三是群体认同，是教师个体与教师群体之间的归属关系是否与群体成员具有同一性。

讨论与反思

1. 你如何理解我国素养导向的教育目标？它有哪些重要意义和长远价值？
2. 你认为教师如何才能成为研究者与学习者？有哪些困难或挑战？
3. 你如何理解课程与教学研究的四个发展趋势？

拓展阅读

1. 林崇德. 21 世纪学生发展核心素养研究［M］. 北京：北京师范大学出版社，2016.
2. 刘月霞，郭华. 深度学习：走向核心素养（理论普及读本）［M］. 北京：教育科学出版社,2018.

3. 靳玉乐.改革开放 40 年中国教育学科新发展：课程与教学论卷[M].北京：高等教育出版社,2019.

前沿热点

　　课程改革的有效推进,离不开对于实践的研究与反思。中国校本教研虽然在 2002 年才正式提出来,但此前历次的课程改革都有不同形式的教研制度以及与之相关的公开课制度或观摩课制度。当前颁布的《义务教育课程方案(2022 年版)》也明确提出,应定期开展校本教研,强化教研、科研的专业支持。从课程改革的立场而言,校本教研的发展方向在哪里？这是值得深思的问题。

课程改革与校本教研的三个方向①

　　校本教研总是在课程改革的非常时刻被召唤入场。根据国内外校本教研的新进展以及新的课程方案对校本教研的要求来看,有效的校本教研主要有三个方向：一是校本教研与校本培训的整合,让教师由课程改革的旁观者走向课程改革的参与者,让教师在参与式学习中接受和理解新的课程方案和课程标准,实现教师的观念转变并形成课程改革的共识。二是课例研究与有效教学的整合,强化教学设计、教学行动和教学评价,通过"一课多反思"或"同课异构"的方式,提升教学的有效性。三是课例研究与教育技术的整合,使传统的校本教研转向基于视频图像的课例研究。视频图像分析既为课例研究提供视频证据,同时也使传统的定性评课转向叙事评课,使教师本位的课例研究转向关注课堂话语分析的课例研究。

一、校本教学与校本培训的整合：走向基于教师学习的课例研究

　　校本教研需要新的课程方案、课程标准提供研究的主题和改革的依据。课程改革则需要通过校本教研的方式,推进教师的教学观念转变和教学行为转变。若无校本教研,课程改革方案不仅很难落地,教师不理解"新课程的课怎么上",而且还会导致教师成为课程改革的冷漠的旁观者、消极的抱怨者或自以为是的抵制者。课程改革需要借助校本教研将理想的方案落实到课堂教学。在此过程中,校本教研甚至成为决定课程改革成败的关键。若无校本教研,即便有完美的课程改革方案,也终归趋向失败。

　　校本教研与校本培训的整合既是新的教学研究形式,也是新的教师培训形式。校本教研与校本培训具有某种共生关系：校本教研以校本培训为前提条件,校本培

---

　　① 改编自：刘良华.课程改革与校本教研的三个方向[J].全球教育展望,2022(05)：117—128.

训甚至是校本教研的起始环节。校本教研需要以校本培训的方式推进教师学习，促进教师的观念转变，并通过求同存异的方式形成课程与教学的"改革共识"。而校本培训也需要校本教研打通教师学习的"最后一公里"，校本培训需要借助校本教研的行动，促使教师从教学观念到教学行为的艰难转变。

这样看来，如果说校本教研的基本形式是课例研究，那么有效的校本教研就是基于教师学习的课例研究。在教师学习或教师培训这个问题上，传统的教师培训过于依赖专家讲座或个人阅读，以为专家讲座或个人阅读就能够转变教师的教学观念。事实上，专家讲座或教师个人阅读并不能转变教师的教学观念，更不能改变教师的教学行为。在校本教研中，不仅专家讲座或教师个人阅读改变不了教师的教学观念或教学行为，参与式讨论也只有比较有限的效果。

二、课例研究与有效教学的整合：走向基于教学设计的课例研究

校本教研的具体过程一般呈现为两轮以上的行动研究。一般认为，行动研究的过程往往显示为"计划—行动—观察—反思"以及"再计划—再行动—再观察—再反思"的螺旋循环的步骤。教学设计是对新教学观念的检阅，也是对课堂教学评价表的检阅。如果教师在教学设计的过程中发现某些新观念或课堂教学评价表中的二级指标或三级指标根本不可能落实到课堂，要么说明原有的教学观念或课堂教学评价表需要修正，要么说明教师在校本学习中并没有完整理解课程方案或课程标准的意图，需要重新返回专家讲座、个人阅读或参与式讨论。

也正是在这点上，校本教研显示了它不同于传统的公开课的独特品质。传统的公开课也需要备课，但校本教研更加重视教学设计中所隐含的课程与教学改革的新观念、新思路。教学设计隐含了教学改革的意图。若无教学改革，则无教学设计。反之，若无教学设计，则不可能有真实的教学改革。教学设计总是某种新观念、新思路的试探与实验。

课例研究与有效教学的整合既可以视为基于设计的课例研究或设计本位的课例研究，也可以视为基于行动的课例研究或基于行动本位的课例研究，还可以视为基于评价的课例研究或评价本位的课例研究。

三、课例研究与教育技术的整合：走向基于视频图像的课例研究

作为课例研究的工具，视频图像分析主要为课例研究提供可重复分析和重复验证的资料，使课例研究成为"基于视频的实证研究"。基于视频图像的课例研究是课例研究与现代教育技术的整合。视频图像分析既是课例研究的工具，也有超越工具价值的知识贡献。其知识贡献主要指向新的叙事评课模式和课堂话语分析。

视频图像为课例研究提供课堂里发生的真实教学事件。这些直观的视频图像

可以作为自我反思和同伴互助式的或专业引领式的评课证据。就此而言,课例研究中的视频图像主要是一种收集并直观地呈现教学事件的工具。视频图像分析可以改变课例研究中的听课评课方式,使传统的"定性评课"转向"叙事评课"。传统的定性评课也可称为"论断式评课"或"断言式评课"。叙事评课则可称为"基于证据的评课"或"循证评课"。

　　传统的公开课也可能有教师的自我反思、专家点评或同伴点评。由于缺乏类似视频图像的事实证据,点评者往往只能泛泛而论,比如"准确地把握了教学重点和教学难点""教师的教学程序比较流畅""教师的教态比较端正""学生掌握了教学目标设定的知识和技能"等。基于视频图像的叙事评课,则强化了教学事实和证据意识。它是基于证据的评课,而不是"泛泛而谈"地给出好坏的评判。叙事评课与传统的定性评课貌似没有太大的差别,实际上却是重要的教研制度的转型。